바이블 아카데미
Bible Academy

한국교회와
바른 성경이해

| 윤사무엘 지음 |

쿰란출판사

시작하는 말(Prologue)

성경을 읽을 때면 이해가 되지 않거나 어려운 구절을 종종 만나게 된다. 또한 본문의 뜻과는 달리 잘못 알고 있는 내용도 있음을 알게 된다. 초신자나 성도들로부터 성경에 관한 질문을 받을 때 정확한 대답을 어떻게 해야 하는지 궁금해지기도 한다. 이에 본서에서는 성경을 읽을 때 생기는 질문들에 대한 답변을 정리해 보았다.

사실 성경의 내용이 어렵거나 설명이 필요한 구절도 있다. 성경 번역의 문제도 있다. 고대 근동의 배경을 알아야 되고 보충 설명도 필요하다. 최근 고고학적 발굴이나 해석에 도움을 받기도 한다. 또한 한국교회에서는 잘 알려진 내용인데 잘못 이해하고 해석하는 내용도 있어 선교사들이나 유학생들이 해외에서 어려움을 겪기도 한다.

본서에서는 이런 내용들을 정리하여 성경을 이해하고 해석하는 데 도움을 주려고 시도하였다. 성경의 저자 되시는 성령님께서 지혜와 명철을 주셔서 말씀을 깨닫고 바르게 알도록 인도해 주실 줄 믿는다.

1. 성경의 주제는 예수 그리스도의 복음이다

성경은 복음의 관점에서 읽어야 한다. 성경을 고대 근동의 한 문서로 취급하거나 히브리 문학으로 여긴다면 성경의 진면목을 발견할 수 없다. 한국목회자학교(The Pastor School in Korea, KPS)에서는 성경 66권을 복음의 눈(예수님의 안경)으로 읽는다.

복음(福音=좋은 소식, 기쁨의 소식)은 곧 예수 그리스도이다. 하나님 나라의 복음(유앙겔리온, Euaggelion, εὐαγγέλιον τῆς βασιλεία τοῦ Θεου)이 성경의 주제이기 때문이다.[1] 예수 그리스도가 없는 구약성경은 히브리인의 정경일 뿐이다. 그러나 예수님 중심으로 복음의 관점에서 성경을 읽으면 엠마오로 가던 두 제자들처럼 마음이 뜨거워지고 변화를 받는다.

누가복음 24:25-48 "[25]말씀하시기를 '미련하고 대언자들의 말한 모든 것을 마음에 더디 믿는 자 slow of heart to believe들이여! [26]
그리스도가 이런 고난을 받고 자기의 영광에 들어가야 할 것이 아니냐' 하시고 [27]이에 모세와 및 모든 대언자의 글로 시작하여 모든 성경에 쓴 바 자기에 관한 것을 자세히 설명하시니라…[32]저희가 서로 말하되 '길에서 우리에게 말씀하시고 우리에게 성경을 풀어 주실 때에 우리 속에서 마음이 뜨겁지 아니하더냐?' 하고 And they said one to another, Did not our heart burn within us, while he talked with us by the way, and while he opened to us the scriptures?…[44]또 이르시되 '내가 너희와 함께 있을 때에 너희에게 말한 바 곧 모세의 율법과 대언자의 글과 시편에 나를 가리켜 the law of Moses, and in the prophets, and in the psalms, concerning me 기록된 모든 것이 이루어져야 하리라 한 말이 이것이라' 하시고 [45]이에 저희 마음을 열어 opened he

1) 정성구, 《복음에서 복음으로》, 서울: 킹덤북스, 2012.

their understanding) 성경을 깨닫게 하시고 understand the scriptures [46]또 이르시되 '이같이 그리스도가 고난을 받고 제삼일에 죽은 자 가운데서 살아날 것과 [47]또 그의 이름으로 죄 사함을 얻게 하는 회개가 예루살렘으로부터 시작하여 모든 족속에게 전파될 것이 기록되었으니 [48]너희는 이 모든 일의 증인이라.'"

1) 복음은 승전의 소식이다

예수님께서 세상에 오시기 전 그리스에서 전쟁에 나간 군인들이 승리했다고 외칠 때 말하는 것이 '유앙겔리온'(복음, 기쁨의 소식)이었다. 주전 490년 제2차 그리스(아테네)-페르시아 전쟁 당시 아테네의 칼리마코스와 밀티아데스가 지휘하는 1만 군대의 아테네군이 마라톤 평원에서 10만 군대의 페르시아군을 스파르타 전쟁에서 승리했다. 한 군인이 전쟁의 승리 소식을 42.195km 달려와서 전하고 죽었는데, 이 승전의 기쁜 소식을 유앙겔리온이라 했다. 이처럼 성도들이 사탄의 영적 전쟁에 이겨 승리했을 때 유앙겔리온을 외친다. 우리도 영적 전쟁에서 복음을 외치자.

로마서 8:2 "왜냐하면 그리스도 예수 안에 있는 생명의 성령의 법 the law of the Spirit of life in Christ Jesus이 죄와 사망의 법 the law of sin and death에서 나 me를 해방하였음이라."

로마교회 성도는 이방 노예들이다. 그들에게 유앙겔리온은 노예 신분에서 풀려났다는 소식이다. 그것이 바로 복음이다. 로마에 살고 있는 노예, 유대인, 로마인에게 복음이 조금씩 다르게 들린다. 그러나 주 안에서 모든 죄 문제가 해결되고 용서받고 구원받은 복음은 동일하다.

1990년 10월 3일, 서독과 동독이 통일에 합의되었다는 소문이 나서 베를린 장벽이 무너졌다.

1989년 동독의회에서 결정이 나지도 않았는데, 와전되어 시민들이 기쁨을 주체하지 못하고 장벽을 부수어 통일되었다고 말한다. 평화적으로 우리나라가 하나가 되면 그것이 우리나라의 기쁘고 좋은 소식(복음)이다.

사도 바울이 하나님으로부터 받아서 전하는 소식이 유앙겔리온이다. 복음으로 인해 바울은 죄와 사망의 법으로부터 해방되었다. 이 복음을 위해 그가 택정함을 받았다. 이 복음을 위해 생명을 걸었다. 사도 바울은 그 시대 사람들이 사용하는 단어를 차용하여 하나님의 복음을 전했다. 바울은 하나님의 기쁜 소식을 소아시아 지역, 그리스에, 그리고 로마 성도들에게 전한다.

바울이 전한 하나님의 유앙겔리온은 전쟁에서 승리하였다는 뜻이다. 변방에 있는 이민족과의 전쟁이 아니라 사탄의 나라와 전쟁을 벌여서 하나님이 승리했다는 것을 전한다. 사탄의 세력과 전쟁을 벌여서 이기셨다는 것을 전하는 것이다.

영어로 '복음을 전한다'는 단어 '에반겔라이즈'(evangelize)는 너무 기뻐서 몸 둘 바를 모르는, 전기가 통할 정도의 상태를 말한다. 복음을 들을 때 오는 육체의 반응을 표현한다. 마음이 뜨거워지고 전기가 오는 듯한 극도의 기쁘고 감동이 되는 흥분상태에 들어간다. 우리가 목회하거나 선교하거나 전도하거나 신앙생활을 할 때 이런 기쁨과 감격이 있어야 한다.

우리가 중생하지 못하고 죄에 빠져 어두운 세상에 있을 때 아픔, 고난, 병마, 고민, 스트레스, 패배, 절망에 있을 때 복음을 듣는 순간 "빛이 있으라" 하신 말씀대로 생명의 빛, 참 빛이 모든 어두움을 몰아냄으로 기쁨과 소망과 사랑과 믿음을 갖게 된다. 모든 문제가 해결되고 삶이 변화된다. 이것이 회복이다.

브니엘의 아침이 밝아온다. 더 이상 죄의 노예가 아니다. 사탄 마귀의 통치를 받지 않는다. 주님께서 다스리시고 통치하신다. 사탄이 더 이상 우리를 지배하지 않는다. 홍해를 눈앞에 두고 모세가 백성들을 권면한 말씀 "여호와께서 너희를 위하여 싸우시리니 너희는 가만히 있을지니라(The LORD shall fight for you, and ye shall hold your peace)"(출 14:14)를 날마다 묵상하며 승리하자. 이스라엘(Israel)의 진정한 뜻은 '하나님께서 다스리신다'는 것이다(참고, 창 32:28). 주님께서 재림하신다. 바이블 아카데미를 통해 이런 역사가 일어나기를 소원한다.

2) 복음은 하나님의 사건이다

예수님의 탄생의 소식을 유앙겔리온이라 한다. 그 시대 사람들은 물론 온 백성에게 미칠 큰 기쁨의 소식이었다(눅 2:10-14). 하나님 아들 메시아가 태어났다는 소식이었다.

로마인에게 유앙겔리온은 로마 황실의 후계자가 태어났을 때도 사용했다. 다른 설명 없이 유앙겔리온이라고 외치면 오늘날의 '호외 뉴스'이다. 내용에 대한 설명을 듣기 전에 로마 시민들은 전쟁 승리라고 듣거나 로마 황실에 후계자가 태어났다고 알아듣는다.

이런 복음이란 단어가 들릴 때는 온 백성이 축제의 분위기로 빠져들어 갔다. 처음보다는 나중에 그런 기쁨으로 마음이 들썩거리고 일어나 춤추며 흥겹게 변했다. 예수님께서 이 땅에 강림한 성육신(incarnation) 사건은 복음이다. 오랫동안 기다리던 메시아가 강림한 소식이다.

미가 5:2 "베들레헴 에브라다야 Bethlehem Ephratah, 너는 유다 족속 중에 작을지라도 이스라엘을 다스릴 자가 네게서 내게로 나올 것이라 그분의 근본은 무궁으로부터 태초에니라 whose go-ings forth have been from of old, from everlasting."

누가복음 2:10-14 "[10]천사가 이르되 '무서워 말라. 보라. 내가 온 백성에게 미칠 큰 기쁨의 좋은 소식 good tidings of great joy을 너희에게 전하노라 [11]오늘날 다윗의 동네에 너희를 위하여 구주가 나셨으니 곧 그리스도 주시니라 a Saviour, which is Christ the Lord [12]너희가 가서 강보에 싸여 구유에 누인 아기를 보리니 이것이 너희에게 표적이니라' 하더니…[14]'지극히 높은 곳에서는 하나님께 영광이요 Glory to God in the highest, 땅에서는 평화요 and on earth peace, 사람들에게는 선한 뜻이로다 good will toward men' 하니라."

이스라엘의 위로를 오랫동안 기다리던 시므온(눅 2:25)은 예수님의 정결 예식에서 아기 예수를 보고 기뻐했다. "이제 눈을 편안히 감게 하신다"(눅 2:29)고 고백한다. 아셀지파의 안나도 과부 된 지 84년 동안 성전을 떠나지 않고 메시아를 기다렸다가 아기 예수님을 만나

감사드리고, 예루살렘의 구속됨을 바라는 모든 사람들에게 이 복음을 알렸다(눅 2:36-38). 그 소식을 전하는 안나의 표정을 상상해 볼 수 있다.

3) 복음은 출애굽의 소식이며 속죄의 소식이다

430년 동안 이집트의 압제에 신음하고 고통으로 탄식하던 히브리 백성에게 복된 소식은 "바로가 항복했다. 이제 고국 가나안 땅으로 돌아가자"(출 12:31-42)라는 것이었다. 그날 밤 이스라엘 백성 60만(남자 나이 20-60세 군인 숫자, 실제 200-300만) 명에게 소식이 퍼졌을 때 그 기쁨과 감격을 상상해 볼 수 있다. 노예의 삶에서 벗어나 해방이 되는 기쁨은, 한국이 36년 일제 강점기에서 해방되었을 때보다 기쁨이 더했을 것이다.

마태복음 1:21 "아들을 낳으리니 이름을 예수 JESUS라 하라 이는 그가 자기 백성을 저희 죄에서 구원할 자이심이라 하니라."

우리의 죄가 용서받고 죄 짐에서 해방되었을 때의 기쁨은 이런 육체적, 정신적 해방과 비교되지 않는다. 초대교회 성도들이 복음에 그런 가슴 벅찬 감격을 보이면서 해방된 자유인, 승리자, 이긴 자, 왕 노릇하는 자로 변화가 일어났다. 이것이 바로 복음이다.

마가복음 1:14-15 "14 요한이 감옥에 투옥된 후 예수님께서 갈릴리에 오셔서 하나님 나라의 복음을 전파하여 Now after that John was put in prison, Jesus came into Galilee, preaching the gospel of the kingdom of God, [15]말씀하시기를 '때가 찼고 하나님 나라가 가까웠으니 회개하고 복음을 믿으라' 하시더라 And saying, 'The time is fulfilled, and the kingdom of God is at hand: repent ye, and believe the gospel.' καὶ λέγων ὅτι πεπλήρωται ὁ καιρὸς καὶ ἤγγικεν ἡ βασιλεία τοῦ Θεοῦ· μετανοειτε καὶ πιστεύετε ἐν τῷ εὐαγγελίῳ."

로마서 1:1-4 "[1]예수 그리스도의 종 바울은 사도로 부르심을 받아 하나님의 복음을 위하여 택정함을 입었으니 Paul, a servant of Jesus Christ, called to be an apostle, separated unto the gospel of God, [2]이 복음은 하나님이 대언자들로 말미암아 그의 아들에 관하여 성경에 미리 약속하신 것이라 Which he had promised afore by his prophets in the holy scriptures…[4] 성결의 영 the spirit of holiness으로는 죽은 자들 가운데서 부활하여 능력으로 하나님의 아들로 인정되셨으니 곧 우리 주 예수 그리스도시니라."

로마서 1:9 "내가 그의 아들의 복음 안에서 내 심령으로 섬기는 하나님이 나의 증인이 되시거니와 항상 내 기도에 쉬지 않고 너희를 말하며."

로마서 1:15-17 [15]그러므로 나는 할 수 있는 대로 로마에 있는 너희에게도 복음 전하기를 원하노라 [16]내가 그리스도의 복음을 부끄러워하지 아니하노니 이 복음은 모든 믿는 자에게 구원을 주시는 하나님의 능력이 됨이라 첫째는 유대인에게요 또한 헬라인에게로다. For I am not ashamed of the gospel of Christ: [17]복음에는 하나님의 의가 나타나서 믿음으로 믿음에 이르게 하나니 기록된바 오직 의인은 믿음으로 말미암아 살리라 함과 같으니라 For therein is the righteousness of God revealed from faith to faith: as it is written, The just shall live by faith. ἐκ πίστεως εἰς πίστιν, καθὼς γέγραπται· ὁ δὲ δίκαιος ἐκ πίστεως ζήσεται."

로마서 10:15 "보내심을 받지 아니하였으면 어찌 전파하리요? 기록된바 아름답도다 평화의 소식 the gospel of peace을 전하는 자들의 발이여 함과 같으니라."

로마서 11:36 "이는 만물이 주에게서 나오고 주로 말미암고 주에게로 돌아감이라 영광이 그에게 세세에 있으리로다 아멘 For of him, and through him, and to him, are all things: to whom be glory for ever. Amen. ὅτι ἐξ αὐτοῦ καὶ δι' αὐτοῦ καὶ εἰς αὐτὸν τὰ πάντα. αὐτῷ ἡ δόξα εἰς τοὺς αἰῶνας· ἀμήν."

골로새서 1:19-20 [거함=쉐키나=장막=가족 공동체] [19]아버지께서는 모든 충만으로 예수 안에 거하게 하시고 [20]그의 십자가의 피로 화평을 이루사 만물 곧 땅에 있는 것들이나 하늘에 있는 것들을 그로 말미암아 자기와 화목하게 되기를 기뻐하심이라."

이사야 52:7 "좋은 소식을 가져오며 평화를 가져오는 복된 좋은 소식을 가져오며 구원을 공포하며 시온을 향하여 이르기를 네 하나님이 통치하신다 하는 자의 산을 넘는 발이 어찌 그리 아름다운고! How beautiful upon the mountains are the feet of him that bringeth good tidings, that publisheth peace; that bringeth good tidings of good, that publisheth salvation; that saith unto Zion, Thy God reigneth!"

요한계시록 14:6 [환난 때는 천사가 직접 세계선교를 함, 무궁한 복음을 전함] "또 보니 다른 천사가 공중에 날아가는데 땅에 거하는 자들 곧 여러 나라와 족속과 방언과 백성에게 전할 무궁한 복음을 가졌더라 And I saw another angel fly in the midst of heaven, having the everlasting gospel(εὐαγγέλιον αἰώνιον) to preach unto them that dwell on the earth, and to every nation, and kindred, and tongue, and people"

2. 성경전서는 하나의 책으로 66권으로 되어 있다

성경은 한 권의 책이다(All scripture is given by inspiration of God, 딤후 3:16). 하나님의 영감(inspiration)[2]으로 주어졌다. 기독교 성경은 구약 39권과 신약 27권이 하나의 성경전서로 되어 있다. 구약과 신약의 구분은 단지 메시아의 오심을 예언한 구약성경과 메시아의 사역과 재림을 예언한 신약성경이지, 복음 안에서는 성령님께서 영감으로 기록하게 하신 한 권의 책으로 읽고 이해해야 한다. 신약 속에 구약이 있고 구약 속에 신약이 있어 통전적으로 성경을 읽어야 전체가 이해된다.

유대인들의 히브리 성경은 신약이 없기에 불완전한 성경이다. 히브리 사상과 교육을 배울 수 있어도 복음이 중심이 되어야 생명의 말씀이 된다. 또 구약성경을 배제하고 신약성경만 이해하는 것도 잘못이다. 그래서 루터교에서는 이런 잘못을 시정하기 위해 벧엘 성경공부를 통해 신구약의 통일성을 교육한다(구약학자 폰 라트가 구속사적으로 벧엘 공부 교안을 작성했다). 예수님도 구약성경을 바탕으로 복음을

---

2) 한국말 성경에는 '감동'으로 번역되었는데, 한국 사람들이 정을 좋아하고 감동을 좋아해서 그렇게 번역되었는지는 모르나 원어에는 "Theo-pneustos θεόπνευστος" 즉 성령님이 주신 '영감'(靈感, inspiration)'으로 되어 있다.

전파하셨다. 그래서 성경은 예수님의 관점에서 읽어야 한다. 신약 따로, 구약 따로는 금물이다.

구약성경은 17 + 5 + 17로 키아즘 구조(chiasm, 짝을 이룸)로 되어 있다.

17 = 5(오경)+12(역사서, 수, 삿, 룻, 삼상, 삼하, 왕상, 왕하, 대상, 대하, 에, 느, 스)

5 = 시문서(욥, 시, 잠, 전, 아) [욥기, 시편, 잠언, 전도서, 아가를 순서대로 읽어야 함]

17 = 5(대 대언서; 사, 렘, 애, 겔, 단) + 12(소 대언서; 호-말)

신약성경도 9 + 9 + 9 = 27로 키아즘 구조로 되어 있다.

9 = 4복음서 + 1역사서(사도행전) + 4 개인 서신(몬, 딤전, 딤후, 딛)

9 = 유대인들에게 보내는 목회서신들(롬, 고전, 고후, 갈, 엡, 빌, 골, 살전, 살후)

9 = 이방인들에게 보내는 목회서신들(히, 약, 벧전, 벧후, 요일, 요이, 요삼, 유, 계)

성경 전체 주제는 예수 그리스도이며, 성경의 저자는 성령님이시고, 40여 성경의 인물들로 기록하게 하셨다. 그러므로 성경을 읽을 때는 항상 하나님의 뜻, 계획, 목적을 발견해야 한다.

성경의 목적(The purpose of the Bible)은 ① 교훈(=바른 가르침 doctrine) ② 책망(reproof) ③ 바르게 함(correction) ④ 의로 교육(instruction in righteousness) ⑤ 하나님의 사람으로 온전케 하여 모든 선한 일을 행하는 데 완벽하게 갖춤(the man of God may be perfect, throughly furnished unto all good works)이다(딤후 3:16-17).

성경은 하나님의 말씀이요 계시이기 때문에 신본주의적 연역법

(Deductive Theo-centric Perspective)으로 읽어야 한다. 모든 일을 주관하고 섭리하시는 하나님께서 주어가 되어야 하며, 인간은 하나님의 청지기로 쓰임을 받는다. 하나님께서 계시해 주시는 말씀을 믿음으로 받아들인다. 귀납법(Inductive method)은 관찰(observation)−해석(interpretation)−적용(application)이다.

장점은 말씀을 역동적으로 이해하여 내 삶에 적용하는 데 쉽다는 것이다. 그러나 약점은 ① 말씀 전체를 보지 못한다. ② 인본주의적 관점이다(내가 하나님을 찾아가는 방식). ③ 하나님의 관점이 약하다. ④ 방향 설정에 문제가 있다. ⑤ 탐구 질문이 잘못될 수 있다. ⑥ 결론이 성경의 본래 의도와 다를 수 있다. ⑦ 엉뚱한 적용이 될 수 있다.

2019년 10월 31일
16세기 유럽 교회개혁일 502주년에
윤사무엘 목사(한국 목회자 학교 대표)

목차 Contents

1. 창세기 Genesis

2. 출애굽기 Exodus

3. 레위기 [way-yiqra' 'And He called' 여호와께서 부르셨다]

4. 민수기 [BeMidvar 'In the Wilderness' 광야에서]

5. 신명기 [Devarim 'words' 말씀들] Deuteronomy

6. 역사서

7. 시문서

8. 대언서

9. 복음서

10. 역사서 (사도행전)

11. 서신들

부록

1

창세기 Genesis

창세기는 하나님의 천지창조부터 이스라엘의 역사 시작을 담고 있다. "말하고 있는 그대로를 의미한다"고 칼뱅은 말했다(Calvin said: Genesis means what it says). 창세기 1-11장은 원역사(primeval history)이며, 12-50장은 족장의 역사(patriarchal history)이다.

창세기 1-11장	창세기 12-15장
주요 사건: 창조, 타락, 홍수, 바벨탑 사건	주요 인물: 아브라함, 이삭, 야곱, 요셉
전 인류에 해당하는 사건	아브라함(족장) 가족
약 2000년간	약 250년간

창세기는 10개의 족보(=대략, 계보, 후예)로 되어 있다[히브리어로 Elleh toledoth 토레돗].

아담부터 아브라함(창 2:4-11:26) 다섯 족보와 아브라함부터 이스라엘(창 11:27-50:26)의 다섯 족보이다.

히브리어 성경에서 아래 도표 1-10항의 첫 단어가 토레돗(Toledoth)로 시작된다.

형식 Formula	내용 Contents	관련 성경 구절
태초에 하나님께서 천지를 창조하심	하늘, 땅, 지구 창조	창 1:1-2:4상
1. 하늘과 땅의 창조	인간, 에덴	창 2:4하-25
2. 아담의 후손	족보: 셋-노아	창 5:1-6:8
3. 노아의 후손	홍수와 무지개 계약	창 6:9-9:29
4. 야벳, 함, 셈의 족보	열국과 바벨탑 사건	창 10:1-11:9
5. 셈의 족보	족보; 셈-아브라함	창 11:10-26
6. 데라의 후손	아브라함 설화	창 11:27-25:11
7. 이스마엘 후손	이스마엘 족보	창 25:12-18
8. 이삭의 후손	이삭이 야곱에게 장자 축복	창 25:19-35:29
9. 에서의 후손	에서의 족보	창 36:1-43
10. 야곱의 후손	요셉, 이집트 이주	창 37:1-50:26

■ 창세기 1:1 “태초에 하나님이 천지를 창조하시니라”

개혁자 마틴 루터(Martin Luther)는 말하기를, 창세기 1장 1절은 성경 전체의 서론이면서 동시에 결론이라고 했다. 그래서 요한계시록 22장 21절을 읽고 마지막으로 창세기 1장 1절로 결론을 내어야 한다고 말한다. 창조의 신앙으로 성경 전체를 읽어야 한다는 견해이다.

태초에 하나님께서 천지, 즉 시간, 공간, 그리고 첫 물질인 지구를 창조하셨다.

1) 태초에(bə-rēšīṯ)

피조된 시간(the created time)의 시작을 말한다. 전치사 버(bə ‘in’)에 시작, 머리, 처음이라는 단어인 레쉬트(rēšīṯ, ‘beginning’, ‘head’)가 합성한 부사구로 성경에 처음 나오는 단어이다. “in the beginning”인데 흔히 “태초(太初)에”라고 번역하며 공동번역에서는 “한 처음에”라고 번역하기도 한다. 무궁(無窮)하신 하나님께서 이 세상을 창조하신 시간을 말하고 있다. 인간의 시간과 하나님의 시간은 질적으로 다르다. 그리스(헬라) 철학의 개념으로 영원(永遠, eternity=aionas)은 인간의 시간을 무한대(∞)로 연장시킨 것이다. 그러나 히브리 사고로는 하나님의 시간은 피조의 시간과 질적으로 다르다(전 5:2). 히브리어로 올람(‘Olam)인데 이를 번역하면 ‘무궁’이다. 끝이 없고(無限大) 영존(永存)하다(endless, infinite, ever-lasting). 시작이면서 끝이고 끝난 것 같은데 새로운 시작이다. 무궁하신 하나님께서 제한적인 피조물의 시간을 창조하신 것이다. 그래서 세상의 시간은 시작과 끝이 있다. 창조와 종말이 있다.

하나님은 태초와 종말을 넘어 무궁 자체이시다. 다니엘은 느부갓네살의 꿈을 해몽하면서 무궁하신 하나님을 찬양한다.

다니엘 2:20-22 "[20]영원 무궁히 하나님의 이름을 찬송할 것은 지혜와 권능이 그에게 있음이로다[3] Blessed be the name of God for ever and ever for wisdom and might are his [21]그분은 때와 사시사철을 바꾸시며 he changeth the times and the seasons 왕들을 폐하시고 왕들을 세우시며 he removeth kings, and setteth up kings 지혜자에게 지혜를 주시고 지식자에게 명철 understanding을 주시는도다 [22]그분은 깊고 은밀한 일을 나타내시고 He revealeth the deep and secret things 어두운 데 있는 것을 아시며 또 빛이 그와 함께 있도다 he knoweth what is in the darkness, and the light dwelleth with him."

하나님의 지혜(호크마 chokma, 잠 3:19)[4]는 무궁하다. 하나님께서 말씀과 지혜로 천지를 창조하셨다.

---

3) 지극히 높으신 하나님을 찬송할지로다(창 14:20); 여호와를 찬송할지로다(왕상 8:56); 우리 조상 이스라엘의 하나님 여호와여 주는 영원히 송축을 받으시옵소서(대상 29:10); 너희 하나님 여호와를 송축하라(대상 29:20); 여호와 이스라엘의 하나님을 무궁부터 무궁까지 찬송할지로다 아멘 아멘(시 41:13); 그 영화로운 이름을 영원히 찬송할지어다 온 땅에 그 영광이 충만할지어다 아멘 아멘(시 72:19); 내 영혼아 여호와를 송축하라 내 속에 있는 것들아 다 그 성호를 송축하라(시 103:1); 이제부터 무궁히 여호와의 이름을 찬송할지로다(시 113:2); 우리는 이제부터 무궁히 여호와를 송축하리로다 할렐루야(시 115:18); 왕이신 나의 하나님이여 내가 주를 높이고 무궁히 주님의 이름을 송축하리이다 내가 날마다 주님을 송축하며 무궁토록 주님의 이름을 송축하리이다(시 145:1-2).

4) 구약성경(Masoretic Text of the Hebrew Bible, MT)에 149회 나온다. 하나님의 호크마(divine wisdom, 잠 3:19)가 있고 인간의 호크마(잠 1:7, 9:10)가 있다. 70인역(LXX)에서는 sophia(σοφία)로, 라틴역 Vulgate에서는 sapientia로 번역한다.

잠언 8:22-31 “22여호와께서 그 조화의 시작 곧 태초에 일하시기 전
에 나(=호크마)를 가지셨으며 23만세 전부터 무궁토록, 땅이 생기기
전부터 내가 세움을 입었나니 24아직 바다가 생기지 아니하였고 큰
샘들이 있기 전에 내가 이미 났으며 25산이 세우심을 입기 전에 언
덕이 생기기 전에 내가 이미 났으니 26하나님께서 아직 땅도 들도
세상 진토의 근원도 짓지 아니하셨을 때에라 27그분께서 하늘을 지
으시며 궁창으로 해면에 두르실 때에 내가 거기 있었고 28그분께서
위로 구름 하늘을 견고하게 하시며 바다의 샘들을 힘 있게 하시며
29바다의 한계를 정하여 물로 명령을 거스르지 못하게 하시며 또
땅의 기초를 정하실 때에 30내가 그 곁에 있어서 창조자가 되어 날
마다 그 기뻐하신 바가 되었으며 항상 그 앞에서 즐거워하였으며 31
사람이 거처할 땅에서 즐거워하며 인자들을 기뻐하였었느니라.”

요한복음 1:1-2와 요한일서 1:1에 나오는 태초 ‘아르케’(arché ἀρχη)는 무궁의 시간을 말한다. 무궁의 하나님에 대해 다음 성경구절을 살펴보자.

이사야 41:4 “이 일을 누가 행하였느냐? 누가 이루었느냐? 누가 태초부터 만대를 불렀느냐? 나 여호와라 태초에도 나요 마지막에 있을 자에게도 내가 곧 그니라 I the LORD, the first, and with the last; I am he.”

이사야 44:6 “이스라엘의 왕인 여호와, 이스라엘의 구속자 redeemer인 만군의 여호와가 말하노라 나는 처음이요 나는 마지막이라 나 외에 다른 신이 없느니라 I am the first, and I am the last; and beside me there is no God.”

이사야 48:12 "야곱아 나의 부른 이스라엘아 나를 들으라. 나는 그니 나는 처음이요 또 마지막이라 I am he; I am the first, I also am the last."

에베소서 3:9 "무궁(영원)부터 만물을 창조하신 하나님 속에 감취었던 비밀의 경륜이 어떠한 것을 드러내게 하려 하심이라."

골로새서 1:17 "또한 그가 만물보다 먼저 계시고 만물이 그 안에 함께 섰느니라."

히브리서 1:10 "또 주님, 태초에 주님께서 땅의 기초를 두셨으며 하늘도 주의 손으로 지으셨습니다."

히브리서 7:3 "(1) 아비도 없고 without father (2) 어미도 없고 without mother (3) 후계자도 없고 without descent (4) 시작한 날도 없고 having neither beginning of days (5) 생명의 끝도 없어 nor end of life (6) 하나님 아들처럼 만들어졌으며 but made like unto the Son of God; (7) 제사장으로 계속 계시니라 abideth a priest continually."

히브리서 13:8 "예수 그리스도는 어제나 오늘이나 무궁토록 동일하시니라 Jesus Christ the same yesterday, and to day, and for ever."

요한계시록 1:8 "주님(예수님)께서 말씀하시기를 '나는 알파와 오메가라 처음이요 마지막이라 전에도 있었고 장차 올 자요 전능한 자라' 하시더라 I am Alpha and Omega, the beginning and the ending, saith the Lord, which is, and which was, and which is to come, the Almighty."

요한계시록 1:11 "말씀하시기를 '나는 알파와 오메가라 처음과 마지막이라[5] 너 보는 것을 책에 써서 아시아에 있는[6] 에베소, 서머나, 버가모, 두아디라, 사데, 빌라델비아, 라오디게아 일곱 교회에 보내라' 하시기로."

요한계시록 2:8 "서머나 교회의 사자에게 편지하기를 처음이요 마지막이요 죽었다가 살아나신 이가 말씀하시기를."

요한계시록 21:6 "또 내게 말씀하시되 이루었도다 나는 알파와 오메가요 처음과 마지막이라 내가 생명수 샘물 the fountain of the water of life로 목마른 자에게 값없이 freely 주리니."

요한계시록 22:13 "나는 알파와 오메가요 시작과 끝이요, 처음과 마지막이라 I am Alpha and Omega, the beginning and the end, the first and the last."

매년 유대인들은 오경을 일독한다. 매주 읽어야 할 분량이 있다. 흔히 초막절 일주일간 절기를 지내고 다음날 '심핫 토라'(Simchat Torah, "Joy of the Word" 말씀의 즐거움)의 축제를 가진다. 이날부터 토라를 다시 읽는다. 첫 번째 주간에 읽는 분량(파라샤, parashah)이 창세기 1:1-6:8인데, 이 첫 분량(the first weekly Torah portion)을 '베레시트'라 부른다.[7]

▶ 하나님께서 천지창조를 언제 하셨는가?

① 전통적으로는 주전 4004년이라고 말한다(스코필드).[8]

---

5) 개역, 개역개정, 현대역에서는 "나는 알파와 오메가라. 처음과 마지막이라" 이를 삭제함. 다수 사본과 개혁자들의 성경에 나옴. "I am Alpha and Omega, the first and the last."

6) 개역, 개역개정에서는 "아시아에 있는"이 삭제됨. 다수 사본과 개혁자들의 성경에는 나옴 "the seven churches which are in Asia".

7) 베레시트 분량(The parashah)은 7,235개 히브리어 글자들(Hebrew letters), 1,931개 단어들(Hebrew words), 146절(verses), and 241줄(lines)로 되어 있다(위키백과사전).

8) 세대주의자들(dispensationalism)이 주장하는 창조 연도로 스코필드의 관주성경(The Scofield Reference Bible, Oxford University Press, 1909, 개정 1917)에 나옴.

② 유대력에 의하면 주전 3760년에 천지를 창조하셨다. 2019년은 5779년.

③ 창조과학에서는 주전 4001년 3월 18일(그레고리안 캘린더), 4000년 4월 19일(줄리언 캘린더)로 말한다.[9)]

④ 진화론에 의하면 운석의 방사능 연대 측정 자료를 기반으로 지구와 달의 나이를 46억(45.4 ± 0.5억 년) 년까지 주장하기도 한다.[10)] 창조론과 진화론의 중간 입장은 지구의 나이가 100억 년 혹은 적어도 수백만 년이라고 하나 정확히 측정하기는 어렵다고 한다.[11)]

▶ **인류 공통 역사**(Bible Science **자료**)[12)]

인 물	향수 (첫 자녀 낳은 나이)	누적	AM[13)]	BC
아담	930 (130세 셋을 낳음)	0	930	4001
	[가인, 아벨]			
셋	912 (105)	130	1042	3071
에노스	905 (90)	235	1140	3766

9) E. W. Faulstich, *Bible Chronology and the Scientific Method,* Spencer, Iowa: Chronology Books, 1990. 컴퓨터로 별자리와 안식일 주기를 통해 연대를 찾아냄. Brian D. Shepherd, *Proving the Age of the Earth, Cleveland,* GA:The Old Paths Pub., 2017. 화학자(Chemist)인 세퍼드도 지구가 6000년 되었다고 믿는다.

10) 위키백과. "지구의 나이" 20세기 초 방사성 연대 측정이 발전함에 따라 우라늄-납 연대 측정을 이용한 우라늄 광물 연대 측정 결과 일부 암석은 나이가 10억 년이 넘는다는 주장이 나왔다. 호주 웨스턴오스트레일리아주의 잭 힐즈에서 채취한 지르콘과 같은 가장 오래된 암석의 나이는 최대 44억 4백만 년이라는 것이다. 태양계 내에서 알려진 가장 오래된 고체 구성물인 칼슘-알루미늄 다수 내포물의 연대 측정 결과 45억 6700만 년이라는 결과가 나오며 태양계 나이의 최소 하한이 결정되었다.

11) 지구는 칼슘-알루미늄 등 다수 내포물과 그 운석이 생겨난 직후 강착되었다고 추정하고 있다. 하지만 강착 과정에 걸린 시간은 서로 다른 강착 과정 모델에 따라서 최소 수백만 년에서 최대 1억 년까지 서로 다른 기간으로 말하기 때문에, 지구의 나이와 지구에서 가장 오래된 암석의 나이 차이가 어느 정도인지는 정확히 알 수 없다. 또한 암석 자체도 서로 다른 나이의 미네랄이 모인 집합체이기 때문에 가장 오래된 암석의 정확한 나이를 아는 것은 어렵다(위키백과사전).

12) 여기 역사 자료는 www.biblescience.org(2019년 11월 김명현 교수)에서 발췌한 것이다. 02-504-2701; Eugene W. Faulstich, *Bible Chronology: The Scientific Method,* 양승원 외 번역, 《성경연대기와 과학적 검증방법》, 성경과학원(IBS)출판사, 2019.

13) AM = Anno Mundi 즉 세상 창조 후 연도임.

인 물	향수 (첫 자녀 낳은 나이)	누적	AM	BC
게난	910 (70)	325	1235	3676
마할랄렐	895 (65)	395	1290	3606
야렛	962 (162)	460	1422	3541
에녹	365 (65)	622	[987]	3379
므두셀라	969 (187)	687	1656	3314
라멕	777 (182)	874	1651	3127
	대홍수(Deluge)	1656	2345	
노아	950 (504)	1056	2006	2945
	[야벳, 함-구스-니므롯]			
셈	600 (100)	1560	2160	2441
아르박삭	438 (35)	1660	2098	2341
셀라	433 (30)	1695	2128	2306
에벨	464 (34)	1725	2189	2276
	[바벨탑 사건]			
벨렉	239	1759	1998	2242
르우	239	1789	2028	2212
스룩	230	1821	2051	2180
나홀	148	1851	1999	2150
데라	205	1880	2085	2121
아브라함	175 (100)	1950	2125	2051
이삭	180 (60)	2050	2230	1951
야곱	147	2110	2257	1891
(요셉)	110	2200	2310	1801
인 물	**역사적 사건**	**누적**	**AM**	**BC**
	출애굽(Exodus)	2540		1461
	사사시대(The Judges)	2500		1421
	사울 / 왕정 시작, 사무엘	2970		1031
다윗		2980		1021
	예루살렘 천도	2983		1018
	압살롬의 반역	3011		981
	24반열	3015		977
솔로몬		3010		991

인물	역사적 사건	누적	AM	BC
	솔로몬 성전 기공	3020		981
	성전 완공	3027		974
	분열왕국(솔로몬 사후)	3060		941
	북이스라엘 멸망(앗시리아로부터)	3278		723
	1차 포로: 다니엘, 세 친구	3421		599
	2차 포로: 여호야긴, 에스겔	3413		591
	예루살렘 성전 파괴 시작	3413		591
	남유다 멸망(신바벨론, 느부갓네살)	3410		588
	느부갓네살 왕 광인(577), 벨사살 사망, 복권(571)			
	다리오, 메대인, 아스티아게스 Astyages			
	에스더 왕비 간택,	3391		569
	고레스 조서	3393		551
	바벨론 점령	3404		540
	바벨론 포로에서 귀환	3406		538
	제2성전 기공(스룹바벨, 여호수아)	3414		520
	바벨론 멸망	3414		520
	제2성전 준공	3420		516
	에스라(2차 귀환)	3421		515
	느헤미야(3차 귀환)	3424		502
	다리오 1세 페르시아인(하스타페스 아들)			
	마라톤 전투(제2차 그리스-페르시아 전투)			490
	크세르크세스(485-464)	3441		485
	아닥사스다 Artaxerxes I Longmanus 465-424			465
	그리스 시대(알렉산더)	3595		331
	로마 시대			160
	예수님		4	
	바울 순교		AD 64	
	제1차 유대-로마 전쟁, 티토(66-73), 예루살렘 파괴		70	
	제2차 유대-로마 전쟁, 바르코크바 반란(132-135)		135	
	기독교 공인(밀라노 칙령) 콘스탄티누스		313	

인물	역사적 사건	누적	AM	BC
	기독교를 국교로 삼음		390	
	서로마 멸망		473	
	이슬람 시작		622	
	아랍족이 예루살렘 점령		638	
	동서 교회 분립		1054	
	십자군 전쟁 발발, 예루살렘이 십자군으로		1099	
	이집트 술탄 살라딘이 예루살렘 재탈환		1187	
	십자군 전쟁 종결		1260	
	오스만투르크 셀림 1세가 침공, 400년 통치		1516	
	기독교 개혁(독일 마틴 루터)		1517	
	나폴레옹		1799	
	이스라엘이 영국 통치령 시작		1917	
	이스라엘 독립		1948. 5. 14	
	제3차 중동 전쟁(6일전쟁)		1967. 6	
	미국 대사관 예루살렘으로 이전		2018. 5. 14	
2020년 4월 현재, 유대력 5780년, AM 6020년				

2) 창조하다(바라, bârâ')

성경의 최초의 동사가 "창조하셨다 created"이다.[14] 이 동사의 주어는 하나님이다(창 1:21, 27). 하나님께서 절대적으로 창조하셔서 창조주(Creator)라 부른다. 모든 피조물(creature)은 창조물이다. 하늘, 땅, 바다, 지구, 식물, 인간, 동물, 물고기, 새, 꽃, 나무, 해, 달, 별(행성들), 천사, 사탄, 우상들 모두 하나님의 피조물이다. 킹제임스 역 성경에 '창조하다' 동사는 55회 나온다.

히브리어 bârâ'의 세 자음은 성자, 성령, 성부를 뜻하는 단어의 첫

14) 칼(Qal, 단순 능동형), 3인칭 남성 단수 완료형으로 "그는 창조했다"이다.

글자를 모은 단어이다. 히브리어 단어는 세 개의 자음으로 구성된다. b=Ben 아들(성자), r=Ruach 영(성령), '='Elohim 하나님(성부)의 첫 자를 모으면 bârâ' 가 된다. 창조하다의 주어는 삼위일체 하나님이다.

'만들다' 아싸('āśāh)는 창세기 1장에서 6회 나온다(창 1:7, 12, 16, 26, 31, 2:2, 3:13). 하나님이서 주어인 '아싸'는 '바라'와 같은 뜻이다. 구약성경에 모두 2,628회 나온다.

또한 '빚다, 형성하다, 모양을 만들다'의 뜻인 야짜르(yātsar)는 창세기 2장에서 세 번 등장한다(창 2:7, 8, 19). 이 동사도 하나님이 주어일 경우 '바라'와 같은 의미이다. 이 동사는 구약에 모두 63회 나온다.

(1) 창조론 vs 진화론

성경에서는 창조론을 말하고 있다. 진화론은 18세기 계몽주의(합리주의)에서 나온 인본주의 가설이다. 무슨 주장이든 증명이 되지 않으면 정설이 될 수 없다. 진화론은 지금도 가설(hypothesis)에 불과하다. 돌연변이, 적자생존 등의 주장은 모두 비과학적이고 비논리적이다. 원숭이가 인간으로 진화된 적은 한 번도 없다.

진화론(theory of evolution)을 진리로 믿는 과학자는 없다. 그럼에도 불구하고 교과서에서 진화론을 가르치고 있고 인간은 진화론 사고에 속고 있다. 자각하는 지성인들은 진화론과 함께 과학시간에 창조설(creationism)도 함께 가르치자는 안이 바로 지적 설계(intelligent design)론이다. 창조설이라 하지 않고 표현 자체를 간접적으로 하고 있음은 진화론자를 의식하기 때문이다.

지적 설계론은 인간의 생물학적 특징과 진화가 너무 복잡해서 하나님과 같은 어떤 지적인 창조자가 인간의 출현에 개입했을 것이라는 이론이다. 현재 미국에서 오하이오, 미네소타, 뉴멕시코, 테네시 주는 이미 지적 설계론을 학교에서 가르치며, 앨라배마, 조지아, 캘리포니아 주에서도 이를 허용하는 법안이 상정 중이다. 켄터키, 캔자스, 루이지애나, 텍사스, 펜실베이니아, 버지니아 주도 적극 검토하고 있다. 미국 50개 주에서 20%가 과학시간에 진화론만 가르치고 나머지 주에서는 창조론을 함께 가르치고 있다. 창조론을 가르치는 주가 앞으로도 점차 늘어날 전망이다.

잘 알려진 대로 진화론은 다윈이 가설로 내놓은 후 지금까지 가설로 남아 있다. 과학적인 증명이 되지 않았기 때문이다. 가설이 학설로 되려면 논리적이며 합리적인 증명이 되어야 하는데, 진화론자들이 주장하는 화석(fossil) 증거물에서 중간단계의 화석이 지금까지 발견되고 있지 않다. 연대 측정도 허무하기 짝이 없다. 과연 현대과학이 수백만 년 단위의 시간을 추정할 수 있는가? 정직한 과학자들은 그들의 한계를 솔직히 인정하고 있다. 자연을 연구하면 할수록 하나님의 신비와 위대성을 찬양하게 된다는 과학자들이 늘고 있다.

다윈도 《종의 기원》에서 세계가 하나님의 창조임을 고백하고 있지 않는가? 다윈 후 과학자들이 이 가설을 받아들여 인간의 조상이 원숭이이며, 지구상에 살고 있는 생물들은 오랜 세월 동안 진화되어 왔으며, 빙하시대, 해빙시대가 반복해서 지나갔다고 주장하고 있다. 그렇게 주장하는 사람에게 원숭이 피를 수혈한다고 해보라. 사실 인간의 조상이 원숭이라는 주장 자체가 얼마나 비과학적인가를 기초적인 과학을 한 사람은 인정한다. 그럼에도 불구하고 세속학교의 교과서뿐만 아니라 박물관도 진화론에 의해 세워지고 있다.

홈스쿨링(Home Schooling, Pensacola의 A Beca가 대표적임)의 교재는 성

경에 입각하여 만든 교과서이기에 자녀들에게 바른 교육을 시키는데 매우 적합하다. 남미, 아시아, 아프리카에 있는 여러 나라들도 펜사콜라에 본부를 두고 있는 아 베카 홈스쿨링(A-Beka Homeschooling) 교재를 사용하고 있다.

오늘날 현대인의 사고를 지배하는 다윈주의는 공산주의처럼 유대계 프리메이슨의 지원하에 만들어진 이론이다. 1897년에 작성된 "시온의 정서"(Protocols of Sion, 유대세계정부를 통해 세계를 정복하자는 전략방침, 세계를 정복하여 비유대인들을 노예로 삼자는 제안) 2장 3절에 의하면 세계지배주의자들 회의인 아젠투어(Agentur 시온 현자들의 회의, 적그리스도 세력)는 각종 사상과 언론을 통해 우리의 사고방식까지 지배하고 있다. 다윈의 진화론, 마르크스의 공산주의, 니체의 허무주의(초인사상) 철학 등이 모두 유대계 프리메이슨이 인류를 그들이 의도한 잘못된 방향(새 세계 질서, new world order, NWO)으로 이끌기 위해 만들어낸 사상이다. 진화론과 헤겔의 변증법을 통한 자유사상으로 인류의 사고를 상대주의로 바꾸려는 의도가 숨어 있었다. 철학이 인류에 미치는 영향은 심대한데 새로운 철학이 나오면 사람의 의식구조가 바뀌고, 그에 따라 과학, 예술, 문학, 경제, 문화가 발전하기 때문이다.

프리메이슨은 CBS, NBC, BBC, 워싱턴 포스트 신문사, 뉴욕 타임스 등의 방송 언론사를 소유하고 있어 그들이 의도한 대로 기사를 내보내 여론을 유도한다. 이제 더 이상 이들의 속임수에 넘어가지 말고, 하나님의 말씀이 기록된 성경의 가르침을 배우고 믿고 순종하여 선한 일을 하기에 온전한 사람이 되자(딤후 3:16-17).

(2) 진화론에 대한 태도

진화론은 지금도 과학계에서 가설에 불과하다. 일반 과학계에서도 진화론에 대해 합의된 견해는 없다. 찰스 다윈이 《종의 기원》이란 저서에서 진화론에 대한 가설을 설정하고 과학적으로 여러 가지 설명을 시도했지만 과학적인 증명과 증거가 불충분했다. 그에 의하면 생물체는 일곱 가지 진화 과정을 지나는데(원시대기, 유기물질, 세균과 점액, 해면동물과 강장동물, 물고기, 양서류, 파충류, 조류와 포유류 등), 주로 발견된 화석으로 가설을 증명하려고 노력했으나 지금까지 중간 단계의 화석이 발견되고 있지 않아 결론을 내리고 있지 못한 가설에 불과하다. 다윈도 고백하기를 최초의 아메바는 조물주께서 창조하셨다고 말했다.[15] 지금까지 다윈의 진화론은 과학적 증명에 성공하지 못했기에 가설로 남아 있을 뿐이다(may, might, could). 그러나 성경은 "태초에 하나님께서 천지를 창조하셨다"고 선언한다(created). 이는 역사적인 사실이요 신앙의 고백이다. 창조 셋째 날에 종류대로 초목을 창조하셨고, 다섯째 날에 새, 물고기를, 여섯째 날에 짐승, 곤충, 그리고 사람을 하나님의 형상과 모양대로 창조하셨다.

또 교과서에 나온다고 다 진리라는 발상은 착각이다. 일본 교과서에는 우리나라 일제 침략에 대해 오히려 조선을 도와준 행위로 소개되고 있다. 일부 중국 교과서에는 우리나라 고구려 역사가 중국의 역사로 나온다. 교과서에서 허위를 가르칠 수도 있다. 미국에도 진화론과 창조론을 동시에 가르치는 교과서가 30개 주 이상에서 사용되고 있음을 감사하게 생각한다.

진화론을 굳게 믿고 있는 이들에게 다음과 같은 질문을 던져본다.

① 다윈을 지지하는 헉슬리(Huxley)가 주장하는 대로 인간의 조상이 원숭이라는 사실이 과연 사실인가? 지금 과학자들은 원숭이는

15) 그의 저서 《종의 기원》 맨 마지막 페이지(p. 901) 중간부분.

언어기능이 없고, 두뇌 구조가 인간과 근본적으로 차이가 나며, 원숭이의 피로 사람에게 수혈할 수 없다는 것을 인정하고 있다. DNA가 완전히 다르다.

② 자연선택, 돌연변이, 적자생존 이론이 과학적으로 증명된 적이 있는가? 그 용어 자체가 비과학적이다. 이 문제는 과학자들도 인정한다.

③ 왜 지금까지 중간 화석은 발견되지 않는가? 과학자들도 이를 인정하지 않는가?

④ 다윈도 조물주(창조주)를 인정하였는데, 그 가설을 진리처럼 믿고 있는 이유는 무엇인가?

⑤ 진화의 절대 조건 중 하나는 변화한 형질이 절대로 되돌아가지 않는다는 것이다. 즉 진화는 불가역적(irreversible)인 현상이 아닌가?

⑥ 지구의 나이, 화석의 연도 추정에서 몇십만 년, 몇백만 년이라고 계산하는 것이 과연 믿을 만한가? 방사성 탄소 연대 측정법(radiocarbon dating)으로도 6만 년 이상 연대를 측정할 수 없다. 어불성설이다.

⑦ 인간만이 이성, 사상, 문화, 언어, 신앙을 접할 수 있다는 것을 진화론적으로 설명할 수 있는가? 다른 피조물은 문화의 발전이 없다.

(3) 진화론의 허구

진화론이란 모든 생물이 시간의 흐름에 따라 하등동물에서 고등동물로 변화된 것을 이론화한 것이다. 우연과 오래된 시간이 중심을 이루고 있다. 공통 조상으로부터 모든 생물이 유래하였다고 주장한다. 모든 척추동물은 물고기로부터 유래하였고, 그 물고기는 또한 무척추 동물로부터 유래하였다는 것이다. 모든 생명체는 단세포 생물로부터 유래하였고, 그것은 무생물로부터 우연히 형성되었다고 생각한다. 변화는 돌연변이, 자연선택, 그리고 유전적 재조합의 자연적 작용을 통해 일어난다는 것이다.

① 화석과 진화론

화석(fossils)은 예전에 살았던 생물의 유해가 바위에 굳어져 만들어진 돌이다. 진화론자들의 견해로는 진화의 중간단계 생물을 보여줄 것으로 기대한다. 무척추동물 이전 → 무척추 동물 → 척추동물(어류) → 양서류 → 파충류 → 조류, 포유류. 그런데 중간단계 생물의 화석이 발견된 적이 없다.

② 중간단계 화석(missing link of fossils)

발견된 적이 없는 중간 단계 화석을 '빠진 고리'(missing link)라고 한다. 빠진 고리는 생물이 과거에 진화 과정을 겪었다는 가정하에 생물군 사이의 관계를 예상해서 만들어 놓은 상상물을 의미한다. 진화론자들이 가장 고심했던 빠진 고리는 기어다니는 파충류와 날아다니는 새를 연결시킬 화석, 즉 시조새이다. 그러나 지금 전공자의 대부분은 시조새를 완전한 깃털을 갖고 있는 새로 결론을 내렸다.[16)]

③ 《종의 기원》*(Origin of species)*

찰스 다윈(Charles Robert Darwin, 1809-82)의 대표적인 저서로 1859년에 간행되었다. 변이의 법칙, 생존경쟁, 본능, 잡종, 화석, 지리적 분포, 분류학 및 발생학 등 여러 면에서 자연선택설(natural selection)을 다루고 있다. 다윈(Darwin)의 할아버지 에라스무스(Erasmus)는 의사였으며, 이전의 린네가 분류했던 식물계를 확대한 《Botanic Garden》

16) Alan Feduccia, *Science*, "Achaeon pteryx: Early Bird Catches a Can of Worms", 1993. 《창조과학 콘서트》, p.31.

의 저자로 유명하다. 그는 생물을 진화의 순서로 설명하려고 시도했는데, 이것이 찰스의 진화 이론에 큰 영향을 끼치게 되었다.

젊은 시절 다윈은 5년간 비글호를 타고 여행을 하면서 '자연선택'(natural selection)이라는 진화 신념의 핵심용어를 탄생시켰다. '경쟁에서 이긴 개체들'(individuals: 하나의 생물체)이 자연적으로 선택된다. 이 개체들의 특별한 능력이 주위 환경에서 생존할 수 있는 기회를 주며, 이 유전적 체질은 다음 세대로 넘어간다. 이 작은 변화가 오랜 기간 쌓여서 결국 지금의 여러 종들이 되었다는 것이다.

④ 지질 계통표(Geologic Column)

화석을 진화론적으로 모아 지구역사를 만들어 놓은 시간표(예, 고생대, 중생대, 신생대)이다. 멀리 떨어져 있는 지층이 어느 것이 오래되었고 어느 것이 최근 것인지 맞추려는 지질학적 방법으로 지구상에서 발견된 화석들을 가지고 지질주상도를 완성해 가는 방법이다. 즉 단순한 화석이 발견되는 층은 더 오래된 시대의 지층이고 복잡한 화석이 발견된 층은 최근의 것으로 정한다.[17)]

사실 지구상에 지질 계통표의 모든 층들을 보여주는 곳은 한 군데도 없다. 지구상에 조각조각 분포되어 있는 것을 진화론적인 자료로 지질학 책에 모아 놓은 것이다. 진화론자들은 이 허구의 도표를 가지고 발견된 화석들을 분류하려고 하나, 사실은 이 지질 계통표에 분류된 생물들은 동시대에 함께 살았다.

⑤ 타 종의 교배는 불가: 다른 종의 경우 생식이 불가능하다.

예를 들면, 나방 생식 시기에 4km 반경의 수나방만이 몰려온다.

---

17) 《창조과학 콘서트》, p.242.

잡종동물은 생식능력이 가능하지 않다.

- 생물들을 보면 현재 살고 있는 곳이 자신에게 적합하기보다 내성 한계 안에 있기에 그냥 살고 있다
- 동물들은 자신에 맞는 환경보다는 자신이 '살아야 하는 곳'에 살고 있다(창 1장, 롬 8:19-22)[18]
- 예, 동물의 이주 본능, 회유어(연어, 송어), 철새, 제왕나비, 인도네시아 크라카토아 섬

⑥ 진화와 변이

- 변이: 같은 종(species) 내에서 변화 – 생물학, 유전학적 법칙에 전혀 문제가 없다.
- 용불용설: 동물의 어떤 기관을 다른 기관보다 자주 쓰거나 계속해서 쓰게 되면, 그 기관은 점점 강해지고 또한 크기도 더해가며 더 나아가 특별한 기능을 갖게 된다. 상대적으로 어떤 기관을 오랫동안 사용하지 않고 그대로 두면 차차 그 기관은 약해지고 기능도 쇠퇴한다는 이론이다. 그러나 맹장도 우리 몸에 필요하니 있다.
- 진화(Evolution): 다른 종간의 변화 – 과학적으로 전혀 불가능하다.
- 진화론자들은 변이를 소진화(micro evolution)라고 명명하며, 소진화가 진행되면서 대진화(macro evolution)의 가능성을 이야기하지

18) 롬 8:19-22 "피조물의 고대하는 바는 하나님의 아들들의 나타나는 것이니 피조물이 허무한 데 굴복하는 것은 자기 뜻이 아니요 오직 굴복하게 하시는 이로 말미암음이라 그 바라는 것은 피조물도 썩어짐의 종노릇 한 데서 해방되어 하나님의 자녀들의 영광의 자유에 이르는 것이니라 피조물이 다 이제까지 함께 탄식하며 함께 고통하는 것을 우리가 아나니".

만 불가능하다.

- 대진화(Macro-evolution): 새로운 종류 혹은 새로운 형질을 출현케 해주는 한 생물체 혹은 한 생물 집단 내에서 일어나는 가상적인 큰 변화를 말하며, 이 변화는 현존하는 생물체에서 결코 관찰된 적이 없다.
- 소진화(Micro-evolution): 한 형질이 이전보다 더 강하게, 혹은 더 약하게 발현되도록 하는 생물체 군집 내의 작은 적응현상으로 오직 주어진 종류 내에서의 변이이다. 이 변이는 살아있는 군집 내에서 자주 발견할 수 있다.
- 종(Species): 같은 종의 개체들 간에는 상호 유전자(gene)를 교환할 수 있으나 다른 종에 속하는 개체들과는 교배가 이뤄지지 않고, 설령 교배가 이뤄진다고 하더라도 자기의 집단에 영향을 미치지 않는다.
- 돌연변이(Mutation): 한 생물체의 유전 물질의 변화로 후손에게 전달될 수 있다. 많은 경우 하나의 돌연변이는 한 형질 이상의 것에 영향을 준다. 이롭지도 않고 해롭지도 않은 돌연변이도 있지만 치명적인 경우가 많다. 아직까지 유익한 돌연변이가 발견된 적은 없다. 방사능에 의해 발생한다. 초파리 실험 결과 10만 내지 100만 세대에 한 번 정도 발생, 환경에 적합하지 못한 방향으로 발생, 여전히 초파리이다. 돌연변이로 정보가 추가된 경우는 없다.
- 자연선택(Natural selection): 주변 환경에 적응하는 데 가장 적합한 형질을 선택하는(생물군집 내에서의) 과정, 이 보존적 과정은 형질을 유지하는 경향을 보이며 결코 새로운 유전 물질을 만들지 않는다. 자연도태라 하기도 한다. 진화의 증거가 아니다. 자연은 진

화하는 것과 퇴화하는 것 모두를 막는다.

- 과학법칙: 가설 또는 관찰, 실험, 반복, 법칙인데 진화론은 관찰과 실험에 의해 얻어진 것이 아니라 심리적인 느낌이요 철학이요 사상이다.

⑦ 진화론의 과학적 문제점

관찰된 것이 아니다. 살아있는 생물과 화석에서 전무하다. 과학적 실험에서 비롯된 것이 아니다. 그러므로 진화론은 과학의 결과가 아닌 사상의 문제이다.

- 유신론적 진화론(Theistic Evolution)은 과학적 자료를 다루는 방법론에 있어서 본질적으로 무신론적 진화와 동일하다. 하나님께서 진화가 시작되도록 하신 후에는 자연적 작용에 맡겨 버리셨거나 아니면 진화과정을 간섭하셨다고 생각한다.
- 점진론적 창조(Progressive Creation)는 창세기 1장의 하루가 긴 시간을 의미하며, 대략 지질학적 연대에 해당한다고 본다. 각 생명의 기본종류는 오랜 세월에 걸쳐 여러 번 초자연적인 작용에 의해 창조되었다는 것이다.

우리는 여기서 성경대로 믿는 것이 가장 확실함을 느낀다. 성경에 나오는 대로 하나님께서 6일간 우주와 지구와 식물, 동물, 인간을 창조하셨다. 모든 생물과 식물이 그 종류대로 창조되었으나 인간은 하나님의 형상대로 창조되었다. 인간에게 진화는 있을 수 없다.

3) 창조주 하나님

성경의 첫 주어는 하나님(Elohim)이다. 하늘과 땅과 인간을 하나님의 뜻대로 창조하셨다. 천지창조, 구속역사, 역사 섭리, 노아 방주, 성막, 복음과 선교, 교회 등은 모두 하나님의 디자인(design)이다. 그래서 창조설을 지적 설계(intelligent design)[19]라고 부른다. 신본주의(=하나님 중심주의 God's Providence/God-center Faith, Theoism)는 항상 하나님이 주어가 된다.

하나님은 삼위일체 하나님으로 인격적으로 성부, 성자, 성령의 세 분이시나 한 하나님이시다. 그래서 하나님께서 '우리(we), 우리의(our)' 라고 하신다(창 1:26-27, 3:22). 히브리어로 하나님(El, Eloh)의 남성복수형 어미 임(im)이 합성되어 '엘로힘'(Elohim)이라 부른다. 하나님은 창조주(Creator), 무궁자(Infinite), 스스로 계신 분(Independent)이다.

하나님에 대한 질문 몇 가지를 정리해 보자.

(1) 누가 하나님을 창조했는가?

하나님은 스스로 계시는 분이기에 아무도 하나님을 창조하지 않았다. 그분은 과거, 현재, 미래를 뛰어넘어 영원무궁토록 존재하는 분이시다.

---

19) 지적 설계(知的設計, intelligent design)란 말은 '목적론적 논증'(teleological, physico-theological argument, argument from design)에서 나온 말로 신의 존재, 즉 지적 설계로 인식되는 증거로 지적인 창조주를 논증하는 방식이다. 고대 그리스 철학(플라톤, 아리스토텔레스, 스토아학파)에도 나온다. 탐구 대상의 기원이 의도에 의한 설계인지 아무런 의도가 없는 자연 발생인지를 밝히는 것이라는 정의를 내리며, 의도적 존재라면 탐구 대상에서 의도적 요소인 '디자인'[(Design, 설계(設計)]을 찾는 것이라는 주장이다. 지적 설계는 과학이론이 아니므로 이는 자연발생 자체를 부정하지는 못하며, 의도성을 규정하는 형이상학으로서의 가치만을 가진다. 오늘날 미국에서 진화론과 논쟁할 때 창조설을 흔히 "intellectual design"이라고 부른다. 1920년대부터 미국 과학교과서에는 진화론만 소개되다가 1960년대부터 창조론(creationism)을 동시에 가르치는 주(state)가 늘어가고 있다. 한국 고등학교 과학교과서에도 창조론을 언급하고 있다.

시편 90:2 "산이 생기기 전, 땅과 세계도 주님께서 만드시기 전 곧 무궁부터 무궁까지 주님은 하나님이시니이다 Before the mountains were brought forth, or ever thou hadst formed the earth and the world, even from everlasting to everlasting, thou art God."

그분 속에 무궁한 생명이 있기에 어떤 누구도 하나님을 창조할 수 없다. 모든 피조물은 탄생과 성장과 종말이 있지만 하나님은 이 모든 것을 초월하셔서, 시작도 끝도 없는 무궁하신 분이다(히 1:10-12; 계 1:8; 골 1:1, 7).

조직신학(교의학)은 하나님 존재(하나님을 아는 지식)로 시작한다. 하나님이 존재하신다는 유신론(有神論)과 하나님이 없다는 무신론(無神論)이 있다. 하나님은 없다고 주장하는 공산주의, 철학, 과학, 일부 종교, 어리석은 자(시 53:1, 14:1)가 있다. 성경은 분명히 하나님의 존재에 대해 의심할 여지 없이 말한다. 우리가 믿는 하나님은 천지만물을 창조하신 분이요, 살아 계신 하나님이시다. 온 우주는 그로부터 존재하게 되었다. 그를 전제하지 않고서 인간은 이 세상의 아무것도 바로 알 수 없고 논할 수 없다. "하나님께 나아가는 자는 반드시 그가 계신 것을 믿어야 할지니라"(히 11:6)고 했다.

▶ 하나님 존재의 이성적 증거들[20]

역사상, 하나님의 존재하심에 대한 여러 가지 이성적 증거들이 제시되어 왔다.

---

20) 하나님아들, m.blog.daum.net > godson. 발췌함.

첫째로, 우주론적 논증(cosmological argument)이란 아리스토텔레스나 토마스 아퀴나스 등이 제시한 매우 오래된 논증으로서 인과논증(因果論證)이라고도 불린다. 이 논증에 의하면, 모든 사물은 어떤 원인의 결과이며, 어떤 결과가 있으면 그것의 원인도 존재하는데, 우주는 한 결과이고 하나님은 그것의 궁극적 원인 혹은 제1원인이므로 하나님은 존재하신다는 것이다.

둘째로, 목적론적 논증(teleological argument)이란 소크라테스나 키케로나 필로 등이 제시한, 역시 매우 오래된 논증이다. 이 논증에 의하면, 모든 설계된 작품들, 예를 들어 집이나 시계 등은 그 설계자의 존재를 증거하는데, 우주는 한 놀라운, 설계된 작품이며, 그것의 놀랍고 신비한 질서와 적응성, 예컨대 천체의 질서나 동식물과 사람의 구조 등은 그것을 만드신 이지적(理智的) 창조자 곧 하나님의 존재를 증거한다는 것이다.

셋째로, 존재론적 논증(ontological argument)이란 안셈이나 데카르트 등이 제시한 논증으로서 본체론적 논증, 또는 관념론적 논증이라고도 불린다. 그것은 사람이 본래 가지고 있는 하나님 개념으로부터 하나님의 존재를 논증하는 방법이다. 이 논증에 의하면, 사람이 가지고 있는 하나님 개념은 하나님이 무한하고 완전한 분이시라는 것인데, 하나님의 '완전'이라는 이 개념 속에는 '존재한다'는 성질이 당연히 포함되어야 하므로, 하나님은 존재하신다는 것이다.

넷째로, 도덕적 논증(moral argument)이란 칸트 등이 제시한 것으로서, 사람의 양심 곧 도덕적 분별력은 그것을 주신 도덕적 하나님의 존재를 증거하며, 또 세계의 상선벌악적(賞善罰惡的) 역사에서 나타난 도덕질서도 그것을 시행하시는 도덕적 하나님의 존재를 증거한다는 것이다.

신의 존재하심에 대한 이러한 이성적 논증들은 사람들에게 유익하다. 찰스 핫지는 "이성적 논증들은 소크라테스로부터 현대에 이르기까지 가장 지혜로운 자들에 의해 건전하고 결정적인 것으로 간주되어 왔다"고 말했고,[21] 로레인 뵈트너도 "우리는 하나님의 존재를 위한 우주론적, 목적론적, 본체론적, 도덕적 변론들은 개방되고 편견 없는 마음을 가진 누구에게든지 효과가 있다고 믿는다"고 논평했다.[22]

박형룡 박사는 말하기를, "유신논증들은 큰 가치를 가진 것이다. 성경과 기독교 경험에 의하면, 성령이 사람의 심령(心靈)에 확신(確信)과 회심(回心)을 산출하시는 과정에 논증들을 사용하시기를 기뻐하신다. 이 논증들 자체는 아무 사람도 중생시키지 못하나 오히려 전도의 과정에 기구(器具)로 되어 왔다"고 했다.[23]

웨스트민스터 대요리문답 제2문: "하나님이 계시다는 것은 어떻게 나타나는가?" 답: "사람 속의 본성의 빛 자체와 하나님의 행하신 일들은 하나님이 계시다는 것을 명백히 선포하지만, 그의 말씀과 성령께서만 사람들에게 그들의 구원을 위해 그를 충분히, 그리고 효력 있게 계시하신다."

성경에 처음부터 전제되고 선포된 하나님은, 무엇에 의해 존재하는 자가 아니요, 스스로 존재하시는 영원자존자(永遠自存者)이시다. 하나님께서는 모세에게 "나는 스스로 있는 자니라"고 말씀하셨다(출 3:14). "나는 스스로 있는 자니라"라고 번역된 원어(에흐웨 아쉐르 에

21) Charles Hodge, *Systematic Theology*, I, p.203.
22) Loraine Boettner, *Studies in Theology*, p.82.
23) 박형론, 《신론》, p.32.

흐웨)는 직역하면 "나는 나다"(I am who I am, 혹은 '나는-이다')이다. 헬라어 70인역은 "나는 있는 자이다"(에고 에이미 호 온)라고 번역했고, 영어 성경은 히브리어를 그대로 직역했다(I am that I am). 우리말에 '여호와'로 번역된 하나님의 히브리어 명칭은 '이다' 혹은 '있다'라는 동사에서 나온 말로서 위의 의미를 내포한다. 하나님은 전부터 무궁토록 스스로 계신 분이다.

> **로마서 1:19-20** "이는 하나님을 알 만한 것이 저희 속에 보임이라 하나님께서 이를 저희에게 보이셨느니라 창세로부터 그의 보이지 아니하는 것들 곧 그의 영원하신 능력과 신성이 그 만드신 만물에 분명히 보여 알게 되나니 그러므로 저희가 핑계치 못할지니라."

하나님을 알 만한 것이 인간 본성 속에 보인다는 말씀이나, 하나님의 영원하신 능력과 신성이 그가 만드신 만물에 분명히 보여 알게 된다는 말씀도 우주론적 논증과 목적론적 논증을 암시한다.

> **히브리서 3:4** "집마다 지은 이가 있으니 만물을 지으신 이는 하나님이시라."

이것도 우주론적 논증과 목적론적 논증을 내포한다.

> **시편 94:8-9** "백성 중 우준한 자들아, 너희는 생각하라. 무지한 자들아 너희가 언제나 지혜로울까? 귀를 지으신 자가 듣지 아니하시랴? 눈을 만드신 자가 보지 아니하시랴?"

이 말씀은 다음의 두 구절들과 함께 목적론적 논증과 관계된다.

사도행전 14:16-17 "하나님이 지나간 세대에는 모든 족속으로 자기의 길들을 다니게 묵인하셨으나 그러나 자기를 증거하지 아니하신 것이 아니니 곧 너희에게 하늘로서 비를 내리시며 결실기를 주시는 선한 일을 하사 음식과 기쁨으로 너희 마음에 만족하게 하셨느니라."

사도행전 17:24-28 "…이는 사람으로 하나님을 혹 더듬어 찾아 발견케 하려 하심이로되 그는 우리 각 사람에게서 멀리 떠나 계시지 아니하도다 우리가 그를 힘입어 살며 기동하며 있느니라."

우리가 일반 학문에서 습득하게 되는 지식과 하나님을 아는 지식은 차이점이 많다. 왜냐하면 하나님을 아는 지식은 일반 학문의 지식과는 다른 독특한 성격을 지니고 있기 때문이다.

① 하나님을 아는 지식은 인격적인 관계를 포함하는 지식이다.

하나님을 아는 참된 지식이란 근본적으로 그분과의 관계 속에서 주어지고 이해되는 지식이다. 그러나 단순히 하나님에 관한 정보를 아는 지식(knowledge about God)이란 그분과의 인격적인 신뢰의 관계가 형성되지 않고서도 가능한 지식이다.

성경이 가르치고 있는 참된 하나님에 대한 지식이란 하나님을 인격적으로 만나, 그분과의 언약적 관계 속으로 들어옴으로써 그분을 알게 되는 지식이다(knowledge of God). 그분을 나의 주, 나의 하나님으로 고백하고, 그분을 경배하며 사랑하는 인격적인 관계 속에서 형성되는 지식이 참된 하나님에 대한 신지식이다.

마태복음 7장 23절에서 예수님이 거짓 대언자들에게 말씀하신

"내가 너희를 도무지 알지 못한다"는 말씀도 이러한 관점에서 이해될 수 있다. 거짓 선지자들은 하나님을 지식적으로는 알았고, 외형적인 종교 사역들에도 열심이 있었지만, 주님과의 인격적인 관계가 없었으므로 주님이 그들을 모른다고 말씀하신 것으로 볼 수 있다.

② 하나님을 아는 우리 지식은 유한하다.

하나님이 자신을 아는 신(神) 지식과 인간의 신(神) 지식은 근본적으로 차이가 있다. 전자는 온전한 지식이나, 후자는 유한한 지식이기 때문이다. 하나님은 완전한 신(神) 지식을 가지고 있지만, 인간의 신(神) 지식은 한계가 있다. 그렇다고 우리가 불가지론(不可知論)[24]의 오류에 떨어져서는 안 된다. 우리가 가지고 있는 신(神) 지식이 유한하고 제한된 것이기는 하나 인간의 신(神) 지식 또한 허구가 아닌 실제이기 때문이다. 특히 우리의 신(神) 지식이 하나님이 주신 계시(말씀)에 근거해서 설명되는 지식일 때, 그것은 하나님의 신적 계시에 근거를 두고 있는 한 참된 지식이 된다. 그러나 하나님 자신이 갖고 계신 신(神) 지식만큼 온전한 지식은 아니다(Incomprehensibility).

바로 이 점으로부터 우리는 성경의 교리들에 대한 설명들 중에서 온전한 설명이 주어지기 어려운 부분들이 있는 이유를 찾을 수 있다. 이처럼 우리는 하나님께서 자신에 대해 알고 계신 것만큼 완전

24) 불가지론(不可知論, agnosticism)은 몇몇 명제(대부분 신의 존재에 대한 신학적 명제)의 진위 여부를 알 수 없다고 보는 철학적 관점, 또는 사물의 본질은 인간에게 있어서 인식 불가능하다는 철학적 관점이다. 이 관점은 철학적 의심이 바탕이 되어 성립되었다. 절대적 진실은 부정확하다는 관점을 취한다. 불가지론의 본래 의미는 절대적이며 완벽한 진실이 존재한다는 관점을 갖고 있는 교조주의(教條主義)의 반대 개념이다. 불가지론자들 중 '사물의 본질은 인간에게 있어서 인식 불가능하다'는 철학적 입장에 있는 이들은 인간이 감각을 통해서 인식하는 것은 사물의 본질이 아니라 본질의 거짓 모습인 현상에 불과하다고 본다. 이 경우 본질적 실재는 완전히 불가지(不可知)라는 데이비드 흄의 설과, 그것은 신앙의 영역에 관한 문제라 하여 남겨 놓는 칸트의 설도 있다. 《위키백과사전》

한 이해를 갖고 있지 못함으로 우리의 신(神) 지식은 유한한 성격을 갖는 것이다.

이신론(理神論, deism) 또는 자연신론(自然神論)은 18세기 계몽주의 시대에 등장한 철학이론이다. 세계를 창조한 하나의 신을 인정하되, 그 신은 세계와 별도로 존재하며 세상을 창조한 뒤에는 세상, 물리 법칙을 바꾸거나 인간에게 접촉하는 인격적 주재자로 보지 않는다. 그에 따라 계시, 기적 등이 없다고 보는 철학, 종교관이다. 계몽주의에서 이신론은 신은 인간을 초월한 존재이며, 또 우주의 창조주라고 생각하는 점에서는 일종의 유신론(有神論)이지만, 한편에서는 인간은 이성(理性)을 가지고 있기에 이 신의 존재나 우주의 법칙을 이성으로 알 수 있다고 간주하였다.

③ 하나님을 아는 우리 지식은 구속과 계시적 특징의 지식이다.

우리의 신(神) 지식이란 구속사적으로 주어진 하나님의 계시를 통해서만이 바르게 세워질 수 있는 지식이라는 것이다. 다시 말하면 인간은 인간 스스로의 방법으로 하나님을 알 수도, 알 수 있는 체계를 세워갈 수도 없다. 인간은 오직 하나님이 계시해 주신 길, 말씀대로만 따라갈 때 참된 신(神) 지식에 이를 수 있다는 말이다. 더욱이 아담의 타락 이후 죄 가운데 빠져 있는 인간의 부패한 이성으로는 왜곡된 지식만을 만들어 가게 될 뿐이다. 인간은 하나님의 특별계시 안에서 제시되고 있는, '창조 → 타락 → 구원'으로 설명되는 구속계시의 역사를 따라서 제시되는 길로 나아갈 때만이 하나님을 아는 참된 지식을 형성할 수 있게 된다.

④ 우리의 신(神) 지식은 유추적(analogical) 방식으로 얻은 지식이다.

하나님의 지식은 완전하고 초월적인 지식인 반면에 인간의 신(神) 지식은 유한하고 제한된 피조물의 차원의 지식이다. 하나님의 지식과 인간의 지식 사이의 이러한 근본적인 질적 차이를 고려할 때, 그 두 지식들이 서로 완전히 별개의 성격의 지식들이라고 간주하고 그 둘 사이의 어떠한 접촉점도 인정하지 않는다면, 인간은 하나님에 대해서 전혀 알 수 없게 된다(불가지론의 오류).

그러므로 하나님이 소유하신 신(神) 지식만큼 완전한 지식은 아니지만, 그럼에도 불구하고 하나님께서 계시해 주신 지식이므로 참되고 확실한 지식이 된다(불가지론의 극복). 즉 우리는 하나님을 참되게 알 수 있으나 그분에 대해서 완전히 모든 것을 이해할 수 있는 것은 아니며, 단지 그분의 계시를 통해서 유추적으로만 알게 된다.

⑤ 우리의 신(神) 지식은 불가해적 성격도 있다.

앞서 언급한 신지식의 유한성, 유추적 성격(類推的性格) 등에 대한 내용들은 또한 신(神) 지식의 불가해성(Incomprehensibility)을 의미한다. 유한한 존재로서 인간은 하나님의 계시 말씀을 통해서만 참된 신 지식을 얻을 수 있으므로, 따라서 제한적일 수밖에 없다(롬 11:33-36; 시 145:3, 147:5, 139:6).

(2) 삼위일체 하나님

성부, 성자, 성령의 하나님은 세 인격을 가지고 계신 유일하신 하나님이다(신 6:4). 삼위일체(Trinity)란 용어는 초대교부 테르툴리아누스(Quintus Septimius Florens Tertullianus, 또는 Tertulian, 약 155-240년경)가 처음 사용했으며, 그 후 니케아 회의에서 정식으로 신학용어로 채택되었다. 삼위일체와 관련된 성경구절을 찾아보면 다음과 같다.

창세기 1:1-3 "[1]태초에 하나님이 천지를 창조하시니라(성부) [2]땅이 혼돈하고 공허하며 흑암이 깊음 위에 있고 하나님의 신은 수면에 운행하시니라(성령) [3]하나님이 가라사대 빛이 있으라 하시매 빛이 있었고(성자)."

민수기 6:24-26 "[24]여호와는 네게 복을 주시고 너를 지키시기를 원하며(성부) [25]여호와는 그 얼굴로 네게 비취사 은혜 베푸시기를 원하며(성자) [26]여호와는 그 얼굴을 네게로 향하여 드사 평강 주시기를 원하노라(성령)."

이사야 6:1-8 "[1]웃시야 왕의 죽던 해에 내가 본즉 주께서 높이 들린 보좌에 앉으셨는데 그 옷자락은 성전에 가득하였고(성부) [3]서로 창화하여 가로되 거룩하다 거룩하다 거룩하다 만군의 여호와여 그 영광이 온 땅에 충만하도다(성호 삼창) [4]이같이 창화하는 자의 소리로 인하여 문지방의 터가 요동하며 집에 연기가 충만한지라(성령) [7]그것을 내 입에 대며 가로되 보라 이것이 네 입에 닿았으니 네 악이 제하여졌고 네 죄가 사하여졌느니라 하더라(성자) [8]내가 또 주의 목소리를 들은즉 이르시되 내가 누구를 보내며 누가 우리를 위하여 갈꼬(성자)."

잠언 8:22-31 "[22]여호와께서 그 조화의 시작 곧 태초에 일하시기 전에 나를 가지셨으며 [23]만세 전부터, 태초부터, 땅이 생기기 전부터 내가 세움을 받았나니 [24]아직 바다가 생기지 아니하였고 큰 샘들이 있기 전에 내가 이미 났으며 [25]산이 세워지기 전에, 언덕이 생기기 전에 내가 이미 났으니 [26]하나님이 아직 땅도, 들도, 세상 진토의 근원도 짓지 아니하셨을 때에라 [27]그가 하늘을 지으시며 궁창을 해면에 두르실 때에 내가 거기 있었고 [28]그가 위로 구름 하늘을 견고하게 하시며 바다의 샘들을 힘 있게 하시며 [29]바다의 한계를 정하여 물이 명령을 거스르지 못하게 하시며 또 땅의 기초를 정하실 때에 [30]내가 그 곁에 있어서 창조자가 되어 날마다 그의 기뻐하신 바가 되었으며 항상 그 앞에서 즐거워하였으며 [31]사람이 거처할 땅에서 즐거워하며 인자들을 기뻐하였느니라."

마태복음 1:18-21 "[18]예수 그리스도의 나심은 이러하니라 그 모친 마리아가 요셉과 정혼하고 동거하기 전에 성령으로 잉태된 것이 나타났더니 [19]그 남편 요셉은 의로운 사람이라 저를 드러내지 아니하고 가만히 끊고자 하여 [20]이 일을 생각할 때에 주의 사자가 현몽하여 가로되 다윗의 자손 요셉아 네 아내 마리아 데려오기를 무서워 말라 저에게 잉태된 자는 성령으로 된 것이라 [21]아들을 낳으리니 이름을 예수라 하라 이는 그가 자기 백성을 저희 죄에서 구원할 자이심이라 하니라."

마태복음 3:16-17 "[16]예수님께서 세례를 받으시고 곧 물에서 올라오실새 하늘이 열리고 하나님의 성령님께서 비둘기같이 내려 자기 위에 임하심을 보시더니 [17]하늘로서 소리[성부님]가 있어 말씀하시되 '이는 내 사랑하는 아들이요, 내 기뻐하는 자라' 하시니라."

마태복음 28:18-20 "[18]예수님께서 나아와 일러 말씀하시기를 '하늘과 땅의 모든 권세를 내게 주셨으니 [19]그러므로 너희는 온 세상을 가르치고[25] 아버지와 아들과 성령의 이름으로 침례[세례]를 주고 [20]내가 너희에게 분부한 모든 것을 가르쳐 지키게 하라 볼지어다 내가 세상 끝까지[26] 너희와 항상 함께 있으리라' 하시니라."

마가복음 9:2-8 "[2]엿새 후에 예수님께서 베드로와 야고보와 요한을

25) 개혁자들의 성경에는 '제자를 삼고'라는 말은 없고 '가르치라'고 되어 있다. "teach all nations,"

26) 개혁자들의 성경에는 '끝날까지'가 아니고 "세상 끝까지 unto the end of the world"로 되어 있다.

데리시고 따로 높은 산에 올라가셨더니 저희 앞에서 변형되사 3그
옷이 광채가 나며 세상에서 빨래하는 자가 그렇게 희게 할 수 없
을 만큼 심히 희어졌더라. 4이에 엘리야가 모세와 함께 그들에게 나
타나 예수님으로 더불어 말씀하거늘 5베드로가 예수님께 말하기를
'선생님, 저희가 여기 있는 것이 좋사오니 저희가 초막 셋을 짓되 하
나는 주님을 위하여, 하나는 모세를 위하여, 하나는 엘리야를 위하
여 하사이다' 하니 6왜냐하면 그들이 크게 무서워하므로 그가 무슨
말을 할는지 알지 못하기 때문이라. 7마침 구름[성령]이 와서 그들
을 덮으며 구름 속에서 소리[성부]가 나되 '이는 내 사랑하는 아들
이니 너희는 저의 말을 들으라' 하는지라 8문득 둘러보니 아무도 보
이지 아니하고 오직 예수님과 그들뿐이었더라."

요한복음 3:5-8 "5예수님께서 대답하시기를 '진실로 진실로 네게 이
르노니 사람이 물과 성령으로 나지 아니하면 하나님 나라에 들어
갈 수 없느니라 Except a man be born of water and of the
Spirit, he cannot enter into the kingdom of God. 6육으로
난 것은 육이요 성령으로 난 것은 영이니 7내가 네게 거듭나야 하
겠다 Ye must be born again 하는 말을 이상히 여기지 말라 8바
람이 임의로 불매 네가 그 소리를 들어도 어디서 오며 어디로 가는
지 알지 못하나니, 성령으로 난 사람은 다 이러하니라 The wind bloweth where it listeth, and thou hearest the sound thereof, but canst not tell whence it cometh, and whither it goeth: so is every one that is born of the Spirit."

요한복음 20:19-23 "19이날 곧 안식 후 첫날 저녁 때에 제자들이 유
대인들을 두려워하여 모인 곳에 문들을 닫았더니 예수님께서 오
셔서 한가운데 서서 말씀하시기를 '너희에게 평강이 있을지어다.

Peace be unto you.' [20]이 말씀을 하시고 손과 옆구리를 보이시니 제자들이 주님을 보고 기뻐하더라 [21]예수님께서 또 말씀하시기를 '너희에게 평강이 있을지어다. 아버지께서 나를 보내신 것같이 나도 너희를 보내노라 Peace be unto you: as my Father hath sent me, even so send I you.' [22]이 말씀을 하시고 그들을 향하여 숨을 내쉬며 he breathed on them 말씀하시기를 '성령님을 받으라. Receive ye the Holy Ghost. [23]너희가 누구 죄든지 용서하면 용서하여질 것이요 누구 죄든지 그대로 두면 그대로 있으리라 하시니라'."

로마서 8:12-17 "[12]그러므로 형제들아 우리가 빚진 자로되 육신에게 져서 육신대로 살 것이 아니니라 [13]너희가 육신대로 살면 반드시 죽을 것이로되 영으로써 몸의 행실을 죽이면 살리니 [14]무릇 하나님의 영 the Spirit of God으로 인도함을 받는 그들은 곧 하나님의 아들들이라 [15]너희는 다시 무서워하는 종의 영을 받지 아니하였고 양자의 영을 받았으므로 아바 아버지라 부르짖느니라. [16]영께서 친히 The Spirit itself 우리 영 our spirit으로 더불어 우리가 하나님의 자녀인 것을 증거하시나니 [17]자녀이면 또한 상속자 heirs 곧 하나님의 상속자요, 그리스도와 함께한 상속자니 우리가 그분과 함께 영광을 받기 위하여 고난도 함께 받아야 될 것이니라."

고린도후서 13:13[27] "주 예수 그리스도의 은혜와 하나님의 사랑

---

27) 개혁자들의 성경은 고후 13:14이다. 고후 13:11 Finally, brethren, farewell. Be perfect, be of good comfort, be of one mind, live in peace; and the God of love and peace shall be with you. 12 Greet one another with an holy kiss로 되어 있는데 개역, 개역개정, 현대역에서 12절을 11절과 함께 번역한다. "마지막으로 말하노니 형제들아 기뻐하라 온전케 되며 위로를 받으며 마음을 같이하며 평안할지어다 또 사랑과 평강의 하나님이 너희와 함께 계시리라 거룩하게 입맞춤으로 서로 문안하라." 그래서 고린도후서 13:13 All the saints salute you. 모든 성도들이 너희에게 문안하느니라. 고후 13:14 The grace of the Lord Jesus Christ, and the love of God, and the communion of the Holy Ghost, be with you all. Amen. 주 예수 그리

과 성령의 교제하심이 너희들 모두와 함께 있을지어다 아멘 The grace of the Lord Jesus Christ, and the love of God, and the communion of the Holy Ghost, be with you all. Amen."

베드로전서 1:1-4 "[1]예수 그리스도의 사도 베드로는 본도, 갈라디아, 갑바도기아, 아시아와 비두니아에 흩어진 나그네 [2]곧 하나님 아버지[성부]의 미리 아심을 따라 성령[성신]의 거룩하게 하심으로 순종함과 예수 그리스도[성자]의 피 뿌림을 얻기 위하여 택하심을 입은 자들에게 편지하노니 은혜와 평강이 너희에게 더욱 많을지어다 [3]찬송하리로다 우리 주 예수 그리스도의 아버지 하나님이 그 많으신 긍휼대로 예수 그리스도의 죽은 자 가운데서 부활하심으로 말미암아 우리를 거듭나게 하사 산 소망이 있게 하시며 [4]썩지 않고 더럽지 않고 쇠하지 아니하는 기업을 잇게 하시나니 곧 너희를 위하여 하늘에 간직하신 것이라."

요한일서 5:7-8[28] "[7]하늘에서 증거하는 이는 세 분이신데 곧 아버지, 말씀, 성신이시라 이 세 분은 하나이니라 For there are three that bear record in heaven, the Father, the Word, and the Holy Ghost: and these three are one. [8]땅에서 증거하는 것은 셋이니, 곧 영과 물과 피라 이 셋은 하나이니라 And there are three that bear witness in earth, the Spirit,

---

스도의 은혜와 하나님의 사랑과 성령의 교통하심이 너희 무리와 함께 있을지어다 아멘(개역과 현대역에서는 아멘을 삭제함). 이 고린도후서는 마케도니아 주의 빌립보(Philippi)에서 쓴 편지로 디도와 루가스(Titus and Lucas)가 고린도에 전달하였다.

28) 개역, 개역개정 및 현대역에서는 "[7]증거하는 이는 성령이시니 성령은 진리니라 [8]증거하는 이가 셋이니 성령과 물과 피라 또한 이 셋이 합하여 하나이니라"로 되어 있으나 다수 사본(비잔틴, 안디옥)과 개혁자들의 성경에는 아래와 같이 번역되어 있어 성경에서 삼위일체에 대해 가장 정확히 정리하고 있다.

and the water, and the blood: and these three agree in one."

기독교 삼위일체론의 핵심은 다음과 같이 요약할 수 있다.

로마시대 기독교가 공인된 후(313년) 니케아 회의(325년)에서 삼위일체 하나님 교리를 다음과 같이 정리했다.

- 성부: 예수 그리스도의 아버지이며, 예수 그리스도를 통한 구원을 계획하셨다. 모든 만물을 만드신 창조주이시다. [사도신경: 전능하신 아버지 하나님, 천지의 창조주]
- 성자: 예수 그리스도를 뜻하며, 인간의 죄를 대속하기 위해 십자가에서의 죽음으로 세상을 구원하셨다. 성자는 성부에게서 만들어지지 않고, 나신 분이며, 하나님에게서 나신 하나님이시며, 동정녀 마리아를 통해 태어나신 완전한 사람이시며 또 완전하신 하나님이시다. 하나님의 말씀, 즉 하느님이신 예수님께서는 사람이 되어 세상에 오셨다(요 1:1-10). [사도신경: 그분의 유일하신 아들, 우리 주 예수 그리스도를 믿습니다. 그는 성령으로 잉태되어 동정녀 마리아에게서 나시고, 본디오 빌라도에게 고난을 받아 십자가에 못 박혀 죽으시고 장사되시어 지옥에 내려가신 지[29] 사흘 만에 죽은 자 가운데서 다시 살아나셨으며, 하늘에 오르시어 전능하신 아버지 하나님 우편에 앉아 계시다가, 거기로부터 살아 있는 자와 죽은 자를 심판하러 오십니다.]
- 성령: 성령 하나님이시며 인격자이시기에, 영어 표현도 it으로 쓰면 안 된다. 대언자들을 통하여 말씀하신다. 주님이시며, 성령은 성부와 성자와 더불어 같은 경배와 영광을 받으신다. 우리 안에

29) "장사되어 지옥에 내려가신 지 He descended into hell"이 공인된 원문(Forma Recepta)에 있다고 각주를 달고 있다.

내주하셔서 도우시는 변호자(파라클레이토스, 한글성경에는 '후견자, 보혜사' 등으로 번역)이시다.

하나님은 성부, 성자, 성신의 세 위격(세 인격 Persons)이시며 한 분 하나님이시다. 삼신(三神)이 아니라 일신(一神)이다(신 6:4). 성부, 성자, 성신은 서로 구별 가능한 인격이지만 동등한 영광과 지위와 능력과 동일한 본질을 갖고 있다.

소요리문답 제5문에서 "한 분 이상의 하나님들이 계십니까?"라고 묻는다. 답변은 "오직 한 분 유일하신, 살아 계시고 참되신 하나님이 계십니다"이다. 기독교는 여러 신이나 세 신을 믿는 것이 아니라, 오직 유일하신 하나님이 계심을 믿는다. 하나님은 한 분이신 것을 성경이 분명히 말하고 있다. 말씀을 살펴보자.

출애굽기 20:3 "너는 나 외에는 다른 신들[30]을 네게 있게 말지니라."

신명기 4:35 "이것을 네게 나타내심은 여호와는 하나님이시요 그 외에는 다른 신이 없음을 네게 알게 하려 하심이니라."

신명기 6:4 "이스라엘아 들으라 우리 하나님 여호와는 오직 하나인 여호와시니 Hear, O Israel: The LORD our God is one LORD."

열왕기상 18:21 "엘리야가 모든 백성에게 가까이 나아가 말하기를 '너희가 어느 때까지 두 사이에서 머뭇머뭇하려느냐? 여호와가 만일 하나님이면 그분을 좇고 바알이 만일 하나님이면 그를 좇을지

30) 다른 신들 'elohim 'acharim "other gods" 이 구절에서만 엘로힘을 God이 아니라 gods 신들이다. '다른'이 수식하기 때문이다. 하나님은 유일하신 신이기에 다른 신들을 성경은 인정하지 않는다. 무교(shamanism)의 용어인 귀신(鬼神)이란 용어를 사용하지 말고 마귀(魔鬼)라고 번역하는 것이 좋다.

니라' 하니 백성이 한 말도 대답지 아니하는지라."

이사야 42:8 "나는 여호와니 이는 내 이름이라 나는 내 영광을 다른 자에게, 내 찬송을 우상에게 주지 아니하리라."

이사야 44:6 "이스라엘의 왕인 여호와, 이스라엘의 구속자인 만군의 여호와가 말하노라 '나는 처음이요 나는 마지막이라 나 외에 다른 신이 없느니라.'"

이사야 44:8 "너희는 두려워 말며 겁내지 말라 내가 예로부터 너희에게 들리지 아니하였느냐? 고하지 아니하였느냐? 너희는 나의 증인이라 나 외에 신이 있겠느냐? 과연 반석이 없나니 다른 신이 있음을 알지 못하노라."

이사야 45:5-6 "[5]나는 여호와라 나 외에 다른 이가 없나니 나밖에 신이 없느니라 너는 나를 알지 못하였을지라도 나는 네 띠를 동일 것이요 [6]해 뜨는 곳에서든지 지는 곳에서든지 나밖에 다른 이가 없는 줄을 무리로 알게 하리라 나는 여호와라 다른 이가 없느니라."

예레미야 10:10-11 "[10]오직 여호와는 참 하나님이시요 사시는 하나님이시요 영원한 왕이시라 그 진노하심에 땅이 진동하며 그 분노하심을 열방이 능히 당치 못하느니라 [11]너희는 이같이 그들에게 이르기를 천지를 짓지 아니한 신들은 땅 위에서, 이 하늘 아래서 망하리라 하라."

마가복음 12:29-30 "[29]예수님께서 대답하시되 '첫째는 이것이니 이스라엘아, 들으라 주 곧 우리 하나님은 유일한 주시라 [30]네 마음을 다하고 목숨을 다하고 뜻을 다하고 힘을 다하여 주 너의 하나님을 사랑하라 하신 것이요.'"

요한복음 17:8 "나는 아버지께서 내게 주신 말씀들을 그들에게 주었사오며 그들은 이것을 받고 내가 아버지께로부터 나온 줄을 참으로 아오며 아버지께서 나를 보내신 줄도 믿었사옵나이다."

요한복음 17:11 "나는 세상에 더 있지 아니하오나 그들은 세상에 있사옵고 나는 아버지께로 가옵나니 거룩하신 아버지여 내게 주신 아버지의 이름으로 그들을 보전하사 우리와 같이 그들도 하나가 되게 하옵소서."

요한복음 17:21-23 "[21]아버지께서 내 안에, 내가 아버지 안에 있는 것같이 그들도 다 하나가 되어 우리 안에 있게 하사 세상으로 아버지께서 나를 보내신 것을 믿게 하옵소서. [22]내게 주신 영광을 내가 그들에게 주었사오니 왜냐하면 우리가 하나가 된 것같이 그들도 하나가 되게 하려 함이니이다 [23]곧 내가 그들 안에 아버지께서 내 안에 계셔 그들로 온전함을 이루어 하나가 되게 하려 함은 아버지께서 나를 보내신 것과 또 나를 사랑하심같이 그들도 사랑하신 것을 세상으로 알게 하려 함이로소이다."

고린도전서 8:4-6 "[4]그러므로 우상의 제물 먹는 일에 대하여는 우리가 우상은 세상에 아무것도 아니며 또한 하나님은 한 분밖에 없는 줄 아노라 [5]비록 하늘에나 땅에나 신이라 칭하는 자가 있어 많은 신과 많은 주가 있으나 [6]그러나 우리에게는 한 하나님 곧 아버지가 계시니 만물이 그에게서 났고 우리도 그를 위하여 또한 한 주 예수 그리스도께서 계시니 만물이 그로 말미암고 우리도 그로 말미암았느니라."

디모데전서 2:5 "하나님은 한 분이시요 또 하나님과 사람 사이에 중보도 한 분이시니 곧 사람이신 그리스도 예수라."

삼위일체를 거부하는 교파/종교는 주로 하나님은 세 분이 아닌 단일한 인격체이며, 예수는 별개의 창조물이라고 주장한다. 또 성령

역시 별개의 인격체가 아닌 하나님의 활동력이라고 주장한다. 대표적으로는 유대교는 삼위일체 교리에 대해 강하게 반발한다. 또한 초기 기독교에 등장했던 아리우스파가 있다. 삼위일체가 후대 교회에 의한 교리적 오염이라는 입장에 따라 유니테리언(Unitarian)이라는 종파도 있다. 유니테리언 교회에는 성경 옆에 불경과 논어도 같이 있다. 예수 그리스도 후기 성도교회(몰몬교), 여호와의 증인, 통일교와 통일교 계통의 이단들, 단일오순절교 등은 삼위일체를 믿지 않는다.

⑶ 하나님의 이름

하나님의 신명을 전통적으로 '여호와'로 부른다. 엘로힘(Elohim, 하나님, 출 3;13, 6:3)은 하나님에 대한 일반적 용어이다. 히브리어로 여호와(혹은 야훼)로 부른 것으로 나온 구절을 보면, 출애굽기 3:1-6과 13-15에는 "나는…이다" 구절로, 시편 72:17-19과 요한계시록 1:8, 17에는 "나는…영원하다"로 말한다. 하나님(엘로힘)으로 지칭된 구절은 2,550구절, 주님(Adonai, Lord)으로 나온 구절은 340구절, 여호와(야훼)로 나온 구절은 무려 6,823구절이 된다. 이를 합산하면 하나님의 이름이 유일하신 분으로 언급한 구절만 모두 9,713구절이 된다.

출애굽기 3:14-15을 보니 여호와의 뜻은 '스스로 있는 자'라는 말이다. 즉 '있다'(to be)는 '하야'(hayah) 동사와 '살아있다'(to live)는 '카야'(chayah) 동사를 포함한 용어로 '과거와 현재와 미래를 포함한 무궁전부터 무궁까지 살아 계셔서 우리 인생과 함께하시는 분'이란 뜻이다. 호렙 산에서 모세에게 하나님의 신명을 가르쳐 주실 때 "나를 너희에게 보내신 분은 너희 조상의 하나님 곧 아브라함의 하나님, 이삭의 하나님, 야곱의 하나님 여호와라 하라 이는 나의 영원한 이름이요 대대로 기억할 나의 기념이름(memorial)이니라"(출 3:15)고 했다. 호세아 12:5에서도 "그분은 만군의 하나님 여호와시라 여호와는 그의 기념 칭호니라"고 하였다.

유대인들은 제3계명을 철저히 지키기 위해 하나님의 신명을 직접 부르지 않고 간접적으로 부른다. 즉 히브리어 네 자음으로 구성된 하나님의 신명인 YHWH(이를 Tetragrammaton이라 함. 즉 '신성한 4글자'라는 뜻)를 본래 발음대로 읽지 않고 '주(主)님'이란 말인 아도나이(Adonay)라고 읽는다. 이 전통에 따라 《킹 제임스 성경》을 비롯한 대부분 영어 번역에서도 주로 '주'(The Lord)로 번역하고 있다. 한편 여호와(영어 발음은 제호봐)는 신성한 4자음에 '아도니아'(Adonia)의 모음을 붙여서 여호와(Jehovah, J를 독일어로 읽는 발음)로 구성했다고 하는데, 사실은 반대일 수도 있다. 다시 설명하면 하나님의 본래 신명의 모음을 모아서 아돈(Adon)이라는 '주님'의 말에 아도니야를 붙였다고도 설명이 가능하다.

우리말 구역/개역성경은 신명(神明)을 히브리어대로 '여호와'라고 하며, 1977년 가톨릭과 기독교의 합작품인 《공동번역성서》에서는 20세기 초 고고학 발달로 말미암아 하나님의 이름이 '야웨'(야훼)로 불린 것을 찾아 그렇게 추정하고 있다. 야웨(Yahweh) 혹 야훼로 추정하는 근거는, 이스라엘 지역의 천막생활을 하는 일부 베두인들 사이에 그들의 신의 이름을 부를 때 일부 구약 언어학자들이 하나님의 이름이 '야웨'일 것이라는 학문적 가설을 내놓은 것인데, 아직 완전히 검증되지 않은 것이다. 구약 학자들 사이에도 이견이 있다. 다만 히브리어에 '야'로 끝나는 말은 모두 여호와를 지칭하고 있는데, 할렐루야, 엘리야, 느헤미야 등이 그렇다.

《킹제임스 성경》을 보면 중요한 곳에는 여호와 신명을 그대로 두고 있다(여호와이레 Jehovahjireh, 창 22:14, 여호와닛시 Jehovahnissi, 출 17:15, 여호와살롬 Jehovahshalom, 삿 6:24 등). 히브리어를 보면 하나님의 신명이 여호와 엘로힘(창 2:4), 여호와 히제키(시 18:1), 여호와 오찌, 여호와 마오찌, 여호와 마노시(렘 16:19), 여호와 가알리(시 19:14), 여호와 쭈리(시 144:1), 여호와 하세누(시 95:6), 여호와 로페(출 15:26), 여호와 메카데쉬(출 31:13), 여호와 짜바옷(삼상 1:3), 여호와 로이(시 23:1), 여호와 찌케누(렘 23:6), 여호와 마케(겔 7:9), 여호와 삼마(겔 48:35), 여호와 하쉐펫(삿 11:27), 여호와 엘론(시 47:2), 여호와 노라(시 111:9), 여호와 카도쉬(시 111:9) 등 여러 접미어를 붙이기도 한다.

진화론처럼 학자들 사이에 가설에 불과한 신명을 구약학계에서 통용하고 있으나, 우리는 기존 성경에서 사용하고 있는 여호와(기념칭호) 명칭을 그대로 사용하면 어떨까?

(4) 여러 신관에 대해

세계종교의 신들에 대한 이해를 살펴보자.

① 유일신교/일신교(一神教, Monotheism) - 세상에 신은 한 분밖에 없다. 다른 신은 인정하지 않는다(유대교, 기독교).

② 단일신교(單一神教, Henotheism) - 여러 신들을 인정하면서도, 상황에 따라 그중 하나를 주신(主神)으로 섬기는 종교를 말한다(이슬람교, 모하메드는 360개 신들 중 알라를 선택함).

③ 다신교(多神教, polytheism) - 신이나 초월자(신앙, 의례, 경외의 대상)가 다수 존재하는 종교로, 하나의 신만을 신앙하는 일신교와의 대비를 위해서 사용되는 말이다(일본의 신교 Shintoism, 바벨론, 이집트, 그리스, 로마 종교).

④ 범신론(汎神敎, pantheism) - 모든 것이 신이라고 믿으며, 萬有神敎라고도 한다(힌두교, 불교).

(5) 한 하나님인가, 한 분 하나님인가?[31]

삼위일체야말로 하나님의 속성 중 가장 특이한 것이며 사실 이 교리로 인해 많은 이단들이 생겨났다. 그런데 마땅히 삼위일체를 가르쳐야 할 성경이 여호와의 증인들의 믿음을 가르친다면 그 결과가 어떨 것인가?

*개역: "하나님은 한 분이시니라"(God is one person. 딤전 2:5).

*흠정역: "한 하나님이 계시느니라"(영어 KJV: There is one God).

개역성경처럼 하나님이 한 분이시라면 여호와의 증인들 주장대로 하나님은 한 분, 즉 아버지 하나님만 있게 된다. 그러나 성경의 하나님은 결코 한 분이 아니며 아버지, 아들, 성령의 뚜렷한 세 분으로 존재하시되 이 세 분이 하나인 것이다. 삼위일체 하나님의 교리야말로 매우 중요한 것으로 이것이 무너지면 기독교의 근간이 무너지게 된다. 이에 하나님께서는 다음과 같이 분명한 말씀을 주셨다.

*흠정역: "하늘에 증언하는 세 분이 계시니 곧 아버지와 말씀과 성령님이시라. 또 이 세 분은 하나이시니라"(요일 5:7).

그런데 개역성경은 알렉산드리아 철학을 따라 요한일서 5장 7절에서 이 부분을 삭제했다.

*개역: "증거하는 이는 성령이시니 성령은 진리니라"

31) 정동수 목사. www.keepbible.com.

(6) 하느님인가 하나님인가?[32)]

우리말로 표기할 때 하나님은 유일신 하나님을 뜻하며, 하느님은 하늘님에서 ㄹ이 탈락된 단어이다. 우리나라 애국가에도 하느님으로 표시하며, 기독교 이외 일반 사회에서는 대체로 하느님을 사용한다.

우리 한국인은 아득한 옛날부터 창조주 유일신을 '한알님', 즉 하느님이라고 불렀는데, 이것은 성경에 계시된 유일신 하느님을 표시하는 최고 최적의 단어이다. 왜냐하면 '알'이라는 말 자체가 노아에 의해 전해진 창조주 하느님을 뜻하는 지상 최초의 원형 언어일 뿐만 아니라, 그 '알'을 수식하는 '한'이라는 말 때문이다. 우리말 '한'은 그 의미가 매우 다양한데, '한알님'(하느님)의 경우 '한'은 적어도 다음 세 가지 의미를 지닌다.[33)]

① '하나'(一, one)라는 의미: '한 개', '한 명', '한 사람'의 '한'은 모두 하나(one)를 뜻한다.

② '크다'(大, great)라는 의미: 할아버지는 '한아버지'에서, 할머니는 '한어머니'에서 파생된 말로서, 여기서 '한'은 '크다'(great)라는 뜻이다. 단군을 '한배검'이라고 하는데, '한배검'의 '한' 역시 '크다'(great)를 의미한다.

③ '가운데'(中, middle)라는 의미: '한가운데', '한복판', '한가위', '한겨울' 등은 '가운데'(middle)를 뜻한다.[34)]

---

32) 유석근, "아리랑(알이랑) 민족에 대한 신학적 연구" 신학박사 학위 논문, Faith Theological Seminary and Christian College, 2019, pp.28-32.

33) 참고, 안호상, "한(배달)민족의 근원론," 《廣場(Forum)》, 100권. 1981. pp.26-30; 김상일, 《한사상》, 서울: 상생출판사, 2014.

34) 안호상, 《배달, 동이는 동아문화의 발상지》, 재판, 한뿌리, 2006; 김상일, 《한철학 Hanism》, 서울: 전망사, 1988.

따라서 '하느님'(한울님→하늘님→하늘님→하느님)이라는 말은 '한 분(only one)이신 하느님'이라는 뜻이고, '크신(great) 하느님'이라는 뜻이며, '중심(middle)이신 하느님'이라는 뜻이다. '하느님'이라는 우리 토박이 말은 이 세 가지 의미를 모두 함축한다. 이 얼마나 뛰어난 신명(神名)인가? 유일신관(monotheism)을 나타내는 말로서 이 이상 더 좋은 말은 세상에 다시 없다.

우리 한민족에게 '하느님'은 잡귀신 중의 하나가 아니다. 아주 두드러진 지위를 가진다. '하느님'은 성경 창세기에 계시된 유일신 하느님과 동일한 신인 것이다. 우리 조상은 여호와를 '하느님'으로 부르며 예배했던 것이다. 분명히 '하느님'은 한민족에게는 천지의 주인인 동시에 또한 민족 조상의 하느님이시다.[35] '하느님' 즉 '하늘님'은 하늘을 신격화한 명칭이 아니다. 예를 들어 "나랏님을 존경하자"라고 했을 때, 나라를 인격화하여 존경하자는 말이 아닌 것과 같은 이치다. '나랏님'은 '나라를 다스리는 이'를 뜻하는 것으로서 임금을 존경하자는 말인 것이다. 마찬가지로 "하느님을 공경하자"라는 말은 하늘을 공경하자는 말이 아니라, 하늘에 계시는 '하느님 아버지'(Heavenly father)를 공경하자는 뜻이다.

우리 겨레가 기독교를 쉽게 이해하고 받아들인 까닭은 종래 오천년 동안 내려오며 우리의 마음속에 살아있던 이 '하느님 사상', 즉 유일신 사상이 있었기 때문임을 아무도 부정하지 못한다. 실로 '하느님'은 우리 한민족에게는 잡신과 구별되는 아주 자연스러운 창조주 유일신의 명칭인 것이다. 심지어 무당들까지도 하늘에는 최고의 신이 있음을 인정하고 그분을 다른 마귀들과 구별했다.

---

35) 함석헌, 《뜻으로 본 한국역사》, 서울: 한길사, 1933, p.105.

그러나 한글 개역성경은 '하느님' 대신 '하나님'으로 표기했는데 '하나님'은 '하나'+'님'으로서 단지 '한 분(one)이신 신(神)'이라는 것만을 나타낼 뿐이다. 한글 개역성경이 '하느님' 대신 '하나님'을 쓰게 된 것은 여호와는 한 분뿐이라는 유일신관에 기인하여 '하나+님'으로 이해했기 때문이다. 그러나 '하나님'은 의미도 빈곤하지만, 무엇보다도 문법적으로 옳지 않다는 데 큰 문제가 있다. '하나'라는 수사에다 '님'이라는 존칭명사를 붙인다는 것은 어법에 맞지 않는다.

'-님'은 남의 이름이나 또는 다른 명사 위에 붙여 높임의 뜻을 나타낸다. 예를 들면, '선생님'은 '선생을 높인다'는 뜻이다. 그런데 하나, 둘, 셋과 같은 수사는 높일 필요가 없다. 그래서 수사에는 '님'이라는 존칭명사를 붙이지 않는다. '하나님'은 문자 그대로 '하나를 높인다'는 뜻인데, '하나+님', '둘+님', '셋+님'은 어법에 어긋나는 말이다. 반드시 'one+님'을 표기하려면, '하나님'이 아니라 '하나'의 관형사형인 '한'을 붙여 '한님'이라고 해야 하는 것이 문법적으로 원칙이다. 그래야 어법상 무리가 없다. 그러므로 애국가는 '하느님이 보우하사 우리나라 만세…'로 표기했으며,[36] 공문서와 교과서에도 '하느님'으로 통일하여 표기했다. 문법적으로 옳지 않은 말을 사용할 수는 없기 때문이다.

기독교 신자였던 한글학자 최현배(崔鉉培, 1894-1970)[37]는 '하느님'으

---

36) 애국가의 작사자는 윤치호로 추정되며, 일부에서는 안창호, 최병헌(정동감리교회 목사)과 합력하여 작사되었다는 설도 있다. 누구든 기독교인에 의해 작사된 찬미가였다. 1919년부터 안창호와 김구의 주장대로 대한민국 임시정부의 애국가였으며, 스코틀랜드 민요인 "올드 랭 사인"에 삽입해서 부르기 시작하다가, 1935년 한국의 작곡가 안익태가 지은 "한국 환상곡"에 가사를 삽입해서 불리고 있다. 이후 1948년의 정부 수립 이후 국가로 사용되어 왔으며, 2010년 국민의례규정에서 국민의례 시 애국가를 부르거나 연주하도록 함으로써 국가로서의 역할을 간접적으로 규정하고 있다. 1908년에 《찬미가》에 수록되었다.

37) 울산 태생으로, 주시경으로부터 조선어 문법을 배웠으며, 1926년부터 연희전문대 국문학교

로 써야 하는 이유로 다음 세 가지 근거를 들었다.

① 하늘은 중세어 '하놀'이 변한 것으로 제2음절의 고어〈·〉는〈ㅡ〉로 바뀌는 것이 우리말의 일반적인 음운현상이다.

② 하느님은 '하늘에 계신 님'을 줄여 부르는 말로 보아야 한다.

③ 기독교의 신이 유일신임을 강조하기 위하여 '하나+님'으로 생각한다면 잘못이며, 기독교에서나 한국의 전통사상에서나 '하늘에 계신 아버지'의 사상을 벗어날 수 없다.

아주 타당한 지적이다. '하나님'은 어법에 맞지 않은 그릇된 말이다. 그것은 분명히 언어의 오용(誤用)이다. '하느님'이 문법적으로 올바른 말이다.

더욱이 그리스도인이 섬기는 창조주 하느님은 '한 분(only one)이신 하느님'이시요, '크신(great) 하느님', '중심(middle)이신 하느님'이신데, '하느님'은 이 모든 의미를 다 담고 있다. 매우 성경적인 신명(神名)이 '하느님'인 것이다. 왜 이렇게 좋은 말을 버려야 하는가? '하느님'은 우리 겨레의 정서에도 잘 영합하는 아주 훌륭한 말이다. 우리는 이 뛰어난 신명(神名)을 다시 찾아야 한다. 1977년에 나온《공동번역 성경》[38]은 '하느님'으로 표기했다.

그리고 한글 개역성경이 '하나님'을 '하느님'으로 고쳐 써야 할 더 중요한 이유는 신학적인 문제에 있다. '하나님'은 신학적으로 '삼위일체'(三位一體)를 부정하는 '단일신론', 즉 이단을 옹호하는 이름이 된

수가 되었다. 1956년 한글 맞춤법 개정에 주도적인 역할을 했다. 한배님, 하느님이란 신명을 주장했다.

38) 가톨릭과 기독교가 공동 번역한 성경으로 문익환 목사가 번역위원장을 맡아 시편을 번역했다.

다는 것이다. 온 세상 만물을 창조하신 여호와 하느님은 유일하신 분이지만 '하나'는 여호와가 될 수 없다. 우리 그리스도인들이 섬기는 하늘에 계신 아버지는 '삼위일체'이시기 때문이다. 그런데 이름을 '하나'로 못 박으면 어떤 의미에서든지 '삼위'라고 할 수 없는 것이다. 논리상 '하나'(one)는 어디까지나 '하나'이지 '삼위'가 될 수는 없다. 그래서 유대교나 회교, 그리고 현대의 유니테리안파[39]가 믿는 단일신론에 빠지는 것이다.

여호와 하느님은 '유일신'이시지 '단일신'이 아니다. 신학적으로 '유일신'과 '단일신'은 낮과 밤이 다른 것처럼 다른 것이다. 성경에 계시된 하느님은 한 분이시지만, 그분은 삼위일체이신 한 분의 하느님이시다. 따라서 '하나님'이라는 말은 '삼위일체 유일신'을 믿는 그리스도인들에게는 적합하지 않다. 실로 어원상의 의미로나 문법적으로나 신학적으로나 '하나님'보다는 '하느님'이 유일신관을 나타내는 가장 좋은 이름이다. 홍수 이전 사람들이 부르던 창조주 유일신인 '알'에서 유래된 것으로 역사상 가장 오래된 신명(神名)이다.

(7) 하나님의 속성

하나님은 어떤 분이신가? 우리는 하나님의 속성(屬性, attribute)들, 즉 하나님께 돌려지는 여러 가지 성질들을 통하여 하나님에 관하여 어느 정도 알 수 있다. 모세에게 하나님께서 당신 자신에 대해 선

39) 유니테리어니즘(영어: Unitarianism)은 18세기 등장한, 이신론의 영향을 받은 반삼위일체론 계통의 기독교 교회이다. 이들은 신은 하나라는 유일신 신앙, 즉 단일신론(Unitheolism)을 주장하여 성자 예수를 성부 하나님과 동일한 분이며 권능과 영광이 동일한 것을 믿지 않기 때문에, 삼위일체 신앙을 갖고 있는 주류 기독교와는 교리적으로 차이가 있다. 하버드 대학을 세운 이들이다.

포하시기를 "여호와로라, 여호와로라 자비롭고 은혜롭고 노하기를 더디하고 인자와 진실이 많은 하나님이로라 The LORD, The LORD God, merciful and gracious, longsuffering, and abundant in goodness and truth"(출 34:6) 하신다.

웨스트민스터 소요리 문답 제4문: "하나님은 어떤 분이신가?"에 대한 답변은 "하나님은 그의 존재와 지혜와 능력과 거룩과 의와 선과 진실에 있어서 무한하시고 영원하시고 불변하신 영이시다"이다. "하나님은 영이시니"(요 4:24) 영은 물질적 실체를 가지지 않으며 육신의 눈으로 볼 수 없다. "영은 살과 뼈가 없느니라"(눅 24:39). "아무 사람도 보지 못하였고 또 볼 수 없는 자시니"(딤전 6:16) 하나님은 영이시므로, 그에 대한 우리의 생각과 예배는 영적이어야 한다.

① 무궁하신 하나님

하나님은 무한하시다. 즉 그는 어느 장소에 제한되지 않으시고 동시에 어느 곳에나 계신다.

시편 145:3 "하나님의 광대하심(크심)을 측량치 못하리로다."
예레미야 23:24 "나는 천지에 충만하지 아니하냐?"

성경에 하나님이 하늘에 계시며(마 6:9) 하늘이 하나님의 보좌(사 66:1)라는 말씀은 하늘에 하나님의 영광을 나타내시는 한 처소가 있음을 의미한다. 그러나 실상은 하늘의 하늘이라도 무한자 하나님을 다 포용하지 못한다(왕상 8:27). 하나님께선 죄인의 마음에도 계셔서 감찰하시고 지옥에도 계셔서 심판하시지만, 죄악과 혼합되지는 않으신다.

또한 하나님은 영원하시다.

시편 90:2 "주는 영원부터 영원까지 하나님이시니이다."

하나님은 영원 전부터 계시고 영원 후까지 계신다. 사실 시간은 하나님의 피조세계에 속하며 하나님은 시간의 제약을 받지 않으시고 시간을 초월하신다. 그는 과거와 현재와 미래를 동시에 바라보실 수 있는 초시간적 존재이다.

또한 그는 불변하신다.

시편 102:27 "주는 여상(如常, 동일)하시고."

말라기 3:6 "나 여호와는 변역지(변하지) 아니하느니라."

하나님은 그의 존재와 속성들에 있어서뿐만 아니라, 그의 뜻에 있어서도 불변하신다. 성경에 하나님이 후회하신다는 표현이 나오는 것이 사실이지만(예를 들어, 출 32:14; 욘 3:10), 그것은 신인동형동성적(神人同形同性的)인 비유적 표현이라고 이해해야 할 것이다.

② 지혜로우시고 능력이 있으시다.

하나님은 지극히 지혜로우시다.

욥기 37:16 "지혜가 온전하신 자."

로마서 11:33 "깊도다 하나님의 지혜와 지식의 부요함이여."

하나님의 지혜와 지식은 무한하고 완전하다. 즉 그는 전지(全知)하시다. 그는 또한 지극히 능력이 있으시다.

창세기 17:1 “전능하신 하나님.”
창세기 18:14 “여호와께 능치 못한 일이 있겠느냐?”

물론 하나님은 자신에 반대되는 일들, 예컨대 자기 부정, 거짓말, 범죄 등을 하실 수 없다. 하나님의 능력(能力)(눅 1:33 “그 나라가 무궁하리라”; 시 106:31 “의로 정하였으니 대대로 무궁하리로다” olam; 히 7:16 “무궁한 생명의 능력을 좇아” akatalutos), 하나님의 지혜(智慧)는 무궁하시다(시 147:5, mispar: 욥 36:5 “멸시치 아니하시며 그 지능이 무궁하사”).

하나님의 사랑이 무궁하시다(렘 31:3 “내가 무궁한 자랑으로 너를 사랑하는 고로” ‘olam; 애 3:22 “자비와 긍휼이 무궁하시므로” Kalah)로 사용되고 있다. 삼위일체 하나님의 속성은 무궁이다. 알파와 동시에 오메가가 되시며, 처음과 나중이 되셔서 처음-과정-나중 전체를 뛰어넘어 존재하시는 분이다. 이 무궁을 잘 이해하면 그리스도의 인성과 신성의 관계성, 삼위일체 문제, 부활과 십자가의 상관성 문제 등이 다 이해된다.

③ 거룩하시고 의로우시고 선하시고 진실하시다.
하나님은 지극히 거룩하시다.

출애굽기 15:11 “주와 같이 거룩함에 영광스러우신 자가 누구니이까?”

그의 거룩하심은 그가 모든 피조물로부터와 모든 도덕적 불결로부터 분리되어 계심을 의미한다. 또한 하나님은 지극히 의로우시다.

신명기 32:4 "하나님은 공의로우시고 정직하시도다."

의(올바름)란 도덕적 기준에 일치함을 가리킨다. 하나님의 의로우심은 그의 도덕적 완전성에 그 자신이 일치함을 의미한다.

특히, 하나님께서는 의로우신 재판장이시고, 하나님을 거스른 모든 악인들에 대해 진노하시며 벌하신다(형벌적 공의).

로마서 2:4-5 "진노의 날 곧 하나님의 의로우신 판단이 나타나는 그날에."
나훔 1:2-3 "여호와는 투기하시며 보복하시는 하나님이시니라."

또한 하나님은 지극히 선하시다. 하나님의 선하심은 또한 그의 긍휼, 인자, 사랑 등으로 표현된다.

출애굽기 34:6 "자비롭고 은혜롭고 노하기를 더디 하고 인자와 진실이 많은 하나님이로라."
요한일서 4:9 "하나님의 사랑이 우리에게 이렇게 나타나신바 되었으니 하나님이 자기 독생자를 보내심은 저로 말미암아 우리를 살리려 하심이니라."

하나님의 사랑의 절정은 그의 독생자 예수 그리스도의 십자가의 속죄의 죽음이다.

또한 하나님은 지극히 진실하시다.

시편 86:15 "진실이 풍성하신 하나님이시오니."

진실은 이름과 실질이, 속과 겉이, 말과 행위가 같은 것을 의미한다. 특히 하나님은 그의 약속에 있어서 신실하시다.

⑻ 이슬람교가 믿는 알라는 성경의 하나님과 같은가?[40)]

전혀 아니다. 알라는 성경의 하나님이 아닌 달신이다. 알라의 상징은 초생달(crescent)이다. 그래서 이슬람교도들은 모스크 위에 초생달을 두고, 그들의 국기에도 초생달과 별을 새긴다.

코란은 신성한 하늘의 언어인 아랍어로 기록되어 있기 때문에 번역되어서도 안 되고, 번역되는 순간 원문의 깊은 의미가 훼손된다고 무슬림들은 주장한다. 그럼에도 불구하고 '알라'를 영어의 단어인 'God'으로 코란 영역본에서 쓰고 있으며, 한국어로는 '하나님' 또는 '신(神)'으로 혼용해서 쓰고 있으며 때론 '알라'라고 사용하기도 한다.

유대교에서는 예수 그리스도를 메시아로도 인정하지 않고 신적인 존재로도 인정하지 않는다. 기독교에서는 삼위일체의 하나님으로, 성부 하나님과 성자 예수님, 그리고 성령 하나님 즉 유일하신 하나님은 세 분의 인격을 갖는 것으로 말한다. 하지만 이슬람은 삼위일체도 부인하고, 예수 그리스도를 하나님의 아들로도 인정하지 않을 뿐 아니라 성령을 하나님으로도 인정하지 않는다. 성령님의 또 다른 이름인 '보혜사'라는 단어인 'parakletos'를 앞으로 올(이미 왔지만) 모하메드에 대한 예언이라고 아전인수 격으로 설명하고 있다. 이는 'periklytos'라고 잘못 읽은 실수에서 비롯된 것이다.

---

40) 김종필 목사, www.samuelyun.com 신앙상담란.

이슬람에서 말하는 '알라'는 누구인가? 일반적으로 "무슬림들은 유일신론자들이며 그들은 오직 한 분이신 '신(God)'을 믿는다'"라고 고백한다. 그러나 무슬림들이 믿는 '알라'가 더 나아가서 모하메드가 믿는 '알라'가 성경이 말하는 '우주의 창조주'와 동일하지도 않을 뿐 아니라 신의 본성과 속성(Nature and attributes of God)에서도 확연히 다르다. 코란에는 '유일하신 분'에 해당하는 하나님의 이름이 한 번도 언급되지 않고, 이와 유사한 아랍어 역시 언급된 적이 없다. 오직 아랍어로 이질적인 알라(Allah)와 주(Rabb, Lord)라는 단어가 나온다.

헬라어로는 'theos' 즉 '하나님' 또는 '신(神)'으로 부른다. 헬라어로 'theos'에 해당하는 것으로 사도행전 4:12의 '다른 이로서는 구원을 얻을 수 없나니 천하 인간에 구원을 얻을 만한 다른 이름을 우리에게 주신 일이 없음이니라'는 말씀에 예수님만이 유일하게 구원을 주시는 신적 존재에 해당한다고 단언하고 있다. 이에 비해, 무슬림들은 '알라'를 고유명사로 사용하려고 하나 사실은 보통명사인 것으로, 모하메드 이전에 단 한 번도 '알라'가 고유명사로 사용된 적이 결코 없었다. 알라는 구약의 하나님인 엘로힘에 해당하기도 하고, 헬라어의 신인 'ho Theos'에도 해당하지만 결코 '여호와'(야훼)나 '예수'에 해당된 적이 없다. 다시 말하면 무슬림이 말하는 '알라'는 어떤 누구도 지칭하지 않는 이름 없는(nameless) 무슬림 신(神, God)인 셈이다. 무슬림은 성경의 하나님의 이름이 '여호와'인 것을 말하듯 '알라'가 그 '하나님'이라고 한다. 예수님이 부활하신 후 도마는 그에 대해 고백하기를, "나의 주시며 나의 하나님 my Lord, my God이시니이다(요 20:28)"라고 하였다.

무슬림이 믿는 '알라'는 모하메드 당시에 존재하는 수많은 아랍의 토속신들(folk gods) 가운데 하나였다. 다신교를 믿던 당시의 아랍에는 많은 신들이 있었다. 하심 가문에 속한 모하메드의 부족인 꾸라이시(Quraish) 부족이 섬기는 우상만 해도 360개에 이른다. 그중에서도, 모하메드가 태어나기도 전에, 알라는 메카의 카바 신전에서 많은 아랍인들에게 최고 신 중 하나로 경배를 받았다.

카바 신전에 있는 '알라'를 보아왔던 모하메드는 알라만이 유일한 신이라고 주장하기에 이른다. 그는 "많은 신들 가운데 기독교의 하나님처럼 유일하신 분인 알라의 계시를 받았다"고 주장한다. 모하메드가 메카의 히라 동굴에서 가브리엘 천사를 통해 받은 계시를 '알라의 계시'라고 주장하기에 이른다. 코란에 나타난 알라의 이름만 계수해도 99개에 이른다. 모하메드 이전에도 유일신 신앙에 대한 관념이 있었기에, '알라'도 '지상의 신'으로 숭배된 일은 있었으나 아라비아인들이 직접 '알라만을 유일신'으로 숭배하지는 않았다.

Allah의 어원은 '신적 존재' 또는 '신'이라는 의미를 지닌 'Ilah'(일라흐)에, 정관사 'al'(알)을 붙인 'Allah'(알 일라흐, 남성형)로서, 굳이 영어로 번역한다면 '신'(神, the deity, God)이 된다. 아랍어의 신이라는 단어에 정관사 'the'가 붙어서, The God, 즉 '알라'가 된다.[41] 여성형 '일라하'(ilaha)를 붙이면 Allat가 되어 '여신'이라는 의미가 된다. 이는 후반부에서 언급할 세 명의 여신 이름 가운데 하나가 된다. '알라'를 헬라어로 표기하면 유일신의 뜻을 지닌 'ho theos monos'가 된다. 셈족 언어(Semitic languages) 가운데 알라(Allah, 알일라흐)에 상응하는 성경 아람어(Biblical Aramaic)로는 '엘라하'('Ĕlāhā)가 있고, 시리아어로는 '알라하 또는 알로호'(Alâhâ or 'Ālōho)가 있다.

---

41) Arthur Jeffrey, *Islam: Muhammad and His Religion,* New York: The Bobbs Merrill Com., 1958, p.58.

실제적으로 '알 일라흐'(알라)가 유일신으로 경배를 받게 된 것은, 바로 모하메드가 그 의미를 부여하고 이슬람의 유일신으로 선포한 다음부터이다. 다시 말하면 모하메드에 의해 '알라'라는 신(神)을 유일신으로 숭배했다. 알라는 아라비아 반도의 수많은 신들 가운데 하나의 신의 이름일 뿐이라는 점이다.[42] 모하메드가 속한 부족인 쿠라이시(Quraish) 족이 섬기는 월신(lunar deity)을 지칭할 때 쓰는 신의 일반적 이름이었다. 알라를 부르는 우상의 이름이 바로 월신(the moon god=Alilat)이었기에 초생달(the crescent moon)은 이슬람의 매우 중요한 상징이다.

월신 숭배는 당시 대부분의 기독교인들이 마귀적이라고 정죄했던 것이며, 이는 분명 이교도의 의식을 되풀이하는 것으로 보았다. 지금도 무슬림들이 행하는 월신의 종교의식이 바로 카바의 순례와 아잔(adhan, 매일 다섯 번씩 기도하기 전 외우는 주문) 등이다. 월신과 더불어 많은 신들이 있는 메카의 카바 신전은 많은 순례객을 부르게 되어 경제적 부요를 가져왔다. 그리고 이교도들은 메카와 카바에 있는 우상을 향해 그들이 비록 먼 곳에 있어도 기도를 드렸던 것이다. 바로 이 점을 이용해 알라만이 유일한 신이라고 못 박고 카바 신전의 모든 우상을 훼파하고 처음에는 예루살렘을 향해 기도하던 것을 이제는 메카의 카바를 향해 기도하게 된 것이 아잔 기도가 되고, 순례를 의무화한 것이 지금의 대순례가 된다. '알라'라는 신의 이름은 성경과는 무관하며 도리어 북아라비아 반도의 사비안족(Sabeans)의 이교주의에서 연유했다고 한다. 이로 인해 이슬람은 월신숭배와 관련된

42) G. O. J. Moshey, *Who is this Allah?*, 2008; Robert Morey, *The Islamic Invasion,* 2011, pp.211-18.

많은 우상숭배의 의식을 알라의 이름으로 흡수하게 되었다.[43)]

▶ 알라는 모하메드 이전에 지칭되던 신의 이름이었는데, 어떤 연유로 기독교의 하나님과 동일하다고 주장하게 된 것일까?

모하메드는 다른 종교, 특히 유대교와 기독교에 대해 친히 참여하기도 하고, 주변의 많은 사람들로부터 듣기도 하였다. 그가 메카로부터 도피해 지금의 예멘과 에티오피아까지 피신할 때에 기독교인의 극진한 환대를 받고 그는 기독교에 대해 특히 우호적인 생각을 하게 된다. 코란을 보면 초기의 그러한 그의 생각이 많이 반영되어 있다. 그가 만났던 기독교인과 유대인들은 당시의 로마 가톨릭이나 비잔틴 정교회가 아니었고, 도리어 그들로부터 이단 정죄를 받았던 소수의 기독교 종파였다.

그중에는 유대교의 교리와 신약 교회 교리를 혼합한 에비온파(Ebionites)가 아라비아 반도에 광범위하게 존재했으며, 동방교회(Church of the East 그리고 Copts, 그리스 정교회가 아님)의 전통을 따르는 근동의 많은 교회들이 있었으며, 그가 다메섹(Damascus)과 무역할 때에 만난 시리아 교회(Syriach Church)도 이에 포함된다. 예수 그리스도의 메시아 되심을 부인하는 유대교도 그가 자주 접촉했던 종교 중 하나이다.

모하메드는 그런 부류의 사람들을 통해 유대교의 유일신이신 하나님과 기독교의 삼위일체의 하나님에 대한 개념을 갖게 된다. 물론 코란에서 말하는 가히 믿을 수 없을 정도의 실수인 마리아를 삼위일체의 한 분으로 보고, 삼위일체를 부인하는 진풍경이 빚어지기도 한다. 코란에 자주 등장하는 유대인과 기독교인은 오늘 우리가 아는 서방 교회의 모습도, 동방 정교회의 모습도 아닌 일반적으로 잘

43) N. A. Newman(ed.), Al-Kindi, *Three Early Christian-Muslim Debates*.

알려져 있지 않았던 소수파들인 셈이다.

모하메드 사후 초기 무슬림과 시리아 정교회의 접촉점에 대한 기록을 남긴 "John of Damascus"의 문서를 살펴보면, 당시 이슬람이 어떠한 방법으로 '기독교적 신개념을 도입'했는가를 유추해 볼 수 있다. 이러한 신 개념을 종합적으로 모색한 모하메드는 히라 동굴에서 가브리엘 천사와의 대면을 통해, "알라 외에는 다른 신이 없으며(La-il-la-ha-illa-Allah, There is no deity but God) 모하메드가 알라의 선지자"라는 것을 선포하기 시작한다.

▶ 그러면 모하메드는 어떤 방법으로 알라를 전파하였는가?

모하메드가 "다른 신은 없으며 그가 알라의 대언자"라고 자신의 부족인 꾸라이시 족장들에게 전하지만 그가 받은 것은 냉소와 꾸짖음이었다. 초창기에 아무런 힘이 없던 그는 조용히 반대에 직면하면서 후일을 기약한다. 모하메드는 메카에 동조가 없었기에 멀리 메디나에 가서 포교하기 시작한다. 이는 메카에 있는 '알라'라는 부족신에게 제사를 드리기 위해 메디나로 가서 그곳 사람들을 포교하여 '알라'를 믿게 하기 위함이었다. 이것이 이슬람 선교의 시작이 되었으며, 그 다음해에 메디나에서 70명의 개종자들에게 대언자로 인정을 받게 된다. 이러한 개종 사건으로 그는 더욱더 꾸라이시 족장과 부족민들에게 더 큰 핍박을 받게 되고, 죽음의 위협을 느낀 모하메드는 메디나로 피신하게 되는데, 오늘날 무슬림들이 이슬람의 원년으로 삼고 있는 주후 622년의 헤즈라(Hejra, 피난, 이동)가 된다.

모하메드는 그동안 대상 거래를 통해 아라비아 반도에 살고 있는 유대인들로부터 들어왔던 유일신 신앙, 장차 부인이 될 기독교인인 카디자(Khadija)라는 과부와 그녀의 오라비인 에비온파(Ebionite)의 지도자와 에티오피아와 아라비아 반도에 있는 기독교인들로부터 들은 성경과 그들의 예배, 특히 수도원 예배와 기도 양식을 종합해서, 코란의 내용을 채웠으며, 오직 유일하신 신의 이름인 '알라'로 통일하여 '이슬람'이라는 종교를 탄생케 한다. 그래서 모하메드는 알라를 성경의 하나님과 동일시하려고 했다. 오늘날 일부 신학자 가운데 코란의 알라와 성경의 하나님이 같다는 주장은 이슬람의 주장이다.[44)]

성경은 월신 숭배에 대해 준엄한 금지를 하고 있다. 신명기 4:19를 보면, "또 두렵건대 네가 하늘을 향하여 눈을 들어 일월성신 하늘 위의 군중 곧 너희 하나님 여호와께서 천하 만민을 위하여 분정하신 것을 보고 미혹하여 그것에 경배하며 섬길까 하노라"는 말씀으로 일월성신을 섬기는 자들을 경고하고 있다. 또 신명기 17:3-7을 보면, "가서 다른 신들을 섬겨 그것에게 절하며 내가 명하지 아니한 일월성신에게 절한다 하자, 혹이 그 일을 네게 고하므로 네가 듣거든 자세히 사실하여 볼지니 만일 그 일과 말이 확실하여 이스라엘 중에 이런 가증한 일을 행함이 있으면, 너는 그 악을 행한 남자나 여자를 네 성문으로 끌어내고 돌로 그 남자나 여자를 쳐 죽이되, 죽일 자를 두 사람이나 세 사람의 증거로 죽일 것이요 한 사람의 증거로는 죽이지 말 것이며, 이런 자를 죽임에는 증인이 먼저 그에게 손을 댄 후에 뭇 백성이 손을 댈지니라. 너는 이와 같이 하여 너의 중에 악을 제할지니라"고 말씀하신다.

유다 왕 므낫세가 하나님의 진노를 받게 된 것도 바로 일월성신을 섬겼기 때문이다. 열왕기하 21:3을 보면, "그 부친 히스기야의 헐어버

---

44) *The Moon-god Allah In the Archeology of the Middle East,* Paperback, 1994. http://www.bible.ca/islam/islam-moon-god.htm.

린 산당을 다시 세우며 이스라엘 왕 아합의 소위를 본받아 바알을 위하여 단을 쌓으며 아세라 목상을 만들며 하늘의 일월성신을 숭배하여 섬기며" 이어서 이러한 행위를 한 유다 성읍에 대해서 열왕기하 23:5에서 다음과 같이 말한다.

"옛적에 유다 왕들이 세워서 유다 모든 고을과 예루살렘 사면 산당에서 분향하며 우상을 섬기게 한 제사장들을 폐하며 또 바알과 해와 달과 열두 궁성과 하늘의 모든 별에게 분향하는 자들을 폐하고."

이러한 일월성신을 숭배하는 자에 대한 하나님의 심판이 너무나 무서운 것임을 예레미야 8:2이 말해주고 있다. "그들의 사랑하며 섬기며 순복하며 구하며 경배하던 해와 달과 하늘의 뭇별 아래 쬐리니 그 뼈가 거두이거나 묻히지 못하여 지면에서 분토 같을 것이며" 라고 하였다. 이는 유다 온 족속이 그 악을 행한 결과라고 예레미야 19:3은 전한다.

"이르기를 너희 유다 왕들과 예루살렘 거민아 여호와의 말씀을 들으라 만군의 여호와 이스라엘의 하나님이 이같이 말씀하시되 보라, 내가 이곳에 재앙을 내릴 것이라 무릇 그것을 듣는 자의 귀가 진동하리니."

이러한 성경 말씀의 경고에도 불구하고 코란에는 월신 숭배의 흔적이 그대로 묻어난다.

코란 74:32에, "내가 달에 대하여 맹세하노라. 그리고 밤이 떠나는 때, 새벽 미명은 밝아오고, 진실로 지옥은 가장 깊음 가운데 있구나. I swear by the moon, And the night when it departs, And the daybreak when it shines; Surely it(hell) is one of the gravest(misfortunes)."

코란 84:16에는 달을 찬미하는 특이한 점이 발견된다.

"보라! 나는 황혼녘 붉은 빛에 맹세하나니, 그 밤에 그것이 찾아 들어 오면, 달은 충만하게 가득 차오르고, 그대는 가장 확실하게 이 전에서 또 다른 곳으로 들어가게 되노라. 그들에게 무엇이 문제이랴, 그것을 믿지 않음에 있나니, 이때 코란을 그들에게 암송하게 되면 그들은 경의를 표하지 않을 수 없으리!"(이 구절을 영어로 번역한 Yusuf Ali에 의하면, 이 두 구절은 "보라, 진실로 달 가까이에 있다면, 달은 어두움의 때에 신으로 경배 받았노라 Nay, verily by the moon, the moon was worshipped as a deity in times of darkness." 라고 번역할 수 있다.

코란에 나오는 대부분의 내용은 신구약 전체에 대치되는 구절들이 많다. 그 뿌리가 월신 숭배로부터 시작되었기에 우리는 분별력을 갖고 코란을 읽어야 한다. 알라의 시작 자체가 보이지 않는 월신 숭배와 깊은 관계가 있으며, 알라는 성경에 말씀하신 하나님과는 전혀 무관한 존재로 이는 적그리스도의 영이 역사한 것으로 볼 수 있다. 이는 코란 5:73에 삼위일체를 부인하고, 예수의 신성도 부인하고(코란 5:72), 알라 자신이 기독교와 유대교를 적으로 천명했기 때문이다(코란 5:51).

■ 창세기 1:1과 1:2 사이에 간격이 있는가?(Gap theory)[45]

1절과 2절 사이에는 시간적 간격(gap)이 없다. 전능하신 하나님께

45) 이재만의 글(www.hisark.com)과 박창성(세계창조선교회 회장)의 글을 발췌, 소개한다. 이재만 교수는 창조과학선교회 회장을 역임했고 Michigan State University에서 지질학을 연구했으며, Institute for Creation Research에서 홍수지질학을 공부했으며, Grand Rapids Theological Seminary에서 구약학을 전공했다. 박창성 교수는 서울대에서 지구과학을 전공하고, 미국의 창조과학 연구소(ICR)의 대학원을 졸업한 창조과학 전문가로서, 미국 오레곤 성서신학원에서 창조과학, 변증학, 교육학, 선교학을 강의하다. CBS 크리스천 노컷뉴스, 2007년 5월 7일.

서는 말씀으로 세상을 창조하셨고, 그리 긴 시간이 필요하지 않았다. 2-5절은 창조 첫째 날에 다 이루어진 일이다. 하늘과 땅과 빛을 첫째 날에 창조하신 것이다.

간격이론(gap theory)이란 창세기 1장 1절과 2절 또는 3절 사이에 오랜 시간적 간격이 있었다는 이론이다. 그 내용은 하나님께서 1절에 세상을 창조하신 후 2절 사이에 커다란 심판이 있었고, 그다음에 3절부터 다시 창조하셨다는 것이다. 그래서 이 이론을 다른 말로 '재창조설'이라고도 부른다. 즉 2절의 형태가 없고 비어 있다(formless and void)는 모습을 무질서(chaos)라고 판단하고 이를 심판으로 확대 해석한 것이다. 이 이론을 주장하는 사람들은 1절을 '원시창조', 3절 이후부터 '재창조'라고 말한다.

이런 주장을 하는 일부 신학자들은 창세기에 기록되어 있는 창조 기사를 현대 지질학과 조화를 이루어 보려는 여러 가지 시도를 하였다. 이들은 지질학자들이 주장하는 46억 년이라는 오랜 지구의 나이를 부인할 수 없는 사실이라고 인정하고, 창세기에 나타나는 지구의 역사를 여기에 맞추어 길게 늘여서 해석하는 유신론적 진화론(theistic evolution), 점진적 창조론(progressive creation), 날-시대 이론(day-age theory) 등을 주장하였는데, 간격이론(gap theory)도 그와 같은 시도들 중의 하나로서 크리스천들 사이에 꽤 널리 퍼져 있다.

간격이론의 주장은 창세기 1:1 후 사탄이 반란을 일으키자 하나님께서 큰 홍수(Lucifer's flood)를 일으켜 전 지구의 생명체를 멸하셨고, 그 때문에 2절에서 지구는 '혼돈하고 공허'(히브리어 tohu wa-bohu)하게 되었으며, 3절 이후에 하나님께서 다시 창조하셨다는 주장이다. 재창조설의 가설로 추측하는 것이다. 이들에 의하면 창세기 1장 1절과 2절 사이에는 수십 억 년의 지질학적 시간 간격이 있기 때문에, 성경상의 지구의 역사는 매우 긴 것이어서 현대 과학에 비추어 볼 때 문제될 것이 없다고 말한다. 그리고 지층 속에서 발견되는 많은 화석들은 노아의 홍수 때문이 아니라, 1절과 2절 사이에 일어난 Lucifer의 홍수로 인해서 죽은 생물들의 잔해라고 생각한다.

간격이론의 골자인 하나님께서 지구를 멸하시고 다시 창조하셨다는 이론(ruin-reconstruction)은 오늘날 우리가 관찰하고 있는 지구는 현재 일어나고 있는 것과 동일한 사건이 과거에도 누적되어 진행되어 온 결과라고 생각하는 학설(동일과정설)이 널리 퍼지게 되면서 지구의 나이를 전보다 훨씬 길게 생각하게 되자, 이에 맞추어 성경을 다시 해석한 결과로 나오게 된 이론이다.

간격이론은 17세기 잠시 언급된 적이 있었지만 그 영향력은 거의 없었다. 성경 속에서 이런 이상한 이론을 받아들일 이유가 없었기 때문이다. 한동안 사라졌다가 오랜 지구 나이가 고개를 들 무렵인 19세기 초에 차머즈(Thomas Chalmers, 1780-1847)와 지질학자며 목사인 버클랜드(William Buckland, 1784-1856)에 의해 대중화되기 시작했다. 그 후 이 이론에 대한 글들이 여럿 등장했는데, 특히 진화론적 아이디어를 갖고 있던 지질학자인 밀러(Hugh Miller, 1802–1856)가 더 상세하게 이론을 전개했다. 그리고 1970년에 커스탄스(Arthur Custance)가 《혼돈과 공허》*(Without form and Void)*라는 책에서 간격이론을 옹호한 것이 교회에 크게 파급되는 계기가 되었다.

간격이론이 파급되기 시작한 후의 글들은 어김없이 진화론을 지지

하는 내용을 담고 있는데, 간격이론으로 해석을 하고 있는 주석 성경들을 보면 잘 알 수 있다. 예를 들어 1917년 개정된 스코필드 스터디 성경은 "화석은 원시창조로 설명되며, (그러면) 창세기의 우주 진화 모양과 과학은 모순이 없다"고 설명했다. 1963년 출판된 대이크(Finis Dake)의 주석 성경도 "(수십억 년) 지구 나이에 동의할 때, 창세기 1장 1절과 2절 사이에 수백만 년을 놓는다. 그러면 창세기와 과학 사이에 모순이 사라진다"며 전형적인 간격이론에 기초해서 해석했다. 여기서 볼 수 있듯이, 간격이론은 수십억 년의 진화론적 지질시대를 2절 속에 몰아넣으려는 노력에서 탄생한 전형적인 타협이론인 것이다.

그러나 지구상에 지질시대라는 진화역사는 존재하지 않기 때문에 이런 이론을 억지로 만들 필요도 없을 뿐더러, 타협이론을 좇아가다 보면 부분적으로는 진화론적 사고와 일치하는 것 같아 만족하지만, 결국 성경 전체로는 심각한 모순에 빠지게 된다.

그리고 성경에서 드러난 하나님의 능력과 성품, 더 나아가 예수님의 복음까지 손상을 입히게 된다. 간격이론은 '간격 없는 2절' 속에 수십억 년의 기간을 넣었기 때문에, 성경에 언급되지 않은 자신들이 만든 수많은 상상의 이야기를 그 안에 넣는다. 실제로 이 이론의 옹호자들은 성경의 난해한 문제들을 이 간격 안에 넣는 일을 서슴지 않았다. 예를 들면 사탄이 이 간격 때 타락했으며, 이때 타락한 사탄을 가두기 위해서 재창조를 했다고 말하기도 한다. 그리고 이때 사탄을 심판하기 위해 루시퍼의 홍수가 있었다고도 하는 등 자신들이 임의대로 만든 간격이기 때문에 이들은 간격 동안에 일어난 이야기도 자신들이 쉽게 만들어 버린다.

만약에 그런 엄청난 심판이 있었다면 아주 심각한 내용이 어딘가 적혀 있어야 하는데, 성경은 그런 죽음에 대하여 어떤 언급도 없다. 오히려 창조를 하실 때마다 “보시기에 좋았더라”(God saw it was good)는 감탄사만 등장하며, 죄 이전에는 어떤 고통도 명시되어 있지 않다. 그것이 선하신 하나님의 성품이기 때문이다. 단지 하나님의 형상인 인간의 죄 때문에 환경이 변하고 고통이 들어온 것이다(창 3:18; 롬 8:22).

성경은 아담을 ‘첫 사람’이라고 했으며, 그 한 사람으로 죄가 들어왔다고 했다(롬5:12; 고전 15:45). 이 간격이론대로라면 아담이 전에 모든 것들이 고통과 함께 죽었던 적이 있었어야 한다. 그러므로 간격이론을 받아들이면 하나님의 성품에 치명적인 흠집을 남기며 인간의 죄의 결과도 약화시킨다.

실제로 문맥상으로 볼 때는 두 절 사이에 어떤 간격이 들어갈 틈이 없다. 창세기 1장 전체는 매절마다 ‘그리고’(and)를 의미하는 히브리어 접속사 ‘봐우’(wow)가 들어 있다. 물론 오랜 간격이 있다고 주장하는 1, 2절 사이와 2, 3절 사이에도 모두 동일한 ‘and’가 들어 있다. 즉 창세기 1장의 일련의 창조과정 가운데 어떤 곳에도 시간적 간격이 없다는 의미다. 그런데 이런 긴 시간을 넣으려는 의도는 무엇일까? 이유는 단 하나다. 바로 지구가 수십억 년 되었다는 진화론 때문이다.

진화론은 처음부터 완벽한 것들을 창조했다는 하나님의 선하심과 전능하심에 정면으로 도전한다. 사실이 아니기 때문이다. 그러므로 진화 역사를 사실로 인정하며 성경의 역사를 변형시킨 모든 타협이론은 똑같이 이 부분에서 성경을 공격할 수밖에 없다. 간격이론도 이에 예외가 아니다. 간격이론도 수십억 년의 진화 역사를 이미 받아들인 전형적인 타협이론이다.

이 간격이론은 진화론을 부정하고 성경을 문자적으로 해석하려는 의도가 있기는 하지만, 다음과 같은 치명적인 문제점이 있다.

첫째, 하나님께서 우주만물을 6일 동안 지으셨다는 성경말씀과 모순된다. 출애굽기 20:11에서는 "이는 엿새 동안에 나 여호와가 하늘과 땅과 바다와 그 가운데 모든 것을 만들고 일곱째 날에 쉬었음이라 그러므로 나 여호와가 안식일을 복되게 하여 그날을 거룩하게 하였느니라"고 말씀하셨다. 우주 안의 모든 것을 6일 동안 지으셨다고 명백하게 말씀하셨는데, 그 긴 간격을 어디에 넣을 수 있겠는가?

둘째, 2절의 "혼돈하고 공허하며"는 무질서하고 폐허가 된 상태(chaotic and ruined)라고 해석하는 것보다는, 형태가 잘 갖추어져 있지 않고 아직 생명체들이 살기에 적합하지 않아서 비어 있는 상태(unformed and uninhabited)로 해석하는 것이 타당하다. 간격이론에 의하면 2절에서 말하는 것이 고통, 고난, 아픔, 상실, 혼란, 파괴를 말하고 있다.

셋째, 성경 말씀과는 달리 죽음, 질병, 고통을 아담과 하와의 범죄와 타락 이전에 이미 존재하였다고 말함으로써 복음의 기초를 무너뜨린다. 로마서 5:12에는 "이러므로 한 사람으로 말미암아 죄가 세상에 들어오고 죄로 말미암아 사망이 왔나니 이와 같이 모든 사람이 죄를 지었으므로 사망이 모든 사람에게 이르렀느니라"고 말한다. 또 고린도전서 15:45에는 아담이 "첫 사람"(the first man)이라고 기록되어 있다. 따라서 아담 이전에는 다른 사람들이 없었으며, 그가 범죄하여 하나님으로부터 저주받기 전에는 동물과 사람에게 죽음이 없었음이 분명하다. 인간에게 내려진 육체의 죽음 대신에 영생을 주시기 위해, 하나님께서는 예수님을 통하여 우리를 위해 십자가에서 돌아가심으로써 죽음의 고통을 당하시고 구원의 길을 열어주신 것이다.

넷째, 간격이론은 노아 홍수의 증거를 없애버림으로써 의미를 약화시킨다. 만약 화석이 Lucifer의 홍수에 의해서 만들어진 것이라면, 노아의 홍수는 무슨 일을 한 것인가? 간격이론은 성경에 분명하게 나타나지도 않는 Lucifer의 홍수를 전(全)지구적인 홍수로 가정하고, 노아의 홍수를 일부 지역에서 일어난 홍수로 격하시킴으로써 노아의 홍수가 지닌 앞으로 오게 될 하나님의 심판에 대한 경고로서의 귀중한 의미를 약화시키고 있다(벧후 2:4-22).[46]

---

46) 벧후 2:4-22 "4하나님이 범죄한 천사들을 용서치 아니하시고 지옥에 던져 어두운 구덩이에
두어 심판 때까지 지키게 하셨으며 5옛 세상을 용서치 아니하시고 오직 의를 전파하는 노
아와 그 일곱 식구를 보존하시고 경건치 아니한 자들의 세상에 홍수를 내리셨으며 6소돔과
고모라 성을 멸망하기로 정하여 재가 되게 하사 후세에 경건치 아니할 자들에게 본을 삼
으셨으며 7무법한 자의 음란한 행실을 인하여 고통하는 의로운 롯을 건지셨으니 8(이 의인
이 저희 중에 거하여 날마다 저 불법한 행실을 보고 들음으로 그 의로운 심령을 상하니라)
9주께서 경건한 자는 시험에서 건지시고 불의한 자는 형벌 아래 두어 심판 날까지 지키시며
10육체를 따라 더러운 정욕 가운데서 행하며 주관하는 이를 멸시하는 자들에게 특별히 형
벌하실 줄을 아시느니라 이들은 담대하고 고집하여 떨지 않고 영광 있는 자를 훼방하거니
와 11더 큰 힘과 능력을 가진 천사들이라도 주 앞에서 저희를 거슬러 훼방하는 송사를 하지
아니하느니라 12그러나 이 사람들은 본래 잡혀 죽기 위하여 난 이성 없는 짐승 같아서 그 알
지 못한 것을 훼방하고 저희 멸망 가운데서 멸망을 당하며 13불의의 값으로 불의를 당하며
낮에 연락을 기쁘게 여기는 자들이니 점과 흠이라 너희와 함께 연회할 때에 저희 간사한
가운데 연락하며 14음심이 가득한 눈을 가지고 범죄하기를 쉬지 아니하고 굳세지 못한 영
혼들을 유혹하며 탐욕에 연단된 마음을 가진 자들이니 저주의 자식이라 15저희가 바른 길
을 떠나 미혹하여 브올의 아들 발람의 길을 좇는도다 그는 불의의 삯을 사랑하다가 16자기
의 불법을 인하여 책망을 받되 말 못하는 나귀가 사람의 소리로 말하여 이 선지자의 미친
것을 금지하였느니라 17이 사람들은 물 없는 샘이요 광풍에 밀려가는 안개니 저희를 위하여
캄캄한 어두움이 예비되어 있나니 18저희가 허탄한 자랑의 말을 토하여 미혹한데 행하는
사람들에게서 겨우 피한 자들을 음란으로써 육체의 정욕 중에서 유혹하여 19저희에게 자
유를 준다 하여도 자기는 멸망의 종들이니 누구든지 진 자는 이긴 자의 종이 됨이니라 20만

결과적으로, 간격이론은 진화론이 주장하는 오랜 지구의 나이를 수용하려고 함으로써, 성경을 왜곡 해석하게 되어 성경적으로나 과학적으로나 받아들이기 어려운 이론임을 알 수 있다. 창세기 1장에서는 영이 없는 사람을, 그리고 창세기 2장에서는 영을 가진 사람을 창조하셨다는 터무니없는 주장이다. 창세기 1장과 2장은 이중 창조론을 말하는 것이 아니고, 2장은 1장의 보충 설명이다. 이는 모든 유대인 성경학자들의 주장이기도 하다. 그 증거는 다음과 같다.

1) 초목과 채소

씨를 맺는 채소는 아담이 창조되기 전 셋째 날에 창조하셨다(창 1:11). 들의 초목과 밭의 채소는 사람의 경작을 필요로 하는 식물을 의미한다. 그러나 창세기 1:29을 보면, 채소는 아담보다 먼저 창조되어 그들의 식물이 된 것으로 나온다. 그러나 창세기 2:5에는 채소가 아직 나지 않았다고 했다. 즉, 창세기 2:5은 아담 창조 이전의 상태를 말하고 있는 것으로, 경작할 사람이 아직 없었기 때문에 경작해야 하는 초목과 채소들을 만들 필요가 없었다는 것을 설명한다.

하나님은 아담을 창조하시고 곧바로 채소를 그들의 식물로 주신 것이 아니다. 아담이 죄를 짓지 않았을 때 그들의 식물은 에덴동산 안에 있는 각종 나무의 열매였으며, 아담이 범죄하고 동산에서 추방된 후부터 농사를 짓기 시작하였다. 창세기 1장의 씨 맺는 모든 채

일 저희가 우리 주 되신 구주 예수 그리스도를 앎으로 세상의 더러움을 피한 후에 다시 그 중에 얽매이고 지면 그 나중 형편이 처음보다 더 심하리니 [21]의의 도를 안 후에 받은 거룩한 명령을 저버리는 것보다 알지 못하는 것이 도리어 저희에게 나으니라 [22]참 속담에 이르기를 '개가 그 토하였던 것에 돌아가고 돼지가 씻었다가 더러운 구덩이에 도로 누웠다' 하는 말이 저희에게 응하였도다."

소가 아담의 식물이 될 것이라고 말씀하신 것은 아담이 에덴동산에서 추방되기 직전 하신 말씀이다. 창세기 2장은 그러한 과정을 상세하게 다시 설명하는 것이다.

2) 남자와 여자의 창조

창세기 1:26-27에는 하나님께서 말씀으로 남자와 여자를 동시에 창조하신 것처럼 기록되어 있다. 그러나 창세기 2장으로 오면, 남자와 여자를 창조하실 때 만드는 재료와 방법이 다르게 나온다. 또한 시간적인 차이도 있다. 아담의 재료는 흙이며, 여자는 남자의 갈비뼈이다. 즉 창세기 1장은 창조의 핵심 요점만 간단명료하게 기록하였으며, 창세기 2장은 창조의 때와 방법, 그리고 재료와 시간차 등을 구체적으로 설명하고 있다.

창세기 1장의 사람이 영이 없는 사람이라고 하면 중대한 문제가 발생한다. 즉, 하나님의 형상과 모양대로 지음을 받은 사람이 영이 없는 존재라고 하는 결과가 되기 때문이다. 사람이 하나님의 형상과 모양을 따라 지음을 받았다는 것은 사람이 하나님처럼 인격적 존재이며, 또한 영적인 존재로 지음을 받았다는 것을 의미한다. 따라서 창세기 1장의 사람이 영이 없고 단지 동물적인 존재였다면 하나님을 동물적 존재로 취급하게 되는 것이다.

3) 짐승과 새들의 창조

창세기 1:24-25에는 땅의 짐승들과 육축들은 아담보다 먼저 창조된 것으로 나타나 있다. 그러나 사실 새들은 다섯째 날에 창조되었고, 들짐승은 여섯째 날에 창조되었다. 그런데 창세기 2:19에는 아담이 먼저 지음을 받고 나서 그다음에 각종 들짐승과 공중의 각종 새를 지으신 것처럼 되어 있다. 그 이유는, 창세기 1:20-25에서 기록하지 못했던 재료를 설명하기 위해서 다시 한번 더 기록한 것이다.

다시 말하면, 창세기 1:24-25에는 땅의 짐승들과 육축들을 만드셨다고만 하였고, 창세기 2:19는 새들과 짐승들을 창조하실 때 재료 설명을 하면서 그 재료가 바로 흙이라는 것이다. 그러므로 창세기 2장은, 창세기 1장에서 설명하지 않고 있는 것들에 대해서 보충 설명을 해주는 것이다. 그래서 창조의 순서가 1장과 2장이 다르게 기록된 것이지 다른 창조 기사를 기록한 것이 아니다.[47]

■ 창세기 1:2 "땅이 혼돈하고 공허하며 흑암이 깊음 위에 있고"

1) 무에서 유를 창조(Creatio ex Nihilo)

하나님께서 무(無)에서 유(有)를 창조하셨다는 말이다. 라틴어로 '크레아치오 엑스 니히로'(Creatio ex Nihilo 'creation out of nothing')는 온 우주(시간과 공간)가 하나님의 자유로운 행동(아무런 속박을 받지 않는 상태)에 의해 아무것도 없는 상태에서 창조되었다는 견해이다. 말씀으로 천지만물 온 우주를 창조하셨기에 기존에 어떤 물질이나 신적 물체(the divine substance)가 없었다는 것이다. 이런 창조론은 초대교회에서 점차 유포되다가 가톨릭에서 1215년 제4차 라테란 교회회의(the fourth Lateran Council)에 의해 교리로 채택되었다. 지금은 이 창조론이

47) 〈기독일보〉, 2017년 6월 21일자 "창세기 1장과 2장에 대한 오해, 창세기 1장과 2장은 이중창조?"

유대인, 기독교인, 무슬림들에 의해 대체로 받아들여지고 있다. 인도의 신관은 우주 자체가 하나님과 본질적으로 하나라고 믿는다. 참고로 이 단어와 대조되는 말로 'creatio ex materia'(어떤 물질로부터 창조, creation out of some pre-existent, eternal matter)와 'creatio ex deo'(하나님의 존재로부터 창조, creation out of the being of God), 'creatio continua'(창조 작업이 계속됨, the ongoing divine creation)란 말이 있다.[48)]

2) 혼돈, 공허(tôhû wa-bôhû)

창조 첫날 빛의 창조 전의 땅(eretz)의 상태를 표현하는 말로, 히브리어로 '토후 봐-보후'(tôhû wa-bôhû)인데, 그 뜻은 '형태가 없고 텅 빈'(without form, and void)이다. 헬라어역 성경인 70인역 LXX을 보면 '아오라토스 카이 아카타스큐아스토스' ἀόρατος καὶ ἀκατασκεύαστος(보이지 않고 형태가 없는, 'unseen and unformed')로 되어 있다.

창조란 형태가 없는 상태(formless)에서 형태가 텅 빈 상태(completely empty)가 가득 채워지는 것이다. 시간과 공간이 형성되고, 빛, 풀, 씨를 가진 채소, 씨가 있는 열매나무, 해, 달, 별, 새, 물고기, 곤충, 짐승, 육축, 사람, 에덴동산 등으로 채워지는 것을 말한다.

노아 홍수는 땅이 다시 혼돈하고 공허한 상태로 돌아간 것이다. 예레미야는 심판 후의 하늘과 땅을 보니 "내가 땅을 본즉 혼돈하고 공허하며 하늘들을 우러른즉 거기 빛이 없으며, I beheld the earth, and, lo, it was without form, and void; and the heavens, and they had no light"(렘 4:23)라고 함으로 혼돈과 공허의 상태로 돌아가는 것을 보았다.

---

48) 《위키백과사전》(wikipedia)에서 발췌 인용함. 'Creatio ex nihilo.'

3) 깊음 'tehom'(depth, the deep)

"흑암(어두움)이 깊음 위에 있으나 darkness was upon the face of the deep"에서 깊음은 히브리어로 '테홈'(tehom)이다. 70인역에서는 음부에 해당하는 아비스(Abyss=ábyssos)로 번역하는데, 처음 창조된 땅속의 원초적인 물(the Great Deep of the primordial waters)을 말한다. 모든 셈어의 조상인 아카디언(Akkadian) 단어인 tamtu와 우가릿(쐐기문자) t-h-m도 비슷한 뜻이다. 일부 고대 근동학자들은 수메르 신화에 나오는 혼돈의 여신 티아맛(Tiamat)과 연관 짓기도 하며, 현대 아라비아어인 티하마(Tihamah)는 홍해의 해안평야(a coastal plain)를 지칭하기도 한다.

성전으로 올라가면서 부른 시편(a song of degree) 130:1은 "여호와여, 내가 깊은 데서 주께 부르짖었나이다 Out of the depths have I cried unto thee, O Lord"라고 탄원했다. 여기서 깊은 데(depths)는 사망, 상실, 삶의 고난, 병, 환난, 고통, 상처, 가난 등 실존적인 고난을 말한다(시 18:4-6, 16, 25:16-18, 40:2, 42:7, 69:1-2, 14-15, 71:20, 88:6-7, 116:3-4; 애 3:53-55; 욘 2:2-4; 히 5:7).

4) 악/어둠은 왜 생기는가?

하나님께서 악도 창조하셨는가? 어두움도 지으셨는가? 그렇다. 빛도 어둠도 창조하셨다. 선도 악도 창조하셨다. 밤이 있기에 낮이 더욱 감사하고, 어둠이 있기에 빛이 더욱 귀하고, 악이 있기에 선이 더욱 빛난다. 변증적인 설명이다. 그래서 어둠, 악, 사탄, 지옥, 무저갱도 하나님의 손 안에 있는 것이다. 하나님께서 그들의 활동을 지켜보시다가 언젠가는 심판을 반드시 하신다.

이사야 45:7 "나는 빛도 짓고 어두움도 창조하며 나는 평안도 짓고 환난도 창조하나니 나는 여호와라 이 모든 일을 행하는 자니라 하였노라 I form the light, and create darkness: I make peace, and create evil: I the LORD do all these things."

악(evil)에 대한 히브리어 라(rāʻ)는 '슬픔'(sorrow), '악독'(wretchedness), '원한'(adversity), '고난'(afflictions), '재난'(calamities)이란 뜻이다. 이 악의 열매가 죄(sin)이다.[49] 이 모든 악도 하나님의 주권하에 있기에 하나님의 심판을 받게 된다.

출애굽기 10:21-23 [출애굽 전의 열 가지 재앙 중 아홉 번째가 흑암의 재앙이었다.] "여호와께서 모세에게 이르시되 하늘을 향하여 네 손을 들어서 이집트 땅 위에 흑암이 있게 하라 곧 더듬을 만한 흑암이리라 모세가 하늘을 향하여 손을 드니 캄캄한 흑암이 삼일 동안 이집트 온 땅에 있어서 그동안은 사람 사람이 서로 볼 수 없으며 자기 처소에서 일어나는 자가 없으되 이스라엘 자손의 거하는 곳에는 광명이 있었더라."

출애굽기 14:20 "이집트 진과 이스라엘 진 사이에 이르러 서니 저편은 구름과 흑암이 있고 이편은 밤이 광명하므로 밤새도록 저편이 이편에 가까이 못하였더라."

예레미야 13:16 "그가 흑암을 일으키시기 전, 너희 발이 흑암한 산에 거치기 전, 너희 바라는 빛이 사망의 그늘로 변하여 침침한 흑암이 되게 하시기 전에 너희 하나님 여호와께 영광을 돌리라"

에스겔 32:8 "하늘의 모든 밝은 빛을 내가 네 위에서 어둡게 하여

49) 《스코필드(C.I. Scofield)의 관주성경》.

어두움을 네 땅에 베풀리로다 나 주 여호와의 말이로다."

요엘 2:2 "곧 어둡고 캄캄한 날이요 빽빽한 구름이 끼인 날이라 새벽빛이 산꼭대기에 덮인 것과 같으니 이는 많고 강한 백성이 이르렀음이라 이 같은 것이 자고 이래로 없었고 이후 세세에 없으리로다."

아모스 4:13 "대저 산들을 지으며 바람을 창조하며 자기 뜻을 사람에게 보이며 아침을 어둡게 하며 땅의 높은 데를 밟는 자는 그 이름이 만군의 하나님 여호와니라"

나훔 1:8 "그가 범람한 물로 그곳을 진멸하시고 자기 대적들을 흑암으로 쫓아내시리라"

유다서 1:6 "또 자기 지위를 지키지 아니하고 자기 처소를 떠난 천사들을 큰 날의 심판까지 영원한 결박으로 흑암에 가두셨으며"

유다서 1:13 "자기의 수치의 거품을 뿜는 바다의 거친 물결이요 영원히 예비된 캄캄한 흑암에 돌아갈 유리하는 별들이라."

하나님께서 이 세상에 나쁜 일이 생기는 것을 허락하시는 것이 아니라 인간의 죄로 인하여 나쁜 일들이 생긴다. 욥의 경우는 사탄이 욥을 시기하여 욥을 넘어뜨리려는 계획을 가지고 나쁜 일을 일으켰으나 욥은 잘 인내하여 승리했다. 하나님께서는 우리 속에 착한 뜻을 두시고 선을 시작하고 그 선을 이루시는 분이다. 하나님을 사랑하고 그 뜻대로 부르심을 받은 사람들에게는 모든 것이 합력하여 선을 이룬다.

5) 창세기 1:2의 접속사를 순접보다는 역접으로 번역

"땅이 혼돈하고 공허하며 흑암이 깊음 위에 있고 하나님의 영은 물들의 수면 위에서 움직이시니라."

상반절과 하반절은 대조가 된다. 상반절은 혼돈, 공허, 흑암의 상태나 후반절은 하나님의 영의 주권적 지배를 말하고 있어 하반절을 시작하는 히브리어 접속사 봐우(waw, ו)를 역접으로 번역하는 것이 옳다(but). 참고로 히브리어 접속사는 하나밖에 없어서 문맥에 따라 순접(and) 혹은 역접(but)으로 번역할 수 있다.

6) 창세기 1:2 "the Spirit of God", 하나님의 영인가, 하나님의 신인가?[50)]

'하나님의 영'(the Spirit of God) 혹은 '주의 영'(the Spirit of the LORD) 등으로 표현된 성령님(the Spirit)이 구약성경에 28회나 나오지만, 개역성경은 이것을 다 '신'(god)으로 번역하여 구약에서 성령님을 제거했다(삼상 10:10; 삿 6:34).

예수님의 영을 '그리스도의 영'(the Spirit of Christ)이라고 한다(롬 8:9; 빌 1:19).

■ 창세기 1:5, 8, 13, 19, 23, 31에 6번씩이나 "저녁이 되며 아침이 되니"라고 기록됨

창세기 1장에 6일 창조를 하시면서 한날 마지막에 "저녁이 되며 아침이 되니 the evening and the morning were"가 여섯 번 나온다(way-yəhî 'erev way-yəhî bōqer). 첫날만 기수를 쓰고(첫날, one day)

50) 정동수 목사, www.keepbible.com.

다른 날은 서수(둘째 the second day, 셋째 the third, 넷째 the fourth, 다섯째 the fifth, 여섯째 the sixth)를 쓰고 있다.

하루의 개념이 아침부터 저녁까지가 아니고 왜 "저녁이 되며 아침이 되니"라고 했을까? 성경은 태양력보다는 음력(the lunar calendar)을 사용했다. 달을 기준하다 보니 달이 뜨는 저녁이 하루의 시작이 되고 있다. 지금도 유대인들의 하루는 태양이 떨어지고 별 셋이 보이면 하루가 시작되고 다음날 저녁까지 하루 개념이다. 특히 매주 안식일에는 언제 시작하고 언제 마치는지 공식적으로 공고를 한다. 대개 일몰시간보다 한 시간 정도 더 일찍 시작하며, 토요일 일몰시간보다 한 시간 더 안식일을 일찍 지킨다. 혹 실수할까 봐 그러하다. 그래서 구약에서 하루의 시작은 저녁(히브리어: 에레브 Erev)부터이다. '에레브'는 해가 완전히 지기 직전의 시간들로서 하루를 종결하는 마지막 시간이다. 구약 성경에서 '저녁', '해질 때', '저물 때' 등으로 번역되었다.

'에레브'의 시간 영역 중 최고점은 해가 서산으로 점점 기울어지다가 완전히 해가 넘어가는 해질 때의 시간으로, 이는 하루가 끝나면서(낮이 끝나고) 다음날이 시작되는(밤이 시작되는) 구분점이 된다. 그러므로 하루가 끝날 때와 하루가 시작될 때 즉 분기점을 나타내는 단어가 '에레브'이다(창 1:5; 출 12:18; 레 23:32). 이때 '에레브'는 낮의 연장선상에 있는 하루의 종결점을 나타내기 때문에, 새로 오는 날이 아니라 그날 자체에 포함된다.

1) '에레브'가 사용된 예

창세기 1:5 "빛을 낮이라 칭하시고 어두움을 밤이라 칭하시니라 저녁이 되며 아침이 되니 이는 첫째 날이니라."

출애굽기 12:18 "정월에 그 달 십사일 저녁부터 이십일일 저녁까지 너희는 무교병을 먹을 것이요."

레위기 23:32 "이는 너희의 쉴 안식일이라 너희는 스스로 괴롭게 하고 이 달 구일 저녁 곧 그 저녁부터 이튿날 저녁까지 안식을 지킬지니라."

2) "두 저녁들 사이"(히브리어: 벤 하아르바임)

출애굽기 12:6의 "이달 십사일까지 간직하였다가 해질 때에 이스라엘 회중이 그 양을 잡고"에서의 '해질 때'는 히브리어로 '벤 하아르바임'이다. 이 단어는 히브리인의 관용적 표현으로 둘 사이를 뜻하는 전치사 '벤'과 저녁을 나타내는 명사 '에레브'와 복수를 나타내는 '임'의 합성어이다. 유월절을 나타내는 레위기 23:5의 "정월 십사일 저녁은 여호와의 유월절이요"와 민수기 9:3, 5의 "그 정기 곧 이달 십사일 해질 때에 너희는 그것을 지키되 그 모든 율례와 그 모든 규례대로 지킬지니라 그들이 정월 십사일 해질 때에 시내 광야에서 유월절을 지켰으되 이스라엘 자손이 여호와께서 모세에게 명하신 것을 다 좇아 행하였더라"에서 언급된 '십사일 저녁'과 '십사 일 해질 때'도 똑같은 단어를 쓰고 있다. 이 단어는 모세오경에서 출애굽 사건과 함께 일관성 있게 사용되고 있는데, 이는 유월절에 양을 잡는 시간과 조석으로 드리는 상번제 중 저녁 제사를 드리는 시간을 나타낼 때 사용되었다.

출애굽기 29:38-46과 민수기 28:4에는 아침과 저녁 제사 드리는 상번제에 관한 기사가 기록되어 있다. 출애굽기 29:39의 '저녁 때'와 민수기 28:4의 '해질 때'가 모두 '벤 하아르바임'이다. 이미 알려진 대로 상번제의 아침 제사 시간은 오전 9시이고, 저녁 제사 시간은 오후 3시이다. 그러므로 '벤 하아르바임', 즉 유월절 양을 잡는 시간은 오후 3시이다.

히브리 문화에는 두 종류의 저녁이 있다. 첫째는, 해가 최고로 떴다가 기울어지는 시간, 즉 정오인 낮 12시부터 시작하는 첫 번째 저녁이다. 둘째는, 해가 기울어져서 완전히 지는 시간(오후 6시, 계절에 따라 차이가 있음)인 두 번째 저녁이다. 그러나 "두 저녁 사이"는 오후 3시이다.

출애굽기 12장의 유월절 어린양 잡는 사건은 예수님의 십자가에 대한 표상이며 그림자였다. 신약성경을 보면 유월절 어린양에 대한 표상이 예수님의 십자가 사건에서 정확히 성취되었다. 마가복음 15:25-37에는 십자가 사건들이 시간과 함께 설명되어 있다. 예수님께서 별세하신 시간이 제9시(오후 3시) 곧 유월절 어린양이 제물로 드려지는 시간이었다. 이것은 유월절 어린양이 가지고 있던 표상적 의미가 시간까지 정확하게 성취되었음을 확인해 주는 것이다. 또한 마태복음 27:46-51을 보면, 주께서 십자가에서 별세하신 시간은 저녁 제사 드릴 시간으로 성전에서 제사장들이 저녁 제물로 드릴 어린양을 잡으려 하는 순간이었다. 그때 성소의 휘장이 찢어지면서 양을 잡으려고 하던 칼은 제사장 손에서 떨어지고 양은 도망갔을 것이다. 이제 더 이상 양을 잡을 이유가 없어졌기 때문이다. 표상이 실체로 성취되었다.

3) 구약에서의 '에레브'(저녁, erev)와 '라열라'(밤 layəlāh) 혹은 '라일'(밤, 어두움)

'에레브'는 구약성경에서 131회 사용되었다. 우리말 성경은 '저녁', '저물 때', '저물매', '저물도록' 등으로 번역되었다. 일반적으로 저녁과 밤을 구분 없이 같은 시간으로 생각하는 경향이 있다. 그러나 출애굽기 12장에서는 동일한 유월절 사건을 기록하면서, 8절의 밤은 '라열라'로, 18절의 저녁은 '에레브'로 각각 다른 단어를 사용하고 있다. 그러므로 '라열라'와 '에레브'는 각각 다른 시간을 가리킨다. 하나님께서 출애굽을 목전에 둔 위급한 상황에서 이스라엘 백성들의 행동을 통일시키고 혼란을 방지하기 위해 각 의식들을 집행할 시간들을 분명히 말씀해 주셨다.

또한 이 시간들은 장차 오실 메시아에게서 성취될 표상이기 때문에 철저한 구분이 필요하였다. 출애굽기 12장에는 양을 준비하는 방법과 시간, 양을 잡는 방법과 시간, 양 고기를 먹는 방법과 시간들이 철저하게 세분화되었다. '벤 하아르바임'은 해가 최고로 떴다가 기울어지는 시간인 첫 저녁과, 해가 서산에 완전히 지는 시간인 두 번째 저녁 사이를 가리키며 그 시간의 폭이 넓고 유동적이다.

'라열라'는 해가 완전히 져서 캄캄한 밤의 상태, 즉 어두움의 상태로서 실제 하루의 시작은 밤의 첫 부분부터('에레브'가 지난) 시작된다. 일반적으로 저녁이라 하면 캄캄한 밤을 생각할 수 있다. 그러나 '에레브'와 '라열라'는 결코 같은 시간이 아니며 각자 공유될 수 없는 다른 시간 영역들을 뚜렷하게 나타낸다. 만약 '벤 하아르바임'이나 '에레브'나 '라열라'가 모두 특정한 시간이 아니요 밤을 나타내는 동일한 시간을 가리킨다면 절기나 제사, 안식일을 지키는 데 많은 혼란을 가져올 것이다. 성경은 혼란을 막기 위하여 각각의 시간들을 구분하는 서로 다른 용어들을 사용하고 있다.

4) '에레브'(저녁)와 안식일-구약에서 하루의 시작을 '저녁부터'(에레브)로 표현하고 있는데, 이것은 주로 안식일을 언급할 때 사용된다.

왜 안식일의 시작 시간을 '에레브'라는 단어를 사용하여 지시하였는가? 성경은 안식일을 경황 중에 맞지 않도록 미리 준비하라고 지시하였다. 그래서 안식일 전날을 '예비일'이라고 하였다. '에레브'는 하루의 마지막 시간이면서, 동시에 새로운 날을 예비하는 시간이기도 하다. 사실상 안식일은 해가 진 후에 시작되지만 하나님께서 해가 지기 직전 '에레브' 때부터 안식일을 지키도록 지시함으로 안식일을 예비할 뿐 아니라 안식일을 범하지 않도록 하신 것이다. 레위기 23:32의 "9일 저녁부터"라는 표현은 지금의 8일 밤부터가 아니라, 10일의 대속죄일이 시작되기 직전인 "9일 에레브 때부터"라는 것이다. 이와 같은 '에레브'의 의미만 알게 되면 레위기 23:32을 해석하는 데 아무 문제가 없게 된다.

■ 창세기 1:5, 8, 13, 19, 23, 31의 '날'(day)은 문자적인 하루 24시간임.

히브리 단어 '욤'(yom)은 오늘날 우리가 이해하는 한 날, 즉 하루(24시간)이다. 긴 기간이 아니다. 말씀으로 천지만물과 생물을 창조하실 때 긴 기간은 필요 없다. 진화론자들의 가설인 긴 세월은 창조론에 맞지 않는다. 넷째 날 해가 창조되었으니 셋째 날까지의 '욤'은 긴 기간이라고 설명하는 이들도 있다. 그러나 빛의 창조로 어둠과 구별이 되었고, 이 빛을 낮이라 칭하시고 어둠을 밤이라 칭하셔서(창 1:1-4)

이미 낮과 어둠이 교차되는 24시간을 '욤'이라 부른다.

포로 시 이전의 시대에는 하루 24시간의 시간 구분 개념이 없다. 다만 한낮을 밝혀주는 해의 상태에 따라 대략적으로 구분하였다.

오늘날 우리가 이해하는 하루 24시간 개념은 바벨론 포로기 이후(BC 538년) 도입되었다. 단지 히브리인들의 24시간제는 현재 통용되는 로마식 24시간제와는 시간 기점, 즉 하루 24시간을 시작하는 기점의 설정에서 서로 다르다. 왜냐하면 히브리인들은 해지는 시각부터 다음날 해지는 시각까지를 하루로 계산한다(저녁이 되고 아침이 되니). 그래서 히브리식 24시간제는 밤 12시를 0시로 계산하는 로마식과 달리 저녁 6시 전후(해가 지고, 별이 세 개 나타나는 시간)를 0시로 계산한다. 한편 신약시대(로마시대)에는 24시간 개념과 구약시대 식의 시간 개념이 병용되었다. 신약성경에 나오는 시간에 6시간을 더하면 오늘날 우리 개념의 시간이다.

(1) 창세기 1장에서 "저녁이 되고 아침이 되니"(way-yehi erev way-yehi boqer)라는 말은 한 날, 둘째 날…여섯째 날이라고 함은 새벽(dawn=daybreak, sunrise)부터 낮(daylight)을 지나고 황혼(dusk=sunset)을 지나 밤이 지나고 그 다음 새벽까지의 24시간을 말한다.

(2) 하나님께서 피조 세계를 창조하실 때는 6일이면 충분했다. 고생대, 중생대, 신생대 식의 몇만 년, 몇천 년이 필요 없다. 지구의 역사는 수억 년이나 수만 년이 아니라 6000년이 좀 넘었다(창조과학에서 주장).

(3) 창세기 7:11에 나오는 말씀 "노아 육백세 되던 해 이월 곧 그 달 십칠일이라 그날에 큰 깊음의 샘들이 터지며 하늘의 창들이 열려"에 연도를 기록함은 오늘날 우리가 사용하는 연도와 차이가 없다. 출애굽기 20:9-11에 의하면 십계명에서도 하루의 개념이 문자적 24시

간이며 6일간 창조하신 후 안식하셨다.

(4) 창세기 1:16에 의하면, 창조 넷째 날 큰 광명(해)으로 낮을 주관하게 하시고, 작은 광명(달, 별)으로 밤을 주관하게 하신 것은 이미 있었던 낮과 밤(창 1:5)을 주관하게 하신 것일 뿐이다. 셋째 날 창조하신 풀, 씨 맺는 채소, 씨 가진 열매 맺는 나무가 태양 창조 전에 이미 자라고 있었다(창 1:11-12).

(5) 창세기 2:1-3에 나오는 안식일(sabbath day)이 24시간 시간의 표준이 되었다. 안식일 시점에서 되돌아본 여섯 날이 ① 창조 첫날만 '한 날'(yom 'ehad, 창 1:5) 기수(cardinal number)로 사용하고, ② 둘째 날부터 여섯째 날은 서수(ordinal numbers)가 사용되었던 것이다.

(6) 구약성경에 '욤'(yom)이란 단어가 모두 2,301회 나오는데, 아침과 저녁이란 단어와 함께 사용될 때는 서수가 동반되고 있다(38회). 또 밤을 동반할 때도 서수가 사용되고 있다(52회)

(7) 1800년대 중엽부터 진화론이 등장함으로 지층의 연대를 오랜 세월로 여기고, 창세기 1장에 나오는 '욤'을 오랜 세월로 재해석했다. 그런데 지금까지 진화론은 가설에 불과하다. 한 번도 과학적으로 증명된 적이 없다. 증명되지 않은 가설은 즉시 폐기되어야 하고 교과서에서 삭제해야 한다. 그리고 지난 200년간 진화론으로 말미암아 잘못 인식된 모든 사고를 청산해야 한다. 오늘날 과학자들 가운데 진화론이 실제 있었다고 믿는 사람은 거의 없다.[51]

(8) 성경에 나오는 시간에 6시간을 더해서 오늘날 시간으로 이해하는 것은 학자들의 공통된 견해이다.

마가복음 15:25에 의하면 제삼시, 즉 오전 9시에 주님께서 십자가

---

51) 코헨 대학교의 총장을 지내신 코헨 박사(Dr. Gary Cohen)의 저서 《신앙과 과학》(강신권 옮김, 쿰란출판사, 2008)을 추천한다.

에 못 박혀 달리셨다. 마가복음 15:33(마 27:45; 눅 23:44)을 보니 이미 못 박히셔서 3시간 정도 지난 정오부터 어두움(완전일식)이 온 지면에 덮인 시간이라고 기록되어 있다. 오후 3시까지 어두움이 계속되었다. 이때 주님께서는 최후의 말씀을 하신 후 별세하셨다(마 27:46).

이것을 보아 공관복음서에 따르면 오전 9시 십자가에 달리심, 12시 어두움이 임함, 오후 3시 별세하심으로 정리할 수 있다.

요한복음서에 따르면, 정오에 주님께서 사형언도를 받으시고 바로 십자가에 달리심으로 이해할 수 있다. 그 후 시간에 대한 언급은 요한복음서에 더 이상 나오지 않는다.

■ 창세기 1:11–12 "종류대로"(after his kind)

하나님께서 창조하신 식물과 생물은 "종류대로"(ləmînēhû, ləmînô, ləmînāḥ) 만드셨다. 이 구문은 창세기 1장에서 모두 10회(1:11, 1:12 2회, 1:21 2회, 1:24 2회, 1:25 3회) 나온다. 각기 종류대로 씨 가진 열매 맺는 나무, 물에서 번성하는 움직이는 모든 생물들을 그 종류대로, 날개 있는 모든 새(fowl)를 그 종류대로, 땅은 그 생물을 그 종류대로, 땅의 짐승을 그 종류대로, 가축을 그 종류대로, 땅에 기는 모든 것을 그 종류대로 만드셨으나 인간은 "그 종류대로" 만들지 아니하셨다. 바로 하나님의 형상, 즉 모양대로 창조하셨다. 그래서 진화론이 인간을 제외한 다른 생물에는 적용이 어느 정도 가능하나, 인간의 진화는 없다. 인간의 DNA와 같은 다른 생물은 없다.

■ 창세기 1:14에 나오는 '사시'가 '절기'를 지칭하는가?

하나님께서 천지만물을 창조하신 넷째 날에 말씀하시기를 "하늘의 궁창에 발광체가 있어 주야를 나뉘게 하라 또 그 발광체로 하여 징조(signs)와 사시(seasons)와 일자(days)와 연한(years)이 이루라"고 하셨다. 여기서 사시(四時, seasons)라는 히브리어 Mo'ed(복수 Mo'edim)는 '정한 때'(appointed time)라는 말로 '기한'(출 19:5)이란 말과 '절기', '시일'(호 2:11, 13)이라는 말이다. 다니엘 12:7에서는 한 때, 두 때, 반 때라고 할 때 쓰기도 한다. 스가랴 8:19에 기쁨과 즐거움과 희락의 절기라고 할 때도 사용되었다.

그러나 구약에서는 '순례 절기'라고 할 때 '하그'(Chag)라는 단어를 사용한다. 즉 13세 이상 남자들이 일 년에 세 차례 예루살렘 성전으로 순례해서 지키는 유월절, 칠칠절(오순절), 장막절(초막절) 절기를 말하는데(레 23장), 이러한 절기는 전 가족들의 성전 순례나 성지순례, 예배, 공동 식사를 포함하는 경우를 말한다.

창세기 1:14에 나오는 사시('모에드')는 이스라엘의 일반 절기를 포함한 어떤 특정 기한을 통칭한다. 안식일, 월삭이 이에 해당된다(겔 45:17, 46:11).

■ 창세기 1:22에 나오는 복의 개념

창조 기사에 보면 하나님께서 복을 주신다는 말이 세 번 나온다.

(1) 1:22; 물고기들에게 복을 주셨다. 물에 생육하고 번성하여 물을 채우라 명하셨다. 물고기는 최초로 복을 받은 생물이다. 그래서 노아 방주 안에는 물고기가 들어갈 필요가 없었을까? 노아 홍수 시 물

고기는 방주 밖에서 살아남은 유일한 피조물이었다.

(2) 1:28; 하나님의 형상, 즉 모양대로 아담과 하와를 창조하시고 복을 주셨다.

(3) 2:3; 안식일을 복되게 하사 거룩하게 하셨다.

고대 근동에서 말하는 복의 개념은 다음과 같다.

(1) 행운을 말한다.

(2) 풍요, 풍년, 다산을 말한다.

(3) 생명을 말한다.

(4) 무병장수를 말한다.

(5) 전쟁에서 승리를 말한다.

(6) 건강을 말한다. 치유와 회복이 포함되어 있다.

(7) 평화로운 질서를 말한다. 안전을 포함한다.

(8) 통치와 지배(권력)를 말한다.

(9) 구원을 말한다.

(10) 천재지변으로부터 보호받는 것을 말한다.

성경에서 말하는 복은 하나님께서 주시는 선물이다. 그래서 복은 하나님께서 주신다. 만복의 근원 되시는 하나님께 복을 구해야 한다(찬송 1장, 28장). 하나님께서는 생사화복을 주관하실 뿐만 아니라 무한한 복을 주시기 때문에 아무리 많은 사람이 복을 받아도 다함이 없는 복을 가지고 계신다.

기독교의 기복 신앙을 부정적으로 보는 이들도 있는데, 이는 잘못된 것이다. 물론 무교적(샤머니즘적) 복의 개념이 아니라, 하나님께 복을 받아야 우리는 잘 살 수 있다. 그래서 신앙의 선배들은 복 받기를 원했고, 또 축복받는 생활을 했다. 영어에서 가장 많이 쓰는 말이 "God bless you!" 이는 "May God bless you!"의 기원 조동사가 생략된 것이다. 이 단어는 민수기 6:24에서 나온 단어로 축복 기원문이다. 우리는 하나님의 복을 빌어야 하고, 많은 사람들이 이 축복을 받기 위해 기도해야 한다. 영어의 bless는 bleed에서 파생된 단어라고 한다. 대속의 피를 흘려주시는 것이 최고의 복이다. God bless you란 말이 "하나님께서 당신을 위해 보혈을 흘려주십니다"로 이해하며, God bless Korea란 말도 하나님께서 한국의 구원을 위해 보혈을 흘려주신다는 기원이다.

성경적인 복의 개념을 정리하면 다음과 같다.

(1) 하나님을 아는 것이다. 복을 주시는 분은 하나님 한 분밖에 없다는 사실을 알고 하나님을 믿고 하나님의 말씀을 의지하고 순종하는 것이 복이다.

(2) 하나님께서 주신 계명을 잘 지키는 것이 복을 받는 비결이다. 이 계명과 율례를 잘 지키면 하나님께서 우리를 모든 질병으로부터 고쳐 주신다(시 1).

신명기 8:1 "내가 오늘날 명하는 모든 명령을 너희는 지켜 행하라 그리하면 너희가 살고 번성하고 여호와께서 너희의 열조에게 맹세하신 땅에 들어가서 그것을 얻으리라."

(3) 영혼이 잘 되는 것이다. 영혼이 죄의 굴레에서 벗어나고 죄 사함을 받고 하나님과 화평을 누리는 것이다.

요한삼서 1:2 "사랑하는 자여 네 영혼이 잘됨같이 네가 범사에 잘되고 강건하기를 내가 간구하노라."

(4) 손으로 하는 모든 선한 일이 형통하게 되는 것, 정신과 육체가 건강하게 되는 것이다.

(5) 생육하고 번성한다. 자녀들이 많이 태어난다(창 1:28, 15:5, 22:15-16).

(6) 하나님을 가까이하는 것이다(시 73:28).

(7) 자기가 하는 일을 즐겁게 할 수 있는 것이다. 억지로 하는 일은 불행이나 자기가 하고 싶은 직업을 가지는 것은 복이다.

(8) 좋은 아내나 좋은 남편을 만나는 것, 좋은 자식을 두는 일이다.

(9) 좋은 이웃, 친구가 있는 것, 이들과 더불어 사는 것이다. 또한 좋은 스승을 만나고 제자를 만나는 것, 좋은 목회자를 만나고 성도를 만나는 것이다.

(10) 하나님의 명령을 들으며 그 말씀에 순종하는 것이다.

(11) 주일성수하며 예배에 참여하는 것이며, 안식하는 일이다.

(12) 항상 주님과 대화하며 하늘의 만나를 일용한 양식으로 받는 일이다. 옛적에 솔로몬의 지혜를 듣는 사람이 복이 있다고 했는데, 솔로몬보다 더 귀하신 예수님과 늘 대화하는 삶이다.

(13) 지혜를 얻는 사람이다. 지혜의 근본은 하나님을 경외하고 말씀을 실천함에 있다.

(14) 믿음으로 사는 사람, 예수님을 보지 않고도 믿는 자이다.

(15) 어려울 때 낙심하지 않고 인내하며 내일의 소망을 바라보는 자이다.

(16) 마음이 가난한 자, 애통하는 사람, 성품이 온유한 사람, 의에

주리고 목마른 사람, 긍휼히 여길 수 있는 사람, 마음이 청결한 사람, 어디든지 화평케 하는 사람, 의를 위해 핍박을 받는 사람, 착하고 정결하게 살았는데도 불구하고 악한 세상으로부터 핍박을 받는 사람들에게는 하늘의 상급이 있다.

말세에 믿음을 지키는 사람들이 받을 일곱 가지 '복'이 있다(계 1:3, 14:13, 16:15, 19:9, 20:6, 22:7, 22:14). 이렇듯 복은 성경의 주요 주제이다.

요한계시록 1:3 "이 예언의 말씀을 읽는 자와 듣는 자들과 그 가운데 기록한 것을 지키는 자들이 복이 있나니 때가 가까움이라."

요한계시록 14:13 "또 내가 들으니 하늘에서 음성이 나서 가로되 기록하라 자금 이후로 주 안에서 죽는 자들은 복이 있도다 하시매 성령이 가라사대 그러하다 저희 수고를 그치고 쉬리니 이는 저희의 행한 일이 따름이라 하시더라."

요한계시록 16:15 "보라 내가 도적같이 오리니 누구든지 깨어 자기 옷을 지켜 벌거벗고 다니지 아니하며 자기의 부끄러움을 보이지 아니하는 자가 복이 있도다."

요한계시록 19:9 "천사가 내게 말하기를 기록하라 어린양의 혼인 잔치에 청함을 입은 자들이 복이 있도다 하고 또 내게 말하되 이것은 하나님의 참되신 말씀이라 하기로."

요한계시록 20:6 "이 첫째 부활에 참예하는 자들은 복이 있고 거룩하도다 둘째 사망이 그들을 다스리는 권세가 없고 도리어 그들이 하나님과 그리스도의 제사장이 되어 천 년 동안 그리스도로 더불어 왕 노릇하리라."

요한계시록 22:7 "보라 내가 속히 오리니 이 책의 예언의 말씀을 지키는 자가 복이 있으리라 하더라."

요한계시록 22:14 "그 두루마기를 빠는 자들은 복이 있으니 이는 저희가 생명나무에 나아가며 문들을 통하여 성에 들어갈 권세를 얻으려 함이로다."

■ 창세기 1:26-27 하나님의 형상, 모양 문제

창조의 마지막 날에 하나님은 "우리의 형상을 따라, 우리의 모양대로 우리가 사람을 만들자"(창 1:26)고 말씀하셨다. 다른 피조물과는 달리 인간만 하나님의 형상 즉 모양대로 창조하신다. 다른 생물들은 '종류대로'[(lemîhehū, after his kind, 창 1:11, 12(2회), 21, 24(2회), 25(3회)] 창조하셨지만, 인간만큼은 종류대로 창조하지 않으셨다. 그래서 인간 이외 다른 생물체는 진화론(종의 기원과 진화)이 어느 정도 적용된다 할지라도 인간만은 진화되지 않았다. 창조 때부터 하나님의 형상, 즉 모양대로 창조되었기 때문이다. 하나님께서 인간 가운데 임재하시겠다는 의미이다. 인간의 두뇌가 창조 원리대로 지음을 받았다.

히브리어 구문법에 보면 동의어 반복법(synonymous parallelism)이 있다. 같은 내용을 다른 표현으로 반복함으로 강조를 하고 있다. '우리의 형상대로', 즉 '우리의 모양처럼'(betselem kedemutnu, in our image, after our likeness)이라고 이해할 수 있다. 창세기 1:27을 보면 "하나님께서 자신의 형상, 즉 하나님의 형상대로 그를 창조하셨다 God created man in his own image, in the image of God created he him"라고 기록되어 있다. 또 창세기 5:3을 보면 "자기 모양 곧 자기형상"으로 되어 있다.

창세기 5:3 "아담이 일백삼십 세에 자기 모양 곧 자기 형상과 같은 아들을 낳아 이름을 셋이라 하였고 his own likeness, after his image).

이런 동의어 반복법은 헬라어 성경에도 나온다. 이를 발견한 학자의 이름을 따라 Granville Sharp Rule(1778년 발견, 1798년 출판)이라고 부른다. 헬라어 접속사 'kai'로 연결되나 정관사가 하나뿐일 경우 동의어 반복이다. 에베소서 4:11을 보니 목사와 교사(τοὺς ποιμένας καὶ διδασκάλους)는 정관사가 앞에만 있어 해석은 '목사 즉 교사'로 해야 한다. 만약에 두 개의 다른 직분이라면 교사(디다스칼로스, διδασκάλους)에도 정관사가 있어야 한다.

그래서 하나님의 형상은 하나님의 내부적 속성이며 모양은 외형적 모습이라는 초대교부(알렉산드리아 학파, 오리겐)의 주장은 모순일 수 있다. 성경은 전체의 눈으로 해석해야 한다.

■ 창세기 1:26 하나님께서 '우리'라는 표현을 사용하심

창세기 1:26, 우리의 형상, 우리의 모양

창세기 3:22, 우리 중 하나

우리란 성부, 성자, 성령 삼위일체 하나님의 인격적 표현이다. 또 다른 해석은 신적인 복수 개념이다. 왕정시대에 왕이 자신을 지칭할 때 '우리'라는 표현을 사용했다.

■ 창세기 1:28 지상명제(The Great Commission)

하나님께서 인간에게 청지기의 사명을 주신 명령이다. 첫 부부에게 주신 첫 지상명제이다.

> **창세기 1:28** "하나님이 그들에게 복을 주시며 그들에게 말씀하시기를 '생육하고 번성하여 땅을 다시 채워라, 땅을 정복하라, 바다의 고기와 공중의 새와 땅에 움직이는 모든 생물을 다스리라' 하시니라 And God blessed them, and God said unto them, Be fruitful, and multiply, and replenish the earth, and subdue it: and have dominion over the fish of the sea, and over the fowl of the air, and over every living thing that moveth upon the earth."

(1) 자손 언약(생명기업): "하나님의 형상을 닮은 자녀들로 땅을 다시 채워라(replenish)."

(2) 땅 언약(토지기업): "땅을 정복하라(subdue)는 뜻은 땅의 기운을 차단하고 제어하라."

(3) 통치 언약(관계기업): "공중의 새, 바다의 고기, 땅의 모든 생물을 다스리라."

■ 창세기 1:29-30 사람은 씨 맺는 채소와 과일을 양식으로

하나님의 형상대로 지은 인간에게는 씨(seed)를 가진 모든 채소와 씨 가진 열매 맺는 모든 나무를 식물로 주시고, 그 외 생물들(짐승,

새, 곤충)에게는 모든 푸른 풀을 식물로 주셨다.

창세기 1:29 "하나님께서 말씀하시기를 내가 온 지면의 씨 맺는 모든 채소와 씨 가진 열매 맺는 모든 나무를 너희에게 주노니 너희 식물이 되리라 Behold, I have given you every herb bearing seed, which is upon the face of all the earth, and every tree, in the which is the fruit of a tree yielding seed; to you it shall be for meat."
창세기 1:30 "또 땅의 모든 짐승과 공중의 모든 새와 생명이 있어 땅에 기는 모든 것에게는 내가 모든 푸른 풀을 식물로 주노라 하시니 그대로 되니라 And to every beast of the earth, and to every fowl of the air, and to every thing that creepeth upon the earth, wherein there is life, I have given every green herb for meat: and it was so."

■ 창세기 2:7 "살아 있는 혼"(a living soul)

창세기 2장은 1장의 보충 설명이다. 반드시 문서설로 설명할 필요는 없다(1장=P문서/엘로힘, 2장=J문서/여호와). 문서설은 진화론처럼 가설에 불과하다. 문서가 발견된 적은 아직 없다. 증명되지 못한 가설을 교과서에서 가르칠 필요는 없다. 진화론을 받아들이는 과학자는 없다. 문서설에 대한 내용을 신학자들이 진지하게 재검토해서 폐기시킴이 현명하다.

창세기 2장은 대부분 유대인 학자들의 주장처럼 1장을 보충하고 있다. 인간 창조가 워낙 중요하기 때문이다. 하나님께서 '친히 손으로' 창조의 일을 완성하셨다.

창세기 2:7 "여호와 하나님께서 땅의 흙으로 사람을 지으시고 생기를 그 코에 불어넣으시니 사람이 살아 있는 혼(a living soul)이 되니라."

따라서 인간은 하나님의 모든 피조물 가운데 물질적인 육체와 비물질적인 혼과 영을 모두 지닌 유일한 존재이다. 삼분설(영, 혼, 몸)이 맞다, 이분설(영, 육)이 맞다고 주장하는 논쟁도 삼분설(trichotomy, 살전 5:23)은 히브리 사고, 이분설(dichotomy, 롬 7:1-25)은 헬라식 사고의 차이다. 성경에 두 개 다 나온다.

하나님의 형상, 즉 모양을 가졌다는 것은, 가장 간단히 말해서, 우리들이 하나님과 닮게 지어졌다는 것이다. 아담이 하나님을 닮은 것은 하나님도 살과 피를 가지셨다는 의미는 아니다. 성경은 "하나님은 영이시라"(요 4:24)라고 말한다. 그러므로 하나님은 육체가 없다. 하지만 아담의 몸은 완전한 건강 상태로 지음 받았고, 죽음을 겪지 않는다는 점에서 하나님의 생명을 반영한다.

하나님의 형상(쩨렘, tsélem)은 인간의 비물질적인 부분을 가리킨다. 이것은 동물의 세계로부터 인간을 구별하여 주며, 인간이 하나님께서 의도하신 대로 땅 위의 모든 것을 다스리기에 적합하게 해준다(창 1:28). 또한 하나님의 형상은 인간이 창조주와 교류할 수 있도록 한다. 이것은 정신적으로, 도덕적으로, 그리고 사회적으로 하나님과 닮은 부분이다.

정신적으로, 인간은 이성적이고 의지적인 존재로 창조되었다. 다른 말로 하면, 사람은 사유할 수 있고 선택할 수 있다. 이것은 하나님의 지적 능력과 자유를 반영하는 것이다. 누군가가 기계를 발명하고, 책을 쓰고, 풍경을 그리고, 교향곡을 즐기고, 총합을 계산하고, 또는 애완동물에게 이름을 지어 줄 때마다, 그 사람은 우리가 하나님의 형상으로 만들어진 사실을 공표하고 있는 것이다. 인간처럼 문명을 발달시키며 아이디어를 창출하는 생물체는 없다. 원숭이가 아파트를 짓고 도로를 닦으며 문명을 발달시킨 이야기는 들어보지 못했다.

찰스 다윈의 제자 토마스 헨리 헉슬리(Thomas Henry Huxley, 1825-1895, 영국의 생물학자, 불가지론 agnosticism을 주장)가 인간의 조상이 원숭이라는 가설을 내었으나, 그 후 지금까지 한 마리의 원숭이도 인간이 된 적이 없고, DNA 조사를 해보면 인간과 원숭이는 판이하게 달라 이제는 비과학적인 이야기가 되었다. 또한 원숭이의 피를 사람에 수혈하는 순간 죽는다. 그래도 진화론을 과학 교과서에 넣고 있다. 이것에 영향을 받은 헤겔(Georg Wilhelm Friedrich Hegel, 1770-1831)의 변증법적 유물론(辨證法的唯物論, 정+반=합)이 공산주의의 기초가 되었는데, 포이에르 바하의 유물론과 합쳐 마르크스와 엥겔스가 공산주의를 만들어냈다. 철저한 인본주의(사람 중심)에 기초한 유물론(물질 중심)은 이미 무너졌으나 종말이 가까울수록 공산주의 복구가 세상에 만연하다.

도덕적으로, 인간은 의롭고 완전한 결백 상태로 지어졌는데, 이는 하나님의 거룩함을 반영한다. 하나님은 자신이 지으신 모든 만물(사람을 포함하여)을 보시고 "심히 좋았더라"(창 1:31)고 말씀하셨다. 우리의 양심이나 '도덕 기준'은 이런 처음 상태의 흔적이다. 누군가 법을 만

듣고, 악을 멀리하고, 선한 행위를 칭찬하거나 죄책감을 느끼는 것은 우리가 하나님의 형상대로 만들어진 사실을 확증하여 준다.

사회적으로, 인간은 교제를 위해 지어졌다. 이는 하나님의 삼위일체적인 속성과 그분의 사랑을 반영한다. 에덴동산에서 인간은 주로 하나님과 교제하였으며(창 3:8은 하나님과의 교제를 시사한다), 하나님은 "사람이 혼자 사는 것이 좋지 아니하기에"(창 2:18) 첫 번째 여자를 만드셨다. 누군가와 결혼하고, 친구를 사귀고, 어린이를 안아주며, 또는 교회를 다니는 것은, 우리가 하나님의 모양대로 지음 받은 사실을 보여준다.

아담이 하나님의 형상을 따라 지음 받은 사실은 또한 자유로운 선택을 할 수 있는 능력을 지닌 점에서 그러하다. 아담에게 의로운 속성이 주어졌더라도, 그는 자신의 창조주를 대적하는 악한 선택을 내렸다. 그렇게 함으로써, 아담은 자신 안에 있던 하나님의 형상을 손상시켰고, 그 손상된 모양을 그의 모든 후손들에게 전가시켰다(롬 5:12). 오늘날 우리는 여전히 하나님의 형상을 지니고 있다(약 3:9). 하지만 우리는 또한 죄의 상처를 지니고 있다. 우리는 정신적으로, 도덕적으로, 사회적으로, 육체적으로 죄의 효과를 보여주고 있다.

좋은 소식은 하나님께서 한 개인을 구원하실 때, 그 사람은 "하나님을 따라 의와 진리의 거룩함으로 지으심을 받은 새 사람"(엡 4:24)이 되면서 하나님의 원래 형상으로 회복되기 시작하는 점이다. 그 구원은 하나님으로부터 분리시킨 죄로부터 우리를 구하신 예수 그리스도를 믿는 믿음을 통해 임하는 하나님의 은혜에 의해서만 가능하다(엡 2:8-9). 우리는 그리스도를 통해 하나님의 모양대로 새롭게 지어졌다(고후 5:17). 인간은 하나님의 숨결(성령님)을 받을 때 비로소 '살아 있는 혼'으로 살아가게 된다.

'이중창조설'을 주장하는 사람은 하나님의 창조가 두 번이라고 한다.[52] 창세기 1:27에서 하나님의 형상대로 창조된 사람과 본문에서 흙으로 지음 받은 사람을 각각 다른 창조로 말하는 것이다. 이들은 하나님의 형상대로 창조된 사람을 영적 창조, 지적이고 이성적인 존재로서의 창조라고 말한다. 창조 기사는 하나님이 창조하시며 만드신 모든 일을 마치고 그날에 안식하셨다는 2장 3절의 내용으로 마무리되었다고 할 수 있다. 그런데 5절을 보면 "여호와 하나님이 땅에 비를 내리지 아니하셨고 땅을 갈 사람도 없었으므로 들에는 초목이 아직 없었고 밭에는 채소가 나지 아니하였으며"라고 한다. 그리고 땅의 흙으로 사람을 지으시고, 창설하신 동방의 에덴동산에 사람을 두셨다고 한다. 이미 마무리된 창조에 대한 이야기가 다시 반복되는 것이다. 사람에 대한 내용도 1장에서는 하나님의 형상대로 창조하셨다고 하는데, 창세기 2:7에서는 흙으로 사람을 지으시고 생기를 코에 불어넣으셨다고 말한다. 이러한 내용이 각각 다른 사람을 다른 방법으로 창조하신 것처럼 생각될 수 있다.

그러나 하나님의 이중창조설은 성경에서 벗어난 생각이다. 하나님의 형상 곧 모양대로 창조함을 받은 인간은 자유의지를 가지고 하나님과 교통하는 지적인 존재였는데, 자유의지를 남용하여 하나님에게서 멀어졌다는 것이다. 그래서 하나님은 이들을 본래의 상태로 회복시키기 위한 훈련장으로 육체를 포함한 물질계를 창조하셨는데, 그것이 본문이 말하는 창조세계라는 것이 그들의 논리이다.

---

52) 은성교회 홈페이지 창 2:4-8. http://onlycross.net/videos/gen/gen-020408.wmv.

하지만 이중창조설은 설득력이 없다. 처음 창조된 인간이 자유의지로 인해 하나님에게서 멀어졌고, 인간의 회복을 위해 다른 인간을 창조하신 것이라면, 적어도 두 번째 창조된 인간은 하나님에게서 단절되면 안 되기 때문이다. 이중창조설이 주장하는 처음 인간, 두 번째 인간 모두 하나님과의 관계에서 실패했다는 것을 생각하면, 결국 하나님의 두 번째 창조는 아무런 의미가 없는 것일 수밖에 없다. 때문에 이중창조설은 설득력이 없다. 더군다나 하나님의 형상대로 창조된 인간이 자유의지로 인해 하나님에게서 멀어졌다는 근거 또한 성경에 없다.

만족을 위한 창조이기 때문에 피조물은 하나님이 창조하신 모습 그대로만 존재하면 되었던 것이다. 이것을 위해 하나님의 형상대로 사람을 창조하신 것이다. 하나님을 바라보고 하나님의 기쁨과 만족을 위해 살아갈 존재로 창조하신 것이다. 흙으로 지었다는 것은 흙으로 돌아갈 가능성이 있는 존재로 지었다는 뜻이다. 흙으로 돌아간다는 것은 죽음을 의미한다. 하지만 의와 진리와 거룩함으로 지음을 받은 새 사람에게는 죽음이 없다. 흙이 아닌 의와 거룩함이라는 생명에 속한 자이기 때문이다.

■ 창세기 2:9, 17 선악을 알게 하는 나무의 열매

에덴동산 가운데에는 생명나무(the tree of life)와 선악을 알게 하는 나무(the tree of knowledge of good and evil)가 있었다(창 2:9). 하나님께서는 하와를 창조하시기 전에 아담에게 이 나무의 열매를 먹지 말 것을 명하셨다. 생명나무는 따먹어도 되었다. 이러한 금기를 알고 있는 하와에게 뱀이 접근하여 선악을 알게 하는 나무의 열매를 먹도록 유혹하였다(창 3:1-6). 뱀은 하와에게 이 과실을 먹으면 죽지 않고 눈이 밝아져 선과 악을 하나님처럼 구별한다고 유혹하였다. 결국 이 열매를 따먹은 직후 선악을 판단하던 기준이 하나님으로부터 인간에게로 옮겨져 불행이 시작되었다. 당장 잘못했다는 회개를 하지 않는다. 자신의 잘못이 악임을 깨닫지 못하고 잘한 것으로 착각한다. 그들은 금단의 열매를 먹고 그들이 벌거벗었음을 알게 되었다(창 3:6-7). 그리고 하나님의 질문에 잘못을 시인하지 않고 남 탓으로 핑계만 대었다.

결국 에덴동산에서 추방되었고 생명나무에 이르지 못하도록 그룹들과 두루 도는 불 칼이 접근을 막고 있다. 흔히 이 열매를 '선악과'라 부르는데, 성경 어느 곳에도 선악과라는 열매 이름은 없다. 좀 길더라도 성경에 나오는 대로 '선악을 알게 하는 나무의 열매'라고 불러야 한다.

■ 창세기 2:18, 20 돕는 배필 "an help meet"(Ezer-Kenegdo)

> **창세기 2:18, 20** "[18]여호와 하나님이 말씀하시기를 '사람의 독처하는 것이 좋지 못하니 내가 그를 위하여 돕는 배필을 지으리라' 하시니라…[20]아담이 모든 육축과 공중의 새와 들의 모든 짐승에게 이름을 주니라 아담이 돕는 배필이 없으므로."

남성과 여성이 동등하다고 생각하는 여성주의자(the feminist)들은 여성은 한 남성을 돕는 배필이라는 생각을 받아들이지 않는다. 에제르-크네그도의 뜻은 두 손바닥을 맞춘 모습인데, 그 뜻은 부부가 한 팀으로 사역하며, 서로 보충해 주고, 다른 육체구조와 정신상태 및 은사를 나누는 배우자란 의미이다. 특히 '도움'(에제르)이란 말은 구약에 20회 나오는데, 이중 19회가 '하나님으로부터의 도우심'(창 15:2; 출 18:4; 신 33:7, 26, 29; 시 20:2, 33:20, 70:5, 89:19, 115:9-11, 121:1-2, 124:8, 146:5; 사 30:5; 겔 12:14; 단 11:34; 호 13:9, 에스라는 에제르의 아람어임)을 말하는데, 창세기 2장에만 '배우자로부터의 도움'을 말하고 있다. 이 말은 부부가 서로 하나님의 신적 도움으로 도와주어야 한다는 말이다. 그래서 돕는 배필이라고 열등한 관계나 차등이 있는 상태가 아니라 서로 다른 기능과 은사를 보충하여 가정을 이루라는 말씀이다.

남녀 간의 균형이 깨어진 것은 범죄한 후 하나님의 심판 속에 나온다. 창세기 3:16에 "또 여자에게 이르시되 내가 네게 잉태하는 고통을 크게 더하리니 네가 수고하고 자식을 낳을 것이며 너는 남편을 사모하고 남편은 너를 다스릴 것이니라 thy desire shall be to thy husband, and he shall rule over thee 하시고"라는 말씀은 아내가 남편을 사모하고, 남편이 너를 다스릴 것이라는 말이다. 또 창세기 3:20을 보니 아담이 아내에게 이브(Eve)라고 이름을 지어주는데, 그 뜻은 '모든 산 자의 어미'(the mother of all living)이다. 이름을 지어 준 것은 남성이 여성보다 우월하다는 뜻이 함축된다. 우리말 성경에는 이를 히브리어 발음대로 '하와'(Ḥāwāh)라 표기한다. 현대역에서는 남녀 우월로 번역한다. "알맞는 suitable"(NIV, MKJB) 혹은 "비교할 수 있는 comparable"(NKJV).

범죄하기 이전의 부부관계는 완벽한 돕는 배필이다. 그러나 남녀의 질서가 생긴 것은 범죄한 이후이다. 남성은 집안의 대표자로 역할을 한다. 우리는 범죄 이전의 남녀의 관계인 에제르 크네그도의 상태로 회복해야 한다. 여성 목사 안수 문제도 이런 틀에서 이해해야 한다. 범죄 이후의 주종관계나 상하관계가 아닌 범죄 이전의 돕는 배필로 돌아가서 이해해야 한다.

참고로 배우자의 관계에 대한 성경구절을 살펴보자.

민수기 30:7-8 "[7]그 남편이 그것을 듣고 그 듣는 날에 그에게 아무 말이 없으면 그 서원을 행할 것이요 그 마음을 제어하려는 서약을 지킬 것이니라. [8]그러나 그 남편이 그것을 듣는 날에 허락지 아니하면 그 서원과 마음을 제어하려고 경솔히 입술에서 발한 서약이 무효될 것이니 여호와께서 그 여자를 용서하시리라."

민수기 30:13-15 "[13]무릇 서원과 무릇 마음을 괴롭게 하려는 서약은 그 남편이 그것을 지키게도 할 수 있고 무효케도 할 수 있나니 [14]그 남편이 일향 말이 없으면 아내의 서원과 스스로 제어하려는 일을 지키게 하는 것이니 이는 그가 그것을 들을 때에 그 아내에게 아무 말도 아니하였으므로 지키게 됨이니라 [15]그러나 그 남편이 들은 지 얼마 후에 그것을 무효케 하면 그가 아내의 죄를 담당할 것이니라."

에스더 1:20 "왕의 조서가 이 광대한 전국에 반포되면 귀천을 무론하고 모든 부녀가 그 남편을 존경하리이다."

고린도전서 7:4 "아내가 자기 몸을 주장하지 못하고 오직 그 남편이 하며 남편도 이와 같이 자기 몸을 주장하지 못하고 오직 그 아내가 하나니."

고린도전서 11:3 "그러나 나는 너희가 알기를 원하노니 각 남자의 머리는 그리스도요 여자의 머리는 남자요 그리스도의 머리는 하나님이시라."

고린도전서 14:34 "모든 성도의 교회에서 함과 같이 여자는 교회에서 잠잠하라 저희의 말하는 것을 허락함이 없나니 율법에 이른 것 같이 오직 복종할 것이요."

에베소서 5:22-24 "[22]아내들이여 자기 남편에게 복종하기를 주께 하듯 하라 [23]이는 남편이 아내의 머리 됨이 그리스도께서 교회의 머리 됨과 같음이니 그가 친히 몸의 구주시니라 [24]그러나 교회가 그리스도에게 하듯 아내들도 범사에 그 남편에게 복종할지니라."

골로새서 3:18-19 "[18]아내들아 남편에게 복종하라 이는 주 안에서 마땅하니라 [19]남편들아 아내를 사랑하며 괴롭게 하지 말라."

디모데전서 2:11-15 "[11]여자는 일절 순종함으로 종용히 배우라 [12]여자의 가르치는 것과 남자를 주관하는 것을 허락지 아니하노니 오직 종용할지니라 [13]이는 아담이 먼저 지음을 받고 이와가 그 후며 [14]아담이 꾀임을 보지 아니하고 여자가 꾀임을 보아 죄에 빠졌음이니라 [15]그러나 여자들이 만일 정절로써 믿음과 사랑과 거룩함에 거하면 그 해산함으로 구원을 얻으리라."

디도서 2:4-5 "[4]그들로 젊은 여자들을 교훈하되 그 남편과 자녀를 사랑하며 [5]근신하며 순전하며 집안일을 하며 선하며 자기 남편에게 복종하게 하라 이는 하나님의 말씀이 훼방을 받지 않게 하려 함이니라."

베드로전서 3:1-6 "[1]아내 된 자들아 이와 같이 자기 남편에게 순복하라 이는 혹 도를 순종치 않는 자라도 말로 말미암지 않고 그 아내의 행위로 말미암아 구원을 얻게 하려 함이니 [2]너희의 두려워하며 정결한 행위를 봄이라 [3]너희 단장은 머리를 꾸미고 금을 차고 아름다운 옷을 입는 외모로 하지 말고 [4]오직 마음에 숨은 사람을 온유하고 안정한 심령의 썩지 아니할 것으로 하라 이는 하나님 앞에 값진 것이니라 [5]전에 하나님께 소망을 두었던 거룩한 부녀들도 이와 같이 자기 남편에게 순복함으로 자기를 단장하였나니 [6]사라가 아브라함을 주라 칭하여 복종한 것같이 너희가 선을 행하고 아무 두려운 일에도 놀라지 아니함으로 그의 딸이 되었느니라."

■ 창세기 3:1-5 뱀의 거짓말

창세기 3:1에 뱀에 대해서 "뱀은 여호와 하나님께서 지으신 들짐승 중에 가장 간교하니라 the serpent was more subtil than any beast of the field which the LORD God had made"고 NKJB에서는 subtil을 cunning이라 번역함으로 '자신의 목적을 이루기 위해 속임수의 기술을 보이는 부끄러움'이라고 한다. subtil의 뜻은 '교활한, 세밀한, 묽은(subtle), 수치스러운(cunning)'이다. '간교, 교활, 간사하다'는 말이다. 창세기 2:25에 나오는 부끄러움의 단수이다. 어느 들짐승보다 더 교활하다는 번역 때문에 모든 들짐승들이 교활한데 그중에 뱀이 가장 교활했다고 번역하는 것은 히브리어 어법에 대해 무지한 해석이다. 이 뜻은 뱀의 간교함(교활함)을 강조하는 말이다. 뱀의 다섯 가지 거짓말에서 그 교활함을 알 수 있다.

(1) 하나님이 참으로 너희에게 동산 모든 나무의 열매를 먹지 말라 하시더냐?(창 3:1) 분명 하나님께서 아담에게 "동산 각종 나무의 열매는 네가 임의로 먹되 선악을 알게 하는 나무의 열매는 먹지 말라"(창 2:16-17) 하신 말씀을 왜곡한다. 모든 나무의 열매를 따먹지 말라고 말을 바꿔서 접근했다.

(2) 뱀이 여자에게 말하기를 "(선악을 알게 하는 나무의 열매를 먹어도) 결코 죽지 아니하리라 Ye shall not surely die"(창 3:4)고 하나님의 말씀을 180도 바꿔서 거짓말한다. 창세기 2:17에서 반드시 죽으리라(for in the day that thou eatest thereof thou shalt surely die) 하셨다. 뱀은 두 번 연

속 부정(not)을 사용함으로 하와를 속인다.

(3) 계속해서 뱀은 말하기를 "너희가 그것을 먹는 날에는 눈이 밝아져 your eyes shall be opened"(창 3:5 상반절)라고 속인다. 사실 아담과 하와가 그 열매를 먹을 때 하나님을 바라보던 신령한 눈은 감기고, 육의 눈이 밝아져 서로 벗고 있는 모습을 보고 부끄러워하게 된다.

(4) 뱀은 하와에게 유혹하기를 "너희들이 신들처럼 되어 and ye shall be as gods"(창 3:5 중반절)이라고 속인다. 인간이 신들처럼 되고자 하는 것이 뉴에이지(New Age) 사상의 기본이다. 결코 인간은 하나님처럼 될 수 없다. 달콤한 유혹일 뿐이다.

(5) 뱀의 마지막 거짓말은 "선악을 알 줄 하나님이 아심이니라 knowing good and evil"(창 3:5 하반절)이다. 이와 비슷한 구절로 창세기 3:22에 "여호와 하나님께서 말씀하시기를 '보라, 이 사람이 선악을 아는 일에 우리 중 하나같이 되었으니…Behold, the man is become as one of us, to know good and evil"을 들 수 있다. 이 말씀의 뜻은 선악의 기준이 하나님으로부터 인간에로 바뀌었다는 하나님의 한탄이다. 뱀이 이것을 속여 신본주의에서 인본주의로 바뀌게 한 것이다.

다니엘(Daniel)의 뜻은 "하나님께서 나의 재판장이시다 God is my Judge"인데, 이는 정확한 신앙고백이다(창 50:19, 고전 4:3-5). 우리는 다시 모든 판단권을 하나님께 반납하자. 이것이 선악을 알게 하는 나무의 열매를 토해내는 것이다.

문제는 아담과 하와가 선악과를 따먹었음에도 불구하고 그날로 죽지 않았다는 것이다. "반드시 죽을 것이라 surely die"고 했지 당장 죽는다는 말씀이 없다. 또 여기서 죽음이란 '하나님과의 관계가 단절됨'을 뜻한다. 하나님께서 그날 아담을 부르시면서 "왜 따먹었느냐?"고 물으실 때, 자신의 잘못을 회개하는 대신에 핑계와 변명을 한 아담과 하와였다. 이날로 이들은 에덴동산에서 추방되었다. 이것이 그들의 죽음이었다.

여기 꽃병이 있다. 각종 꽃들이 싱싱하게 보이나 결국 뿌리에서 잘라진 가지들은 꽃병의 물로 임시로 살아 있는 것같이 보일 뿐이지 실제로는 죽은 것이나 다름이 없다. 우리 인생도 하나님과 관계가 끊어져 버리면 살아 있는 것 같지만 실은 죽은 것이다. 인생은 흙으로 와서 마침내 흙으로 돌아갈 뿐이다. 하나님 말씀에 불순종함으로 죄가 들어왔고, 결국 죽음을 맛보게 되는 존재로 전락해 버리고 만 것이다.

아담은 1000년에서 70년이 모자란 930년까지 살았다. 하나님에게 한 날이 인간에게는 천년이 될 수도 있다는 것이다. 시편을 보면 "주의 목전에는 천년이 지나간 어제 같으며 밤의 한 경점 같을 뿐이니이다"(시 90:4)라고 하였다. 베드로도 이 시편을 인용하는데(벧후 3:8) 이렇게 보면 아담은 하나님의 계산으로는 하루도 채 살지 못하고 죽은 것이 된다. 아담은 선악을 알게 하는 나무의 열매를 따먹은 날 저녁에 죽은 격이 되는 것이다.

인간은 본래 영생할 수 있는 존재로 만들어졌으나, 금단의 열매를 먹음으로 죽음을 피할 수 없는 존재가 되고 말았다는 것이다. 이렇게 본다면, 아담과 하와에게 내리시겠다고 한 형벌이 내려진 것이며, 그들이 불순종함으로 형벌이 주어지긴 했으나, 그들에게 주어진 가장 큰 형벌은 죽음의 형벌이었다. 흙에서 왔으니 흙으로 돌아가는 것이다(창 3:19).

로마서 5:12 "그러므로 한 사람으로 말미암아 죄가 세상에 들어오고 죄로 말미암아 사망이 왔나니 이와 같이 모든 사람이 죄를 지었으므로 사망이 모든 사람에게 이르렀느니라 Wherefore, as by one man sin entered into the world, and death by sin; and so death passed upon all men, for that all have sinned: 참고: 고전 12:21."

아담 한 사람으로 말미암아 죄가 이 세상에 들어오게 되었으며, 그 한 사람의 죄로 말미암아 죽음도 이 세상에 들어오게 되었다(12절). 아담 한 사람이 범죄함으로 말미암아 모든 사람들이 다 죄인이 되었으며, 죽음을 피할 수 없게 되었다(롬 5:17, 19).

원죄론 교리를 믿지 않는 유대인들이긴 하지만, 유대 문헌들 가운데서 원죄론과 비슷한 사상을 발견하게 된다. 1세기말에 기록된 것으로 보이는 외경 제4에스라에도 악한 욕망에 사로잡힌 첫 번째 아담이 죄를 범한 것같이 그의 모든 후손들도 마찬가지였다고 기록되어 있다. 또한 태초에 악의 씨가 아담의 마음에 뿌려진 이래로 지금까지 수많은 열매를 맺고 있으며, 앞으로도 계속 그럴 것이라고 한다. "오 아담이여, 당신이 무슨 일을 행하였는가? 죄를 지은 것은 당신이지만, 타락은 당신만의 것이 아니요, 당신의 후손들인 우리들도 타락하게 되었소"(3:21-22, 4:30, 7:118).

창세기 2장의 아담과 하와의 타락에 근거하여 이러한 원죄설이 나오게 되었지만, 사실은 아담과 하와의 설화 가운데는 '죄'라는 단어가 한 번도 나오지 않는다. 성경에서 '죄'라는 단어는 아담과 하와와 관련해서가 아니라 가인과 관련해서 처음으로 나온다. 가인이 아벨을 죽이기 전에 하나님께서 그에게 '죄'가 문에 엎드려 있다고 경고하셨다(창 4:7). 불순종(욕심)은 죄를 낳고 죄가 장성한즉 사망을 낳았다. 죄는 정도에서 벗어나 탈선하는 것이다.

■ 창세기 3:24 그룹들이 두루 도는 불칼로 생명나무의 길을 지킴

천사(天使, 히브리어: 말아크 mal'ak, 라틴어: 앤젤루스 Angelus, 그리스어: 앙겔로스 Ἄγγελος)는 여호와 하나님께서 자신을 보좌하고 섬기도록 불(이슬람교에서는 빛)에서 창조했다는 투영적인 존재들을 가리킨다. 유대교, 기독교, 이슬람교에서는 천사가 실제로 존재한다고 믿고 있다.

에덴동산 가운데에 있는 생명나무를 지키기 위해 천사(그룹들)가 화염검으로 접근을 막고 있다. 천사들 가운데는 찬양을 담당하는 천군천사들(눅 2:10-14)이 있으며, 예배를 수종하는 스랍들(Seraphim, 사 6:6-7), 하나님의 보좌 주변에서 수호하는 그룹들(Cherubim)이 있다.

천사(혹 사자使者)는 하나님의 메신저로 그 역할은 ① 하나님의 명령을 사람에게 전하고 ② 특별한 일을 예고하며 ③ 의로운 개인이나 공동체를 보호하고 그 원수에게 합당한 벌을 내리는 도구이며 ④ 이스라엘 백성 중 죄인과 교만한 자에 대한 하나님의 심판을 나타내는 일을 맡는다.

아브라함이 이삭을 제물로 바치려 할 때 칼을 든 손을 막기도 했으며(창 22:11), 라반이 야곱의 품삯을 속이려는 의도를 미리 알려 주었으며(창 31:11), 야곱이 얍복 강가에서 밤새 씨름을 했으며(창 32:24-25), 불이 붙은 떨기나무에서 모세를 불러 하나님의 말씀을 전했으며(출 3:2), 홍해와 이집트군 사이에 구름 기둥을 두었으며(출 14:19), 기드온을 사사로 부르는 일에 심부름 했으며(삿 6:11-22), 삼손의 출생을 미리 알려 주었고(삿 13:3-5), 광야에서 엘리야를 먹였고(왕상 19:5), 예루살렘을 침공한 자들에게 화를 내렸다(왕하 19:35; 사 37:36).

마리아와 요셉에게 꿈에 예수 탄생 소식을 알려주었고, 예수님께서 탄생한 소식을 베들레헴 들녘에서 밤새 양 떼를 치던 목자들에게 알려주었으며, 예수께서 시험을 받으신 후 천사의 수종을 받았으며, 막달라 마리아에게 예수님의 부활 사실을 알려주었고, 예수님이 승천하시는 곳에서 제자들에게 재림의 약속을 전해주었으며, 베드로, 바울이 투옥되었을 때 출옥시켰다.

천사의 이름은 좋은 소식을 전하는 가브리엘(단 8:16, 눅 1:11-20), 군대천사인 미가엘(단 10:13, 12:1)이 나오며, 아브라함을 방문한 천사는 세 명의 나그네 모습으로 나타났고, 이중 두 천사는 롯을 방문하러 소돔과 고모라 성으로 떠났다. 구약의 외경에는 라파엘, 우림(빛의 천사), 바라디엘, 루히엘, 지키엘, 코크비엘, 멜키엘, 헬레멜렉, 멜레잘, 나렐이란 이름이 나오는데, 이런 이름은 정경에는 나오지 않는다.

성경에서 천사는 주로 사람의 모습으로 나온다. 아브라함, 야곱, 기드온, 마노아(삼손의 아버지)에게 모두 사람의 모습으로 나타났다. 언약궤 위(시은좌, 시은소, mercy seat)의 두 천사(그룹들)가 날개를 마주 대며 시은좌를 내려다보고 있다. 신약에 나오는 천사의 모습은 주로 꿈에 나타나서 모습은 기록되어 있지 않고, 막달라 마리아가 무덤에서 만난 천사도 눈같이 흰 옷을 입은 두 청년의 모습이었다. 단지 이사야 6장을 보면 성전예배 도중 스랍들이 나와 찬양하는 모습에서 날개가 여섯인데 둘은 머리를 가렸고(겸손), 둘은 아래를 가렸고(정결), 둘로 날면서 "거룩하다, 거룩하다, 거룩하다 만군의 여호와여 그 영광이 온 땅에 충만하도다"(사 6:2-3)라고 찬양하고 있다.

아기 천사, 청년 천사, 처녀 천사, 수호 천사(guardian angel) 모두 성경에 없는 용어와 개념이다. 가톨릭에서 천사의 존재를 부각하여 가르치는 것은 성경과 관계가 없다. 혹 기도할 때 천사가 나타나 어느 성도를 보호하고, 어떤 사고의 현장에서 지켜 주신 환상을 본 이들이 있는데, 하나님께서 보여주신 것이라면 감사한 일이다. 그러나 천사의 존재에 대해 지나치게 강조할 필요가 없음은 주님께서 우리의 보호자가 되시며 우리의 생명을 지켜주시는 좋으신 분이기 때문이다.

> **시편 8:4-5** "사람이 무엇이관대 주께서 저를 생각하시며 인자가 무엇이관대 주께서 저를 권고하시니이까? 저를 천사보다 조금 못하게 하시고 영화와 존귀로 관을 씌우셨나이다."

찬양하며 하나님의 은혜를 감사하자.

그룹은 하나님의 수호신 천사(하나님의 수행원, body guard)를 말하며, 스랍은 예배를 수종하고 심부름하는 천사를 말한다. 그룹과 스랍은 하나님의 영광을 상징하는 특별한 천사들을 지칭하기도 한다.[53)]

1. 그룹(Cherub)

성경에는 히브리어 남성 복수형 어미인 '임'(im)이 붙어 케루빔(Cherubim)으로 나오는데 날개가 달린 천상의 피조물들로서, 이스라엘 우주론의 한 부분을 구성한다. 창세기 3:24에 생명나무를 지키는

53) W. F. Albright, "What Were the Cherubim?", *Biblical Archaeologist* 1(1938): 1-3.

천사들(Cherubims)로 두루 도는 화염검(a flaming sword which turned every way)으로 인간의 접근을 막고 있다. 지성소 안에 있는 언약궤(Ark of Covenant) 뚜껑을 시은좌(mercy seat) 혹 시은소(속죄소)라고 하는데, 그 양편에 두 천사가 두 날개로 시은소를 덮고 있다. 이들이 그룹들이다. 그룹 둘을 조각나무(Shittim=acacia tree)로 만들어 금으로 씌웠다. 하나님께서 모세에게 그 그룹 사이에서 말씀하셨다(출 25:18-22; 히 9:5). 지성소와 성소 사이의 휘장에 네 마리의 그룹들을 새겨 놓았다(출 26:1, 31, 36:8, 35). 솔로몬 성전의 외소(=성소) 사방 벽에도 아로 새겨졌다(왕상 6:29; 겔 41:18, 20). 솔로몬 성전 내소(=지성소) 안에 감람나무(Olive tree)로 두 그룹을 만들었는데, 높이가 각각 10규빗(일반 성인 키가 4규빗)이며 날개가 5규빗이어서 두 날개가 연하여 10규빗을 이루었다(왕상 6:23-28, 8:6-7). 성막문에도 그룹들을 수놓았다(대하 3:14 "청색 자색 홍색 실과 고운 베로 휘장문을 짓고 그 위에 그룹의 형상을 수놓았더라", 에스겔 41:25 "이 성전 문에 그룹과 종려나무를 새겼는데 벽에 있는 것과 같고 현관 앞에는 나무 디딤판이 있으며"). 또 청동 대야(=물두멍)를 받치는 열 개의 받침대의 지주들과 판들에도 조각되었다(왕상 7:29, 36).

하나님은 그룹들 사이에 계셨고, 심방하실 때도 그룹들은 늘 하나님을 보좌했다(삼상 4:4 "그룹 사이에 계신 만군의 여호와의 언약궤", 삼하 6:2 "하나님의 궤를 메어 오려 하니 그 궤는 그룹들 사이에 좌정하신 만군의 여호와의 이름으로 불리는 것이라", 히스기야의 기도문-왕하 19:15 "그룹들 위에 계신 이스라엘의 하나님 여호와여", 이사야 37:16 "그룹 사이에 계신 이스라엘 하나님 만군의 여호와여"). 사무엘하 22:11('그룹'을 타고 날으심이여 바람 날개 위에 나타나셨도다)과 시편 18:10('그룹'을 타고 다니심이여 바람 날개를 타고 높이 솟아오르셨도다)에서는 하나님께서 강림하실 때 그룹들을 타고 날아오신다고 했다. 이들이 '바람 날개'와 연관이 있다.

에스겔이 보았던 그룹들은 네 날개와 네 얼굴을 지닌 생물(living creatures)이었다(겔 1:5, 13, 15, 19, 9:3, 10:15-22). 이들이 함께 하나님께서 좌정하신 보좌의 바퀴를 움직이고 있다. 이들은 부분적으로는 사람이며 일부는 동물(소, 독수리, 사자)로 묘사되고 있는데, 앗수르나 바벨론의 신화에도 나오는 스핑크스의 모습이다.

요한계시록 4:6-7에 보면 "보좌 앞에 수정과 같은 유리 바다가 있고 보좌 가운데와 보좌 주위에 네 생물이 있는데 앞뒤에 눈들이 가득하더라 그 첫째 생물은 사자 같고, 그 둘째 생물은 송아지 같고, 그 셋째 생물은 얼굴이 사람 같고, 그 넷째 생물은 날아가는 독수리 같은데 네 생물은 각각 여섯 날개를 가졌고 그 안과 주위에는 눈들이 가득하더라…" 하며 그들이 밤낮 쉬지 않고 영광과 존귀와 감사를 드린다고 하였다(계 4:8-9).

한편, 에스겔 28:14, 16에서 두로 왕이 한 그룹에 의해서 보호되고 있는 것으로 설명하고 있다.

> "너는 기름 부음을 받고 지키는 그룹임이여 내가 너를 세우매 네가 하나님의 성산에 있어서 불타는 돌들 사이에 왕래하였도다…네 무역이 많으므로 네 가운데에 강포가 가득하여 네가 범죄하였도다 너 지키는 그룹아 그러므로 내가 너를 더럽게 여겨 하나님의 산에서 쫓아냈고 불타는 돌들 사이에서 멸하였도다."

이 그룹은 범죄로 인하여 하나님께로부터 쫓김을 당한 천상의 사역자로 나오는데, 두로의 군주가 그 그룹에 의해서 좌우되고 있다.

케룹(그룹)은 아카드어 '카리부, 카루부'(karibu, karubu)에서 온 듯한데, 이 뜻은 카라부(karabu) 즉 '기도하다' 또는 '크다, 강하다, 힘있다'이다. 즉 아카드어 카라부는 '기도하는 중재자'란 뜻이다. 또 다른 학설은 'karibi, kuribi, kanbati'로 기괴한 모습들을 가진 신화적인 피조물들로서 여러 신들의 처소를 지키는 문지기들을 뜻하기도 한다.

고대근동 고고학에서 발견된 조각이나 벽화에 케룹이 등장하는데, 알레포, 갈그미스, 비블로스(Byblos), 타나크(Taanach) 등에서 출토된 부조나 조각에서 나온다. 니느웨와 메소포타미아 지역에서는 날개 달린 황소 상이 왕궁 입구 부근과 건물들 사이에 발견되고, 이쉬타르(달신)는 날개 달린 사자 모습으로 벽화에 조각되어 있다. 또한 니므롯(Nimrod)이나 사마리아에 있는 상아로 만든 조각에서 이러한 날개 달린 스핑크스 같은 생물들을 묘사하고 있다. 이들의 모습은 네 다리를 가진 동물의 몸체에 사람의 얼굴을 지녔으며, 날개를 달고 있다. 또한 사자와 독수리와 스핑크스를 혼합시켜 놓은 듯한 그리핀(griffin) 상은 히타이트(Hittite=헷족속)의 신화 속에 나온다. 르네상스 시대의 유럽 예술에서는 그룹들이 살이 통통하게 찐 날개 달린 어린이들로 묘사되기도 했다.

2. 스랍들(Seraphim): 세라핌

사실 스랍들에 대한 정체는 분명하지 않다. 단지 성경 군데군데에 나타나는 사역으로 보아 이사야가 소명 받을 때 성전예배에 나타났던 스랍은 찬송을 하며 제단에 핀 숯불로 이사야의 입술에 갖다 대면서 사죄 선언을 했다.

이사야 6:2-3 “[2]스랍들이 모시고 섰는데 각기 여섯 날개가 있어 그 둘로는 자기의 얼굴을 가리었고 그 둘로는 자기의 발을 가리었고 그 둘로는 날며 [3]서로 불러 이르되 거룩하다 거룩하다 거룩하다 만군의 여호와여 그의 영광이 온 땅에 충만하도다 하더라.”

이 스랍 중 하나가 부젓가락으로 제단에서 집은 핀 숯을 이사야에게 가지고 와서 그것을 이사야의 입술에 대며 이르되 “보라, 이것이 네 입에 닿았으니 네 악이 제하여졌고 네 죄가 사하여졌느니라”(사 6:7)고 했다. 여기서 여섯 날개를 가진 천사가 찬양을 하고 있는데, 인간의 말을 하고 인간의 손을 가지고 있는 존귀한 천사(majestic angel)로 보인다. 또한 제의적 정결(cultic purity)과도 연관된다. 천상의 예배를 수반하며 돕는 모습을 보게 된다.

대표적인 히브리어 사전 BDB(Brown, Driver, Briggs 편집)에 의하면, 어원인 ‘불타다(burn)’는 동사 사라프(saraph)에서 나온 말이며, “날아다니는 불뱀”(a fiery flying serpent, 사 14:29)과 같은 발음이기도 하다. 그래서 스랍이라는 이름은 ‘불과 같은’ 또는 ‘불뱀과 같은’ 단어와 연상된다. 출애굽 여정에 대해 광야에서 불평하는 백성들을 벌하기 위해 보낸 “광야의 뱀들”은 불과 같은(히브리어로 스라핌) 독뱀인데, 민수기 21:6에서 불뱀(fiery serpents)이라 불렀다(신 8:15 “너를 인도하여 그 광대하고 위험한 광야 곧 불뱀과 전갈이 있고 물이 없는 간조한 땅을 지나게 하셨으며”). 모세의 중보기도로 하나님께서는 그의 지팡이 끝에 동(a serpent of brass)으로 만든 불뱀(사라프, a fiery serpent) 모양을 쳐다보는 자는 독뱀에 물렸어도 살아났고, 보기를 거부한 완악한 백성들은 죽게 하셨다(민 21:8-9; 요 3:12).

이사야 14:29, 30:6에 나오는 "날아다니는 불뱀"(a flying fiery serpent)은 고대의 민간전승과 신화에 나오는 광야 생물들 가운데 하나이다.

■ 창세기 4:1 가인과 아벨은 쌍둥이?

인간은 타락하였으나 회개하지 아니함으로 그 결과 에덴동산으로부터 추방되었다. 에덴에 있을 때는 아담과 하와가 출산을 못했지만 동산 밖에서 자녀를 낳았다.

> **창세기 4:1-2** "아담이 그 아내 하와와 동침하매 하와가 잉태하여 가인을 낳고 이르되 내가 여호와로 말미암아 득남하였다 하니라 And Adam knew Eve his wife; and she conceived, and bare Cain, and said, I have gotten a man from the LORD. 그가 또 가인의 아우 아벨을 낳았는데 아벨은 양 치는 자이었고 가인은 농사하는 자더라 And she again bare his brother Abel. And Abel was a keeper of sheep, but Cain was a tiller of the ground."

하와가 "잉태하여 가인을 낳고"에 이어서 2절에서 다시 "잉태하여 아우 아벨을 낳고"로 되어 있지 않고 "또 가인의 아우 아벨을 낳았는데"로 되어 있어 유대인의 전통은 가인과 아벨을 쌍둥이로 이해하기도 한다. 1절과 2절 사이에 세월의 흐름이 없기 때문이기도 하다. 가인의 의미는 '얻었다 to have, get'란 뜻이고 아벨의 의미는 '헛되다 to be vain'(전 1:1)이다. 가인은 소유형, 아벨은 존재형이다.[54] 가인은 부모의 범죄를 가지고 태어났고 회개 없는 삶을 살아갔다. 아벨은 부모의 죄에 대해 회개하며 세상 모든 것은 헛됨을 알고 살아갔다. 그런 자세로 하나님께서 기뻐하시는 순종의 제사, 믿음의 예배(히 11:4)를 드리니 하나님께서 기쁘게 받으셨다.

■ 창세기 4:8 가인이 아벨을 쳐 죽임

창세기 4:8 "가인이 그 아우 아벨에게 고하니라 그 후 그들이 들에 있을 때에 가인이 그 아우 아벨을 쳐 죽이니라 Cain rose up against Abel his brother, and slew him."

가인이 아벨을 쳐 죽인 일에서 돌로 쳐 죽였다는 언급은 없다. 어떻게 살해했는지 방법은 나오지 않는다. 주먹인지 막대기인지 돌인지 어떻게 죽였는지는 언급이 없는데도 불구하고 한국인들은 '돌'로 쳐 죽였다고 잘못 알고 있다. 주일학교 공과책 삽화 그림에 돌로 쳐 죽이는 것을 삭제해야 하고, 주일학교 교사나 목회자가 성경에도 없는 내용은 전하지 말아야 한다. 한국 목회자와 성도들이 돌로 쳐 죽였다고 착각하는 이들이 많다.

■ 창세기 4:14 가인을 만나는 자들이란 누구인가?

가인이 언급한 "나를 만나는 자들(every one that findeth me shall slay

54) 에리히 프롬 Erich Seligmann Fromm, 1900-1980, 유대인 독일계 미국인 사회심리학자, 정신분석학자, 프랑크푸르트 인문주의 철학자, 《소유나 존재냐》(*To Have or To Be*), 1976.

me"(창 4:14).

창세기 4:14-15 "[14]주께서 오늘 이 지면에서 나를 쫓아내시온즉 내가 주의 낯을 뵈옵지 못하리니 내가 땅에서 피하며(fugitive) 유리하는 자(a vagabond)가 될지라 무릇 나를 만나는 자가 나를 죽이겠나이다 [15]여호와께서 그에게 이르시되 '그렇지 않다 가인을 죽이는 자는 벌을 칠 배나 받으리라' 하시고 가인에게 표(a mark)를 주사 만나는 누구에게든지 죽임을 면케 하시니라."

- 가인을 만나는 자는 가인의 동생들을 말한다.

아담은 930세까지 살면서 많은 자녀들을 생산했으나 성경에는 중요한 세 아들 이름(가인, 아벨, 셋)만 언급한다. 아들, 딸들이 출생하여 가인이 동생을 살해할 즈음에 살고 있었다. 지방교회 윗치만 니는 이중 창조설을 말하여, 베리아 계열에서 이를 수용하는 것은 잘못된 것이다.

가인이 말한 나를 만나는 자란 자기의 동생들을 지칭한다. 이 구절로 베뢰아에서는 이중 창조설을 주장한다.[55)] 가인의 아내는 누구였으며 당시에 살았던 사람들은 누구였느냐는 질문은, 1925년에 테네시 주에서 있었던 스콥스 재판(Scopes trial)에서 유창한 ACLU의 변호사 대로우(Clarence Darrow)가 성경을 믿을 수 없는 근거로 내걸었던 질문이기도 했다.

가인과 아벨이 태어난 후 창세기 4:3을 보면 "세월이 지난 후에"라

---

55) 한국창조과학회의 답변을 참고한다. www.kacr.or.kr "가인이 두려워한 사람들은 누구인가?" 김무현(Texas A&M 대학 교수, 해양/토목 공학 박사)

고 되어 있고, 그 후 가인이 아벨을 살해하고 유리방황하다 놋 땅에 거하는 사건이 나온다. 창세기 4:25을 보면 셋의 출생은 아벨의 죽음 바로 다음이며[그래서 아담이 셋을 "아벨 대신에 얻은 자"(replacement for Abel)]라고 불렀다. 창세기 5:3을 보면 아담이 130세에 셋을 낳았다고 되어 있다.

아담과 하와는 처음부터 출산 가능한 성인으로 창조되었음은 성경이 말하는 바이고, 하나님께서 아담에게 준 문화명령 중 "생육하고 번성하여 땅에 충만하라 Be fruitful and multiply"(창 1:28)는 말씀대로, 가인과 아벨의 출생 후 아벨이 죽고 셋이 태어나기까지는 120년 정도 이상의 기간이 있었다. 또한 창세기 5:5에 아담이 930세까지 살았음을 감안한다면, 그 120년 동안은 하나님 명령에 충실하게 많은 자녀들을 낳았을 것으로 볼 수 있다. 그 자녀들이 하나님의 문화명령을 따라 또 결혼하여 많은 자녀를 낳고, 이 과정이 120년 동안 계속된다면 적지 않은 사람들이 가인이 아벨을 살해했을 당시 공존하고 있었을 것이다.

만약 창세기 4:14의 가인이 "나를 죽이려 할 것이다"라고 했던 사람들이 가인이나 아벨과 전혀 관계가 없던 다른 족속(race)이었다면, 가인이 아벨을 살해한 것을 알려고도 하지 않았을 것이고, 설사 알았다 한들 죽이려고까지 하지는 않았을 것이라는 점 등으로 미루어 본다면, 아마도 그들도 아벨과 깊은 관계가 있었던 사람들이었을 것이라고 쉽게 짐작할 수 있다.

그러면, 성경에서는 왜 구체적으로 다른 자녀들에 대해서는 말하지 않을까? 실제로 창세기 5:4을 보면 아담에게 많은 자녀가 있었다는 것 외에는 구체적으로 말하고 있지 않는다. 성경은 하나님께서 우리에게 꼭 필요한 내용만 선택하여 주신 메시지이다. 아마 창조에 관한 기사만 해도 하나님께서 하신 일들을 모두 기록하기는 불가능하다. 요한복음 21:25에서 이를 잘 설명해 주고 있다.

"예수님의 행하신 일이 이외에도 많으니 만일 낱낱이 기록된다면 이 세상이라도 이 기록된 책을 두기에 부족할 줄 아노라."

성경에서는 계보를 기록할 때, 이러한 원리로 꼭 필요한 사람들만 인용한다. 그러므로 가인과 아벨 출생 후 120여 년 동안 아무도 태어나지 않았다가 셋이 태어났다고 해석한다면 오히려 더 무리가 있다.

어떤 크리스천들 중에는 "하나님께서 아담과 하와 이외에도 동시다발적으로 다른 사람들을 만든 것이 아니냐?"(유신론적 진화론자 또는 진화론자들은 여러 곳에서 동시다발적으로 진화한 사람들이 있었다고 하겠지만)고 말하는 이들이 있다. 그렇지만 성경 전체의 가르침은 분명히 우리는 아담과 하와의 후손이며, 그 첫째 아담의 불순종으로 인하여 죄와 사망이 시작되었고(그 때문에 그 후손들은 영적으로 눈먼 상태로 태어남), 이 문제를 해결하기 위하여 하나님께서 둘째 아담(예수)으로 피의 언약을 완결하러 오셨다고 말한다. 그러므로 이러한 관점은 대단히 비성경적이다.

사도행전 17:26 "인류의 모든 족속을 한 혈통으로 만드사 온 땅에 거하게 하시고 저희의 연대를 정하시며 거주의 경계를 한하셨으니."

최근 진화론 과학자들에 의해서 오히려 창세기와 사도행전 17:26 말씀이 증명되고 있다. 많은 종족의 미토콘드리아 DNA(반드시 모계로만 승계됨)를 자세히 분석한 결과, 지구상의 모든 종족이 한 여자로부터 유래했다는 연구발표가 권위 있는 진화론 저널에 몇 차례 발표되었다. 이 연구 후, 다른 연구팀에 의해서 많은 종족의 Y염색체(Y-Chromosome: 부계로만 승계됨)를 자세히 분석하여, 모든 종족이 한 남자로부터 유래했을 것이라는 같은 결론을 발표하였다.

이 연구결과들은 그동안 진화론자들이 전통적으로 고수해온 "현 인류가 지구 여러 곳에서 동시다발적으로 진화하여 지금에 이르렀다"는 견해를 뒤집고 미궁에 빠뜨리게 했다. 물론, 이러한 연구 결과로 자연주의에 세뇌된 진화론 과학자들이 성경을 믿음으로 받아들이지는 않을 것이다.

로마서 1:21-22 "하나님을 알되 하나님으로 영화롭게도 아니하며 감사치도 아니하고 오히려 그 생각이 허망하여지며 미련한 마음이 어두워졌나니 스스로 지혜 있다 하나 우준하게 되어."

그들은 "동시에 진화되어 온 여러 다른 종족들이 있었을 텐데, 그 중에 오직 한 여자, 한 남자의 자손들만이 다른 종족과 하나도 섞이지 않은 채로 현재의 모든 인류의 조상이 되었으며, 다른 종족들은 이유는 모르지만 모두 멸종되었고, 그 후손을 하나도 남기지 못하였다"고 주장하고 있다. 진화론은 과학이 아니라 헛된 신념이다. 아무튼, 진화론자들은 굉장한 믿음의 소유자들이다.

또, 성경을 비판하는 진화론자들이나 일부 크리스천들 중에서도 "한 부모의 자녀들이 서로 결혼하게 되면 기형아가 태어날 확률이 매우 높다고 하던데 아담과 하와로부터 인류가 퍼지기 시작하였다는 창세기의 기사가 모순이 있는 것이 아니냐?"라는 질문을 자주 한다. 하나님께서는 처음에 모든 것을 창조하신 후 "보시기에 심히 좋았더라"고 하셨다. 그런데, 첫째 인류 아담의 불순종의 원죄 이후 모든 피조세계는 저주를 받고 심각한 문제점들이 발생하기 시작하였다. 돌연변이(genetic mutation)는 유전자 복제시 이상이 생긴 것으로서 이 중의 한 현상이다. 타락 이후, 이 돌연변이(genetic copy error)가 계속 후손으로 전해지고, 그것들은 점점 증가되며 누적된다.

한 사람의 유전자는 아버지로부터 반, 어머니로부터 반을 물려받게 된다. 부계나 모계의 유전자 중에는 돌연변이에 의한 비정상 부분들이 존재할 것이다. 만약 유전적으로 관계가 먼(즉 가까운 친척이 아닌) 남녀가 결혼하게 되면, 이러한 반쪽의 유전자에 있는 카피 에러가 정확히 겹칠 수 있는 확률이 매우 줄어들며, 반대로 유전적으로 매우 가까운(즉 가까운 친척 안에서) 남녀가 자녀를 낳게 되면 그 카피 에러가 겹칠 확률이 매우 커진다. 만약에, 부계와 모계의 카피 에러가 정확히 겹치지 않으면 정상의 것이 비정상의 것을 수정하도록(override) 되어 문제가 발생하지 않지만, 정확히 겹칠 시에는 수정이 불가능하고, 그러므로 유전적 결함을 갖는 기형아가 탄생하게 되는 것이다. 그래서 많은 나라가 근친결혼을 법적으로 금지시켜놓고 있는 것이다. 하지만 이러한 현상은 돌연변이가 계속 증가하고 대대로 누적되며 더욱 심각하게 나타난 현상이지, 처음 아담의 후손 때에는 그런 문제가 거의 없었을 것이고, 홍수심판 후 노아의 후손들 사이에서도 매우 희박했을 것이다.

그러나 점점 세월이 갈수록 이 문제가 더욱 심각해질 것임을 아신 하나님께서는 레위기 18장을 통해 근친결혼 불가법(The law forbidding marriage between close relatives)을 주시며 이러한 일들이 일어날 수 있음을 경고하고 계신다(물론 모세는 이러한 유전학적 이유를 몰랐을 터이지만). 이러한 유전학적 사실들은 진화론 유전학자인 마르쿠스(John Marcus) 박사가 "인류가 과거 초기에는 유전적으로 매우 강하였으나, 돌연변이가 많이 누적된 현생 인류는 유전적으로 매우 약한 상태"라고 지적한 바와 같이 진화론 측에서도 인정하고 있는 학설이다.

결국, 가인의 아내는 아담과 하와의 수많은 후손 중 한 사람이었을 것이다. 그리고 가인이 두려워한 사람들도 그 후손들이었을 것이다. 그렇기 때문에 친족인 아벨의 죽음에 대해서 그토록 흥분하고 가인을 죽이려고까지 한 것이다. 만일 그들이 가인과 아벨과 전혀 관계가 없는 동시다발적으로 진화한 사람들이었다면, 오히려 자기와는 별로 상관없는 일이니 알려고 하지도 않았을 것이고, 가인이 두려워 떨 만큼 그토록 흥분하지도 않았을 것이다. 이러한 논리를 크리스천들이 스콥스 재판에서 제시하지 못하였다.

그 이후, 성경은 불신자들이나 진화론자들에게 아주 우스운 책으로 여겨졌다. 성경은 하나님의 계시로 쓰여진 책(God's inspired words; 딤후 3:16)이다. 진화론으로 세뇌된 우리가 함부로 "이러한 성경구절은 상식이나 과학에 맞지 않아!" 하며 성경의 권위나 하나님의 능력과 성품을 가볍게 판단하지 않기를 바란다.

역대상 29:11 "여호와여 광대하심과 권능과 영광과 이김과 위엄이 다 주께 속하였사오니 천지에 있는 것이 다 주의 것이로소이다. 여호와여 주권도 주께 속하였사오니 주는 높으사 만유의 머리심이니이다."

■ 창세기 4:16-24 청동기, 철기를 가인 후손 때부터 사용함[56)]

가인은 아벨을 죽인 후 떠돌이 생활을 하다가 놋 땅에 살 때 에녹을 낳았다. 에녹이란 이름은 성경에 세 번 나오는데 가인의 아들 이름, 가인이 쌓은 첫 성 이름(창 4:17), 또한 죽음을 맛보지 않고 승천한 인물(창 5:21-24)이다. 가인의 현손(5대손)인 라멕(Lamech)은 두 아내가 있었는데, 그중 아다(Adah)가 낳은 야발(Jabal)은 장막에 거하여 육축 치는 자의 조상이 되었다(창 4:20). 야발의 동생 유발(Jubal)은 하프(harp)와 오르간(organ)을 다루는 조상이 되었다(창 4:21). 라멕의 두 번째 아내 씰라(Zillah)가 낳은 두발가인(Tubalcain)은 청동(brass)과 철(iron)을 수공하는 자였다(창 4:22).[57)]

진화론에 의하면 "인간은 무생물에서 하등동물과 유인원을 거쳐 수백만 년 전에 인간으로 진화하였으며, 서서 걸으면서 두뇌가 발달하게 된 인간은 두 손을 이용하여 도구를 만들어 사용하게 되었다. 처음 구석기 시대에는 돌을 쪼개서 도구로 사용하였고, 수렵과 채취를 하며 동굴에서 생활하였다. 그러다가 신석기 시대에 접어들면서 돌을 목적에 맞는 모양으로 다듬어서 사용할 줄 알게 되었으며, 정

56) CBS 크리스천노컷뉴스, 세계창조선교회 회장 박창성, 창조신앙 부흥이라는 사명을 가지고 창립된 세계창조선교회의 박창성 회장은 서울대에서 지구과학을 전공하고, 미국의 창조과학연구소(ICR)의 대학원을 졸업한 창조과학 전문가로서, 미국 Western Seminary의 선교학 박사과정을 수료하고 오레곤 성서신학대학에서 창조과학, 변증학, 교육학, 선교학을 강의하고 있다. 킹 제임스 역 성경 "Tubalcain, an instructer of every artificer in brass and iron:" (Gen. 4:22)

57) 개역성경에서는 "동철로 각양 날카로운 기계를 만드는 자요"라고 되어 있다.

착하여 마을을 이루고 가축 사육과 농사를 하는 문화로 바뀌게 되었다. 그 이후로 금속을 이용하여 도구를 만드는 청동기시대와 철기시대로 발전하였고, 유인원들이 소리 지르는 신호가 현재 우리가 사용하는 언어로 발전하게 되었다"라고 한다. 대부분의 학교에서 이렇게 가르치고 있다. 이 내용은 고고학자나 인류학자들이 발견한 인류의 화석과 유물들을 진화론을 토대로 하여 추측한 결과이다.

성경의 창세기는 이와는 판이하게 다른 인류의 역사를 말해 주고 있다. 인간은 처음부터 원시인이 아닌, 현재의 인간과 거의 같은 감성과 지능을 가진 완전한 인간의 모습으로 창조되었고, 처음부터 언어로 의사소통을 하였다(창 3:2, 12). 그리고 최초의 인류인 아담과 그의 아들 가인은 이미 농사를 지을 줄 알았으며(3:17-19, 4:2), 가인의 후손인 두발가인은 금속을 이용하여 도구를 만들었다(4:22). 인간은 진화할 수 없음은 하나님께서 다른 생물은 "종류대로" 창조하셨지만 인간은 하나님의 형상, 즉 모양대로 창조하셔서 처음부터 말을 하고, 문화를 발전시키고 자녀를 생산할 수 있었다.

사실상 석기문화와 청동기, 철기문화는 차례대로 발전하였다기보다는, 항상 공존하여 왔다. 민족과 지역에 따라 앞선 문화도 있고 뒤처진 문화도 있었던 것이다. 오늘날에도 아프리카와 남아메리카의 정글에는 석기시대에 해당하는 문화를 가지고 있는 부족들이 남아 있다. 아마존 강 밀림지역에서 거의 나체로 사냥과 채취를 하며 한가롭게 순진한 모습으로 살아가고 있다. 비록 문화와 문명이 더 발달하기는 하였지만 많은 범죄와 전쟁, 분쟁 속에서 분주하게 살아가고 있는 우리가 과연 저들보다 더 행복하다고 말할 수 있을까?

우리의 조상들이 한때 동굴에서 지내고 석기문화를 가졌던 것은, 유인원에서 진화한 원시인들이 가졌던 문화를 나타내는 것이 아니라, 성경에 기록된 바벨탑 사건의 결과라고 해석할 수 있다. 교만하여진 노아의 후손들이 하나님께서 "땅에 충만하라"(창 9:1, 7)고 하신 명령을 어기고 자신들의 이름을 내고 흩어지지 않으려고 하자(11:4), 하나님께서 그들에게 벌을 내리신 것이 바로 바벨탑 사건이다.

인간은 그때까지 한 종류의 언어를 사용해 왔었으나(11:1), 하나님께서는 그들이 모여 살면서 계속 불순종하는 죄를 짓지 않게 하시려고, 서로 알아들을 수 없는 여러 종류의 언어를 쓰게 하시고 각 지역으로 흩어져 살게 하셨다(11:7-9). 그래서 이제까지 가지고 있던 문화를 버리고 멀리 다른 지역으로 이주하게 된 이들은, 다시 인구가 불어나고 문화가 회복될 때까지 최소한 몇 세대 동안은 생존을 위하여 동굴에서 지내고 사냥과 채취를 해야만 했을 것이다. 이것이 우리 조상들이 석기문화와 동굴생활을 하고, 여러 민족으로 나뉘어져 서로 다른 언어를 사용하게 된 원인이다.

그러나 그들은 흔히 상상하는 것처럼 몸에 털이 수북하게 난 고릴라와 비슷하게 생긴 원시인이 아니라, 이미 우리와 같은 수준의 지성과 이성을 가진 완전한 인간이었다. 단지, 금속을 사용하고 농사를 지을 줄도 알았지만, 그것이 가능한 장소와 재료를 찾을 때까지 어려운 생활을 하였던 것이다. 현대인도 만약 소수의 식구만 데리고 아주 멀리 무인도에 가서 살게 된다면 소설 《로빈슨 크루소의 모험》에서 보는 것처럼 석기시대의 문화로부터 시작해야만 할 것이다.

언어는 동물과는 달리 인간만이 가지고 있는 매우 경이로운 특징이다. 진화론자들이 언어의 기원을 고릴라나 오랑우탄과 같은 동물에서 찾으려고 많은 노력을 하였지만 불가능하였다. 그 동물들이 꽥꽥거리는 소리나 신호는 매우 복잡한 체계가 있고 사상을 전달할 수 있는 인간의 언어와는 너무나 차이가 크기 때문이다. 언어는 근본적으로 하나님께서 인간을 창조하시고 인간과 의사소통을 하기 위해서 우리에게 주신 선물이다. 더구나 우리가 서로 다른 언어를 사용하게 된 것은, 우리가 계속 죄를 짓지 않도록 배려하신 하나님의 은혜임을 깨달아야 한다.

주전 약 2348년에 노아가 방주를 만들 때도 철기로 나무를 자르며 대패질하고 나무와 나무를 이은 곳에 철기로 만든 이음쇠(rivets)를 사용하였다.[58)]

■ 창세기 5:1–32 노아 홍수 전 사람들이 900세 정도 살았는데, 오늘날 숫자 개념인가?

현재 우리 개념의 나이이다. 성경을 믿지 않는 학자들은 율리우스력, 그레고리역 운운하며 노아 시대의 나이가 과장되었다거나 '0'을 하나 빼야 한다는 주장을 하는데 일리가 없다.

노아 홍수 이전에 궁창 위의 물(창 1:7)이 있었는데, 이들이 보호막

58) 1991년 6월 Ron Wyatt과 발굴단이 터키의 아라랏산 정상에서부터 남쪽으로 20킬로미터 지점에서 발견한 노아 방주의 형태에서 리벳(ribet)을 대량 찾아냈다. Wyatt Archaeological Research Museum, 2502 Lynnville Hwy.-Cornersville TN 37047, phone. 931-293-4745. 이 박물관을 세운 론 와트는 노아 방주, 소돔과 고모라에 내린 유황 화석, 출애굽의 경로와 시내 산(호렙산)의 위치(사우디아라비아 라오즈산), 지성소의 언약궤와 성물 보관 장소(골고다 언덕 지하)를 발견하였다. 김승학은 이 박물관 도움으로 라오즈산에서 찍은 사진들을 가지고 《떨기나무》 책을 발간하였다.

역할을 해서 홍수 이전에 방사능은 현재보다 훨씬 적었고, 홍수 이전 사람들의 긴 수명에 중요한 역할을 했을 것으로 보인다. 그 궁창 위의 물이 홍수 동안에 모두 쏟아졌다. 그래서 홍수 전 사람의 평균 수명이 912세가 되었는데, 그 후 수명이 급격히 감소되었다.

홍수 전: 아담 930, 셋 912, 에노스 905, 게난 910, 마할랄렐 895, 야렛 962, 에녹 365, 므두셀라 969, 라멕 777, 노아 950, 셈 602

홍수 후: 아르박삭 438, 셀라 433, 에벨 464, 벨렉 239, 르우 239, 스룩 230, 나홀 148, 데라 205, 욥 140, 아브라함 175, 이삭 180, 야곱 147, 요셉 110, 모세 120, 여호수아 110, 다윗 70

모세의 시편 90:9-10 "[9]우리의 모든 날이 주의 분노 중에 지나가며 우리의 평생이 일식간에 다하였나이다 [10]우리의 연수가 칠십이요 강건하면 팔십이라도 그 연수의 자랑은 수고와 슬픔뿐이요 신속히 가니 우리가 날아가나이다."

솔로몬의 전도서 6:6 "저가 비록 천 년의 갑절을 산다 할지라도 낙을 누리지 못하면 마침내 다 한 곳으로 돌아가는 것뿐이 아니냐?"

■ 창세기 6-9장 노아 홍수 기사와 길가메시(메소포타미아)

구약성경이 최종 편집된 것이 바벨론 포수기(BC 588-538) 혹은 에스라 시대(BC 458)라고 해서 거기에 기록된 내용이 후대의 것이라고 하는 주장은 잘못이다. 구약 오경에 기록된 내용은 에덴동산부터 구전(口傳, oral tradition)으로 내려온 것으로 성령님의 감동으로 기록된 것이니 일점일획이라도 무오하며 정확하다.

오히려 길가메시(Gilgamesh, 바벨론의 홍수설화)나 에누마 엘리쉬(Enuma Elish, 메소포타미아 창조설화) 같은 이야기가 성경을 왜곡한 사탄의 작품들이다. 하나님을 대항하기 위해 바벨탑을 쌓는 인간들이 하나님의 말씀을 희석시키기 위해 혼돈케 하며 진리를 오도한다. 고대근동에서 발견된 문학작품들 가운데 성경의 이야기와 비슷한 내용들이 모두 그러하다. 성경에 나오는 것이 바른 자료이고 진리이며, 다른 고대근동 문헌들은 성경을 베끼거나 이방 종교의 관점에서 습작한 것이다. 성경의 원본을 찾는 데 약간의 도움을 줄 뿐이다.

노아 홍수 기사는 문자적으로 정확하다. 인간의 죄악이 관영하여 하나님께서는 홍수로 세상을 심판하신 것이다. 노아와 그 가족만은 의로우며 하나님께 인정을 받아 구원을 받는다. 방주에는 피조물들이 각 종류대로 들어갔으며 방주의 모형은 당시 우주를 축소한 것으로 삼층으로 되어 있고 치수도 가장 안정한 배 모양인 10:1.7:1=300:50:30규빗(132m:22m:13m)으로 영국 해군함정이 이런 비율로 군함을 제작하고 있으며, 배와 항공기도 이런 비율로 짓는다고 한다.

메소포타미아 수메르 남부의 도시 국가 우룩(Uruk)의 왕 길가메시 서사시(敍事詩: Epic of Gilgamesh)에 의하면[59] 인간들이 지상에서 큰 소리를 내며 떠드니까 신들이 낮잠을 자는 데 방해가 된다고 인간을 홍수로 쓸어버리겠다는 것이다. 이에 지혜의 신인 에아(Ea)가 우트나피쉬팀(Utnapishtim)에게 방주를 짓도록 하여 그를 살려 준다는 이야기는 노아 홍수 내용을 개작한 것이다.

"수메르 왕 명부"에 따르면 길가메시(수메르어 이름은 빌가메시 Bil-ga-

---

59) 19세기 발굴.

mèš, Bilgamesh)는 주전 28세기경 우루크를 126년 동안 지배한 왕이었다고 한다. 기록을 보면 이때 이미 길가메시의 일생이 신비스럽게 꾸며진 것을 알 수 있다. 길가메시의 일생에 관한 전설은 시로 만들어져 구전되었는데, 주전 21세기경 우르 왕이었던 슐기 때, 특히 길가메시에 대한 많은 시들이 지어진 듯하다. 그때까지 구전되던 시 몇 편이 이 무렵에 설형문자로 처음 기록되었을 가능성도 있다. 주전 18세기에 기록된 것으로 추정되는 길가메시(빌가메시)에 관한 시 다섯 편의 일부가 현재 전해지는데, 모두 슐기 왕 시대에 기록된 시의 사본일 가능성이 있다.

주전 18세기에 함무라비 왕의 고대 바빌로니아 왕국이 메소포타미아의 지배자로 등장하며, 아카드어를 사용하는 바빌로니아인들도 길가메시에 대한 전설을 기록하기 시작했다. 지금까지 알려진 주요 아카드어 판본 중 가장 오래된 것은 한 구절을 따서 "모든 다른 왕들을 능가하는 왕"(Surpassing all other kings)으로 불리는데 함무라비 왕의 재위 기간에 기록되었다. 현존하는 가장 완전한 형태의 판본은 니느웨에 있는 앗시리아 왕 아슈르바니팔(재위 BC 668-627)의 서고에서 발견된 12개의 점토판에 기록된 것이다. 그러나 이것도 완전히 전해지지 않아 학자들은 부분적으로 전해지는 여러 판본으로 전체 모습을 복원하고 있다.

우루크의 지배자 길가메시는 지상에서 가장 강력한 왕으로 3분의 2는 신, 3분의 1은 인간인 초인(超人)이다. 그러나 백성들이 그의 압제에 불만을 터뜨리자 천신(天神) 아누(Anu; 수메르어로는 안)와 모신(母神) 아루루(Aruru)는 길가메시의 힘을 낮추기 위해 엔키두라는 힘센 야만인을 만든다. 길가메시와 엔키두가 싸우고 예상 외로 길가메시가 이기자 둘은 친구가 된다. 둘은 삼나무 숲의 괴물 파수꾼 훔바바를 정벌하는 모험을 떠나 그를 죽이고 우루크로 돌아온다.

길가메시가 여신 이슈타르(Ishtar; 수메르어로는 이나나 Innan)의 유혹을 뿌리치자 이슈타르는 아버지인 아누(Anu)에게 길가메시를 징벌하기 위해 하늘의 황소를 내릴 것을 요청한다. 길가메시와 엔키두(Enkidu)는 하늘의 황소를 죽인다. 엔키두가 훔바바와 하늘의 황소를 죽인데 분노한 신들이 엔키두를 죽인다. 친구의 죽음으로 충격을 받은 길가메시는 영생의 비밀을 듣기 위해 죽지 않는 유일한 인간인 우트나피시팀과 그의 아내를 찾아 나선다. 고생 끝에 우트나피시팀을 만나 대홍수에 대해 전해 듣고 영원히 살 수 있는 기회를 두 번 얻지만 모두 실패하고 우루크에 돌아온다.

> 올라와서 그 산을 향하여 보아라[…]!
> 나는 나의 신성한 잠을 빼앗겼다.
> 나의 친구, 나는 오, 나는 얼마나 불편하고 얼마나…,
> 방해하는 꿈을 보았다!
> 나는 그 대초원지대의 거친 황소를 붙잡았다.
> 그가 그 땅을 발로 차올렸기 때문에 그 먼지는 하늘을 뿌옇게 했다.
> 나는 그 앞에서 물러났다. 그는 나의 옆구리를 강하게 덮칠 것이다.
> 그는…[…]…찢어버렸다.
> 그는 음식을 주었다…그는 음료를 주었고,
> 그는 나에게 그의 젖은 피부로부터 마시게 해주었다.
> (그 꿈의 묘사는 마치고 엔키두로 추측되는 그밖의 누군가는 이제 그것을 설명한다.)
> 그 신, 나의 친구에게 우리는 갔고, 이런 형태가 이상하다 해도

거친 황소가 아닐까.
바로 보이는 그 거친 황소는 찬란한 Shmash이고,
비탄 속에서도 그는 그의 두 손을 잡을 것이다.
그의 젖은 피부로부터 그대에게 마시기 위해 주었던 그 사람,
그는 그대에게 명예를 주려는 너의 신이다.
우리는 그러므로, Lugallbanda, 그에게 합하여야 하고,
우리는 죽음을 통해 불명예스럽게 되지 않도록 해야 할지도 모른다.

–길가메시 발췌

길가메시 서사시의 일부가 기록되어 있는 점토판. 대홍수와 방주의 건조에 관한 내용이 들어있다. 주전 650년경의 것으로 확인된 앗시리아의 점토판이 니느웨에서 발견되어 현재 영국 런던의 영국박물관에 전시되어 있다. 성경에서 하나님께서 죄악으로 가득 찬 세상과 인간들을 벌하기 위해 홍수를 일으킨다. 길가메시 서사시에 포함된 우트나피시팀의 이야기에서 신은 그 수가 너무 많아지고 소란스러워진 인간들을 벌하려 한다. 이 두 이야기는 많은 유사성을 보인다. 신(들)은 홍수를 일으켜 세상의 모든 남자들, 여자들, 아기들, 동물들을 멸망시키려 한다.

신(들)은 정직한 인물 한 명을 선택한다. 신(들)은 그 인물에게 여러 층으로 된 나무 방주를 만들도록 명한다. 방주는 역청으로 틈이 봉해지고 많은 선실이 있었다. 그 인물은 방주를 만들고 다른 몇 명의 사람들과 각 종류의 동물들로 방주를 채운다.

거대한 홍수가 범람한다. 최초의 산들은 물에 잠긴다. 그 인물은 주기적으로 새를 보내 근처에 육지가 있는지 살핀다. 처음 보낸 두 마리의 새는 방주로 돌아오고 세 번째 새는 육지를 찾았는지 방주

로 돌아오지 않는다. 성경을 보면 처음 보낸 까마귀는 돌아오지 않았는데, 그가 먹을 시체가 물위에 널렸기 때문이었다. 중간에 날려 보낸 비둘기만 돌아오고 마지막에 보낸 비둘기는 육지를 찾아서 돌아오지 않는다.

노아와 그의 가족은 방주에서 나와 동물 한 마리를 잡아 희생양으로 하나님께 태워 바친다. 신(들)은 희생양을 구울 때 나는 냄새를 맡는다. 그 인물은 축복을 받는다. 신(들)은 홍수에 대해서 유감을 표시한다.[60)]

■ 창세기 6:1–2 하나님의 아들, 사람의 딸, 그리고 네피림

창세기 6:1-2 "[1]사람이 땅 위에 번성하기 시작할 때에 그들에게서 딸들이 나니 And it came to pass, when men began to multiply on the face of the earth, and daughters were born unto them, [2]하나님의 아들들이 사람의 딸들의 아름다움을 보고 자기들의 좋아하는 모든 자로 아내를 삼는지라 That the sons of God saw the daughters of men that they were fair; and they took them wives of all which they chose."

'사람의 딸들'은 여자들을 말한다. 문제는 하나님의 아들들이 누구인가이다. 여기에 대해 성경학자들은 여러 가지 견해를 말하고 있다.

---

60) 《위키백과사전(Wilipedia)》.

1. '하나님의 아들'이란?

1) 셋의 후손인 믿음의 가정의 아들들을 말한다. 그리고 사람의 딸이란 하나님을 떠난 타락한 가정의 딸들이라는 뜻이다. 셋의 아들인 에노스 때에 비로소 여호와의 이름을 부르기 시작하였다(창 4:26). 아담이 130세에 셋째인 셋을 낳았다. 셋은 아벨 대신 낳은 아들로 축복의 계열, 즉 하나님의 사람들로 부르신 것이다. 셋은 히브리어 '솨트'(지명됨, 지정됨)의 뜻이 있다. 셋은 아들을 낳고 그 이름을 에노스라 불렀으며, 에노스는 '병든 사람, 죽어갈 사람'이란 뜻이 있다.

'하나님의 아들들'은 하나님의 은혜와 축복을 얻은 자들의 후손들이다. 가인과 그 후예들은 저주받았으며 아벨과 셋, 그 후손들은 축복을 받았다. 소돔과 고모라의 심판에서 보듯 하나님의 심판 기준은 저주받는 자들이 얼마나 악한 일을 많이 하는가에 있는 것이 아니고, 은혜 받은 자들이 얼마나 악과 타협하고 불의를 행하는가에 달려 있다. 노아 당시 하나님의 사람들, 즉 셋의 후예들은 하나님의 법도를 떠나 아름다운 여인들(가인의 후예)을 취하여 여러 아내를 두었다. 그들은 창세기 2:24의 하나님의 가정의 법도(일부일처)를 버렸다.

가인의 후손들에는 남자들은 성주, 연주자, 대장장이(무기 만듦), 보복살인자가 있었고, 여자들은 치장하는 미모와 향락이 있었다. 가인은 인류 역사의 최초의 살인자이며, 그는 에덴 동편 좋은 땅에 인류의 첫 성을 쌓았던 자이다. 3대 에녹은 성주가 되었으며, 7대 라멕은 '한 남편과 한 아내'의 아름다움과 거룩함을 거역하고 두 아내를 두었던 자이다. 첫 아내 아다(아름다움, 치장함)의 첫아들 야발은 장막에 거하며 육축하는 자의 조상이 되었고, 둘째 아들 유발은 악기를 연주하는 자들의 조상이 되었다. 둘째 아내 씰라(그림자, 보호)는 두발가인

(대장장이 두발)과 그의 누이인 나아마(즐거움)를 낳았으며, 두발가인은 동철로 날카로운 기계를 만드는 자였다.

이들은 셋의 후손들과는 전혀 다르게 무사들의 강건함과 미모가 있었다. 그리고 라멕은 복수와 저주의 칼을 항상 갈고 있었던 자이다. 그러므로 하나님의 아들들은 셋의 후손들을 말해 주며, 사람의 딸들은 가인의 후손들로 그들의 아름다운 미모를 보고 저들을 아내로 취했다. 저들이 혼합하여 낳은 자녀들 중에 '네피림'이라는 거인들이 나타나게 되었다는 것이다.

2) '하나님의 아들들'을 지구 외의 다른 행성에 존재하는 피조물로 보는 견해가 있다. '하나님의 아들들'(욥 38:4-7)과 '하늘에 기록한 장자들의 총회'(히 12:23)가 지구 형성 이전의 피조물로 우주에 살고 있는 존재라고 주장한다. 우주 생명체가 UFO라도 타고 와서 아름다운 여자들을 취해 아내를 삼았으며 자녀들을 낳았다는 것이다. 이는 성경에 기록된 사실(fact)을 소설(fiction)로 만들어 버리는 것이기에 잘못된 해석이다.

3) '하나님의 아들들'을 홍수 이전에 인간 집단 사회의 지도자들, 즉 왕들이라고 보는 견해가 있다. 이 주장은 성경적 근거가 없다. 성경은 사무엘상 8장에 가서야 이스라엘이 왕을 세워달라고 사무엘에게 간구했고, 하나님께서 "백성이 네게 한 말을 다 들으라 그들이 너를 버림이 아니요 나(하나님)를 버려 자기들의 왕이 되지 못하게 함이니라"(7절)라고 응답하셨다고 기록하고 있다. 하나님은 모든 인간들의 왕이심에도 불구하고 하나님을 버리고 자기들의 왕을 세웠던 것이 성경의 기록이요 인간 타락의 역사이다.

4) 하나님의 아들들(Sons of God, bənê hā'ĕlōhîm)이란 우가릿 문서에 나오는 브네 엘(bn 'il)로 바알 신전의 남창(male prostitute)과 같고, 사람의 딸들은 여창(female prostitute)이라고 한다.[61] 노아 시대에는 바알 종교가 없었다.

5) 하나님의 아들이란 천사의 계층 구조에서 나오는 베네 엘로힘(Bene elohim)으로 카발라에 나온다. 그러나 천사는 자녀를 생산할 수 없다. "하나님의 아들들"(욥 1:6, 2:1, 38:7)을 KJV과 RSV에서는 "the sons of God", NIV에서는 "the angels", 또 다른 번역에서는 "heavenly being"라고 번역했다. 물론 성경에서 "하나님의 아들들"이 꼭 인간이어야만 한다고 말하고 있지는 않다. 곧 하나님의 아들들을 하나님의 피조물로 볼 때 천사도 포함될 수 있다. 그러나 창세기 6장에 나타나는 "하나님의 아들들"을 천사로 간주해 버린다면 하나님의 창조질서를 부인하게 되며, 더 나아가서 하나님의 전지전능하심을 불신하는 결과를 가져오게 된다. 천사들이 창조질서를 거역하고 그런 짓을 했으니 심판을 받아야 할 자들은 타락한 천사들이었지 인간들은 아니었다는 것이다. 범죄자를 놓아주고 선량한 자들을 전멸했던 하나님이라면 어찌 공의의 하나님이시겠는가?

> **욥기 8:7** "어찌 하나님이 심판을 굽게 하시겠으며 전능하신 이가 어찌 공의를 굽게 하시겠는가?"

하나님께서는 타락한 천사들을 심판의 날까지 가두어두고 계신다.

---

61) C. Westermann, *Genesis,* BKAT 1/3. Neukirchen-Vluyn: Neukirchener Verlag, 1982, p.42.

유다서 1:6-7 “또 자기들의 처음 지위를 지키지 아니하고 자신들의 처소를 떠난 천사들을 주께서 영원한 사슬로 묶어 큰 날의 심판 때까지 흑암 속에 가두어 두셨느니라 소돔과 고모라와 또 그 같은 방식을 따르는 그 주위의 성읍들까지도 자신들을 음행에 내어주어 다른 육체를 따라가다가 영원한 불의 형벌을 받음으로 한 본보기가 되었느니라.”

베드로후서 2:4 “하나님께서 죄를 지은 천사들조차 아끼지 않으시고 지옥에 던져서 흑암의 사슬에 내어 주어 심판 때까지 가두어 두셨으며”

2. 네피림(Nephilim)

창세기 6:4 “당시에 땅에 네피림이 있었고 그 후에도 하나님의 아들들이 사람의 딸들을 취하여 자식을 낳았으니 그들이 용사라 고대에 유명한 사람이었더라 There were giants in the earth in those days; and also after that, when the sons of God came in unto the daughters of men, and they bare children to them, the same became mighty men which were of old, men of renown.”

1) 네피림(Nephilim)

네피림은 하나님의 아들들이 사람의 딸들과 관계하여 낳은 자녀들을 말하며, 뜻은 히브리어 ‘나팔’(Naphal)로 ‘떨어지다’에서 온 말이다. ‘타락한 자’라는 뜻이며 네피림은 거인(Giants)을 말한다. 땅 위에 사람이 불어나면서부터 그들의 딸들이 태어났다. 하나님의 아들들이 그 사람의 딸들을 보고 마음에 드는 대로 아리따운 여자를 골라 아내로 삼았다. 그래서 여호와께서는 "사람은 동물에 지나지 않으니 나의 입김이 사람들에게 언제까지나 머물러 있을 수는 없다. 사람은 백이십 년밖에 살지 못하리라" 하셨다. 그때 그리고 그 뒤에도 세상에는 네피림이라는 거인족이 있었는데, 그들은 하나님의 아들들과 사람의 딸들 사이에서 태어난 자들로서 옛날부터 이름난 장사들이었다(창 6:3-4). 이들의 죄악이 세상을 채웠다.

중세 유대인의 랍비 아브라함 이븐 에즈라(Abraham Ibn Ezra)는 '그들을 본 사람들의 심장이 떨릴 지경으로 되기에 이렇게 불린다'고 주장한다. 호전적인 성향을 나타내는 것이라고 주장하는 이들도 있다. 사무엘 데이빗 루자토(Samuel David Luzzatto)는 히브리어인 **פלא** Pela(영어로는 wondrous)에서 비롯되었다고 주장한다. 아랍 문화에서 네필라(Nephila)라는 단어는 특히 오리온 별자리를 뜻하며, 네피림(Nephilim)은 오리온의(절반이) 성스러운 후손을 의미한다. 거인들(giants)은 희귀한 종족이다. 정상적인 인간들 사이에서 태어나는 사람들이 아니다. 타락한 거인들은 홍수 이후에도 나타나는데 엠인, 수스인, 르파인, 아낙인이라고 불렸고, 이스라엘의 예루살렘 주위를 근거지로 삼았다. 성경에는 그들의 존재를 다음 구절들에서 언급한다.

2) 르바임(giants)

신명기 3:11 "바산 왕 옥은 거인족 가운데서 남은 마지막 사람이었다. 쇠로 만든 그의 침대는 지금도 암몬 백성이 사는 랍바에 있는데, 보통 자로 재어 그 길이가 아홉 규빗, 너비가 네 규빗이 된다. For only Og king of 신 3:11 Bashan remained of the remnant of giants; behold, his bedstead was a bedstead of iron; is it not in Rabbath of the children of Ammon? nine cubits was the length thereof, and four cubits the breadth of it, after the cubit of a man."

거인이라는 뜻이며 요르단 강 동편 르바임 골짜기에 거주했던 족속의 이름이다. 신명기에 의하면 이들은 암몬 족속에 의해서 쫓겨나 바산 왕을 마지막으로 멸종당했다. '르바' 족속, '에밈', '잠줌밈'이라고도 불렀다. 모세의 지도 아래 이집트를 탈출한 이스라엘 백성이 가나안 땅을 공격할 당시에 얼마간의 르바임족이 남아 있어서 이스라엘에 대항하였고, 그들의 왕인 옥(Og)은 거대한 신장의 소유자였다.

3) 아낙 자손(the sons of Anak)

아낙(Anak) 족속의 후손을 말한다. 가나안의 남쪽지역, 헤브론과 이웃하는 곳에 거주하였다. 아브라함(Abraham) 시대에는 요르단 강 동쪽 에돔(Edom)과 모압(Moab)에서 살았다. 출애굽한 이스라엘 백성이 가나안 땅을 탐지하기 위해 보낸 정탐꾼의 보고에서 언급되었다. 여호수아(Joshua)서에는 여호수아가 그들을 격퇴하였으며, 일부가 가자(Gaza), 갓(Gath), 아스돗(Ashdod) 등지에서 피난을 살았다고 쓰여 있다. 팔레스타인(Philistine)의 골리앗(Goliath, 다윗과 싸워 패배한 팔레스타인의 거인 장수)이 아낙족의 후손으로 보인다.

가나안 땅을 정탐하고 돌아오는 데 사십 일이 걸렸다. 그들은 바란 광야 가데스에 있는 모세와 아론과 이스라엘 백성의 온 회중에게로 돌아왔다. 그들은 모세와 아론과 온 회중 앞에 그 땅의 과일을 보여주며 보고하였다. 그들은 모세에게 다음과 같이 보고하였다.

"당신께서 우리를 보내신 땅에 가보았더니, 과연 젖과 꿀이 흐르는 곳이었습니다. 이것이 그 지방의 과일입니다. 거기에 사는 사람들은 키가 장대 같습니다. 그리고 성곽 도시들은 정말 굉장합니다. 더구나 우리는 거기에서 아낙의 후손도 보았습니다. 네겝 지방에는 아말렉 사람들이 살고 있고, 헷족속과 여부스족과 아모리족은 산악지대에 살고 있습니다. 가나안 사람들은 바닷가와 요르단 강을 끼고 살고 있습니다."

갈렙이 모세 앞으로 술렁대며 모여드는 백성을 진정시키면서 외쳤다.

"올라갑시다. 올라가서 점령합시다. 점령할 수 있습니다."

그러나 그와 함께 갔다 온 사람들은, 그들이 자기들보다 훨씬 더 강하기 때문에 도저히 올라가지 못한다고 하면서 자기들이 가서 정탐한 고장은 사람이 살지 못할 곳이라는 소문을 이스라엘 백성들에게 퍼뜨렸다.

"우리가 정탐하고 온 땅에 들어가 살려다가는 도리어 잡혀 먹힐 것이다. 거기에는 키가 장대 같은 사람들이 있더라. 우리가 만난 거인들 가운데는 아낙 자손들 말고도 다른 거인족[62]이 또 있더라. 우리는 스스로 보기에도 메뚜기 같았지만 그 사람들 보기에도 그랬을 것이다"(민 13:25-33).

민수기 13:33 "또 우리가 거기서 거인들을 보았는데, 거인들에게서 태어난 아낙 자손들이라. 우리들의 눈에도 우리가 메뚜기들 같았으

62) 개역 성경에서는 이 거인들을 '네피림'이라 번역하고 있다.

며 그들의 눈에도 우리가 그와 같았을 것이라 하더라."

신명기 3:11 "거인들 중에 남은 자로는 바산 왕 옥만 남았으니, 보라, 그의 침상은 철로 만든 침상이라. 그것이 암몬 자손의 랍밧에 있지 않느냐? 그것은 사람의 큐빗으로 재면 그 길이가 아홉 큐빗이고 그 너비는 네 큐빗이라."

여호수아 17:15 "여호수아가 그들에게 대답하기를 '네가 큰 백성이 되었고 에프라임 산지가 너에게 너무 좁다면 너는 산림 지역으로 올라가서 프리스인과 거인들의 땅에서 스스로 개간하라' 하더라."

사무엘하 21:16-18 "[16]거인의 아들들 중에 무게가 놋 삼백 세켈이나 되는 창을 가졌고, 또 새 칼을 찬 이스비브놉이 다윗을 죽이려고 하자 [17]스루야의 아들 아비새가 다윗을 도와 그 필리스티아인을 쳐서 죽이니라. 그러자 다윗의 사람들이 그에게 맹세하여 말하기를 '왕께서는 다시는 우리와 함께 싸우러 나오지 마소서, 이스라엘의 빛을 끄지 않도록 하소서' 하더라. [18]그 후 곱에서 필리스티아인들과 다시 전쟁이 있었는데, 후사인 십브캐가 삽을 죽였으니, 그는 거인의 아들들에 속한 자더라."

역대상 20:4-8 "[4]이 일 후에 게셀에서 필리스티아인들과 전쟁이 있었는데 그때에 후사인 십브캐가 거인의 자손 중에서 십패를 죽이니 그들이 항복하였더라. [5]필리스티아인들과 다시 전쟁이 있었고 야일의 아들 엘하난이 가드인 골리앗의 형제 라흐미를 죽였는데, 그의 창 자루는 베틀채 같았더라. [6]또 가드에서 다시 전쟁이 있었을 때에 거기 키가 큰 사람이 있었는데, 그의 손가락과 발가락은 스물 네 개로 손에는 손가락이 여섯 개씩이고, 발에는 발가락이 여섯 개씩이더라. 그도 거인의 아들이더라. [7]그가 이스라엘을 능욕하자 다윗의 형제 시므아의 아들 요나단이 그를 죽이니라. [8]이들은 가드에 있는 거인에게서 태어났는데 이들이 다윗의 손과 그의 신하들의 손에 멸망하니라."

하나님은 이스라엘로 하여금 이들을 멸절시키도록 명령하신다. 이스라엘 사람들은 이 명령을 온전히 수행하지 못했다.

성경에서 하나님의 아들들은 천사로 묘사되어 있다.

욥기 1:6 "하루는 하나님의 아들들이 와서 주 앞에 섰고 사탄도 그들 가운데 왔더라."

욥기 38:7 "언제 언제 새벽별들이 함께 노래했으며 하나님의 아들들이 모두 기뻐서 소리쳤느냐?"

하나님의 아들들은 사탄과 함께 언급되며 창조에 관련된 구절에 함께 나온다. 아울러 시편에서는 그들을 용사들, 신들로 묘사한다.

시편 82:1 "하나님께서는 용사들의 회중 가운데 서 계시며 그는 신들 가운데서 판단하시는도다."

시편 82:6-7 "[6]내가 말하기를 '너희는 신들이며 너희 모두는 지극히 높으신 분의 자손들이라. [7]그러나 너희가 사람들처럼 죽게 될 것이며 통치자들 중의 하나같이 쓰러지리라' 하였도다."

위의 시편 말씀에서 지극히 높으신 분의 자손들이 신들이라고 되어 있다. 그런데 그 신들이 '죽으며 쓰러진다'고 하였다. 시편 82편의 내용은 창세기 6장 이후 노아의 홍수와 관련이 있는 내용이다. 만약 하나님의 아들들이 베드로후서 2장과 유다서 6-7절의 타락한 천사들이라고 한다면, 그들은 남성(여자 천사는 없다)이며 여자들과 관계하여 생식이 가능하다. 천사들이 생식할 수 없다는 내용은 성경 어디에도 나오지 않는다.

■ 창세기 6:14-22 노아가 120년간 방주를 만들었는가?

창세기 6:22 "Thus did Noah; according to all that God commanded him, so did he. 노아가 그대로 행하니라. 하나님께서 명령하신 대로 그는 행했다."

성경 어느 곳에도 120년간 배를 지었다는 말은 없다.

창세기 6:3 "여호와께서 가라사대 나의 영(my spirit)이 영원히 사람(man)과 함께하지 아니하리니 이는 그들이 육체(flesh)가 됨이라 그러나 그의 날들(his days)은 일백 이십 년이 되리라 하시니라."

인간이 타락하니 하나님의 영이 120년 동안만 사람과 함께하시겠다는 말씀이다. 그런데 많은 한국 성도들은 노아가 120년 동안 방주를 지었다고 알고 있다. 여기에 대해 아동, 학생, 청년들, 초신자들이 성경 구절을 말해달라고 하면 당황할 수밖에 없다. 성경 어느 구절에도 나오지 않는 내용이다.

또한 노아 할아버지가 배를 산꼭대기에서 만든 기록이 없는데 한국 어린이 복음송가에서 잘못 부르고 있다 "노아 할아버지 배를 만든다…높은 산꼭대기 위에서 배를 만든다"라고 부른다. 창세기

6:14 이하를 보면 어느 장소에서 방주를 지었는가를 언급하지 않는다. 홍수가 끝난 후 방주가 높은 산 아라랏에 머물렀다고 나온다. 그곳에서 하나님께 예배를 드렸다. 이때 제단을 쌓은 것이 고인돌(Dolmen)의 기원이라고 추정된다. 고인돌은 지석묘가 아니라 하늘의 제단(heavenly altar)임을 UNESCO가 인정한다(우리나라에 가장 많은 고인돌이 남아 있다. 73,000기 중 45,000기가 한반도에 있다. 이중 20,000개가 전라남도에 있다).

배(ship, boat)를 만들지 않았고 방주(Ark)를 만들었다. 방주는 돛대도 삿대도 방향을 잡는 키도 없다. 상자처럼 생겼다. 하나님께서 가게 하셨고, 서게 하셨으며, 방향을 잡게 하신 것이다. 아라랏산에 정박한 것도 하나님께서 하신 것이다. 오늘날 교회도 방주형으로 운영해야 되지 않을까?

노아의 사적은 500세부터 시작되었고, 그해부터 연년생인 세 아들을 낳았다. 그리고 홍수는 601세에 시작되었으니 아무리 많은 세월을 잡는다고 해도 100년 이내에 방주를 만들었다. 아들들이 어느 정도 성장해서 도왔을 것이다. 참고로 노아의 할아버지 므두셀라(뜻 "대홍수", 에녹의 아들)는 노아의 방주가 완성될 때까지 기도로 동참하다가 방주가 완성되던 해(노아 나이 600세)에 별세하였다. 인류 가운데 최고 오래 산 인물이 되었다(969세).

일반적으로 많은 주석과 창세기 강해집에서는 노아가 방주를 지은 기간이 120년이라고 주장한다. 그래서 목사들도 "노아가 120년 동안 방주를 지었다"라고 쉽게 말하곤 한다. 그러면 일반적으로 방주를 짓는 기간이 120년이란 근거는 어디에서 나왔을까?

그것은 창세기 6:3에 나오는 120년을 근거로 하여 아마도 '노아가 방주를 지은 기간이 120년이겠구나'라고 생각한 것이다. 120이란 숫자에 혹한 듯하다. 그러나 창세기 6:3의 120년은 노아가 방주를 지은 기간을 가리키는 것이 아니다.

그렇다면 창세기 6:3의 120년이란 기간은 무엇을 의미하는 것일까? 하나님께서 "그들의 날은 백이십 년이 되리라" 하셨을 때에는 심오한 뜻이 있음에는 분명하다. 그렇다면 한 번쯤 심도 있게 생각해 보고 의구심을 풀고 넘어가는 것이 바람직한 일이라 하겠다. 이것에 대한 주석가들의 견해에는 두 가지가 있다.[63]

1) 수명 단축으로 보는 견해

죄로 말미암아 앞으로 인간이 살 수 있는 최대한의 나이(수명)를 120년으로 단축하셨다는 것으로 해석하는 견해이다. 이러한 견해를 제시하는 사람들은 다음과 같다.

(1) 일부 주석가들(예: Keil, Konig, Kidner)은 120년이 홍수 이전의 은혜의 시기를 나타낸다고 제안해 왔다. 그래서 그들은 120년을 점진적으로 이행될 최대 수명으로 생각했을 것이다(참조, 창 3:16-19의 에덴의 저주들이 서서히 이행되고 있는 것). 홍수 이후의 시기에 기록된 나이들은 점차 줄어들고 있으며(11장), 보다 후기 사람들은 거의 120년을 초과하지 않는다.[64]

---

63) http://cafe.daum.net/cgsbong.
64) Gordon J. Wenham, 《창세기(상)》, WBC 주석 시리즈 1, 박영호 옮김(도서출판 솔로몬, 2001),

⑵ 셋의 후손이 다 가인의 후손의 길로 감으로 그 벌로 모든 인류의 수명을 일백이십 년으로 단축하셨다. 홍수 후에도 사람들이 이백여 년을 살았어도 그들의 사는 날들은 이제 이후로는 일백이십 년으로 줄어들게 되었다. '사람의 날들'이라고 한 것은 모든 인류가 한 사람의 경우처럼 수명이 급격하게 줄어들 것을 말한다.[65)]

⑶ 사람의 수한을 120년으로 하셨다.[66)]

⑷ 120년을 수명과 관련짓는 해석을 선호한다.[67)]

⑸ '120년'이란 단어는…정당한 해석은 노아의 홍수 후에 인간의 수명으로 보는 것이 옳은 것 같은데, 그 증거는 홍수 후에 인간의 수명이 점점 단축되어 120년을 넘지 못하고 있는 것이다.[68)]

2) 회개를 기다리는 심판 유예 기간으로 보는 견해

⑴ 이것은, 그때 사람의 수명이 120년으로 한정된다는 의미가 아니고, 120년이 지난 후에는 홍수 심판이 있으리라는 의미이다…120년 동안이나 회개할 기회를 주셨으되 그들이 순종치 않았으니….[69)]

⑵ '날들'은 120년을 말한다. 즉 한 인간의 수명의 기간을 말하는 것이 아니라, 인류에게 심판을 120년간 유보해 주셨다는 의미이다.[70)]

⑶ 그때부터 120년 후에는 하나님이 심판하신다는 뜻이다…하나님께서 사람들에게 회개하도록 은혜 베푸시는 기간에 회개하지 않

P.295.

65) 서철원, 《창세기 주석 1》, 서울: 도서출판 그리심, 2001, PP.258-259.

66) 방지일, 《창세기 주석》, 서울: 동진문화사, 1989, P.70.

67) John H. Walton, 《NIV 창세기 강해》, 서울: 성서유니온선교회, 2007, P.433.

68) 원용국, 《창세기 주석》, 서울: 도서출판 세신문화, 1990, P.152.

69) 박윤선, 《창세기》, 성경 주석 시리즈 1, 서울: 영음사, 1991, PP.132-133.

70) 제자원 기획 편집, 《창세기》, 옥스퍼드 원어성경 대전1, 서울: 제자원, 2002, P.391.

으면 하나님의 심판을 받아 멸망할 수밖에 없다.[71)]

⑷ 하나님은 은혜의 마지막 기간을 인류의 회개를 위해 정하셨다…죄악을 보응하시기 전 하나님은 적지 않은 120년이라는 기간을 인류의 회개 기회로 제공해 주셨다…따라서 '날들'이 하나님께서 장래의 인간 수명은 120년을 넘지 못하리라 작정하신 것을 뜻하지 않는다.[72)]

⑸ 그리고 그들의 연한은 120년으로 한정되었다. 이것은 120년이 지난 후 홍수 심판이 있을 것이라는 예언적 경고로서 타락한 인간들에게 주어진 심판의 유보 기간은 동시에 회개할 수 있는 마지막 은혜의 기간으로 보인다.[73)]

⑹ 당시 모든 사람들의 수명이 일백이십 년으로 한정된다는 뜻이 아니라, 그 기간이 지난 후 대홍수 심판이 있을 것이라는 예언적 경고이다. 따라서 이 기한은 당시의 타락한 인간들에게 주어진 심판의 유보 기간이자 동시에 그들이 회개할 수 있는 마지막 은혜의 기간이었던 것이다(벧후 3:9).[74)]

⑺ 루터(칼빈, Scofield Bible)는 120년이 홍수를 보내기 전에 하나님에 의해서 인간에게 허용된 기간을 의미하는 것으로 이해하였다. "내가 아직 120년의 유예 기간을 그들에게 주기를 원하노라"(Luther Bible).[75)]

⑻ 그러나 120년간의 유예기간을 두시고 이런 인간들에게 돌이켜

---

71) 이병규, 《창세기 성경강해 주석》, 서울: 염광출판사, 1999, PP.86-87.
72) H. C. Leupold, 《창세기(상)》, 반즈 노트/신구약성경주석, 최종태 역, 서울: 크리스챤서적, 1990, P.222.
73) 김의원, 《하늘과 땅 그리고 족장들의 톨레돗》, 서울: 총신대학교 출판부, 2004, P.164.
74) 강병도 편(編), 《창세기》, 호크마 종합주석 1, 서울: 기독지혜사, 1989, P.212.
75) John H. Sailhamer, 《'서술'로서의 모세오경(상)》, 김동진·정충하 공역, 크리스챤서적, 2005, P.234.

하나님께 돌아올 것을 권고하셨다.[76)]

창세기 6:3의 120년에 대한 이상의 두 가지 견해는 나름대로 타당성이 있고 모두 각자의 신앙을 따라 해석하였으므로, 둘 중 어느 것이 맞다, 틀리다 말할 수는 없다. 그러나 명백한 것은 이 120년이 결코 노아가 방주를 짓는 기간을 의미하는 것은 아니라는 사실이다.

신학자 월튼(John H. Walton)도 120년의 기간을 홍수 이전의 은혜의 기간으로 보면서 노아가 방주를 짓는 데 120년이 걸렸다고 해석하는 일부 사람들의 결론은 불필요한 것이라고 말하였다. 그는 NIV 주석 창세기에서 "설령 120년이 홍수 때까지 남은 시간을 의미한다 할지라도, 이 모든 기간을 노아가 방주를 만드는 데 쏟았다는 암시가 본문 어디에도 없다"라고 말하였다.

창세기 6:3에서 '120년'이라고 한 것은, 당시 사람들이 육체주의가 된 타락상을 경고하면서 타락한 세상을 쓸어버리겠다고 심판의 경고를 하신 것이지(6:7), 그때에 방주 계시를 곧바로 주신 것은 아니다. 그 경고 후 세월이 흘러, 창세기 6:10에서 노아는 세 아들을 낳았고, 또 세월이 흐른 후에 세 며느리를 맞았을 것이다. 그 이후 "너를 위하여 방주를 지으라"(창 6:14)고 하시면서 자세하게 그 식양과 설계를 알려주셨다(창 6:15-16). 그 다음 '내가 홍수를 땅에' 내린다고 선고하셨다(창 6:17). 홍수가 나기 120년 전에는 노아가 480세였는데, 그때에는 노아가 장자 셈을 낳기 22년 전이다.

---

76) 박찬수, 《한눈에 들어오는 성경》, 서울: 도서출판 죠에, 2007, P.22.

3) 그렇다면 방주 지은 날을 계산해 보자

⑴ 하나님께서 홍수로 심판하신 때는 노아가 600세 되던 때였다(창 7:6, 11).

⑵ 그리고 하나님께서 노아에게 방주의 계시를 주실 때는 이미 세 아들이 있었고(창 6:10), 그들이 장가를 간 후였다(창 6:18).

창세기 6:10에서 "그가 세 아들을 낳았으니 셈과 함과 야벳이라"고 말하고 있고, 그 후에 6:14에서 방주를 지으라고 계시를 주셨다. 방주 식양을 모두 말씀하시고, 홍수를 땅에 일으켜 무릇 생명의 기식이 있는 육체를 천하에서 멸절하겠다고 선언하셨다(창 6:17).

또 6:18에서는 "…너는 네 아들들과 네 아내와 네 자부들과 함께 그 방주로 들어가고"라고 말하고 있다. 이것은 방주의 계시가 나올 때 이미 세 아들이 장가를 간 후라는 것을 알려준다.

⑶ 그런데 노아가 세 아들을 낳은 것은 500세 된 후였다(창 5:32).

창세기 5:32을 "노아는 오백 살이 지나서 셈과 함과 야벳을 낳았다 And Noah was five hundred years old: and Noah begat Shem, Ham, and Japheth"라고 하였다. 창세기 11:10 말씀을 볼 때 정확히 노아 502세에 셋째 아들 셈이 태어났다. 그리고 이들이 자라서 결혼한 후에 노아에게 홍수 계시가 내려졌고(창 6:18, 7:13), 노아는 하나님이 주신 계시대로 방주를 짓기 시작했다(창 6:22).

⑷ 그러므로 실제로 방주를 지은 기간은, 노아가 셈을 낳은 502세를 기준으로 볼 때 98년이 못 되며(노아 600세-502세=98년), 노아의 세 아들이 결혼한 연수를 고려하면 훨씬 짧아지는 것을 알 수 있다.

만약 노아가 세 아들을 빠르게 연년생으로 낳았다 하더라도 노아 502세부터 3년이 더 걸렸을 것이다. 또 결혼하여 자부를 얻으려면 아들의 나이가 최소한 15세가 넘어야 한다. 이것을 고려할 때 방주를 지은 기간은 어림잡아 70-80년이 될 것이라 추정한다. 그러므로 방주를 지은 기간이 120년이라는 견해는 모두 성경과 맞지 않는다는 것을 알 수 있다.

지금까지 살펴본 바 분명한 사실은, 하나님께서 120년을 말씀하신 때와 노아가 방주를 지은 때와는 상당한 시간적 거리가 있다는 사실을 알게 되었다.

■ 창세기 10:21 형 야벳, 노아 아들들 순서: 야벳-함-셈

창세기 10장의 족보에 의하면 노아의 세 아들은 장자 야벳, 차자 함, 세 번째 아들 셈이었다. 노아가 홍수 후 농업을 시작하여 포도나무를 심었다. 지금도 아르메니아와 국경을 접하고 있는 조지아(Georgia, 그루지야, 수도: 트빌리시, 1991년 소련으로부터 독립)의 포도주는 세계 명품이다. 노아가 포도주를 마시고 취하여 장막 안에서 벌거벗고 자고 있을 때, 둘째 아들 함이 아비의 하체를 보고 나가 두 형제에게 말했다. 셈과 야벳은 뒷걸음쳐 들어가 아비의 하체를 덮고 나와 아비의 하체를 보지 아니했다(창 9:20-23).

노아가 술이 깨어 함을 향해 "가나안(함의 아들)은 저주를 받아 그 형제의 종들의 종이 되기를 원하노라"(창 9:25)고 하며 "셈의 하나님 여호와를 찬송하리로다 가나안은 셈의 종이 되고 하나님이 야벳을 창대케 하사 셈의 장막에 거하게 하시고…"(창 9:26-27)라고 하였다. 노아는 홍수 후 350년을 더 살다가 향년 950세에 별세하였다(창 9:28-29).

이후 셈은 영적인 장자가 되었다. 하나님을 예배하며 찬양하는 아들로 야벨의 축복을 받은 것이다. 훗날 셈의 후손 아브라함, 그리고 야곱의 네 번째 아들 유다('찬송'의 뜻)가 영적 장자가 되어 왕들이 배출되었다.

창세기 49:8-12 "[8]유다야 너는 네 형제의 찬송이 될지라. 네 손이
네 원수의 목을 잡을 것이요 네 아비의 아들들이 네 앞에 절하리로
다 [9]유다는 사자 새끼로다 내 아들아 너는 움킨 것을 찢고 올라갔
도다 그의 엎드리고 웅크림이 수사자 같고 암사자 같으니 누가 그
를 범할 수 있으랴 [10]홀이 유다를 떠나지 아니하며 치리자의 지팡
이가 그 발 사이에서 떠나지 아니하시기를 실로가 오시기까지 미치
리니 그에게 모든 백성이 복종하리로다 [11]그의 나귀를 포도나무에
매며 그 암나귀 새끼를 아름다운 포도나무에 맬 것이며 또 그 옷을
포도주에 빨며 그 복장을 포도즙에 빨리로다 [12]그 눈은 포도주로
인하여 붉겠고 그 이는 우유로 인하여 희리로다."

그래서 창세기 10:1에서 '셈, 함, 야벳'으로 부른다. 창세기 10:21에 의하면, "셈은…야벳이 형"이라 번역된 것은 개역성경 번역의 오류이다. 구약 원전 마소라 본문(Masoretic Text, MT)을 보면, "야벳은 셈의 형"이라고 나오며, King James Bible에도 바르게 번역되어 있다 "Shem also…the brother of Japheth the elder" 최근에 나온 NIV판에도 "Shem whose older brother was Japhet"으로 나온다. 창세기 10:2-5은 야벳의 족보, 10:6-20은 함의 족보, 10:21-31은 셈의 족보로 생물학적인 순서(장남 야벳, 차남 함, 삼남 셈)로 되어 있다.

그런데 야벳이 백인의 조상, 함이 흑인의 조상, 셈이 황인종의 조상이라는 해석은 미국 남부지방의 백인 신학자들이 흑인 노예를 합

리화하기 위해 만든 것으로 성경과는 무관하다. 성경에서는 피부색으로 사람을 차별하지 않는다. 아가서를 보면 술람미는 "검으나 아름다우니"(아 1:5)라고 했다. 모세는(십보라가 죽은 후) 구스 여인을 아내로 맞이했다(민 12:1).

인종주의는 고대 헬라 철인 아리스토텔레스에게서 찾아볼 수 있으며, 근대에는 J.A.C. 고비노가 세계 문명의 발전은 백색인종이 창조한 것이며, 열등인종과의 혼혈에 따르는 인종적 퇴폐로 문명은 몰락한다고 주장한 데서도 드러난다. 이런 사고방식은 체임벌린의 아리안 인종론과 함께 나치 세계관의 기초를 이루어 심각한 인종몰살 정책, 특히 유대인 말살정책을 가져오기도 한 바 있다. 남아프리카의 인종차별(Apartheid)도 대표적인 예에 속한다. 노아의 16명의 손자들은 고대의 지명과 민족들의 이름 속에 남아있다.[77] 역사적 기록은 노아의 홍수가 사실이었으며, 살아남은 자들의 존재를 증거하고 있다. 노아와 그의 가족이 방주로부터 나왔을 때, 그들은 지구상의 유일한 '사람들'이었다. 그 이후, 지구는 노아의 세 아들 야벳, 함, 셈과 그들의 부인들로부터 태어난 아이들에 의해서 채워졌다.

홍수 이후의 첫 번째 세대는 매우 오래 살아서 어떤 이들은 그들의 아들, 손자, 증손자보다도 오래 살았다. 이러한 사실이 그들을 뿔뿔이 흩어지게 하였다. 노아의 16명의 손자들은 각 씨족의 족장이 되었으며, 그들 지역에서 커다란 집단을 이루게 되었다. 그리고 다음

77) 창세기 10장에는, 노아의 16명의 손자들의 이름이 기록되어 있다. "The Sixteen Grandsons of Noah," Harold Hunt(Tennessee, Georgia and Mississippi 등에서 40년간 목회함). 바울서신 주석을 저술함.

과 같은 일들이 일어나게 되었다. ① 각 지역 사람들은 그들 조상의 이름으로 불리게 되었다. ② 그들이 거주하는 땅, 주요 도시, 강 등의 이름 또한 그들 조상들의 이름으로 불렀다. ③ 가끔씩 각 나라들은 그들의 조상을 숭배(worship)하기 시작하였다. 이러한 경우 일반적으로 조상의 이름 뒤에 그들 신의 이름을 부르거나, 장수한 조상을 그들의 신으로 추대하기도 하였다.

이러한 사실들에 근거해서, 노아 후손들의 이름은 잃어버릴 수 없는 방법으로 보존되어 왔으며, 인간의 모든 흔적들은 사라져 버릴 수가 없었던 것이다. 이제 우리가 그것을 검증해 볼 것이다.

1) 야벳(Japheth)의 일곱 아들

창세기 10:1-2 "[1]노아의 아들 셈과 함과 야벳의 후예는 이러하니라 홍수 후에 그들이 아들들을 낳았으니 [2]야벳의 아들은 고멜과 마곡과 마대와 야완과 두발과 메섹과 디라스요."

(1) 고멜(Gomer)

노아의 손자들 중에서 처음으로 언급된 사람은 고멜(Gomer)이었다. 에스겔서에는 도갈마(Togarmah, 고멜의 아들)와 함께 고멜의 초기 자손들이 북쪽 지역(극한 북방)에 살았다고 기록되어 있다(겔 38:6). 현재의 터키(Turkey) 지방이 신약시대에 갈라디아(Galatia)라 불리던 지방이다. 유대인 역사학자인 플라비우스 요세푸스의 기록에 의하면, 그가 살던 시대인 주후 93년경에는 갈라디아인(Galatians), 또는 골

(Gauls)은 이전에는 Gomerites라고 불렸었다.[78)]

그들은 현재 프랑스와 스페인이라 불리는 서쪽지방으로 이주하였다. 수세기 동안 프랑스는 고멜의 자손들 이후에 골(Gaul)이라고 불렸으며, 현재도 스페인의 북서쪽은 갈리시아(Galicia)라 불리고 있다. 고멜의 자손들(Gomerites) 중 몇몇은 현재 웨일즈(Wales)라 불리는 곳까지 더 멀리 이주하였다. 웨일즈의 역사학자인 데이비스의 기록에 의하면, 전통적인 웨일즈 사람들은 고멜의 자손들이 프랑스로부터 영국의 섬으로 와서 정착한 것이고, 그 시기는 대략 대홍수로부터 약 3백 년이 지난 후였다고 믿고 있다.[79)]

또한 그의 기록에 의하면, 웨일즈의 언어도 Gomeraeg(그들의 조상인 고멜의 이름에서 비롯된)라 불렸다고 한다. 그들 씨족의 다른 무리는 아르메니아(Armenia)에 속해 있는 땅에 정착하였다. 고멜의 아들들은 '아스그나스(Ashkenaz)와 리밧(Riphath)과 도갈마(Togarmah)'였다(창 10:3). 브리태니카 백과사전에 의하면, 아르메니아 사람들은 전통적으로 도갈마와 아스그나스의 자손들이라고 주장한다.[80)] 고대 아르메니아는 터키까지 그 지경이 닿아 있었다. 터키(Turkey)라는 지명도 도갈마로부터 파생되었을 것이다. 그들 중에 다른 이들은 독일로 이주하였다. 아스그나스(Ashkenaz)는 독일(Germany)의 히브리어 명칭이다.

---

78) Josephus, *Complete Works,* Kregal Publications, Grand Rapids, Michigan, Antiquities of the Jews, 1:6:1, i.e. book 1, chapter 6, section 1.

79) J. Davis, *History of the Welsh Baptists from the Year Sixty-three to the Year One Thousand Seven Hundred and Seventy*, D. M. Hogan, Pittsburgh, 1835, republished by The Baptist, Aberdeen, Mississippi, p.1, 1976.

80) *Encyclopedia Britannica*, 2:422, 1967.

(2) 마곡(Magog)

다음 손자는 마곡(Magog)이다. 에스겔서에 의하면, 마곡은 북쪽에 살았다(겔 38:15, 39:2). 요세푸스의 기록에 의하면, 그곳에 살던 사람들은 Magogites라고 불렸는데, 그리스 사람들은 그들을 스키타이인(Scythians)이라고 불렀다. 브리태니카 백과사전에 의하면, 지금의 루마니아(Romania)와 우크라이나(Ukraine)를 포함한 지역의 고대 이름도 스키타이(Scythia)였다.[81]

(3) 마대(Madai)

그 다음 손자는 마대(Madai)이다. 셈의 아들인 엘람(Elam)과 함께 마대는 현재 이란 사람들의 조상이다. 요세푸스는 마대의 자손들이 그리스 사람들에 의해서 메대(Medes)라 불렸었다고 말한다. 구약에서 메대가 언급될 때마다, 히브리어로는 마대[Madai(maday)]라고 쓰였다. 키로스[고레스, Cyrus, 페르시아(바사)제국 건설자] 시대 이후에, 메대는 (한 번의 예외를 제외하고는) 항상 페르시아인들과 함께 언급되었다. 그들은 하나의 법에 의해서 지배받는 하나의 왕국이었다. '메대와 바사의 규례'(단 6:8, 12, 15) 이후에 그들은 간단하게(메대를 생략하고) 페르시아(바사)인들(Persians)로 불렸다. 1935년 이후 그들은 그들의 나라를 이란(Iran)이라고 불렀다. 메대인들은 또한 '인도에도 정착'하였다.[82]

(4) 야완(Javan)

다음 손자 이름인 야완(Javan)은 그리스(Greece)의 히브리 단어이

---

81) *Encyclopedia Britannica,* 20:116, 1967.
82) A.C. Custance, *Noah's Three Sons,* Vol.1, The Doorway Papers, Zondervan, Michigan, 1975, p.92.

다. 그리스, 그리시아(Grecia) 또는 그리시안(Grecians)은 구약에 다섯 번 나타나며, 그때마다 항상 히브리어로 야완이라 쓰였다. 다니엘은 '그리시아의 왕'(단 8:21)이라는 단어를 인용했는데, 문자 그대로는 '야완의 왕'이었다. 야완의 아들들은 엘리사(Elishah)와 달시스(Tarshish)와 깃딤(Kittim)과 도다님(Dodanim)(창 10:4)이었는데, 모두 그리스 사람들과 관계가 있는 사람들이다. 고대 그리스인들의 명칭인 Elysians는 엘리사(Elishah)로부터 그들의 이름을 물려받았음이 분명하다.

달시스(Tarshish) 또는 다서스(Tarsus)는 실리시아(Cilicia, 현재의 터키) 근방에 위치했었다. 브리태니카 백과사전에 의하면, 깃딤(Kittim)은 키프로스(Cyprus, 성경의 구브로)의 성경적인 이름이다.[83] 그리스 사람들은 쥬피터 도다네우스(Jupiter Dodanaeus)라는 이름으로 쥬피터 신을 숭배했었는데, 이것은 아마도 야벳(Japheth)과 야완의 네 번째 아들인 도다님(Dodanim)에서 파생된 말인 것으로 보인다. 그의 신탁소(oracle)는 도데나(Dodena)에 있었다.

(5) 두발(Tubal)

다음은 두발(Tubal)이다. 에스겔은 그를 곡(Gog)과 메섹(Meshech)과 함께 언급하였다(겔 39:1). 약 주전 1100년경에 앗시리아의 왕이었던 디글랏 빌레셀(Tiglath-pileser) 1세는 다발리(Tabali)라 불렸던 두발의 자손이었다. 요세푸스는 그들의 이름을 도벨리트(Thobelites)라고 기록하였는데, 이는 후세에 이베리아인들(Iberes)로 알려졌다.[84]

"요세푸스 시대에 그들의 땅은 로만 이베리아(Romans Iberia)로 불렸으며, 현재에는(구소련연방인) 그루지아(Georgia) 지방에 속하는데, 지금

83) *Encyclopedia Britannica* 3:332, 1992.
84) Josephus, *Complete Works, Antiquities of the Jews*, 1:6:1.

도 그곳의 수도는 트빌리시(Tbilisi)로서 두발(Tubal)이라는 이름으로부터 파생되었다. 이곳으로부터 코카서스 산맥을 가로질러서 그 사람들은 정확하게 북동쪽으로 이주하였는데, 이때 그들 부족의 이름을 따서 강의 이름도 도볼(Tobol)이라 불렸고, 토볼스크(Tobolsk)라는 유명한 도시의 이름도 불리게 되었다."[85]

(6) 메섹(Meshech)

다음 손자의 이름인 메섹(Meshech)은 모스크바(Moscow)의 옛 이름이다. 모스크바는 러시아의 수도임과 동시에 그 도시를 둘러싼 지역의 명칭이기도 하다. 현재에도 그 주변 지역 중 메스체라 노렌드(Meschera Lowland)는 여전히 메섹의 이름을 따라 불리고 있으며, 오랜 세월이 흘렀어도 변하지 않고 있다.

(7) 디라스(Tiras)

요세푸스에 의하면, 디라스(Tiras)의 자손들은 디라시안스(Thirasians)라고 불렸다. 그리스인들은 그들의 이름을 트라시안(Thracians)으로 바꾸었다. 트라키아(Thrace)는 남쪽으로는 마케도니아(Macedonia)로부터, 북쪽으로는 다뉴브 강, 동쪽으로는 흑해까지 이르렀다. 이들이 유고슬라비아(Yugoslavia)를 이루게 된다. 세계대백과사전에 의하면 "트라키아 사람들은 야만적인 인도-유럽계통의 사람들로서, 전쟁과 약탈을 좋아하는 민족이었다"(World Book Encyclopedia, Vol. 18, p. 207, 1968)라고 기록되어 있다. 디라스는 그의 자손들로부터 두라스(Thuras) 또는 번개의 신인 '토르'(Thor)로 숭배를 받았다.

85) Bill Cooper, *After the Flood,* New Wine Press, Chichester, England, 1995, p.203.

2) 함(Ham)의 네 아들

창세기 10:6 "함의 아들은 구스와 미스라임과 붓과 가나안이요."

(1) 구스(Cush)

함(Ham)의 자손들은 주로 남서부 지역인 아시아와 아프리카에 살았다. 성경에서는 자주 아프리카(Africa)를 '함의 땅'이라고 부른다(시 105:23, 27, 106:22). 노아의 손자 이름인 '구스'(Cush)는 옛적 에티오피아(Ethiopia, 아스완 남부로부터 카르툼까지)의 히브리어 단어이다. 예외 없이 영어성경에서의 에티오피아란 단어는 항상 히브리어로 '구스'라고 기록되었다. 요세푸스는 그 이름을 'Chus'라고 표현하였으며, 심지어 현재에도 에티오피아 사람들은 그들 스스로 또는 아시아인들 모두에 의해서 'Chusites'라고 불린다(Ref. 1, 1:6:2.).

(2) 미스라임(Mizraim)

노아의 다음 손자는 미스라임(Mizraim)이다. 미스라임은 이집트(Egypt)에 대한 히브리 단어이다. 이집트란 이름은 구약에서 수백 번 언급되고(한 번의 예외를 제외하고는) 항상 미스라임이라는 단어로 번역이 된다.

창세기 50:11 "그 땅 거민 가나안 백성들이 아닷 마당의 애통을 보고 가로되 이는 이집트 사람(Egyptians)의 큰 애통이라 하였으므로 그 땅 이름을 아벨 미스라임(Abel Mizraim)이라 하였으니…."

(3) 붓(Phut)

노아의 그다음 손자인 '붓'(Phut)의 이름은 리비아(Libya, 이집트의 서부

지역)의 히브리어이다. 구약성경에서 세 번 이렇게 번역되었다. 리비아 내에는 고대 붓강이 있다. 다니엘 시대에 이미 그 이름은 리비아로 바뀌어 있었다(단 11:43). 요세푸스에 의하면 "붓은 리비아를 창건한 사람이며, 그들은 부타이티스(Phutites)라고 불렸다."[86]

(4) 가나안(Canaan)

노아의 다음번 손자인 '가나안'(Canaan)은 훗날 로마인들에 의해서 팔레스타인(Palestine)이라고 불리던(현재 이스라엘과 요르단 지역) 지역의 히브리어식 이름이다. 여기서 우리는 몇몇 함의 자손들을 간단히 살펴볼 필요가 있다(창 10:14-18). 그곳에는 '블레셋'(Philistim)이라는 이름이 있는데, 이것은 Philistines의 조상인 것이 명백하며(후에 팔레스타인 Palestine이 된 것도 확실하다),[87] 시돈(Sidon)도 그 도시를 처음 창건한 조상의 이름이고, 헷(Heth)도 고대 히타이트족(Hittite)의 조상이었다. 또한 그의 자손들은 창세기 10:15-18 사이에 열거되어 있는데, 여부스 족속(Jebusites, 여부스 Jebus는 예루살렘의 옛 이름이었음. 삿 19:10), 아모리 족속(Amorites), 기르가스 족속(Girgasites), 히위 족속(Hivites), 알가 족속(Arkites), 신 족속(Sinites), 아르왓 족속(Arvadites), 스말 족속(Zemarites), 하맛 족속(Hamathites)의 조상이 되었으며, 그들은 가나안에 살았던 고대인들이다.

함의 자손 중에서 가장 유명했던 자손은 니므롯(Nimurod)이었는데, 그는 바벨론(Babel, Babylon)의 창시자였으며, 시날(Shinar, Babylonia)

---

86) *Ibid.*, 1, 1:6:2.

87) 창세기 10:14 "블레셋 Philistim이 가슬루힘에게서 나왔더라", 족장시대 그랄의 아비멜렉 Abimelech of Gerar이 블레셋의 왕이었다(창 21:32, 34, 26:1).

땅의 에렉(Erech), 악갓(Accad), 갈레(Calneh)의 창시자였다. 바벨탑을 건설했던 사람이었다.

3) 셈(Shem)의 다섯 아들

마지막으로 셈의 다섯 아들을 살펴보자.

> **창세기 10:22** "셈의 아들은 엘람과 앗수르와 아르박삿과 룻과 아람이요."

(1) 엘람(Elam)

엘람(Elam)은 페르시아(Persia)의 옛 이름이며, 페르시아는 또한 이란(Iran)의 옛 이름이다. 고레스(Cyrus) 시대까지 이곳의 사람들을 엘라마이트(Elamites)라고 불렀으며, 이것은 신약시대까지도 여전히 사용되었다. 사도행전 2:9을 보면, 오순절에 모인 사람들 중에서 페르시아에서 온 유대인들을 엘람인(Elamite)이라고 불렀다. 따라서 페르시아인들은 셈의 아들인 엘람과 야벳의 아들인 마대(Madai)의 자손들이었던 것이다. 1930년대 이후로 그들은 그들의 나라를 이란(Iran)이라 칭하였다.

흥미로운 사실은 아돌프 히틀러에 의해서 유명해진 '아리안'(Aryan)이란 단어는 '이란'(Iran)으로부터 왔다. 히틀러는 순수한 아리안 혈통을 가진 사람으로부터 우수한 민족을 만들고자 했다. 그러나 바로 '아리안'이라는 민족은 셈족(Semites)과 야벳족(Japhethites)이 합쳐진 혼합된 민족이었던 것이다.

(2) 앗수르(Asshur)

앗수르(Asshur)는 앗시리아(Assyria)의 히브리 단어이다. 앗시리아는 고대 거대한 왕국 중의 하나였다. 구약에서 앗시리아인이나 앗시리아라는 단어가 언급될 때마다, 그것은 앗수르(Asshur)라는 단어로부터 해석이 되었다. 그는 그의 자손들로부터 숭배를 받았다.

"참으로 앗시리아 제국이 지속되었던 동안(BC 612년경까지), 전쟁과 외교관계, 그리고 해외소식들은 그의 동상 앞에서 매일 읽혀졌으며, 모든 앗시리아의 왕들은 조상인 앗수르의 신성시된 영혼의 허락을 받아야만 했다."[88)]

(3) 아르박삿(Arphaxad)

아르박삿(Arphaxad)은 갈대아(Chaldeans) 사람들의 조상이었다. 이것은 후리안 서판(Hurria=Nuzi tablets)을 통해서 확인할 수 있는데, 거기에서는 갈대아의 창시자를 아립-허라(Arip-hurra)라는 이름으로 표현하였다.[89)] 그의 후손인 에벨(Eber)은 아르박삿의 이름을 에벨–벨렉–르우–나홀–데라–아브람의 경로를 통하여 히브리 사람들에게 전해주었다(창 11:16-26). 에벨의 다른 아들인 욕단(Joktan)은 13명의 아들들이 있었는데(창 10:26-30), 그들은 모두 아라비아(Arabia)에 정착하였다 (Ref. 5, p.117).

---

88) *Ibid.,* 7, p.170.
89) *Ibid.,* p.172.

4) 룻(Lud)

룻(Lud)은 리디아(Lydians) 사람들의 조상이었다. 리디아는 현재 터키 서부(Western Turkey)로 그들의 수도는 사데(Sardis)였는데, 아시아의 일곱 교회들 중 하나가 사데에 위치해 있었다(계 3:1).

5) 아람(Aram)

아람(Aram)은 시리아(Syria)의 히브리 단어이다. 구약에서 시리아라는 단어가 나올 때마다, 그것은 '아람'이라는 단어로 번역이 되었다. 시리아인들은 그들 자신을 아람인(Arameans)이라고 부르며, 그들이 쓰는 언어도 아람어(Aramaic)라고 칭하여진다. 그리스 제국이 확장되기 전까지, 아람어는 세계적으로 국제어로 사용되었다(왕하 18:26). 십자가상에서 예수님은 '엘리 엘리 라마 사박다니'(Eloi, Eloi, lama sabachthani, 막 15:34)라고 부르짖었다(마 27:46; 막 15:34; 시 22:1의 아람어로 인용). 마태복음은 엘로이(Eloi, 나의 하나님)를 히브리어 엘리(Eli로 바꿈)로 기록하였다. 그것은 아람어로서 그 당시 일반인들 사이에서 보편적으로 사용되던 언어였다.

결론

우리는 노아의 16명의 손자들에 대하여 간단히 살펴보았다. 그들이 역사적으로 실제 존재했던 인물들이었다는 증거는 너무도 많다. 그리고 성경에는 그들 조상들에 대한 역사가 기록되어 있다. 성경은 신화나 전설을 모아놓은 책이 아니며, 고대 역사를 살펴볼 수 있는 가장 중요한 열쇠가 되는 것이다. 그래서 노아의 세 아들은 인종과 피부 색깔의 구분이라기보다는 언어와 문화적으로 구분한다.

■ 창세기 10:5, 20, 31 "언어, 종족, 나라대로"와 바벨탑 사건 (창 11장)

흔히 바벨탑 사건 이후 언어가 혼잡하여 하나님께서 인류를 온 땅에 흩으셨는데(창 11:9), 10장을 보면 야벳, 함, 셈의 후손들이 언어, 종족, 나라대로 나뉘었다는 것이 앞서 나온다. 이러한 사실을 어떻게 이해해야 하는가에 대한 답변이다.

1) 창세기 10장은 족보이고, 바벨탑 사건은 이에 대한 설명으로 뒤에 나올 수 있다. 다음 항목에서 살피겠지만, 아브람이 가나안으로 출발한 후에도 데라는 60년을 더 살았다. 하지만 창세기 11:32에 "데라는 205세를 향수하고 하란에서 죽었더라"로 되어 있고, 창세기 12:1-4에는 아브람이 하란과 아비의 집을 떠났다고 기록되어 있다. 그래서 마치 아브람은 아버지가 돌아가시고 나서 가나안으로 출발한 것 같은 착각을 하게 한다. 데라의 별세는 아브라함이 135세 되던 해니까 창세기 22장 전에 데라의 별세 소식을 전하면 더 좋을 듯하다. 사라가 127세에 별세했으니(창 23:1) 아브라함이 137세에 사라와 사별했다. 아버지 데라의 별세 소식을 전해 들었는지 모르나 창세기 21:21에 이스마엘의 결혼 기사가 나오고, 블레셋 지역 아비멜렉과 에셀 나무 언약을 체결한 후(창 21:22-34)에 데라의 별세 소식을 전하면 더 좋을 듯하다.

2) 창세기 10장은 야벳, 함, 셈의 족보이고, 창세기 11장은 셈 족보(창 11:10 이하)여서 언어가 나뉜 것은 셈 족속에 해당되는 것이다. 바벨탑을 쌓은 이들은 셈의 후손 에벨의 큰아들 벨렉(동서로 나누임이란 뜻)의 후손들이었다.

3) 창세기 11장 언어 혼잡은 전 인류에 해당되기보다는 바벨탑을 쌓았던 일부 사람들에게 해당된다.

■ 창세기 11:26-12:4 데라와 아브람

아브람(아브라함의 본래 이름)이 하란(그의 출생지)에서 하나님의 부르심을 받고(창 12:1-3) 가나안으로 떠났다. 이때 아버지 데라의 나이는 145세였고, 아브라함이 가나안에 이주 후 아버지는 60년을 더 살다가 205세에 별세하였다. 데라는 이삭이 45세가 될 때 별세하였다. 이삭이 리브가와 결혼할 때도 살아 있었다.

창세기 11:26-32 "[26]데라는 칠십세에 아브람과 나홀과 하란을 낳았
더라 [27]데라의 후예는 이러하니라 데라는 아브람과 나홀과 하란을
낳았고 하란은 롯을 낳았으며 [28]하란은 그 아비 데라보다 먼저 본
토 갈대아 우르에서 죽었더라 [29]아브람과 나홀이 장가들었으니 아
브람의 아내 이름은 사래며 나홀의 아내 이름은 밀가니 하란의 딸
이요 하란은 밀가의 아비며 또 이스가의 아비더라 [30]사래는 잉태
하지 못하므로 자식이 없었더라 [31]데라가 그 아들 아브람과 하란의
아들 그 손자 롯과 그 자부 아브람의 아내 사래를 데리고 갈대아
우르에서 떠나 가나안 땅으로 가고자 하더니 하란에 이르러 거기

거하였으며 [32]데라는 이백 오세를 향수하고 하란에서 죽었더라."

창세기 11:32의 구절 때문에 마치 아버지 데라가 죽은 후 아브람이 하란을 출발한 것(창 12:1-4)으로 착각할 수 있다.

또한 스데반이 순교 직전에 한 설교문에서 "[2]스데반이 가로되 여러분 부형들이여 들으소서 우리 조상 아브라함이 하란에 있기 전 메소보다미아에 있을 때에 영광의 하나님이 그에게 보여 [3]말씀하시기를 '네 고향과 친척을 떠나 내가 네게 보일 땅으로 가라' 하시니 [4]아브라함이 갈대아 사람의 땅을 떠나 하란에 거하다가 그 아비가 죽으매 하나님이 그를 거기서 너희 시방 거하는 이 땅으로 옮기셨느니라"(행 7:2-4)고 함으로 갈대아 우르에서 떠날 때 데라의 가족은 가나안으로 가려고 했다는 것이다. 실제적으로 하란에서 부르심을 받았으나 스데반은 갈대아 우르에서 떠난 것이 하나님의 뜻이었다고 설명한다.

■ 창세기 12:2 너는 복이 될지라

창세기 12:2 "be thou a blessing. 너는 복이 될지니라." 개역성경에서 창세기 12:2의 "너는 복의 근원이 될지라"를 개역 개정에서는 "너는 복이 될지라"로 바르게 번역하고 있다. 복의 근원은 잘못 번역된 것이다.

찬송가 28장 "복의 근원 강림하사 찬송하게 하소서"에서 복의 근원은 예수님이시다.

찬송가 1장에서 "만복의 근원 하나님 온 백성 찬송 드리고 저 천사여 찬송하세 찬송 성부 성자 성령"이라고 한다. 만복의 근원은 성삼위일체 하나님이시다.

아브라함에게 주님의 복이 있기를 약속해 주신다. 아브라함에게 복을 주는 자에게 주님께서 복을 주신다.

■ 창세기 12:12-13, 20:12-13 아브람이 아내를 누이라 칭함

사실 아브람(아브라함)과 사래(사라)는 이복 오빠, 동생 관계였다고 미쉬나(유대인들의 구전을 모은 말씀집)에 나온다. 그러나 아브람이 이집트로 기근을 피해 갔을 때 바로 왕에게 자기 부인을 '누이'라고 속인 일은 용납되지 않는다. 자기 부인이라고 했어야 했다. 비록 당시에 족장들이 족내혼(Endogamy, Consanguineous marriage)을 했지만 말이다. 아브라함-사라(이복동생), 이삭-리브가(외사촌), 야곱-레아(외사촌), 모세와 아론의 부모인 아므람-요게벳(아버지의 누이=고모) 경우이다. 족외혼(exogamy)을 한 에서(두 헷 여인들과 결혼)는 부모님들에게 근심거리를 제공했다. 그러나 유다가 며느리 다말(가나안 여인)과 결혼한 일, 살몬(유다 지파)이 라합(여리고 기생, 달신전의 여창)과 결혼하여 보아스를 낳은 일, 보아스가 모압 여인 룻과 결혼하고 다윗이 이방 여인 아비가일과 결혼하는 일이 허용되었다. 그 여인들이 개종한 것이다. 지금도 유대인들 사회에서는 엄마가 유대인이어야 한다.

그가 블레셋 지역 아비멜렉 왕에게도 아내를 누이동생이라 하고, 실제로 자기 이복동생이라고 밝힌 바 있다(창 20:12-13). 그러나 이때도 아브라함은 사라를 아내라고 소개했어야 했다.

■ 창세기 14:14 아브라함의 가신 318명

아브라함의 가정에서 길리고 연습한 318명의 가신(家臣, trained servants, 창 14:14-15)들을 거느리고 단(Dan) 지방까지 북방 왕들을 쫓아가서, 밤을 이용하여 공격하여 승리하고, 북쪽으로 도망가던 저들을 추격하여 다메섹 좌편 호바까지 가서 모든 빼앗겼던 재물과 자기 조카 롯과 그 재물과 또 부녀와 사람들을 다 찾아왔다.

남방으로 돌아올 때 소돔 왕이 사웨 골짜기(왕곡)에 나와 아브라함 일행을 영접하였고, 예루살렘에서 멜기세덱(제사장 겸 왕)을 만난다. 떡과 포도주를 들고 나와 지극히 높으신 하나님(El Elyon)께 예배를 드리고, 십의 일조를 드린다. 이때 소돔 왕이 아브람에게 "사람은 내게 보내고 물품은 어른께서 취하시오" 하니, 아브람은 대답하기를 "천지의 주재시요 지극히 높으신 하나님 여호와께서 내가 손을 들어 맹세하노니, 왕의 말이 내가 아브람으로 치부케 하였다 할까 하여 왕에게 속한 것은 무론 한 실이나 신들메라도 제가 취하지 아니하겠습니다. 오직 내 군사들의 먹은 것과 나와 동행한 아넬과 에스골과 마므레의 분깃을 제할지니 그들이 그 분깃을 취할 것입니다"(창 14:15-24)라고 하였다.

여기 24절에 나오는 "나와 동행한" 세 사람(아넬, 에스골, 마므레)의 신원은 정확히 알 수 없다. 단지 남방왕들의 군사들이나 지도자들 중 일부일 것이다.

참고로 아브라함의 군사 318명에서 318의 숫자의 의미는 '엘리에셀'(Eliezer '나의 하나님은 도움이십니다'를 히브리어 알파벳의 숫자 가치를 다 더하면 318이란 숫자가 나옴)로 그의 노종 이름이었는데, 신앙고백적인 이름을 부여한 것이다.

이처럼 아브라함의 조카 롯과 가족들과 소돔-고모라 지역 다섯 남방 왕들이 전쟁에서 패배하여 북방 왕 그돌라오멜(엘람), 아므라벨(시날), 아리옥(엘리살), 디달(고임)에게 포로로 잡혀갔을 때 아브라함은 집의 가신 318명을 거느리고 북방으로 올라가 모든 포로들을 구해왔다.

창세기 14:14-16 "[14]아브람이 그 조카의 사로잡혔음을 듣고 집에서 길리고 연습한 자 삼백십팔 인을 거느리고 단까지 쫓아가서 [15]그 가신을 나누어 밤을 타서 그들을 쳐서 파하고 다메섹 좌편 호바까지 쫓아가서 [16]모든 빼앗겼던 재물과 자기 조카 롯과 그 재물과 또 부녀와 백성들을 다 찾아왔더라."

여기서 318이란 숫자의 의미는 무엇인가? 창세기 15:1-3을 살펴보자.

[1]이후에 여호와의 말씀이 이상 중에 아브람에게 임하여 말씀하시기를 "아브람아, 두려워 말라. 나는 너의 방패요 너의 지극히 큰 상급이니라."
[2]아브람이 대답하기를 "주 여호와여 무엇을 제게 주시려나이까? 저는 무자하오니 저의 상속자는 이 다메섹 엘리에셀(Eliezer)이니이다."
[3]아브람이 또 말씀드리기를 "주님께서 제게 씨를 아니 주셨으니 제 집에서 길리운 자가 저의 후사가 될 것이니이다."

아브람은 자기의 수종 이름을 "나의 하나님께서 도움이 되신다"는 뜻인 '엘리에셀'이라고 지었다. 아브람의 신앙고백이다. 히브리어 알파벳은 한 자 한 자 숫자의 가치가 있다. 이를 더하면 상징적인 숫자가 나온다. 이렇게 히브리어 단어의 뜻을 숫자로 풀어 설명하는 것을 게마트리아(gematria)라고 한다.[90] 다윗(DWD)은 14(4+6+4)이다. 그래서 마태복음 1장 예수님의 족보가 14대-14대-14대로 되어 있으며, 베들레헴의 예수님 탄생 기념교회 말구유(manger)에 14개의 다윗별이 새겨져 있다.

'엘리에셀'(창 15:2; 출 18:4)은 아브라함 집안의 종 318명을 가리킨다(창 14:14). 엘리에셀의 숫자 가치는 200+7+70+10+30+1=318이다.

■ 창세기 14:18–24 아브람과 멜기세덱

아브람이 조카 롯과 가족을 북방 왕들로부터 구출해 오는 길에 살렘 왕 멜기세덱(Melchizedek)을 만난다. 이름의 뜻은 '정의의 왕'인데, 그는 지극히 높으신 하나님(El-Elyon)의 제사장이다. 제정일치 시대의 지도자였다. 히브리서에 의하면 그는 예수님의 그림자이다(히 7:1-3). 전쟁에서 승리하고 돌아온 아브람을 만날 때 떡과 포도주를 가지고 나왔다(성찬식의 그림자, 창 14:18; 시 110:4).

유대교에서는 멜기세덱을 노아의 아들 셈이라고 해석하기도 한다(Rashi). 셈은 향년 610세를 누리고 아브라함을 만나기 위해 멜기세덱

---

90) 유대교의 랍비들, 특히 중세의 카발라주의자들이 많이 사용했다. 히브리어 알파벳은 모두 22자인데, 처음 10자는 차례로 1부터 10까지의 수를 나타내고, 다음의 8자는 차례로 20부터 90까지의 10단위 숫자를 나타내며, 나머지 4자는 차례로 100부터 400까지를 나타낸다. 그러므로 히브리어 철자를 보고 숫자를 계산하여 뜻을 알아내는 방법이다. 《요한의 계시록》 13장 18절에 짐승의 숫자는 666인데, 이 숫자는 '네로 황제'를 히브리어로 번역해서 그 철자의 숫자를 합한 것과 같다.

으로 회생했다고 주장하나 설득력이 없다.

■ 창세기 22:8 하나님 스스로 번제할 어린양(예수님)이심

모리아 산으로 올라가던 이삭이 아버지에게 질문하기를 "불과 나무는 있거니와 번제할 어린양은 어디 있나이까?" 하니 아브라함이 대답하기를 "아들아 하나님께서 스스로 번제할 어린양으로 계시할 것이라 God will provide himself a lamb for a burnt offering"라고 하였다. 이를 "하나님이 자기를 위하여 친히 준비하시리라"고 번역하는 것은 의미가 달라진다.

"하나님께서 스스로 어린양이 되셔서 번제물로 나타나실 것이란다." 세상 죄를 지고 가는 하나님의 어린양이신 예수님을 지칭한다(요 1:29). 히브리어 동사 '이레'(yir'eh = will be seen)의 뜻은 '계시, 나타나심'이다. '준비하다, 예비하다(provide)'라는 번역과 차이가 난다.

> **창세기 22:14** "Jehovahjireh: as it is said to this day, In the mount of the LORD it shall be seen."

'여호와 이레'의 뜻은 '하나님의 산 위에서 계시될 것임, 나타날 것임'이며 '주님께서 예비하신다'는 뜻은 아니다.

■ 창세기 28:12 야곱의 사닥다리 꿈

야곱이 밧단아람으로 갈 때 할아버지 아브라함이 제단을 쌓은 곳에 와서 돌을 베개로 삼고 잘 때 꿈속에서 본 사닥다리(히브리어

Sulam Yaakov=Jacob's Stairway)는 십자가의 예표이다.

창세기 28:12 "꿈에 본즉 사닥다리가 땅 위에 섰는데 그 꼭대기가 하늘에 닿았고 또 본즉 하나님의 사자가 그 위에서 오르락내리락 ascending and descending on it 하더라."

이 사닥다리가 하늘과 이어진다. 본문은 성경에 나오는 꿈에 관한 최초의 설화(first dream narrative in the Bible)이다.[91)]

야곱이 꿈속에서 본 사닥다리(ladder)는 그 모양이 층계(히브리어 slm, an ascent or stairway)였다. 땅에서부터 하늘로 이어진 층계 위로 천사들이 오르락내리락하고 있었던 것이다. 이 구절에 대한 해석을 살펴보자.

(1) 원어의 의미: slm은 구약의 다른 구절에는 없다. 이곳에만 나온다. 아카디언(Akkadian)으로 simmiltu 뜻은 '사닥다리, 계단'(ladder, staircase)이며, 세 자음 어근 형태인 sml(slm 대신)이다.[92)] 이 단어의 동사형태는 sll인데 뜻은 '쌓아 올린다'(to head up, raise)이다. 즉 돌을 쌓아 올린 층계의 구조(a piled-up stone structure)이다. Ibid. Speiser further argues on the basis of etymology that the Hebrew word סֻלָּם is derived from the root סלל 'to heap up, raise', and that such an etymology fits the conception of a staircase better than a 'ladder'.

---

91) Claus Westermann, *Genesis 12-36, A Commentary,* ET by John J. Scullion, Minneapolis: Augsburg Publishing House, 1981, p.454.

92) Hoffner, 'A Hittite Text Concerning Merchants', *JCS* 22 (1968). 397 n. 30.

(2) 성경고고학자 스파이저(E. A. Speiser) 박사는 바벨탑 형태와 같은 지구라트 층계(a ziggurat staircase)라고 주장한다.[93] 그러나 창세기 11장에 나오는 바벨탑으로부터 어떤 영향을 받지 않은 층계 형태의 제단이라고 주장한다. 제사장이나 예배자가 최고 높은 성전(Highest temple=Hochtempel)에 올라가는 층계가 바로 야곱이 본 사닥다리인 것이다. 이 지성소에서 예배자는 하나님을 만난다.

(3) 스키너(J. Skinner)는 전통적인 '사닥다리'라는 용어를 유지하면서도, 바벨론의 성전 탑(temple tower)처럼 생긴 '계단'(stair)임을 인정한다.[94] 보다 자세한 논의는 다음을 참고하라.[95]

(4) 헷 족속(Hittite) 문서에 의하면 지하세계의 신들과 영들에게 제물을 바칠 때 은 사닥다리(silver ladder, 아카디언 simmiltu)를 이용하여 내려간다고 되어 있다. 이 사닥다리는 주술적 제단(a magical altar)이다. 이럴 경우는 층계보다는 사닥다리가 맞는 것 같다.[96]

야곱의 꿈은 천사들이 천상에서 지상으로 내려와 하나님의 말씀을 전하는 모습이다.[97] 야곱은 잠에서 깨어 바로 돌에 기름을 붓고 이곳이 "하나님의 성전"(Beth-El, House of God)이라고 감격해 했다(창 28:17). 이런 의미에서 사닥다리는 제단과 연관된다.

---

93) E. A. Speiser, *Genesis,* p.218-220.

94) J. Skinner, *Genesis,* ICC, pp.376-378.

95) H. Gunkel, *Genesis,* Vandenhoeck and Rupprecht, Göttingen (1922) 317-318; Hoffner, JBL 86 (1967), pp.397-398.

96) Not of recognized by A. Goetze, apud A. Deimel's Nachtrage in Šumerisches Lexik H, Pontifical Biblical Institute, Rome (1932) 113; B. Landsberger and H. G. Güterbock in the late thirties, ZA 44 (1938) 88; AfO 72 (1937-39) 55f.

97) Harry A. Hoffner, "Some Contritutions of Hittitology to Old Testament Study", *The Tyndale Biblical Archeology Lecture*, 1968.

(5) 유대 성경철학자 필로(Philo, 주후 50년에 사망)는 알레고리적으로 해석하기를, 사닥다리는 인간의 혼이고 천사는 하나님의 말씀(logoi)으로 풀이했다.

(6) 미드라쉬(Midrash, 오경 주석서)에 의하면, 사닥다리는 메시아가 오시기 전에 유대 백성들이 당해야 하는 포로(exiles)를 상징한다고 했다. 바벨론 70년 포로생활을 대표하는 천사가 70번 오르락내리락 한다는 것이다. 야곱은 자기 자녀들이 에서의 세력하에 있게 될 것이고 결코 그 속박에서 벗어나지 못할 것을 두려워했다. 그러나 종말 전에 에서와 자녀들은 내려옴이 되고, 야곱과 자녀들은 올라감이 될 것으로 해몽한다.

(7) 미드라쉬의 또 다른 해석은 야곱은 거룩한 사람이 되어 천사들이 항상 그를 보호하며 동행한다는 것이다. 그 천사들이 먼저 층계를 오르고, 천상에 가서 다시 내려온다는 것이다. 야곱이 가나안의 경계선(borderline)에 이르렀을 때 성지를 수호하던 천사들이 올라가고, 다른 성지를 담당한 천사들이 야곱을 만나러 내려왔다는 것이다.[98] 야곱이 밧단아람에서 20년 만에 돌아왔을 때(창 32:2-4), 그는 거룩한 땅을 수호하려고 파송된 천사들을 만났다는 것이다(마하나임).

(8) 유대인의 해석에 의하면, 야곱이 야영한 곳은 실제로 예루살렘의 성전이 세워진 모리아 산이었다(The place at which Jacob stopped for

98) The Midrash explains that Jacob, as a holy man, was always accompanied by angels. When he reached the border of the land of Canaan (the future land of Israel), the angels who were assigned to the Holy Land went back up to Heaven and the angels assigned to other lands came down to meet Jacob.

the night was in reality Mount Moriah, the future home of the Temple in Jerusalem). 그러므로 사닥다리는 하늘과 땅을 잇는 '다리'(bridge)를 상징한다. 마치 거룩한 성전에서 드려지는 기도와 제물이 하나님과 예배자 사이를 이어주는 것과 같다.[99]

더구나 사닥다리는 하늘과 땅 사이를 연결해 주는 토라를 주시는 것을 암시한다. 히브리 명사 사닥다리의 단어 sulam과 토라를 받은 산 이름인 시내(시나이) Sinai 두 단어의 숫자의 가치(각 자음의 숫자 가치를 합산한 것, gematria)가 130으로 같다.[100]

(9) 요한복음 1:51은 야곱의 사닥다리를 예수 그리스도와 연관시킨다. 즉 십자가는 하늘과 땅을 연결하는 다리이다.

"또 말씀하시기를 진실로 진실로 너희에게 이르노니 하늘이 열리고 하나님의 사자들이 인자 위에 오르락내리락하는 것을 보리라 하시니라."

(10) 교부 이레니우스(2세기)는 사닥다리는 하나님께로 올라가는 교회로 보았다. Saint Irenaeus in the 2nd century describes the Christian Church as the ladder of ascent to God.

(11) 3세기 교부 오리겐은 그리스도인의 생활에는 두 가지 사닥다

99) The ladder therefore signifies the 'bridge' between Heaven and earth, as prayers and sacrifices offered in the Holy Temple soldered a connection between God and the Jewish people.

100) Moreover, the ladder alludes to the Giving of the Torah as another connection between heaven and earth. The Hebrew word for ladder, sulam and the name for the mountain on which the Torah was given, Sinai have the same gematria (numerical value of the letters).

리가 있다. 하나는 땅에 있는 영혼이 덕을 쌓음으로 올라가는 금욕적 사닥다리가 있으며, 또 하나는 사람이 죽어서 하나님의 광명으로 올라가는 영혼의 여정이 있다는 것이다. In the 3rd century Origen explains that two are the ladders in the Christian life: (1) the ascetic ladder that the soul climbs on the earth increasing the virtues, and (2) the travel that the soul does after the death, climbing the heavens up to the light of God.

(12) 중세기 신비가인 보나벤뚜라(Bonaventura)는 세 가지 길(삼중도: De Triplici Via alias Incendium Amoris: The Triple Way or Love Enkindled)에 나타난 정화-조명-일치의 영적 성숙의 3단계로 구분하여 살펴보았다.[101)]

잠언에서 말하기를 "나는 너에게 세 가지 길을 써 주지 않았느냐?"라고 하였다. 모든 지식, 특히 성경에 담긴 지식은 삼위일체와 관련되어 있기에 삼위일체의 자취를 제시해야만 한다. 따라서 '지혜서의 현자'는 세 가지 방법, 즉 세 가지 길의 영성적 해석인 윤리적, 비유적, 신비적 해석으로 써 놓았다고 말하고 있는 것이다. 이제 이 세 가지 해석은 세 가지 단계적 행동, 즉 정화, 조명, 일치에 상응한다. 정화는 평화, 안식으로, 조명은 진리(의 빛에)로, 그리고 완전한 일치는 사랑(의 감미로움)으로 나아간다. 영혼이 이 세 가지를 성취하면 곧 성스럽게 되고, 그것들을 완성시키는 정도에 따라 영혼의 공로도 커진다. 왜냐하면 이 세 가지를 올바르게 이해한 바탕 위에서만 성

---

101) C. M. Martini, *Jacob's Dream: Setting Out on a Spiritual Journey*, Minnesota, The Liturgical Press, 1992.

경과 영원한 생명을 누릴 권리를 깨달을 수 있기 때문이다.

또한 이 세 가지 길에 나아가는 방법도 세 가지인데 묵상을 수반한 영적 독서, 기도, 그리고 관상이 그것이다. 인간이 묵상, 기도, 관상을 할 때, 먼저 도덕적 정화를 거친 후 이성적 조명을 거치고 마지막으로 영적 고양을 거쳐야 한다는 것이다. 이를 아래와 같이 요약해 볼 수 있다.

단계	정화(purgative)	조명(illuminative)	일치(unitive)
차원	윤리적(moral)	유비적(allegoric)	신비적(mystic)
방법	묵상(meditation)	기도(prayer)	관상(contemplation)
결실	평화(peace)	진리(truth)	사랑(love)

정화-조명-일치의 단계를 거치면서 야곱이 꿈에서 보았던 그 사다리를 한 계단 한 계단 조심스럽게 올라간다. 결국 절망 상태에 있던 야곱이 꿈에 나타난 영적 성숙을 상징하는 사닥다리를 통하여 희망의 상태로 변화되어 가듯이, 사마리아 여인도 영적 성숙을 꾀하는 스승으로서의 예수를 만남으로써 영적인 삶을 살게 된다.

■ 창세기 32:28 이스라엘

여수룬(Jeshurun)이란 '이스라엘' 혹은 '이스라엘 백성'(the people of Israel)의 애칭 또는 별명(nick name)이다. 야곱이 가나안 땅에 돌아올 때 얍복 강가에서 밤새 천사와 씨름을 하다가 환도뼈가 위골되었다. 그래도 야곱은 천사를 놓지 않고 복을 빌어달라고 애원했을 때, 천사가 그에게 "네 이름이 무엇이냐?" 하니 "야곱(발꿈치를 잡은 자이란 뜻)입니다"라고 했다. 이에 천사가 "다시는 야곱이라 하지 말고 '이스라엘'(하나님이 싸우셔서 이기게 하심이란 뜻)이라 하라. 이는 네가 왕자로서(킹 제임스 역, as a prince) 하나님과 사람으로 더불어 겨루어 이기었음이니라"(창 32:28)라고 하였다.

모세는 이스라엘을 여수룬이라 애칭함으로 '바르게 살아가는 자'를 희망하고 있다. 여수룬의 어근이 '정직한(upright), 의로운(righteous)'이란 뜻을 가지고 있다. 이스라엘 백성의 정직하고 의로운 모습을 뜻한다. 그렇지 못할 때 하나님의 심판이 임한다. 모세의 노래와 축복문에 나온다.

신명기 32:15 "그러한데 여수룬이 살찌매 발로 찼도다 네가 살찌고 부대하고 윤택하매 자기를 지으신 하나님을 버리며 자기를 구원하신 반석을 경홀히 여겼도다."

모세의 축복이 나온다.

신명기 33:5 "여수룬에 왕이 있었으니 곧 백성의 두령이 모이고 이스라엘 모든 지파가 함께한 때에로다."
신명기 33:26 "여수룬이여 하나님 같은 자 없도다 그가 너를 도우시려고 하늘을 타시고 궁창에서 위엄을 나타내시는도다."

또한 이스라엘의 구속과 회복에 관해 언급할 때 사용된다.

이사야 44:2 "너를 지으며 너를 모태에서 조성하고 너를 도와줄 여호와가 말하노라 나의 종 야곱, 나의 택한 여수룬아 두려워 말라."

■ 창세기 29:17-18 안력이 부족하여

개혁자들 성경을 보면 "레아는 안력이 부족하고 라헬은 곱고 아리따우니 야곱이 라헬을 사랑하더라 Leah was tender eyed; but Rachel was beautiful and well favoured. And Jacob loved Rachel"(창 29:17-18상)로 되어 있다.

여기서 원문의 뜻은 "레아는 눈매가 부드럽고"라는 뜻이다. 그의 미모가 떨어진다는 표현이 아니라 레아의 아름다운 특징이 눈매가 부드럽다는 지적이다. 성경에서 여성의 아름다움을 표현할 때 시적으로 하는 경우가 있다. 아브라함이 사라에게 "그대는 아리따운 여인"(창 12:11), 즉 보기에 아름다운 여인(a fair woman to look upon)이라고 한다. 다윗이 밧세바가 정결예식을 하고 있는 모습을 훔쳐보고는 보기에 매우 아름다운 여인(the woman was very beautiful to look upon; 삼하 11:2)이라고 생각한다. 솔로몬이 좋아한 술람미 여인은 자신을 이렇게 표현한다.

> **아가 1:5** "내가 비록 검으나 아름다우니 게달의 장막 같을지라도 솔로몬의 휘장과도 같구나 I am black, but comely."

그래서 레아의 경우에 '눈이 나쁘다'든가 '미모가 떨어진다'든가 하는 해석보다는 히브리어 원문 그대로 '눈매가 부드럽다'(tender eyed)로 이해하면 된다.

■ 창세기 45:8 하나님께서 자기를 바로의 아비로 삼으셨다

'바로의 아비'(father to Pharaoh)란 말은 육신의 나이로 아버지뻘이란 말보다는 그 문구에 이어지는 대로 "그 온 집의 주를 삼으시며 애굽 온 땅의 치리자를 삼으셨나이다"(창 45:8)라는 말씀을 그대로 이해하면 된다. 즉 왕의 영적인 스승, 아비 혹은 지혜로운 조언자란 뜻이다. 자기 생명을 살려준 은인(a second author of life)이란 해석도 한다. 이는 중세시대 유대인 학자 Aben Ezra의 해석에도 나온다(a teacher to him, that is, to be his counsellor, to advise him well in all things, as a father his children).

역시 유대인 학자 Jarchi에 의하면, 여기서 아비란 의미는 그의 후견자 내지 파트너(his partner and patron, to have a share with him in power and authority, and to be reckoned as a father to him)로서 창세기 41:43의 "자기에게 있는 버금 수레에 그를 태우매 무리가 그 앞에서 소리 지르기를 엎드리라 하더라 바로가 그로 애굽 전국을 총리하게 하였더라"라는 말이다. 마치 부모가 자녀들에게 하듯 왕에게 조언을 제공하며 그의 나라의 부귀영화를 가져오게 하는 자란 뜻에서 아비와 같은 역할을 하였다는 말이다. 그래서 요셉에게 바로 궁의 모든 내정을 맡겼다는 뜻이다. 훗날에도 이런 뜻이 사용되었다.

미가가 한 레위 청년에게 제안하였다.

> **사사기 17:10** "미가가 그에게 이르되 네가 나와 함께 거하여 나를 위하여 아비와 제사장이 되라 내가 해마다 은 열과 의복 한 벌과 식물을 주리라 하므로 레위인이 들어갔더니 And Micah said unto him, Dwell with me, and be unto me a father and

a priest, and I will give thee ten shekels of silver by the year, and a suit of apparel, and thy victuals. So the Levite went in."

욥도 빌닷에게 대답하였다.

욥기 29:16 "빈궁한 자의 아비도 되며 생소한 자의 일을 사실하여 주었으며 I was a father to the poor: and the cause which I knew not I searched out."

시편 105:21-22 "저로 그 집의 주관자를 삼아 그 모든 소유를 관리케 하고 임의로 백관을 제어하며 지혜로 장로들을 교훈하게 하였도다."

■ 창세기 50:3 야곱의 죽음과 장례

창세기 37-50장은 야곱의 족보(toledoth)이다(창 37:1). 여기에 요셉의 설화가 많이 나온다. 요셉은 17세에 두 가지 꿈을 꾸었는데(10개의 곡식단이 요셉의 곡식단에게 절함, 해와 달과 열한 개의 별이 요셉의 별에게 절함; 창 37:5-11), 이 꿈이 22년 만에 이루어진다. 이집트 총리대신이 된 요셉에게 형들이 곡식을 사러 와서 절을 하였다.

요셉의 초청에 아버지 야곱이 와서 고센 땅에 거하게 된다. 이때 야곱의 나이는 130세였고, 17년을 아들이 통치하는 이집트 땅에서 살게 된다. 그가 죽을 때(147세) 자기 시신을 조상들이 묻힌 헤브론 막벨라 동굴에 묻어 달라고 해서(창 49:29-33) 40일간 미라를 만들고, 애곡의 기간 70일을 채운다(창 50:3). 바로 왕이 죽으면 애곡 기간이

72일이고, 총리대신이 죽으면 70일인데, 야곱은 아들 덕분에 총리 대접을 받은 것이다. 야곱은 요셉이 태어나서 17년을 함께 살았고, 죽기 전 17년을 아들이 통치하던 이집트에서 살다가 별세한 것이다.

2

출애굽기(Exodus)

이스라엘 백성들이 하나님을 예배하기 위해 이집트 종살이에서 해방되어 광야에서 하나님과 언약함으로 예배 공동체가 된 과정을 담고 있다. 출애굽기에서는 출애굽과 언약체결에 관한 이야기(Relates God's deliverance of Israel from Egypt and establishing His covenant)를 읽게 된다.

● **모세의 삼중직**

40년(궁중) + 40년(미디안 광야) + 40년(이스라엘을 약속의 땅으로)

선지자, 제사장, 왕(지도자) 겸임

구원자, 입법자, 중재자 겸임 - 그리스도의 모형

● **구속사역의 시작**

10가지 재앙(10번 불평, 10가지 계명 = 십계명, 성막 10기구)

성막의 기구들: 지성소 = 언약궤 Ark of Covenant

① Ark = 언약궤, 노아 방주, 모세의 갈대상자

② 속죄소/시은좌(mercy seat)

③ 십계명 돌판 ④ 만나 항아리 ⑤ 아론의 싹 난 지팡이

성소 Sanctuary = ⑥ 분향단 ⑦ 떡상 ⑧ 촛대(Menorah)

성전 앞뜰 = ⑨ 물두멍(laver) ⑩ 번제단

하나님이 놀라운 기적 베푸심/ 이집트 신들의 무능함을 증명

처음으로 하나님을 경험하는 이스라엘 백성

구원 = 유월절 사건 경험(어린양의 피로 대속)

홍해를 건넘 = 세례(사 51:9-11; 고전 10:1-4) 해방과 자유

만나, 메추라기, 물

아말렉(에서의 후손)과의 전쟁 - 훗날 사울 왕 때 아각 왕, 에스더서의 하만 총리

이드로의 충고로 행정조직 체계적으로 갖춤

시내 산의 계시와 훈련

율법 제정(하나님과의 관계, 사람들 간의 관계)

성막 건립(브살렐, 오홀리압, 출 36:1-2)

제사장 나라의 공식 출범 - 하나님이 통치하시는 신정국가의 탄생

여호와의 임재 '에흐웨 = 나는 있다'(The Presence of the Lord 'I Am')

■ 출애굽기 1:8 요셉을 알지 못한 새 왕 = 투트모세 1세 가능성이 높다

(1) 출애굽 시기가 주전 15세기라면

투트모세 1세(BC 1506-1494)

투트모세 2세(BC 1493-1490)

하셉수트(BC 1490-1468)

(2) 출애굽 시기가 주전 13세기라면

람세스 1세(BC 1306-1304)

세티 1세(BC 1304-1290)

람세스 2세(BC 1290-1224)

■ **출애굽기 3:5 "발에서 신을 벗으라"**

출애굽기 3:5과 여호수아 5:15에 나오는 "발에서 신을 벗으라 put off the shoes(sandals from your feet)"의 뜻은?

(1) 거룩한 곳에 들어갈 때는 더러운 먼지가 묻은 샌들을 벗어야 한다(정결 purity). 모세 당시 이집트 신전의 사제들도 신을 벗고 물로 씻고 신전에 들어갔다고 한다. 그래서 모세는 이 관습을 잘 이해하였다(스데반 집사의 설교에서도 인용함, 행 7:33). 신전이나 거룩한 곳에서 신을 벗는 것은 헬라 신전, 동방 종교의 신전에서 흔히 볼 수 있다(다이아나 신전, 이슬람 사원, 불교 사원).

(2) 유대인들은 대속죄일에 성전에 들어가기 전 신발을 벗는다. 종일 맨발로 성전에서 기도한다. 이는 회개의 상징이기도 하다.

(3) 신을 벗는 행위는 존경과 예배의 행위였다.

전도서 5:1 "너는 하나님의 전에 들어갈 때에 네 발을 삼갈지어다."

(4) 내 권리를 포기하고 양도함을 표시한다. 룻기 4:7을 보니, 엘리멜렉의 가장 가까운 친족이 계대결혼(levirate marriage)을 포기할 때 성문 앞 장로들 앞에서 자기 신발을 벗어 보아스에게 줌으로 보아스에게 엘리멜렉의 땅을 회복할 권리를 양도했다.

(5) 자기 잘못으로 인하여 창피를 당하는 벌이기도 했다. 죽은 형의

아들을 낳는 것을 포기하는 자에게 신을 벗기고 얼굴에 침을 뱉는다.

신명기 25:9-10 "[9]그 형제의 아내가 장로들 앞에서 그에게 나아가서 그의 발에서 신을 벗기고 그 얼굴에 침을 뱉으며 이르기를 그 형제의 집 세우기를 즐겨 아니하는 자에게는 이같이 할 것이라 할 것이며 [10]이스라엘 중에서 그의 이름을 신 벗기운 자의 집이라 칭할 것이니라."

(6) 복종(submission)의 표시이기도 하다.[102] 자신은 종이 되어 주인의 명령에 전적으로 순종하겠다는 뜻이다.

이사야 20:2 "곧 그때에 여호와께서 아모스의 아들 이사야에게 일러 말씀하시기를 '갈지어다 네 허리에서 베를 끄르고 네 발에서 신을 벗을지니라' 하시매 그가 그대로 하여 벗은 몸과 벗은 발로 행하니라."

■ 출애굽기 3:11–4:13 모세가 다섯 번 하나님의 소명에 사양(거절, 불순종)함

(1) **출애굽기 3:11-12** "[11]모세가 하나님께 말씀드리기를 '제가 누구관대 바로에게 가며 이스라엘 자손을 이집트에서 인도하여 내리이까? [12]하나님께서 말씀하시기를 '내가 정녕 너와 함께 있으리라. 네가 백성을 이집트에서 인도하여 낸 후에 너희가 이 산에서 하나님을 섬기리니 이것이 내가 너를 보낸 증거니라.'"

---

102) Matthew Henry, 출애굽기 주석.

(2) **출애굽기 3:13-14** “[13]모세가 하나님께 말씀드리기를 ‘제가 이스라엘 자손에게 가서 말하기를 너희 조상의 하나님이 나를 너희에게 보내셨다 하면 그들이 제게 묻기를 그분의 이름이 무엇이냐 하리니 제가 무엇이라고 그들에게 말해야 합니까?’ [14]하나님께서 모세에게 말씀하시기를 ‘나는 스스로 있는 자니라’ 또 말씀하시기를 ‘너는 이스라엘 자손에게 이같이 이르기를 스스로 있는 자가 나를 너희에게 보내셨다 하라.’”

(3) **출애굽기 4:1-4** “[1]모세가 대답하여 말씀드리기를 ‘그러나 그들이 저를 믿지 아니하며 제 말을 듣지 아니하고 말하기를 여호와께서 제게 나타나지 아니하셨다 하리이다’ [2]여호와께서 그에게 이르시되 ‘네 손에 있는 것이 무엇이냐?’ 그가 대답하기를 ‘지팡이니이다’ What is that in thine hand? And he said, A rod. [3]여호와께서 말씀하시기를 ‘그것을 땅에 던지라’ 곧 땅에 던지니 그것이 뱀이 된지라 모세가 뱀 앞에서 피하매 [4]여호와께서 모세에게 이르시되 ‘네 손을 내밀어 그 꼬리를 잡으라.’ 그가 손을 내밀어 잡으니 그 손에서 지팡이가 된지라.”

(4) **출애굽기 4:10-12** “[10]모세가 여호와께 고하되 주여 나는 본래 말에 능치 못한 자라 주께서 주의 종에게 명하신 후에도 그러하니 나는 입이 뻣뻣하고 혀가 둔한 자니이다 I am not eloquent, neither heretofore, nor since thou hast spoken unto thy servant: but I am slow of speech, and of a slow tongue. [11]여호와께서 그에게 이르시되 누가 사람의 입을 지었느뇨 누가 벙어리나 귀머거리나 눈 밝은 자나 소경이 되게 하였느뇨 나 여호와

가 아니냐 [12]이제 가라 내가 네 입과 함께 있어서 할 말을 가르치리라."

(5) **출애굽기 4:13-17** "[13]모세가 말씀드리기를 '주님, 보낼 만한 자를 보내소서' [14]여호와께서 모세를 향하여 노를 발하시고 말씀하시기를 '레위 사람 네 형 아론이 있지 아니하냐? 그의 말 잘함을 내가 아노라 그가 너를 만나러 나오나니 그가 너를 볼 때에 마음에 기뻐할 것이라 [15]너는 그에게 말하고 그 입에 말을 주라 내가 네 입과 그의 입에 함께 있어서 너의 행할 일을 가르치리라 [16]그가 너를 대신하여 백성에게 말할 것이니 그는 네 입을 대신할 것이요 너는 그에게 하나님같이 되리라 [17]너는 이 지팡이를 손에 잡고 이것으로 이적을 행할지니라."

■ 출애굽기 3:15 "나는 여호와라"

출애굽기 3:15-16 "[15]하나님이 또 모세에게 이르시되 너는 이스라엘 자손에게 이같이 이르기를 나를 너희에게 보내신 이는 너희 조상의 하나님 곧 아브라함의 하나님, 이삭의 하나님, 야곱의 하나님 여호와라 하라 이는 나의 영원한 이름이요 대대로 기억할 나의 표호(memorial)니라 [16]너는 가서 이스라엘 장로들을 모으고 그들에게 이르기를 여호와 너희 조상의 하나님 곧 아브라함과 이삭과 야곱의 하나님이 내게 나타나 이르시되 내가 실로 너희를 권고하여 너희가 이집트에서 당한 일을 보았노라."

하나님의 이름인 '여호와'(YHWH 야훼, 야웨)는 기념칭호(memorial)이다.

출애굽기 6:2-3 "[2]하나님이 모세에게 말씀하시기를 '나는 여호와로라 [3]내가 아브라함과 이삭과 야곱에게 전능의 하나님으로 나타났으나 나의 이름을 여호와로는 그들에게 알리지 아니하였고"
호세아 12:5 "그분은 만군의 하나님 여호와시라 여호와는 그의 기념 칭호니라 Even the LORD God of hosts; the LORD is his memorial."

■ 출애굽기 4:24 모세의 아들들이 할례를 받음

모세가 80세에 부르심을 받고 다시 이집트로 돌아가서 자기 백성들을 인도하러 갈 때 아내 십보라(Zipporah)를 통해 두 아들들(게르솜과 엘리에셀)이 할례를 받는다. 모세는 태어날 때 부모(아므람과 요게벳)를 통해 할례를 받았던 것 같다.

출애굽기 4:24-26 "[24]여호와께서 길의 숙소에서 모세를 만나사 그를 죽이려 하시는지라 [25]십보라가 차돌을 취하여 그 아들의 양피를 베어 모세의 발 앞에 던지며 말하기를 당신은 참으로 내게 피 남편이로다 하니 [26]여호와께서 모세를 놓으시니라 그때에 십보라가 피 남편이라 함은 할례를 인함이었더라."

■ 출애굽기 7:1-2 아론을 대언자로

모세가 하나님의 부르심을 거절하기를 "주님, 보낼 만한 자를 보내소서"(출 4:13) 하니 하나님께서 모세를 향하여 화를 내면서 말씀하시기를 "레위 사람 네 형 아론이 있지 아니하냐? 그의 말 잘함을 내가 아노라 그가 너를 만나러 나오나니 그가 너를 볼 때에 마음에 기뻐할 것이라"(출 4:14) 하신 대로 아론을 모세의 대언자로 준비하셨다.

출애굽기 7:1-2 "[1]여호와께서 모세에게 말씀하시기를 '볼지어다 내가 너로 바로에게 신이 되게 하였은즉 네 형 아론은 네 대언자가 되리니 See, I have made thee a god to Pharaoh: and Aaron thy brother shall be thy prophet. [2]내가 네게 명한 바를 너는 네 형 아론에게 말하고 그는 바로에게 말하여 그로 이스라엘 자손을 그 땅에서 보내게 할지니라'고 하셨다."

영어의 'prophet'를 흔히 '예언자'(豫言者), '선지자'(先知者)라고 번역한다.[103] '미리 아는 자', '미리 알고 말하는 자'란 뜻으로 이해하고 번역하여 마치 운명을 말해주는 사람(fortune teller), 점술가, 무당(巫堂 shaman)과 혼돈을 일으킬 수 있다. 그러나 성경에 나오는 나비(Nāvî')는 '여호와의 말씀을 대신 전하는 자'로 '대언자'(代言者, spoke-man)이다. 그리스어 'προφήτης'(프로페테스, profétés)의 뜻은 'pro'(미리, in advance) + 'phesein'(말하다, to tell)의 뜻도 있지만 pro가 '~를 대신하여 말하는 자'란 뜻도 있다. 그러나 '대언자'가 가장 바르게 번역된다. 본서에서는 대언자로 번역한다.

창세기 20:7 "이제 그 사람의 아내를 돌려보내라 그(아브라함)는 대언자라 그가 너를 위하여 기도하리니 네가 살려니와 네가 돌려보내지 않으면 너와 네게 속한 자가 다 정녕 죽을 줄 알지니라."

---

103) 한글개역판과 개역개정판에서는 선지자, 공동번역성서와 표준새번역에서는 예언자로 번역한다. 예언자들이 전한 여호와의 말씀을 기록한 성서를 예언서라고 번역한다.

신명기 18:15-22 “[15]네 하나님 여호와께서 너의 중 네 형제 중에서 나와 같은 대언자 하나를 너를 위하여 일으키시리니 너희는 그를 들을지니라…[18]내가 그들의 형제 중에 너와 같은 대언자 하나를 그들을 위하여 일으키고 내 말을 그 입에 두리니 내가 그에게 명하는 것을 그가 무리에게 다 고하리라 [19]무릇 그가 내 이름으로 고하는 내 말을 듣지 아니하는 자는 내게 벌을 받을 것이요 [20]내가 고하라고 명하지 아니한 말을 어떤 대언자가 만일 방자히 내 이름으로 고하든지 다른 신들의 이름으로 말하면 그 대언자는 죽임을 당하리라 하셨느니라…[22]만일 대언자가 있어서 여호와의 이름으로 말한 일에 증험도 없고 성취함도 없으면 이는 여호와의 말씀하신 것이 아니요 그 대언자가 방자히 한 말이니 너는 그를 두려워 말지니라.”

신명기 34:10 “그 후에는 이스라엘에 모세와 같은 대언자가 일어나지 못하였나니 모세는 여호와께서 대면하여 아시던 자요.”

■ 출애굽기 7:7 모세가 부르심을 받을 때 나이 80세

출애굽기 7:7 “그들이 바로에게 말할 때에 모세는 팔십 세이었고 아론은 팔십삼 세이었더라.”

모세 나이에 대해서 출애굽기와 사도행전 7장의 스데반 집사의 설교문을 통해 재구성할 수 있다. 레위(137세 죽음)의 둘째 아들 고핫의 장남 아므람은 요게벳(아비의 누이, 즉 고모)과 결혼하여 미리암, 아론, 모세를 낳고 아버지처럼 137세에 별세한다(출 6:20). 아론이 태어난 후 이집트 바로 왕은 이스라엘 사람들이 창성하는 것을 저지할 목적으로 남아를 낳으면 산파들로 하여금 죽이게 하였다. 모세가 태어날 때 요게벳은 모세를 석 달 동안 숨겨 키우다가(출 2:2) 더 이상 숨길 수 없어서 갈대상자(ark)를 만들어 나일 강의 갈대숲에 두었는데, 공주(하셉수트, 1490-1468)가 발견하고(출 2:5) 히브리 남아를 자기의 양자로 삼았다. 미리암의 재치로 요게벳은 모세의 유모가 되어 공주의 보호 아래 키우게 되었고, 젖을 뗄 때(3세) 공주에게 데리고 가서 그는 이집트 궁중에서 자라며(출 2:10) 교육을 받았다.

사도행전 7:23에 의하면, 그가 40세가 될 때 동족 이스라엘 형제를 괴롭게 하던 이집트 사람을 쳐 죽이고 미디안 광야로 도망한다(참고, 출 2:11-15; 행 7:23-29). 거기서 십보라를 만나 결혼하여 아들 둘(게르솜, 엘리에셀, 출 18:3-4)을 낳게 된다. 그리고 40년이 경과하던 해에(출 7:7; 행 7:30) 하나님의 부르심을 받고 자기 백성들을 이집트에서 인도하여 모압 평지까지 인솔하였던 것이다. 이후 120세에 벧브올 맞은편 모압 땅에 있는 골짜기에 죽어 장사되었다(신 34:6-7). 그가 죽을 때 눈이 흐리지 아니하였고 기력이 쇠하지 아니했다.

■ 출애굽기 7:9-12 바로 앞에서 아론의 지팡이가 뱀이 됨

하나님께서 모세를 부르시면서 그에게 표적을 주실 때는 모세의 지팡이가 변하여 뱀이 되었다. 모세가 하나님의 말씀대로 그 꼬리를 잡으니 다시 지팡이가 되었다(출 4:2-4). 그가 이집트로 돌아가 그의 형 아론과 함께 바로 왕을 알현했을 때는 아론의 지팡이가 뱀이 되었고, 이집트의 술객들이 마술로 각자의 지팡이가 뱀이 되었을 때 아론의 지팡이가 그들의 지팡이를 삼켰다(출 7:10-12). 〈십계〉라는 영화에서는 모세의 지팡이가 바로 앞에서 뱀이 된다. 또 많은 주일학교(교회학교) 교사들이 그렇게 가르친다. 일부 목회자들도 그렇게 설교하는 경우가 있다.

이후 아론의 지팡이는 열 가지 재앙 중 처음 세 가지(물이 피로 변함, 개구리, 이) 때 사용되었다(출 7:15-24, 8:5, 8:16). 하나님께서 레위 지파를 택하심을 보여주기 위해 다른 열한 지파의 족장들 지팡이와 함께 아론의 지팡이를 회막의 언약궤 앞에 두었을 때, 이튿날 아론의 지팡이에 움이 돋고 순이 나고 꽃이 피어서 살구 열매(almond)가 열려, 아론의 제사장 권위를 인정받게 되었다(민 17:8). 그래서 아론의 싹 난 지팡이는 언약궤 앞에 영구 보관하게 되었다(민 17:10-11).

■ 출애굽기 7:14-13:33 열 가지 재앙(ten plagues)은 이집트 신들의 무력함을 나타냄

출애굽 직전에 나오는 장자 재앙을 마지막으로 이제 이집트에 내린 10대 재앙은 끝이 난다. 이처럼 완전수 10으로 현시된 여호와의 10대 재앙은 '참 신'과 '거짓 신'의 존재를 선명히 드러내 준 구속사적인 사건이다. 이런 의미에서 10대 재앙은 이집트의 우상종교에 대한 여호와의 심판이요(출 12:12), 열방에 유일하신 참 신의 존재를 선포한 여호와의 능력이었다(출 9:16). 동시에 이것은 오늘날 믿는 자들에게는 구원을, 불신자들에게는 죽음을 의미하는 종말론적인 심판의 예표적 사건이기도 하다. 1-9 재앙은 이집트 땅에서만 일어났고, 10번째 재앙은 이스라엘 백성들이 거주한 고센(Goshen, 나일 강 하류 델타 지역)에도 임했다.

재앙(Plague)	관련 성구	허상을 드러낸 이집트의 신들(우상들)
1. 물이 피로 변함	출 7:14-25	나일 강의 수호신 크눔(Khnum), 하피(Hapi)
2. 개구리	출 8:1-15	부활과 다산(多産)신 헤크트(Heqt)
3. 이(모기)	출 8:16-19	흙의 신 셉(Seb), 곤충의 신 케퍼(Kheper)
4. 파리	출 8:20-32	파리의 신 바알세붑(Beelzebub)
5. 가축의 악질	출 9:1-7	신성한 황소의 신 아피스(Apis)와 므네비스(Mnevis) 암소의 수호신 하도르(Hathor)
6. 독종	출 9:8-12	주술과 치료의 신 토트(Thoth)
7. 우박	출 9:13-35	창공의 여신 누트(Nut), 대기(大氣)의 신 수(Shu)
8. 메뚜기	출 10:1-20	곡물의 신 세트(Seth), god of the crops
9. 암흑	출 10:21-29	태양의 신 라(Ra), 태양의 여신 세케트(Sekhet)
10. 초태생의 죽음	출 11:4-12:30	생명을 부여하는 신 오시리스(Osiris), 생명을 수호하는 신 이시스(Isis), 지상의 태양신 바로(Pharaoh)

1) 첫 번째 재앙(Plague 1) – 나일 강이 피로 변함(Turning the water of the Nile into blood)

나일 강(Nile River)은 이집트의 젖줄이다(the giver of life and the gift of Egypt). 그래서 나일 강이 피로 변하는 재앙은 나일 강의 신 하피(Hapi)의 우상의 무력함을 나타낸 것이다.

이집트인들에게 있어서 나일 강은 예배의 대상이었다. 나일 강을 위한 기도, 찬미, 예배가 드려졌었다. 고대 나일 강의 찬가가 발견되었는데 그 내용은 "당신은 가난하고 어려운 자의 주가 되십니다. 만약 당신이 하늘에서 뒤집혀지면 신들은 망할 것입니다"이다. 즉 나일 강은 이집트 신들의 총 본산이라고 할 수 있다. 그런데 부활과 영생의 신 오시리스(Osiris), 나일 강의 신 하피(Hapi), 홍수의 여신 사테드(Satet), 그의 언니 신 안퀘드(Anqut) 등이 첫째 재앙에서 망해버리는 것을 이집트인들에게 보여준 것이다.

(1) **크눔**(Khnum, Khnoum)

그리스어로 크누피스, 크누비스, 크네프로 쓰이는 크눔(Khnoum)은 폭포 지대의 신으로서 굽은 뿔이 난 숫양의 머리를 한 남성으로 표현하고 있다. 크눔은 다산(多産)과 창조의 신으로서, 그 초기에는 숫양 또는 숫염소의 모습을 하고 있었다. 마스페로에 의하면, 크눔은 같은 부류의 다른 신들과 마찬가지로 하늘에서 내려와 땅을 기름지게 하고 지상을 낙원으로 만드는 나일 강을 상징한다고 한다. 그의 주된 성소는 폭포 지대 근처인 '상아의 섬'에 있었다. 그는 이 토지의 지배자로 여겨져 상아의 위대한 우두머리인 크눔, 즉 그리스인들이 '크누모네비에브'라는 하나의 단어로 만든 '크눔 아아 넬 얍'이라는 명칭을 갖고 있었다.

그는 신전에서 두 아내 시티스 및 아누키스와 함께 제물을 받았다. 그리고 그 신전에서 그는 나일 강의 원천을 지키고 있었는데, 사제들이 작성한 거짓 서류에 의하면 제3왕조의 왕 조서(조세르)가 7년 동안의 가뭄을 겪은 후 풍년을 맞은 것을 신에게 감사하는 뜻으로 열두 군데의 토지를 크눔과 그 성소의 소유로 인정했다는 것이다.

크눔이란 '소상(塑像) 제작자'를 뜻하는데, 그는 이 세상의 원형을 녹로 위에서 빚어냈다고 한다. 또 그는 피라에에서 '인간을 만든 도공, 신들의 형상을 만든 자'라 자칭했다. 모든 살을 반죽한 자, 신들과 인간을 낳은 자야말로 크눔이라는 이야기도 전해지고 있다.

그런 자격으로 그는 어머니의 품에 안겨 있는 어린이들의 발육과 관련이 있는 신으로 숭배받았다. 그의 신전에는 미래의 국왕을 조각대 위에서 빚고 있는 그의 모습이 새겨져 있다. 에르멘트 신전에 그 모습이 새겨져 있는 국왕은 바로 케사르와 클레오파트라의 아들인 소(小)프톨레마이오스 카에자리온, 즉 여기서는 신의 아들과 일체화된 하르솜투스인 것이다.

예로부터 크눔의 명성은 이집트의 변경을 넘어 누비아에까지 떨쳤었다. 누비아에는 양의 머리를 한 '두둔'이라는 신이 있었으므로 크눔과 두둔의 일체화가 쉽게 이루어졌고, 엘리판티네의 우두머리로서 많은 숭배자를 갖게 되었다.

(2) 하피(Hapi)

하피(Hapy, Hapi)는 나일 강의 주기적 범람(annual flooding=inundation of the Nile River)을 상징하는 신이다. 나일 강의 범람은 퇴적을 땅에 쌓아 기름진 땅을 만들어 주기 때문에 농산물이 잘 되었고, 하피는 농작(crops)의 신(Lord of the River Bringing Vegetation)으로도 여겨졌다. 물고기와 새를 관장한다고 믿기도 했다. 매년 범람의 시기가 오면 하피 신이 출현한다고 믿었다. 사막에 풍요로운 흙(fertile soil)을 가지고 온다고 믿었다. 그래서 하피는 윤택한 땅(fertile lands)으로 상징되기도 한다. 또 나일 강의 배(a large belly of the fertility of the Nile)로 묘사되기도 한다. 이런 풍요함으로 인해 그는 '신들의 아버지'(father of the gods)라고 여겨진다. 땅의 신인 게브(Geb)와 곡식의 신인 네페르(Neper)의 친구이기도 하다.

2) 두 번째 재앙(Plague 2): 개구리(frogs). 풍요의 여신 헤겟(Heget)을 무력화함.

이 재앙은 개구리로 나타나는 크눔(Khnum), 신의 부인 헤켓(Heqet)

을 친 것이다. 이집트인들은 헤큇(Heqt)이 개구리 여신으로 부활의 상징이요, 비옥의 표상으로 개구리가 거처에 나타나면 그 해의 길조라고 생각했다. 이 개구리신을 한꺼번에 없애 버리는 사건이었다.

헤켓(Heqet, Heqat, Hekit, Heket, Hegit, Heget)은 개구리 모습으로 묘사되는 생명과 다산의 여신(a frog-goddess of life and fertility)이다. 태양신 Ra의 딸로 여겨진다. 나일 강이 범람(inundation)한 후 수백만 마리(millions)의 개구리가 태어나는데, 이 때문에 이집트인들은 개구리를 다산의 상징으로 보았다. 헤켓(Heqet) 여신은 보통 개구리 혹은 개구리 머리를 한 여인으로 그려진다. 이 여신은 자주 크눔(Khnum) 신의 아내로 언급되기도 한다. 태양신 Ra가 Atum-Ra가 될 때, 신생아를 낳는 자로서, 헤켓은 누트(Nut)와 게브(Geb)의 아버지인 수(Shu)의 아내였다. 수의 첫 아내는 테프누트였다.

헤켓 숭배는 적어도 고왕조 때에 시작되었다. 제2왕조 때 태어난 고위층의 이름에 사용되었다. 개구리 작은 동상은 고왕릉에서 발견되기도 한다. 중왕조 때 출생의 여신(She who hastens the birth)이라고 여겨졌고, 산파(midwife)는 흔히 헤켓의 여종(Servants of Heqet)이라고 불렀다.

오시리스와 이시스 전설이 발전될 때에는 호러스(Horus)가 태어나 새로운 육체에 숨을 불어넣어 살게 한 여신이 바로 헤켓이라고 언급되었다. 아기가 태어날 때 마지막 순간을 관장하는 여신이었기 때문이다. 호러스는 태양신 오시리스의 부활과 연관이 있어서 헤켓의 역할은 부활(resurrection)과 관련이 있다. "나는 부활이다"(I am the resurrection)라고 선언한다. 오시리스의 부활 사상이 점차 힘을 얻고 있을 때, 헤켓은 이시스와 동일시되기도 했다.

3) 세 번째 재앙(Plague 3): 이(lice) 재앙. 파리, 곤충, 이의 신인 케페르(Kheper)를 공격함

이집트인들의 뒤를 보면 머리와 가발(wigs)이 면도되어 있다. 그 당시 '이'가 생기지 않도록 하기 위함이었다. 제사장들이 신들에게 제의를 할 때는 청결이 필수적이었다. 이의 재앙은 이러한 청결에 대한 심각한 도전이었고, 불결하여 이집트 우상들에게 제의를 행하는 것을 방해했다. 또한 이로 인해 제물들이 불결해져서 제사를 드릴 수 없게 만든 것이다.

그리고 이 재앙은 지신(地紳) 셉(Seb 혹은 Geb)에게 내린 것이다. 이집트인들은 지신 셉 덕분에 온갖 혜택을 입고 산다고 믿었다. 그런 이를 한순간에 없애버림으로써 살아 있는 하나님을 나타낸 것이다.

(1) 흙의 신 셉(Seb) = Geb

게브(Geb, Seb, Keb)는 '대지의 신', '흙의 신'이다. 헬리오폴리스의 엔네아드 창조신화에 따르면 공기의 신인 게브와 습기의 여신인 테프누트 사이에서 태어났다. 그는 이집트 우주관에서 초록색 피부를 가진 남자가 땅에 누운 모습으로 서술되며 종종 뱀의 모습으로 표현되기도 한다.

(2) 곤충의 신 케퍼(Kheper)

'생성하는 것'과 '쇠똥구리'라는 의미를 지닌 케페르(Kheper)는 헬리오폴리스 사람들에게 솟아오르는 태양을 상징한다. 쇠똥구리처럼 자기 자신의 실체에서 태어나 재생하는 것이었다. 케페라는 부활을 나타내는 변화의 신으로 얼굴 대신에 쇠똥구리의 모습을 한 사나이, 또는 머리 위에 풍뎅이를 얹은 사나이의 모습으로 묘사된다. 때로는 한 마리의 쇠똥구리로 표현되는 경우도 있다.

4) 네 번째 재앙(Plague 4): 파리. 공기의 신 바알세붑(Beelzebub)을 공격함

이집트인들에게 파리(flies)는 항상 존재하며 공기의 신(the prince of air) 바알세붑의 귀(ears)라고 여겼다. 그들은 파리 중에서도 맵시파리(Ichneumon Fly)를 거룩한 것으로 생각하고 신으로 섬겼다. 아마 파리가 너무 극성스럽고 폐해가 심해 신으로 섬긴 듯이 보인다. 이런 신에게 하나님이 벌을 내리신 것이다.

(1) 파리의 신 바알세붑(Beelzebub)

어원적으로 보면 '바알'은 '주'(lord)이며, '세붑'(zebub)은 '파리' 혹은 '날벌레'라는 뜻이다(전 10:1; 사 7:18). 즉 '날벌레의 주' 혹은 '파리의 주'란 뜻이다. 파리 혹은 날벌레 형상을 한 신으로 파리로부터 질병을 보내기도 하고, 그 질병을 낫게도 하는 신이라고 믿었다. 고대인들은 파리라는 생물이 악령 그 자체이거나 혹은 사람에게 악령을 옮기는 역할을 한다고 믿었다. 그들은 파리가 꾀었던 음식을 먹으면 병에 걸린다는 사실을 이미 경험적으로 알고 있었던 데다, 썩은 고기나 쓰레기에 떼 지어 몰려드는 파리 떼를 보고는 정말 불길하고 더러운 존재라고 생각했다. 이 불길한 파리 떼를 거느리는 자가 바로 바엘세붑이라고 믿었던 것이다. 블레셋의 에그론 사람들이 섬기던 신으로 본래 이름은 바알세불(Ba'al Zebul, '높은 저택의 주인' 혹은 '하늘의 주인')이었다.

훗날 사람들은 이 명칭이 솔로몬 왕을 연상시킨다는 이유로 바알세붑(Ba'al Zebub), 즉 '파리의 왕'을 뜻하는 말로 바꾸었다고 한다. 블레셋의 다섯 도시국가 중 하나인 에그론(Ekron) 사람들도 이 신을 믿었다(왕하 1:2-16). 그 마귀들의 우두머리 이름이 신약에서 7회 언급된다(마 10:25, 12:24, 27; 막 3:22, 눅 11:15, 18-19).[104]

5) 다섯 번째 재앙(Plague 5)－가축에 악질(disease on livestock). 황소 신(Apis)공격

이집트에는 수많은 가축 신들이 있었다. 암소(cows)는 이집트에서 신성시되었다. 그중에서 암소의 여신 하돌(Hathor)이 으뜸이다. 하돌은 출애굽 당시인 18왕조의 주신이었다. 또한 황소신 아피스(Apis)를 잘 섬기면 내세에서 다시 생명을 얻게 된다고 이집트인들은 믿었다. 내세를 보장하여 주는 신들인 가축에게 내린 재앙이다.

(1) 신성한 황소의 신 아피스(Apis)

아피스(Apis)란 하피를 그리스어화한 것인데, 소[牛] 아피스의 이름으로 성스러운 동물 중 오늘날 가장 잘 알려진 것이다. 아피스는 이집트 전역에서 널리 숭앙되었지만, 특히 멤피스에서 사육되고 숭배받았다. 그 소는 '파타의 생명의 갱신'이라 불리며 프타의 성스러운 소로서, 그리고 신의 화신으로 여겨졌다. 전하는 이야기에 의하면 어느 날 프타는 하늘의 불이 되어 순결한 소를 잉태시켜 검은 소를

104) "바리새인들은 그것을 듣고 이르되, 이자가 마귀들의 통치자 바알세붑(Beelzebub)을 힘입지 않고서는 마귀들을 내쫓지 못하느니라, 하거늘"(마 12:24); "너희가 말하기를 내가 바알세붑(Beelzebub)을 통해 마귀들을 내쫓는다고 하니 만일 사탄 또한 스스로 분쟁하면 어떻게 그의 왕국이 서겠느냐?"(눅 11:18).

낳게 했는데, 사제들만이 몇 가지 신비스런 표시에 의해 그 소를 구별할 수 있었다. 그 소는 이마 근처에 흰 삼각형이 있고, 혀 위에는 쇠똥구리의 모습이 있었으며, 꼬리 끝이 둘로 갈라져 있었던 것이다.

아피스가 살아 있는 한, 멤피스의 프타 신전 바로 앞에 세운 왕들의 신전에서 정성스럽게 키워지고 있었다. 그리고 날마다 일정한 시간에 신전의 앞마당에 내놓아졌는데, 그 뛰노는 모습은 신자들은 물론 많은 사람들의 눈길을 모았다. 그도 그럴 것이, 그리스-로마 시대의 이집트에서는 그렇게 성스러운 동물을 본다는 것이 여행자들에게 있어서 최대의 흥밋거리였기 때문이다.

그 소는 움직임 하나하나가 미래의 징조로 해석되었으며, 그 예로 게르마니쿠스(로마 장군-정치가, 드루수스의 아들)가 독살당하기 조금 전에 그 왕자가 던진 음식을 소가 먹으려 하지 않았다는 이야기가 전해지고 있다. 대체로 아피스는 자연히 죽을 때까지 놓아두었던 것 같다. 그러나 일정한 나이가 되면, 사람들은 아피스를 연못에 빠뜨려 죽였으며, 페르시아의 통치기에는 탄뷔스 왕과 오크스 왕에 의해 두 번 도살되었다는 이야기가 전해지고 있다. 아피스가 죽었을 때의 이집트인들의 슬픔과 또 그 후계자가 발견되었다는 소식을 들었을 때의 그들의 기쁨은 아주 대단했던 것 같다.

1950년 사카라에서 마리에트(1821-1881, 프랑스의 고고학자)에 의해 아주 넓은 무덤이 발견되었는데, 거기에는 아피스의 시체가 성대한 장례를 거친 다음 미라가 되어 모래돌이나 장밋빛 화강암의 관속에 매장되어 있었다.

그 납골소(納骨所) 위에는 제사를 위한 대신전이 건립되어 있었다. 오늘날에는 아무런 유적도 남아 있지 않지만, 그것은 그리스어로 세라페이온, 라틴어로는 세라페움이라고 불렸다. 죽은 소는 모든 죽은 자와 마찬가지로 오시리스의 것이 되어 오시리스 아피스, 즉 그리스어로 오소라피스라고 불리는 장례식이 그 신전에서 행해지는 것이다. 그런데 오소라피스는 어느새 다른 나라의 신 세라피스트와 일체화되어 알렉산드리아의 세라페움에서 그리스적인 의식으로 숭배되었다.

(2) 므네비스(Mnevis)

므네비스(Mnewer, Mnevis)는 헬리오폴리스의 우두머리 신인 아툼-라의 모습을 하고 있다. 살아 있는 황소와 동일시되었다. 이는 고대 태양 숭배의식에 바트나 하토르에게 소를 제물로 바치는 것에 기원을 둔 것으로 추정된다. 음네비스는 종종 태양신 라의 상징으로 그려지기도 한다. 아피스 숭배의식이 대중화됨에 따라 흡수되었다.

(3) 암소의 수호신 하토르(Hathor)

사랑, 기쁨, 아름다움의 여신인 하토르(Hathor)는 그리스인들에 의해 아프로디테와 동일시되었다. 그녀는 하늘의 여신으로서, 일반적으로 태양신 라의 딸이요 호루스의 아내로 되어 있다. 그러나 경우에 따라서는 그녀의 이름을 '호루스의 집'이라 풀이하여, 호루스의 어머니로서 매일 저녁 태양신이 그녀의 가슴속에 파묻혔다가 아침에 다시 태어난다는 이야기가 남아있다. 여러 기록을 통해 볼 때, 이 세상과 태양을 비롯하여 그 속에 포함되는 모든 것을 창조한 '하늘의 소'야말로 하토르라는 것이다.

또한 그녀는 그 성스러운 동물, 즉 암소의 모습이나 소의 머리를 한 여신의 모습으로 표현되는 경우도 있다. 그러나 보다 일반적으로는 인간의 머리가 주어져 있으며, 소뿔이나 소귀를 달고 무겁게 땋은 머리를 늘어뜨리고 있는 모습으로 표현되고 있다.

하토르는 자주 악기의 방울로 변신하여 숭배의 대상이 되었다. 그것은 사악한 정령들을 멀리하는 물건이었다. 텐데라의 건축가가 하토르의 신전을 건축할 때 기둥을 방울형으로 하려 한 것도 그녀에 대한 신앙심과 관련이 있다.

여인들의 수호신으로서 특히 화장술과 관련이 있는 하토르는 기쁨과 사랑의 신으로 널리 숭앙되었다. 그녀는 기쁨의 여왕, 축제의 여왕, 음악의 여왕, 노래의 여왕, 희망의 여왕, 꽃수를 놓은 여왕으로 모셔져 그녀의 신전은 '도취의 집으로서 즐거운 생명의 장소'로 여겨졌다.

살아 있는 사람들에게 친절한 하토르는 죽은 자들에게도 호의적이었다. '서방의 여왕'이라 불리는 그녀는 사실 테베에 있는 지하 묘지의 수호 여신이다. 〈사자의 서〉에는 살아 있는 사람들의 주거지인 리비아의 산에서 그 몸을 반 정도 나타낸 소가 그려져 있는데, 그 소는 죽은 자들이 저승세계에 도착하는 것을 기다렸다가 기도하는 자들을 모두 등에 태워 모든 위험에서 구해주는 것이다. 또 하토르는 '단풍의 마님'이라고도 불리는데, 그것은 그녀가 종종 사막 끝 큰 나뭇잎 그늘에 숨어 있다가 죽은 자를 맞아 빵과 물을 주기 위해 그 잎 그늘에서 나타나기 때문이다.

또한 죽은 자들 가운데 죄 없는 자가 하늘로 올라가는 데 필요한 긴 사닥다리를 갖고 있는 것도 바로 하토르라고 한다. 이렇게 죽은 자가 하늘로 오를 수 있도록 하토르에게 주어진 일은 점점 전문화되어, 말기에 이르면 죽은 사람 가운데 여자는 오시리스의 집안이 아니고 '하토르의 집안'에 속하는 누구라고 불리게 되었다.

하토르의 주요한 성소는 덴데라에 있으며 거기에서 그녀의 남편, 즉 에드푸의 호루스와 두 자식 이히(Ihi, 방울을 울리는 자)와 더불어 숭배받았다. 이히는 어머니 하토르 곁에서 악기를 울리는 아기의 모습으로 표현된다. 신전에서는 대규모의 축제가 몇 차례 열리는데, 그 중에서도 중요한 것은 새로운 해를 맞아 행해지는 그녀의 탄생일을 축하하는 제전이었다. 먼동이 트기 전, 여사제들은 하토르의 조각상을 평상 위에 올려놓고 떠오르는 태양의 빛을 쪼이게 했다. 그 제전은 웃음과 노래, 그리고 흥겨움 속에 하루 종일 계속되었다.

하토르는 에드푸에서도 신전의 주인 호루스와 그들의 두 자식 하르솜투스와 함께 숭배를 받았다. 또한 하토르는 이집트 밖에서도 숭배를 받았다. 소마리스의 연안 지방에서는 '푼트의 여주인'이라는 칭호를 받았는데, 아마도 그녀는 아주 오래 전에 그 지방으로부터 이집트로 온 것으로 추정된다. 또 시나이 반도에서는 '마프카트의 귀부인', 페니키아에서는 '뷔블로스의 귀부인'이라 불리는데, 그곳은 일찍이 오시리스 전설과 관련이 있었던 지방이다.

6) 여섯 번째 재앙(Plague 6): 독종(Medical shamans). 의술의 신 임호텝(Imhotep) 공격

이 재앙은 풀무의 재를 바람에 날려 독종을 일으켰다. 이것은 태풍과 전쟁의 신인 레슈퍼(Reshpu)와 퀘테슈(Qutesh) 슈렉(Sulech)에 내린 것이다. 이 재앙으로 사람과 가축이 고통을 당해도 고칠 힘이 없는 의약의 신 임호텝(Imhotep)을 친 것이다. 이집트인들에게 의약신 임호텝도 소용이 없다는 것을 알게 만든 것이다. 또한 주술과 치료의 신(the god of magic and healing) 토트(Thoth)를 무력화시킨 것이다.

(1) 의술의 신 임호텝(Imhotep)

의술의 신 임호텝은 고왕국 시절에 피라미드를 처음 건설한 사람이다. 의약과 의술의 신으로 추앙받았다.

(2) 주술과 치료의 신 토트(Thoth)

토트(Thoth, Thot)는 주술, 치료, 지식, 과학, 언어, 서기, 시간, 달의 신이다. 만신전(Pantheon)에서 중요한 신으로 여겨졌다. 주로 따오기나 비비의 머리에 사람의 몸을 한 모습으로 묘사된다. 여신 세스헤트(Sheshat)는 그의 여성형이다. 주 신전이 있었던 케베누(헤르오폴리스)뿐만 아니라 아비도스 등 이집트 전역에서 숭배되었다. 지혜와 정의 여신 마트(Maat)는 토트의 아내이다. 토트는 창조에 관여한 신 중 하나로 보이며, 자국의 신 헤르메스와 동일시되었다. 프톨레마이오스 왕조에서 토트는 헤르메스와 함께 도서관의 수호신으로 받아들여졌다.

토트 신은 중재자(arbitrator)로서 역할을 하여, 선과 악의 세 가지 서사시 전쟁(the three epic battles between good and evil)을 감독했다. 첫 번 전쟁은 Ra와 Apep 사이 전쟁, 두 번째는 Heru-Bekhutet와 Set 사이, 세 번째 전쟁은 Horus와 Set 사이의 전쟁이었다. 각 경우, Ra, Heru-Bekhutet, Horus는 질서를, Apep, Set는 혼돈을 대표했다. 전쟁 중 한 신이 심한 부상을 입으면 토트는 치료를 해주었다. 오시리스가 전쟁에서 패해 죽자 이시스가 남편의 시신을 주워 모았는데 이때 토트가 부활의 입김을 전했고, 이시스가 임신하여 호러스가 태어난다. 호러스가 살해당하였을 때, 토트는 주술로 그를 부활시켰다. 본래 1년이 360일이었는데, Nutwas가 임신하여 이 기간 내에 해산할 수 없었다고 한다. 토트는 달신인 Khonsu와 빛의 1/72(360/72=5) 동안 도박으로 한 해를 5일 연장시켜 이겼다. 달신이 해산하는 데 도움을 주었다. 이후 1년이 365일 된 것이라고 한다. 5일 동안 Nut는 Kheru-ur(Horus 1세, 하늘의 얼굴), Osiris, Set, Isis, Nepthys를 차례로 낳았다. 토트도 Ra, Atum,

Nefertum, Khepri를 알로 부화시켜 낳게 했다.

7) 일곱 번째 재앙(Plague 7): 우박(hail)

우박이나 메뚜기(8번째) 재앙은 이집트인에게 기후 무당(weather shamans)이다. 그들에게 우박과 메뚜기는 풍요한 수확을 약속하고 경배를 받는 그들의 신들의 무능과 우상숭배의 어리석음을 알게 하는 하나님의 실력 행사이다. 신들에게 제사를 드림으로써 풍요한 수확을 기대하는 그들에게 참 신이 누구인지를 알게 한 것이다. 창공의 여신(the goddess of the sky) 누트(Nut)와 대기의 신 수(Shu)를 무력화시킨다.

(1) 창공의 여신 누트(Nut, Nout)

누트(Nout)는 하늘의 여신으로 역사시대에는 제사의 대상이 되었었다. 그리스인들은 그녀를 태양신 라와 동일시하고 있다. 그녀는 대지의 신 게브와 쌍동이인 누이동생이었는데, 라를 배반하고 무의식중에 오빠와 부부가 되었다고 한다. 그래서 노한 신은 수(Shou)로 하여금 그 둘을 떼어놓게 한 다음, 누트에게는 1년에 한 달도 땅에 눕지 못하도록 엄명을 내렸다. 플루타르코스는 그것을 다음과 같이 이야기했다.

"다행히도 토트가 그녀를 가엾게 여겼다. 그래서 그는 달과 내기장기를 여러 번 두어 마침내 달의 72번째 빛을 손에 넣어 닷새 동안을 간직했는데, 그 5일간의 정력(正歷)으로는 계산되어 있지 않았으므로 누트는 연달아 그녀의 다섯 아이(오시리스, 하로에리스, 세트, 이시스, 네프티스)를 낳을 수 있었던 것이다."

하늘의 여신 누트는 때때로 손발을 쭉 편 여인으로 표현된다. 그녀는 발가락 끝으로 발돋움을 하고 서서 손가락 끝을 대지에 대고 있으며, 별이 아로새겨져 있는 그녀는 배가 수에 의해 받쳐져 공중에 떠서 하늘의 궁륭(한가운데가 제일 높고 사방 주위는 차차 낮아진 하늘 모양)을 이루고 있다. 그런데 너무 높이 솟은 나머지 현기증이 일어났다. 그래서 네 발, 즉 하늘의 네 기둥이 된 그 네 발에 각각 신(神)을 하나씩 두어 그 발을 받치도록 하였다. 한편 수는 그녀의 배를 받쳤다. 그래서 그 배가 하늘이 되고 라는 지상에 사는 인간의 세계를 밝혀 주기 위해 그 배에 별과 성좌(星座)를 박아 놓았다.

가끔 라의 딸의 자격으로 누트 역시 태양의 어머니로 대접받기도 한다. 태양은 아침마다 여러 가지 형태로 그녀의 가슴으로부터 태어나는 것이다. 또한 누트는 한 마리의 암소로 표현되기도 한다. 왜냐하면 인간들의 반역을 겪은 다음 원초의 대양인 눈의 명령으로 대지를 떠날 결심을 한 아버지 라를 등에 업고 갔을 때, 그녀는 암소의 모습을 했었기 때문이다.

누트는 인간의 모습으로 표현될 때 간혹 그 이름의 표의문자인 둥근 항아리를 머리 위에 얹고 있다. 또한 그녀는 죽은 자의 수호 여신으로 되어 있기 때문에 죽은 자를 꼭 껴안고 있는 모습을 볼 수 있다. 또 돌로 만든 관 위 뒷면에는 여신이 미라 위에 별처럼 찬란한 몸을 펼치고 우아한 자태로 죽은 자를 지켜보고 있는 그림이 있다.

(2) 대기(大氣)의 신 수(Shu, Shou)

수(Shou)는 쌍동이인 누이동생 테프네트와 헬리오폴리스 신화 가운데 최초의 부부로 되어 있다. 그의 이름은 '높이다'를 나타내는 동사에서 유래했으며, '들어올리는 것'이라고 풀이할 수 있다. 그는 그리스 신화의 아트라스처럼 하늘의 기둥이지만, 라의 명령을 따라 두 어린 대지신 게브와 창공의 여신 누트 사이에 끼어들었다. 그때까지도 게브와 누트는 꼭 붙어 있었는데, 수가 누트를 들어올려 두 팔을 뻗친 자세로 공중을 떠받들어 그 둘을 떼어 놓았다. 수는 또한 공기의 신이며 성스러운 공허의 신이다. 그러나 다른 위대한 자연신들처럼 제사를 받지 않으며, 항상 인간의 모습으로 표현되고 보통 머리 위에 독특하게 타조의 깃을 달고 있는데, 그것은 수의 표의문자이다.

라(Ra)의 후계자로서, 지상의 주인으로서 그는 아버지인 라와 마찬가지로 그 권력의 성쇠를 맛보았다. 즉 아포피스의 자식들이 음모를 꾸며 아트 누브에 있는 궁전에서 그를 습격했기 때문이다. 수는 그들과 싸워 이겼지만 그가 병이 들자 충실한 신자들까지도 그를 배반했다. 그러한 통치에 기진맥진한 수는 권력을 게브에게 맡기고 9일 동안 놀라운 폭풍우를 일게 한 다음 하늘로 숨어버렸다.

8) 여덟 번째 재앙(Plague 8): 메뚜기(locusts), 곡물의 신 세트(Seth)

여덟 번째 재앙으로 곡물의 재앙이다. 곡물의 신 세트(Seth=the god of the crops. Agriculture shamans)를 무력화시킨다. 이집트인들은 풍년을 위해 세트와 곡물의 신 Nepri, 출생과 곡물의 여신 Ermutet, 풍요의 여신 Isis에게 기도했으나 이 신들은 메뚜기 재앙에 속수무책이었다. 또한 곡물의 신 네프리[Nepri(god of grain)], 출산과 곡물의 신 엘무텟[Ermutet(goddess of childbirth and crops)], 풍요와 곡물의 여신 이시스[Isis(goddess of fertility and crops)]와 풍요와 곡물의 여신 터무티스[Thermuthis(goddess of fertility and crops)]를 공격하는 재앙이었다.

(1) 곡물의 신 세트(Seth), god of the crops

그리스인이 티폰이라고 부른 세트(Set)는 오시리스의 아우에게 주어진 멸시의 호칭이며, 드디어는 악의 정령을 나타내는 것이 되어 곳곳에서 선의 정령에 대립되는 존재가 되었다.

플루타르코스가 전하는 바에 의하면, 세트는 게브와 누트의 아들로서 에파고메노스 3일에 출산 예정일이 채 되기도 전에 어머니의 배를 찢고 튀어나왔다는 것이다. 난폭하고 잔인한 그는 흰 살결과 붉은 털을 지녔다. 그 붉은 털은 이집트인들이 가장 싫어하는 것이어서 그들은 그것을 나귀의 털에 비유했다.

형인 오시리스를 시기하여 남모르게 왕관을 탐낸 세트는 왕위를 빼앗기 위해, 원정을 나갔던 오시리스의 개선을 축하하는 뜻으로 멤피스에서 거행된 대축전을 이용했다. 세트는 공범자 72명의 결심을 확인한 후 오시리스를 그 향연에 초대했다. 그 자리에서 세트는 화려하기 이를 데 없는 관(棺)을 가져오게 하여, 그 관에 꼭 알맞게 들어가는 사람에게 그것을 주겠다고 말했다. 오시리스는 세트의 흉계를 전혀 눈치채지 못하고 그 상자에 들어가 누웠다. 그러자 공범자들은 재빨리 뚜껑을 덮고 단단히 못질을 한 후 그것을 나일 강에 던졌다. 상자는 파도를 타고 뷔블로스까지 흘러갔고, 앞에서 이야기한 것처럼 이시스는 그것을 찾기 위해 이집트로 갔다. 그런데 세트는 델타의 늪지대에서 달빛 아래 사냥을 하다가 우연히 그것을 발견하고 형의 시체임을 확인하자 그것을 열네 토막으로 잘라 들판에 뿌렸던 것이다. 세트는 이제 아무 거리낌 없이 왕국의 주인 자리를 누릴 수 있다고 생각했다. 단지 아내인 네프티스에게 버림받은 것만이 마음에 걸렸을 뿐이었다. 네프티스는 오시리스의 가족 편이 되어 있었다. 다른 대부분의 신들도 제 마음대로 정치를 하는 세트의 잔인성을 피해 각각 동물의 몸속에 숨어 있었다. 그동안 이시스의 아들 호루스는 델타의 저습지에서 성장하여 아버지 오시리스의 살해자 세트에게 복수하고, 그에게서 왕좌를 빼앗게 되었다.

세트는 오시리스 신화 중에서도 비옥한 토지, 관개수, 빛 따위와 대립되는 불모의 사막, 건조, 암흑 등을 인격화한 영원한 적대자로 표현되고 있다. 모든 창조와 선은 오시리스로부터 생겨나고, 모든 파괴와 악은 세트와 연결된다. 그러나 원시시대에는 그 신의 악한 성격이 그렇게 강조되지는 않았었다. 피라미드에 남아 있는 옛 문서에는 그가 오시리스의 형제일 뿐만 아니라 노(老)호루스의 형제로 되어 있으며, 그들 둘의 치열한 싸움에 대해서 기록되어 있다. 그 싸움은 신들의 판가름을 받게 되어 승리는 호루스에게로 돌아가고 세트는 사막으로 추방된 것으로 되어 있다. 세트가 호루스의 형제가 아니라 그의 숙부이며 오시리스의 영원한 적이 된 것은 훨씬 후대에 가서 오시리스 전설이 널리 퍼지기 시작하고, 두 호루스가 혼동된 이후의 일이다.

세트는 처음에는 상이집트의 지방신이었던 것 같으며, 이윽고 매[鷹(응)] 신의 숭배자들에게 쫓기게 되었다. 아마도 그것이 두 형제신의 싸움이라는 신화에 의해 가려지고 있는 역사적 사실인 것 같다. 고왕국 및 중왕국 시대의 부조(모양/형상을 도드라지게 새긴 조각)는 왕 밑에서 나란히 포로를 끌고 가는 세트와 호루스의 모습, 또는 결합의 관념을 뜻하는 부호의 둘레를 상하 두 이집트의 여러 식물로 결합시키고 있는 형상을 나타내고 있는데, 그러한 모습에 의해 스마타우이, 즉 두 나라의 결합을 상징하고 있다.

힉소스(시리아 지방의 종족으로, 주전 1750년경 이집트에 침입하여 약 200년간 지배했음)의 점령기에 세트는 새 지배자에 의해서 그들의 주신인 스테크와 동일시되어 수도인 아바리스에 신전이 세워졌다. 또한 신왕국 시대에 들어서면 라메스 2세의 부왕은 세트, 즉 '세트의 집안'으로 자칭하고, 라메스 2세 스스로가 자신을 서슴지 않고 '세트의 사랑을 받은 자'라고 자칭하기에 이르렀다. 오시리스의 숭배자들은 '착한 존재'의 살해자에 대한 신앙이 행해지고 있는 것을 보고 격분하여, 묘의 벽면에 새겨진 세트라는 저주받은 모습을 모두 없애고, 스스로를 세트의 집안이 아닌 오시리스의 집안으로 자칭했다.

오시리스의 살해자가 그 벌을 정말로 받게 되는 것은 주전 10세기 중엽 제22왕조에 접어들면서부터이다. 세트의 모습을 한 조각상은 파괴되고, 부조는 형태를 알아볼 수 없게 되어 그의 이름이 적혀 있는 것은 모조리 없애버렸다. 드디어 세트는 이집트의 신들 가운데서도 내쫓겨 사악의 신이 되어, 과거 상이집트의 지방신은 신들의 적, 일종의 악마로까지 몰락해 버렸다.

나귀, 영양 등 사막의 동물들은 악어, 돼지, 전갈, 하마 따위와 더불어 세트를 따르는 자로 되어 있으며, 이 동물들의 몸속에 사악의 신이나 그 부하가 승리자 호루스의 습격을 피하려고 숨어 들어가려는 것이라고 전해지고 있다.

전설에 의하면 일찍이 세트가 호루스의 눈에 상처를 입힌 것도, 또 오시리스의 혼이 숨어 있다는 달을 매달 습격하여 뜯어먹는 것도 검은 돼지 탈을 쓰고 하는 짓이라 한다.

세트는 우뚝 서서 앞부분이 네모지게 잘린 귀, 길고 꼬부라진 코, 끝 부분이 둘로 갈라져 도저히 도로 붙일 수 없는 딱딱한 꼬리를 가진 공상적 동물로 표현되었다. 보통 그것을 '티폰의 동물'이라고도 부른다. 또 어깨 위에 네 발 짐승의 머리를 가진 인간의 모습으로도 표현되고 있다.

9) 아홉 번째 재앙(Plague 9): 흑암(darkness). 태양신 Ra(Amen-Re) 공격

이집트에서 가장 강력한 태양신인 아멘-레(라)를 공격하는 재앙이다. 아홉 번째 재앙으로 태양빛은 사라졌다. 몸을 굽혀 궁창을 만들고 있다던 하늘 여신 누트(Nut), 하늘을 거처로 삼고 해로 얼굴을 나타낸다는 호러스(Horus)신, 일월성신을 주장한다는 도드(Thoth)신, 불의 여신 세크멧(Sekmet), 일출신 프타(Ptah), 일몰신 테무(Temu), 주신인 태양신 라(Ra)가 이스라엘의 참신 여호와에 의하여 제압당한 것을 만천하에 알린 것이다. 즉 흑암 재앙으로 인하여 그들의 신이 할 수 있는 것은 아무것도 없다는 것을 알림으로써 완전히 패배를 당한 것이다.

(1) 태양의 신 라(Ra)

라(Ra)는 '창조자'라는 뜻이며, 하늘의 절대적 지배자인 태양에게 주어진 이름이다. 그의 성소(聖所)는 북부이운에 있었다. 그래서 그리스인들은 그곳을 헬리오폴리스라고 불렀다. 그 도시의 사제들은, 태양신 라는 벤벤이라는 돌에 오벨리스크의 형태로 처음으로 몸소 구현했다고 믿고 있으며 그 돌은 헤트 벤벤, 즉 오벨리스크관(館)이라는 사원에 소중하게 간직되어 있다. 사제들의 말에 따르면, 본래 태양신은 원초의 대양인 '눈'의 품안에 있었다고 한다. 그러나 태양신은 그 광채를 손상시키지 않기 위해 눈을 감는다든지 하얀 연꽃 속에 숨는 등 갖은 고생을 해야 했다. 그러던 어느 날, 그는 고난을 이겨내고 자신의 힘으로 대양 위에 우뚝 일어서서 '라'라는 이름으로 찬란하게 빛났던 것이다.

'라'는 젊고 활력 넘치던 시절에는 신들이나 인간들을 평화롭게 통치할 수 있었으나 세월이 흐름에 따라 그의 젊음과 건강은 빛을 잃어갔다. 그의 떨리는 입 언저리에서 줄곧 침이 흘러내리는 노인으로 묘사된 기록도 남아있다. 훨씬 뒤에 라가 노쇠해지자 이시스가 라의 신비로운 이름을 물려받고 절대적인 권력을 누렸다. 태양신이 인간의 세계를 완전히 벗어나 하늘로 올라간 이후, 그는 거기에서 틀에 박힌 생활을 하게 되었다. 그는 낮의 열두 시간을 쪽배를 타고 그의 적 아포피스의 공격을 피하려고 애쓰면서, 동쪽에서 서쪽으로 그의 제국을 누빈다. 아포피스는 하늘의 나일 강에 사는 거대한 구렁이인데, 그가 태양의 배를 뒤엎을 때가 바로 일식(日蝕)이라는 이야기도 있다. 그러나 아포피스는 언제나 라의 부하들에게 몰매를 맞고 결국 지옥의 바닥으로 떨어진다. 라에게 있어서 밤의 열두 시간은 더욱 위험스러웠다. 그러나 그는 항상 그 위험에서 벗어나 동굴에서 동굴로, 그의 빛을 필요로 하는 저승 세계의 사람들로부터 환호를 받으며 다닌다. 그리고 그들은 또다시 암흑의 괴로움에 빠지는 것이다.

라는 매일 아침 어린이의 모습으로 태어난다는 설도 있다. 그는 낮 열두시까지는 성인이 되었다가 점차 노인이 되어 밤에는 죽는다는 것이다.

그는 이미 알려진 것처럼 여러 가지 모습으로 표현되었다. 탄생한 지 얼마 안 되는, 연꽃 위에 있는 왕자의 모습으로, 불을 토하면서 신의 적을 무찌르는 성스러운 독사 우라에우스에게 둘러싸여 태양의 원반을 머리에 얹고 앉아 있거나 걸어가고 있는 남자의 모습으로 표현되기도 한다. 또는 밤을 누비며 다니는, 죽은 태양을 상징하는 양의 머리를 지닌 남자의 모습으로도 표현된다.

역시 성스러운 뱀 우라에우스에 둘러싸인, 원반을 머리에 얹은 매의 머리를 갖고 있는 인물로도 묘사된다. 그것이 바로 헬리오폴리스의 태양신, 이집트의 지배자 라 하라크티이다. 그 밖에 라의 모습이나 수는 매우 많으며 라 자신이 그것을 자칭하고 있다. 왕의 분묘 입구에 태양에 대한 기도문에 새겨져 있는데, 거기에 나오는 이름이 75개나 된다.

창조자로서, 세계의 지배자로서 널리 알려진 라는 다른 신들까지 차례차례 동화시켜 고왕국 시대 이후 국왕들로부터 가장 숭배받는 신이 되었다. 그리고 국왕들은 스스로 '라의 아들'로 자처했다. 그것에 관해서는 다음과 같은 이야기가 있다.

"라는 루디트디디트라는 여자와 정식으로 결혼하여 그녀와의 사이에서 다시 그 자신이 태어났다. 루디트디디트는 제5왕조 초기의 세 왕의 아내가 된 여자이지만, 라는 그 왕이며 아들이기도 했다. 즉 그가 지상으로 돌아가서 왕비와 결혼할 때마다 국왕이 태어난 것이다."

태양신 라는 헬리오폴리스의 멋진 성소에서 돌로 표시된 태양의 광선, 즉 거대한 오벨리스크의 모습으로 예배를 받고, 성스러운 소 므네비스로도 변신했으며, 때로는 베누라는 새로도 변했다. 그러나 오늘날 남아 있는 것은 형태조차 알아볼 수 없는 폐허와 제12왕조의 세누세르트 1세에 의해서 세워진 오벨리스크뿐이다. 이 오벨리스크는 이집트에 현존하는 오벨리스크 가운데 가장 오래된 것으로 손꼽히고 있다.

(2) 태양의 여신 세케트(Sekhet, Sekhmet)

그리스어로 사크미스라고 불리는 세크메트(Sekhmet)는 전쟁과 투쟁의 처참한 여신으로, 보통 암사자 혹은 암사자의 머리를 한 여자로 표현되고 있다. '강한 여자'를 뜻하는 그녀의 이름은 본래는 하토르의 형용어에 불과하다.

하늘의 여신 하토르가 사자가 되어 태양신 라를 배반한 인간들에게 덤벼들어 너무나 사납게 날뛰는 것을 보고 인류의 절멸을 두려워한 태양신이, 그러한 살육 행동을 중지하라고 하면서 그녀에게 내린 것이 그 이름인 것이다. 그때 하토르는 태양신 라에게 "인간들을 죽이면 당신의 생명이 나의 심장에 환희를 넘치게 합니다"라고 대답하면서 인간들을 용서하기를 거부했다. 그것이 나중에 세크메트라는 명칭을 낳게 하고, 그녀를 사나운 암사자의 모습으로 나타내는 원인이 되었다.

인간들을 구하기 위해서는 속임수를 쓸 수밖에 없다고 생각한 태양신은, 술과 석류의 과즙을 섞은 마법의 음료를 살육의 땅에 7천 병이나 뿌렸다. 피에 굶주린 세크메트는 그 붉은 음료를 인간의 피로 알고 정신없이 마셨다. 그 결과 몹시 취한 세크메트는 인간들을 마구 죽이는 짓을 계속할 수 없었다. 그렇게 해서 라는 인간들을 구원할 수는 있었지만, 세크메트의 마음을 완전히 가라앉히기 위해 인간들에게 "매년 1월 1일에, 태양의 여사제들이 갖고 있는 모든 병에 미약(媚藥)을 빚어 넣어야 한다"고 명령했다. 그래서 그 여신의 제사에는 반드시 그것이 행해졌다. 인간들에 대한 대살육이 행해진 것은 겨울이 시작되는 첫 달 12일이었다. 그래서 길흉을 정하는 달력은 "증오, 증오, 증오야말로 티비 12일 그날은 미소를 짓지 말라. 그날이야말로 라가 세크메트에게 명령하신 날이기에"라고 기록되어 있다.

세크메트는 '프타의 위대한 배우자'라 일컬어진다. 본래 레토폴리스의 신이었던 세크메트는 나중에 멤피스의 3인조인 프타의 아내로서 아들인 네페르툼을 낳았기 때문이다. 그녀에 대한 제사는 특히 접골 의사들과 관련이 있었는데, 그것은 그 여신의 힘을 빌어 뼈가 부러진 사람들을 고칠 수 있다고 믿었기 때문이다.

10) 열 번째 재앙(Plague 10): 장자와 맏배의 죽음. 살아 있는 신이라 부르는 바로를 공격함

열 번째 재앙은 바로의 세자를 비롯한 이집트인뿐 아니라 이스라엘 백성이 살았던 고센 땅에도 임하였다. 마지막 재앙은 모세나 아론을 통해서가 아니라 하나님께서 친히 일으키셨다. 죽음의 사자가 각 가정의 모든 맏아들, 모든 짐승의 맏배를 죽이는 재앙이었다. 하나님의 말씀대로 일 년 된 숫양을 잡아서 그 피를 두 문설주와 인방에 바른 집안에서는 장자와 맏배가 죽지 아니했다. 이때 죽음의 사자가 그 집을 '넘어감'(pass over)이라고 해서, 히브리어로 페사흐 절기라 했으며, 한문으로 유월절(逾越節) 혹 과월절(過越節), 영어로는 Passover이라고 부른다. 이 재앙으로 첫 자식(the first born)은 하나님께 드리는 것이라는 신앙이 생겼다(초실헌물).

살아 있는 신으로 간주된 바로의 맏아들도 죽었다. 열 가지 재앙 중 바로에게는 가장 치명적이었다. 이스라엘 백성들을 속히 고센 땅을 떠나게 한 결정적인 계기가 된 것이다. 이집트인들에게도 여호와 하나님은 바로나 태양신과는 비교도 되지 않는 분임을 깨닫게 하는 재앙이었다.

이집트의 주신인 라(Ra)는 태양신이다. 그는 때때로 암소의 첫 새끼 황소로 땅 위를 걷기도 한다고 한다. 그런데 이집트의 모든 장자를 침으로써 출생의 신 메스케밋(Meschemit)도 바로의 장자의 죽음을 막지 못했다. 이리하여 열 가지 재앙을 통하여 이집트의 모든 신들은 아무것도 아님이 밝혀지고 우상숭배의 어리석음이 폭로된 것이다.

열 번째 재앙에서 맏아들을 잃은 바로는 아멘호텝Ⅱ세라고 추정

하고 있다. 그를 뒤이어 바로가 된 투트모세Ⅳ세가 이러한 사실을 고백하였다. 이집트의 기자 지방에 있는 스핑크스 앞에 세워진 커다란 붉은색 화강암 비명에 기록되어 있다. 그는 왕이 되리라고는 꿈에도 생각지 못하였다. 그러나 자신이 왕이 되리라는 사실을 스핑크스 모양으로 나타난 신에게서 꿈으로 통고받았다. 참으로 그렇게 되었다는 자신의 꿈 이야기이다. 열 번째 재앙에서 황태자인 형이 죽자 뜻밖에 왕이 되었음을 무심결에 시인한 것이다.

(1) 생명을 부여하는 신 오시리스(Osiris)

오시리스(Osiris)는 이집트어의 우시르를 그리스어로 옮긴 것이다. 그리스인들은 오시리스를 그들의 수많은 신들 가운데 특히 디오니소스와 동일시하고 있다. 처음에는 자연의 신이요, 식물의 정(精)의 변신으로서, 수확기에 죽고 곡식의 배아와 더불어 다시 살아난다고 믿어지는 오시리스는 죽은 자의 신으로서 이집트 전역에서 숭배받았다. 그는 그런 자격 때문에 이집트의 많은 신 가운데 제1위에 속해 있는 것이다.

히에로글리프(상형문자)로 된 여러 문헌에는 오시리스의 지상 생활과 관련된 사건이나 그의 신상에 대해서 아주 자세하게 언급되어 있다. 그러나 그의 전설에 관해서 잘 알게 된 것은 무엇보다도 역사가 플루타르코스(Lucius Mestrius Plutarchus, Plutarch, 46-120년)[105] 덕분인 것

105) 아폴로신전의 성직자였던 플루타르코스는 《플루타르코스 영웅전》의 저자로 널리 알려진 고대 그리스 시대의 철학자, 정치가 겸 작가이다. 그는 중기 플라톤주의 철학자들 중의 한 명이었으며, 플루타르코스 영웅전 외의 유명한 저작으로는 《도덕론》이 있다. 오시리스의 이야기는 플루타르코스를 통해서만 계승된 이야기의 형태로 우리에게 전해지고 있다. 아주 다행스럽게도 《도덕서》(道德書)에는 풍부한 자료들을 바탕으로 쓰여진 "이시스와 오시리스에 관하여"라는 긴 장(章)이 있는데, 여기에는 구체적인 주장뿐 아니라 피라미드에 조각된 비문(碑文)까지 첨가되어 있다. 이 비문들이 쓰여진 시기는 최소한 주전 2500년, 심지어는 그 이전까지도 거슬러 올라간다.

이다.

오시리스는 게브(Geb)와 누트(Nut)의 장남으로 상이집트의 테베(Thebe)에서 360일 이외의 제5일 중 첫날에 태어났다. 그는 태어나자마자 신비스런 목소리로 '세계의 주인'이라고 선언하여, 그 소리를 들은 사람들은 기쁨의 탄성을 올렸다. 그러나 이윽고 그를 위협하는 불행을 깨달았을 때 그 탄성은 통곡 소리와 슬픈 노래로 변했다. 라(Ra)는 그 선언을 듣자, 앞서 누트에게 저주를 퍼부었음에도 불구하고 기꺼이 그의 손자인 오시리스를 불러 그의 왕위 계승자로 인정했다. 오시리스는 큰 체격에 미남이었다. 아버지인 게브가 하늘로 은둔한 후, 그는 이집트 왕위를 계승하고 누이동생인 이시스와 결혼했다.

이 새 지배자의 최초의 관심사는 거의 미개 상태로 있는 그의 백성들로 하여금 사람 고기를 먹는 습관을 없애고, 들판을 경작하는 도구를 만드는 기술을 가르치고, 그들에게 빵과 포도주와 맥주 따위의 음식물이 되는 보리나 포도를 생산시키는 일이었다. 오시리스는 그때까지 행해지지 않았던 신들에 대한 경배를 명령하여 사원을 세우고, 최초의 신의 모습을 조각하였으며, 의식의 항목을 자세히 정하고, 이어 제전의 합창 반주로 쓰이는 플루트 두 종류를 발명하기까지 했다. 그 후 오시리스는 여러 도시를 건설하고 주민들에게 올바른 법을 가르쳤다. 이렇게 그는 4대째의 신왕(神王)으로서의 이름 우노프리스, 즉 '착한 존재'라는 이름에 어울리는 존재였다.

그는 이집트를 계발하는 것만으로 만족하지 않고, 그의 올바른 정치를 전 세계에 미치고 싶어 했다. 그래서 그는 이시스에게 통치를 맡기고 재상 토트(Thot), 지휘관 아누비스, 오포이스 등을 데리고 아시아 정복의 길에 나섰다. 어떤 폭력에도 반대하는 오시리스는 오직 자애로써 이 나라 저 나라를 정복해 나갔다. 그는 노래와 온갖 악기를 연주함으로써 주민들의 마음을 풀고 그 무장을 풀게 했다. 그는 온 지상을 누비며 도처에 문명을 보급시킬 때까지는 이집트로 돌아가지 않겠다고 결심했다.

이집트에 돌아온 오시리스는 그의 왕국이 자신이 없는 사이에도 아내인 이시스에 의해 현명하게 통치되어 완전한 상태임을 알았다. 그러나 그는 자신의 권력을 시기하는 동생 세트가 꾸민 음모에 말려들게 되었다. 이집트를 통치한 지 28년 되던 해에 '착한 존재'로 불리던 오시리스는 반역자에 의해 희생되었다. 그러나 그의 충실한 아내가 남편의 시체에 생명력을 불어넣어 소생시키는 데 성공한다. 그래서 게브가 주재하는 신들의 법정에서 세트의 비난에 분개하여 오시리스가 억울하다는 것이 증명되었다. 다시 살아난 뒤에 죽음으로부터 보호받기로 된 오시리스는 왕좌에 올라 살아 있는 사람들을 통치할 수 있게 되었다. 그러나 그는 지상을 버리고 '극락정토'에 안주하기를 원했으며, 거기에서 바르게 살다 온 영혼을 맞아 죽은 자들을 통치했다.

이것이 오시리스의 전설인데, 그 전설의 기원이 확실하다면 오시리스는 어떤 정복부족(征服部族)의 물신(物神)으로 볼 수 있다. 그 부족은 처음에는 하이집트(Lower Egypt) 지방의 부시리스의 자리에 모셔졌는데, 안치의 형태와 이름까지 그대로 써 버렸다. 이어서 훨씬 뒤에 상이집트(Upper Egypt)의 아비도스에 거처를 정했는데, 여기서 테엔스의 지하 묘소와 낭신(狼神) 켄트투, 서방인들의 우두머리, 즉 태양이 지는 땅에 거처를 갖는 죽은 자들의 우두머리라는 명칭이 주어졌다.

오시리스는 계속해서 다시 태어나는 식물의 정령으로서 보리, 포도, 수목을 상징했다. 또한 해마다 물이 불었다 줄었다 하는 나일강이나 해질 무렵에 암흑 속으로 가라앉았다가 새벽에 다시 빛나는 태양의 빛을 상징했다. 두 형제, 오시리스와 세트 사이의 다툼은 기름진 땅과 사막, 식물과 건조한 바람, 불모와 넘쳐흐르는 물, 암흑과 광명과의 투쟁인 것이다.

그러나 오시리스가 진실로 널리 신앙의 대상이 된 것은 죽은 자의 신으로서였다. 왜냐하면 그는 신자들에게 저승에서 올바르고 선량한 왕 밑에서 행복하게 지내게 될 것과 또 영원한 생명에 대한 희망을 주었기 때문이다.

오시리스는 자신과 3인조를 이루고 있는 아내 이시스, 그리고 아들 호루스와 더불어 이집트 전역에서 숭배를 받았다. 오시리스의 그 장엄한 성소에 들어갈 수 있었던 자나, 적어도 자기의 이름을 새긴 비를 세우게 할 수 있었던 자는 행복한 자들이었다. 그들은 내세에 '착한 왕'이라는 위치를 보증받은 것이 되기 때문이다. 오시리스는 몸에 꼭 끼는 가늘고 흰 줄무늬 옷을 입고 서 있거나 왕좌에 앉아 있는 인간의 모습으로 표현된다. 초록빛이 감도는 그 얼굴에는 타조의 깃 두 개를 단 높고 흰 사교관(司敎冠), 즉 '아테프'라 불리는 것을 얹고 있다. 목에는 붉은 끈을 매고 수의에 나와 있는 두 손은 가슴 위에, 회초리와 홀(忽), 즉 지상권을 나타내는 갈고리 모양의 왕홀(王忽)을 엇갈리게 얹어놓고 있는 것이다.

그의 이름이나 속칭은 너무 많아서 《사자의 서》(*The Book of the Dead:* 죽은 이들이 안전하게 다음 세상에 도착하길 기원하는 책)에 있는 기도문 안에는 그 수가 100개나 된다. 오시리스는 다른 많은 신성(神性)과 마찬가지로 변신하기를 즐기며 소[牛] 오누피스, 멘데스와 성양(聖

羊), 베누 따위의 동물뿐만 아니라 단순한 주물(呪物)에 불과한 '제드' 같은 것으로까지 변신했다. 그것은 그가 선사시대의 숭배자를 전쟁으로 끌어넣고 있던 당시 최초의 형태였다.

그러나 초기에는 전나무나 그 밖의 소나무과(科) 식물의 나뭇가지를 늘어뜨린 것에 불과했었다. 그런데 고전기가 되면 '제드'는 "유명한 부시리스의 성소에 보전되고 있듯이" 네 개의 기둥머리가 있는 돌기둥 모양으로 서술되어 전해지고 있다.

오시리스의 위난(危難)의 날들을 기념하기 위해서 올려진 축제에 대해서 이야기할 여지는 거의 없어졌다. 그 축전에서는 사제들이, 많은 사람들이 보는 앞에서 신의 수난과 부활을 모방하여 그 신비한 자취를 재현해 보였던 것이다.

"태양의 도시"의 연대기에 의하면, 오시리스는 최초의 대양인 누운의 가슴에서 휴식을 취하는, 자기 속에 모든 존재들을 지닌 무한한 영혼인 아툼으로부터 유래한 세 번째 세대에 속한다. 양성적 신인 아툼은 태양신 레(라)와 동일시되기도 한다. 아툼에게서 최초의 남녀 신인 슈와 테프누트가 나오는데, 이들은 각각 공기와 습기를 의미한다. 이 둘 사이에서 대지의 신 겝과 하늘의 여신 누트가 태어나며, 플루타르코스는 이 둘을 레아와 크로노스에 비유하고 있다. 물론 이 같은 도식이 똑같이 전해져 왔다고 볼 수는 없다. 사실 그리스에서 하늘의 신은 남성 신 크로노스, 더 정확하게는 크로노스의 아버지 우라노스였던 반면, 이집트에 오면 하늘의 신은 여성신 누트이고, 대지의 신은 '지고의' 신으로 간주되는 남성 신 겝 혹은 프타이다.

겝의 쌍둥이 누이인 누트는 아툼-레의 뜻을 거역하고 겝과 동침

한다. 아툼은 그 벌로 이들의 아버지인 슈를 시켜 둘을 갈라놓게 하고는, 누트가 어떤 달 어떤 해에도 아이를 낳을 수 없을 것이라고 선언한다. 다행히도 누트를 불쌍히 여긴 토트 신이 "달과 내기 장기를 두어, 자신이 이길 때마다 달에게서 72분의 1일씩을 얻어냈다"고 플루타르코스는 전하고 있다. 그는 그것을 모아 당시의 정규적인 책력 계산에는 포함되지 않았던 5일을 만들어서 누트로 하여금 하루에 한 명씩 다섯 명의 아이를 낳게 하였는데, 이들 중 오시리스가 태어나는 순간 "만물의 주인이 세상에 오셨도다"라는 소리가 울려퍼졌다. 그 후 세트는 누이 네프티스와 결혼했으며, 오시리스는 이시스와 결혼하였다.

오시리스는 대지를 통치하면서 이집트인들을 야만적인 생활에서 벗어나게 하였고, 그들에게 율법을 가르쳐 신들에게 제의를 올리게 하였다. 보리가 야생에서 자라나는 것을 발견한 이시스가 그 곡식의 재배법과 빵과 맥주를 제조하는 방법을 백성들에게 가르치는 동안 오시리스는 세계를 돌아다니며 농경법을 전파하였고, "신들과 그들의 뒤를 이어 살아 있는 모든 생물들에게 양식을 제공하는 자"로 칭송받았다. 사실 과실나무와 포도나무의 재배는 그에게 빚진 바가 크다. 한편, 오시리스가 땅에 물을 대어 기름진 토양으로 만드는 동안, 메마른 땅 사막의 신 세트는 이러한 그의 성공을 시샘하여 72명의 반역자들과 형을 헤치려는 음모를 꾸미고 오시리스를 잔치에 초대한다. 그는 오시리스의 키를 몰래 잰 다음, 그의 키에 딱 들어맞는 상자를 하나 만들어 멋있게 치장한다. 모든 사람들이 그 상자를 보고 감탄하는 가운데 세트는 그 상자에 꼭 들어맞는 사람에게 그것을 선사하겠노라고 약속한다. 잔치에 참석한 이들이 차례로 시험해 보았으나 상자는 그들에게 너무 컸다. 그러나 오시리스만은 예외였다. 그가 상자 속에 드러눕자마자 반역자들이 달려들어 뚜껑을 덮고 단단히 못을 박은 다음 상자를 나일 강으로 던져 버렸다.

한편 상자는 바다로 흘러 들어가, 페니키아 해안의 비블로스까지 떠내려왔는데, 그곳에서 히이드 나무 한가운데에 부딪친다. 그러자 갑자기 나무가 기적같이 자라나더니 줄기 속으로 상자를 집어넣었다. 비블로스의 왕은 이 나무의 성장에 감탄하여 그것을 베어 오라고 명령을 내리고, 이 나무로 "왕궁의 지붕을 지탱하는 기둥을 만들었다." 한편 남편의 시체를 찾아 세상을 누비고 다니던 이시스는 마침내 남편의 소재를 알게 된다. 그녀는 궁전으로 들어가 왕의 아이를 키우는 유모가 되지만, 곧 자신의 정체를 밝히고는 왕궁의 기둥을 달라고 간청하였다. 결국 이시스는 그 기둥에서 남편의 관을 꺼내게 된다.

이집트로 돌아온 이시스는 죽은 남편의 시체를 찾기 위해 매의 형상을 하고 날아다니다가 이미 죽은 오시리스로부터 수태해 낳은 아들인 호루스를 만나러 가면서, 경솔하게도 이 상자를 아무런 보호 없이 남겨둔다. 그 사이 이 상자를 발견한 세트는 오시리스의 시신을 열네 토막으로 잘라 강에 뿌려버린다. 이시스는 물고기가 삼켜 버린 남편의 생식기를 제외한 시체의 모든 부분을 찾아낸다.

죽은 자들의 왕이 된 오시리스는 자기 아들이 전투를 준비할 수 있도록 자신의 새로운 땅으로 떠난다. 호루스는 세트를 쳐부수고, 그를 어머니에게로 끌고 온다. 그러나 세트를 불쌍히 여긴 이시스는 그를 풀어 준다. 화가 난 호루스는 이시스의 왕관을 땅에 던지지만, 즉 그녀의 목을 잘라 버리지만 토트가 왕관 혹은 머리를 암소의 머리로 바꿔 놓는다. 이는 이시스와 하토르가 동일시되고 있음을 의미한다. 또 다른 텍스트들에 따르면 호루스는 하토루의 모습을 한 어머니를 강간함으로써 자신의 아내를 만들었다고 비난한다. 그리하여 호루스는 나라의 통치권을 획득하기 전에 두 번의 전쟁을 치르게 된다.

(2) 생명을 수호하는 신 이시스(Isis)

이시스(Isis, Ἶσις)는 그리스어의 이세트에 해당하는 말로 그리스인들에 의해서 데메테르, 헤라, 셀레네 등과 동일시되며 후에 이시스와 하토르가 혼동되자 아프로디테(Aphrodite, 라틴어로 Venus)와도 동일시되었다.

이시스 신앙은 후세에 매우 대중적이 되어 다른 여신들의 저격을 거의 합해 버릴 정도가 되었지만, 처음에는 나일 강 델타 지대의 극히 얌전한 여신이었으며 부시리스 북방에 있는 페르 헤베트의 여주인이었다고 한다. 이 페르 헤베트에서는 인접한 도시의 자연의 신 오시리스의 아내로 불렀고, 그와의 사이에서 생긴 호루스와 더불어 오시리스의 3인조를 구성했다.

플루타르코스(Plutarchos, 46-120년)의 《플라타르코스 영웅전》에서 들려주는 그녀에 대한 전설은 다음과 같다.

이시스는 게브와 누트의 장녀로서 에파고메노스의 4일째 델타 지방의 저습지에서 태어났다. 오빠인 오시리스의 아내로 택해진 그녀는 그녀와 더불어 살아 있는 사람들을 다스리는 왕좌에 앉아서 오시리스의 개화 사업을 도와, 여자들에게 곡식을 빻고 삼으로 실을 만들어 옷감을 짜는 방법을 가르쳤다. 또 그녀는 남자들을 결혼시켜 가정생활을 하게 했다. 오시리스가 세계를 평화적으로 제패하기 위해 떠난 후, 이시스는 이집트의 통치자로서 남편이 돌아오기를 기다리며 그 왕국을 현명하게 지배했다.

그런데 그들의 형제, 즉 난폭한 세트가 오시리스를 죽였다는 통지를 받았을 때 이시스의 비탄은 뭐라 형용할 수 없었다. 그녀는 즉시 머리카락을 자르고 옷을 찢은 다음 '착한 존재' 오시리스가 들어 있는 관(棺)을 찾으러 나섰다. 반역자들이 그 관을 나일 강에 던져 버렸던 것이다.

나일 강의 지류인 타니스의 하구로부터 바다로 흘러든 그 관은 파도를 타고 페니키아의 해안에 있는 타마리스크(버드나무의 일종) 밑에 닿았다. 놀라운 속도로 자라는 그 나무는 그 관을 줄기 속에 완전히 감추어버리고 말았다.

그런데 얼마 후에 그 나무는 뷔블로스의 왕 마르칸드로스의 명령으로 베어져 그의 궁전 지붕을 받치는 기둥이 되었는데, 이상하게도 그 신비스런 나무는 야릇한 향기를 뿜기 시작했다. 그 소문을 들은 이시스는 곧 그 까닭을 알게 되어 즉시 페니키아로 떠났다. 그곳에서 이시스는 아스타르테 여왕이, 태어난 지 얼마 안 되는 왕자에 대해 근심하는 이야기를 들었다. 그래서 이시스는 그 왕자를 영원히 살 수 있는 몸으로 만들어 주기로 했다. 그러나 그녀가 왕자의 몸을 깨끗이 하기 위해 불로 목욕시키는 것을 본 여왕이 너무나 놀란 나머지 소리를 질렀기 때문에 주문의 힘은 깨어지고 말았다. 그래서 이시스는 여왕을 안심시키기 위해 자신의 이름을 말하고, 그곳을 찾아온 이유를 밝혔다. 그런 다음 궁전의 지붕을 받치고 있는 타마리스크의 신비스런 기둥을 넘겨받아 거기서 남편의 관을 꺼내고는 하염없이 눈물을 흘린 후 이집트로 가지고 왔다.

그녀는 세트의 음모에서 벗어나기 위해 그 관을 부토의 저습지에 감추었는데, 세트는 우연히 자기 형의 시체를 다시 찾아내어 그것을 열네 토막을 내어 사방에 뿌렸다. 이시스는 그래도 실망하지 않고 그 귀중한 잔해를 여기저기서 찾아내어 거의 다 모았다. 이시스는 시체 토막을 교묘히 이어 붙여서 오시리스의 몸을 본래의 상태로 만들었다. 이어서 누이동생 네프티스, 조카 아누비스, 죽은 오시리스의 재상 토트, 그리고 아들 호루스의 도움을 얻어 죽은 시체에 영원한 생명을 불어넣는 의식을 처음으로 행했다.

이어서 그녀는 세트의 노여움을 피하고, 또 아들 호루스를 세트에게 복수할 수 있을 만큼 키우기 위해 부토의 저습지에 숨어 살았다. 어머니의 주문 덕분으로 호루스는 어떤 위험한 재난이라도 면할 수 있었다.

사실 이시스는 뛰어난 주술사였기 때문에 신들까지도 그 저주를 면할 수 없었다. 전하는 이야기에 따르면, 그녀가 태양신 라의 시중을 드는 아직 어린 소녀에 불과했을 때, 그녀는 라에게 그 신비스런 이름을 물려달라고 간청했다는 것이다. 태양신은 이미 늙고 쇠약하여 머리가 흔들리고 입에서는 침이 줄줄 흘러내리는 형편이었으므로, 이시스는 그 점을 이용해서 침이 밴 흙으로 독사 한 마리를 만들어 태양신이 다니는 길목에 놓았고 독사는 태양신 라를 심하게 물었다. 그 뱀의 유래를 모르는 라는 상처를 치료할 방법을 몰라 이시스의 주문에 의지해야 했다. 그러나 이시스는 그 독액을 좀처럼 제거하려 하지 않았기 때문에, 태양신은 고통을 이기지 못하여 그 신비스런 이름을 입 밖에 내고 말았다. 그래서 그 이름은 다른 신이 모르는 사이에 라의 몸에서 이시스의 몸으로 옮겨갔다.

오시리스의 신화에서 이시스는 매년 나일 강의 범람에 의해 기름지게 되는 이집트의 토양을 상징하고 있으며, 그 나일 강을 나타내는 오시리스나 기름진 토양인 이시스와는 정반대인 세트는 사막을 상징하고 있는 것이다.

이시스 신앙은 점차 널리 퍼져 마침내는 다른 여신에 대한 신앙의 대부분을 차지하기에 이르렀다. 그 신앙은 이집트 밖으로까지 퍼져 그리스/로마 시대의 상인들처럼, 뱃사람들은 바다의 별이며 항해자의 보호자인 이시스에 대한 숭배를 라인 강 연안까지 전파시켰다. 나일 강 유역에서는 이시스 숭배가 기독교의 전성기까지 계속되었다. 이집트의 최남단에 있는 이시스의 주요한 성소 필라에의 사원이 폐쇄되고 기독교의 교회로 바뀐 것은 6세기 중엽 유스티니아누스 황제의 치하에서였다.

이시스를 위해 일 년에 두 번(봄과 가을) 거행되는 대축전이나 그때 향해진 화려한 행렬 등에 관해서는 이시스교의 비의(秘儀)를 전수받은 아프레이우스가 그것을 전하고 있다. 이시스는 흔히 그 이름의 표의문자인 왕좌를 머리에 얹은 여자의 모습으로 표현되고 있다. 훨씬 뒤의 일이지만, 때로는 두 개의 깃을 달고(달지 않은 경우도 있지만) 쇠뿔 사이에 원반을 얹은 관을 머리에 쓰고 있고, 때로는 인체에 소머리를 얹은 모습으로 표현되기도 한다. 이런 뿔이나 동물의 머리는 당시 사람들이 이시스와 하토르를 동일시하고 있었다는 것을 증명해준다.

대체로 이시스는 조각이나 그림에는 오시리스와 함께 표현되어 있다. 그녀는 죽은 자들에게 대하듯 오시리스를 그 날개가 붙은 손으로 어루만져 떠받들고 있거나 돌로 만든 관 밑에서 울거나 혹은 항아리를 지켜보고 있는 모습으로 묘사되어 있다. 또한 빈번히 볼 수 있는 표현으로는, 어머니로서 호루스를 키우는 모습과 나중에는 호루스를 데리고 세트와 싸우는 묘사도 있다.

(3) 지상의 태양신 바로(Pharaoh)

바로(파라오, Pharaoh '큰 집')는 이집트의 정치적, 종교적 최고 통치자를 나타내는 칭호이다. 바로는 호루스의 현현신이다. 그래서 바로는 인간이 아닌 태양신으로 숭배되기도 하며, 이 때문에 바로가 죽으면 육체를 모두 소진하고 영혼으로서 다스린다고 생각하기에, 바로가 영원히 사는 궁궐의 의미로 피라미드를 만들었다. 바로가 죽으면 오시리스로 태어나 죽은 자들의 왕으로 영원히 통치한다고 믿었다. 열 번째 재앙에서 바로의 맏아들(세자)은 소생되지 않았다. 이는 이집트인들에게 치명적인 사건이었다.

호루스(Horus)는 일종의 태양신의 명칭이며 줄곧 아폴로와 동일시되어 왔다. 그리고 한 마리의 매나 매의 머리를 가진 신으로 표현되었다. 이집트인들은 '하늘'을 표현하는 말과 같은 음인 '호르'(Hor)의 이름으로 그들의 머리 위에 높이 나는 매를 나타내고, 하늘을 좌우로 하여 태양과 달의 눈을 갖고 있는 한 마리의 매를 보았던 것이다. 매 신의 추종자들이 정착한 곳에서는 호루스에 대한 신앙이 어김없이 행해졌다. 그러나 그 신의 역할이나 권한은 시간이 흐름에 따라 각각의 성소에 변화해서 이집트의 수많은 신들 가운데는 호루스 신이 스물이나 될 정도이다. 그 중에서 가장 중요한 것은 늙은 호루스, 즉 '하로에리스'나 기타의 태양신 계통의 매 신인 호르 베레데티, 에드푸의 호루스와 오시리스 신화에 나오는 이시스의 아들 호루스, 즉 아버지의 복수자인 '하르에시스'와 구별하는 것이다.

이시스가 오시리스를 소생시키면서 주문의 힘으로 호루스를 잉태하여 부토와 가까운 케므니스의 섬에서 낳은 사정은 오시리스의 전설에 나온다. 이 호루스의 유년시대, 즉 그것은 호르 파 케르드(어린 호루스)라 불렀고 거기에서 하르포클라테스의 이름이 생겨났다.

하르포클라테스는 벌거숭이 아니면 보석류를 몸에 달았을 뿐 관자놀이에 늘어뜨린 땋은 머리 이외에는 머리가 거의 없는 갓난아기의 모습으로 표현되어 있다. 때때로 그 아기는 젖을 내밀고 있는 어머니의 무릎 위에서 손가락을 빨고 있다. 그 동작은 그리스인들이 겸손의 덕을 나타내는 것이라고 잘못 해석했지만, 훨씬 후세에 가서 침묵의 신이라고 불리는 그 젊은이에게 어울리는 동작이었다. 세트의 음모를 염려하여 고독 속에서 키워진 이시스의 아들은 태어날 때부터 몹시 허약했지만, 어머니의 마법 덕택에 여러 가지 위험이나 난폭한 동물들의 습격, 불, 전갈과 병을 모면할 수 있었는데, 그 기록은 주술자들이 병자를 고치기 위해 사용한 주문의 문장을 만드는 법이나 쓰는 법 속에 보존되어 있다.

그러는 동안에 점차 성장한 호루스 앞에 종종 오시리스가 나타나 싸우는 법을 가르치며, 세트와 싸워서 그 왕위 계승권을 되찾아 아버지의 원수를 갚을 수 있는 방법을 가르쳐 주었다. 그 영광스러운 복수 행위에서 '하렌도테스'라는 명칭이 생겼는데, 그것은 '아버지의 복수자 호루스'를 뜻하는 호로 네지 이테프의 그리스어식 발음인 것이다.

호루스가 오시리스와 살해자 세트와 싸우는 모습은 에드푸의 신전 벽면에 조각되어 있다. 이 에드푸의 주신 베헤데티는 그 시대에는 이시스의 아들과 동화되어 있었던 것이다. 한편 세트도 태양의 영원한 적 아포피스와 혼동되어 있었다. 그 벽면에 조각되어 있는 띠 부분에는 호루스가 하르토메스(찌르는 사람 호루스)의 이름 아래 그 창을 상대방에게 찌르는 한편, '호루스의 추종자들'은 악어나 하마나 영양이나 그 밖의 다른 티폰의 동물들 속에 숨으려고 도망치는 '세트의 추종자들'을 칼로 마구 찌르는 그림을 볼 수 있다.

신들은 질질 끄는 싸움을 중지시키려고 그 판가름의 마당에 두 적대자를 출두시켰다. 세트는, 오시리스의 아들이라는 그의 조카가 서자에 불과하다고 호소했으나, 호루스는 자기 출생의 정당함을 떳떳이 증명했다. 그래서 신들의 왕위를 빼앗은 자에게 그 계승권을 돌려주라고 판결을 내린 후 호루스를 상하 두 이집트의 주인으로 선고했다. '두 나라를 합치는 호루스'를 뜻하는 호르 스마타우이의 음역(音譯)인 하르솜투스와 '두 땅의 주인 호루스'를 뜻하는 호르파 네브타우이 등의 명칭이 생긴 것도 여기에 연유한다.

이렇게 해서 호루스는 곳곳에 많은 신전을 세웠으며, 그 신전에서 그는 원수 세트의 추종자들과 싸우기 위해 그 탈을 썼던 여러 가지 동물의 모습으로 표현되고 있다. 이어서 그는 이집트 전체를 평화적으로 통치하고 국가신(國家神), 즉 국왕들의 선조로서 이집트에 영원히 머물렀다. 그리하여 국왕들은 '살아 있는 호루스'의 칭호를 갖게 되었다.

오시리스와 어머니 이시스와 더불어 이집트 전역에서 숭배받는 호루스는 많은 성소의 3인조 중에서도 우두머리가 되어, 혹은 왕자로서 혹은 신의 아들로 표시되었다.

예를 들어, 에드푸와 온보스에서는 호루스가 주신으로서 아내 하토르를 갖고 있었지만, 덴데라에서는 하토르가 어엿한 여주인이고 호루스는 여왕의 남편이라는 자격으로 주신이 된 데에 불과했다. 여러 신전에 나타나 있는 조건이나 그림의 표현 중에서는, 신왕국 시대 초기에 이르기까지 호루스는 세트와 협력해서 왕에게 왕관을 쓰도록 하고, 왕의 시중을 들거나 성소로 안내하는가 하면 두 나라가 통합하도록 하고 있다. 그러나 나중에는 오시리스의 살해자는 토트가 된다.

또 세트와 그의 일당과 싸우고, 오시리스를 위해 울고 그를 위해 시체를 땅에 묻는 의식을 행하는 호루스의 모습을 볼 수 있다. 그리고 마지막에는 호루스가 저승에서 죽은 자들을 '오시리스' 앞으로 안내하여 영혼의 무게를 재는 일을 감독하는 모습을 볼 수 있다.

■ 출애굽기 9:12, 10:20, 11:10 왜 하나님께서 바로의 마음을 강퍅하게 하셨는가?

하나님께서 이스라엘 백성을 출애굽시키실 때 바로의 마음을 강퍅하게 하셔서(the LORD hardened the heart of Pharaoh) 열 가지 재앙을 내리신 이유는 무엇일까? 왜 하나님께서 바로의 마음을 부드럽게 하지 않으시고 굳게 하셔서 재앙이 계속되게 하시는지 출애굽기를 자세히 읽으면, 하나님께서 바로를 강퍅(harden)하게 하시기 전에 바로의 마음이 강퍅하여(7:13-14, 22, 8:15, 19, 32) 여러 가지 재앙을 보고도 하나님을 믿지 않았음을 알 수 있다. 이미 출애굽의 계획을 가지고 계신 하나님께서(창 15:16; 출 3:8, 12, 17) 이 목적을 실현하시기 위해 바로에게 주권적으로 섭리하신 것이다. 이러한 하나님의 계획을 실현하는 데 아무도 방해할 수 없다.

앞서 살핀 대로 바로의 마음을 강퍅하게 하심으로 이집트인들이 섬겼던 우상들이 아무것도 아니라는 것을 깨닫게 하신 것이다. 이스라엘 백성들에게도 저희들이 400년간 살면서 직접, 간접적으로 우상숭배 문화에 영향을 받았을 텐데, 전능하신 하나님 앞에서 저희들은 아무것도 아닌 것을 확실히 알게 된 것이다.

아홉 번째 재앙을 당하고도 마음이 완강했던 바로는 자기의 맏아들조차 죽는 열 번째 재앙을 당한 그날 밤에 바로가 모세와 아론을 불러서 "너희와 이스라엘 자손은 일어나 내 백성 가운데서 떠나서 너희 말대로 가서 여호와를 섬기며 너희의 말대로 너희 양도 소도 몰아가고 나를 위하여 축복하라"(출 12:31-32)고 항복한 것이다. 이리하여 이스라엘 백성들이 이집트에 가서 살기 시작한 때로부터 430년이 지난 그날에 하나님께서는 그들을 출애굽시키신 것이다(출 12:40-41).

이런 모든 사실을 목격한 이스라엘 백성들은 출애굽의 모든 크레딧을 하나님께 돌린다.

> **출애굽기 13:16하** "여호와께서 그 손의 권능으로 우리를 애굽에서 인도하여 내셨음이니라."

십계명은 "나는 너를 애굽 땅, 종 되었던 집에서 인도하여 낸 너의 하나님 여호와로라"(출 20:2)는 계명으로 시작한다. 하나님께서 이스라엘 백성들을 구원하신 분임을 고백하면서 십계명을 암송했다. 자기 백성을 구원해 주신 분이 바로 하나님이심을 명백히 밝히고 있는 것이다.

어느 주일(교회)학교에서 선생님이 퀴즈를 내었단다. "누가 이스라엘 백성들을 출애굽시켰느냐?"는 질문에 "모세"라고 대답한 학생을 칭찬해 주었다. 그런데 다음 주일 한 학생이 선생님께 찾아와서 지난주일 퀴즈문제를 언급하면서, 결국 모세를 보내신 하나님께서 이스라엘 백성들을 출애굽시키시지 않았느냐고 항의하자, 선생님이 사과하고 모두에게 이 사실을 알렸다고 한다. 그렇다. 하나님께서는 모세를 사용하지 않으시더라도 이스라엘 백성들을 주님의 방법으로 출애굽시키셨을 것이다. 출애굽의 목적은 하나님께 예배를 드리기 위함이다(Let my people go to serve me, 출 8:1, 9:13 이하). 태양신을 섬기며 오시리스, 이시스, 호러스를 섬기던 이집트에서 속히 벗어나 하나님께 신령과 진정의 예배를 드리기 위해 출애굽한 것이다.

하나님께서 엘리의 집안이 영적으로 침체되어 갈 때에 사무엘 사사를 통해 경고를 하셨지만 엘리와 그의 아들들은 회개하지 않았다. 사무엘상 2:25을 보니 "이는 여호와께서 그들을 죽이기로 뜻하셨음이었더라"고 했다. 결국 저들은 블레셋 군대에 의해 전사하고 말았던 것이다. 그러나 니느웨 성을 멸망시키려던 계획이 있었으나, 요나의 전도설교("40일이 있으면 이 성은 망한다")를 듣고 왕으로부터 시작하여 온 백성들과 심지어 짐승까지도 철저히 회개기도를 할 때, 하나님께서는 심판의 계획을 바꾸시고 니느웨 성의 멸망을 취소하였다는 내용이 요나서에 기록되어 있다.

독일 신학자 몰트만(J. Moltmann)은 《희망의 신학》에서 새 시대의 역사의식은 위기의식이며 역사철학은 근본적으로 위기철학이라고 말하였다. 역사는 어디로 가고 있으며, 왜 그렇게 가는가? 기독교의 해답은 하나님은 세상에서 일어난 모든 것에 대해 계획을 가지고 계시다는 것과 그분은 그의 계획을 이루기 위해 지금도 일하고 계시다는 것이다. 선한 것과 악한 것을 포함하는 하나님의 계획, 다시 말해서 죄의 근원이 되지 않으면서 죄를 방치하거나 허용하거나 제한하시는 하나님의 섭리는 한 치의 오차도 없이 그의 계획대로 진행된다는 사실 속에서 우리는 미래의 희망을 품는 것이다.

또한 하나님은 그의 목적을 이루시는 데 있어 믿음으로 기도하는 우리를 수단으로 삼으신다는 사실은 천국을 향해 순례의 길을 걸어가는 우리에게 큰 위안과 용기를 준다. 만물이 주님께로부터 시작해서 주님으로 말미암으며 주님께로 돌아가기에 주님만이 영원무궁토록 영광을 받으신다(롬 11:36 참고).

■ 출애굽기 12:40-41 이집트 종살이 기간은?

이집트에서 종살이를 한 기간은 100년 미만으로 보면 된다. 스데반이 순교를 앞두고 한 설교에서 "그 씨가 다른 땅에서 나그네 되리니 그 땅 사람이 종을 삼아 400년 동안을 괴롭게 하리라" 하면서 이 종살이란 하나님께 예배를 드리지 못한 영적인 종살이를 언급하고 있다(행 7:6-7). 그래서 7절을 보면 "종 삼는 나라를 내가 심판하리니 그 후에 저희가 나와서 이곳에서 나를 섬기리라"고 하셨다. 출애굽의 주된 이유가 하나님께 예배를 드리기 위함이었다.

일찍이 하나님께서 아브라함과 계약을 체결하면서 예언하시를 "너는 정녕히 알라 네 자손이 이방에서 객이 되어 그들을 섬기겠고 그들은 사백 년 동안 네 자손을 괴롭게 하리니 그 섬기는 나라를 내가 징치할지며 그 후에 네 자손이 큰 재물을 이끌고 나오리라…네 자손은 사대 만에 이 땅으로 돌아오리니…"(창 15:13-16)라고 하실 때 역시 이방의 나라에서 영적인 종살이가 사백 년간 이어지리라는 말씀이었다. 그러나 마침내 출애굽하여 하나님께 자유롭게 예배드리는 곳으로 와서 정착하게 될 것이라는 말씀이다.

그러면 실제로 이스라엘 백성들이 이집트에서 종살이를 하였던 기간은 얼마나 될까? 출애굽기 1:8에 있는 대로 "요셉을 알지 못하는 새 왕[투트모세 2세라고 한다면 출애굽의 연도가 주전 1440년이 되며, 19왕조의 세티 1세(Seti I)로 보면 출애굽의 연도가 BC 1290년이 됨]이 일어나서" 이스라엘 백성들이 많고 강함을 인식하고 전쟁이 나서 적과 연합하여 이집트를 공격할 것을 우려하여 이들에게 국고성 비돔과 라암셋을 건축하게 하였다(출 1:11). 바로 왕은 남아가 태어나면 산파들에게 죽이도록 지시를 내린다. 이 당시에 태어난 모세가 바로 죽을 뻔했지만 하나님의 섭리로 바로 공주의 양자가 되는 기적이 일어났던 것이다. 아론은 모세보다 3살이 더 많다. 이를 염두에 두고 보면 모세가 80세에 출애굽을 인도했으니 이스라엘 백성들이 종살이 한 것은 약 80년간으로 추정할 수 있다(출 2:23-25; 느 9:9).

총리의 초청으로 이집트 고센 땅에 정착한 이스라엘 백성들은 70명이 내려갔으나 350년간 생육이 중다하고 번식하고 창성하고 심히 강대하여 고센 땅을 가득 메웠다(출 1:7). 압제가 시작된 후 태어난 남아들은 많이 죽었을 것이다. 그럼에도 불구하고 80년 후 출애굽할 때 장정만(군인으로 나갈 수 있는 남자의 나이 20-60세 사이 인구) 60만이 되었다.

"이스라엘 자손이 이집트에 거주한 지 사백삼십 년이라 사백삼십 년이 마치는 그날에 여호와의 군대가 다 이집트 땅에서 나왔은즉 이 밤은 그들을 이집트 땅에서 인도하여 내심을 인하여 여호와 앞에 지킬 것이니 이는 여호와의 밤이라 이스라엘 자손이 다 대대로 지킬 것이니라"(출 12:40-42; 참고, 갈 3:17)고 했다. 430년이란 4대(1대=100년으로 계산)에 요셉이 가족들보다 22년 전에 도착하여 종살이, 감옥살이, 총리생활 등을 거친 기간과, 남은 흉년기간 5년을 더해 27년을 더한 숫자라고 보면 되겠다. 요셉이 하나님께 예배를 드리지 못한 때로부터 모세가 하나님의 율법을 받고 하나님께 예배를 드린 기간이 430년이라 할 수 있다. 이중 종살이한 기간은 80년 정도로 볼 수 있겠다.

■ **출애굽기 12:17 출애굽 시기**

주전 1490년(혹 1290년, 세티 1세) 니산월(Nisan) 14일 오후 3시(저녁 소제 드리는 시간)에 첫 유월절 양을 잡고 고센에 있는 각 가정 장막으로 들어갔다. 허리띠를 매고 신발을 신고 손에는 지팡이를 들고 출애굽을 준비했다. 유월절 음식으로 무교절(the Feast of Unleavened Bread)을 시작했다. 니산월 15일 저녁 전에 람세스를 출발하여 숙곳(Succoth)에 집합했다(출 12:17, 42, 13:3).

● **구약의 달력**(Hebrew Calendar of the Old Testament): 12**달+윤달**

니산월(Nisan=Abib) 양력 3월/4월 보리 수확, 14일 유월절

이야르(Iyyar=Ziv) 4/5월

시완(Sivan) 5/6월 밀 수확 6일 칠칠절/오순절

탐무즈(Tammuz) 6/7월 초기 포도원 수확

아브(Ab) 7/8월 포도, 무화과, 올리브 수확

9일 성전파괴일(Tisha B'Av)

엘룰(Elul) 8/9월 여름과일 생산

티쉬리(Tishri=Ethanim) 9/10월 기경, 올리브 생산

1일 창조절(나팔절) Rosh Ha-shanah

10일 대속죄일 Yom-Kippur(Day of Atonement)

15일 초막절(장막절) Sukkoth(Feast of Tabernacle)

마르케쉬반(Machesvan=Bul) 10/11월, 올리브 생산, 곡식 심음

기슬레우(Chislev) 11/12월 곡식 심음. 25일 수전절(Hanukkah)

테벳(Tebeth) 12/1월 곡식 자람 우기

스밧(Shebat) 1/2월 겨울 곡식 우기

아달(Adar) 2/3월 봄이 옴(살구나무 꽃). 12-13일 부림절
제2아달(Adar Sheni) 윤달임(Intercalate month)

이스라엘의 종교적인 신년(Religious New Year)은 유월절(니산월 14일)이며, 춘분(Spring equinox) 전후이다(출 12:2 "이 달로 너희에게 달의 시작 곧 해의 첫 달이 되게 하고"). 이집트에서 시작된 양력의 전통이다.

사회적인 신년(Civil New Year)은 창조절 혹 나팔절(티쉬리월 1일)이다. 추분(Fall equinox) 전후이다. 바벨론의 신년축제이다.

두 가지 신년축제를 혼용(blending)함은 음력과 양력 전통을 받아들인 것이다. 주전 10세기에 속한 게셀 달력(Gezer Calendar)에서는 가을부터 시작되어 수확되는 순서에 따라 달의 이름이 기록되어 있다. 통일왕국시대에 농경 중심의 달력은 가을부터 시작된다. 음력 중심이다.

히브리 월력(lunar calendar)은 30일을 가진 12달이다. 그래서 애곡 기간이 30일이다(신 21:13 "또 포로의 의복을 벗고 네 집에 거하며 그 부모를 위하여 일 개월 동안 애곡한 후에 네가 그에게로 들어가서 그 남편이 되고 그는 네 아내가 될 것이요"; 민 20:29 "온 회중 곧 이스라엘 온 족속이 아론의 죽은 것을 보고 위하여 삼십 일을 애곡하였더라").

그런데 실제 한 달은 29일 반(29 1/2 days)이다. 일 년이 354일 반이다. 그래서 매 19년마다 일곱 번의 윤달이 필요하다. 마지막 달인 아달월에 추가된 윤달을 제2의 아달월(Second Adar)이라 부른다.

● **월삭**(The New Moon)**은 한 달이 시작되는 날로 하나님께 예배드린다**(**번제, 희생제물, 그리고 축제, 민** 29:6; **삼상** 20:5; **대상** 23:32). **안식일**

처럼 월삭도 지켜졌다(왕하 4:23; 겔 45:17).

이사야 1:14 "내 마음이 너희의 월삭과 정한 절기를 싫어하나니 그것이 내게 무거운 짐이라 내가 지기에 곤비하였느니라."
아모스 8:5 "너희가 이르기를 월삭이 언제나 지나서 우리로 곡식을 팔게 하며 안식일이 언제나 지나서 우리로 밀을 내게 할꼬 에바를 작게 하여 세겔을 크게 하며 거짓 저울로 속이며."
시편 81:3 "월삭과 월망과 우리의 절일에 나팔을 불지어다."

'초생달-만월-그믐달'로 반복되는 달의 모양으로 한 달이 지나간다.

만월 축제로 무교절(니산월 15일), 초막절(티쉬리 15일), 부림절(아달월 13-15일, 에스더 9:18)이 있다.

■ 출애굽기 13:19을 보면 요셉의 유언대로(창 50:25) 요셉의 해골을 취하여 갔다

출애굽기 13:19 "모세가 요셉의 해골을 취하였으니 이는 요셉이 이스라엘 자손으로 단단히 맹세케 하여 이르기를 하나님이 필연 너희를 권고하시리니 너희는 나의 해골을 여기서 가지고 나가라 하였음이었더라."
창세기 50:25 "요셉이 또 이스라엘 자손에게 맹세시켜 이르기를 하나님이 정녕 너희를 권고하시리니 너희는 여기서 내 해골을 메고 올라가겠다 하라 하였더라."
여호수아 24:32 "이스라엘 자손이 이집트에서 이끌어 낸 요셉의 뼈를 세겜에 장사하였으니 이곳은 야곱이 세겜의 아비 하몰의 자손에게 금 일백 개를 주고 산 땅이라 그것이 요셉 자손의 기업이 되었더라"[이곳은 야곱의 우물이 있는 곳으로 예수님께서 수가 성 여인을 만나신 곳에 가까이 있다].

* 그래서 요셉의 장례는 약 450년 만에 완성된다.

■ 출애굽기 13:17 출애굽의 여정

니산월 16일에 에담(Etham)으로 가는 사막을 건넜다.

출애굽기 13:17-18 "[17]바로가 백성을 보낸 후에 블레셋 사람의 땅의
길은 가까울지라도 하나님이 그들을 그 길로 인도하지 아니하셨으
니 이는 하나님이 말씀하시기를 이 백성이 전쟁을 보면 뉘우쳐 이
집트로 돌아갈까 하셨음이라 [18]그러므로 하나님이 홍해의 광야 길
로 돌려 백성을 인도하시매 이스라엘 자손이 이집트 땅에서 항오
를 지어 나올 때에 And the children of Israel went up har-
nessed out of the land of Egypt."
출애굽기 13:20-21 "[20]그들이 숙곳 Succoth에서 발행하여 광야 끝
에담 Etham에 장막을 치니 [21]여호와께서 그들 앞에 행하사 낮에
는 구름 기둥으로 그들의 길을 인도하시고 밤에는 불기둥으로 그
들에게 비취사 주야로 진행하게 하시니"
출애굽기 14:1-9 "[1]여호와께서 모세에게 일러 말씀하시기를 [2]이스라
엘 자손을 명하여 돌쳐서 바다와 믹돌 사이의 비하히롯 앞 곧 바알
스본 맞은편 바닷가에 장막을 치게 하라 [3]바로가 이스라엘 자손에

대하여 말하기를 그들이 그 땅에서 아득하여 광야에 갇힌 바 되었
다 할지라 4내가 바로의 마음을 강퍅하게 한즉 바로가 그들의 뒤를
따르리니 내가 그와 그 온 군대를 인하여 영광을 얻어 이집트 사람
으로 나를 여호와인 줄 알게 하리라 하시매 무리가 그대로 행하니
라 5혹이 백성의 도망한 것을 이집트 왕에게 고하매 바로와 그 신하
들이 백성에 대하여 마음이 변하여 말하기를 '우리가 어찌 이같이
하여 이스라엘을 우리를 섬김에서 놓아 보내었는가?' 하고 6바로가
곧 그 병거를 갖추고 그 백성을 데리고 가니 7특별 병거 육백 승과
이집트의 모든 병거를 발하니 장관들이 다 거느렸더라 8여호와께서
이집트 왕 바로의 마음을 강퍅하게 하셨으므로 그가 이스라엘 자
손의 뒤를 따르니 이스라엘 자손이 담대히 나갔음이라 9이집트 사
람들과 바로의 말들, 병거들과 그 마병과 그 군대가 그들의 뒤를 따
라 바알스본 맞은편 비하히롯 곁 해변 그 장막 친 데 미치니라."

● 민수기 33:1-49 라암셋으로부터 모압 평지까지 출애굽 일정

민수기 33:1-39 "1이스라엘 자손이 모세와 아론의 관할 하에 그 항
오대로 애굽 땅에서 나오던 때의 노정이 이러하니라 2모세가 여호
와의 명대로 그 노정을 따라 그 진행한 것을 기록하였으니 그 진행
한 대로 그 노정은 이러하니라 3그들이 정월 십오 일에 라암셋에서
발행하였으니 곧 유월절 다음날이라 이스라엘 자손이 이집트 모
든 사람의 목전에서 큰 권능으로 나왔으니 4이집트인은 여호와께
서 그들 중에 치신 그 모든 장자를 장사하는 때라 여호와께서 그
들의 신들에게도 벌을 주셨더라 5이스라엘 자손이 라암셋에서 발
행하여 숙곳에 진쳤고 6숙곳에서 발행하여 광야 끝 에담에 진쳤고

7에담에서 발행하여 바알스본 앞 비하히롯으로 돌아가서 믹돌 앞
에 진쳤고 8하히롯 앞에서 발행하여 바다 가운데로 지나 광야에 이
르고 에담 광야로 삼 일 길쯤 들어가서 마라에 진쳤고 9마라에서
발행하여 엘림에 이르니 엘림에는 샘물 열둘과 종려 칠십 주가 있
으므로 거기 진쳤고 10엘림에서 발행하여 홍해 가에 진쳤고 11홍해
가에서 발행하여 신 광야에 진쳤고 12신 광야에서 발행하여 13돕
가에 진쳤고 돕가에서 발행하여 알루스에 진쳤고 14알루스에서 발
행하여 르비딤에 진쳤는데 거기는 백성의 마실 물이 없었더라 15르
비딤에서 발행하여 시내 광야에 진쳤고 16시내 광야에서 발행하여
기브롯핫다아와에 진쳤고 17기브롯핫다아와에서 발행하여 하세롯
에 진쳤고 18하세롯에서 발행하여 릿마에 진쳤고 19릿마에서 발행
하여 림몬베레스에 진쳤고 20림몬베레스에서 발행하여 립나에 진
쳤고 21립나에서 발행하여 릿사에 진쳤고 22릿사에서 발행하여 그
헬라다에 진쳤고 23그헬라다에서 발행하여 세벨산에 진쳤고 24세
벨 산에서 발행하여 하라다에 진쳤고 25하라다에서 발행하여 막헬
롯에 진쳤고 26막헬롯에서 발행하여 다핫에 진쳤고 27다핫에서 발
행하여 데라에 진쳤고 28데라에서 발행하여 밋가에 진쳤고 29밋가
에서 발행하여 하스모나에 진쳤고 30하스모나에서 발행하여 모세
롯에 진쳤고 31모세롯에서 발행하여 브네야아간에 진쳤고 32브네야
아간에서 발행하여 홀하깃갓에 진쳤고 33홀하깃갓에서 발행하여
욧바다에 진쳤고 34욧바다에서 발행하여 아브로나에 진쳤고 35아브
로나에서 발행하여 에시온게벨에 진쳤고 36에시온게벨에서 발행하
여 신 광야 곧 가데스에 진쳤고 37가데스에서 발행하여 에돔 국경
호르 산에 진쳤더라 38이스라엘 자손이 애굽 땅에서 나온 지 사십
년 오 월 일 일에 제사장 아론이 여호와의 명으로 호르 산에 올라

가 거기서 죽었으니 ³⁹아론이 호르 산에서 죽던 때에 나이 일백이 십삼 세이었더라."

● 사우디아라비아 라오즈 산이 시내 산?[106)]

아마추어 성경고고학자이며 간호사(nurse anesthetist)인 로날드 엘돈 와이엇[Ronald Eldon Wyatt, 1933-1999, 일명 '론 와이엇'(Ron Wyatt)]은 1978년에 이집트의 누웨이바에서 페니키아 양식의 기둥을 발견했으며, 1979년 아라랏 산 근처에 있던 노아 방주(Noah's Ark), 소돔과 고모라 위치 발견, 유황(sulfur/brimstone balls) 발견, 바벨탑 위치, 피라미드 건축법, 아카바 만(Gulf of Aqaba)의 홍해 속으로 스킨스쿠버(skin scuber)해서 출애굽 당시 이집트 병사들이 남긴 수레바퀴 두 개와 칼 등을 발견, 지성소의 언약궤(Ark of the Covenant)를 발견한 것으로 유명하다. 그는 요세푸스의 기록과 성경의 여러 구절들을 통해 시내 산이 과거 미디안 땅에 있었으며, 미디안 땅은 현재 사우디아라비아에 해당함을 확인한다. 와이엇은 항공사진들을 판독하면서 사우디아라비아 지역에 있는 라오즈 산에 200여 만 명의 이스라엘 백성들이 거주할 만한 넓은 공간이 있음을 확인하면서 라오즈 산이 진짜 시내 산이라는 확신을 가지게 되었다.

그 뒤 론 와이엇은 신청했던 비자가 나오지 않자 1984년에 두 아들과 함께 사우디아라비아에 밀입국을 시도하였다.[107)] 밀입국 당시

106) 김승학, 《떨기나무》, 서울: 두란노, 2007. 사우디아라비아 주치의 김승학의 진짜 시내 산 탐험기; 정하라, "'시내 산', 시나이 반도일까, 사우디아라비아일까?" 아이굿뉴스, 2014년 12월 10일, 아이굿뉴스. http://www.igoodnews.net; 이미숙, "시내 산의 위치에 대한 논쟁: 문제와 과제," 한국 이스라엘학회 제9차 학술세미나, 2015년 9월 17일.
107) NEWS M(http://www.newsm.com).

그는 홍해 건너편 사우디아라비아 해안 지역에서 누웨이바 지역에 있는 것과 동일한 기둥을 발견하고, 누웨이바에 있던 기둥에 쓰인 글자들을 해독함으로써 솔로몬 왕이 고대 이스라엘 사람들의 출애굽 사건을 기념하기 위해 세웠다는 것을 밝혀내기에 이른다. 그리고 라오즈 산에서 므리바 반석과 금송아지 제단, 그리고 고대 이집트 지역에서만 볼 수 있는 소 암각화 등을 발견하면서 라오즈 산이 진짜 시내 산이라는 사실을 발견했으나, 사우디아라비아 경찰에 체포되어 죽을 고비를 넘기기도 하였다. 이때가 1984년의 일이다.

호렙 산 또는 제벨무사(모세의 산)라고도 지칭되는 시내 산에 대한 언급은 출애굽기, 민수기, 신명기에 나타난다. 특히 이중에서도 유일하게 시내 산의 위치에 대한 거리상의 정보를 명확히 담고 있는 구절은 신명기 1:2이다.

"호렙 산에서 세일 산을 지나 가데스 바네아까지 열하룻길이었더라."

이 구절은 출발지를 시내 산으로 잡고 있어 시내 산에서 세일 산까지 도보로 11일 걸리는 거리라는 것을 알려준다. 모세와 이스라엘 백성이 출애굽 후 지난 장소들에 대해 성경적, 지리적, 고고학적 근거를 들어 분명한 지명의 확인이 가능한 장소들은 그리 많지 않다. 그렇기에 오늘날 시내 산 후보로 거론되는 여러 장소들 중 '성지'라는 사실을 뒷받침할 만한 근거도 역시 부족하다.

현재 이집트 시나이 반도 남단에 자리하고 있는 시내 산이 기독교 성지로 전 세계인에게 알려져 있지만 많은 신학자들은 증거가 불충분하다며 의문을 제기하고 있다. 사우디아라비아의 북서쪽에 위치한 '라오즈 산'이 진짜 시내 산이라는 주장에 대해서도 이집트가 종교적, 국가적 보안 문제로 증거를 확보하기 쉽지 않고 고고학자들의 접근이 어렵다.

사우디아라비아 왕실 주치의로 일하던 김승학 집사(당시, 현재는 장로, 오목천교회)는 시내 산이 시나이 반도가 아닌, 사우디아라비아에 있는 '라오즈 산'(Jabal al-Lawz)이라는 와이엇의 가설에 대한 정보를 입수했다. '진짜' 시내 산을 찾는 일에 대한 막중한 사명감을 느낀 그는 예수님을 믿는 것만으로도 엄벌에 처해지는 사우디아라비아에서, 목숨을 걸고 6년 동안 12차례나 북부 아라비아를 탐험했다. 그리고 그 내용을 두 권의 책으로 펴냈다(《떨기나무1, 2》).

당시 촬영한 사진들과 유물 일부를 미국 테네시 주에 위치한 Wyatt Archaeological Research에 가서 현재도 관장 리처드 리브스(Richard Rives)와 의논하여 2007년 두란노서원에서 《떨기나무》를 출판하였다. 아직도 대부분 구약성경 고고학자들은 아라비아의 시내 산을 인정하지 않지만 상당히 설득력 있고 연구 가치가 있다. 고고학자들은 모든 가능한 이론을 열어두고 연구하며 아마추어 의견이라도 심각하게 들어야 한다.

미디안(오늘날 사우디아라비아 북서쪽 광야)에 있는 라오즈 산이 시내 산이란 주장은 다음의 내용들이 뒷받침한다.

(1) 갈라디아서 4:25 "이 하가는 아라비아에 있는 시내 산으로 지금 있는 예루살렘과 같은 데니 저가 그 자녀들로 더불어 종노릇 하고 For this Agar is mount Sinai in Arabia"라는 말씀대로 시내 산은 시내 반도가 아니라 아라비아에 있다.

(2) 수에즈 운하 쪽의 홍해는 이스라엘 백성들이 건너기는 깊은 바다이나 누에바 항구에서 미디안 땅으로 건너는 홍해에는 인공위성 사진으로 충분히 건널 수 있는 깊이의 바다 길이 있다.

(3) 만약 시내 반도에 있는 시내 산이라면 아직 '출애굽'(out of Egypt) 하지 않았다.

(4) 솔로몬 때 만든 두 개의 기념탑('이곳에서 우리 조상이 홍해를 마른 땅으로 건넘')이 하나는 바다를 건너기 시작한 누에바 항구에, 또 하나는 홍해 건너편 모세와 미리암이 찬양했던 곳으로 추정되는 곳(출 15:1-21)에 세워져 있다.

(5) 1966년 6일전쟁으로 이스라엘이 이집트로부터 시내 반도를 점령하여 1982년 베긴과 사다트의 평화협정으로 다시 이집트로 돌려주기 전까지 16년간 200여 명의 성경 고고학자들이 시내 산으로 추정하는 산 주변과 출애굽의 일정의 장소를 뒤졌지만 고고학적인 유물이 하나도 발견되지 않았다.

(6) 현장 답사를 하여 많은 사진들과 유물을 수집한 론 와이엇과 김승학의 주장은 심각하게 검토해 볼 만한 일이다. 시내 반도의 시내 산을 주장하는 학자들 중 라오즈 산과 미디안 일대를 현장 답사하여 연구한 이는 없다.

김승학[108]은 "이스라엘 백성의 출애굽 당시 시나이 반도는 분명히 이집트에 속한 지역이었다"라고 하며 "이집트 시나이 반도 안에 시내 산이 있다면 이스라엘 백성이 바로 출애굽을 하지 못한 것이 되는데,

108) 김승학은 사우디아라비아 왕실 한방주치의로 일하면서 사우디 국왕과 각부 장관을 비롯해 여러 왕자들을 치료했다. 16년 동안 메카 주지사(마지드 왕자) 주치의로 일했다. 그런 그가 숱한 어려움에도 굴하지 않고 현지를 여러 차례 답사해 '라오즈 산'이 진짜 시내 산이라는 숱한 증거를 확보했다고 주장하고 있다.

이집트 영토 안에서 2백만 명이 넘는 사람들이 이집트 병사들의 공격도 받지 않고 40년간 방황했다는 것은 성경적으로나 상식적으로 이해할 수 없는 부분"이라고 주장했다. "홍해는 구약성경에서 갈대바다라고도 표기하지만, 이는 상징적 표현"이라며 "시나이 반도에 시내 산이 있다는 주장은 수에즈만의 홍해를 건넌 것이라고 보지만 성경에는 홍해를 건너갔다가 다시 건너와 시내 산으로 가는 여정이 없다"고 일축했다. 고센 지역에서 시나이 반도를 가로질러 아라비아의 미디안 땅으로 가는 것이 모세가 가장 빨리 이집트 국경을 넘어 안전한 곳으로 도피하는 방법"이라며, 그 예로 현장 답사를 통한 이드로의 동굴, 호렙 우물, 미디안 제사장, 구유 등의 사료를 제시했다.[109)]

시내 산(아라비아의 라오즈 산)

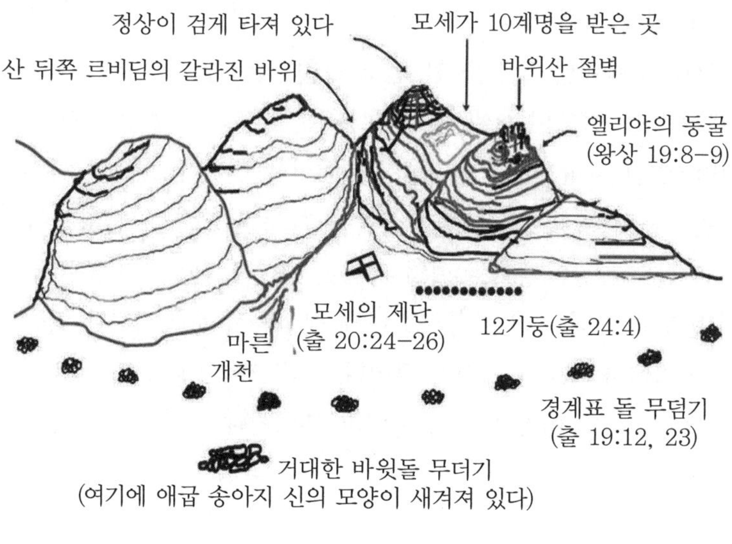

---

109) 여기 있는 그림은 인터넷 자료에서 복사한 것이다('라오즈 산')

특히 '수르 광야'는 시내 산이 시내 광야에 있는지 미디안 광야에 있는지 가늠할 수 있는 첫 번째 기준이다. 출애굽기 15:22에 의하면 이스라엘 백성이 홍해를 건넌 후 들어간 곳이기 때문이라는 것이다. 사우디아라비아 홍해 변에는 '수르'라는 족장이 이 땅을 소유하고 있어서 그 지역을 '수르 광야'라고 한다며, 모세의 장인 이드로는 사우디아라비아 사람이요, 미디안 땅에 살았다. 하나님께서 모세에게 이 미디안 땅으로 이스라엘 백성들을 데려오라고 말씀하셨다는 것이다. 또한 출애굽한 이스라엘 백성들은 아말렉족과 전투를 벌였는데, 이 아말렉족은 미디안 광야 인근에 살던 아라비아인이라고도 주장했다. 그는 "이들이 어떻게 애굽 군사들이 진치고 있는 시나이 반도에 들어와 이스라엘 백성들과 싸움을 할 수 있겠는가?"라고 반문하며 "사도 바울 역시 사도행전 7:29에서 모세가 미디안 땅으로 도주하였다고 기술하고 있다"고 주장한다.

이스라엘에 의해 시나이 반도가 1967년 침공당하기까지는 외부인으로부터 침략이나 점령을 한 번도 당한 적이 없는 이집트 땅이었다. 또 시나이 반도의 시내 산 아래에서는 이스라엘 백성 2-3백 명이 11개월 5일간 지내기에는 협소한 지역이라는 것이다. 1966년 이후 시나이반도를 고고학자와 지질학자들이 바둑판 쪼개듯 잘라가며 면밀히 뒤졌으나 광야생활 40년의 흔적은 하나도 발견하지 못했다. 시나이 반도의 시내 산은 주후 527년 순례객들을 충족시키기 위해 로마 가톨릭에서 급조한 성지일 뿐이다. 주후 5세기 이전에는 그 어느 기록이나 누구도 이것을 시내 산이라 부르거나 기록한 적이 없다는 것이다.

김승학은 《떨기나무》라는 책에서 "론 와이엇이 '이스라엘 자손이 호렙 산에서부터 그 단장품을 제하니라'(출 33:6)라는 성경의 구절에 근거해서 당시 매장된 보물을 캐기 위해 1984년에 사우디아라비아를 밀입국했다가 추방당했다"(pp.24-25)고 적고 있다. 사우디아라비아는 론 와이엇이 발견한 직후인 1985년부터 울타리를 쳐놓고 일반인들의 접근을 제한하고 있다.

라오즈 산이 '진짜 시내 산'이라는 것을 누가 최초로 발견했는가 하는 것은 미국 내에서 한때 논란이 되기도 했다. 전직 경찰관 출신 로버트 코르눅(Robert Cornuke)과 우주 탐사 경험이 있는 래리 윌리엄스(Larry Williams), 이 두 사람이 1988년에 라오즈 산을 처음으로 발견했다고 주장하고 있기 때문이다. 론 와이엇은 두 아들과 함께 사우디아라비아에서 추방당한 직후(1984년 4월 18일) 미국의 CBS 방송의 모닝뉴스에 출연하였다.[110)]

시내 산(호렙 산)의 위치가 정확히 어디인가는 하나님만이 정확히 아신다. 시내 반도의 시내 산은 가톨릭에서 만든 이론에 근거한다면, 사우디아라비아의 라오즈 산도 아직은 정설이 아니다. 보편적으로 검증되는 날이 속히 오기를 바란다.

■ 출애굽기 14:16 모세가 지팡이를 들고 손을 홍해 위로 내밀어 바다가 갈라지다

모세가 하나님의 말씀대로 지팡이를 들고 손을 바다 위로 내밀었다. 지팡이로 바닷물을 치거나 대지 아니했고 오랜 시간 지팡이를

110) http://www.wyattmuseum.com, http://www.arkdiscovery. com.

들고만 있었다.

출애굽기 14:16 "지팡이를 들고 손을 바다 위로 내밀어 그것으로 갈라지게 하라 이스라엘 자손이 바다 가운데 육지로 행하리라 But lift thou up thy rod, and stretch out thine hand over the sea, and divide it."
출애굽기 14:21 "모세가 바다 위로 손을 내어민대 여호와께서 큰 동풍으로 밤새도록 바닷물을 물러가게 하시니 물이 갈라져 바다가 마른 땅이 된지라 And Moses stretched out his hand over the sea; and the LORD caused the sea to go back by a strong east wind all that night, and made the sea dry land, and the waters were divided."

■ 출애굽기 17:6 호렙 산 반석을 모세가 지팡이로 치니(smite the rock) 물이 나다

출애굽기 17:6-7 "[6]내가 거기서 호렙 산 반석 위에 너를 대하여 서리니 너는 반석을 치라 그것에서 물이 나리니 백성이 마시리라 모세가 이스라엘 장로들의 목전에서 그대로 행하니라 Behold, I will stand before thee there upon the rock in Horeb; and thou shalt smite the rock, and there shall come water out of it, that the people may drink. And Moses did so in the sight of the elders of Israel. [7]그가 그곳 이름을 맛사 Massah라 또는 므리바 Meribah라 불렀으니 이는 이스라엘 자손이 다투었음 the chiding이요, 또는 그들이 여호와를 시험하여

tempted 이르기를 여호와께서 우리 중에 계신가 아닌가 하였음이더라 Is the LORD among us, or not?"

한편 40년 후에 이스라엘 백성들이 가데스(Kadesh)에 돌아왔을 때 물이 부족하여 모세와 아론을 공격하니 하나님께서는 모세에게 지팡이를 가지고 회중들이 보는 데서 "반석에게 명하여 물을 내라"고 하셨는데도 모세는 두 번 지팡이로 반석을 쳤다.

민수기 20:8 "지팡이를 가지고 네 형 아론과 함께 회중을 모으고 그들의 목전에서 너희는 반석에게 명하여 물을 내라 speak ye unto the rock before their eyes 하라 네가 그 반석으로 물을 내게 하여 회중과 그들의 짐승에게 마시울지니라."

즉 지팡이를 들고 명령만 하면 반석에서 물이 나겠다는 것이다. 그런데 모세는 지팡이로 반석을 두 번 쳤다. 물은 나와 백성들과 짐승들이 마시기는 했지만 하나님의 말씀대로 하지 않았던 것이다.

민수기 20:11 "그 손을 들어 그 지팡이로 반석을 두 번 치매 물이 많이 솟아나오므로 회중과 그들의 짐승이 마시니라 And Moses lifted up his hand, and with his rod he smote the rock twice: and the water came out abundantly, and the congregation drank, and their beasts also."

현재 요르단의 페트라 근처에 있는 '모세의 샘'이란 곳이 바로 '므리바'(Meribah)이다. 40년 전 호렙 산 반석에서 물이 나온 곳과 40년 후 이곳 세일 산에 있는 므리바가 같은 이름으로 뜻은 '불평함', '다툼'이다.

이스라엘 회중 앞에서 하나님의 말씀대로 순종하지 않았던 모세의 이 행동으로 그는 결국 약속의 땅 가나안에 들어가지 못했다.

> **민수기 20:12** "여호와께서 모세와 아론에게 말씀하시기를 '너희가 나를 믿지 아니하고 이스라엘 자손의 목전에 나의 거룩함을 나타내지 아니한 고로 너희는 이 총회를 내가 그들에게 준 땅으로 인도하여 들이지 못하리라' 하시니라."

■ 출애굽기 20:3–17 십계명에 있는 말씀 중 하나라도 범하면 구원받지 못하나?

구원은 예수님께서 나의 모든 죄를 용서하시는 구세주임을 믿고 고백하면 하나님의 은총으로 받는 선물이다. 에베소서 2:5-8을 보니 "허물로 죽은 우리를 그리스도 예수와 함께 살리셨고(너희가 은혜로 구원을 얻은 것이라)…너희가 그 은혜를 인하여 믿음으로 말미암아 구원을 얻었나니 이것이 너희에게서 난 것이 아니요 하나님의 선물이라" 하였다. 로마서 10:9-10에도 보니 "네가 만일 네 입으로 예수를 주로 시인하며 또 하나님께서 그를 죽은 자 가운데서 살리신 것을 네 마음에 믿으면 구원을 얻으리니 사람이 마음으로 믿어 의에 이르고 입으로 시인하여 구원에 이르느니라"고 하였다. 누구든지 예수님을 영접하는 자 곧 그 이름을 믿는 자들에게는 하나님의 자녀가 되며(요 1:12), 믿는 자는 영생을 얻고 사망에서 생명으로 옮겨진다(요 5:24).

우리가 구원받은 성도라면 하나님의 자녀답게 살아가야 한다. 우리가 신령과 진정의 예배를 하나님께 드림도 구원에 대한 감사의 응답이며, 하나님의 거룩한 백성답게 살아가는 것(레 19:2)은 모든 성도들의 도리이다. 십계명을 위시한 율법을 지키는 것은 하나님을 사랑하기 때문이며, 성도로서 당연히 지켜야 할 윤리이다. 성도로서 살아간다면 율법의 하나라도 어기지 말아야 한다.

십계명에 나오는 계명 하나 하나는 절대윤리를 가르친다. 하지 말라고 말씀하시는 것(1-3계명, 6-10계명)은 목숨을 걸고라도 절대 하지 말아야 하며(thou shalt not), 하라는 것(4-5계명, Remember the sabbath day, Honour thy father and thy mother)은 목숨을 걸고 반드시 지켜야 한다.

이 계명 중 하나라도 어기면 구원받지 못한다. 단지 예수님께서 날 위해 십자가의 대속을 해주심으로 우리가 진 죗값을 탕감해 주셨기에, 구원받은 성도가 다시 죄를 짓는다는 것은 주님을 또다시 십자가에 못 박는 행위와 같다.

그렇다면 구원받은 성도가 십계명의 계명 중 하나라도 어긴다면 어떻게 해야 하는가? 철저하게 회개해야 한다. 알고도 지은 죄(고범죄, 시 19:13 presumptuous sins)의 값은 그 처벌이 더 무겁다. 다윗과 밧세바 사이의 불륜의 자녀를 하나님께서 거두어 가셨고(삼하 12:15-23), 그 가정에 자녀들 문제가 계속 발생했다(삼하 13:1-39). 다윗은 철저하게 회개하며 다시는 동일한 범죄를 짓지 않았다.

시편 51:10-12 "하나님이여 제 속에 정한 마음을 창조하시고 제 안에 정직한 영을 새롭게 하소서 Create in me a clean heart, O God; and renew a right spirit within me. 저를 주님 앞에서 쫓아내지 마시고 주님의 거룩한 영을 제게서 거두지 마소서 Cast me not away from thy presence; and take not thy holy spirit from me. 주님의 구원의 즐거움을 제게 회복시키시고 주님의 자유로운 영 thy free spirit을 주사 저를 붙드소서."

주님의 율법을 범하고 말씀을 불순종하는 자녀는 배은망덕한 자식이다. 어떤 핑계도 없다. '하지 말라'고 하는 우상숭배, 하나님 이름을 망녕되이 일컫는 언행, 살인, 간음, 도적질, 거짓 증거, 탐욕은 하지 말고, '하라'는 말씀인 성수주일, 부모공경은 철저히 실행해야 한다. 주님을 사랑하는 방법은 주님의 계명을 지키는 것이다(출 20:6, If ye love me, keep my commandments. 요 14:15). 오늘날은 복음시대이니 구약의 십계명 및 율법은 지킬 필요가 없다는 생각은 잘못이다. 예수님께서 율법을 완성하러 오셨다(시 40:6-8; 사 42:21; 마 5:17, 3:15; 롬 8:4; 갈 4:4-5; 골 2:16-17; 히 10:3-12).

다음의 말씀을 묵상하자.

데살로니가전서 4:3-8 "[3]하나님의 뜻은 이것이니 너희의 거룩함(聖化)이라 곧 음란을 버리고 For this is the will of God, even your sanctification, that ye should abstain from fornication: [4]각각 거룩함(성화 聖化)과 존귀함으로 자기의 그릇을 취할 줄을 알고 That every one of you should know how to possess his vessel in sanctification and honour; [5]하나님을 모르는 이방인과 같이 색욕을 좇지 말고 Not in the lust of concupiscence, even as the Gentiles which know not God: [6]이 일에 분수를 넘어서 형제를 해하지 말라 이는 우리가 너희에게

미리 말하고 증거한 것과 같이 이 모든 일에 주께서 신원하여 주심이니라 That no man go beyond and defraud his brother in any matter: because that the Lord is the avenger of all such, as we also have forewarned you and testified. [7]하나님께서 우리를 부르심은 부정케 하심이 아니요 거룩하게 하심이니 For God hath not called us unto uncleanness, but unto holiness. [8]그러므로 저버리는 자는 사람을 저버림이 아니요 너희에게 그의 성령을 주신 하나님을 저버림이니라 He therefore that despiseth, despiseth not man, but God, who hath also given unto us his holy Spirit."

잠언 8:13 "여호와를 경외하는 것은 악을 미워하는 것이라 나는 교만과 거만과 악한 행실과 패역한 입을 미워하느니라 The fear of the LORD is to hate evil: pride, and arrogancy, and the evil way, and the froward mouth, do I hate."

고린도전서 3:16-18 "[16]너희가 하나님의 성전인 것과 하나님의 성령이 너희 안에 거하시는 것을 알지 못하느냐? Know ye not that ye are the temple of God, and that the Spirit of God dwelleth in you? [17]누구든지 하나님의 성전을 더럽히면 하나님이 그 사람을 멸하시리라 하나님의 성전은 거룩하니 너희도 그러하니라 If any man defile the temple of God, him shall God destroy; for the temple of God is holy, which temple ye are. [18]아무도 자기를 속이지 말라 너희 중에 누구든지 이 세상에서 지혜 있는 줄로 생각하거든 미련한 자가 되어라 그리하여야 지혜로운 자가 되리라 Let no man deceive himself. If any man among you seemeth to be wise in this world, let him become a fool, that he may be wise."

■ 출애굽기 20:4-6 우상숭배 금지

제2계명에서 우상을 절대 만들지도 말고 절하지도 말며 섬기지 말라고 엄금하고 있다(Thou shalt not make unto thee any graven image, or any likeness of any thing; Thou shalt not bow down thyself to them, nor serve them). 우리 하나님께서는 질투하시는(a jealous God) 하나님이셔서 그분을 미워하는 자의 죄를 갚되 아비로부터 아들에게로 삼사 대까지 이르게 하거니와 그분을 사랑하고 계명을 지키는 자에게는 천 대까지 은혜를 베푸신다고 하였다(출 20:4-6). 하나님을 사랑하되 마음을 다하고 목숨을 다하고 힘을 다해 사랑해야 한다. 하나님께만 영광을 돌려야 한다. 그래서 성경 전체 주제가 하나님께만 예배드리고, 우상은 절대 만들거나 예배하거나 의지하거나 생각조차 하지 말라는 것이다.

하나님의 뜻을 거역한 이후 모든 인간의 역사가 보여주는 가장 대표적인 타락의 결과는 우상숭배였다. 피조물을 신(神)으로 삼고 스스로의 욕망을 위해 이용해 왔기 때문이다.[111] 우상(Foreign Deities, idol)숭배란 하나님이 아닌 것을 하나님처럼 섬기는 것을 말한다. 우상은 어떤 형상일 수도 있고 무형상일 수도 있다. 섬김과 예배의 대

111) 한민수, 《구약신학: 우상이란 무엇인가?》, 서울: 꿈꾸는자, 2016. 부제가 "인간의 역사가 보여주는 타락의 결과물 '우상'에 대한 의미와 해답을 찾아서"이다. 우상은 사람의 손에 만들어진 형상이다/우상은 무감각한 죽은 형상이다/인간을 위해 만들어진 것이다/만들어진 재료들이 있다/다양한 방법으로 만들어졌다/우상숭배는 여호와께 악행이다/우상제의에는 음행-매춘 행위들이 동반된다/우상은 하나님이 받을 경배-영광을 가로챈다/마음이 부패-교만한 자들은 하나님을 떠나 우상을 만든다.

상일 뿐만 아니라 하나님이 아닌 그 어떤 것을 믿고 신뢰하는 주체를 말한다.

현대인들에게 돈은 단순한 물질을 넘어 우상 수준에까지 이르렀다. 현대인들이 형상이 아닌 것을 우상으로까지 격상시킨 것에는 성(性)도 포함된다. 과거 북이스라엘과 남유다 백성들이 멸망하게 된 이면에는 하나님을 버리고 우상을 숭배한 것과 밀접한 관련이 있다. 성경에는 하나님이 아닌 것을 하나님처럼 섬긴 우상에 대해 기록하고 있다. 히브리 성경에는 적어도 23개의 다른 우상들이 기록되어 있다. 우리가 그 내용들을 알면, 왜 히브리 성경 저자들이 하나님을 질투하시는 하나님으로 표현했는지 쉽게 이해할 수 있다.

여호와 하나님을 버리고 하나님처럼 섬겼던 신들 수메르의 두무지(Dumuzi), 바벨론의 마르둑[Marduk/므로닥(렘 50:2)] 담무스/탐무즈[Tammuz(겔 8:14)], 하늘의 여왕[the Queen of Heaven=Semiramis, Ishtar, Inanna(렘 7:17-18, 44:18-19)],[112] 일월성신(日月星辰), 앗수르의 니스록(Nisroch), 하란의 드라빔[Teraphim(창 31장; 삿 18:17)], 이집트의 송아지, 태양신, 아피스(Apis), 아몬[Amon(렘 46:15, 25)], 가나안의 엘(El)과 바알(Baal), 아세라(Asherah), 아스다롯(Ashtarte), 돌기둥/마체바(Matzeva), 신당/산당/사당(High places), 아람(Syria) 사람들이 섬겼던 림몬[Rimmon(나아만 장군의 설명, 왕하 5:18)], 블레셋이 섬겼던 다간/다곤[Dagon(곡식의 신)]과 에그론의 바알세붑(Beelzebub), 암몬의 밀곰(Milcom/몰렉/몰록 Molech), 모압의 그모스(Chemosh), 구리뱀(the Bronze Snake)과 느후스단(Nehushtan)[113] 등이다.

---

112) 세미라미스(니므롯의 친모이자 아내)가 아들(담무스)를 안고 있는 우상이 가톨릭에서 마리아와 아기 예수(Madonna and child)로 둔갑하여 우상숭배하고 있다.

113) 열왕기하 18:4. 히스기야 왕이 당시 모세의 구리뱀을 섬긴 느후스단을 없애버렸다. 광야생활 40년 동안 이스라엘 백성들은 여정으로 인해 모세에 대하여 불평하였다. 주님은 벌로

북이스라엘이 앗수르에 의해 멸망한 8세기 말에 팔레스타인은 앗수르의 이주정책과 종교 혼합정책의 지대한 영향을 받았다:

> **열왕기하 17:29-32** "[29]각 민족이 각기 자기의 신상들을 만들어 사마리아 사람의 지은 여러 산당에 두되 각 민족이 자기의 거한 성읍에서 그렇게 하여 [30]바벨론 사람들은 숙곳브놋 Succoth-benoth을 만들었고 굿 사람들은 네르갈 Nergal을 만들었고 하맛 사람들은 아시마 Ashima를 만들었고 [31]아와 사람들은 닙하스 Nibhaz와 다르닥 Tartak을 만들었고 스발와임 사람들은 그 자녀를 불살라 그 신 아드람멜렉 Adrammelech과 아남멜렉 Anammelech에게 드렸으며 [32]저희가 또 여호와를 경외하여 자기 중에서 사람을 산당의 제사장으로 택하여 그 산당에서 자기를 위하여 제사를 드리게 하니라."

불과 한 세대 전에 드고아 출신 선지자 아모스는 메소포타미아의 신들을 섬겼던 북이스라엘 백성을 이렇게 책망하였다.

> **아모스 5:26-27** "[26]너희가 너희 왕 식굿 Sakkuth과 너희 우상 기윤 Kaiwan 곧 너희가 너희를 위하여 만들어서 신으로 삼은 별 형상을 지고 가리라 [27]내가 너희를 다메섹 밖으로 사로잡혀 가게 하리라."

백성들에게 대 파멸을 예고하는 '불 뱀'을 보내셨다. 모세가 하나님께 용서를 구하니 하나님께서 놋뱀을 만들어 막대기에 매달아 그의 백성들에게 만일 그들이 뱀에 물릴 때 그 놋뱀을 보는 자는 치유될 것이라고 가르쳤다(민 21:4-9). 그후 놋뱀은 이스라엘에서 보호를 받았으며 곧 예배의 대상이 되었다. 예수님께서는 니고데모에게 모세가 광야에서 지팡이에 놋뱀을 단 것같이 인자도 십자가에 들려야 할 것을 예고하셨다(요 3:14).

에브라임 지파의 미가의 집에 단 지파 소년을 제사장으로 삼아 우상숭배하였다(삿 18:17).[114] 솔로몬 왕이 1,000여 명의 아내와 첩을 두었을 때 이들 대부분이 이방 종교를 가지고 온 공주들이었다. 그래서 감람산에 만신전이 있었다고 추정한다. 이스라엘이 솔로몬 사후 남북으로 분열된 이유가 우상숭배 죄 때문이다. 북이스라엘을 시작한 여로보암은 단과 벧엘에 금송아지를 두고 우상숭배하며, 8월 15일을 축제일로 정하고, 레위 지파가 아닌 사람들을 제사장으로 세웠다(왕상 12:25-33). 아테네의 만신전(Pantheon), 에베소의 아데미(Artemis) 등 무수히 많다. 사도 바울이 아테네 야외법정(아레오바고, Areopagus)에서 설교하였다.

> **사도행전 17:22-23** "[22]아테네 사람들아 너희를 보니 범사에 종교성이 많도다 [23]내가 두루 다니며 너희의 위하는 것들을 보다가 알지 못하는 신에게라고 새긴 단도 보았으니 그런즉 너희가 알지 못하고 위하는 그것을 내가 너희에게 알게 하리라."

하나님이 아닌 것을 하나님처럼 섬기는 행위는 하나님을 크게 분노케 한다. 야곱이 벧엘로 다시 올라가기 전 집안 식구들이 가진 모든 우상들을 정리하게 했다(창 35:2-4).[115] 성, 돈, 개인의 자아가 지금

---

114) 사사기 18:17 "땅을 탐지하러 갔던 다섯 사람이 그리로 들어가서 새긴 신상과 에봇과 드라빔과 부어 만든 신상을 취할 때에 제사장은 병기를 띤 육백 명과 함께 문 입구에 섰더니."

115) 창세기 35:1-4 "[1]하나님이 야곱에게 이르시되 일어나 벧엘로 올라가서 거기 거하며 네가 네 형 에서의 낯을 피하여 도망하던 때에 네게 나타났던 하나님께 거기서 단을 쌓으라 하신지라 [2]야곱이 이에 자기 집 사람과 자기와 함께한 모든 자에게 이르되 너희 중의 이방 신상을 버리고 자신을 정결케 하고 의복을 바꾸라 [3]우리가 일어나 벧엘로 올라가자 나의 환난 날에 내게 응답하시며 나의 가는 길에서 나와 함께하신 하나님께 내가 거기서 단을 쌓으려 하노라 하매 [4]그들이 자기 손에 있는 모든 이방 신상과 자기 귀에 있는 고리를 야곱에게 주는지라 야곱이 그것들을 세겜 근처 상수리나무 아래 묻고."

처럼 강조된 때는 일찍이 없었다. 또한 하나님을 우상같이 섬기는 신앙도 문제이다(마 7:21-23).[116] 깊이 생각해 볼 일이다.

주요 우상들을 정리해 보면 다음과 같다.

가나안	엘(하늘)	쉐메쉬. 야레 (태양) (달)	얌 (바다)	바알 폭풍	아세라 풍요
헷족속	타루(폭풍)	우르세무 (태양의 여신)	텔리피누 (채소재배)		
수메르	이안나 (하늘/풍요)	난나(달신)	우투(태양신)	엔키(바다)	
바벨론	마르둑, 몰렉 (하늘/풍요)	씬(Sin), 이쉬탈 (달신)	샤마쉬 (Shamash) (태양신)	에 Ea (바다)	
이집트	누트(하늘)	라/호러스 (태양)	슈(Shu) (공기)	콘수 (달)	하톨Hatol (풍요)
그리스	제우스(하늘)	아테나(지혜)	포세이돈(바다)		아데미 (풍요)
로마	주피터(하늘)	미네르바 (지혜)	넵튠(바다)		비너스 (미)
모압: 그모스, 암몬: 밀곰, 아람: 림몬, 블레셋: 다곤, 이스라엘: 신상, 하란: 드라빔 등					

■ 출애굽기 20:13 살인하지 말라 Thou shalt not kill

사람의 목숨은 하나님의 것이니 하나님의 명령 없이 죽이고, 자살하는 것은 죄악이다. 최초의 살인자 가인은 하나님의 명령에 불순종하였다. 창세기 4:7에 있는 대로 그는 평소에 선을 행하지 못했으

116) 마 7:21-23 "[21]나더러 주님, 주님 하는 자마다 천국에 다 들어갈 것이 아니요 다만 하늘에 계신 내 아버지의 뜻대로 행하는 자라야 들어가리라. [22]그날에 많은 사람이 나더러 이르되 주님, 주님 저희가 주님의 이름으로 대언자 노릇하며 주님의 이름으로 귀신을 쫓아내며 주님의 이름으로 많은 권능을 행치 아니하였나이까 하리니 [23]그때에 내가 그들에게 밝히 말하되 내가 너희를 도무지 알지 못하니 불법을 행하는 자들아 내게서 떠나가라 하리라."

며 죄의 소원이 있었다. "너는 죄를 다스릴지니라"고 하셨건만, 가인은 죄를 다스리지 못하고 정복당하여 동생 아벨을 쳐 죽였다. 이러므로 최초의 살인은 시기와 분노에서 발동했지만, 결국 하나님 말씀을 순종하지 못한 데서 이루어졌다. 아벨의 피로 말미암아 땅이 저주를 받고 가인이 밭 갈아도 다시는 땅이 그 효력을 주지 않고 그는 땅에서 피하며 유리하는 인생이 되고 만다. 그 자신이 살해받을 위협을 느끼자 하나님께서는 그의 이마에 표를 주시면서 가인을 살해하는 자에게 칠 배의 벌을 내리시겠다고 하여 살인을 금하셨다.

그런데 아브라함에게 이삭을 제물로 바치라고 명하신 이유는 무엇일까? 이것은 아브라함이 하나님보다 이삭을 더 사랑하는 것 같아서 아브라함을 시험하신 것이다(창 22:1). 여기서 말하는 시험이란 유혹과 다른 말로, '더 큰 상급을 주기 위한 시련'이라고 생각하면 된다. 아브라함이 두말없이 하나님의 말씀에 순종하여 이삭에게 칼을 대려고 한 순간 하나님께서는 천사를 통해 그의 팔을 막으셨다.

하나님은 인생을 잡아 제물로 바치는 바벨론 종교의 의식이 잘못되었음을 가르쳐 주신 동시에 아브라함의 굳은 믿음을 인정하시면서 자손의 축복을 약속하셨다. 하나님께서는 결코 인간을 죽여 하나님께 드리는 제사를 원치 아니하셨다. 독생자 예수 그리스도의 대속의 죽음은 놀라운 일이다. 이제 예수님만 믿으면 영생을 얻고 구원을 얻도록 길을 여신 것이다.

하나님께서 허락하신 전쟁은 하나님을 떠나 우상숭배에 빠져있던 자들을 청소하기 위함이었다. 여리고 성, 아멜렉 성을 위시하여 우상숭배로 오염되어 있던 자들은 자녀손까지 하나님의 징벌을 받았던 것이다. 40년간 광야생활 도중 출애굽한 20세 이상의 남자들은 여호수아와 갈렙만 제외하고 모두 죽었다. 그런데 가나안의 아이들까지 죽임을 당한 것은 이해되지 못하는 부분이나, 이 아이들이 장차 커서 우상숭배자가 될 것임을 생각하면 하나님께서는 그 씨까지도 허락지 않으셨던 것이다.

이뿐 아니라 하나님의 계명을 어긴 자는 사형하도록 되어 있다. 무당, 박수, 점치는 자, 간음한 자, 살인(고범죄)한 자는 모두 돌로 쳐 죽이도록 되어 있다. 우상숭배자에게는 칼로 찌르고, 불로 태우고, 돌로 던짐을 받고, 집까지도 불로 태워지도록 엄격하게 규정하고 있다.

예수님께서는 살인의 계명을 더 자세히 설명하시면서 그 살인의 원인까지도 안 된다고 하셨다. 마태복음 5:21-24을 살펴보면, 형제에게 화내는 자마다 심판을 받게 되고 형제에 대해 악담을 하는 자도 공회에 체포되고, 미련한 놈이라고 하는 자는 지옥 불에 들어가게 된다고 말씀하셨다. 그래서 예물을 제단에 드리기 전에 형제와 먼저 화목하고 나서 하나님께 예배를 드리도록 가르치고 있다. 원수까지도 사랑하라고 가르치신 것은 그 사람의 배후에서 조정하는 마귀는 어디까지나 미워하고, 그 인격은 사랑하는 마음으로 선도하라는 말씀이다. 베드로가 예수님의 십자가 사역을 반대하니 그 배후에서 조정하는 사탄을 향하여, "사탄아 내 뒤로 물러가라 너는 나를 넘어지게 하는 자로다"(마 16:23) 하고 꾸짖으셨다. 하나님께서 허락하시지 않는 어떤 전쟁, 살인, 자살, 미움, 시기는 모두 제6계명 '살인하지 말라'(Thou shalt not kill)고 하신 계명을 범하는 것이니 형제를 내 몸처럼 사랑하는 생활을 실천하자.

3

레위기

[히브리 성경 이름: way-yiqra'

'And He called' 여호와께서 부르셨다]

70인역으로 Leuitikos ('relating to the Levites'=레위 지파와 관련된 책)이다.

레위기 1:1 "여호와께서 회막에서 모세를 부르시고 그에게 말씀하시기를."

출애굽기가 열 가지 재앙과 이스라엘 백성들의 출애굽 설화, 십계명과 계약 법전 및 성막 제조를 다루고 있다면, 레위기서는 예배와 성결한 백성을 다루고 있다. 특히 피의 복음을 구체적으로 가르쳐 준다. 유대인들은 오경을 '창-출-레-민-신'으로 되어 있는 다섯 권의 책의 한가운데 있는 레위기부터 읽는다. 그리고 레위기를 둘러싸고 있는 출애굽기와 민수기를, 그 다음에 창세기와 신명기 순서로 읽는다. 오경의 핵심 주제는 예배이기 때문이다.

레위기의 주제는 '거룩과 성결'이다. 하나님은 거룩하시니 이스라엘도 거룩해야 된다는 것이다(레 19:2). 그래서 레위기는 거룩하지 못한 인간이 거룩하신 하나님과 어떻게 교제할 수 있으며, 또한 화목을 이룰 수 있을 것인가 하는 데 그 초점을 맞추고 있다. 이것은 인간의 구원과 직결된 중요한 문제이다.

창세기 Genesis	출애굽기 Exodus	레위기 Leviticus
이스라엘 나라의 뿌리/기원	이스라엘 나라의 구원	이스라엘 나라의 생활/삶
신정국가(Theocrasy)의 탄생	신정국가가 세워짐 Theocrasy Established	

● 전체 구조/내용(키아즘 구조)

예배법 Laws of the Offerings(레 1–7장)
제사장법 Laws of the Priests(레 8–10)
정결법 Laws of the Purity(레 11–15장)
대속죄일 Day of Atonement(레 16장)
성결법 Laws of Holiness(레 17–20장)
제사장법 Laws of the Priests(레 21–22장)
절기법 Apoointed Times(레 23–25장)
벌금과 서원들 Penalties and Vows(레 26–27장)

● 다섯 가지 예배

① 번제 Burnt Offering

② 소제 Cereal Offering

③ 화목제 Peace Offering

④ 속죄제 Sin Offering

⑤ 속건제 Guilt Offering

● 제사장 법(레 8-10장)

아론과 아들들 성결: The practical application of the laws of the priests, within a narrative of the consecration of Aaron and his sons(Leviticus 8-10)

아론의 위임: Aaron's first offering for himself and the people(Leviticus 8)

두 아들 죽음: The incident in which 'strange fire' is brought to the Tabernacle by Aaron's sons Nadav and Avihu, leading to their death directly at the hands of God for doing so(Leviticus 9-10)

● **정결법/불결**: Laws concerning purity and impurity(레 11-15장)

동물: Laws about clean and unclean animals(Leviticus 11)

출산 후 정결법: Laws concerning ritual cleanliness after childbirth(Leviticus 12)

피부병: Laws concerning tzaraath of people, and of clothes and houses, often translated as leprosy, and mildew, respectively(Leviticus 13-14)

유출병: Laws concerning bodily discharges(such as blood, pus, etc.) and purification(Leviticus 15)

● **제사장 법전**(Priestly Code 레 1-16, 27장)

제사장 법전: The first 16 chapters and the last chapter make up the Priestly Code, with rules for ritual cleanliness, sin-offerings, and the Day of Atonement, including

Chapter 12 which mandates male circumcision.

● **성결법전**(Holiness Code, 레 17-26장) **성결법, 정결법, 절기**

성결법전은 "네 이웃을 네 몸처럼 사랑하라"(love one's neighbor as oneself)가 포함되어 있다(지상명령 the Great Commandment).

■ 레위기 1:3-17 번제 The Burnt Offering

구약시대에 인간이 하나님께 나아갈 수 있는 유일한 길은 희생제사를 통해서였고, 그 희생제사로는 번제, 소제, 화목제, 속죄제, 그리고 속건제 등이 있다. 그중 번제는 가장 역사가 오래된 보편적인 제사이며, 그리스도의 온전한 희생과 헌신을 예표한다. 즉 번제는 타락한 인간들과 하나님과의 화목을 위해서 예수님께서 십자가란 번제단 위에서 남김없이 물과 피를 쏟으실 대속 사역을 상징한다. 그뿐만 아니라 이 번제는 그리스도를 본받아서 그리스도 안에서, 그리스도를 위해 희생과 헌신의 삶을 살아야 할 우리 성도들의 올바른 신앙자세를 생생하게 가르쳐 준다.

번제를 드릴 때 먼저 규례의 생축 중 본인에게 맞는 예물을 갖고 나와야 한다. 그리고 첫 번째는, 예물 드리는 자가 제물의 머리 위에 안수를 해야 한다. 이는 피차간 연합하여 하나 됨을 상징하는 행위일 뿐 아니라 예물을 드리는 자의 죄를 그 제물에 전가(transfer)시키기 위함이다. 그래야 번제를 드리는 자가 속죄된다.

두 번째로, 칼로 자르고 가죽을 벗긴 후 각을 뜨는 것은 후패한 겉모습을 온전히 제거하고 진실된 내면만 드린다는 뜻이다.

세 번째 행동인 불에 태우는 것은 전적으로 하나님께 드리는 헌신이고, 연기와 김을 하나님께 올려드리게 된다.

한편 번제 제물로 생축을 사용해야 하는데 이는 구속사적으로 매우 의미심장한 것이다. 생축에는 피가 있는데 이 피만이 죽음과 속죄를 상징할 수 있는 유일한 증표이자 신약시대에서의 그리스도 예수의 보혈을 예표하는 상징이기도 하다.

번제단 위에서 피 흘리고 죽어간 구약시대의 그 숱한 생축들은 인간의 죄를 대신 담당하며 죽으신 그리스도의 구약적 모형이기에 이 생축의 모습 속에서 우리의 모습을 발견해야 한다. 번제에서 생축을 제물로 삼으신 하나님의 지시를 바로 깨달을 때 우리의 가슴속에

벅찬 감사와 기쁨의 감동이 깊이 닿을 것이다.[117)]

■ 레위기 16:1-34 대속죄일 Yom Kippur 'the Day of Atonement' [118)]

가을은 유대인들이 가장 경건하게 보내는 계절이다. 종교적 유대인이든 세속적 유대인이든 모든 유대인들은 가을의 절기를 엄숙하게 기쁘게 보낸다. 가을에 모여 있는 유대 절기들은 나팔절, 나팔절로부터 대속죄일까지의 10일은 '참회와 회개의 10일'(아싸랏 여메이 테슈바)이라 한다. 나팔절(로쉬 하샤나 Rosh ha-Shanah, "창조절"), 속죄 의식(크파롯), 대속죄일(Yom Kippur), 초막절(Sukkoth), 심핫 토라(Simhat Torah, 숙곳이 끝난 다음날로, 유대인들은 장막을 태우며 율법을 주신 하나님을 기뻐하며 한 해 읽을 토라를 다시 처음부터 읽는 날)를 지킨다.

1. 아싸랏 여메이 테슈바

창조절(새해)에서 대속죄일까지 10일은 참회와 회개의 기간이다. 유대인들은 이 10일 동안 아침 기도 시간에 '슬리호트 기도'를 한다. 슬리호트(סליחות)란 '슬리카'의 복수로서 그 의미는 '참회', '용서'를 뜻한다. '슬리호트 기도'에는 출애굽기 34:6-7[119)]에 근거하여 하나님의 13

---

117) 윤덕곤 목사(피닉스 템피장로교회), "번제예물의 의미" 〈크리스찬투데이〉, 2006년 6월 22일자.

118) 이주섭 목사, "대속죄일" 〈기독일보〉, 2012년 9월 24일자, 2014년 9월 24일자. 이주섭 목사는 성경의 사실적 배경 연구를 위해 히브리어를 학습하였고, 예루살렘 대학과 히브리 대학에서 10여 년에 걸쳐 이스라엘의 역사, 지리, 고고학, 히브리인의 문화, 고대 성읍과 도로를 연구한 학자이다. 현재는 애틀랜타에 있는 조지아크리스찬 대학교에서 강의 중이며, 정기적으로 이스라엘 성지순례를 가이드 한다. 문의 jooseoblee@gmail.com.

119) "여호와께서 그의 앞으로 지나시며 반포하시되 여호와로라 여호와로라 자비롭고 은혜롭고

가지 은혜와 자비의 속성을 포함한다. 탈무드와 랍비 문헌에는, 슬리호트 기도를 하나님의 자비하심과 은혜로우신 속성에 대하여 6절의 '아도나이(여호와)'에서 시작하여 7절 '베 나케'까지 정리하였다.

아도나이–사람이 죄를 짓기 전에 긍휼(compassion)/아도나이–사람이 죄를 지은 이후에도 긍휼/엘–그들의 필요에 따라 모든 피조물들에게 베푸시는 긍휼/라훔–인류가 고통에 빠지지 않도록 자비(merciful)/하눈–인류가 이미 고통 중에 빠져 있다면 은혜(gracious)/에레흐 아파임–노하기를 더디 하심/라브 헤쎄드–인자가 많으심/에멧–진실/노쩨르 헤세드 라알라핌–천대까지 인자를 베푸심/노쎄 아본–악/페샤- 과실/하타아–죄/베 나케–용서하신다.

'아도나이로부터 베 나케까지'의 이 기도문은 회당에서 회중이 모였을 때에 공적으로 암송하는 기도문이다. 안식일 예배를 제외한 모든 절기 때에 토라를 꺼내면서 '슬리호트 기도문'을 암송한다.

2. 크파롯 '속죄 의식' 현대는 아사셀 염소 대신 닭을 사용함

크파롯은 '속죄'의 의미를 지닌 '카파라'의 복수 형태이다. 크파롯은 유대인들이 자신들의 죄를 사하기 위하여 짐승을 희생시키는 속죄 의식을 말한다. 크파롯 속죄 의식은 대속죄일이 시작되기 전날 행한다. 전통적으로 날개가 달린 닭을 희생 제물로 삼는데, 남자는

노하기를 더디하고 인자와 진실이 많은 하나님이로라 인자를 천대까지 베풀며 악과 과실과 죄를 용서하나 형벌 받을 자는 결단코 면죄하지 않고 아비의 악을 자녀손 삼사 대까지 보응하리라."

수탉, 여자는 암탉을 사용한다. 속죄하려는 사람은 닭에 해당하는 값을 지불하면, 랍비는 속죄 의식을 행하기 전에 먼저 시편 107:17-20과 욥기 33:23-24을 읽는다. 그리고 속죄하는 사람의 머리 위로 닭을 세 번을 돌리는 동안 속죄하는 사람은 다음을 암송한다.

"This is my exchange, this is my substitute, this is my atonement. [This rooster (hen) will go to its death / This money will go to charity)], while I will enter and proceed to a good long life and to peace."

그리고 닭을 죽인다. 이렇게 희생된 닭은 가난한 사람들에게 전달되어 대속죄일이 시작되기 전에 먹는다. 요즘은 닭 대신에 속전 값으로 돈을 사용하기도 한다. 돈을 하얀 천에 싸서 사람의 머리 위로 돌려 동일한 방법으로 속죄 의식을 행한 후에 돈을 가난한 사람들에게 자선하기도 한다. 유대인들은 크파롯 의식을 아사셀 염소를 대신하는 것이라 한다. 하지만 크파롯 의식에 대하여 랍비들의 견해 차이는 심하다. 마이모니데스(Maimonides)는 크파롯을 강하게 반대하였다. 크파롯 의식은 기도와 경건에 이르는 데 방해가 된다고 주장한 것이다. 나흐마니데스(Nahmanides), 솔로몬 벤아드렛(Solomon ben Adret), 요셉 카로(Joseph Caro) 역시 크파롯 의식에 대해 이교도의 풍습이 유대교의 전통을 대치한 것이라며 반대하였다.

그러나 랍비 아쉐르 벤예히엘(Asher ben Jehiel), 야콥 벤아쉐르(Jacob ben Asher)는 크파롯 의식을 인정하였다. 카발리스트 특히 이사야 호르비츠(Isaiah Horowitz), 이삭 루리아(Issac Luria) 같은 사람들은 이사야 1:18[120)]에 기초하여 하얀 닭을 추천하기도 했다. 크파롯 의식은 이

120) "여호와께서 말씀하시되 오라 우리가 서로 변론하자 너희 죄가 주홍 같을지라도 눈과 같

후 유럽의 유대인들(Eastern Europe Jews)에 의해 폭넓게 받아들여졌지만 여전히 논란은 계속된다.

3. 대속죄일(욤 키푸르)

레위기 23:27-29[121])에 대속죄일은 '욤 하 키푸림'으로 기록되었다. 대속죄일에 거행되었던 속죄 의식은 레위기 16장에 자세히 기록되었다.[122]) 대속죄일은 유대인의 모든 절기 가운데 가장 엄숙한 절기이다. 티슈리(Tishri) 9일 저녁 해질 때부터 10일 온종일 계속된다. 대부분의 유대인들은 회당에 참여하여 속죄와 회개 의식을 행함으로 하루 종일 보낸다. 금식에 참여한 유대인들은 25시간 음식과 물을 먹고 마시지 않는다.

오늘날에도 이스라엘 전 국민의 약 60%가 금식에 동참한다. 법적으로 금지된 것은 아니지만, 공공장소에서 음식을 먹는 것과 차를 운행하는 것은 유대인들의 분노를 일으킨다. 차의 시동만 틀어도 사람들은 예민하게 반응하며, 차에 돌멩이를 던지는 등 위협적인 행동을 한다. 이렇게 거의 전 국민이 국가적으로 금식하는 절기를 이용하여 1973년 이집트와 시리아가 이스라엘을 군사적으로 침공하여, 한때 이스라엘 국가가 중대한 위기에 빠진 적도 있었다.

금식하고 경건하게 보내는 대속죄일에 금지 사항은 미쉬나의 요마

이 희어질 것이요 진홍같이 붉을지라도 양털같이 되리라."

121) "칠월 십일은 너희에게 성회라 너희는 스스로 괴롭게 하며 여호와께 화제를 드리고 이날에는 아무 일도 하지 말 것은 너희를 위하여 너희 하나님 여호와 앞에 속죄할 속죄일이 됨이니라 이날에 스스로 괴롭게 하지 아니하는 자는 그 백성 중에서 끊쳐질 것이라."

122) 출 30:10, 레 23:27-31, 민 29:7-11 참고.

(Yoma) 8:1에 기록되었다.

① 음식을 먹지 말고 물을 마시지 말 것.
② 가죽으로 된 신발을 신지 말 것.
③ 샤워나 목욕을 하지 말 것.
④ 향수나 크림을 바르지 말 것.
⑤ 성적 행위를 하지 말 것.

다음은 예루살렘에 성전이 있었던 때, 대속죄일에 시행되었던 속죄 의식을 성경과 미쉬나의 요마(Yoma)에 기록된 내용을 정리한 것이다. 속죄 의식은 전 세계에 흩어진 모든 유대인들을 위한 속죄제로 대제사장은 5번의 정결 의식과 4번 옷을 갈아 입고 3번 지성소에 들어가 속죄 의식을 진행하였다.

대속죄일이 시작되기 7일 전에 대제사장은 외부인들과 떨어져 성전의 방(Palhedrin chamber)으로 거처를 옮긴다. 그곳에서 대제사장은 앞으로 있을 속죄 의식을 두려운 마음으로 준비한다. 대속죄일 당일에 대제사장은 다음과 같은 순서대로 의식을 진행하였다.

(1) 새벽기도 Morning(Tamid) Offering

성전에 마련된 정결탕(미크베, Mikweh)에서 정결 의식을 행한 후에, 특별히 금으로 장식된 예복을 입는다. 그리고 일상적인 제사를 드린다.

(2) 세마포로 갈아입음 Garment Change 1

대제사장은 다시 정결 의식을 거친 후에 세마포 예복으로 갈아입는다. 손과 발을 두 번 씻는데, 금 예복을 벗은 후에 한 번 그리고 세마포 예복을 입기 전에 또 한 번 씻는다.

⑶ 제사장 개인의 죄를 위해 속죄소를 잡음
Bull as Personal Sin-Offering

대제사장은 속죄를 위한 소에 손을 얹고 자신과 가족의 죄를 거룩하신 하나님의 이름을 부르며 고백한다. 그러면 모든 백성들은 땅에 엎드린다. 그리고 대제사장은 소를 잡아 그 피를 그릇에 담는다.

⑷ 두 염소를 제비 뽑음 Lottery of the goats

성전의 동쪽 문(니카노르 문)에서 대제사장은 두 염소를 제비 뽑아 여호와를 위한, 또 아사셀을 위한 염소를 구별한다. 대제사장은 아사셀 염소의 뿔에 "아사셀을 위하여"라고 쓴 붉은 띠를 묶는다.

⑸ 향을 준비함 Incense Preparation

대제사장은 제단 위로 올라가 부삽으로 불을 취한다. 그리고 다른 손은 향을 그릇에 담는다. 탈무드에 이 의식은 매우 어렵다고 기록하고 있다. 한 손으로는 불을 담은 부삽을 들고 다른 한 손으로는 향을 담은 그릇이 떨어지지 않도록 겨드랑이 또는 이빨을 사용하여 균형을 유지했다고 한다.

⑹ 향을 드림(분향) Incense Offering

대제사장은 불을 담은 부삽과 향을 담은 그릇을 들고 지성소 안으로 들어가 언약궤의 기둥 사이에 부삽을 두고 향을 불 위에 넣는다. 그리고 지성소에 향이 가득 찰 때까지 기다렸다가 지성소를 떠난다.

(7) 지성소에 피를 뿌림 Sprinkling of Blood in the Holy of Holies

대제사장은 소의 피를 담은 그릇을 들고 지성소 안으로 다시 들어간다. 그리고 손가락으로 피를 언약궤 앞에 8번 뿌린다. 1번은 위로, 그리고 7번은 아래를 향하여 뿌린다. 그리고 지성소를 떠나 휘장 앞에 있는 기둥에 피를 담은 그릇을 둔다.

(8) 제사장들을 위한 속죄 염소제물

Goat for Lord as Sin-Offering for Kohanim

대제사장은 이스라엘 뜰의 동쪽에 있는 성전의 동쪽 문(니카노르 문)으로 간다. 여호와를 위한 염소 위에 손을 대고 죄를 고백한다. 모든 백성은 여호와의 이름을 들을 때 땅에 엎드린다. 그리고 대제사장은 염소를 죽여 그 피를 다른 그릇에 담는다.

(9) 성소에 소와 염소의 제물 피를 뿌림

Sprinkling of blood in the Holy

대제사장은 성소에 염소의 피를 담은 그릇을 둔다. 그리고 휘장 앞에 둔 소의 피를 담은 그릇을 취하여 휘장을 향하여 8번 피를 뿌린다. 그리고 염소의 피를 담은 그릇을 취하여 역시 같은 방법으로 휘장을 향하여 8번 뿌린다. 그리고 그것을 다시 본래 있던 자리에 둔다.

(10) 향단 뿔에 피를 바름

Smearing of blood on the Golden(Incense) Altar

대제사장은 염소의 피와 소의 피를 섞어 향단의 네 귀퉁이에 바른다. 그런 후에 단 위에 8번 피를 뿌린다.

(11) 아사셀 염소에게 죄를 전가함 Goat for Azazel

대제사장은 성소를 떠나 이스라엘 뜰의 동쪽 문으로 가 자신의 손을 아사셀 염소 위에 두고 이스라엘 모든 백성의 죄를 고백한다. 이스라엘 백성은 대제사장이 여호와의 이름을 언급할 때에 모두 땅에 엎드린다. 대제사장이 공적으로 죄를 고백하면, 백성들은 각자 자신들의 죄를 고백한다. 그리고 대제사장은 아사셀 염소를 광야로 보낸다. 아사셀 염소가 살아서 사람들이 사는 곳으로 다시 돌아오는 것을 막기 위하여 예루살렘의 동쪽 유대 광야 절벽으로 끌고 가 절벽 아래로 밀어 떨어뜨린다.

(12) 다른 염소와 소 번제 준비 Preparation of sacrificial animals

아사셀 염소를 광야 절벽으로 인도하는 동안 대제사장은 소의 내장을 제거하고 소와 염소의 몸통을 서로 묶는다. 그러면 사람들은 묶인 몸통을 불을 피우는 곳으로 가져가 아사셀 염소가 광야에 이르렀다는 것을 확인한 후에 불로 사른다.

(13) 성경봉독 Reading the Torah

아사셀 염소를 절벽 아래로 떨어뜨린 후에 대제사장은 성소의 동쪽 문(니카노르 문)을 지나 여인의 뜰로 간다. 그곳에서 대속죄일과 관련된 성경을 읽는다.

(14) 대제사장은 세마포 옷을 벗고 예복으로 갈아입음
Garment change 2

대제사장은 세마포 옷을 벗고 성전 뜰에 있는 정결탕에서 정결의식을 행한 후에, 두 번째로 금으로 된 예복을 입는다. 세마포 옷을

벗기 전에 손과 발을 씻고 금 예복을 입은 후에 다시 손과 발을 씻는다.

(15) 두 마리 양을 번제로 드림 Offering of Rams

대제사장은 두 마리의 양을 잡아 번제로 드린다. 두 양을 번제단의 북쪽에서 잡고, 그 피를 그릇에 담아 번제단 둘레를 바른다. 두 양의 네 다리를 잘라 그 몸통 전체를 번제단 위에서 불사른다. 그리고 소제(mincha-grain offering)와 관제(nesachim-wine or libations)를 드린다.

(16) 추가 예물 Musaf offering

대제사장은 대속죄일 공식 예배 후 추가로 예물(musaf 혹 mussaf offering)을 드린다(an additional service, Shacharit, Mincha, and Maariv).

(17) 소의 내장, 염소를 태움 Burning of Innards

대제사장은 소의 내장과 염소를 제단 위에 두고 전체를 불로 태운다.

(18) 금 예복을 벗고 목욕 후 세마포 새 옷을 갈아입음
Garment change 3

대제사장은 금 예복을 벗고 정결탕에 들어가 정결의식을 행한 후에 세마포 새 옷을 입는다. 역시 옷을 벗기 전에 손과 발을 씻고 옷을 입은 후에 또 손과 발을 씻는다.

(19) 지성소로 마지막으로 들어가 청소함
Removal of Incense from the Holy of Holies

대제사장은 지성소로 들어가 향을 담은 그릇과 부삽을 가져온다.

(20) 다시 금 예복으로 갈아입음 Garment change 4

대제사장은 세마포 옷을 벗고 다시 정결탕으로 들어가 정결 의식을 행한 후에 금 예복으로 갈아입는다. 동일한 방법으로 또 손과 발을 씻는다.

(21) 저녁 예배 드림 Evening(Tamid) offering

대제사장은 금 예복을 입은 채 저녁 일상 제사를 수행한다. 그리고 다시 손과 발을 씻는다.

속죄 의식을 진행하는 동안, 대제사장은 모두 5벌의 특별한 예복을 입는다. 3벌의 금 예복, 2벌의 하얀 세마포 옷이다. 모두 5번 정결 의식을 했으며, 손과 발은 모두 10번 씻었다. 희생 제사는 일상 번제로 두 마리의 어린 양(lamb), 한 마리의 소, 두 마리의 염소, 두 마리의 숫양(ram), 소제, 관제, 세 번의 향을 피웠다(일상적인 분향 2번, 대속죄일의 1번). 대제사장은 3번 지성소에 들어갔다. 전능하신 하나님의 이름을 3번 낭독했으며, 여호와의 이름이 낭독될 때마다 백성들은 땅에 엎드려 자기들의 죄를 고백하였다.

대부분의 그리스도인들은 새 언약인 복음을 따르므로 율법에 기초한 대속죄일을 별로 주목하지 않는다. 그러나 대속죄일은 유월절 절기 때에, 십자가에 달려 돌아가신 예수님의 고난과 밀접한 관련이 있다. 대제사장은 염소와 황소를 잡아 죄를 사하는 의식(모형)을 행했다. 그러나 예수 그리스도께서는 친히 십자가에 달려 '자기 피로 영원한 속죄를 이루사 단번에(once for all) 성소에 들어가셨다'(히 9:11-28 참고). 과거 대제사장이 짐승의 피로 속죄 의식을 행했던 때, 현대 유대인들은 그날의 의식을 변형시켜 대속죄일을 기념하는 때, 우리 그리스도인들은 예수님께서 속죄 제물로 십자가에 못 박혀 돌아가셨음을 묵상하기에 좋은 때이다.

■ 레위기 16:8, 26 아사셀(Azazel)

레위기에는 아사셀(Azazel)과 속죄염소(Scapegoat, 레 16:7-10, 20-22, 26)에 대해 다음과 같이 기록되어 있다.

> **레위기 16:7-10** "[7]또 그 두 염소를 취하여 회막문 여호와 앞에 두고 [8]두 염소를 위하여 제비 뽑되 한 제비는 여호와를 위하고 한 제비는 아사셀을 위하여 할지며 [9]아론은 여호와를 위하여 제비 뽑은 염소를 속죄제로 드리고 [10]아사셀을 위하여 제비 뽑은 염소는 산 대로 여호와 앞에 두었다가 그것으로 속죄하고 아사셀을 위하여 광야로 보낼지니라."
>
> **레위기 16:20-22** "[20]그 지성소와 회막과 단을 위하여 속죄하기를 마친 후에 산 염소를 드리되 [21]아론은 두 손으로 산 염소의 머리에 안수하여 이스라엘 자손의 모든 불의와 그 범한 모든 죄를 고하고 그 죄를 염소의 머리에 두어 미리 정한 사람에게 맡겨 광야로 보낼지니 [22]염소가 그들의 모든 불의를 지고 무인지경에 이르거든 그는 그 염소를 광야에 놓을지니라."

이스라엘의 대속죄일은 7월 10일로 1년 1회 지켜진다. 대속죄일 날 속죄제물인 속죄염소(속죄양이 아니라 속죄염소)에 대해 이렇게 가르치고 있다. 회막문 앞으로 가져온 두 염소를 제비 뽑아 한 염소는 여호와를 위하고 한 염소는 아사셀을 위하여 제물로 바쳐진다. 아론(후에 대제사장)은 여호와를 위하여 제비 뽑힌 염소를 속죄제로 드리고, 아사셀(Azazel)을 위하여 제비 뽑힌 염소는 산 채로 여호와 앞에 두었다가 그것으로 속죄하고, 아사셀을 위하여 광야로 보내게 된다. 아사셀은 광야에 사는 마귀의 존재(a demonic being)로 알려졌는데 그 거처가 불결하다(a focus of impurity). 유대교의 전통에서는 이런 불결한 마귀의 이름을 피하기 위해 다양한 번역을 시도했다. 헬라역(LXX)에서는 아사셀을 '추방'(dismissal)으로 했고, 어떤 번역에서는 '가파른 산'(steep mountain) 혹은 '떠나가는 염소'(goat that departs) 혹은 그 장소의 이름으로 이해되기도 했다(탈무드 Sifra, Yoma 67b). 랍비 아브라함 이븐 에스라(Abraham Ibn Ezra, Spain, 1092-1167)는 아사셀이 시내 산 가까이 있다는 견해도 내었다.

유대문헌 중 중간기에 기록된 외경들은 미녀들에 의해 욕망으로 이끌린 천사들이 결국 하나님을 대항해 반항하였다고 전하고 있다. 이 문서들에서 아사셀은 반항을 주도한 두 지도자들 가운데 하나이다. 탈무드 이후 문서에 의하면 비슷한 이야기가 전해지는데, 두 반항의 천사들은 웃자와 앗자엘로서 이 이름이 아사셀의 변형이다.[123] 많이 유포된 이 신화적 이야기들은 성경의 아사셀의 사탄적 성격을 본질적으로 확인하는 듯하다.

더 책임적인 유대인 교사들은 반항 천사들의 신화적 개념을 피했다. 실로 탈무드는 자주 사탄을 언급하는데, 이 사탄은 기독교인의 신약성경에 나오는 하나님의 원수인 사탄과 같지 않다. 때때로 지나치게 확신을 갈망하며 사탄은 검사로서 하나님을 위해 봉사하고 있다. 그러나 혐오적인 세력으로서 전복되어야 할 사탄에 대한 개념은

123) Bamberger, *Fallen Angels,* chs 3-5 and 19.

탈무드 시대에 전적으로 없는 것은 아니다. 중세 카발주의자들 가운데 사탄은 더 공개적이고 강조적인 형태로 나타났다.[124)]

속죄염소(scapegoat)에 대한 개념은 성경의 영어번역을 최초로 한 윌리엄 틴데일(William Tyndale)에 의해 각인된 것이 분명하다. 그 후 이 용어는 한 공동체의 불결이나 유죄가 공식적으로 전가된 후 제거될 때 이를 담당하는 사람, 동물 혹은 물체를 위해 사용하게 되었다. 이 개념과 여기에 기인된 습관들이 세계적으로 무수한 사람들에게서 발견된다.[125)]

그러나 오늘날 보통 인식되기는 속죄양은 비록 속죄양의 본래 개념이 한 공동체가 지은 죄를 지고 가는 공적인 인정을 포함하기는 하지만 자기의 불운, 잘못, 죄를 대신 지는 사람을 말한다.[126)] 아사셀은 히브리어 아자젤의 음역이다. 아사셀에 관한 여러 견해가 있다.

(1) 염소: 에즈(히)

- 아잘(히)

- 가버리다, 사라지다.

즉 에즈와 아잘의 합성어=속죄의 염소 또는 내보냄을 받은 염소라는 견해이다.

(2) 쫓겨난 악령, 귀신: 아잘젤(히)이 음유화된 것으로 타락한 천사의 우두머리 곧 사탄을 가리키는 견해이다.

---

124) *Ibid.*, pp.154ff and chs 22-23.
125) Frazer, *Golden Bough*, chs. 57-58.
126) T. H. Gaster, *Festivals of the Jewish Year*, Sloane Associates, 1953, pp.142f.

⑶ 아사셀은 아랍동사 '제거하다', '없애다'라는 뜻의 '아잘'의 강세형으로 그 의미는 '완전한 제거'이다. 그러므로 아사셀 염소가 광야로 나가는 것은 이스라엘의 모든 죄악이 멀리 제거되는 것을 의미한다.

똑같은 모양과 같은 색의 두 마리 염소를 대제사장이 백성들 앞에서 제비를 뽑는다. 하나는 여호와를 위하여, 하나는 아사셀을 위하여….

제비 뽑기는 항아리 안에 표시를 한 돌멩이 두 개를 넣어 백성들 앞에서 대제사장이 항아리를 흔든 후 양손을 넣고 한 손에 각각 하나씩 집은 후 꺼내어 염소의 머리 위에 각각 올려놓는다.

* '여호와를 위하여'라고 쓰인 돌의 염소의 목에 붉은 천을 두른 후 백성을 위한 속죄제 염소를 잡아 속죄제로 드린다(레 16:9).
* '아사셀을 위하여'라고 쓰인 돌의 염소의 뿔에 붉은 천을 묶어 젊고 건강한 청년이 광야로 끌어간다. "…이스라엘의 모든 불의와 죄짐을 지고 멀리…아사셀을 위하여 광야로 보낼지니라"(레 16:10).
* 두 마리 염소 중 한 마리는 백성을 위해 속죄제로 드렸다.
* 이때 먼저 대제사장은 자기와 권속(골육, 친척)을 위해 수송아지를 먼저 드려 속죄했다(레 16:6, 11, 그렇지 아니하면 죽음을 면치 못한다).

레위기 16:21 "아론은 두 손으로 산 염소의 머리에 안수하여 이스라엘 자손의 모든 불의와 그 죄를 고하고 그 죄를 염소의 머리에 두어 미리 정한 사람에게 맡겨 광야로 보낼지니 염소가 그들의 모든 불의를 지고 무인지경에 이르거든 그는 염소를 광야에 놓을지니라."

레위기 16:26 "염소를 아사셀에게 보낸 자는 옷을 빨고 물로 몸을 씻은 후에 진에 들어올 것이며."

* 유대전승에 의하면, 대제사장은 광야로 보내질 아사셀 염소의 머리 위에 양손을 얹고(안수, 즉 이스라엘의 죄를 염소의 머리 위에 양손 얹어 안수하여 전가시키는 행위, 출 29:10) 다음과 같이 고백했다고 한다. "…오! 주님! 주님의 백성 이스라엘이 잘못을 범하고 배반함으로 당신 앞에 죄를 지었나이다. 간절히 비오니 이제 주께서 당신의 종 모세를 통하여 주신 율법에 기록된바…'속죄의 날에(1년 1회 7월 10일 대제사장이 속죄 피를 가지고 들어갔다) 너희가 내 앞에 지은 모든 죄를 깨끗이 사하리라…!' 하신 말씀대로 이제 주의 백성이 당신께 지은 모든 허물과 죄악을 이 시간 용서하소서!"라고 고백하고 아사셀 양을 광야 무인지경에 보냈다고 한다.

"안수할지니"의 안수는 제물을 가져온 자가 자신의 양손을 양 뿔 사이에 얹고 힘껏 누르는 행위를 말한다. 히브리어 '샤마크 야도'로 '그가 자신의 손을-(위에) 얹다'라는 의미인데, 원어상 두 가지 뜻이 담겨 있다.

① 제물을 드리는 자가 직접 자신의 손을 제물 위에 놓아야 한다는 점이다.

② 제물 위에 손을 얹되 힘껏 단단히 누르면서 얹어야 된다는 점이다.

안수의 두 가지 의미는 '연합'과 '전가'를 상징한다. 안수의 목적은 자신이 가진 무엇을 전가시키기 위함이다.

① 축복하기: 창세기 48:14을 보면 야곱(이스라엘)이 요셉의 아들들

에게 축복하는 장면이 나온다.

② 죄를 고백함.

③ 병 고치기: 마가복음 1:41, 문둥병자를 불쌍히 여겨 손 내밀어 저에게 대시며 깨끗함을 받으라고 하시는 예수님을 볼 수 있다.

안수는 제물을 드리는 자가 안수를 통하여 그 제물과 하나 됨을 나타내는 동시에, 자신의 죄를 그 동물에게 '전가시킨다'(transfer)는 것을 상징적으로 나타내는 행위이다. 따라서 제물을 드리는 자는 자신이 직접 피를 흘리지 않고도 자신과 연합된 안수 받은 제물의 피흘림을 통해 자신의 죄를 속함 받을 수 있었던 것이다.

* 유대 랍비들의 말을 빌리면 제물을 드리는 자는 희생제물의 양 뿔 사이에 얹고 있는 힘을 다해 힘껏 눌러야 했다고 한다. 아사셀 산 염소는 광야로 보내진다. 뿔에 붉은 줄을 매었기 때문에 식별하기가 쉬웠다. 제사장은 높은 산봉우리로 올라가서 멀리 떠나는 염소를 바라본다.

이렇듯 대속죄일에 한 염소는 희생을 드리고, 한 염소는 아사셀 산으로 보낸다. 아사셀 산은 1년 평균 강수량 100㎜로 거의 비가 내리지 않는다. 그래서 금보다 귀한 '물'이다. 젊고 건강하고 정결한 청년이 아사셀 염소를 어깨에…아사살 산에서 붉은 끈을 반으로 잘라 하나는 산의 바위에 묶고, 다른 하나는 염소의 뿔에 묶어 절벽으로 던진다. 그러고 나서 그 염소는 즉시 미리 정한 사람의 손에 이끌려 사람이 살지 않는 광야로 보내졌다.

하나님께서는 염소를 광야로 내보내는 의식을 통하여 그들의 죄가 값없이 완전히 용서되었다는 것을 그들에게 보여주신 것이다. 염소가 그들의 모든 불의를 지고(레 16:22)…. 후에 유대인들에게는 붉은 천 조각을 염소의 뿔에 매고 다른 조각은 성전 문이나 염소를 놓아준 바위 꼭대기에 매어 두는 습관이 있었다. 그런 후 만일 그 천이 희게 변하면 그들은 "네 죄가 주홍같이 붉을지라도 양털같이 희어지리라"고 기록된 바처럼 이스라엘의 죄가 용서되었다고 으레 생각하였다. 그리고 그들은 로마인들이 예루살렘을 파괴하기 40년 전까지 천의 붉은 색깔이 전혀 변하지 않았다고 덧붙인다. 그것은 실체를 거부함으로 말미암아 그림자는 아무런 도움이 되지 못했다는 훌륭한 고백이라고 할 수 있다.

> **레위기 16:16-19** "[16]이스라엘 자손의 부정과 그 범한 모든 죄를 인하여 지성소를 위하여 속죄하고 또 그들의 부정한 중에 있는 회막을 위하여 그같이 할 것이요…(또 수송아지의 피를 취하여 손가락으로 속죄소 동편에 뿌리고 또 손가락으로 그 피를 속죄소 앞에 일곱 번 뿌릴 것이며-레 16:14) 피를 취하여 단 귀퉁이 뿔들에 바르고 [19]또 손가락으로 그 피를 그 위에 일곱 번 뿌려 이스라엘 자손의 부정에서 단을 성결케 할 것이요."

* 보낸 자-염소를 아사셀에게 보낸 자는 옷을 빨고 물로 몸을 씻은 후에 진에 들어올 것이며(레 16:26).

* 불사른 자-속죄 후 소와 염소의 가죽, 고기, 똥은 진 밖으로 내어다가 불사를 것이요 불사른 자는 옷을 빨고 물로 몸을 씻은 후 진에 들어올 것이라(레 16:27-28).

* 아론-회막에 들어가서 지성소에 들어갈 때 입었던 세마포 옷을 벗어 거기 두고 거룩한 곳에서 물로 몸을 씻고 자기 옷을 입고 나와서 자기의 번제와 백성의 번제를 드려 자기와 백성을 위하여 속죄하

고 속죄제의 희생의 기름을 단에 불사를 것이요(레 16:23-25).

속죄 제사를 다 마치고 밖으로 나온 대제사장은, 미리 준비한 아사셀 양이라는 표시로 양의 뿔에 붉은 끈을 묶는다. 제사양의 머리에 손을 얹고 백성의 죄를 다 고한다. 그리고 백성의 죄를 지고 버림당한 양이라는 표시로, 양의 뿔에 붉은 끈을 묶는다. 제사장이 광야로 끌고 가 고삐를 풀고 쫓아 버린다. 혹시 백성이 광야에서 그 양을 만나도 붉은 끈을 보고 백성의 죄 때문에 버림받은 아사셀 양인 줄 알고 잡아먹지 않게 하였다.

백성의 죄를 지고, 아무도 없는 광야로 쫓김을 당하는 아사셀 양은, 우리의 죄를 지고 하나님과 사람에게 버림받으신 예수님을 가리키는 그림자다. 그러므로 예수님께서 십자가에 못 박혔을 때 "나의 하나님, 나의 하나님, 어찌하여 나를 버리셨나이까?" 하셨다. "무인지경에 놓을지니라"는 것은 이스라엘의 죄짐을 담당한 염소가 다시 살아 돌아오거나 인간에게 잡혀 살아나는 일이 없도록 하는 조치였다. 성경의 기록에는 나타나 있지 않지만 후대 유대 전승에 의하면 염소를 끌고 간 그 사람이 염소를 절벽 아래로 밀어뜨렸다고 한다. 실제로 유대인의 경전인 탈무드의 미쉬나 기록에 그 염소가 광야바위에 거꾸로 떨어져 처참하게 죽은 모습으로 묘사되어 있다고 한다.

…예수님께서 대신 제물 되어 주셨고, 나 또한 하나님 앞에 바쳐진, 주님으로 인해 주께서 흠 없는 거룩한 피로 내게 안수해 주심으로 주님과 하나 되어 흠 없는 제물이 될 수 있음을 감사하고, 보너스로 권세와 능력도 주셨다 하시니 감사하고, 나는 그렇게 하나

님께 바쳐진 예물인 것이기에 겸손히 주 앞으로 가까이 나아가야 함을 오늘 또 확실히 안다.

이사야 66:20-21 "[20]나 여호와가 말하노라 이스라엘 자손이 예물을 깨끗한 그릇에 담아 여호와의 집에 드림같이 그들이 너희 모든 형제를 열방에서 나의 성산 예루살렘으로 말과 수레와 교자와 노새와 약대에 태워다가 여호와께 예물로 드릴 것이요 [21]나는 그중에서 택하여 제사장과 레위인을 삼으리라 여호와의 말이니라."

모든 죄를 아사셀을 위한 염소에게 전가시켜 보낸다.[127)]

127) 참고, Torah 해설집, Reformed Jewish Rabbi 들이 강해함.

4

민수기

[BeMidvar 'In the Wilderness' 광야에서]

70인역(LXX): Arithmoi("Numbers 계수함")

민수기 1:1 "이스라엘 자손이 애굽 땅에서 나온 후 제이년 이월 일일에 여호와께서 시내 광야 회막에서 모세에게 말씀하시기를 Then the Lord spoke toMoses in the wilderness of Sinai."

민 1:1, 10:10 시내 산 Mout Sinai	10:11, 14:45 시내 산에서 가데스로	15:1, 21:41 가데스에서 모압으로	22:1, 36:13 모압 평지 Moab
여행 준비	시험 The Test	광야에서	여행 종결 End
구세대 The Old Generation			신세대 N. Gen.
수주간 Several Weeks	38년간 Years		수개월 Several Months
시내산 Mt. Sinai	호르 산 Mt. Hor		느보 산 Mt. Nebo

● **백성들을 계수하다**(The numberings of the people)

① 하나님의 군대로서 소집 A call to arms for the army of God

② 봉사로 부르심 A call to service

③ 질서의 하나님 God is a God of order

■ 민수기 1:2–2:35 이스라엘에서 싸움에 나갈 수 있는 남자의 수 계수(20–60세)

지파	족장	계수	방향
르우벤	엘리술	46,500	남편(151,450 명)
시므온	슬루미엘	59,300	
갓	엘리아삽	45,650	

지파	족장	계수	방향
유다	나손	74,600	동편(186,400명)
잇사갈	느다넬	54,400	
스불론	엘리압	57,400	
에브라임	엘리사마	40,500	서편(108,100명)
므낫세	가말리엘	32,200	
베냐민	아비단	35,400	
단	아히에셀	62,700	북편(157,600명)
아셀	바기엘	41,500	
납달리	아히라니	53,400	

방향	지파명	1차(1장)	2차(26장)	증감
남편	르우벤	46,500	43,730	− 2,700
	시므온	59,300	22,200	−37,100
	갓	45,650	40,500	− 5,150
동편	유다	74,600	76,500	+ 1,900
	잇사갈	54,400	64,300	+ 9,900
	스불론	57,400	60,500	+ 3,100
서편	에브라임	40,500	32,500	− 8,000
	므낫세	32,200	52,700	+20,500
	베냐민	35,400	45,600	+10,200
북편	단	62,700	64,400	+ 1,700
	아셀	41,500	53,400	+11,900
	납달리	53,400	45,400	− 8,000
총계 Total		603,550명	601,730명	− 1,820
목적		광야 행진	땅 분배	

● **민수기의 교훈**(Lessons)

하나님께 충성/순종/온전히 좇음의 교훈 The Lesson of the Faithfulness of the Lord.

하나님께 거역하고 불순종/시험의 교훈 The Lesson of the Cost of Disobedience.

■ **민수기 3:39 레위인들은 60만 인구에 속하지 않음**

레위인들은 이스라엘 자손의 처음 난 남자(일 개월 이상)의 수만큼 있어 하나님께 드린 장자 대신 하나님께 바친 자가 되었다(민 3:40-41). 그래서 이스라엘의 장자 수가 총계 22,273명이요(민 3:43), 레위인 중 일 개월 이상 남자를 세어보니 22,000명(민 3:39)이었다.

> **민수기 3:39-45** "[39]모세와 아론이 여호와의 명을 좇아 레위인을 각 가족대로 계수한즉 일 개월 이상 남자의 수효가 이만 이천 명이었더라(22,000명) [40]여호와께서 또 모세에게 이르시되 이스라엘 자손의 처음 난 남자를 일 개월 이상으로 다 계수하여 그 명수를 기록하라 [41]나는 여호와라 이스라엘 자손 중 모든 처음 난 자의 대신에 레위인을 내게 돌리고 또 이스라엘 자손의 가축 중 모든 처음 난 것의 대신에 레위인의 가축을 내게 돌리라 [42]모세가 여호와께서 자기에게 명하신 대로 이스라엘 자손 중 모든 처음 난 자를 계수하니 [43]일 개월 이상으로 계수함을 입은 처음 난 남자의 명수의 총계가 이만 이천이백칠십삼 명이었더라(22,273) [44]여호와께서 모세에게 말씀하시기를 [45]이스라엘 자손 중 모든 처음 난 자의 대신에 레위인을 취하고 또 그들의 가축 대신에 레위인의 가축을 취하라 레위인은 내 것이라 나는 여호와니라."

그러므로 요단 강을 건너 약속의 땅 가나안으로 입성한 이스라엘 백성의 숫자가 정확히 601,730명이었고, 여기에 제사장(당시 대제사장이 엘르아살)들과 레위인들이 추가되어야 했다. 그리고 20세 이하의 어린이들과 모든 여인들이 가나안 땅에 들어갔다.

■ 민수기 13:6, 14:6-15 갈렙(Caleb)

갈렙은 태어나면서부터 이스라엘 사람이었고, 출애굽 시 유다 지파(the tribe of Judah)를 대표하였다. 갈렙(Caleb)의 뜻은 '개'(dog)이다. 에브라 언어에서 갈리부(Galibu, Caleb)는 "개 같은"(dog-like)으로 발견된다. 페니키아와 우가릿에서 이 뜻은 "신의 종"(servant of the Lord)이다[www. lib. cet. ac. il. 갈렙 Caleb(Kālēḇ) Hugh Chisholm(ed.), 'Caleb'].[128)]

그 조상은 그나스 사람(Kenezite)인데(민 32:12, 그나스 사람 여분네의 아들 갈렙; 수 14:6, 14), 하나님께서 아브람과 언약을 세우시고 땅을 줄 것을 약속하시면서 "내가 이 땅을 이집트 강(나일 강)에서부터 그 큰 강 유브라데까지 네 자손에게 주노니 곧 겐 족속과 그니스 족속과 갓몬 족속과 헷 족속과 브리스 족속과 르바 족속과 아모리 족속과 가나안 족속과 기르가스 족속과 여부스 족속의 땅이니라"(창 15:18-21)고 하실 때, 가나안 열 족속 중 겐 족속 다음에 언급하신 족속이었다. 갈렙은 그나스 족속 중 한 여인이 유다 지파 사람과 결혼하여 낳은 여분네의 아들이다. 갈렙의 아내는 아수바(Azubah), 여리옷(Jerioth), 에브랏(Ephrath)이었다(대상 2:18-19). 이 족보에 의하면 훗날 증손자 살렐(Bezalel)은 당대 유명한 건축가(architect)가 되었다. 탈무드에서 이를 언급한다(The Talmud, Sotah 11b).

그는 충실하게 온전히 하나님을 좇아갔고 순종하여 나아간 성실한 인물로 부각된다(faithful Caleb). 그의 동생 이름은 그나스(Kenaz)로 외가의 이름을 유지했다(수 15:17; 삿 1:13; 대상 1:13). 다윗 시대에 아비가

---

128) *Encyclopædia Britannica* (11th ed.). Cambridge University Press, 1911.

일(Abigail)의 남편인 나발(Nabal)이 갈렙의 집안이었다(삼상 25:3). 개역에서는 '갈멜 족속'이라고 잘못 번역되었는데, 개역개정에서 '갈렙 족속'으로 바로 번역하고 있다. 나발은 완고하고 행실이 악했다.

출애굽한 이스라엘 백성들이 호렙 산을 떠나 가데스바네아에 도착했을 때, 모세는 각 지파의 대표 12명을 선발하여 가나안 땅을 정탐(spies, 히브리어로 메라그림, meraglim)하게 하였다. 정탐의 내용은 ① 헤브론 땅 거민의 강약(强弱)과 다소(多少), 호불호(好不好) ② 성읍이 진영인지, 산성인지 ③ 토지의 후박(厚薄) ④ 수목의 유무(有無) ⑤ 그 땅의 실과를 가져오라는 것이었다. 그때는 포도가 처음 익을 즈음이라 이를 보고하도록 하였다(민 13:18-20).

이들은 40일간 땅을 탐지하고 돌아오면서 에스골 골짜기에서 포도 한 송이가 달린 가지를 베어 둘이 막대기에 꿰어 메고 석류와 무화과도 가지고 돌아왔다. 바란 광야 가데스로 돌아와서 모세와 이스라엘 자손 앞에 탐지한 것을 보고하고 그 땅 실과를 보이며, 모세에게 말하기를 "당신이 우리를 보낸 땅에 간즉 과연 젖과 꿀이 그 땅에 흐르고 이것은 그 땅의 실과니이다" 하면서도, 족장들 가운데 10명의 정탐꾼들은 헤브론 땅을 악평하면서 말하기를 "우리가 두루 다니며 탐지한 땅은 그 거민을 삼키는 땅(a land that eateth up the inhabitants thereof)입니다. 그 주민들은 강하고 신장이 큰 자들이며, 네피림 후손 아낙 자손 대장부도 만났습니다"(민 13:31-33)라고 전했다.

여기서 "그 거민을 삼키는 땅"이란 척박(barren and unfruitful)해서 거민들을 먹여 살릴 만한 충분한 양식을 생산하지 못한다는 것이다. 학자들에 따라서는 전염병이 있는 땅이라고도 하고 또한 공기가 오염되어 있는 곳이라고 해석하기도 한다(출 23:28 '왕벌'). 그런데 젖과 꿀이 흐르는 땅임을 증명해 보이면서 포도 한 송이 달린 가지를 베어 왔으니, 거민을 삼키는 땅이란 이스라엘 백성들이 정착하여 살기에는 마음의 평화가 없는 땅이라는 것이다. 정착하고 있는 주민들은 강하고 성읍도 견고하고 심히 크며 거인족(giants)인 아낙 자손이라고 보고했다(민 13:28-29). 이 거인족이 이스라엘 군대를 파괴할 것이란다(giants lived there who would crush the Hebrew army).

그러나 유다 지파의 대표로 간 여분네의 아들 갈렙(Caleb the son of Jephunneh)은 모세 앞에서 백성을 안돈시키며 말한다. "우리가 곧 올라가서 그 땅을 취하자. 능히 이기리라"(민 13:30, God would be able to deliver Canaan into the hands of the Hebrew nation)고 했다. 에브라임 지파 대표로 파송된 여호수아도 갈렙처럼 '여호와께서 이기게 하시리라'는 주장을 폈으나 백성들은 큰 소동을 일으켰다. 밤새도록 곡하며 모세와 아론을 원망하기를 "우리가 이집트 땅에서 죽었거나 이 광야에서 죽었더라면 좋았을 것을 어찌하여 여호와가 우리를 그 땅으로 인도하여 칼에 망하게 하려 하는고? 우리 처자가 사로잡히리니 이집트로 돌아가는 것이 낫지 아니하랴?"(민 14:1-3) 하며 서로 말하기를 "우리가 한 장관을 세우고 이집트로 돌아가자"(민 14:4)고 했다. 이에 모세와 아론이 이스라엘 자손의 온 회중 앞에서 엎드렸다(민 14:5).

여기서 반성할 점은, 이스라엘은 이미 홍해에서 이집트 군대가 수장되는 것을 기억하고 있다. 아말렉 군대를 하나님께서 물리치신 것을 기억하고 있다. 반석에서 물이 솟아나고 아침에는 만나, 저녁에는 메추라기를 먹고 있었다. 10명 정탐꾼의 보고에 모세와 아론은 기도해야 했었다. 그런데 '회중 앞에 엎드렸다'(fell on their faces before all the assembly of the congregation of the children of Israel)는 말은 '항복' 내지 '그들의 말에 따르겠다'는 뜻이다. 하나님 앞에 엎드려야지 왜 회중 앞에 엎드리는가?

이런 상황에서 눈의 아들 여호수아와 여분네의 아들 갈렙이 옷을 찢고, 이들의 견해(minority report)를 밝혔다.

> **민수기 14:7-9** "[7]…우리가 두루 다니며 탐지한 땅은 심히 아름다운 땅이라 [8]여호와께서 우리를 기뻐하시면 우리를 그 땅으로 인도하여 들이시고 그 땅을 우리에게 주시리라 이는 과연 젖과 꿀이 흐르는 땅이니라 [9]오직 여호와를 거역하지 말라 또 그 땅 백성을 두려워하지 말라 그들은 우리 밥이라 그들의 보호자는 그들에게서 떠났고 여호와는 우리와 함께하시느니라 그들을 두려워 말라."

이 두 정탐꾼은 하나님의 관점에서 보고를 한 것이며, 믿음으로 올라가서 취하자고 연설했다. 그러나 온 회중이 그들을 돌로 치려 하였고, 그와 동시에 여호와의 영광이 회막에서 이스라엘 모든 자손에게 나타나셨다. 모세에게 말씀하기를 "이 백성이 어느 때까지 나를 멸시하겠느냐? 내가 그들 중에 모든 이적을 행한 것도 생각하지 아니하고 어느 때까지 나를 믿지 않겠느냐? 내가 전염병으로 그들을 쳐서 멸하고 너로 그들보다 크고 강한 나라를 이루게 하리라"(민 14:11-12) 하셨다. 이것이 하나님의 뜻이었다. 이에 '아멘' 하고 헤브론으로 올라갔다면 그들은 이집트에 나온 지 1년 반 만에 젖과 꿀이 흐르는 약속의 땅으로 들어갔을 것이다.

모세는 오히려 회중을 생각하며 저들의 용서를 간구했다.

민수기 14:13-19 "[13]…이집트인 중에서 주의 능력으로 이 백성을 인도하여 내셨거늘 그리하시면 그들이 듣고 이 [14]땅 거민에게 고하리이다 주 여호와께서 이 백성 중에 계심을 그들도 들었으니 곧 주 여호와께서 대면하여 보이시며 주의 구름이 그들 위에 섰으며 주께서 낮에는 구름 기둥 가운데서, 밤에는 불기둥 가운데서 그들 앞에서 행하시는 것이니이다 [15]이제 주께서 이 백성을 한 사람같이 죽이시면 주의 명성을 들은 열국이 말하여 이르기를 [16]여호와가 이 백성에게 주기로 맹세한 땅에 인도할 능이 없는 고로 광야에서 죽였다 하리이다 [17]이제 구하옵나니 이미 말씀하신 대로 주의 큰 권능을 나타내옵소서 이르시기를 [18]여호와는 노하기를 더디하고 인자가 많아 죄악과 과실을 사하나 형벌 받을 자는 결단코 사하지 아니하고 아비의 죄악을 자식에게 갚아 삼사 대까지 이르게 하리라 하셨나이다 [19]구하옵나니 주의 인자의 광대하심을 따라 이 백성의 죄악을 사하시되 이집트에서부터 지금까지 이 백성을 사하신 것같이 사하옵소서."

모세의 기도에 하나님께서는 회중들을 즉시 심판할 것을 거두긴 하시나, 이들 중 하나도 약속의 땅에는 들어가지 못하고 광야에서 죽을 것이라고 말씀하신다.

민수기 14:20-24 "[20]내가 네 말대로 사하노라 [21]그러나 진실로 나의 사는 것과 나의 영광이 온 세계에 충만할 것으로 맹세하노니 [22]나의 영광과 이집트와 광야에서 행한 나의 이적을 보고도 이같이 열 번이나 나를 시험하고 내 목소리를 청종치 아니한 그 사람들은 [23]내가 그 조상들에게 맹세한 땅을 결단코 보지 못할 것이요 또 나를 멸시하는 사람은 하나라도 그것을 보지 못하리라 [24]오직 내 종 갈렙은 그 마음이 그들과 달라서 나를 온전히 좇았은즉 그의 갔던 땅으로 내가 그를 인도하여 들이리니 그 자손이 그 땅을 차지하리라."

이렇게 하나님께서는 갈렙은 '내 종'(my servant)로 불러 주신다.

민수기 14:30 "여분네의 아들 갈렙과 눈의 아들 여호수아 외에는 내가 맹세하여 너희로 거하게 하리라 한 땅에 결단코 들어가지 못하리라."

그래서 이스라엘 백성들은 광야에서 38년을 더 체류하게 되고, 출애굽 1세대들은 광야에서 다 죽고, 가나안 땅에 들어간 이들은 광야에서 태어난 2세들이 들어갔다. 1세대 가운데 가나안 땅에 들어간 이들은 여호수아와 갈렙뿐이었다.

여호수아 장군에 의한 가나안 정복이 필했을 때, 갈렙은 유다 자손을 인솔하여 길갈에 있던 여호수아에게 나아왔다. 그리고 과거 45년 전 정탐했던 땅 헤브론을 자기 지파에게 달라고 부탁했다.

여호수아 14:6-12 "[6]때에 유다 자손이 길갈에 있는 여호수아에게 나아오고 그니스 사람 여분네의 아들 갈렙이 여호수아에게 말하되 여호와께서 가데스 바네아에서 나와 당신에게 대하여 하나님의 사람 모세에게 이르신 일을 당신이 아시는 바라 [7]내 나이 사십 세에 여호와의 종 모세가 가데스 바네아에서 나를 보내어 이 땅을 정탐케 하므로 내 마음에 성실한 대로 그에게 보고하였고 [8]나와 함께 올라갔던 내 형제들은 백성의 간담을 녹게 하였으나 나는 나의 하나님 여호와를 온전히 좇았으므로 [9]그날에 모세가 맹세하여 가로되 네가 나의 하나님 여호와를 온전히 좇았은즉 네 발로 밟는 땅은 영영히 너와 네 자손의 기업이 되리라 하였나이다 [10]이제 보소서 여호와께서 이 말씀을 모세에게 이르신 때로부터 이스라엘이 광야에 행한 이 사십오 년 동안을 여호와께서 말씀하신 대로 나를 생존케 하셨나이다 오늘날 내가 팔십오 세로되 [11]모세가 나를 보내던 날과 같이 오늘날 오히려 강건하니 나의 힘이 그때나 이제나 일반이라 싸움에나 출입에 감당할 수 있사온즉 [12]그날에 여호와께서 말씀하신 이 산지를 내게 주소서 당신도 그날에 들으셨거니와 그 곳에는 아낙 사람이 있고 그 성읍들은 크고 견고할지라도 여호와께서 혹시 나와 함께하시면 내가 반드시 여호와의 말씀하신 대로 그들을 쫓아내리이다."

사실 헤브론은 레위 지파에게 허락하신 도피성(City of Refuge)이었다.

여호수아 21:11 "아낙의 아비 아르바의 성읍 유다 산지 기럇 아르바 곧 헤브론과 그 사면 들을 그들에게 주었고."
여호수아 21:12-13 "[12]오직 그 성읍의 밭과 촌락은 여분네의 아들 갈렙에게 주어 소유가 되게 하였더라 [13]제사장 아론 자손에게 준 것은 살인자의 도피성 헤브론과 그 들이요 또 립나와 그 들과."
여호수아 14:13-15 "[13]여호수아가 여분네의 아들 갈렙을 위하여 축복하고 헤브론을 그에게 주어 기업을 삼게 하매 [14]헤브론이 그니스 사람 여분네의 아들 갈렙의 기업이 되어 오늘날까지 이르렀으니 이는 그가 이스라엘의 하나님 여호와를 온전히 좇았음이며 [15]헤브론의 옛 이름은 기럇 아르바라 아르바는 아낙 사람 가운데 가장 큰 사람이었더라 그 땅에 전쟁이 그쳤더라."

갈렙이 기럇 세벨(the land of Debir from the giants)을 정복하는 이에게 딸 악사(Achsah)를 아내로 주겠다고 하니, 동생 그나스의 아들인 옷니엘(Othniel Ben Kenaz, Caleb's half-brother)이 정복함으로 자기 조카에게 딸을 주게 되었다. 옷니엘은 갈렙에게 조카이면서 사위(son-in-law)가 된 것이다. 갈렙의 혈통 속에 그나스가 있음에 대해 70인역(LXX, 헬라역 구약성경)과 탈무드(Babylonian Talmud) "Sotah 11b"에서 갈렙은 "정탐꾼들의 꾀에서 돌이킨 아들"이었다고 소개한다.

"he (Caleb) was a son who turned–panah–from the counsel of the spies."

미드라쉬에서는 갈렙이 정탐꾼들과 헤어져서 족장들의 무덤을 방문했다고 보고한다. A Midrash refers to Caleb being devoted to the Lord and to Moses, splitting from the other scouts to tour Hebron on his own and visit the graves of the Patriarchs.

옷니엘은 이스라엘의 최초 사사(Judge)가 되었다. 이스라엘 자손은 여호와 목전에 악을 행하여 자기들의 하나님 여호와를 잊어버리고 바알들과 아세라들을 섬기게 되었다(삿 3:7).

사사기 3:8-11 "[8]여호와께서 이스라엘에게 진노하사 그들을 메소보

다미아 왕 구산 리사다임의 손에 파셨으므로 이스라엘 자손이 구
산 리사다임을 팔 년을 섬겼더니 [9]이스라엘 자손이 여호와께 부르
짖으매 여호와께서 그들을 위하여 한 구원자를 세워 구원하게 하
시니 그는 곧 갈렙의 아우 그나스의 아들 옷니엘이라 [10]여호와의
신이 그에게 임하셨으므로 그가 이스라엘 사사가 되어 나가서 싸
울 때에 여호와께서 메소보다미아 왕 구산 리사다임을 그 손에 붙
이시매 옷니엘의 손이 구산 리사다임을 이기니라 [11]그 땅이 태평한
지 사십 년에 그나스의 아들 옷니엘이 죽었더라."

■ 민수기 13:22, 28 정탐꾼들이 만난 아낙족과 종교?

1. 아낙족(Anakim)은 누구인가?

모세는 가나안 족속을 '아낙 자손'이라고 불렀다. '아낙'(Anak)이라는 말은 '목이 긴 사람'이란 뜻으로 가나안 남쪽 산지에 살던(삿 1:20 "무리가 모세의 명한 대로 헤브론을 갈렙에게 주었더니 그가 거기서 아낙의 세 아들을 쫓아내었고") 키가 큰 족속이었으며(1:28 "이스라엘이 강성한 후에야 가나안 사람에게 사역을 시켰고 다 쫓아내지 아니하였더라"), 아낙의 아비 아르바(수 15:13 "여호와께서 여호수아에게 명하신 대로 여호수아가 기럇 아르바 곧 헤브론 성을 유다 자손 중에서 분깃으로 여분네의 아들 갈렙에게 주었으니 아르바는 아낙의 아비였더라")가 이 족속의 창시자로 보인다(수 14:15 "헤브론의 옛 이름은 기럇 아르바라 아르바는 아낙 사람 가운데 가장 큰 사람이었더라 그 땅에 전쟁이 그쳤더라").

1) 헤브론에 살았던 아낙의 세 아들 아히만, 세새, 달매(민 13:22): 키가 크고 장대함

민수기 13:17-28 "[17]모세가 가나안 땅을 탐지하러 그들을 보내며 이르되 너희는 남방 길로 행하여 산지로 올라가서 [18]그 땅의 어떠함을 탐지하라 곧 그 땅 거민의 강약과 다소와 [19]그들의 거하는 땅의 호불호와 거하는 성읍이 진영인지 산성인지와 [20]토지의 후박과 수목의 유무니라 담대하라 또 그 땅 실과를 가져오라 하니 그때는 포도가 처음 익을 즈음이었더라 [21]이에 그들이 올라가서 땅을 탐지하되 신 광야에서부터 하맛 어귀 르홉에 이르렀고 [22]또 남방으로 올라가서 헤브론에 이르렀으니 헤브론은 애굽 소안보다 칠 년 전에 세운 곳이라 그곳에 아낙 자손 아히만과 세새와 달매가 있었더라 [23]또 에스골 골짜기에 이르러 거기서 포도 한 송이 달린 가지를 베어 둘이 막대기에 꿰어 메고 또 석류와 무화과를 취하니라 [24]이스라엘 자손이 거기서 포도송이를 벤 고로 그곳을 에스골 골짜기라 칭하였더라 [25]사십 일 동안에 땅을 탐지하기를 마치고 돌아와…[28]그러나 그 땅 거민은 강하고 성읍은 견고하고 심히 클 뿐 아니라 거기서 아낙 자손을 보았으며."

2) 르바임(히브리어로 '키가 장대함'이란 뜻. giants)

신명기 2:10-20 "[10](옛적에 엠 사람이 거기 거하여 강하고 많고 아낙 족속 Anakims과 같이 키가 크므로 giants [11]그들을 아낙 족속과 같이 르바임이라 칭하였으나 모압 사람은 그들을 에밈이라 칭하였으며…[20](이곳도 르바임의 땅이라 하였었나니 전에 르바임이 거기 거하

였었음이요 암몬 족속은 그들을 삼숨밈이라 일컬었었으며."

3) 아낙의 세 아들들을 쫓아내고 갈렙이 헤브론을 차지함(유다 지파)

사사기 1:20 "무리가 모세의 명한 대로 헤브론을 갈렙에게 주었더니 그가 거기서 아낙의 세 아들을 쫓아내었고."

2. 아낙족이 섬겼던 신(종교)은 가나안 종교였다

(조상 아낙이 가지고 온 바벨론 종교와 혼합된 종교였다)

사사기 2:11-18 "[11]이스라엘 자손이 여호와의 목전에 악을 행하여 바
알들을 섬기며 [12]애굽 땅에서 그들을 인도하여 내신 그 열조의 하나
님 여호와를 버리고 다른 신 곧 그 사방에 있는 백성의 신들을 좇아
그들에게 절하여 여호와를 진노하시게 하였으되 [13]곧 그들이 여호
와를 버리고 바알과 아스다롯을 섬겼으므로 [14]여호와께서 이스라엘
에게 진노하사 노략하는 자의 손에 붙여 그들로 노략을 당케 하시
며 또 사방 모든 대적의 손에 파시매 그들이 다시는 대적을 당치 못
하였으며 [15]그들이 어디를 가든지 여호와의 손이 그들에게 재앙을
내리시매 곧 여호와께서 말씀하신 것과 같고 여호와께서 그들에게
맹세하신 것과 같아서 그들의 괴로움이 심하였더라 [16]여호와께서 사
사를 세우사 노략하는 자의 손에서 그들을 건져내게 하셨으나 [17]그
들이 그 사사도 청종치 아니하고 돌이켜 다른 신들을 음란하듯 좇
아 그들에게 절하고 여호와의 명령을 순종하던 그 열조의 행한 길
을 속히 치우쳐 떠나서 그와 같이 행치 아니하였더라 [18]여호와께서

그들을 위하여 사사를 세우실 때에는 그 사사와 함께하셨고 그 사사의 사는 날 동안에는 여호와께서 그들을 대적의 손에서 구원하셨으니 이는 그들이 대적에게 압박과 괴롭게 함을 받아 슬피 부르짖으므로 여호와께서 뜻을 돌이키셨음이어늘."

(1) "가나안 족속과 그 문화를 말살하라"(신 7:1–5).

모세는 이스라엘 자손들을 가나안으로 들어가게 하시는 주체가 하나님이심을 강조했다(1절 상). 그 땅에 사는 거민들이 숫자도 많고 강하지만(1절 하), 하나님께서는 이스라엘 자손들 앞에서 그들을 쫓아내시고, 그들을 이스라엘 자손의 손에 붙이실 것이라고 하셨다(2절 상). 여기에서 '붙인다'('나탄')는 말은 '배당하다', '주다'라는 말로서, 이는 하나님께서 가나안 일곱 족속의 심판을 이스라엘에게 양도하셨다는 것을 말한다.

(2) 헷 족속

주전 2000-1800년경 소아시아의 수리아 지방에 정착하여 철기 문화를 사용하여 강력한 제국을 세우고 발전하다가 주전 1200년경에 멸망한 힛타이트족(Hittites)이다.

(3) 기르가스 족속

요단 서편에 살다가 이스라엘에 의해 쫓겨난 족속인데, 그 후 주변 여러 족속들에게 흡수된 것으로 보인다.

(4) 아모리 족속

가나안 족속은 주로 베니게 지역의 해변가와 요단 계곡에 거주하였는데, 가나안 정복 전쟁 후 점차 히브리인들에게 흡수되었다.

(5) 브리스 족속

팔레스타인 외곽 지대와 산간 지역에 흩어져 살았는데, 이들은 이스라엘의 바벨론 포로 귀환 시까지 종족으로서의 명맥을 유지했다(스 9:1).

(6) 히위 족속

본래 함의 후손으로 이스라엘의 가나안 정복 시 여호수아를 속여 화친을 맺고, 이스라엘 중에 섞여 살면서 나무를 패고 물 긷는 자들이 되었으며(수 9:3-21), 주로 팔레스타인 북부 산간 지대와 기브온에 거주하였다.

(7) 여부스 족속

가나안의 아들 여부스의 후손(창 10:16), 예루살렘과 그 주변 산지에 살았다.

모세는 그 땅의 거민들을 완전히 전멸하고 어떠한 언약을 맺지도 말고 불쌍히 여기지도 말고, 또한 그들과 결혼도 하지 말라고 지시하였다(신 7:2-3). 이러한 명령은 그들과의 모든 관계를 금하는 것이었다. 그 이유는 이스라엘이 하나님을 대신해서 그 민족을 심판하고 있기 때문이었다. 이것은 마치 판사가 사형 판결을 내린 사람을 형 집행자가 사사로운 감정으로 살릴 수 없는 것과도 같다. 그리고 그들과의 혼인을 금지하는 것은 통혼(通婚)으로 야기될 문화적 혼합과 우상숭배 감염 현상을 막기 위한 조처였다(신 7:4). 왜냐하면 자기의 남편이나 아내가 다른 신을 섬길 때에 그 가운데에서 신앙을 지키는 일은 심히 어려운 일이기 때문이다.

그 당시에 가나안 사람들이 행하던 제사 의식들은 실로 방탕하기 짝이 없었으며, 음란한 성(性) 의식을 통해서 시행되었는데, 이러한 의식은 하나님의 백성으로서 조금도 본받아서는 안 되었다. 이스라엘이 이들 가나안 땅의 신들을 섬기다 보면, 자연히 각종 방탕과 음란, 도덕성 부패 등과 같은 심각한 죄악에 빠질 것은 뻔한 이치였고, 따라서 하나님께서 그들에 대하여 진노하시고 그들이 멸망당하게 될 것은 자명한 일이었다.

(8) 가나안 정복과 자만을 경계함

신명기 9:1-5 "[1]이스라엘아 들으라 네가 오늘 요단을 건너 너보다 강
대한 나라들로 들어가서 그것을 얻으리니 그 성읍들은 크고 성벽
은 하늘에 닿았으며 [2]그 백성은 네가 아는 바 장대한 아낙 자손이
라 그에게 대한 말을 네가 들었나니 이르기를 누가 아낙 자손을 능
히 당하리요 하거니와 [3]오늘날 너는 알라 네 하나님 여호와께서 맹
렬한 불과 같이 네 앞에 나아가신즉 여호와께서 그들을 파하사 네
앞에 엎드러지게 하시리니 여호와께서 네게 말씀하신 것같이 너
는 그들을 쫓아내며 속히 그들을 멸할 것이라 [4]네 하나님 여호와께
서 그들을 네 앞에서 쫓아내신 후에 네가 심중에 이르기를 나의 의
로움을 인하여 여호와께서 나를 이 땅으로 인도하여 들여서 그것
을 얻게 하셨다 하지 말라 실상은 이 민족들이 악함을 인하여 여호
와께서 그들을 네 앞에서 쫓아내심이니라 [5]네가 가서 그 땅을 얻음
은 너의 의로움을 인함도 아니며 네 마음이 정직함을 인함도 아니

요 이 민족들의 악함을 인하여 네 하나님 여호와께서 그들을 네 앞에서 쫓아내심이라 여호와께서 이같이 하심은 네 열조 아브라함과 이삭과 야곱에게 하신 맹세를 이루려 하심이니라."

모세는 이스라엘이 임박한 시일 안에('오늘') 가나안을 정복하게 될 것이라고 하였다. 그들은 불과 두어 달이 지나면 요단을 건너게 될 것이다(수 3:14-17). 이스라엘이 정복해야 할 가나안의 후기 일곱 족속들은 이스라엘보다 강대한 나라였으며 그들의 "성벽은 하늘에 닿았다"(1절). 그러므로 당연히 이스라엘은 그들을 보고 두려워할 수 있었다.

그러나 이스라엘은 강대한 원주민들을 점령하게 될 것이다. 왜냐하면 하나님께서 맹렬한 불로 그들 앞서 가서 그들을 속히 멸망시키실 것이기 때문이다(2-3절). '맹렬한 불'은 '태우는 불'로서 가나안 거민들이 하나님 앞에서 맹렬한 불에 타는 지푸라기처럼 사라질 것을 말한다. 그러나 이스라엘 자손들은 그들을 정복한 후에 자만하지 않도록 스스로 조심해야 한다. 사실상 크고 튼튼한 성곽을 구비한 채 만반의 준비를 갖추고 있는 가나안 거민에 비해 이스라엘 백성들은 오합지졸에 불과했기 때문이다.

모세는 가나안 족속이 멸망당할 것은 이스라엘이 의로워서가 아니라, 그들의 죄악이 관영하였고 하나님께서 그 조상에게 맺으신 언약을 이루기 위한 것이라고 언급하였다(4-5절). 소돔과 고모라가 그들의 죄악으로 인해 심판을 당한 것처럼(창 18:20, 21), 가나안 족속들도 아브라함 이후 근 700여 년 동안이나 쌓아올린 그들의 죄악들로 인해 심판을 자초하였다(신 7:4, 5, 25, 26).

또한 하나님께서는 족장들과 맺은 언약을 신실하게 이루시기 위해서 이스라엘로 하여금 강대한 가나안 족속들을 정복하고 그 땅을 차지하게 하실 것이다. 그러므로 이스라엘은 자만하지 않고 하나님 앞에서 더욱 겸손해야만 하였다.

3. 가나안의 자연신 숭배(신 4:3)

고대 근동의 신들 가운데서 가장 두드러진 활동을 나타낸 신들은 자연과 연관이 있었다. 이 자연신을 가나안에서는 바알이라고 불렀는데, 그들의 신화에 따르면 원래 바알은 다간의 아들이었다. 다간은 최초로 유프라데스 계곡에서 숭배된 '비옥의 신'이었다. 가나안인들은 모든 자연 현상에 바알이 내재되어 있다고 생각했다. 가나안인들은 자연 현상을 통해 의지와 감정을 나타내고 표현했다.

이런 바알의 성직자들은 숭배자들과의 성 교섭으로 다산과 결실과 재생을 맛보았다. 이들의 성례전적 성교로 태어난 아이들을 특별히 영예롭게 생각했다. 그들의 거룩한 소명(종교적인 성행위)에는 결코 꾸지람이나 부끄러움이 동반될 수 없었다는 것을 함무라비 법조문들을 통해 알 수 있다.

이스라엘 백성이 믿는 여호와 종교와 가나안의 바알 종교는 갈등과 충돌이 잦았다. 여호와 종교가 가장 싫어한 것이 바알 신앙이었다. 오랜 유목 생활을 하다 가나안에 정착한 이스라엘 백성은 문화생활에 필요한 기술을 가나안 사람들의 생활양식에서 주로 배워야 했다.

그런데 가나안인의 생활양식은 가나안 종교와는 불가분의 관계였다. 즉 이스라엘 백성은 가나안 문화를 배우며 자연스럽게 바알 신앙에 빠져들었다. 이스라엘 백성은 모압 여인들에 의해 우상숭배에 빠져들었고, 가나안에서 농경을 배우며 바알 신앙과 제의도 함께 배웠다. 구약성경에 나오는 바알과 관계된 이스바알, 바알헐몬, 바알브올, 바알브라심 등 인명이나 지명들이 이를 증명해 준다.\

1) 엘(El)

엘은 가나안 신들 가운데 최고신이었다. 엘은 모든 신들의 아버지였고, 북방에서 신들이 모여 총회를 열 때 그 회의를 주관하는 의장이었다. 가나안족들이 신으로 섬긴 주신(돌로 만듦)은 하나님 격에 해당한다.

2) 아세라(Asherah, 대하 15:16)

아세라는 엘 신의 부인으로서 신들의 어머니였다. 헬라어나 라틴어 성경에서 아세라상을 "나무기둥"으로 번역하기도 하는데, 이는 당시 신당에 세웠던 나무기둥이 아세라 여신을 상징했기 때문이다. 라스 샤므라(Ras Shamra) 서판에서는 아세라 여신이 "나뭇가지가 무성한 것처럼 풍요와 번영을 상징한다"고 묘사하고 있다.

① 고대 근동 지방에서 아모리족이나 가나안족이 숭배하였던 여신의 히브리어 이름이다.

② '엘'의 부인(고대 우가렛 문서)

③ 팔레스타인 전 지역의 족속별 우상 70개 신들의 母神

④ 한 가정의 주관자, 아내, 어머니로서의 신

⑤ 행복을 가져다주는 번영과 풍요의 여신

⑥ 성적인 방종신(신전에서 집단 혼음)

⑦ 아세라상은 나무로 만들어서 땅에 곧게 세움

a. 아합의 왕비 이세벨은 아세라를 섬긴 대표적 인물이다(왕상 18:19).

b. 이집트를 탈출한 이스라엘 백성들에게 하나님은 시내 산 율법을 주시면서 이방에서 섬기던 아세라상을 찍어버리라고 말씀하셨다(출 34:13).

c. 사사 옷니엘은 이스라엘 백성이 하나님을 잊어버리고 바알과 아세라를 섬기는 것을 책망했고(삿 3:7), 기드온이 활동하던 시대에도 바알 제단 곁에 아세라로 불린 형상이 있었다는 사실은 오브라 사람들이 아세라를 섬겼음을 알게 해준다(삿 6:25-30).

d. 유다 제3대 왕인 아사의 할머니 '마아가'가 아세라 우상을 만들었는데, 이를 알게 된 아사 왕은 마아가를 폐위하고 우상을 불살라 버렸다(왕상 15:13). 악정을 펼친 유다 제14대 므낫세 왕은 통치기간 동안 예루살렘 성전 안에 아로새긴 아세라 목상을 세우고, 아세라를 숭배하는 모든 지역에 여신상을 세웠다(왕하 21:3, 7).

e. 요시야 왕은 종교개혁을 단행하면서 제일 먼저 바알과 아세라를 섬기는 데 사용된 기구를 성전에서 꺼내어 기드론 밭에서 불태웠다(왕하 23:4).

1920-30년대에 우가릿에서 다량의 토판이 발견되어 아세라에 대한 정보를 얻을 수 있기 전까지, 아세라는 억측이 난무하는 의문의 대상이었다. 우가릿에서 발견된 토판에는 고대 근동 신화가 담겨 있다. 이를 통해 아세라는 고대 근동 여러 지방에서 섬긴 토속신으로,

특히 아모리 족속과 가나안족이 숭배한 여신 아티라트(Athirat)의 히브리어 명칭이었다는 것이 명백해졌다.

아세라는 족장 시대부터 이미 드라빔으로 만들어졌으며, 팔레스타인에서는 수천 개의 신상이 발견되었다. 주로 짧은 곱슬머리에 나체를 하고 있으며, 손으로 가슴을 가리고 있는 모습으로 묘사되었다. 발견된 신상의 숫자로 볼 때 아세라가 히브리 사회에서 매우 인기가 높았음을 짐작할 수 있다.

아세라는 바다의 여신이자 지혜의 여신이며, 각종 낳는 것을 주관하는 여인으로 추앙받았다. 곧 곡식의 생산이나 가축 혹은 인간의 출산을 관장하는 신으로 여겨졌다.

● **고대 근동의 신, 아세라**(신 7:5)

아세라는 고대 근동 지방에서 마모리 족속이나 가나안 족속이 숭배했던 여신에 대한 히브리어 명칭이다. 시리아의 라스 샤므라(Ras Shamra)에서 발견된 문서 중에는 아세라 신전 장소에 관한 자세한 설명이 나온다. 고대 우가리트(Ugarit)에서 그녀는 엘(El)의 배우자로 불렸으며, 바알을 포함한 70명의 신을 낳았다. 그녀는 쿠드슈라고 불리는 이집트의 벌거벗은 여신과 동일시되었다.

아세라를 바다 위를 걷는 위대한 귀부인 '아티라트 얌'(Athirat Yam)이라고 부른 것을 보면, 그녀가 바다와도 어떤 관련이 있는 것 같기도 하다. 여주인으로서, 신들의 창조자로서, 그리고 신들의 상담자로서 아세라는 우가리트의 다른 신들과의 관계에 있어서 꽤 우호적인 역할을 차지한 듯하다.

3) 바알(Baal, 역대하 19:3)

바알은 구약성경에서 가장 많이 나오는 신의 이름이다. 그는 엘의 아들이자 후계자였다. 라스 샤므라(Ras Shamra) 토판에는 바알이 오른손에 창을 들고 왼손에 벼락을 내려치는 그림이 있다.

(1) 바알 이름의 뜻

a. 바알은 보통명사로서 KJV에서는 '주'(Load)라고 번역했다.

b. 보통 바알은 집(삿 19:22)이나 가축(출 21:28)과 같은 소유물의 주인 혹은 고유명사로 가나안인들의 신 바알 등을 지칭한다.

c. 가나안 및 수리아에서 섬겼던 남성 신으로 '주'(Load) 혹은 '소유자'라는 뜻이다.

d. 땅의 생산력과 가축의 번식력을 주관하는 신으로 이스라엘 민족은 가나안 정착 초기부터 바알 신앙의 영향을 받았다.

시돈 사람들은 바알과 아스다롯을 섬겼던 민족으로, 시돈과 두로의 우두머리 신인 바알을 이스라엘 사람들이 섬기도록 영향을 미쳤다(삿 10:6).

솔로몬은 이곳 출신의 여인과 정략결혼을 하여 이들의 우상 종교를 받아들이게 되었고(왕상 11:1, 5; 왕하 23:13), 아합이 시돈 왕의 딸 이세벨과 결혼함으로 이스라엘 백성들의 바알 신 숭배는 극에 달했다(왕상 16:31-35, 18:17-40).

이로 인해 이사야, 예레미야, 에스겔, 요엘 선지자는 이스라엘을 우상숭배로 물들게 한 시돈의 멸망을 예언하였다(사 23:12; 렘 27:3, 6; 겔 28:21-22; 욜 3:4-6).

솔로몬이 성전 건축을 할 때에도 시돈 사람들은 백향목을 벌목하여 욥바로 보냈으며(왕상 5:6), 포로 귀환 후 성전 재건을 할 때도 시돈에서 백향목을 가져왔다(스 3:7).

주전 1400년대의 것으로 추정된 라스 샴라(Ras Shamra)에서 발견된 문서는 '바알 사이클'(Ba'al Cycle)로 알려진 가나안의 신들에 대한 여러 개의 신화적인 이야기들을 담고 있다.

이 이야기들은 가나안의 주된 신인 엘(El)이 바알로 점차 대치되는 것을 보여준다. 이 신화들은 바알이 하늘과 비의 신으로서 가뭄을 대표하는 모트(Mot)와 투쟁하며 동시에 얌(Yamm)과 더불어 싸우는 것을 보여준다. 비와 풍요의 신으로서 바알은 팔레스타인의 농경적인 환경에서 매우 중요한 신이었다.

⑵ 이스라엘이 바알을 섬겼던 이유

바벨론 포로 전에 이스라엘 백성들은 바알 종교에 매력을 느끼게 되었고, 바알 종교의 의식을 좇기도 했다(신 4:3; 삿 2:11; 렘 2:8).

이스라엘 백성들이 바알 신에게 미혹되었던 것은 바알을 섬기던 가나안인들을 모두 쫓아내지 않아 영향을 받았기 때문이며, 농경생활을 주로 하면서부터 바알이 비를 내려준다는 생각을 했기 때문이다. 또한 이스라엘 백성들에게 있어서 율법의 엄격한 규칙들과는 대조적으로 성적인 무절제를 정당화하는 것처럼 보이는 바알 종교의 감각적인 요소들이 매력적인 것으로 다가왔을 것이다.

⑶ 역사 속의 바알 숭배

여호와를 예배하는 것에 대한 가장 큰 도전은 주전 9세기에 아합과 이세벨이 다스리던 당시 베니게로부터 바알 종교를 수입했을 때 생겨났다(왕상 16장 – 왕하 10장).

이 기간 동안 하나님의 대변자는 엘리야였으며, 바알 숭배자와의 투쟁은 갈멜 산에서 있었던 450명 바알 선지자와의 싸움에서 절정을 이루었다. 엘리야의 승리는 바알주의에 대항하는 사람들을 자극하였고, 이스라엘에서 예후가 바알 종교를 없애도록 하는 근거를 마련하였다(왕하 10:18-28).

한편 유다에서는 이세벨의 딸 아다랴가 여호람과 결혼했는데, 그녀는 왕권을 찬탈하고 7살 난 손자 요시야가 왕위를 계승할 때까지 바알주의를 장려했다(왕하 11장). 바알주의에 대한 승리에도 불구하고, 전통적인 바알에 대한 가나안인들의 예배는 이스라엘에서 존속되었다. 바벨론 군대가 유다를 침략했을 때 예루살렘 거리와 지붕 등에는 바알을 예배하기 위해 향을 피웠던 제단을 발견할 수 있었다(렘 11:13, 32:29)

바알은 '엘'의 아들로서 중동 지역의 보편적인 신, 비와 폭풍의 신, 다산과 풍요를 가져다준다고 믿었던 가나안의 남신(男神)이다. 그는 누나 '아낫'이라는 여신과 결혼하여 부부 관계를 이루었다. 어느 날 바알이 지옥의 신 모트(Mot)와 전쟁하러 나갔다가 패하여 지옥으로 끌려가 버리면서 건기(乾期)가 시작된다고 하였다.

그러자 아낫이 남편인 바알을 구하기 위해 지옥에 직접 내려가 '모트'와 싸워 남편을 구해 함께 올라오게 된다. 그래서 부부가 다시 만나 사랑을 나누게 될 때 땅의 곡물이 자라도록 비가 내리는 우기(雨期)가 시작된다는 것이다. 그래서 바알은 비의 신, 풍요와 다산의 신, 농사의 신이 된 것이다.

백성들은 바알과 아낫의 성적 활동을 자극하기 위하여 신전에서 신도들과 제사장 혹은 신전 창기와 소위 '성스러운 매음'을 행했다. 이 신전 매음에서 남자는 바알, 여자는 아낫의 역할을 대행하는 것이다.

그들은 이렇게 인간 남녀가 바알과 아낫의 성적 행동을 모방하면 이 신들을 결합시켜 출산력을 높일 수 있다고 믿었다. 그러면 새로 우기가 시작되어 비가 내리게 된다고 하는 고정관념을 가지고 있었기 때문이다. 그래서 이스라엘 사람들은 자기들을 인도하신 여호와는 전쟁에서 승리한 신이지만, 농사의 신은 바알이기 때문에 가나안에 정착한 후에는 바알에게 제사하는 것이 당연하다고 생각했다.

이런 사정을 알고 계신 하나님은 엘리야 선지자에게 건기(乾期)와 우기(雨期)가 7번(완전수) 경과되는 3년 6개월 동안 비가 내리지 않게 하셨다가, 다시 내리게 하여 자연의 비와 기후를 주관하는 분도 역시 하나님이라고 하는 것을 보여주셨다.

이렇듯 가나안인들은 건기(乾期)는 바알이 모트 신과 전쟁하여 패배함으로써 지옥에 갇혀 있던 시기이고, 우기(雨期)는 바알의 아내 아낫이 모트 신에게 쳐들어가 남편 바알을 구출해 오는 시기라고 믿었다.

(4) 히브리인들의 작명(作名)에 녹아 있는 바알(렘 32:35)

바알은 보통명사로 쓰이면 집(삿 19:22)이나 가축(출 21: 28)과 같은 소유물의 주인을 뜻하고, 고유명사로 쓰이면 가나안인들의 신 바알을 지칭한다. 성경에서 바알은 여룹바알(삿 6:32), 바알하난(대상 27:28) 등과 같이 개인의 이름에도 사용되었다.

이렇게 개인의 이름에 '바알'이라는 말이 포함된 것은, 이스라엘 사람들에게서 하나님의 백성으로서의 의식이 약화된 것을 암시해 준다. 즉 참된 하나님과 가나안인의 신들 사이를 철저하게 구별하던 의식이 점차 모호해졌음을 말해 주는 증거이다. 그래서 사무엘서에서는 이런 행위를 옳지 않게 보고, '바알은 계시다'라는 뜻의 '에스바알'이라는 이름 대신에 '이스보셋'(수치)이라는 말로 대치하기도 했다(대상 8:33; 삼하 2:8).

한편 바알브올(호 9:10)과 바알다말(삿 20:33)과 같은 지리적 명칭에서 '바알'은 그 지역의 소유주, 또는 가나안인들의 지역적인 신들을 의미하는 것으로 볼 수 있다.

● **고대인들은 신에게 봉헌된 신전에서 신탁**(oracle)**을 구했다.**

제사장은 신과 인간의 중재자로 신탁 전달의 도구였다. 그러나 꼭 제사장만 신탁을 전달한 것은 아니다. 점술가도 종종 신탁을 전달했다.

메소포타미아에서 점술가는 제물로 짐승의 내장을 살펴보고 신의 대답이 긍정인지 혹은 부정인지 판별해 내는 사람을 지칭했다. 결국 제물을 다루는 제사장과 제물의 내장으로 신의 대답을 읽는 점술가는 대단히 밀접한 관계를 유지하고 있었음을 알 수 있다.

이스라엘 역사를 통해 바알 숭배의 뿌리가 대단히 깊다는 것을 알 수 있는데, 이는 그들의 사회적, 경제적 상황과 맞물려 있었기 때문이다. 농경사회에서 가장 중요한 것은 다산(풍년)이나 기상 문제였다. 고대 근동에서 바알은 다산과 기상을 직접적으로 주관하는 신이었기에, 이스라엘 백성 가운데도 하나님에 대한 신앙을 가지는 한편 계속해서 바알 숭배를 버리지 못하는 자들이 많았다.

⑸ 가나안 사람들이 숭배한 바알(렘 11:13)

바알의 성격과 역할은 1929년 북부 시리아에서 발견된 라스 샤므라(Ras Shamra, 우가리트) 토판을 통해 알 수 있다. 주전 1000년대 중반의 것으로 추정되는 이 토판은 가나안 신앙에 대해서 귀중한 자료를 제공한다. 가나안인들은 풍년과 흉년이 7년을 주기로 반복된다고 생각했다. 그들은 7년마다 생명과 풍요의 신 바알과 죽음과 흉작의 신 모트(Mot)가 천계에서 치열하게 전쟁을 벌인다고 생각했다. 이 전쟁에서 바알이 승리하면 7년간 풍년이 계속될 것이나, 모트가 이기면 가뭄과 기근이 7년 동안 이어진다고 믿었다.

바알이라는 단어는 셈족이 쓰던 보통명사로 '소유주'나 '주인'을 의미하는데, 매우 광범위하게 사용된 말이었다. 예를 들면 '날개의 바알'은 날개 달린 생명을 가리키며, '화살의 바알'은 활 쏘는 사람을 가리킨다. 또한 바알은 풍요의 신으로서 '땅의 주인'을 의미했으며, 가나안의 기름진 토양을 위해서 필요한 '비와 이슬의 주인'으로 불렸다.

4) 아낫(Anath)

아낫은 바알 신의 누이인 동시에 바알의 아내였다. 그녀는 전쟁의 신인 동시에 성(性)을 주관했다. 아스다롯은 아낫의 다른 이름으로 여겨진다. 아낫 여신은 아세라, 아스다롯과 더불어 가나안의 3대 여신 중 하나이다. 바알의 원수인 모트(Mot) 신을 이긴 전쟁의 여신이다.

젊은 여신의 정열과 흥분을 보여주며, 성(性)을 주관하는 여신으로 인식되었다. 아낫에게 바쳐지는 남성을 미동(美童), 남색(男色)하는 자(男娼)라고 말한다(미동의 집에서 여인들이 아세라를 위한 휘장을 짬).

5) 아스다롯(Ashtoreth) - 하늘의 여왕(렘 44:17, 18)

(1) 가나안 우상 중 하나이다. 여호수아가 죽은 뒤 이스라엘 백성들은 출애굽의 감격을 잊어버리고 하나님이 아닌 이방신을 섬겼는데, 그중 대표적인 우상이 아스다롯이었다(삿 2:13). 이러한 이방 우상 숭배가 사사시대를 불러왔다(삿 2:13-15).

(2) 모압에서 이 여신은 그모스의 배우자였다. 바벨론과 앗시리아에서는 풍요와 사랑의 여신으로 숭배되었으며, 헬레니즘 시대와 로마시대에 근동지방에서 이 여신은 아프로디테(비너스)로 불렸다. 솔로몬왕은 말기에 다른 이방신을 포함해 시돈 여신 아스다롯을 섬겼고, 이것이 하나님의 노여움을 사서 나라가 분열되었다(왕상 11:5, 33).

(3) 고대 신화에 의하면 아스다롯은 풍요, 사랑, 전쟁을 상징하는 가나안의 여신 다산과 쾌락의 여신으로 엘(El)과 아세라(Asherah)의 딸이며, 아낫(Anath)의 자매요, 바알(Ba'al)의 배우자로 나타난다. 아낫 역시 바알의 배우자였다. 셈 계통 사람들에게서 가장 폭넓게 섬겨졌다. 바벨론과 앗수르에서는 이쉬타르(Ishtar)로 불렀다. 저녁별의 여신, 전쟁과 성(性)의 여신, 하늘의 여신, 로마의 비너스와 같은 여인으로 꼬리가 물고기 모양으로 생겼다.

(4) 역대기와 사무엘상(31장)에 기록된 사울의 사후 처리 내용을 보면 사울의 갑옷은 블레셋의 아스다롯 신전에 보관되었다. 아스다롯은 가나안 지역에서 섬긴 바알의 배우자로 다산과 전쟁의 여신이었다. 사무엘 시대에 이스라엘 민족에게 전래되었으며(삼상 7:3-4, 12:10),

솔로몬에게 인가를 받았다(왕하 28:13).

(5) 요시야 왕은 솔로몬이 세운 아스다롯 산당과 단을 헐고 빻아 가루로 만들어 아스다롯 여신을 섬기다가 죽은 자들의 무덤(기드론 골짜기에 있음) 위에 뿌리고, 신상을 불태우는 종교개혁을 단행했다(왕하 23:13-15).

(6) 성경에서 여신은 주로 아스다롯, 하늘 왕후, 아데미 등과 함께 쓰여서 이방 여신을 지칭했다. 아스다롯은 시돈 사람의 여신으로(왕상 11:5), 번식과 풍요를 상징한다. 이스라엘에는 이 여신을 숭배하는 예식이 사사시대에 이미 퍼져 있었다(삿 10:6). 솔로몬 때에도 아스다롯을 숭배했는데, 이런 우상 숭배가 하나님이 이스라엘을 분열되게 하신 이유였다(왕상 11:33).

(7) 예레미야는 "하늘의 여왕에게 분향하고 그 앞에 전제를 드리리라"(렘 44:17)고 했던 이스라엘 백성을 책망하였는데, 이 하늘의 여왕 역시 아스다롯을 가리킨다. 당시 유다 여인들은 아스다롯을 숭배하여 그 앞에 분향하고 전제를 드리고, 그를 위한 여신 모양을 새긴 과자를 만들었다(렘 44:19).

(8) 나일 삼각주에 위치한 헤르모폴리스(Hermopolis)에서 아람어로 기록된 주전 15세기 파피루스가 발견됨으로 팔레스타인에서 숭배된 아스다롯이 이집트까지 전파되었음이 입증되었다.

6) 모트(Mot)

지옥의 신, 바알신의 원수, 불행과 재난과 죽음의 신, 가뭄의 대표신으로 여겨졌으며, 지하세계와 광야의 황무지를 관장하는 신으로 인식되었다(고고학적으로 우상을 섬기던 제단이 발견됨).

모트는 악한 신이었다. 얌(Yam), 또는 리워야단(Leviathan)이라 불렀다. 모트는 해양 신으로 바다를 휘저었고 뒤집었다. 신화에 따르면 모트는 바알을 죽일 수도 있는 강력한 능력이 있었다.

7) 얌

바다를 주관하는 신, 깊은 바다의 일곱 개의 머리를 가진 괴물신이다(고고학적으로 우상 유적이 발견됨).

8) 드라빔(Teraphim)

(1) 문자적인 뜻은 '수호신들'이다(삿 17:5). 성경에 나오는 가장 오래된 우상(창 31: 19-31)으로, 가정이나 집안의 수호신으로서 사람 모양의 작은 또는 실제 크기의 형상이며 점치는 일에 사용되었다(삼상 19:13). 작은 것은 라헬이 훔친 것같이 몸에 숨길 수 있는 것도 있다(창 13:34).

(2) 누지(Nuzi) 문서에 의하면 고대 근동에서는 이것이 상속권과 관련되었다고 보는 학자들도 있다. 이것은 아르메니아 또는 갈대아(겔 21:21)에서 기인하여 셈족 사이에 만연하였고, 이스라엘인에게도 있었으나(호 3:4) 후일에는 가증한 것으로 여겨져 엄금되었다(왕하 23:24).

(3) 야곱도 벧엘로 돌아와서 그 종교적인 가공물들을 없앴다(창 35:2). 드라빔 숭배는 사사시대, 사울시대, 포로 귀환 후에도 존재했던 끈질긴 우상숭배의 행위였다. 족장의 권위와 재산의 상속권을 보증하는 표시로 사용된 우상이었다. 야곱도 벧엘로 돌아와서 드라빔 우상을 없앴다(창 35:2)

9) 몰렉(Molech)/몰록(Moloch): 암몬 자손의 신(왕하 23:10; 삿 10:6))

암몬 사람들이 섬기던 우상 신으로(왕상 11:7) 사람의 몸에 황소머리, 두 팔을 벌리고 있는 형상을 하고 있다. 몰록(왕상 11:7; 행 7:43), 밀곰(왕상 11:5), 말감(렘 49:1)이라고도 불렀다.

몰렉 신에게 제사를 드릴 때 보통 아이들을 불태워 바치는 인신제사가 행해졌다(렘 32:35). 하나님은 이스라엘 백성이 가나안에 들어가기 전 몰렉 신에게 어린아이를 불태워 바치는 가증한 일을 하지 말라고 명령하셨다(레 18:21). 또한 하나님의 명령을 어기고 몰렉 숭배를 하는 사람은 반드시 죽이라고 하셨다(레 20:1-5).

하지만 이미 그들이 들어갈 가나안 땅에는 어린아이를 인신제사 제물로 바치는 몰렉 숭배가 퍼져 있었다(신 12:31, 18:9). 그리고 솔로몬왕 때에는 이방 여인을 아내로 맞이하여 몰렉을 섬기며 몰렉을 위한 제단까지 쌓는 죄를 범했다(왕상 11:5, 7). 이러한 죄 때문에 솔로몬 사후 왕국이 분열되는 징계를 받았다(왕상 11:9-13).

유프라테스 강 유역에서 발견된 마리(Mari) 서판에도 몰렉이 나오는 것을 볼 때, 몰렉은 널리 알려진 가나안 신 가운데 하나임이 분명하다. 학자들은 이 신이 해와 별을 상징하는 것으로 보았다. 이 신은 암몬 사람들이 주로 섬겼는데, 특징은 사람을 제물(인신제사)로 받았다는 점이다.

유다 왕국 후기에 숭배했던 이방신으로 또한 몰렉을 들 수 있다. 아하스와 므낫세 시대부터 몰렉 숭배를 했던 곳은 희생제물을 태우기 위해 만든 제단인 도벳이 세워진 힌놈 골짜기였다.

몰렉 숭배의 특징은 인신제사인데, 어려움을 당한 부모들이 가장 귀한 자식을 희생 제물로 바침으로 신의 노여움을 풀 수 있을 것이라고 여긴 데서 기인했다. 열왕기하 17:17에서 이스라엘 열 지파가 바벨론에 유배된 이유 가운데 하나로 인신제사를 꼽고 있는 것을 볼 때, 이스라엘에서 이 일이 자주 벌어졌던 것으로 보인다.

이스라엘과 암몬 족속의 갈등은 끊이지 않았다. 그들이 남유다에 끼친 문화적 영향력은 결코 적지 않았다. 특히 암몬의 몰렉 숭배 관습은 선민 이스라엘의 신앙적 정절을 더럽힘으로써 그들을 멸망케 한 중대한 원인 가운데 하나가 되었다.

● **자녀를 불살라 몰렉에게 제물로 바침**(신 12:31)

몰렉(몰록)은 '왕' 또는 '왕자'라는 뜻으로 인간을 희생 제물로 삼는 신이다(왕하 23:10). 이스라엘은 신앙이 타락했을 때 힌놈 골짜기에서 유아들을 희생 제물로 바치는 악을 행했다. 솔로몬은 말년에 몰렉 신전을 감람산 위에 지었다. 몰렉 신전은 요시야에 의해 무너졌다(왕상 11:5; 왕하 23:13).

몰렉은 암몬 족속이 섬기던 우상으로 사람의 몸, 황소머리, 두 팔을 가진 형상을 했다. 몰렉 신에게 제사를 드릴 때 보통 어린아이를 불 태워 바치는 인신제사가 행해졌다(렘 32:35). 인신제사의 관습은 지중해 지역에 두루 퍼졌으며, 가나안 사람들에 의해 이스라엘 백성에게도 전해졌다.

유대 성경 주석가 데이비드 킴치(David Kimchi)는 몰렉(몰록)의 형상이 놋쇠로 만들어졌으며 속이 비었다고 말한다. 우상 내부에서 불을 지필 수 있었으며 벌린 두 팔이 뜨거워질 때 제사장은 몰렉의 손에 아이를 올려놓았다. 그때 아이의 아버지가 죽어가는 자식의 비명 소리를 듣지 못하도록 큰 북을 울렸다.

10) 하닷

아람(삿 10:6)은 시리아를 가리킨다. 그들이 주로 섬기던 신들은 '아스다롯' 이외에 하닷, 아낫, 못, 림몬 등이 있었다. 폭풍과 비와 번개의 신으로 알려졌다.

11) 림몬

시리아 사람들이 주로 섬기던 신으로 '사납게 외친다, 포효한다'는 뜻의 이름을 가진 아람의 신이다. 폭풍과 비, 번개의 신 하닷, 그리스 신화의 제우스 신과 동일한 풍요의 신으로 알려져 있다.

림몬 신은 한 손에 번개를 쥐고 소의 등 위에 서 있는 모습으로 표현되기도 한다.

문둥병이 치료된 후 하나님만을 섬기겠다고 했던 아람 사람 나아만은, 왕이 림몬 신전에 들어가 절할 때(왕을 부축해야 했던) 자기도 왕과 같이 림몬 우상에게 절을 해야 하는 것 때문에 괴로워했다(왕상 5:18)

12) 시돈의 신(삿 10:6)

바알과 아세라를 가리킨다(왕상 16:31-33).

13) 그모스(Chemosh, 삿 10:6; 왕하 3:1–27)

'정복자'라는 뜻이다. 태양신이요 또 전쟁의 신으로 모압의 국민 신이었다(민 21:29; 렘 48:7).

그모스는 몰록과 쌍둥이 형제이며, 또 모압의 비석에는 "아스탈 그모스"란 기록이 있어 아스다롯과 혼돈되기도 한다. 모압 족속이 국가 신으로 숭배한 전쟁 신이다. 이 때문에 모압 사람들은 '그모스의 백성'(민 13:12; 렘 48:46)이라고 불리기도 했다.

그모스(Chemosh)는 모압 나라의 국가 수호신(the national deity of the Moabites)이었다. 유대인 백과사전(The Jewish Encyclopedia)에 의하면 가나안의 '바알'에 해당하고, 그의 배우자는 아쉬타르-그모스인데, 고대 모압 사람들이 섬긴 여신으로 가나안의 '아스다롯'에 해당했다. 메샤의 석비에 언급되어 있다(Ashtar-Chemosh is goddess worshipped by the ancient Moabites. She is mentioned on the Mesha Stele as a female counterpart to Chemosh. She may be identical with Astarte - Moabite Stone, line 17; compare Barton, 'Semitic Origins', iv).

피크(Peake)는 아쉬타르-그모스는 그모스와 구별되는 신이라고 잘못 주장한다(Peake wrongly holds that Ashtar-Chemosh was a deity distinct from Chemosh).

한편 Moore와 Bäthgen는 논문 "셈족 종교사 소고(Beiträge zur

Semitischen Religionsgeschichte, p. 14)"에서 아쉬타르(Ashtar)는 가나안의 여신 아스다롯(Astarte)과 동일하며, 남신 그모스와 여신 아스타르가 그모스 신전에서 숭배되었다고 한다. 남 아라비아 지역에서는 이 두 신을 합성해서 Ashtar-Chemosh로 하여 남신으로 숭배되기도 했다. 호세아 9:10에 나오는 바알브올(Baal-peor)도 이런 합성어로 저들의 우상에게 몸을 드렸다고 책망받고 있다(Wellhausen에 의하면 호세아 자신의 시대에 이런 일들이 있었다는 것이다. 주전 8세기 중엽, BC 745). 그러므로 그모스는 '바알'와 같은 신이었다(Chemosh, therefore, was in general a deity of the same nature as Baal). 메샤 왕의 아버지 이름이 그모스-멜렉(즉 "그모스는 왕이시다" 모압 석비 첫 줄)인 것으로 보아 그모스와 멜렉(몰렉 Moloch, Malik, 마르둑에서 기인함)은 동일 신이었다.

그모스라는 뜻은 '파괴자', '정복자' 혹은 '생선의 신'으로 추정된다. (Chemosh was the of the Moabites whose name most likely meant 'destroyer', 'subduer' or 'fish god'). 에브라(Ebla)에서 출토된 문서에 의하면, 그모스는 카미쉬(Kamish)로 알려지기도 했다.

솔로몬 왕은 열방의 우상들을 예루살렘에 초청하여 만신전으로 만드는데 그모스 신전도 세웠다(왕상 11:7 "모압의 가증한 그모스를 위하여 예루살렘 앞산에 산당을 지었고, 또 암몬 자손의 가증한 몰록을 위하여 그와 같이 하였으며"; 왕상 11:33 "이는 저희가 나를 버리고 시돈 사람의 여신 아스다롯과 모압의 신 그모스와 암몬 자손의 신 밀곰을 숭배하며 그 아비 다윗의 행함 같지 아니하여 내 길로 행치 아니하며 나 보기에 정직한 일과 나의 법도와 나의 율례를 행치 아니함이니라").

이 신전은 거의 350년간 존속하다가 요시야 왕 때 허물어졌다(왕하 23:13 "또 예루살렘 앞 멸망산 우편에 세운 산당을 더럽게 하였으니 이는 옛적에 이스라엘 왕 솔로몬이 시돈 사람의 가증한 아스다롯과 모압 사람의 가증한 그모스와 암몬 자손의 가증한 밀곰을 위하여 세웠던 것이며")[129]

사사 입다는 그모스를 암몬의 신으로 말하였는데(삿 11:24), 아마 암몬 사람들도 그모스를 숭배하였던 것 같다. 그모스에 대한 예배 중에는 인신제사가 있었는데, 모압 왕 메사는 이스라엘과의 전투에서 전세가 불리해지자 맏아들을 인신제사로 드렸다(왕하 3:27).

또 솔로몬은 그모스를 숭배하는 모압 여인을 아내로 맞이하여 그모스를 위한 산당을 지었다(왕상 11:7). 한때 요시야 왕은 종교개혁을 하여 솔로몬이 지은 그모스 신상을 훼파하기도 했으나(왕하 23:13), 그 후에도 이스라엘 사람들은 하나님이 싫어하시는 인신제사를 드리며 우상신 그모스를 섬겼다(왕하 17:17).

모압의 메사(Mesha) 왕의 전승비석(the Moabite stone)에 의하면 세 연합군(북이스라엘, 남유다, 에돔)의 침공을 받을 때 자기 세자를 그모스 신에게 번제로 바침으로 세 연합군이 물러갔다(왕하 3:1-27 "…이스라엘에게 크게 통분함이 임하매 저희가 떠나 각기 고국으로 돌아갔더라")고 했다.[130]

---

129) 밀턴의 《실락원》(*Paradise Lost*) 1권에도 이렇게 노래하고 있다: "모압의 자손들이 섬긴 그모스…. Next CHEMOS, th' obscene dread of MOABS Sons, From AROER to NEBO, and the wild Of Southmost ABARIM; in HESEBON And HERONAIM, SEONS Realm, beyond The flowry Dale of SIBMA clad with Vines, And ELEALE to th' ASPHALTICK Pool. PEOR his other Name, when he entic'd ISRAEL in SITTIM on their march from NILE To do him wanton rites, which cost them woe. Yet thence his lustful Orgies he enlarg'd Even to that Hill of scandal [the Mount of Olives], by the Grove Of MOLOCH homicide, lust hard by hate; Till good JOSIAH drove them thence to Hell.

130) Victory Stele of King Mesha of Moab. From M. Philippe Berger, Histoire de l'Écriture dans l'Antiquité. 모압석비(메사 왕의 전승비) 1891.

사사기 11:24의 "네 신 그모스가 네게 주어 얻게 한 땅을 네가 얻지 않겠느냐 우리 하나님 여호와께서 우리 앞에서 어떤 사람이든지 쫓아내시면 그 땅을 우리가 얻으리라"는 구절에 의하면 암몬인들도 그모스를 섬겼음을 알 수 있다.

성경에서 그모스는 모압 사람들이 섬긴 주신으로 기록되어 있다.

> **민수기 21:29** "모압아 네가 화를 당하였도다 그모스의 백성아 네가 멸망하였도다 그가 그 아들들로 도망케 하였고 그 딸들로 아모리인의 왕 시혼의 포로가 되게 하였도다."

한편 예레미야는 그모스를 숭배하는 사람들과 그모스가 포로로 잡혀갈 것이며 수치를 당할 것이라고 예언하였다(렘 48:7, 13).

> **예레미야 48:7** "네가 네 공작과 보물을 의뢰하므로 너도 취함을 당할 것이요 그모스는 그 제사장들과 방백들과 함께 포로 되어 갈 것이라."
>
> **예레미야 48:13** "이스라엘 집이 벧엘을 의뢰하므로 수치를 당한 것 같이 모압이 그모스로 인하여 수치를 당하리로다."
>
> **예레미야 48:46** "모압이여 네게 화 있도다 그모스 백성이 망하였도다 네 아들들은 사로잡혀 갔고 네 딸들은 포로가 되었도다."

14) 밀곰(Milgom, 왕상 11:5, 33)

"암몬 자손의 신들"(삿 10:6)이라고 했다. '왕'이라는 뜻이며, '몰록' 또는 '몰렉' 신으로 히브리어로 옮기면서 이렇게 와전되었다. 이것은 팔레스타인의 원주민들의 종교로 어린아이, 특히 신생아를 제물로 바치는 종교이다. 몰렉은 청동으로 만든 신상으로, 머리는 수소 형상이고 팔을 벌린 자세이며 이를 불로 달게 한 후에 그 팔에 아기를 안겨 태워 제사하는 것이다.

유다 왕국에서는 아하스 시대와 므낫세 시대에 왕성하였고, 그 숭배의 장소가 예루살렘 서편인 힌놈 골짜기로 이를 '게헨나'로 부르며 지옥의 그림자가 되었다. 솔로몬이 이 이방신을 들여와서 예루살렘 동쪽에 산당을 만들었다(왕하 23:13).

5

신명기

[Devarim 'words' 말씀들]

Deuteronomy

신명기(Deuteronomy)는 헬라어로 '두 번째 말씀', Deuteronomion, 'second law', 히브리어로 Devarim(드바림), 문자적 의미는 '것들' 혹은 '말씀들'로 오경의 다섯 번째 책이다.

신학적으로 여호와 하나님과 선민 이스라엘 사이의 언약을 갱신하는 내용이다.

출애굽한 지 40년이 지나고 약속의 땅 가나안 입성을 목전에 둔 시점에, 광야에서 새로 태어나 젖과 꿀이 흐르는 땅에 가서 살게 될 새로운 세대(new generations)에게 훈계한 모세의 설교 3개 모음(three sermons)이다.

쉐마의 핵심인 유일신 신앙이 그 핵심이다(신 6:4-9 "마음을 다하고 목숨을 다하고 힘을 다하여 주 여호와 하나님을 사랑하라").

신명기 17:18 "그가 왕위에 오르거든 레위 사람 제사장 앞에 보관한 이 율법서를 등사하여."

● 신명기 내용 요약

과거를 회상함: Survey means which were used to help Israel remember the past.

하나님 사랑과 충성: Explore themes of love for and loyalty to the Lord.

이스라엘 택하심(선민): Examine the election of Israel and Israel and the nations.

구원이 유일한 길: Consider the doctrine of Jesus as the 'one way' to salvation.

■ **신명기 4:21 "젖과 꿀이 흐르는 땅(the land flowing with milk and honey) -이주섭, "젖과 꿀이 흐르는 땅" 기독일보, 2013년 11월 27일 발췌**

구약성경에서는 "젖과 꿀이 흐르는 땅"이란 말이 20회 나온다. 그런데 팔레스타인을 여행하는 많은 사람들은 유대 광야와 네게브 사막을 지나는 동안 한 가지 의문을 갖는다. 막연하게 상상했던 젖과 꿀이 흐르는 땅, 곧 약속의 땅은 매우 비옥할 것으로 생각했던 환상이 황량하고 메마른 지역들을 보면서 점차 흐려지기 때문이다. 이 표현, 곧 젖과 꿀이 흐르는 땅이란 다른 말로 '기름지고 비옥한 땅'이란 말로 이해해도 되는가?

독일학자인 벤징거(Benzinger)는 젖과 꿀이 흐르는 땅을 '그리스의 신화적인 배경에서 신들의 음식인 젖과 꿀의 땅'으로 해석하였다. 벤징거는 가나안을 '신들의 땅'으로 이해한 것이다.

그레쓰만(Greβmann)은 이 표현은 '가나안을 낙원으로 이해한 상태에서 바벨론의 신화적인 요소가 반영된 것'이라 하였다. 그러면서 그레쓰만은 요엘 3:18과 아모스 9:13[131]에 근거하여 이것은 선지자들의 종말론적인 표현이라고 주장하였다.

앙드레 케커(André Caquot)는 위의 내용을 우가릿의 한 내용(ANET 140)과 연결시켜 이해했다. 제한적이기는 하지만 가나안이 비옥한 땅이란 사실은 고대의 여러 문헌들만 아니라[132] 성경에도 종종 나타난

131) 요엘 3:18 "그날에 산들이 단 포도주를 떨어뜨릴 것이며 작은 산들이 젖을 흘릴 것이며 유다 모든 시내가 물을 흘릴 것이며 여호와의 전에서 샘이 흘러 나와서 싯딤 골짜기에 대리라." 아모스 9:13 "여호와께서 가라사대 보라, 날이 이를지라 그때에 밭가는 자가 곡식 베는 자의 뒤를 이으며 포도를 밟는 자가 씨 뿌리는 자의 뒤를 이으며 산들은 단 포도주를 흘리며 작은 산들은 녹으리라."

132) Sinuhe's story, Thutmose III's inscriptions.

다(창 13:10; 레 26:4; 신 4:21, 7:13, 8:7, 11:10, 28:3) . 요세푸스의 기록이나 로마의 타키투스(Tacitus)의 역사책에도 나타난다.

후트만(Houtman)은 젖과 꿀이 흐르는 땅을 욥기 20:17[133]에 근거하여 시적 표현에서 비롯된 과장법으로서, 젖과 꿀이란 가나안의 대표적인 농산물로 이해하였다. 그래서 이 표현은 광야에서 40년을 생활했던 고대 이스라엘 사람들의 시각에서 이해해야 한다고 주장하였다.

성경학자요 랍비인 모쉐 데이빗 카수토(Moshe David Cassuto)는 젖과 꿀이 흐르는 땅이란 광야에 살았던 유목민들이 가나안 땅을 가리켜 처음 사용했던 표현으로, 그 의미는 목축을 통해서는 젖을, 그리고 농업을 통한 각종 나무로부터 벌의 꿀처럼 많은 실과를 거둘 수 있는 배경에서 이해하였다. 그러나 시간이 지남에 따라 그 의미는 확대되어 각종 실과를 풍성하게 소출하는 가나안 땅을 포괄적으로 사용하게 되었다는 주장이다. 가데스 바네아에서 모세가 보낸 12명의 정탐꾼들이 포도, 석류, 무화과 및 그 해의 소산들을 가져오면서 보고하는 내용이다.

> **민수기 13:27** "그 땅은 정말 젖과 꿀이 흐르는 땅이요, 이것이 그 실과들입니다."

창세기와 출애굽기 주석으로 유명한 유대 학자인 나훔 마타티아스 사르나(Nahum Mattathias Sarna)는 "젖과 꿀이 흐르는"이라는 표현을 "가나안에 대한 부정적인 시각을 조심스럽게 해소하기 위해 사용된 표현"으로 이해하였다. 이 표현은 히브리 민족이 이집트에서 노예 생

133) 욥기 20:17 "그는 강 곧 꿀과 엉긴 젖이 흐르는 강을 보지 못할 것이요."

활을 할 때 하나님께서 모세를 보내시면서 말씀하신 약속의 땅에 대해 성경에 처음으로 언급되었다: "내가…그들을 이집트인의 손에서 건져내고 그들을 그 땅에서 인도하여 아름답고 광대한 땅 젖과 꿀이 흐르는 땅으로…이르려 하노라"(출 3:8).

이상하게도 약속의 땅에 대해서 하나님은 아브라함, 이삭, 야곱에게는 이 표현을 한 차례도 사용하지 않으셨지만 출애굽기 3:8 이후에는 자주 나타난다. 그래서 이 표현이 본격적으로 사용된 시기는 후기 가나안 시대 곧 출애굽 직전에는 제한된다. 사실 가나안이나 요단 동편에서 흉년이 발생할 때에는 이 지역에서 생활하던 유목민들이 일시적으로 이집트의 델타 지역으로 피신했던 경우를 고대 역사적인 문헌들을 통해 자주 대할 수 있다. 성경에도 그 예들이 많이 발견된다(창 12, 20, 26).

성경에서 '꿀'은 약 50회 정도 나타난다. 양봉에 의한 꿀은 이집트, 메소포타미아, 소아시아 지역에서는 일찍 생산되었지만 정작 성경에서 이 부분은 언급이 없다. 성경에서 벌꿀에 대한 기록은 삼손과 요나단의 이야기에 두 차례 기록되었을 뿐이다. 히브리어의 꿀에 해당되는 '드바쉬'는 벌에 의한 꿀과 과일 시럽 모두 의미한다(출 43:11; 시 81:16; 아 5:1; 삼하 17:29; 대하 31:5; 사 7:15, 22). 당시 아브라함의 후손들이 생활했던 나일 강 삼각주 지역은 흉년을 피한 이주민들이 정착하기에 적합한 지역이었다.

성경의 역사 지리학자인 데니스 발리(Denis Baly)는 이 표현을 광야에서 생활하던 사람들의 시각에서 비롯된 것으로 '가나안 땅이 꼭 비옥하다는 의미가 아니라 광야에 비하여 상대적으로 괜찮은 땅'이란 표현으로 이해하였다. 민수기 16:13-14에 기록되기를 "네가 우리를 젖과 꿀이 흐르는 땅에서 이끌어 내어 광야에서 죽이려 함이 어찌 작은 일이기에 오히려 스스로 우리 위에 왕이 되려 하느냐 이뿐 아니라 네가 우리를 젖과 꿀이 흐르는 땅으로 인도하여 들이지도 아니하고 밭과 포도원도 우리에게 기업으로 주지 아니하니 네가 이 사람들의 눈을 빼려느냐 우리는 올라가지 아니하겠노라"고 하였다.

이렇듯 "젖과 꿀이 흐르는 땅"이란 표현에 대해 학자들마다 다양한 주장들이 제기되었다. 비록 일부이지만 이 표현에 대한 대표적인 학자들의 의견들을 거의 망라하였다. 여기에 덧붙여 성경을 탐독하는 그리스도인들의 가나안 땅 이해를 돕기 위해서 "젖과 꿀이 흐르는 땅"이란 표현이 사용되었던 후기 가나안 시대의 역사 지리적인 배경을 간략하게 소개한다.

1) 지정학적인 측면에서 가나안 땅은 이집트와 메소포타미아의 중간에 위치해 있다. 곧 가나안 땅은 상호 국제 무역을 주도할 수 있는 자연적인 위치에 있었다. 그러나 이런 지리적인 이점에도 불구하고 가나안 정착민들은 무역이 아닌 목축과 농사에 종사하였다. 국제 무역은 오히려 페니키아에서 활기를 띠었다. 성경에 기록된 가나안의 대표적인 산물들은 다음 세 가지로 정리할 수 있다. 사람의 마음을 기쁘게 하는 포도주와 사람의 마음을 윤택하게 하는 기름과 사람의 마음을 힘 있게 하는 양식(시 104:15)이다. 열방들이 혹시 주의 백성들에게 조롱하기를 "네 하나님이 어디 있느냐 할 때"에 하나님은 백성들에게 특별한 관심을 가지면서 "이 땅으로부터 곡식과 포도주와 기름을 주겠다"(욜 2:17-19)고 말씀하셨다.[134)]

134) 위에 언급한 세 가지 산물들에 대한 성경의 다른 기록들을 참고한다(창 27:28, 37; 신 7:13,

2) 후기 가나안 시대(Late Bronze Age)에 가나안 땅의 정착 인구는 이전에 비해 현저히 감소되었다. 네게브는 크게 황폐되었다. 중기 가나안 시대(Middle Bronze Age)에 번성했던 주요 성읍들은 대부분 파괴되고 황폐되었다. 특히 이런 현상이 두드러진 곳은 브엘세바 인근, 중앙 산지, 그리고 요단 계곡이 대표적이다. 실로, 벧술, 여리고, 헤브론은 중기 가나안 시대에 견고한 성읍이었지만, 후기 가나안 시대에 이르러 작은 촌락으로 전락되었다. 텔 아줄(Tell el-Ajjul)과 텔 나길라(Tel Nagila) 역시 비슷한 상황이었다. 농사를 위하여 에브라임과 므낫세 지파가 정착했던 사마리아 중앙 산지에서는 중기 가나안 시대의 수많은 작은 도성들이 후기 가나안 시대에 들어서 사라졌다.

그 이유는 아마도 이 지역의 경제 구조가 농경에서 유목 생활로 전환되었기 때문이다. 램고프나(Ram Gophna)의 연구에 의하면, 이 시대에 가나안은 크게 황폐되었고 도시의 수도 현저히 감소되었다. 특히 후기 가나안 시대의 초기인 주전 16세기 이집트의 힉소스가 추방될 당시 가나안은 심각하게 유린되었다. 그러나 일부 지역에서 중기 가나안 시대의 주요 성읍들은 계속 남았다(라기스, 게셀, 므깃도, 벧산, 하솔). 특히 하솔은 후기 가나안 시대에도 여전히 중요한 성읍으로 남았다. 그리고 해안평야, 쉐펠라, 이스르엘, 벧산 골짜기 주변으로 작은 도시들이 많이 건설되었다. 당시 경제적인 주요활동은 해상무역이었다. 지중해 연안에 형성된 항구들로는 텔아부하밤(Tell Abu Hawam), 쉬크모나(Shiqmona), 텔나미(Tell Nami), 텔미갈(Tel Michal), 텔모르(Tel Mor)가 있다.

후기 가나안 시대의 말기는 이스라엘 민족이 가나안 땅을 점령하

11:14, 12:17, 14:23, 18:4, 28:51, 33:28; 왕하 18:32; 대하 31:5, 32:28; 느 5:11, 10:39, 13:5,12; 시 4:7; 사 36:17; 애 2:12; 호 2:5, 8, 22; 욜 1:10; 학 1:11).

던 시대이다.

3) 비록 출애굽과 가나안 정착 시대보다는 앞선 때이지만, 가나안 땅에 대해 잘 표현된 고대 이집트의 시누헤 문서가 있다. 주전 20세기 초반에 속한 시누헤 문서에 나타난 가나안 땅에 대한 내용이다.

"그곳은 야(Yaa)라 부르는 땅이다. 그곳에는 무화과와 포도가 가득하였다. 그곳에는 물보다 포도주가 흔하였다. 꿀은 넘치고 올리브는 풍부하였다. 각종 나무에는 온갖 종류의 실과들이 열렸다. 보리도 있었다. 양과 소의 수는 헤아릴 수 없이 많았다…그는 나를 그 땅의 가장 뛰어난 지파의 지도자로 삼았다. 매일의 양식으로 빵이 준비되었으며 포도주는 일용한 음료로 마련되었다. 나를 위하여 사막의 야생 고기 대신(집에서 기른) 고기가 요리되었고, 구워진 닭 요리가 내 식탁에 마련되었다…나를 위한 온갖 종류의 음식이 마련되었고 우유로 만든 각종 요리들이 준비되었다."[135]

주전 20세기 초반의 시누헤 문헌을 보면 야(Yaa)는 상당히 발달된 농경 사회였음을 알 수 있다. 야(Yaa)에서 생산되는 농산물은 올리브, 각종 나무에서 생산되는 실과, 탐스럽게 열린 포도송이들이 언급되었는데, 이것들은 가나안의 대표적인 농산물이다. 여기의 농산물들은 보통 늦여름에서 초가을에 수확하고, 밀, 보리는 늦봄에서 시작하여 여름 내내 추수하는 곡식이다. 학자들은 야(Yaa)의 위치를 갈릴리 호수의 동쪽, 골란 고원의 기름진 평야로 이해한다.

"젖과 꿀이 흐르는 땅"에 대해서 한마디로 분명하게 정의하기는

---

135) J. Pritchard, *ANET* 18-22.

어려워도 두리뭉실하게는 이렇게 정리할 수 있다. 이 표현이 성경에 처음 기록된 것은 하나님께서 모세를 바로에게 보내기 위해 부르신 때이다. "내가 말하였거니와 내가 너희를 애굽의 고난 중에서 인도하여 내어 젖과 꿀이 흐르는…땅으로 올라가게 하리라"(출 3:17). "젖과 꿀이 흐르는 땅"이란 약속의 땅(가나안 땅)에 대한 하나님의 표현 방법이었던 것이다.

그런데 그 땅은 일부 기름진 곳에서는 곡식을, 일부 척박한 곳에서는 가축을 돌보므로 젖을 구할 수 있는 땅이다:

> **아모스 7:14** "아모스가 아마샤에게 대답하여 가로되 나는 선지자가 아니며 선지자의 아들도 아니요 나는 목자요 뽕나무를 배양하는 자로서."

비옥한 땅과 척박한 땅이 첨예하게 공존하는 이 땅에 하나님의 시선은 늘 그곳에 있었다.

> **신명기 11:12** "네 하나님 여호와께서 권고하시는 땅이라 세초부터 세말까지 네 하나님 여호와의 눈이 항상 그 위에 있느니라."

성경에서 하나님께서 주신다고 약속한 것을 분배받은 땅을 기업(基業, Inheritance, 레 25:10 "분배받은 땅", 히브리어로 나할라 Nachalah)이라고 한다. 제비를 뽑아서 하나님의 뜻대로 받는 유산(상속)을 말한다. 이 기업의 땅은 영구히 팔지 못하도록 하였다. 따라서 땅의 매매는 희년(Jubilee)까지 한시적으로만 이루어졌고, 희년 전이라도 땅을 판 자가 원할 경우 언제든지 땅을 판 자나 능력이 있는 가까운 친족이 희년까지 남은 기간에 따라 정당한 값을 치르고 땅 무르기(redeem, 히브리어로 Galah)가 허용되었다(레 25:25-28; 룻 4:4).

기업이란 단어는 유산으로 분배받은 땅뿐만 아니라 하나님과 성도에게도 사용되고 있다.

(1) 하나님

예레미야애가 3:24 "내 심령에 이르기를 여호와는 나의 기업이시니 그러므로 내가 저를 바라리라 하도다."
시편 73:26 "하나님은 내 마음의 반석이시요 영원한 분깃이시라."

찬송가 435장(통 492장) 1절 "나의 영원하신 기업 생명보다 귀하다"
찬송가 484장(통 533장) 3절 "세상의 영광 나 안보여도 언제나 주님은 나의 기업"

(2) 성도와 교회

이스라엘은 하나님의 기업이다.

시편 33:12 "여호와로 자기 하나님을 삼은 나라 곧 하나님의 기업으로 빼신 바 된 백성은 복이 있도다."
에베소서 1:11 "모든 일을 그 마음의 원대로 역사하시는 자의 뜻을 따라 우리가 예정을 입어 그 안에서 기업이 되었으니."

하나님의 기업인 성도들, 즉 교회를 말한다.

에베소서 1:14 "이는 우리의 기업에 보증이 되사 그 얻으신 것을 구속하시고 그의 영광을 찬미하게 하려 하심이라."

하나님께서 성도들을 위해서 준비해 주신 영광스럽고 풍성한 모든 축복들을 의미하는 말로 사용되고 있다.

에베소서 1:18 "너희 마음눈을 밝히사 그의 부르심의 소망이 무엇이며 성도 안에서 그 기업의 영광의 풍성이 무엇이며."

⑶ 하나님 나라의 상급

에베소서 5:5 "너희도 이것을 정녕히 알거니와 음행하는 자나 더러운 자나 탐하는 자 곧 우상 숭배자는 다 그리스도와 하나님 나라에서 기업을 얻지 못하리니."

6

역사서

● **신명기 사관**(The Deuteronomistic History, DH)

말씀에 순종하면 복과 생명, 불순종하면 죽음과 심판을 받는다는 신명기 신학(신 30:15-20)에 근거한 역사서들(=전기 대언서들 Former Prophets): 여호수아, 사사기, 사무엘상·하, 열왕기상·하

● **역대기 사관**(The Chronicler's History, CH)

창조 시부터 에스라, 느헤미야 시대까지 예배, 성전, 제사장 중심으로 다룬다: 역대상·하, 에스라, 느헤미야

● **기타 역사서**

룻기(다윗 조상), 에스더(부림절)

■ 여호수아 5:2-9 가나안 정복을 떠나는 여호수아를 왜 죽이려 했는가?

모세가 40년 미디안 광야 생활을 마치고 하나님의 명령으로 이집트로 돌아가려던 길에 여호와께서 길의 숙소에서 모세를 죽이려 하셨다(출 4:24-26).

> "여호와께서 길의 숙소에서 모세를 만나사 그를 죽이려 하시는 지라."

여기에 대한 답변을 성경에서 찾아야 한다. 하나님의 부르심을 받고 나아갈 때 옛사람이 죽는 체험은 앞으로의 사역에 큰 힘이 된다. 바울이 다메섹에서 육신의 눈이 멀어져 아나니아에게 안수기도를

받은 후 시력이 회복되면서 온전히 하나님의 사명을 감당한 것과 같다. 모세의 경우에도 보면 진정 그를 죽이려 하는 것이 아니라 오히려 하나님의 계획인 것을 알아야 한다. 하나님께서 모세를 죽이려 하신 이유는 그 다음에 이어지는 말씀 속에서 답변을 찾을 수 있다. 모세의 아내인 십보라가 차돌을 취하여 그 아들의 양피를 베어 모세의 발 앞에 던지며 "당신은 참으로 내게 피 남편이로다" 하니 여호와께서 모세를 놓으셨다. 그때 십보라가 '피 남편'이라 함은 할례를 인함이었다고 되어 있다(출 4:25).

모세는 레위 지파 출신인 아므람과 요게벳 사이에 태어나 8일 만에 할례를 받았을 것이다. 그는 미디안 지역에서 만난 이방인의 아내가 아들에게 할례를 실시하는 일에 반대를 했든지 소홀했든지 지금까지 아들에게 할례를 행하지 아니했는데, 하나님께서 이를 행하게 하신 것이다. 십보라도 바로 할례문제로 남편이 죽임을 당할 위기에 처함을 깨닫고 즉시 아들의 양피를 베어 모세의 발 앞에 던짐으로 위기를 모면하였다. 앞으로 이스라엘 백성의 지도자가 될 모세로서는 아들의 할례문제를 우선 해결해야 했다. 하나님께서는 강제적으로 이를 시행하게 하셨고, 십보라도 즉시 이에 순종함으로 과감하게 아들에게 할례를 실시한 것이다.

이 일 후에 십보라는 모세와 헤어져 친정으로 돌아가 기다린 것 같다. 출애굽기 18:5-6의 기록을 보면 "모세의 장인 이드로가 모세의 아들들과 그 아내로 더불어 광야에 들어와 모세에게 이르니 곧 모세가 하나님의 산에 진 친 곳이라 그가 모세에게 전언하되 그대의 장인 나 이드로가 그대의 아내와 그와 함께한 그 두 아들로 더불어 그대에게 왔노라"고 한 것을 보면, 십보라는 이 할례 사건 직후에 친정으로 돌아가서 출애굽 이후에 다시 만난 것으로 되어 있다.

모세의 일을 통하여 로마서 8:28에서 사도 바울이 "하나님을 사랑하는 자 곧 그 뜻대로 부르심을 입은 자들에게는 모든 것이 합력하여 선을 이루느니라"고 하신 말씀을 실감하게 된다.

그로부터 40년이 흘러갔다. 모세는 죽고 여호수아가 이스라엘 백성을 인도하여 요단 강을 건너 가나안 땅에 이르렀다. 요단 강을 건너 맨 먼저 한 행위는 길갈에서 할례를 베푼 것이다(수 5:2-9). 이집트에서 나온 군인들은 광야에서 다 죽었고, 광야에서 태어난 자녀들이 할례를 받지 못하였다. 그래서 길갈에 있는 언덕을 '할례산'이라고 부르게 되었다. 이에 여호와께서 여호수아에게 "내가 오늘날 이집트의 수치를 너희에게서 굴러가게 하였다" 하심으로 이 지역 이름을 '굴러가다'는 뜻인 '길갈'로 정했다. 여리고 평지에서 유월절을 지켰고, 유월절 이튿날에 그 땅 소산을 먹은 다음날부터 만나가 내리기를 그쳤다(수 5:10-12).

이후 여호수아가 여리고에 가까웠을 때 한 사람이 칼을 빼어 손에 들고 마주섰다. 여호수아가 놀라서 "너는 우리를 위하느냐? 우리의 대적을 위하느냐?"고 물으니 "나는 여호와의 군대장관으로 이제 왔느니라"고 하였다. 그렇다면 그는 미가엘 천사였다(단 10:13). 여호수아가 얼른 땅에 엎드려 절하고 "나의 주님, 종에게 무슨 말씀을 하려 하시나이까?" 말하니, 여호와의 군대장관이 여호수아에게 "네 발에서 신을 벗으라 네가 선 곳은 거룩하니라"(수 5:13-15)고 함으로써 모세가 호렙 산에서 소명을 받을 때와 같은 말씀을 듣게 된다(출 3:5). 이에 여호수아가 신을 벗었다. '신을 벗는다' 함은 하나님께 온전히 종이 된다는 말씀이다. 사명을 감당하는 자의 자세를 단단히 보여주신 하나님의 섭리였던 것이다. 그러므로 모세와 여호수아의 경우 하나님께서는 새로운 사명을 감당하는 자에게 주시는 통과의례(rite of passage)로 죽음의 경험을 체험하게 하셨다.

■ 여호수아 4:9 이스라엘 백성들이 요단강을 건널 때 12지파 대표들이 기념돌을 세움

하나님의 말씀은 있는 그대로 읽어야 한다. 본문을 보면 이스라엘 백성들이 정월(티쉬리월) 십일(유월절은 정월 14일; 레 23:5)에 모압 평지와 여리고 사이에 흐르는 요단 강(염해의 최북단)을 건넜다. 언약궤를 맨 제사장들이 요단 강을 밟는 순간 요단 강물이 멈추어서 마른 땅이 되었다. 이들이 요단 강을 건널 때는 유월절이 가까운 때라 늦은 비가 내리는 시기여서 요단 물이 흘러넘칠 때였으나, 요단 강의 지류인 얍복 강과 만나는 지점인 아담 읍에서부터 강물이 멈추어서 염해에 이르는 데까지 마른 땅이 된 것이다.

40년 전 유월절에 홍해를 건널 때도 마른 땅으로 건널 수 있었는데, 40년 후 가나안으로 들어올 때도 역시 요단 강이 말라 마른 땅으로 건널 수 있게 된 것이다. 홍해를 마른 땅으로 건널 때는 특별한 기념물이 없었고, 출애굽기 15장을 보면 모세가 하나님을 찬양하였다.

그러나 요단을 마른 땅으로 건넌 것을 기념하여 특별히 요단 강바닥에 있던 돌들을 열두 지파의 대표가 하나씩 취하여 언약궤가 서 있었던 곳에 세워 두었다(수 4:9). 또 이들이 요단에서 취한 돌 열둘을 어깨에 메고 그들이 유숙할 곳(여리고 동편)으로 가져가 두었다가 길갈에서 이 돌들을 기념비로 세웠다. 또 길갈에서 광야생활 중 할례를 받지 못한 자녀들에게 할례를 실시하여 할례산을 이루었다. 그래서 기념물은 요단 가운데와 길갈에 세웠다. 요단 가운데 있는 것은 계속 물이 흘러서 그 후에 어떻게 되었는지는 알 수 없다.

길갈에 세운 기념돌들을 보고 훗날 자녀들이 "이 돌들은 무슨 뜻이냐?"(What mean ye by these stones?, 수 4:6, 21)라고 물으면 홍해를 건널 때처럼 요단강도 마른 땅으로 건넌 것을 기념하기 위함이었다고 설명해 주도록 하였다. 이것이 신앙교육의 방법이었다. 자녀들의 질문에 성실한 답변을 하면서 하나님의 위대하신 역사를 이야기로 들려주는 방법이다. 백성이 다 요단 강을 건넌 후 언약궤를 멘 제사장들이 요단에서 올라오니 요단 강이 다시 흘러 언덕에까지 이르게 되었다(수 4:18).

오랜 세월 후 엘리야가 승천하기 직전에 자기의 겉옷을 말아 요단 강을 치니 강물이 이리저리 비켜나서 마른 땅이 되어 엘리야와 엘리사가 건넜다(왕하 2:8). 엘리야가 승천한 후에도 엘리사가 요단을 건널 때 선생님의 겉옷을 가지고 강을 치매 요단 강이 마른 땅이 되어 건넜다(왕하 2:14). 이 모든 것은 하나님께서 하신 일이다.

요단 강을 건널 때 기념돌을 요단강 내에도 세웠고, 길갈에도 세웠다. 그러나 불행하게도 지금 성지 순례를 가보면 요단 강에 세운 기념돌이 어디 있는지 발견되지 않는다. 오랜 세월을 지나오면서 돌이 마모되었거나 유실되었을 확률이 높다. 또 길갈의 위치도 불명확하여 그 기념돌들이 어디에 있는지 모른다. 아직 고고학자들이 텔-길갈을 찾지 못했다.

길갈에서 진을 치고 나서 이 근처인 여리고 평지에서 유월절을 지키게 되었다(정월 십사일 저녁). 실로 출애굽한 지 만 40년 만에 지키는 유월절이었다. 그리고 유월절 이튿날(무교절 시작하는 날)에 여리고 땅 소산을 먹기 시작했다. 무교병과 볶은 곡식을 먹었는데, 그 땅의 소산을 먹은 다음날에 만나가 그쳤고, 그 이후 이스라엘 사람들이 다시는 만나를 얻지 못했다. 40년 동안 변함없이 내려주신 만나를 감사치 않고 지내다가, 만나가 그친 후에야 저들은 만나에 대한 고마움을 새삼 느끼게 된 것이다. 오늘날 만나는 하나님의 입으로 나온 모든 말씀이다.

■ 여호수아 10:12-13 여호수아서에 태양이 멈추었다고 기록됨[136)]

성경 여호수아 10:12-13에는 여호수아가 아모리 사람들과 싸울 때 태양이 중천에 머물러서 거의 종일토록 내려가지 않은 사건이 기록되어 있다. 태양이 동쪽에서 떠서 서쪽으로 지는 것은 태양이 지구 주위를 돌기 때문이 아니라, 지구가 그와 반대 방향으로 자전하기 때문이다. 따라서 태양이 중천에 머물러 있었다는 것은 지구가 자전을 멈추었다는 것을 의미하며, 그날 하루의 길이는 보통 때보다 거의 두 배로 길어졌을 것이라고 짐작할 수 있다. 그러나 많은 사람들은 이것이 불가능한 일이라고 여기고 사실로 믿으려 하지 않는다.

이 사건을 이해하는 데 있어서 무엇보다도 중요한 것은, 이 사건이 하나님께서 일으키신 기적(miracle)이라는 사실이다. 여호수아 당시의 아모리 사람들은 돌이키기 어려울 정도로 사악하고 타락하였기 때문에 하나님께서는 아모리 사람들을 진멸하라고 명령하셨다(신 7:1-

136) CBS 크리스천노컷뉴스, (답변) 박창성 교수(세계창조선교회 회장 지냄).

5). 만약 해가 져서 어두워지면 도망가는 그들을 추격하기가 어려울 것이므로, 하나님께서 직접 개입하셔서 지구의 자전을 멈추고 낮의 길이를 길게 하심으로써 이스라엘 사람들로 하여금 아모리 사람들을 진멸케 하시고, 이스라엘 후손들에게 가나안 땅을 주기로 한 약속을 지키신 것이다.

지구의 자전이 멈추어지는 것이 불가능하다고 생각하는 사람은, 처음에 어떻게 지구의 자전이 시작될 수 있었는가에 대한 의문도 생각해 보아야 한다. 지구를 창조하시고 자전하도록 하신 분이라면 얼마든지 자전을 멈추실 수도 있다. 14절에 "이 같은 날은 전에도 없었고 후에도 없었나니 이는 여호와께서 이스라엘을 위하여 싸우셨음이니라"라고 하신 말씀은 이 사건이 하나님의 초자연적인 능력으로 이루어졌음을 알려주고 있다.

그리고 태양이 멈춰서 낮이 길어진 사건이 성경에만 기록되어 있는 것이 아니라, 그리스나 이집트와 같은 고대 국가의 전설에서도 발견된다는 사실은, 이 사건이 실제로 있었던 역사적 사실이었음을 뒷받침해 준다. 더욱 흥미로운 것은 아메리카 대륙의 인디언 전설에는 "긴 밤"(long night)에 대한 내용이 들어있다. 이스라엘에서는 낮이 길어진 반면에, 같은 날 지구의 반대편에서는 밤이 길어진 것이 분명하다.

태양이 정지했다고 표현한 것은 옛날 사람들이 지구가 자전한다는 사실을 모르고, 태양이 지구 주위를 도는 것으로 잘못 생각한 무지의 결과가 아닌가?

태양이 멈춘 사실을 믿지 않는 사람들은 "태양이 중천에 머물러서 거의 종일토록 속히 내려가지 아니하였다"(민 10:13)라는 표현이 지구가 자전한다는 사실을 몰랐던 옛날 사람들의 실수라고 주장한다. 태양이 머물렀다고 하지 말고, 지구가 자전을 멈추었다고 말해야 맞는다는 것이다. 그러나 현대과학의 입장에서 볼 때에도, 성경의 표현에는 잘못된 것이 없고, 오히려 성경을 비판하는 사람들이 한 가지만 생각하고 다른 과학적 사실을 생각하지 않는 실수를 범하고 있다고 말할 수 있다. 왜냐하면 천체들의 운동은 상대적이고 매우 복잡하기 때문이다. 태양은 우주 공간에서 정지되어 있는 것이 아니라 은하계의 주위를 회전하고 있으며, 또 은하계에 속한 다른 천체들과 함께 어딘가를 향하여 달려가고 있다.

이처럼 서로 움직이는 복잡한 운동을 하고 있을 경우에는, 관찰자가 있는 곳을 정지되어 있는 원점이라고 생각하고 다른 천체들의 운동을 상대적으로 기술하는 것이 편리하기 때문에 과학에서도 흔히 사용되고 있다. 따라서 지구가 자전을 멈추었다고 하지 않고, 지구에서 목격한 대로, 태양이 중천에 머물렀다고 말하는 것은 잘못된 것이 아니다. 기적은 전능하신 하나님께서 일으키신 일이므로 인간의 힘으로 증명될 수 없고, 다만 실제로 기적이 일어났었다는 사실이 중요하다.

■ 사사기 12:34-40 입다의 딸이 정말 번제물로 바쳐졌는가?

하나님께서는 사람을 제물로 받으시지 않는다. 히브리어 원문을 보면 입다의 딸이 번제로 드려졌다는 것이 죽어서가 아니라 평생 남자를 알지 못하는 처녀로 생을 마감했다고 되어 있다. 개역 번역에서 작은 글씨로 '죽으니라'고 한 표현은 원문에 없다.

이삭을 번제물로 바치라고 아브라함을 시험하실 때 아브라함은 바벨론 종교에서 몰렉 신에게 자식을 바치듯이 하나님께서도 자식을 번제물로 바치라는 것으로 생각해서 순종하여 모리아 산에서 이삭에게 칼을 대려고 했다. 그러나 하나님께서는 그의 순종하는 모습을 보시고 매우 기뻐하셨다. 사람을 제물로 바치는 것이 아님을 보여주는 사건이기도 했다.

사사 입다가 출전하기 전에 했던 서원기도는 잘못된 것이었다.

사사기 11:30-31 "30그가 여호와께 서원하여 말하기를 주께서 과연
암몬 자손을 내게 붙이시면 31내가 암몬 자손에게서 평안히 돌아올
때에 누구든지 내 집 문에서 나와서 나를 영접하는 그는 여호와께
돌릴 것이니 내가 그를 번제로 드리겠나이다 하니라."

하나님께서는 인간을 번제로 받지 않으시는 분인데 그렇게 기도한 것이다. 문제는 입다가 승전하고 돌아오는데 자기의 무남독녀가 나온 것이다.

사사기 11:36-40 "36딸이 그에게 이르되 나의 아버지여 아버지께서
여호와를 향하여 입을 여셨으니 아버지 입에서 낸 말씀대로 내게
행하소서 이는 여호와께서 아버지를 위하여 아버지의 대적 암몬 자
손에게 원수를 갚으셨음이니이다 37아비에게 또 이르되 이 일만 내
게 허락하사 나를 두 달만 용납하소서 내가 나의 동무들과 함께 산
에 올라가서 나의 처녀로 죽음을 인하여 애곡하겠나이다 38이르되
가라 하고 두 달 기한하고 보내니 그가 동무들과 함께 가서 산 위

에서 처녀로 죽음을 인하여 애곡하고 [39]두 달 만에 그 아비에게로 돌아온지라 아비가 그 서원한 대로 딸에게 행하니 딸이 남자를 알지 못하더라 이로부터 이스라엘 가운데 규례가 되어 And it came to pass at the end of two months, that she returned unto her father, who did with her according to his vow which he had vowed: and she knew no man. And it was a custom in Israel, [40]이스라엘 여자들이 해마다 가서 길르앗 사람 입다의 딸을 위하여 나흘씩 애곡하더라."

사사 입다가 자기 딸을 죽여 인신제사를 드린 적이 없다(삿 11:39).

■ 룻기 4:5 계대법(수혼법)

룻기가 사사기와 사무엘상 사이에 있는 이유는 다윗의 조상을 소개하기 위함이다(다윗의 족보; 룻 4:18-22). 여리고의 라합은 여리고가 함락당할 때 가족과 함께 살아남아 유다 지파의 살몬과 결혼하여 보아스를 낳았고, 보아스가 모압으로부터 온 룻과 결혼하여 오벳을 낳았고, 오벳은 이새를 낳았고, 이새는 여덟 번째 아들인 다윗을 낳았다.

유다 지파 베들레헴(Bethlehem judah)이 고향인 엘리멜렉(Elimelech)이 기근을 피하여 가족을 데리고 모압 지방(르우벤 지파가 살았던 땅)으로 갔다. 그곳에서 10년간 이민생활을 하였다. 나오미의 남편 엘리멜렉은 먼저 죽었고(룻 1:3), 아들 말론(Mahlon)은 룻(Ruth)과 결혼하였으며, 동생 기룐(Chilion) 역시 모압 여인 오르바(Orpah)와 결혼했다. 그러나 모압으로 이민 간 지 10년 즈음(룻 1:4) 두 아들들이 자식을 낳지 못하고 다 죽었다(룻 1:5). 베들레헴은 예전에 에브라다(Ephratah)라고 불렸는데, 남편과 두 아들 모두 에브라다 사람들(Ephrathites)이라고 불렸다(룻 1:2). 남자들 셋이 모압 땅에서 죽어 시어머니 나오미와 두 며느리(자부)는 과부가 되고 말았다.

먹고 살려고 모압 땅에 간 것이 잘못이었는가? 하나님의 심판이었는가?

> **룻기 4:5** "[4]보아스가 말하기를 '네가 나오미의 손에서 그 밭을 사는 날에 곧 죽은 자의 아내 모압 여인 룻에게서 사서 그 죽은 자의 기업을 그 이름으로 잇게 하여야 할지니라.' [6]그 기업 무를 자가 가로되 나는 내 기업에 손해가 있을까 하여 나를 위하여 무르지(redeem) 못하노니 나의 무를 권리를 네가 취하라 나는 무르지 못하겠노라 redeem thou my right to thyself; for I cannot redeem it."

여기서 우리는 계대법을 읽게 된다. 계대법(繼代法 혹은 受婚法, Levirate Law)이란 형이 자식 없이 죽으면 동생이 형수와 잠자리를 하여 자식을 낳게 되는데, 이 자식을 죽은 형의 자녀로 입적하는 법을 말한다. 이미 고인이 된 엘리멜렉이 가난해서 조상이 물려준 땅을 다른 집안에 팔았던 것이다. 그런데 나오미가 다시 돌아왔지만 이 땅을 다시 찾을 길은 결혼 방법밖에 없음을 알았다. 그래서 나오미의 주선으로 룻과 보아스의 결혼을 추진한 것이다.

이미 계대법에 대해서는 창세기 38장에도 나온다. 유다의 두 아들이 같은 며느리 다말로부터 아기를 낳지 못하고 죽었다. 막내아들 셀라가 자랄 때까지 며느리는 친정에서 기다렸으나 셀라가 장성해도

시아버지가 부르지 않았다(창 38:1-11, 14). 유다의 아내(수아의 딸)가 죽고(창 38:12) 위로를 받은 후 유다가 딤나로 자기 양털을 깎으러 갔을 때, 다말이 얼굴을 가리고 창녀의 옷으로 갈아입고 시아버지를 유혹하니, 유다는 자기 며느리인 줄 모르고 동침 후 염소 새끼를 약속하고 담보물(a pledge)로 도장, 끈, 지팡이를 맡기고 헤어졌다.

얼마 후 다말이 임신했다는 소식을 듣고 처벌하러 갔다가 자기의 담보물이었던 도장, 끈, 지팡이를 보고 그가 옳다고 인정한다. 유다와 다말 사이에서 베레스가 태어나는데 룻기서 마지막에 나오는 족보(룻 4:18-22)가 바로 베레스로 시작되어 다윗의 조상이 되었다.

유다의 둘째 동생이 죽은 형의 아내 형수 다말과 결혼한 것(창 38:8)이 계대법에 의거한 것이다. 또한 다말이 시아버지 유다와 결혼한 것도 계대법의 정신에 의한 것이다.

신명기 25:5-6 "[5]형제가 동거하는데 그중 하나가 죽고 아들이 없거든 그 죽은 자의 아내는 나가서 타인에게 시집가지 말 것이요, 그 남편의 형제가 그에게로 들어가서 그를 취하여 아내를 삼아 그의 남편의 형제 된 의무를 그에게 다 행할 것이요 [6]그 여인의 낳은 첫 아들로 그 죽은 형제의 후사를 잇게 하여 그 이름을 이스라엘 중에서 끊어지지 않게 할 것이니라."

이렇게 함으로 과부는 다른 이방인 남자와 재혼할 필요가 없게 된다. 그러면 과부는 죽은 남편의 재산을 상속받기 때문에, 이 법은 그의 재산을 자신의 가족이 유지하도록 하는 데 그 목적이 있다. 이와 유사한 관습은 헷 족속의 법에도 나오는데, 여기에서는 죽은 남편의 한 친척이 과부와 결혼하도록 되어 있다.

고대 근동 계대법에서 죽은 남자의 형제는 그의 형수나 제수를 취하지 않을 선택권을 가지고 있었다. 만약 이러한 일이 있을 경우 그 과부는 성읍의 장로들에게 공개적으로 그 사실을 알리고, 그들은 그 형제의 마음을 바꾸도록 설득하면 된다. 그런데 이러한 설득이 실패하는 경우, 그 여자는 그가 형제로서의 의무를 다하지 않았다는 표시로 그 형제의 발에서 신발을 벗기고 그의 얼굴에 침을 뱉는다(룻 4:8).

> **신명기 25:7-9** "[7]그러나 그 사람이 만일 그 형제의 아내 취하기를 즐겨하지 아니하거든 그 형제의 아내는 그 성문 장로들에게로 나아가서 말하기를 내 남편의 형제가 그 형제의 이름을 이스라엘 중에 잇기를 싫어하여 남편의 형제 된 의무를 내게 행치 아니하나이다 할 것이요 [8]그 성읍 장로들은 그를 불러다가 이를 것이며 그가 이미 정한 뜻대로 말하기를 내가 그 여자 취하기를 즐겨 아니하노라 하거든 [9]그 형제의 아내가 장로들 앞에서 그에게 나아가서 그의 발에서 신을 벗기고 그 얼굴에 침을 뱉으며 이르기를 그 형제의 집 세우기를 즐겨 아니하는 자에게는 이같이 할 것이라 할 것이며."

사두개인들이 예수님께 질문한 내용인 "선생님이여, 모세가 일렀으되 사람이 만일 자식이 없이 죽으면 그 동생이 그 아내에게 장가들어 형을 위하여 상속자를 세울지니라 하였나이다. 우리 중에 칠 형제가 있었는데 맏이가 장가들었다가 죽어 상속자가 없으므로 그 아내를 그 동생에게 물려주고, 그 둘째와 셋째로 일곱째까지 그렇게 하다가 최후에 그 여자도 죽었나이다. 그런즉 그들이 다 그를 취하였으니 부활 때에 일곱 중에 누구의 아내가 되리이까?"(마 22:23-28)도 계대법을 보여주는 실례이다.

■ 룻기 4:14-16 보아스가 나오미 집안의 고엘(Go'el)이 됨

고엘(Go'el, redeemer)은 '친족, 친족으로서의 역할을 하다'라는 동사 리골 lig'ol 'to redeem'에서 나왔는데, 가장 가까운 친족이 대신 빚을 갚아주어 땅의 소유권을 회복한다는 의미이다.[137] 또한 이스라엘 사회에서 '살인의 보복'이란 뜻으로 사용되기도 한다.

> **여호수아 20:5** "피의 보수자(the avenger of blood)가 그 뒤를 따라온다 할지라도 그들은 그 살인자를 그의 손에 내어주지 말지니, 이는 본래 미워함이 없이 부지중에 그 이웃을 죽였음이라."

이사야 41:14에서 하나님께서는 이스라엘의 구속자(the redeemer of Israel)라 하시는데, 왜냐하면 하나님께서 자기 백성들을 종살이에서 건져주시기 때문이다. 이런 의미에서 고엘은 어떤 속박에서 벗어나게 하여 더 좋은 곳으로 안내하는 것을 말한다.

● 성경에 나오는 고엘의 의미

(1) 가난한 형제가 빚 때문에 종으로 팔려가게 되었을 경우에 가까운 친척이 그 빚을 갚음으로써 그를 종의 굴레에서 해방시켜 주어야

137) K. Elliger, W. Rudolph, 《히브리어 성경, BHS(Biblia Hebraica Stuttgartensia 4th)》, Deutsche Bibelgesellschaft, 1997; 편집부, 《그랜드 종합주석③ ④》, 성서교재간행사, 1994; 존 칼빈, 칼빈성경주석출판위원회 역, 《칼빈성경주석 2권》, 서울: 성서교재간행사, 1995.

했다(레 25:47-55).

(2) 또한 형제가 자신의 토지를 팔았을 경우에 가까운 친척이 일정 기간 후에 그 값을 치름으로써 다시 그 토지를 돌려받게 할 수 있었다(레 25:23-28).

(3) 자기 형제가 죄를 지었을 경우에 친족은 그 형제의 죗값을 무를 의무를 지기도 하였다(민5:8).

(4) 친족 중 한 사람이 누군가에 의해 살해되었을 경우 가까운 친척이 그를 위해 피의 보수자가 됨으로(민 35:19) 이 제도를 간접적으로 이야기하고 있다.

이 모든 것에서 이야기하는 핵심은 공동체 자체의 존속 문제였다. 따라서 형제가 자식 없이 죽었을 경우, 그 공동체를 존속시키기 위해 가까운 형제 순으로 남겨진 미망인과 동침하여 기업을 이을 자를 낳게 해주는 계대결혼(繼代結婚) 제도가 고엘 제도의 핵심임을 내포하고 있다.

룻과 보아스의 결혼(룻 4장)은 계대법에 의한 결혼이라고 할 수 없다. 죽은 엘리멜렉의 형제가 아니라 친척인 보아스와 과부 나오미가 아니라 며느리 룻과의 결혼이기 때문이다. 오히려 보아스가 룻과 결혼함으로 룻의 시부인 엘리멜렉이 진 빚을 대신 물어준 경우이다(redeemer 속량자; 룻 4:4-12). 그럼에도 불구하고 이런 예가 계대법의 간접 영향을 받은 혼인이라고 할 수 있다.

고엘 제도는 예수님께서 우리의 죄를 대신 져 주신 구속(救贖 Redeemer)의 원형(原型 Archetype)이다. 고엘(대신 물러줌)은 친족 및 혈연 공동체를 중심으로 사회생활이 이루어지던 때에 공동체의 구성원들이 서로의 생명과 재산 및 가문을 보호해 주기 위한 일종의 상호 보호 제도였듯이, 예수님께서 십자가에서 우리의 모든 빚을 탕감해 주심으로 우리는 하나님 나라의 상속자가 된 것이다.

예수님께서는 세상 죄를 지고 가시는 하나님의 어린양(the Paschal Lamb, 요 1:29)으로 오셔서 십자가 위에서 "다 이루었다 It is finished"(요 19:30)라고 하셨다. 헬라어 원문에는 '테테레스타이'(τετέλεσται)로 되어 있는데, 이 단어는 요한복음 19:28에서 "이후에 예수께서 모든 일이 이미 이룬 줄 아시고 all things were now accomplished"에도 나오는 동사이다. 예수님의 구원의 완성을 선언하고 있다. 예수님 당시 로마 사회에서 어떤 상업 계약서에 적혀 있는 빚을 100% 다 갚을 때 서기관이 '테테레스타이'(완불, paid in full) 하고 축하했다. 또한 감옥에 갇혀 있던 죄수가 물어야 할 벌금을 전액 납부하고 석방될 때도 '테테레스타이'라고 판사가 선언했다.

사도 바울은 골로새서 2:13-14에서 "또 너희의 범죄와 육체의 무할례로 죽었던 너희를 하나님이 그와 함께 살리시고 우리에게 모든 죄를 사하시고 우리를 거스르고 우리를 대적하는 의문에 쓴 증서를 도말하시고 제하여 버리사 십자가에 못 박으시고"라고 한 말씀에서, 주님이 십자가의 죽으심으로 우리의 모든 죄 짐을 탕감해 주심(handwriting of debts against us)을 가르쳐주고 있다. 그래서 예수님께서는 우리의 구속주, 즉 고엘이 되신다.

■ 사무엘상 28:3 사울 왕과 엔돌 무당

사무엘 사사가 죽은 후 사울 왕은 신접한 자와 박수를 이스라엘 땅에서 쫓아내었다(삼상 28:3). 그런데 블레셋 군대의 침입을 받고 불안한 사울 왕이 여호와 하나님께 회개하지 않고 신접한 여인을 찾았다는 데 문제가 있다. 6절에 사울이 여호와께 묻기를 여호와께서 꿈으로도, 우림으로도, 대언자로도 그에게 대답지 아니하셨음을 깨달았으면, 곧 하나님께 진심으로 회개하고 온 백성으로 기도해야 할 것이다. 그러나 그는 신하들에게 신접한 무당을 찾도록 부탁했다. 자신이 숙청한 신접한 무당을 찾아가는 사울의 연약함을 읽을 수 있다. 사울은 왕의 신분을 감추고 변장하여 여인을 찾아가서 사무엘의 영을 불러올리도록 부탁을 한다.

이에 사무엘의 영이 나타나니 사울이 얼굴을 땅에 대고 간청한다. "블레셋 사람은 나를 향하여 군대를 일으켰고 하나님은 나를 떠나서 다시는 대언자로도 꿈으로도 내게 대답지 아니하시기로 나의 행할 일을 배우려고 당신을 불러 올렸나이다"라고 대화를 나눈다. 이에 사무엘의 영이 사울 왕의 운명을 예언한다.

> **사무엘상 28:19** "여호와께서 이스라엘을 너와 함께 블레셋 사람의 손에 붙이시리니 내일 너와 네 아들들이 나와 함께 있으리라 여호와께서 또 이스라엘 군대를 블레셋 사람의 손에 붙이시리라."

이에 심히 놀란 사울은 무거운 마음을 안고 진영으로 돌아갔고, 마침내 길보아 산에서 블레셋 군대에 의해 자기와 세 아들(요나단, 아비나답, 말기수아)이 전사를 당한다. 그는 하나님의 말씀에 불순종한 이래 한 번도 제대로 회개하지 않았으며, 회개에 합당한 열매를 맺지 못하였다. 그리고 그의 결국은 비참하였다.

이미 하나님을 떠난 자가 신접한 여인을 찾은 것 자체가 잘못되었다. 신명기 18:9-12에 "네 하나님 여호와께서 네게 주시는 땅에 들어가거든 너는 그 민족들의 가증한 행위를 본받지 말 것이니, 그 아들이나 딸을 불 가운데로 지나게 하는 자나 복술자나 길흉을 말하는 자나 요술하는 자나 무당이나 진언자나 신접자나 박수나 초혼자를 너의 중에 용납하지 말라 무릇 이런 일을 행하는 자는 여호와께서 가증히 여기시나니(abomination) 이런 가증한 일(abomination)로 인하여 네 하나님 여호와께서 그들을 네 앞에서 쫓아내시느니라"고 경고하셨다. 무당에게 가서 점을 보는 행위, 운명이나 운수를 알아보는 행위, 어떤 날을 점술을 통해 잡는 행위는 모두 하나님이 가장 싫어하시는 우상숭배나 배도와 같은 신성모독(abomination)의 일이다.

여기에 나타난 사무엘의 영은 마귀의 영으로 거짓이다. 신접한 여인이 불러올린 것인데, 더 이상 말해서 무엇하겠는가? 모든 마귀는 어떤 형상으로든 나타날 수 있으나 거짓이다. 이 마귀는 자기 족보도 모른다. 우리는 이런 영에 현혹되지 말아야 한다. 그러므로 결단코 신접한 자나 무당이나 박수를 찾지 말고 온전히 하나님께 기도하며, 전능하신 하나님께서 응답을 더디 주시면 인내하고 기다리며 주님 안에서 온전히 동행하여 주님의 뜻대로 살아가야 한다.

■ 사무엘하 6:10-12 오벧에돔

하나님의 언약궤(증거궤)는 반드시 레위 지파 고핫 자손들이 어깨에 메고 이동해야 하는데 기럇여아림에 보관하고 있었던 언약궤를 다곤 신을 옮길 때 하던 방법대로 소의 수레에 태워 운반하였다. 나곤의 타작마당에 이르렀을때 소들이 뛰므로 수레가 흔들려 넘어지는 언약궤를 제사장 아들 웃사가 붙잡았는데 그만 즉사하고 말았다. 이 사건 이후 하나님의 언약궤를 가드 사람 오벧에돔(Obededom the Gittite) 집에 3개월 보관하게 된다. 그러자 하나님의 복이 온 집에 임했다는 소식을 듣고 다윗 왕이 용기를 내어 이번에는 언약궤를 제사장의 어깨에 메고 다윗 성으로 올라올 때 기쁨의 찬양을 불렀다. 그렇다면 오벧에돔은 누구인가?

> **사무엘하 6:10-12** "[10]여호와의 궤를 옮겨 다윗 성 자기에게로 메어 가기를 즐겨하지 아니하고 치우쳐 가드 사람 오벧에돔의 집으로 메어 간지라 [11]여호와의 궤가 가드 사람 오벧에돔의 집에 석 달을 있었는데, 그 온 집에 복을 주시니라 [12]어떤 사람이 다윗 왕에게 보고하기를 '여호와께서 하나님의 궤를 인하여 오벧에돔의 집과 그 모든 소유에 복을 주셨다' 한지라 다윗이 가서 하나님의 궤를 기쁨으로 메고 오벧에돔의 집에서 다윗성으로 올라갈새."
>
> **역대상 13:13-14** "[13]궤를 옮겨 다윗 성 자기에게 메어 들이지 못하고 치우쳐 가드 사람 오벧에돔의 집으로 메어 가니라 [14]하나님의 궤가 오벧에돔의 집에서 그 권속과 함께 석 달을 있으니라 여호와께서 오벧에돔의 집과 그 모든 소유에 복을 내리셨더라."
>
> **역대상 26:4-11** "[4]오벧에돔의 아들들 맏아들 스마야와 둘째 여호사

밧과 셋째 요아와 넷째 사갈과 다섯째 느다넬과 [5]여섯째 암미엘과 일곱째 잇사갈과 여덟째 브울래대니 이는 하나님이 오벧에돔에게 복을 주셨음이며 [6]그 아들 스마야도 두어 아들을 낳았으니 저희의 족속을 다스리는 자요 큰 용사라 [7]스마야의 아들들은 오드니와 르바엘과 오벳과 엘사밧이며 엘사밧의 형제 엘리후와 스마갸는 능력이 있는 자니 [8]이는 다 오벧에돔의 자손이라 저희와 그 아들들과 그 형제들은 다 능력이 있어 그 직무를 잘하는 자니 오벧에돔에게서 난 자가 육십이 명이며 [9]또 므셀레먀의 아들과 형제 십팔 인은 능력이 있는 자며 [10]므라리 자손 중 호사가 아들들이 있으니 그 장자는 시므리라 시므리는 본래 맏아들이 아니나 그 아비가 장자를 삼았고 [11]둘째는 힐기야요 셋째는 드발리야요 넷째는 스가랴니 호사의 아들과 형제가 십삼 인이더라."

'오벧에돔'(Obed-Edom)이란 이름의 뜻은 '에돔의 종', '에돔 신의 예배자'라는 의미이다. 오벧에돔은 가드 사람으로 가드림몬 레위 사람의 성읍 출신으로 본다. 그는 기럇여아림과 예루살렘의 중간에 살고 있었는데, 그곳이 바로 웃사(사울 왕 때의 아비나답의 손자)가 언약궤에 손을 대었다가 죽은 근방이었다. 웃사의 죽음으로 충격을 받은 행렬이 더 이상 진행되지 못했고, 그 인근에 있는 오벧에돔의 집에 잠시 머물게 되었다. 그 기간이 3개월이었다(대상 13:13-14).

'가드'(the Gittite)는 단 지파의 지경에 있던 레위인 '가드림몬'(Gath Rimmon)을 가리킨다(수 21:24). 또한 오벧에돔은 레위 지파 고핫 자손으로 고라의 후손이었다(대상 26:1, 4). 예루살렘 성전의 문지기였다. 따라서 오벧에돔이 '가드 사람'으로 불리는 이유는 단순히 그가 '가

드림몬'에서 출생한 까닭이었다(삼하 6:10-11; 수 19:45, 21:20-24).[138] 그는 웃사가 죽은 나곤의 타작마당 근처 단 지파 경계 내에 살고 있었다. 율법에 의하면 언약궤를 섬기는 사람은 레위 자손 중에서도 고핫(Kohath) 자손이어야 했다(민 4:1-20). 그러므로 그는 언약궤를 보관할 수 있는 자격을 가지고 있었다.

역대상 26장에는 성전 문지기를 맡은 자들의 명단이 기록되어 있는데, 그중에서도 특히 오벧에돔과 그의 아들들에 대해서 상세하게 기록되어 있다. 하나님은 오벧에돔의 집과 그 모든 소유에 복을 내리셨다. 우리는 본문에서 오벧에돔이 세 가지 복을 받은 것을 볼 수 있다.

첫째, 자손이 번성하는 복을 받았다. "…오벧에돔에게서 난 자가 육십이 명이며"(8절)라는 말씀을 통해 오벧에돔이 자손 번성의 복을 받은 사실을 확인할 수 있다.

둘째, 자손들 중에서 큰 인물이 나왔다. "그 아들 스마야도 두어 아들을 낳았으니 저희의 족속을 다스리는 자요 큰 용사라"(6절)는 말은 지도자가 배출되었다는 것이다.

셋째, 자손들 모두 능력이 있는 유능한 사람들이었다. "이는 다 오벧에돔의 자손이라 저희와 그 아들들과 그 형제들은 다 능력이 있어 그 직무를 잘하는 자니…"(8절)라는 말씀에서 '능력이 있다'는 말은 '재력이 있다', '막강한 군사력을 가지고 있다'는 뜻이다.

이처럼 오벧에돔은 하나님께로부터 자손의 복을 받았을 뿐만 아니라 집안이 두루 형통하고 번성하는 복을 받은 사람이었다.

---

138) Lange, Keil 주석.

우리는 오벧에돔이 어떻게 이처럼 귀한 복을 받았는지를 역대상 13장에서 알 수 있다. 웃사가 하나님의 궤를 붙들어 죽는 사건으로 인하여 모든 사람들이 하나님의 궤를 꺼려하고 두려워하고 멀리할 때, 오벧에돔은 담대하게 궤를 자기 집으로 모셔서 잘 받들었다. 그 결과 오벧에돔이 하나님께로부터 큰 복을 받았던 것이다.

> **역대상 13:14** "하나님의 궤가 오벧에돔의 집에서 그 권속과 함께 석 달을 있으니라 여호와께서 오벧에돔의 집과 그 모든 소유에 복을 내리셨더라."

참고로 오벧에돔이라는 동명이인으로는 레위 자손 여두둔의 아들이 있는데 다윗이 악대를 조직할 때 그는 비파와 수금을 탔고 겸하여 궤 앞에서 문지기를 하였다(대상 15:18-24, 16:5). 또 유대국 아마샤 왕 때 성전 기명을 간수하던 자로서 오벧에돔이 있었는데, 그때에 이스라엘 왕 요아스가 올라와 성전의 금은과 기명과 왕궁의 재물을 약탈하고 백성을 포로로 잡아가지고 사마리아로 돌아갔다(대하 25:21-24).

다윗 왕은 레위인들로 하여금 거룩한 음악을 연주하게 하는 동시에, 레위 자손 제사장들로 하여금 법궤를 어깨에 메도록 했다. 역대상 15:18, 21을 보면 이때에 음악을 연주한 사람 중에 오벧에돔이 포함되어 있는 것을 볼 수 있다. 오벧에돔이 성막의 문지기였으며, 수금을 연주하는 레위인이었다고 소개하고 있다. 후에 오벧에돔은 언약궤를 지키는 유명한 문지기의 조상이 되었다.

역대상 16:38을 보면 음악을 연주하던 오벧에돔과 또 다른 오벧에돔(여두둔의 아들)이 등장하는 것을 볼 수 있다. 레위 족속 중에서 문지기를 맡았던 사람들 중에는 오벧에돔이란 이름을 가진 사람들이 둘 이상이 있었던 것으로 보인다.

> **역대상 16:38** "오벧에돔과 그 형제 육십팔 인과 여두둔의 아들 오벧에돔과 호사로 문지기를 삼았고."

앞에 언급된 오벧에돔은 지난 3개월 동안 하나님의 언약궤를 보관했던 사람이다. 그는 앞에서 말한 것처럼 문지기의 직분과 악사의 직분을 수행했다. 그러나 뒤에 언급된 오벧에돔은 여두둔의 아들인 오벧에돔으로 앞에서 나온 오벧에돔과는 동명이인이다. 앞에 언급된 오벧에돔은 고핫의 후손이었고, 뒤에 나온 오벧에돔(므라리의 후손인)은 여두둔의 후손이었다(대상 26:1, 4).

■ 열왕기상 3:4, 13 일천 번제인가, 천 개의 번제 헌물인가?[139)]

솔로몬이 하나님께 일천 번제를 드린 후에 지혜와 부와 명예를 얻게 되었다고 해서(왕상 3:4, 13) 요즘 한국교회에서는 일천 번제를 드리고 있는데, 그 골자는 천 일 동안 매일 일정한 액수의 돈을 바치고 기도하는 것이다. 과연 이런 일이 성경에 근거한 것일까? 결론부터 말하자면 솔로몬은 결코 천 일 동안 번제를 드리지 않았다.

개역: "이에 왕이 제사하러 기브온으로 가니 거기는 산당이 큼이

---

139) 답변: 정동수 목사 (www.Keepbible.com)

라 솔로몬이 그 단에 일천 번제를 드렸더니"(왕상 3:4).

흠정역: "왕이 기브온에서 희생물을 드리려고 거기로 갔더니 그것은 큰 산당이더라. 솔로몬이 그 제단 위에 번제 헌물 천 개(a thousand burnt offerings)를 드리니라."

솔로몬이 기브온으로 간 이유는 그 당시 그곳의 산당이 매우 컸기 때문이다. 다시 말해 그곳의 산당만이 유일하게 천 개의 번제 헌물을 일시에 수용할 수 있었다. 천 일 동안 매일같이 번제를 드렸다고 하는 것은 성경과도 맞지 않고 이치에도 맞지 않다. 어떻게 왕이 왕좌를 버리고 떠나서 근 3년 동안 번제만 드릴 수 있었겠는가?

솔로몬의 기사를 가지고 천 번 번제를 드렸다고 해석하게 된 데는 성경의 올바른 번역의 중요성을 일깨워준다. 개역성경은 구약시대에 하나님께 드리는 각종 헌물을 제사로 처리해서 문제를 유발시키고 있다. 예를 들어, 여기 나오는 'burnt offering'은 원래 '태우는 헌물'이다. 하나님께는 '태우는 헌물', 즉 '번제 헌물'을 드리지 '번제' 즉 '태우는 제사'를 드리지 않는다. 그래서 여러 경우 'burnt offering' 대신 'burnt sacrifice'라는 말이 사용되곤 했는데(레 1:3, 9, 10, 13, 14, 17 등 18곳) 이것은 곧 '태우는 희생물'을 뜻한다. 그런데 개역성경은 이것을 다 번제라고 번역해서, 하나님께 희생물을 드린다는 개념을 찾기 어렵다. 그 결과 솔로몬의 기사에서도 태우는 희생물 천 개를 드리는 것이 아니라 제사를 천 번 드린다고 생각하게 된 것이다.

그러나 킹 제임스 성경은 이런 희생 헌물에 대해 아주 쉽고 명쾌한 답을 준다. 죄를 지으면 '죄 헌물'(sin offering)을 드리고 법을 어겼으면 '범법 헌물'(trespass offering)을 드리며, 하나님과 화평하기를 원하면 '화평 헌물'(peace offering)을, 자원해서 드리기 원하면 '자원 헌물'(freewill offering)을, 음식을 드리고자 하면 '음식 헌물'(meat offering)을 드리는 것이다. 이렇게 간단한 것을 개역성경은 '속죄제', '속건제', '화목제', '낙헌 예물', '소제' 등으로 어렵게 만들었으며, 또한 '자원 헌물'을 빼고는 모두 '헌물'이라는 말을 없애고 전체를 뭉뚱그려 제사로 바꾸어서 원래의 의미를 퇴색시켰다.

속건제의 '건'이 무엇을 뜻하는지 아는 사람이 얼마나 될까? '자원 헌물'의 경우 개역성경은 레위기 22장 21절과 23절에서 '자의로 드리는 예물' 혹은 '낙헌 예물'이라고 해서 헌물의 개념을 살렸는데, 사실 다른 모든 경우에도 이렇게 했어야만 했다. 영어 성경의 경우에는 NIV, NASB 등 현대역들도 모두 '헌물'(offering)을 살리고 있다. 아마도 이 사례 역시 중국 성경의 영향을 받은 것이 아닌가 생각된다. 'offering'을 '제사'로 번역하면 하나님의 뜻을 알 수 없게 되며 그래서 제사장 계급이 일천 번제를 드리라고 강요할 수 있다.

우리 하나님께서는 호세아서 4:6에서 이렇게 말씀하신다.

흠정역: "내 백성이 지식이 부족하므로 망하는도다 네가 지식을 거부하였으므로 나도 너를 거부하여 네가 나를 위해 제사장이 되지 못하게 할 것이요, 네가 네 하나님의 율법을 잊었은즉 나도 네 자녀들을 잊으리라."

한국교회가 다시 한번 회개하고 성경을 바로 알아야 이런 무지한 일이 발생하지 않는다. 그렇지 않으면 중세 가톨릭의 암흑시대가 우리에게 닥칠 것이다.

일천 번제로 하나님을 감동시킬 수 있는가?(왕상 3:4)

열왕기상 3:4(개역) "이에 왕이 제사하러 기브온으로 가니 거기는 산당이 큼이라 솔로몬이 그 단에 일천 번제를 드렸더니."

열왕기상 3:4(흠정) "왕이 기브온에서 희생물을 드리려고 거기로 갔으니 이는 그것이 큰 산당이었기 때문이더라 솔로몬이 그 제단 위에 번제 헌물 천 개를 드리니라."

열왕기상 3:4(KJV) "And the king went to Gibeon to sacrifice there; for that was the great high place： a thousand burnt offerings did Solomon offer upon that altar."

부처에게 삼천 배를 하는 것이나, 종이학을 천 마리 접어서 건네주는 것이나, 장미꽃 100송이, 1000송이를 바치는 것이나 결국은 한 가지로 통하는데, 곧 지극한 정성을 기울여 상대방을 감동시키겠다는 것이다. 이런 지극한 정성이 부처의 눈썹을 움직이고, 여자 친구의 마음을 움직이는 데는 혹시 도움이 될지 모르겠으나, 이와 같은 정성어린 행위로 하나님의 마음을 움직이거나 하나님의 은혜를 얻어낼 수 있을까?

■ 열왕기상 3:4, 3:12 산당

1. 산당(high place, 山堂)

'산당'(山堂, high place=히브리어 '바마' bamah, 복수형 '바모트' plural bamot)은 '제단이 있는 높은 언덕'이란 뜻이다. 이스라엘의 산당들은 중앙산악지대(Central High places, 해발 800-1,200미터)의 족장들의 길에 위치해 있었는데 과거 이방 신전들이 있던 지명이었다. 구약성경에 소개된 중앙산악지대 지명들(단, 하솔, 므깃도, 기브아, 사마리아, 실로, 벧엘, 아이, 세겜, 길갈, 라마, 기브온, 예루살렘, 나사렛, 헤브론, 브엘세바)이 이방 신전이 있던 곳이다. 그런데 아브라함은 세겜, 벧엘, 헤브론에서 하나님께 제단을 쌓았다. 야곱은 벧엘에서 엘벧엘 제단을 쌓았다.

모세의 성막이 세워지고 이스라엘이 가나안 땅에 들어왔어도 산당 예배가 이루어졌다. 언약궤를 모시고 있던 성막에 가기가 멀든지 어떤 사정이 있을 경우 산당에 가서 여호와 하나님께 예배를 드렸다. 사무엘 선지자가 사울을 왕으로 세워 기름 부을 때 산당으로 갔다(사무엘상 9:19-25). 사무엘상 10:5에 따르면 방금 왕으로 기름부음을 받은 사울이 "선지자의 무리가 산당에서부터 비파와 소고와 저와 수금을 앞세우고 예언하며 내려오는 것을 만날 것"이라고 사무엘 대언자가 일러준다.

예루살렘 성전이 건축되기 전까지 이스라엘은 산당에서 흔히 예배를 드렸다.

> **열왕기상 3:2-4** "2그때까지 여호와의 이름을 위하여 성전을 아직 건축하지 아니하였으므로 백성들이 산당에서 제사하며 3솔로몬이 여호와를 사랑하고 그의 아버지 다윗의 법도를 행하였으나 산당에서 제사하며 분향하더라 4이에 왕이 제사하러 기브온으로 가니 거기는 산당이 큼이라 솔로몬이 그 제단에 일천 번제를 드렸더니."

호세아 대언자가 지적한 대로 산당에서 바알 종교 의식이 행해지기도 했다.

> **호세아 4:11-13** "11음행과 묵은 포도주와 새 포도주가 마음을 빼앗

느니라 [12]내 백성이 나무를 향하여 묻고 그 막대기는 저희에게 고하나니 이는 저희가 음란한 마음에 미혹되어 그 하나님의 수하를 음란하듯 떠났음이니라 [13]저희가 산꼭대기에서 제사를 드리며 작은 산 위에서 분향하되 참나무와 버드나무와 상수리나무 아래서 하니 이는 그 나무 그늘이 아름다움이라 이러므로 너희 딸들이 행음하며 너희 며느리들이 간음을 행하는도다."

유다 왕들 중 신명기 사가로부터 좋은 평을 받은 아사 왕과 여호사밧 왕도 산당은 없애지 않았다.

열왕기상 15:14 "오직 산당은 없이 하지 아니하니라 그러나 아사의 마음이 일평생 여호와 앞에 온전하였으며."

열왕기상 22:43 "여호사밧이 그의 아버지 아사의 모든 길로 행하여 돌이키지 아니하고 여호와 앞에서 정직히 했하였으나 산당은 폐하지 아니하였으므로 백성이 아직도 산당에서 제사를 드리며 분향하였더라."

분열왕국시대 이 산당은 여호와 예배와 이방신 예배를 겸하기도 했다.

열왕기하 17:32-33 "[32]그들(스발와임)이 또 여호와를 경외하여 자기 중에서 사람을 산당의 제사장으로 택하여 그 산당들에서 자기를 위하여 제사를 드리게 하니라 [33]이와 같이 그들이 여호와를 경외하고 또한 어디서부터 옮겨왔든지 그 민족의 풍속대로 자기의 신들도 섬겼더라."

그래서 요시야 왕이 개혁할 때 이런 산당을 다 없애버렸다.

열왕기하 23:15, 19-20 "세운 단과 산당을 왕이 헐고 또 그 산당을 불사르고 빻아서 가루를 만들며 또 아세라 목상을 불살랐더라…노를 격발한 산당을 요시야가 다 제하되 벧엘에서 행한 모든 일대로 행하고 거기 있는 산당의 제사장들을 다 단 위에서 죽이고 사람의 해골을 단 위에서 불사르고 예루살렘으로 돌아왔더라."

그래서 대언자들은 순수한 여호와 신앙을 지키기 위해 산당을 배척했다. 유다의 멸망의 원인을 우상숭배로 보았던 것이다.

예레미야 3:2 "네 눈을 들어 자산을 보라 너의 행음치 아니한 곳이 어디 있느냐 네가 길가에 앉아 사람을 기다린 것이 광야에 있는 아라바 사람 같아서 음란과 행악으로 이 땅을 더럽혔도다."

에스겔 20:27-32 "[27]그런즉 인자야 이스라엘 족속에게 고하여 이르기를 주 여호와의 말씀에 너희 열조가 또 내게 범죄하여 나를 욕되게 하였느니라 [28]내가 그들에게 주기로 맹세한 땅으로 그들을 인도하여 들였더니 그들이 모든 높은 산과 모든 무성한 나무를 보고 거기서 제사를 드리고 격노케 하는 제물을 올리며 거기서 또 분향하고 전제를 부어 드린지라 [29]이에 내가 그들에게 이르기를 너희가 다니는 산당이 무엇이냐 하였노라(그것을 오늘날까지 바마라 일컫느니라) [30]그러므로 너는 이스라엘 족속에게 이르기를 주 여호와의 말씀에 너희가 열조의 풍속을 따라 스스로 더럽히며 그 모든 가증한 것을 좇아 행음하느냐 [31]너희가 또 너희 아들로 화제를 삼아 예물로 드려 오늘날까지 우상들로 스스로 더럽히느냐 이스라엘 족속아 너희가 내게 묻기를 내가 용납하겠느냐 나 주 여호와가 말하노라 내가 나의 삶을 두고 맹세하노니 너희가 내게 묻기를 내가 용납지 아니하리라 [32]너희가 스스로 이르기를 우리가 이방인 곧 열국 족속 같이 되어서 목석을 숭배하리라 하거니와 너희 마음에 품은 것을 결코 이루지 못하리라."

대언자 미가는 여호와 종교의 병폐를 더 깊은 곳에서 보았다. 높은 언덕에 자리 잡고 있는 산당만 허문다고 신앙이 정화되는 것은 아니라는 것을 관찰한다.

미가 1:5 "이는 다 야곱의 허물을 인함이요 이스라엘 족속의 죄를 인함이라 야곱의 허물이 무엇이뇨 사마리아가 아니뇨 유다의 산당이 무엇이뇨 예루살렘이 아니뇨."

2. 기브온 산당

산당은 본래 가나안 신전이었는데, 족장들이 이주하면서 여호와께 제단을 쌓기 시작했고, 출애굽한 이스라엘 백성이 가나안을 정복하고 정착한 후 산당에서 하나님께 예배드리기도 했다. 솔로몬은 왕으로 즉위한 후 기브온(Gibeon) 산당에서 한꺼번에 일천 번제를 드리면서(왕상 3:4) 하나님으로부터 '지혜'도 선물로 받았다(왕상 3:12).

기브온은 베냐민 지경에 있다(수 18:25). 예루살렘 북쪽 7km에 위치한 곳으로 가나안 신전이 있는 도시였는데, 여호수아 장군과 평화의 협정을 맺는다(수 9:3-27). 여호수아 10:12과 사무엘하 21:2에 의하면, 기브온 사람들을 아모리인(Amorites)으로 부른다. 이 지역을 정복할 때 태양과 달이 멈춰선 곳으로 유명하다(수 10:12). 기브온은 여호수아가 레위의 성읍(수 21:17)으로 세웠고, 솔로몬이 이곳에서 예배 후 성전이 건축되기 전까지 예배를 드리기 위해 임시 성막을 세웠다(대상 21:29).[140)]

■ 열왕기상 7:15-22, 역대하 3:15-17 예루살렘 성전의 두 기둥

성막(Tabernacle)은 하나님께서 디자인하신 교회의 원형이다. 이 성막에는 성소에 들어갈 때 다섯 기둥이 있고(오경을 상징), 지성소로 들어갈 때 네 기둥이 있다(네 복음서 상징). 솔로몬이 성전을 건축할 때 다윗이 설계한 대로 하지 않고, 바알 신전의 전문가인 놋쇠 대장장이 히람(두로 출신)이 와서 바알신의 상징인 두 기둥(남근, 야긴과 보아스)을 만들었다.

열왕기상 7:13-22 "13솔로몬 왕이 보내어 히람을 두로에서 데려오니
14저는 납달리 지파 과부의 아들이요 그 아비는 두로 사람이니 놋
점장이라 이 히람은 모든 놋 일에 지혜와 총명과 재능이 구비한 자
더니 솔로몬 왕에게 와서 그 모든 공작을 하니라 15그가 놋기둥 둘
을 만들었으니 그 고는 각각 십팔 규빗이라 각각 십이 규빗 되는 줄
을 두를 만하며 16또 놋을 녹여 부어서 기둥머리를 만들어 기둥 꼭
대기에 두었으니 이 머리의 고도 다섯 규빗이요 저 머리의 고도 다
섯 규빗이며 17기둥 꼭대기에 있는 머리를 위하여 바둑판 모양으로
얽은 그물과 사슬 모양의 땋은 것을 만들었으니 이 머리에 일곱이

---

140) 기브온 유적은 1956년부터 1962년 사이 University of Pennsylvania(U Penn)의 고고학자 Jmaes B. Pritchard 교수에 의해 발굴되었다.

요 저 머리에 일곱이라 [18]기둥을 이렇게 만들었고 또 두 줄 석류를 한 그물 위에 둘러 만들어서 기둥 꼭대기에 있는 머리에 두르게 하였고 다른 기둥 머리에도 그렇게 하였으며 [19]낭실 기둥 꼭대기에 있는 머리의 네 규빗은 백합화 모양으로 만들었으며 [20]이 두 기둥머리에 있는 그물 곁 곧 그 머리의 공같이 둥근 곳으로 돌아가며 각기 석류 이백이 줄을 지었더라 [21]이 두 기둥을 전의 낭실 앞에 세우되 우편의 기둥을 세우고 그 이름을 야긴(Jachin)이라 하고 좌편의 기둥을 세우고 그 이름을 보아스(Boaz)라 하였으며 [22]그 두 기둥 꼭대기에 백합화 형상이 있더라 두 기둥의 공역이 마치니라."

역대하 2:1-14 "[1]솔로몬이 여호와의 이름을 위하여 전을 건축하고 자기 권영을 위하여 궁궐 건축하기를 결심하니라 [2]솔로몬이 이에 담군 칠만과 산에 올라 작벌할 자 팔만과 일을 감독할 자 삼천 육백을 뽑고 [3]사자를 두로 왕 후람(Huram the king of Tyre)에게 보내어 말하기를 '당신이 전에 내 부친 다윗에게 백향목을 보내어 그 거할 궁궐을 건축하게 한 것같이 내게도 그리하소서 [4]이제 내가 나의 하나님 여호와의 이름을 위하여 전을 건축하여 구별하여 드리고 주 앞에서 향 재료를 사르며 항상 떡을 진설하며 안식일과 초하루와 우리 하나님 여호와의 절기에 조석으로 번제를 드리려 하니 이는 이스라엘의 영원한 규례니이다 [5]내가 건축하고자 하는 전은 크니 우리 하나님은 모든 신보다 크심이라 [6]누가 능히 하나님을 위하여 전을 건축하리요 하늘과 하늘들의 하늘이라도 주를 용납지 못하겠거든 내가 누구관대 어찌 능히 위하여 전을 건축하리요? 그 앞에 분향하려 할 따름이니이다 [7]이제 청컨대 당신은 금, 은, 동, 철로 제조하며 자색 홍색 청색실로 직조하며 또 아로새길 줄

아는 공교한 공장 하나를 내게 보내어 내 부친 다윗이 유다와 예루
살렘에서 예비한 나의 공교한 공장과 함께 일하게 하고 [8]또 레바논
에서 백향목과 잣나무와 백단목을 내게로 보내소서 내가 알거니와
당신의 종은 레바논에서 벌목을 잘하나니 내 종이 당신의 종을 도
울지라 [9]이와 같이 나를 위하여 재목을 많이 예비하게 하소서 내
가 건축하려 하는 전은 크고 화려할 것이니이다 [10]내가 당신의 벌목
하는 종에게 용정한 밀 이만 석과 보리 이만 석과 포도주 이만 말
과 기름 이만 말을 주리이다' 하였더라 [11]두로 왕 후람(Huram the
king of Tyre)이 솔로몬에게 답장하기를 '여호와께서 그 백성을
사랑하시므로 당신을 세워 그 왕을 삼으셨도다' [12]또 말하기를 '천
지를 지으신 이스라엘 하나님 여호와는 송축을 받으실지로다. 다
윗 왕에게 지혜로운 아들을 주시고 명철과 총명을 품부하시사 능
히 여호와를 위하여 전을 건축하고 자기 권영을 위하여 궁궐을 건
축하게 하시도다 [13]내가 이제 공교하고 총명한 사람을 보내오니 전
에 내 부친 후람에게 속하였던 자라 [14]이 사람은 단의 여자 중 한
여인의 아들이요 그 아비는 두로 사람이라 능히 금, 은, 동, 철과
돌과 나무와 자색 청색 홍색실과 가는 베로 일을 잘하며 또 모든
아로새기는 일에 익숙하고 모든 기묘한 식양에 능한 자니 당신의
공교한 공장과 당신의 부친 내 주 다윗의 공교한 공장과 함께 일하
게 하소서.'"

역대하 3:15-17 "[15]전 앞에 기둥 둘을 만들었으니 고가 삼십오 규빗
이요 각 기둥 꼭대기의 머리가 다섯 규빗이라 [16]성소같이 사슬을
만들어 그 기둥머리에 두르고 석류 일백 개를 만들어 사슬에 달았
으며 [17]그 두 기둥을 외소 앞에 세웠으니 좌편에 하나요 우편에 하
나라 우편 것은 야긴이라 칭하고 좌편 것은 보아스라 칭하였더라."

솔로몬이 히람(Hiram)을 초청하여 성전을 짓는 데 동참하게 한 것은 큰 실수였다. 히람은 아버지가 두로 사람이요 어머니는 납달리 지파 출신의 과부의 아들이었다(왕상 7:14). 역대상 2:14에서 두로 왕 후람(Huram the king of Tyre)은 그가 "단의 여자 중 한 여인의 아들이요 그 아비는 두로 사람이라"고 소개한다. 히람의 모친이 납달리 지파 출신이든 단 지파 출신이든 이스라엘 사람이었다. 단 지파는 시돈과 두로 지방에 가서 바벨론 종교의 변형인 바알 종교를 만드는 데 주도적인 역할을 했다(참고, 창 49:17). 바알 종교가 크레타 섬에서 헬레니즘을 만들었다. 철저한 인본주의(Humanism)이며 적그리스도이다. 단 지파는 철저히 하나님과 원수로 지내면서 "길의 뱀이요 첩경의 독사"(창 49:17; 삿 14:1-15:20, 16:22-30, 18:22-31; 대상 12:35)였다.[141] 프리메이슨은 솔로몬 성전의 두 기둥(야긴, 보아스)이 그들의 교사들(masters)의 아침 조회 집합소였고, 세계 지배를 계획한 곳이었다고 주장한다.[142]

솔로몬 성전 현관에 세워진 두 놋기둥 중 하나는 야긴(Jachin)으로, 그 뜻은 '그가 세우시리라'는 것이고, 다른 놋기둥은 보아스(Boaz)라 했는데, 그 이름의 뜻은 '그에게 능력이 있다'는 뜻이다. 이 두 기둥은 18규빗(한 사람의 키의 높이가 4규빗) 높이에 둘레는 5규빗 이상이 되는 둥그런 공 같은 기둥 머리를 놋으로 만들었다. 이 두 기둥의 머리 부분에는 그물 모양을 만들어서 거기에 많은 석류 모양을 매달게

---

141) J. R. Church, *Guardians of the Grail*, Oklahoma City, OK: Prophecy Publications, 1989. 단 지파(프랑스 남부에 사는 메로빙거 Merovinger 가계)가 프리메이슨, 광명파, 계몽주의, 뉴에이지의 핵심 멤버로 세계 정부, 세계 새질서(World New Order)의 중추적 역할을 하고 있음을 폭로하고 있다.

142) Christopher Knight & Robert Lomas, *The Book of Hiram: Freemasonry, Venus and the Secret Key to the Life of Jesus*, New York: Sterling Publishing, 2003, pp.16, 17, 19, 24, 57, 63, 88, 90, 130, 401; 손경대, 《프리메이슨과 그리스도인의 종말신앙》, 도서출판: 흰돌, 2011, pp.16-18.

했는데, 석류를 한 줄에 100개씩 두 줄로 두 기둥에 사슬로 연결시켰다.

"기둥을 이렇게 만들었고 또 두 줄 석류를 한 그물 위에 둘러 만들어서 기둥 꼭대기에 있는 머리에 두르게 하였고 다른 기둥 머리에도 그렇게 하였으며"(왕상 7:18)라고 하였다. 모두 400개의 석류가 달렸다. 석류는 겉으로 보기에는 푸르고 아름답지만 속을 까보면 붉은 색의 단 것으로 되어 있다. "낭실 기둥 꼭대기에 있는 머리의 네 규빗은 백합화 모양으로 만들었으며"(왕상 7:19), 두 기둥 꼭대기는 백합화 모양으로 만들었다.

솔로몬의 예루살렘 성전이 신바벨론 군대에 의해 파괴될 때 두 놋기둥의 놋을 벗겨 바벨론으로 가져갔다(렘 52:17-34). 잔혹한 바벨론 군대는 예루살렘 사람들을 굶어죽게 하고 시드기야 왕의 아들들을 다 그 아비 앞에서 살해하고, 고관들을 처단하고, 시드기야 왕의 두 눈을 뽑아 바벨론으로 끌고 갔을 뿐 아니라, 성전과 왕궁을 불사르고 예루살렘의 모든 집과 고관들의 집까지도 불살랐으며, 예루살렘의 사면 성벽까지도 헐었다.

"갈대아 사람은 또 여호와의 성전의 두 놋기둥과 받침들과 여호와의 성전의 놋대야를 깨뜨려 그 놋을 바벨론으로 가져갔고"(렘 52:17), 시드기야 왕을 비롯하여 4,600명이 포로로 잡혀갔다. "느부갓네살의 제이십삼년에 사령관 느부사라단이 사로잡아 간 유다 사람이 칠백사십오 명이니 그 총수가 사천육백 명이더라"(렘 52:30)라고 하였다.

갈대아 사람(바벨론인)들이 성전에 불을 지르고 모든 집기와 성전 기물들까지 약탈해 갔는데 성전의 두 놋기둥과 그 받침까지도 바벨론으로 가져갔다. 하나님께서 기뻐하시지 않는 것은 이렇게 다 허물어진다.

일부 목회자들이 이 성전 두 기둥에 대해 긍정적인 설교를 하기도 하나, 본래 의미는 이교도적인 기원이 있다는 것을 기억해야 할 것이다. 심지어 히람에 대해서도 좋은 봉사자로 설교하는 것은 조심해야 한다. 솔로몬 성전은 바알 신전처럼 부수적인 창고 내지 헌물을 보관하는 공간이 많았다. 이런 밀실들이 훗날 우상숭배의 방으로 사용되어(겔 8:14-18), 하나님의 영광이 떠나고(겔 10:4-18), 느부갓네살로 인하여 이 성전이 모두 불타버렸다. 에스겔에게 미리 보여준 여호와 삼마 성전(겔 41-48장)에는 두 놋기둥도 아주 큰 물두멍(바다)도 부속실방(밀실)도 없다.

요한계시록 3:12을 보면 빌라델비아 교회에게 편지하기를 "이기는 자는 내 하나님 성전에 기둥이 되게 하리니 그가 결코 다시 나가지 아니하리라 내가 하나님의 이름과 하나님의 성 곧 하늘에서 내 하나님께로부터 내려오는 새 예루살렘의 이름과 나의 새 이름을 그이 위에 기록하리라" 하신다. 당시 빌라델비아 교회는 결코 큰 교회가 아니었다. 그러나 그들이 어려운 환난 가운데서도 믿음을 잘 지켰을 때 주님은 빌라델비아 교회에게 하나님의 성전의 기둥이 되는 복을 주겠다고 말씀하신다.

■ 열왕기하 17:24-41, 에스라 4:1-24, 느헤미야 4:1-2 사마리아의 혼혈

이스라엘 왕국의 여섯 번째 왕인 오므리가 원래 '세멜'(세멜이 개인인지 어떤 부족인지는 확실치 않다)로부터 이 지역을 은화 두 달란트에 사들여 사마리아라는 도시를 세우고 북이스라엘의 수도로 삼았다(BC 884년경). 이 도시는 바위산의 정상에 세워졌는데, 고대의 포도주와 기름의 생산지로 현대의 고고학적 발굴에 의해 실체가 밝혀졌다.

북이스라엘의 마지막 왕 호세아(Hoshea, 재위 BC 731-722) 때 수도 사마리아는 앗시리아의 침공에 맞서 3년을 버티었다.

> **열왕기하 17:3-5** "[3]앗수르 왕 살만에셀 (5세, Shalmanese V, 재위 BC 727-722)이 올라와서 호세아를 친 고로 호세아가 신복하여 조공을 드리더니 [4]저가 이집트 왕 소 So에게 사자들을 보내고 해마다 하던 대로 앗수르 왕에게 조공을 드리지 아니하매 앗수르 왕이 호세아의 배반함을 보고 저를 옥에 금고하여 두고 [5]올라와서 그 온 땅에 두루 다니고 사마리아로 올라와서 삼 년을 에워쌌더라."

사르곤 2세는 이 과정을 지켜보았고 이스라엘의 저항에 치를 떨었다. 그래서 그가 왕이 되었을 때 멸망한 사마리아인들을 대거 앗시리아로 포로로 잡아가고 사마리아 내에 바벨론과 쿠다(Cuthah) 등지에서 잡아온 15개 포로 이방민족들을 강제로 이주시켜 살게 함으로 사마리아를 혼혈민으로 만들어 버렸다.[143] 그래서 유대인들은 사마리아인들을 자신들과 구별해 쿠다에서 온 사람들이라는 뜻으로 '쿳팀'이라고 부렀는데, 이는 경멸적이고 모욕적인 표현이었다.

이후 신바벨론시대와 페르시아 시대를 거치면서 사마리아는 도시

143) Berhard W. Anderson, *Understanding the Old Testament,* 5th ed, 1996.

로 존재했고, 주전 332년경 수천 명의 마케도니아 병사들이 반란을 진압하러 와서는 그곳에 정착해 헬레니즘의 도시가 되었다. 그 시대에 성전과 거대한 도시 성벽이 보강되었는데, 주전 108년 유대의 왕인 요한 히르카누스가 침공하여 성벽을 깨뜨리고 파괴하였다. 주전 63년 사마리아는 로마에 의해 시리아 속주로 병합되었다.

주전 30년 헤로데 대왕은 사마리아를 새로이 재건하여 크게 확장하고 도시 이름을 세바스테로 개명하고 아우구스투스에게 헌정했다. '세바스테'라는 이름 자체가 그리스어로 '아우구스투스'를 뜻한다. 헤로데는 아우구스투스 황제를 위한 웅장한 사원을 비롯해 약 4km 길이의 성벽과 요새를 새로 세웠으며 헬레니즘 도시의 특징을 유감없이 발휘한 대사업이었다. 사마리아에는 세례 요한의 무덤이 있는 것으로 믿어져 왔고, 나중에 세례 요한을 위한 교회가 세워지기도 하였다.

열왕기하 18:9-12 "9히스기야 왕 사 년 곧 이스라엘 왕 엘라의 아들
호세아 Hoshea 칠년에 앗수르 왕(살만에셀 5세)이 사마리아로 올
라와서 에워쌌더라 10삼 년 후에 그 성이 함락되니 곧 히스기야의
육 년이요 이스라엘 왕 호세아의 구 년이라 사마리아가 함락되매
11앗수르 왕(=Sargon II)이 이스라엘을 사로잡아 앗수르에 이르러
할라와 고산 하볼 하숫가와 메대 사람의 여러 성읍에 두었으니 12
이는 저희가 그 하나님 여호와의 말씀을 준행치 아니하고 그 언약
을 배반하고 여호와의 종 모세의 모든 명한 것을 거스려 듣지도 아
니하며 행치도 아니하였음이더라."

처음 사마리아를 포위한 살만에셀 5세는 사르곤 2세의 형이며, 오

랫동안 북이스라엘을 괴롭힌 디글랏 빌레셀 3세(Tiglath-Pileser, 왕상 15:29)의 장남이었다. 사마리아가 3년을 버티며 저항하는 사이에 왕이 교체된 것이다. 역사가들은 사르곤 2세가 형을 살해하고 왕위를 빼앗은 것으로 본다. 호세아는 쿠데타로 왕이 되었지만 9년 만에 앗시리아의 침공을 받고 물러났다. 그는 포로가 되어 니느웨로 끌려가서 죽었다. 이렇게 북이스라엘 19왕들이 200년 다스린 북이스라엘은 막을 내린다.

사르곤 2세(재위 BC 722-705)는 앗시리아어 샤루킨(Sharru-kin)을 히브리말로 음역한 것이다(사 20:1). 정통 왕이란 뜻이다. 형을 밀어내고 왕이 되었기에 사르곤 2세는 계속 전쟁을 벌였다. 이 칭호는 틀림없이 앗시리아의 두 명의 옛 왕, 특히 아카드의 사르곤(BC 2300 활동)을 회고하여 붙였을 것이다. 사르곤의 가계는 부분적으로는 베일 속에 가려 있지만, 그는 아마도 디글랏 빌레셀 3세의 작은아들이자 불명예스럽게 죽었거나 퇴위된 것으로 보이는, 사르곤의 선왕(先王) 샬마네세르 5세의 동생인 듯하다.

왕위에 오르자마자 사르곤은 3대 문제에 부딪쳤다. 즉 바빌로니아 남쪽의 칼데아인과 아람족 통치 문제, 아르메니아 고지대의 우라르투 왕국과 그곳 사람들 문제, 그리고 시리아와 팔레스타인 문제였다. 이 지역은 거의 대부분 디글랏 빌레셀 3세가 개척한 정복지였다. 사르곤은 이 지역의 현상 유지에 그치지 않고 정복지를 확장하여 앗시리아 제국의 국가신인 아슈르 신의 권능을 증명하고자 했다. 사르곤이 앗시리아의 왕이 되었을 때 바빌로니아 남부 습지대에서 복속하지 않았던 칼데아 부족의 족장 마르두크 아팔 아팔 이디나 2세(구약성경에서는 므로닥 발라단)는, 침입해 온 앗시리아 군대를 격파한 사실(BC 720)을 점토 원통에 새겨 우루크(성경에서는 에렉, 지금의 탈알와르카)에 세워두었다.

이러한 기록은 사르곤의 기분을 상하게 했음이 틀림없다. 사르곤은 다른 일에서 벗어난 뒤 이 기록을 발견하고 이것을 그의 마음에 들도록 고쳐 자신이 거주하던 곳에 두었다가 다시 칼라흐(지금의 님루드)로 옮겨놓았다. 현존하는 사료 가운데 사르곤에 관한 것은 거의 없다. 극히 적은 몇 가지 예외를 제외하고는 고대 메소포타미아의 통치자들은 자신들의 생생한 전기를 쓸 만한 기록을 전혀 남기지 않았다. 사르곤의 경우도 역시 그의 치세 기간의 기록은 전혀 남아 있지 않다.

그렇지만 사르곤의 사료 중에서 앗시리아의 다른 왕들에 대한 명문에는 잘 보이지 않는 표현들이 발견된다. 때로는 시로 변하기도 하는 이 구절들은 비록 그것이 실제로는 사르곤 자신이 지은 것인지, 아니면 역사가들이 그에게 헌상한 것인지 확실치 않지만 그것들은 사르곤의 허락하에 씌어졌을 것임에 틀림없다. 님루드에서 발견된 밀랍 위에 설형문자로 쓰인 일련의 예언서들은 상아색과 적갈색 판자로 만든 용기 속에 들어 있었고 사르곤 궁전의 재산이라는 표지가 새겨져 있었는데, 이것 또한 사르곤이라는 한 인간을 아는 데 도움이 된다.

그가 처음으로 설형문자 문헌을 밀랍 위에 쓰도록 한 사람은 아닐지 모르지만, 이렇게 특별한 방법으로 문헌을 쓰게 한 것은 사르곤의 취향이었음이 분명하다. 이러한 추측은, 그가 점령한 도시에서 진행되는 토목공사에 큰 관심을 가지고 있었다는 사실과 잘 부합한다. 주전 706년 호르사바드에 사르곤의 궁전이 완성되었는데, 그 뒤 그는 1년이 채 못 되어 죽었다.

아슈르 신에게 보내는 편지 형식을 취한, 사르곤의 8차 원정(BC 714)에 대한 전대미문의 기록이 발견되었다. 이 기록에 따르면 714년 사르곤은 그때까지 그가 머물렀던 칼라흐에서 앗시리아 군대를 이끌고, 현재 이라크 쿠르디스탄의 아슐라이마니야 부근 지방과 자그로스 산맥 너머 고지대로 향했다. 이 원정의 목적은 앗시리아의 가증스러운 적인 우라르투의 왕 루사 1세에게 위협을 받고 있던 앗시리아 세력권 내의 동맹국들을 원조하기 위해서였다.

이 기록물의 저자는 원정이 진행되는 동안 산 위에서 앗시리아 군대가 접근함에 따라 적이 어떻게 반응하는지를 묘사하거나 예상했다. 독특한 성격을 지닌 이 사료군은 다른 부분과 마찬가지로 이 원정과정의 서술이 앗시리아 역사문헌에서 유례가 없는 독창적인 문체로 되어 있다. 이 저자가 사용한 문체는 메소포타미아 기준에서 볼 때 처음으로 채용된 것이다. 이 문체는 창의력과 재능이 넘쳐흐르고, 풍요로운 정신이 잘 드러나 있으며, 앗시리아 왕들에 대한 규범적 서술에서 쓰이는 평범하고 단조로운 문체에서 확실히 벗어나 있다. 사르곤 자신이 이러한 서술양식을 창안했는지 그 여부에 관계없이, 이러한 성격의 서술이 사르곤이 동의하고 승인한 형평법에도 나타나 있다는 사실은 분명히 사르곤에게는 명예스러운 일이다.

사르곤은 외세와의 투쟁으로 내부 분열을 막으려 했다. 사마리아를 함락한 뒤 시리아의 다메섹을 격파했고(주전 720년) 지중해의 키프로스 섬까지 정복했다. 마침내 바벨론과의 전쟁에서 승리해 앗시리아 제국의 전성기를 맞이한다. 니느웨 대신 새로운 수도를 만들려고 엄청난 토목공사를 벌였다. 주전 712년에 시작해 5년에 걸친 대역사였다. 노동은 포로들이 감당했다. 사로잡혀간 이스라엘도 대거 참여했다. 주전 707년 도시는 완성되었고 '사르곤의 도시'라고 불렀다. 하지만 2년 뒤 그는 바벨론과의 전투에서 전사하고 만다. 그리고 그의 아들 산헤립이 왕위를 이었다.

산헤립[신아헤에리바, '달의 신(Sin)을 나를 형제로 대체하다']은 앗시리아 왕좌(재위 BC 705-681)를 계승하였고, 주로 태자로서 산헤립은 제국이 맡겨졌다. 한편 그의 아버지 사르곤 2세는 원정 중이었다. 아버지 사르곤 2세와는 다르게 산헤립의 치세는 군사 원정보다 건설 프로젝트가 많이 기록되어 있다. 사르곤 2세의 전사 후 산헤립은 그의 권력을 확보하는 데 여러 가지 문제와 마주쳤다. 아직 그는 건설 프로젝트 수행이 가능하였다.

그는 수도를 그의 아버지의 신도시 두르샤루킨에서 옛 도시 니느웨로 환도하였다. 그는 아버지의 도시를 떠났을 뿐 아니라 어떠한 공식적인 기록에도 그를 언급하지 않았다. 산헤립은 바빌로니아와 여러 문제를 만났다. 그의 최초의 원정은 바빌론 왕좌를 장악한 칼데아인으로, 아르메니아인, 엘람과 연합한 칼데아인 므로발라단 2세에 대해서이다.

성경에서는 그의 최후에 대해 유다를 공격했다가 왕 히스기야와 이사야 예언자에 의해 크게 패한 뒤 그가 모시는 신아헤에리바 신의 신전에서 군사 2명에게 살해당한 것으로 기록되고 있다(왕하 18:13-37, 참고: 눅 9:52-56; 요 4:4-42; 행 1:8, 8:4-25, 10:28).

■ 역대상 4:9 야베스는 장애인인가?

역대상 4:9을 보면 야베스의 어미(유다 지파 고스의 아내)가 수고로이 낳았다(bare him with sorrow)고 되어 있지 장애인인지 아닌지는 언급하고 있지 않다. 성경이 말하지 않는 것을 자신 있게 전하는 것은 말씀의 대언자로서 합당치 않다. 단지 야베스의 뜻은 '슬픈 자'(sorrowful)이다.

역대상 4:8을 보면 야베스의 아버지는 고스이며, 형제들은 아눕, 소베바, 하룸의 아들 아하엘 족속들이었다. 야베스는 그 형제보다 존귀한 자가 됨은 아마 10절에 있는 대로 하나님께서 그의 기도를 들어주셨기 때문이었을 것이다. 하나님께서 야베스에게 복에 복을 더해 주시고, 그의 지경을 넓혀주시고, 주님의 손으로 그를 도우사 그를 환난에서 벗어나 근심이 없게 하셨던 것이다.

역대상 2:55을 보면 야베스는 마을 이름이기도 했다. 이 마을에 거한 서기관 족속, 즉 디랏 족속과 시므앗 족속과 수갓 족속이었는데, 이는 다 레갑(Rechab)의 집 조상 함맛에게서 나온 겐(Kenite) 족속이었다. 그러나 본문의 야베스와 어떤 연관이 있는지는 본문이 말하고 있지 않다.

● **겐 족속** Kenites(Qeyni)[144)]

(1) 대장장이들의 종족, 가인의 후손 두발가인(창 4:22, 동철로 각양 날카로운 기계를 만드는 자)의 후예로 여겨진다.

(2) 팔레스타인 주민들(창세기 15:18-21 "그날에 여호와께서 아브람으로 더불어 언약을 세워 가라사대 내가 이 땅을 애굽 강에서부터 그 큰 강 유브라데까지 네 자손에게 주노니, 곧 겐 족속과 그니스 족속과 갓몬 족속과 헷 족속과 브리스 족속과 르바 족속과 아모리 족속과 가나안 족속과 기르가스 족속과 여부스 족속의 땅이니라 하셨더라")

(3) 모세의 장인 호밥도 겐 족속(민 10:29-32; 삿 1:16)이었다. 겐 사람들은 아랏 부근의 네겝에 있는 유대 백성들과 함께 살았다. 후에 그들은 유다 지파의 구성원으로 인정받는다(대상 2:55).

(4) 드보라 사사 때 하솔 왕의 군대장관 시스라를 죽였던 야일은 겐 사람 헤벨의 아내로 가데스 부근 이스라엘 북쪽에 살았다(삿 4:11-25, 5:24).

(5) 사울이 아말렉을 칠 때에 그들과 함께 살고 있던 겐 사람들을 보호하기 위해서 아말렉에서 떠나도록 통보하였다. 이는 이스라엘 모든 자손이 이집트에서 올라올 때에 그들이 이스라엘을 선대하였기 때문이라고 밝히고 있다. 이에 겐 사람이 아말렉을 떠났다(삼상 15:6).

(6) 다윗이 블레셋으로 피신해 있을 때, 겐 사람들은 이스라엘의 연합한 네겝 사람들 가운데 하나로 인정되었다(삼상 27:10, 30:29).

(7) 일반적으로 레갑 사람들은 겐 사람들 가운데서 농업을 하지 않고 유목 생활을 하였던 자들로서 나실인의 서약을 지켰다(렘 35장). 그들은 이스라엘 백성들이 이루지 못했던 진정한 순종을 하나님 앞

144) F. S, Frick, "The Rechabites Reconsidered," *JBL* 90(1971), pp. 279-287.

에 보였던 자들로 소개되고 있다(참고, 왕하 10:15-17).

(8) 소위 겐 사람들의 가설(The Kenite Hypothesis)로 부르는 진보적인 생각을 가진 학자들에 의하면, 겐 사람들은 전통적인 여호와 예배자들이라고 추측한다. 그들은 모세가 제사장이었던 장인 호밥을 통해 미디안에서 그의 종교적인 지식을 얻을 수 있었다고 생각한다. 그러기 때문에 출애굽 직후 이스라엘 백성들이 경배하기 위하여 시내 산에서 선택했던 신은 이 겐 사람들의 신이었다는 설이 있으나 성경 본문의 뒷받침이 부족하므로 상상일 뿐이다.

■ 에스더 2:7 에스더는 모르드개의 사촌 여동생

모르드개와 에스더는 삼촌과 조카 사이가 아니고, 사촌 오빠와 사촌 여동생 사이였다. 에스더 2:7에서 "그의 삼촌의 딸(his uncle's daughter) 하닷사 곧 에스더는 부모가 없고 용모가 곱고 아리따운 처녀라 그 부모가 죽은 후에 모르드개가 자기 딸같이 양육하더라"라고 하였다. 에스더의 본래 이름은 하닷사(Hadassah)였고, 페르시아 시대 아람어로 에스더('별'이란 뜻)라 이름하였다. 그녀의 사촌오빠는 모르드개(Mordecai)로(에 2:7) 유다 왕 여고냐(Coniah, Jeconiah=Jehoiachin)와 함께 바벨론으로 포로로 잡혀갔다. 여고냐(여호야긴)는 아버지 여호야김에 이어 주전 598년 12월 9일에 즉위하고 3개월 열흘간 통치하다가, 이듬해 주전 597년 3월 19일에 바벨론 포로로 잡혀가 옥살이를 하였다.

열왕기하 25:27-30에 의하면 여고냐는 포로생활 37년째 석방이 되어 바벨론 왕족의 식탁에서 식사하도록 허락받았다. 주전 562년 아멜-마르둑(Amel-Marduk=Evil-Merodach)이 즉위한 후에 일어난 일이다.

에스더 3:1을 보면 "그 후에 아하수에로 왕이 아각 사람 함므다다의 아들 하만의 지위를 높이 올려 모든 함께 있는 대신 위에 두니 After these things did king Ahasuerus promote Haman the son of Hammedatha the Agagite, and advanced him, and set his seat above all the princes that were with him"라고 하였다.

하만은 아각 사람(the Agagite)으로 함므다다(Hammedatha)의 아들이다(에 3:1). 아각 사람이라는 뜻은 하만이 왕족이라는 의미이다. 하만은 아말렉의 왕족이었다. 하만이 페르시아의 왕 아하수에로의 총리대신으로 취임된 후 그는 모르드개와 유대인들과 갈등을 빚는다. 그는 이스라엘 백성들을 싫어했다. 하만은 이스라엘 백성들을 향해 음모를 꾸몄다. 이스라엘 백성들을 말살하는 것이 그의 계획이었다. 하지만 그것은 수포로 돌아갔고, 그가 모르드개를 죽이려 설치해 놓은 장대에 매달려 죽음을 맞이한다(에 3:1-5:14).

하만은 모르드개의 불손한 태도에 크게 분노하며, 모르드개가 유대인이라는 사실을 알아내자, 이때가 모르드개와 유대인 전부를 제거할 좋은 기회라고 생각한다. 유대인을 멸할 날을 결정하기 위하여 제비(부르)를 뽑는다. 하만은 왕의 총애를 받는 입장을 이용하여, 유대인이 법을 지키지 않는다고 고발하고, 조서를 내려 그들을 멸할 것을 요청한다. 하만은 살인청부 자금으로 은 1만 달란트를 기부하고 왕은 이를 승낙한다. 왕의 반지로 인을 친 조서가 제국 전체에 보내지며, 아달(아다르)월 13일이 유대인을 말살시킬 날로 정해진다. 이 법을 듣게 되자 모르드개와 유대인 모두는 베옷을 입고 재를 무릅쓰고 애곡한다. 금식하며 울며 부르짖었다(에 4:3).

에스더는 모르드개로부터 유대인이 곤경에 처한 소식을 듣고 처음에는 중재하기를 꺼린다. 부름을 받지 않고 왕 앞에 나아가는 것은 사형에 해당하는 죄였다. 그러나 모르드개는 여호와의 능력에 대한 믿음을 나타내면서, 만일 에스더가 그들을 저버리면 에스더는 어차피 죽을 것이며, '유대인은 다른 데로 말미암아' 구출을 받을 것이라고 확신한다. 더욱이 에스더가 왕후가 된 것은 바로 "이때를 위함"(에 4:14)이 아니겠는가? 사태의 심각성을 깨달은 에스더는 생명을 건 모험을 하기로 동의하고, 수산에 있는 모든 유대인은 그와 더불어 3일간 금식한다.

그 후에 에스더는 왕후의 예복을 입고 왕 앞에 나타난다. 에스더는 왕의 목전에서 은총을 얻고 왕은 긍휼을 베풀어 그의 생명을 구해 준다. 이제 에스더는 왕과 하만을 연회에 초대한다. 연회 도중에 왕은 "나라의 절반이라 할지라도" 허락하겠노라고 다짐하면서 그의 소청을 말하라고 재촉한다. 이에 에스더는 다음날 연회에 그 두 사람을 다시 초대한다(에 5:6). 하만은 즐거운 마음으로 나간다. 그러나 대궐 문에 앉아 있던 모르드개는 여전히 하만에게 경의를 표하거나 떨지 않는다. 하만의 즐거움은 분노로 변했다. 그의 아내와 친구들은 그에게 50규빗(22.3미터) 높이의 기둥을 세우고 왕으로부터 모르드개를 그 위에 달라는 명령을 받아내라고 제안한다. 하만은 즉시 기둥을 세우게 한다.

● **하만의 최후**(에 6:1-7:10)

그날 밤에 왕은 잠을 이루지 못한다. 왕은 역대 일기를 가져오게 하여 그 내용을 읽다가, 자기의 생명을 구해준 모르드개에게 상을 주지 않았다는 사실을 알게 된다. 후에 왕은 누가 뜰에 있느냐고 묻는다. 모르드개를 처형하기 위해 왕의 인가를 요청하러 하만이 와 있었다. 왕은 하만에게 왕이 존귀케 하기를 기뻐하는 사람에게 어떻게 해야 하느냐고 묻는다. 하만은 왕이 자기를 염두에 두고 있다고 생각하고서, 존귀케 하는 일에 관해 매우 관대한 계획을 말한다. 그러나 왕은 그에게 "유다 사람 모르드개에게" 그렇게 하라고 명령한다!(에 6:10) 하만은 모르드개에게 왕처럼 호화롭게 옷을 입히고, 왕의 말에 태워, 소리치면서 그 도시 광장을 두루 다닌다.

굴욕을 느낀 하만은 비탄에 잠겨 급히 집으로 돌아간다. 그의 아내나 친구들도 위로할 길이 없다. 하만의 운명은 결정된 것이다! 이제 하만이 왕과 함께 에스더가 베푼 연회에 참석할 시간이 되었다. 왕후는 자기와 자기 백성이 팔려 진멸당하게 되었다는 사실을 밝힌다. 누가 감히 이런 악한 일을 꾀했는가? 왕이 묻자 에스더는 "대적과 원수는 이 악한 하만이니이다"(에 7:6)라고 말한다. 왕은 분노하여 일어나서 뜰로 나간다. 왕후 혼자 있을 때 하만은 목숨만 살려달라고 애원한다. 왕은 돌아와서, 하만이 왕후의 걸상 위에 엎드려 있는 것을 보고 더욱 분노한다. 그 자리에서 왕은 하만이 모르드개를 달려고 만든 바로 그 기둥에 하만을 달도록 명령한다.

7

시문서

구약의 시문서는 욥기, 시편, 잠언, 전도서, 아가인데 이를 순서대로 읽어야 연결이 된다. 욥기(의인의 고난)를 잘 이해해야 시편(탄원시, 찬양시, 감사시, 고백시 등)이 이해되고, 시편을 통과해야 잠언(지혜로운 삶, 어리석은 삶)이 이해되며, 잠언을 이해한 후 전도서(자기 참회, 헛된 삶과 인생의 본분)를 알게 되고, 전도서를 완성한 후 아가서(하나님과의 진실한 사랑관계 회복)를 깨달을 수 있다.

■ 시편 42:1-5 '내 영혼'은 누구를 지칭하는가?

> **시편 42:1-5** "[1]하나님이여 사슴이 시냇물을 찾기에 갈급함같이 내 영혼이 주를 찾기에 갈급하니이다 [2]내 영혼이 하나님 곧 생존하시는 하나님을 갈망하나니…[5]내 영혼아 네가 어찌하여 낙망하며 어찌하여 내 속에서 불안하여 하는고 너는 하나님을 바라라…."

여기에 나오는 '내 영혼'(Nefesh)이란 시편 기자 자신을 지칭한다. 그 말은 자신의 전 인격을 지칭하는 히브리적 표현이다. 이사야 6장에는 '입술'로 전인적 인격을 지칭했으며, 출애굽기 3장에서는 '발의 신'으로 전인적 인격을 지칭하고 있다.

신약성서에서 영육을 포함한 인격을 몸(soma)이라고 한다. 최후의 만찬을 제정하시면서 예수는 떡을 가지고 축사하신 후 제자들에게 주시면서 "받아 먹어라. 이것이 내 몸이니라"(마 26:26) 하셨다. 여기서 '몸'이란 말은 전 인격(영과 육을 포함)을 말한다. 바울은 "내 형제들아 너희도 그리스도의 몸으로 말미암아 율법에 대하여 죽임을 당하였으니"(롬 7:4)라고 했고, 또 "너희 몸은…성령의 전(the temple of the Holy Spirit)인 줄을 알지 못하느냐? 너희는 너희의 것이 아니라 값으로 산

것이 되었으니 그런즉 너희 몸으로 하나님께 영광을 돌리라"(고전 6:19-20), "그가 몸 안에 있었는지 몸 밖에 있었는지"(고후 12:2-3), "너희 몸을 하나님이 기뻐하시는 거룩한 산 제사로 드리라 이는 너희의 드릴 영적 예배니라"(롬 12:1)고 했다.

영과 육은 밀접한 관계가 있으나 우선 각각의 개념을 살펴보고 통전(通全)적으로 이해해 보자. 영(靈, 히브리어 루아흐, 헬라어 프뉴마 πνεῦμα, 라틴어 spiritus)에 대한 성경적 이해는 다양하다. 고린도전서 2:11-12을 보면 사람의 영은 하나님의 영이나 세상의 영에도 속할 수 있다.

"하나님은 영이시니"(Πνεῦμα ὁ θεός, 요 4:24).

하나님의 영이란, 첫째로, 하나님의 창조적 숨결, 신적인 호흡 혹은 살아 있는 숨결(Nishmat Hayyim, 창 2:7)로서 하나님의 형상대로 빚어진 인간이 '살아 있는 혼'(Nephesh Hayyah=living soul) 되게 하는 호흡이다. 생명을 담고 있는 그릇 혹은 하나님과 교제하는 자리로서 이해된다.

둘째는, 임마누엘의 기운, 즉 생기(生氣 Ruach, 겔 37:5, 6, 9)를 말하는데 하나님의 임재(창 1:2), 지혜(사 11:2), 능력(사 61:1-2; 롬 1:20; 고전 4:20)을 뜻한다. 살았고 운동력(enegeia→energy)이 있는 생명의 바람이다. 에스겔이 본 마른 뼈들이 큰 군대를 이루고(겔 37:9), 죽은 사람을 살려내며(왕상 18:22), 연약한 심령이 힘을 얻고(눅 24:49; 행 1:8), 병든 심령이 치유받게 되며(마 12:28; 행 4:30-31), 죄와 사망의 법으로부터 자유함을 얻게 된다(요 3:6; 롬 8:2). 부활의 예수께서 제자들을 심방하여 저희를 향하여 숨을 내쉬며 "성령을 받아라"(receive the Holy Spirit, 요 20:22) 하신 구절이 이에 해당한다.

셋째는, 사람을 거듭나게 하는 성령이다. "성령으로 난 것은 영이니"(요 3:6), 즉 성령으로부터 다시 태어난(born again from the Holy Spirit)

사람을 속사람(inner man, inward man, 고후 4:16; 엡 3:16), 새 사람(엡 4:23-24), 하나님의 자녀(요 1:12; 롬 8:14), 새로운 피조물(new creation, 고후 5:17), 빛의 자녀(엡 5:8)라고 부른다. 로마서 8:13-14을 보니 "너희가 육신대로 살면 반드시 죽을 것이로되 영으로써 몸의 행실을 죽이면 살리니 무릇 하나님의 영으로 인도하심을 받는 그들은 곧 하나님의 아들이라"고 하였다.

육(肉)이란 썩어질 사람(롬 1:23), 육체 혹은 육신(flesh, 헬라어 sarx, 고후 5:16), 겉사람(outward man, 고후 4:16), 육의 몸(고전 15:44), 사망의 몸(롬 7:24), 흙에 속한 자의 형상(창 3:19; 고전 15:49), 질그릇(고후 4:7), 땅의 장막(고후 5:1), 혈육(마 16:17; 고전 15:50)으로 달리 표현하고 있다. 육은 영을 담는 그릇으로 이해된다. 영이 잘못되어 하나님의 형상을 잃어버리면 육은 정욕을 따라 어두움의 일에 빠지게 된다(롬 13:12-14). 그래서 영혼과 더불어 육신은 죄의 지배를 받게 되어 선한 것을 하지 아니한다(롬 7:15-20).

영과 육은 동전의 양면처럼 밀접하게 관련되어 있다. 육의 사람이 죄성(罪性)으로 더럽혀지면 영의 사람도 하나님 앞에 바르게 살지 못하며, 영의 문제가 잘못되면 역시 인격이 바로 정립되지 못하여 육체에 고통과 상처를 준다. 이를 위장하려고 거짓, 낮은 자존심, 광명의 천사, 위선(이중생활, 이중인격)을 행하지만, 속으로는 늘 죄의식과 양심의 마비로 고통을 받는다. 영지주의의 이원론에 의하면 영은 선하고 육은 악하다고 보는데, 성경에서는 하나님을 떠난 영과 육은 모두 악하고, 하나님께 돌아온 영과 육은 선함을 분명히 가르치고 있다.

바울 서신에서는 하나님과의 의로운 관계를 영으로 표현하며, 하나님과 원수의 관계를 육으로 표현하기도 하는데 영지주의의 이원론과는 다르다. 육의 몸도 신령한 몸으로 부활한다(고전 15:44). 또 데살로니가전서를 마무리 지으며 축도하기를 "평강의 하나님이 친히 너희로 온전히 거룩하게 하시고 또 너희 온 영과 혼과 몸이 우리 주 예수 그리스도 강림하실 때에 흠 없게 보전되기를 원하노라"(살전 5:23) 함으로 경건의 영역이 전 인격임을 말한다.

쉐마에서도 마음을 다하고(영) 목숨을 다하고(혼) 힘을 다하여(몸, 육) 하나님을 사랑하라고 하신다(신 6:5). 영과 혼뿐만 아니라 몸(여기서는 육을 말함)까지도 온전히 거룩하게 되어 그리스도의 재림 때까지 흠 없이 보전되어야 한다.

8

대언서

예언서, 선지서라고 하는 대언서(prophets)를 일명 '후기 역사서'(latter historical books)라고도 한다. 대 대언서(대선지서)에는 이사야, 예레미야, 예레미야애가, 에스겔, 다니엘이 있고, 소 대언서(소선지서)는 호세아, 요엘, 아모스, 오바댜, 요나, 미가, 나훔, 하박국, 스바냐, 학개, 스가랴, 말라기 등 12권이 있다.

■ 이사야 27:1 리워야단(Leviathan)

리워야단은 성경에 6번 나온다. 지옥의 일곱 왕자들 가운데 하나로 지옥문을 지키는(Hellmouth) 바다 괴물이다. 수메르 신화에 의하면(약 BC 2600년경), 일곱 머리를 가진 뱀을 정복한 니누르타(Ninurta) 신화에 등장하고 있다. 악과 싸우는 니누르타(폭풍의 신)와 리워야단의 전투[(독일어로 혼돈과의 전쟁(Chaoskampf)]가 변형된 것이 바벨론의 마르둑(Marduk)과 티아맛(Tiamat)의 전쟁, 가나안의 바알(Ba'al)과 얌(Yam, 꾸불꾸불한 뱀 wriggling serpent, 일곱 머리를 가진 힘센 뱀)의 전쟁, 이집트의 태양신 아툼(Atum)과 네히브카우(Nehebkau, 악어 crocodile)의 전쟁이다. 주전 1500년경의 시리아의 도장(seals)에도 나온다.

이사야 27:1의 "그날에 여호와께서 그 견고하고 크고 강한 칼로 날랜 뱀 리워야단 곧 꼬불꼬불한 뱀 리워야단을 벌하시며 바다에 있는 용을 죽이시리라"는 구절에 이스라엘의 역사적이고 정치적인 원수로 수메르 신화에 나오는 용(뱀, 괴물, serpent-monster) '리워야단' 이름을 사용하고 있다. 바벨론 신화에 나오는 티아맛을 연상할 수 있다.

시편 104:25-26을 보면 "저기 크고 넓은 바다가 있고 그 속에 동물 곧 대소 생물이 무수하니이다 선척이 거기 다니며 주의 지으신 악어가 그 속에서 노나이다"라고 하였다. 리워야단도 하나님의 피조물임을 밝히고 있다. 리워야단을 하나님의 장난감 정도로 묘사하고 있다.

시편 74:14에는 "악어의 머리를 파쇄하시고 그것을 사막에 거하는 자에게 식물로 주셨으며"라고 하였다. 하나님께서 리워야단의 머리를 깨뜨리시고 그 고기로 사막의 짐승들을 먹이신다.

욥기 3:8은 공동번역 성경에 "날을 저주하는 자들아! 레비아단을 깨울 수 있는 자들아! 그 밤을 저주하여라"라고 하였고, 개역성경에는 "날을 저주하는 자 곧 큰 악어를 격동시키기에 익숙한 자가 그 밤을 저주하였었더라면"이라고 하였다. 하나님께서는 리워야단도 쉽게 격동시키신다.

욥기 41:1-2에는 큰 물고기(혹 악어, 고래)로 표현된다. 이는 이집트 태양신 아툼의 적인 네히브카우를 표현하고 있다.

성경에 묘사된 리워야단의 모습을 종합해 보면, 딱딱한 비늘에 덮인 거대한 뱀 또는 악어와 비슷한 모습으로 등에는 방패와 같은 돌기가 일렬로 늘어서 있으며 코에서는 연기, 입에서는 불을 내뿜는다. 또한 너무나 거대하기 때문에 눈앞을 통과하는 데 사흘이 걸린다는 이야기도 있다. 종말을 논하는 한 문서에는 악마가 뱀인 리워야단의 모습으로 나타난다고 기록되어 있다.

외경 에녹서에서 리워야단은 거대하고 무시무시한 바다 괴물로 등장하며, 바닷물 수원 위의 심연에 거주하고 있다고 한다. 리워야단의 턱은 때때로 지옥의 문 그 자체로 간주되기도 한다.

후대의 유대교 전승에 따르면, 리워야단은 천지창조 5일째 되는 날부터 존재하였으며, 바다 생물들의 왕으로 군림해왔지만 아마겟돈에서 대천사 가브리엘과의 최후의 격전에서 패하고 구세주의 도래를 찬양하는 연회가 리워야단의 피부로 만든 장막 안에서 열린다고 한다. 또한 그 고기는 베헤모스 및 지즈와 함께 음식으로서 제공된다고 한다.

또 다른 유대교의 전설에서는, 아담에게는 여자의 모습으로, 하와에게는 남자의 모습으로 각각 나타나 유혹한 양성구유의 용이라고 한다.

대항해 시대에 유럽의 선원들에게 있어 리워야단은 그야말로 공포의 대상이었다. 당시 사람들은 리워야단이 배 주위를 빙빙 헤엄치며 소용돌이를 만들어 배를 뒤집어버리거나 부수어버리는 고래 같이 거대한 괴수로 생각했었다. 그러나 통을 던지면 리워야단의 손아귀로부터 벗어날 수 있다고 믿었다.

■ 예레미야 35:1–19 레갑 족속(the Rekabites)

예레미야는 하나님의 말씀대로 레갑 족속을 여호와의 집 한 방으로 초청하여 포도주를 마시게 했지만 그들은 절대 사양했다. 엘리야의 유언대로 엘리사가 예후 왕에게 기름 부어 왕으로 삼게 함으로 바알 종교를 퍼뜨린 오므리-아합 왕조는 무너졌다. 예후를 도와 신앙의 개혁운동에 동참한 레갑 족속은 조상인 요나답의 유훈대로 지난 250년간 장막생활, 유목생활을 하며 포도주를 마시지 않을 뿐 아니라 포도를 심지도 아니하는 레갑 족속을 통하여 예레미야가 신선한 충격을 받았다. 레갑 족속은 겐 족속에 속한다. 이에 대한 본문을 자세히 읽어보자.

예레미야 35:1-19 “1유다 왕 요시야의 아들 여호야김 때에 여호와께
로서 말씀이 예레미야에게 임하니라 말씀하시기를 2너는 레갑 족
속 the Rekabites에게 가서 그들에게 말하고 그들을 여호와의 집
한 방으로 데려다가 포도주를 마시우라 3이에 내가 하바시냐의 손
자요 예레미야의 아들인 야아사냐와 그 형제와 그 모든 아들과 레
갑 온 족속을 데리고 4여호와의 집에 이르러 익다랴의 아들 하나님
의 사람 하난의 아들들의 방에 들였는데 그 방은 방백들의 방 곁이
요 문을 지키는 살룸의 아들 마아세야의 방 위더라 5내가 레갑 족
속 사람들 앞에 포도주가 가득한 사발과 잔을 놓고 ‘마시라’ 권하
매 6그들이 말하기를 ‘저희들은 포도주를 마시지 아니하겠노라 레
갑의 아들 우리 선조 요나답 Jonadab the son of Rechab our
father께서 저희에게 명하시기를 너희와 너희 자손은 영영히 포도
주를 마시지 말며 7집도 짓지 말며 파종도 하지 말며 포도원도 재
배치 말며 두지도 말고 너희 평생에 장막에 거처하라 그리하면 너
희의 우거하는 땅에서 너희 생명이 길리라 하였으므로 8저희들은
레갑의 아들 저희 선조 요나답께서 저희들에게 명령한 모든 말을
순종하여 저희와 저희 아내와 자녀가 평생에 포도주를 마시지 아
니하며 9거처할 집도 짓지 아니하며 포도원이나 밭이나 종자도 두
지 아니하고 10장막에 거처하여 저희 선조 요나답의 저희에게 명령
한 대로 다 준행하였노라’ 11그러나 바벨론 왕 느부갓네살이 이 땅
에 올라왔을 때에 저희가 말하기를 ‘갈대아인의 군대와 시리아인의
군대가 두려운즉 예루살렘으로 가자’ 하고 저희가 예루살렘에 거
하였노라 12때에 여호와의 말씀이 예레미야에게 임하여 말씀하시
기를 ‘13만군의 여호와 이스라엘의 하나님이 이같이 말하노라 너는
가서 유다 사람들과 예루살렘 거민에게 이르기를 여호와의 말씀

에 너희가 내 말을 들으며 교훈을 받지 아니하겠느냐? 14레갑의 아
들 요나답이 그 자손에게 포도주를 마시지 말라 한 그 명령은 실행
되도다 그들은 그 선조의 명령을 순종하여 오늘까지 마시지 아니하
거늘 내가 너희에게 말하고 부지런히 말하여도 너희는 나를 듣지
아니하도다 15나도 내 종 모든 대언자를 너희에게 보내고 부지런히
보내며 이르기를 '너희는 이제 각기 악한 길에서 돌이켜 행위를 고
치고 다른 신을 좇아 그를 섬기지 말라 그리하면 너희가 나의 너희
와 너희 선조에게 준 이 땅에 거하리라' 하여도 너희가 귀를 기울이
지 아니하며 나를 듣지 아니하였느니라 16레갑의 아들 요나답의 자
손은 그 선조가 그들에게 명한 그 명령을 준행하나 이 백성은 나를
듣지 아니하도다 17그러므로 나 만군의 여호와 이스라엘의 하나님
이 이같이 말하노라 보라, 내가 유다와 예루살렘 모든 거민에게 나
의 그들에게 대하여 선포한 모든 재앙을 내리리니 이는 내가 그들
에게 말하여도 듣지 아니하며 불러도 대답지 아니함이니라 하셨다
하라' 18예레미야가 레갑 족속에게 말하기를 '만군의 여호와 이스라
엘의 하나님이 이같이 말씀하시기를 너희가 너희 선조 요나답의 명
령을 준종하여 그 모든 훈계를 지키며 그가 너희에게 명한 것을 행
하였도다 19그러므로 나 만군의 여호와 이스라엘의 하나님이 이같
이 말하노라 레갑의 아들 요나답에게서 내 앞에 설 사람이 영영히
끊어지지 아니하리라.'"

성경 안에 기록되어 있는 많은 족속들 가운데 우리는 한 특이한 족속을 만나는데, 그 족속이 바로 '겐 족속'이다. 그들의 직업은 '대장장이'(blacksmith)며 그들의 거처는 '황무지'였다. 황무지에서 쇠를 벼르는 사람들이 바로 겐 족속이었다. 겐 족속은 미디안 광야의 유

목민으로 그 이름의 뜻은 '장막생활을 좋아하는 사람들'이며, 그들은 모세의 장인이었던 이드로(또 다른 이름으로는 르우엘, 아들은 모세의 처남인 호밥)의 후예들로 황무지 신앙이었고, 대장장이 신앙이었지만 하나님 앞에 보배로운 사람들이었다.

사사기 4:11을 보면 "모세의 장인 호밥의 자손 중 겐 사람 헤벨이 자기 족속을 떠나 게데스에 가까운 사아난님 상수리나무 곁에 이르러 장막을 쳤더라"라고 하였고, 사사기 1:16을 보면 "모세의 장인은 겐 사람이라 그 자손이 유다 자손과 함께 종려나무 성읍에서 올라가서 아랏 남방의 유다 황무지에 이르러 그 백성 중에 거하니라"라고 하였다.

이스라엘 백성이 출애굽해서 광야에서 생활할 당시 처남인 '호밥'이 모세의 권유를 받는다.

> **민수기 10:29** "모세가 그 장인 미디안 사람 르우엘의 아들 호밥에게 이르되 여호와께서 주마 하신 곳으로 우리가 진행하나니 우리와 동행하자 그리하면 선대하리라 여호와께서 이스라엘에게 복을 내리리라 하셨느니라."

그러나 호밥이 동행하기를 사양하니, 모세가 간곡하게 부탁하기를 "청컨대 우리를 떠나지 마소서 당신은 우리가 광야에서 어떻게 진 칠 것을 아나니 우리의 눈이 되리이다 우리와 동행하면 여호와께서 우리에게 복을 내리시는 대로 우리도 당신에게 행하리이다"(민 10:31-32)라고 하였다. 결국 그들은 이스라엘과 동행함으로 가나안 땅으로 올라가서 살게 되었다. 그들은 광야의 길을 알고 이스라엘 사람들의 눈이 되어 그들을 광야에서 인도하는 사람들이 된 것이다.

드보라가 다스린 사사시대에 이들 후손 헤벨의 이야기를 살펴보자.

> **사사기 4:11** "모세의 장인 호밥의 자손 중 겐 사람 헤벨이 자기 족속을 떠나 게데스에 가까운 사아난님 상수리나무 곁에 이르러 장막을 쳤더라."

상황은 하솔의 군대(야빈 왕, 시스라 군대장관)가 이스라엘을 쳐들어왔을 때 이스라엘의 유일한 여 사사였던 드보라와 군대장관 바락이 그들의 군대를 무찔렀던 일이 있었다. 이때 중요한 공헌을 한 사람이 바로 겐 사람 헤벨의 아내 야일이라는 여인이었다. 황무지의 이곳저곳을 배회하며 장막을 치며 살아오던 겐 족속들과 하솔군의 적장 시스라 사이에는 화평이 있어서 하솔의 적장 시스라가 도망하여 겐 사람 헤벨의 장막으로 들어오게 되었다. 그런데 이 헤벨의 장막에 피하여 도움을 얻고자 하는 시스라를 잠이 들게 한 후에 야일이 그의 머리에 말뚝을 박아 죽여 버렸다. 인간적인 화평의 관계가 있었을지 모르지만, 이스라엘을 대적하는 세력이 되어 그들을 건드릴 때는 가차 없이 그 화평의 언약을 깨고 철저하게 이스라엘 편에 서서 이스라엘을 지키던 사람들이 바로 겐 족속이었다.

"이는 다 레갑의 집 조상 '함맛'에게서 나온 '겐' 족속이더라"(대상 2:55)라고 하였는데, 여기서 함맛이란 사람의 이름이기보다는 지명으로 보이며, 이 지역은 납달리 족속의 영토에 속한 한 성읍으로(수

19:35), 겐 족속인 '헤벨'이 이스라엘 민족의 가나안 입성 후 이주하여 살았던 곳이다. 그러므로 레갑 족속은 헤벨의 후손으로 여겨진다.

역대상 4:9-10의 야베스(Jabez)가 이방인으로서 이스라엘에 귀화한 겐 족속의 후예일 것이라고 추정된다. 역대상 2:55에 "야베스에 살던 서기관 종족 곧 디랏 종족과 시므앗 종족과 수갓 종족이니 이는 다 레갑 가문의 조상 함맛에게서 나온 겐 종족이더라"라고 했는데, 여기에 언급된 야베스는 겐 종족 출신의 서기관들이 살던 지역 명칭이다. 그런데 이 야베스는 성경에 자주 언급되는 지명 길르앗 야베스와는 다른 단어이다. 야베스의 기도에 나오는 야베스와 같은 단어이다. 야베스란 지역 명칭이 야베스란 인물과의 연결 가능성을 추정할 수 있다.

겐 사람은 원래 이스라엘 사람이 아니다. 그들은 미디안 자손이고 이방 사람이다. 그런데 모세를 통해서 이스라엘 사회에 편입되었다. 출애굽 이후에 편입되어서 유다 지파와 함께 거했다. 실제로 겐 족속들이 살던 야베스라는 지역이 소개되는 역대상 2:55은 유다 지파의 거주지를 소개하는 문맥에 들어있다. 역대상 2-4장은 유다 지파의 족보이다.

이런 사실들은 우리가 야베스가 누구인지를 이해하는 데 도움을 주고, 그의 기도('복에 복을 더하사 지경을 넓히시고 모든 환난에서 벗어나 근심이 없게 해달라는 기도'이다) 내용을 이해하는 데 조명을 준다.

야베스가 유다 지파에 속했지만 그러나 그 부모의 이름이 소개되지 않았다. 그의 형제들의 이름도 모른다. 야베스라는 이름을 이스라엘 중에서 발견할 수도 없다. 또한 실제로 그의 족보를 유다 지파에서 보기는 하지만 족보의 뿌리를 찾을 수는 없다. 이런 사실들에 덧붙여 야베스라는 지명이 이방 사람으로서 유다 지파에 편입된 겐 사람들의 거주처라는 사실은 야베스가 이방 사람이었을 가능성이 많음을 보여준다. 우리는 성경을 통해서 야베스의 정체성을 정리하였다. 야베스는 유다 지파의 뿌리가 없는 이방인, 즉 겐 사람으로서 유다 지파에 편입된 사람일 가능성이다.

이방 민족으로 하나님의 성전을 수종 들고 지키는 일을 한 종족은 '레갑 족속'밖에 없으며, 그들은 마치 레위 지파 같은 취급을 하나님으로부터 받은 사람들이다. 이는 그들이 얼마나 선조 요나답을 본받아 하나님께 충성된 삶을 살았는지를 예레미야 35장에서 발견할 수 있다.

그들은 사울 왕 시대에도 아말렉 족속들에서 떠남으로 멸망받지 않았으며(삼상 15:6 "사울이 겐 사람에게 이르되 아말렉 사람 중에서 떠나 내려가라 그들과 함께 너희를 멸하게 될까 하노라 이스라엘 모든 자손이 이집트에서 올라올 때에 너희가 그들을 선대하였느니라 이에 겐 사람이 아말렉 사람 중에서 떠나니라"), 이 겐 족속 중 한 집안의 명칭이 '레갑'(Recab)이었는데, 이는 그들 조상 중에 '레갑'이란 사람의 이름에서 유래한 명칭이다.

레갑 족속이 철저히 유목민으로서의 삶을 살게 된 것은 레갑의 아들 요나답에 의한 것이었는데, 이는 그 당시 이세벨과 아합 왕의 극악무도한 통치 아래 온 백성이 타락한 것을 보고, 그들의 삶에서 떠나 여호와 하나님만을 섬기며 살기 위한 것이었다.

요나답은 그 당시에 경건과 지혜의 인물이었으며, 하나님께서 예후를 통하여 아합 왕의 가계를 무너뜨릴 때, 예후가 '요나답'(한글 개역성경에서는 '여호나답')과 같은 경건한 인물을 자신의 병거에 동승시킴으로(왕하 10:15-16) 바알 선지자들을 척결하는 데 협조했다.

소수의 민족이 강대한 민족 가운데서 살아남기 위해서는 자신들의 독자적인 보존방법을 모색해야 하며, 이는 또한 하나님을 섬기는 일에 더욱 열심인 신앙적인 방법이어야만 함을 요나답은 알았다. 이에 그는 민족의 멸망이 사치와 부요와 무절제로부터 기인되는 것을 보고, 다음 세 가지를 지킬 것을 후손들에게 명하였다. 그리고 레갑 족속은 근 3백 년이 지나도록 이 명령을 지키고 살았다.

(1) 포도주를 절대 마시지 마라(렘 35:8).

요나답은 당시의 도덕적인 타락이 술 취함으로 인한 것을 보았고, 특히 에브라임 족속들 가운데는 주정꾼들이 많이 있었다고 한다. 술은 바알 종교와 밀접하게 관련되어 있다. 그래서 성경에서는 "술 취하지 말라 이는 방탕한 것이니 오직 성령의 충만함을 받으라"(엡 5:18)라고 권면한다.

그들은 언제나 맑고 건전한 몸과 정신을 유지하여 스스로 편견을 갖지 않고 하나님을 가까이 모시고 경건한 삶을 살려고 노력하였다. 사도 바울이 말한 "너희 몸이 성령의 전인 줄 알지 못하느냐?"(고전 6:19)라는 말씀을 구약에서 지킨 정결한 자들이 되었다.

(2) 장막을 치고 살아라(렘 35:9).

집은 정착생활이요, 장막은 유랑생활을 보여준다. 치장 없는 검소

함은 그들을 겸손하게 만들어 주었다. 장막생활이 세상에 정착한다거나 뿌리를 내려 안연히 거주하려는 생각을 절대로 갖지 못하게 만들었다는 것이다. 이 세상을 순례자의 여정으로 여기고 살 때, 우리의 눈은 부귀영화와 쾌락에 연연하지 않게 되며, 우리의 생각은 영원한 천국에 대한 소망으로 가득 찰 것이다. 음식이 몸의 정결을 위한 것이라면, 순례의 삶은 행위의 거룩을 만들어 줄 것이다.

(3) 농경생활을 금하고 유목생활을 하여라(렘 35:9).

재산을 소유치 않고 소박한 유목민으로 사는 습관은 그들로 하여금 전쟁의 소용돌이에 휩싸이지 않게 만들었다. 요나답은 참으로 검소함과 겸손의 겸비한 삶이야말로 생명을 오래 보존할 수 있는 길임을 알았던 지도자이다. 레갑 족속은 부모에 대한 효도와 순종으로 하나님의 약속의 말씀을 따라 장수의 축복을 받는 민족이 된 것이다.

● **레갑 족속의 삶에 대한 신앙적 의의를 몇 가지 살펴보자.**

(1) 그들은 시험을 이겨낸 하나님 백성의 모형이 되었다.

레갑 사람들은 하나님의 선지자인 예레미야로부터 초대를 받았고, 그 장소 또한 성전의 부속실인 방에서 성의로 준비된 포도주의 대접을 받았다. 그러나 그들은 예레미야의 청을 거절했다. 포도주를 거절하는 태도에 미안해하며 선지자 앞에서 변명하지도, 입장을 호소하지도 않았다.

그들이 포도주를 거부한 이유는 선조 요나답에 대한 믿음을 지키는 일이기 때문에 어떠한 타협도 할 수 없었던 것이다. 믿음이 세속화될 때 믿음의 고귀함을 잃어버리게 되고, 더욱이 하나님도 잃어버린다는 것을 보여주는 예이다.

(2) 시험의 승리는 하나님의 약속을 축복으로 받는다는 것을 보여준다.

예레미야 35:19 "레갑의 아들 요나답에게서 내 앞에 설 사람이 영영히 끊어지지 아니하리라."

레갑 족속은 이스라엘 가운데 나그네와 객에 불과하지만, 하나님은 이스라엘 족속이 존속하는 한 그들도 존속하리라고 약속하셨다. 더군다나 제사장, 레위인도 될 수 없는 그들로 성전을 섬기는 직분을 감당하도록 허락하신 것이다.

'내 앞에 설 사람'이란 말은 '오메드 레파나이'란 단어로 그 의미는 일반적으로 '제사장의 역할을 감당하여 하나님을 섬기는 자'를 가리키는 말이다. 이 같은 축복은 레갑 족속으로서는 큰 영광이 아닐 수 없었다.

오늘날 그리스도인인 우리도 레갑 족속의 삶을 본받아 시대의 흐름에 편성하기보다, 부패한 사회에 믿음의 모습을 떳떳이 보여줌으로 모든 시험에서 이기고 하나님의 인정과 축복을 받는 삶을 사는 그리스도인들이 되어야 하겠다.

유다가 멸망한 주전 586년 후에는 그들의 거취에 대한 언급이 없으나 바벨론으로 함께 이주한 것으로 보이며, 그 후 포로 귀환 시 돌아와 '벧학게렘' 지방(예루살렘 남쪽 3.4km 지점에 위치한 장소로 오늘날의 '라멧라헬')에 모여 살았다.

그러다가 느헤미야가 성전을 건축하는 사역에 참가하여 레갑의 아들 '말기야'를 중심으로 '분문을 중수하는 사역'을 맡아 완성하였음을 성경에서 보여준다(느 3:14 "분문은 벧학게렘 지방을 다스리는 레갑의 아들 말기야가 중수하여 문을 세우며 문짝을 달고 자물쇠와 빗장을 갖추었고").

오늘날 21세기에 레갑 족속에 대하여 유대인 선교를 한 Wolffc가 예멘에서 그들을 만났다고 하며, 예멘 광야를 중심으로 여전히 레갑 족속의 후예들이 살고 있다고 한다. 현재 그들의 숫자는 약 6만 명으로 추산되며 그들은 모세의 장인 이드로의 아들 호밥에게서 출발했다고 주장한다.

■ 다니엘 1:1 다니엘

다니엘은 남왕국 유다 출신으로 대언자 가운데 가장 긴 세월 동안 사역을 한 인물이다. 그는 신바벨론 제국 시 위대한 나라 건설의 주역으로서 총리로 사역하였다. 신바벨론 제국이 망하고 페르시아(바사) 시대에도 총리대신으로 사역하였다. 다니엘 이름의 뜻은 '하나님께서 나의 재판장이심'(God is my Judge)이다.

다니엘은 여호야긴(Jehoiachin=Jeconiah 뜻, '하나님께서 견고하게 하심': God will fortify his people) 왕 때 유대 지도자들, 기술자들과 더불어 바벨론 왕 느부갓네살에 의해 포로로 잡혀갔다(1차 포로, 주전 605년경, 왕하 24:14-16). 1차 포로들과 함께 느부갓네살 2세(Nebuchadnezzar II, BC 634-562, 재위 BC 605-562)는 예루살렘 성전의 기구 얼마를 시날 땅에 있던 자기가 섬기던 신 마르둑(Marduk) 신전에 가지고 가서 보물 창고(the treasure house of his gods)에 두었다. 느부갓네살은 고대 바벨론 제국을 회복한다는 꿈을 가지고 있었다. 그의 이름 뜻이 '나부(Nabu=Marduk의 아들) 신이 총애하는 자'이다. 각 속국에서 가장 뛰어난 청소년들을 소집하여 위대한 바벨론 제국 건설의 주역으로 키웠다.

매년마다 바벨론 사람들은 자신들이 섬기는 신들을 위해 퍼레이드 축제를 가졌는데, 마르둑 신상을 전방에 내세우고 시내 거리를 행진하여 그의 웅장한 신전까지 갔다. 이들은 예루살렘 성전이 무너진 것은 마르둑이 유대인의 하나님보다 더욱 강하다는 증거라고 생각했다. 그러나 유대인들은 일찍 선배 대언자들이 예고한 대로 자기들의 죄 때문에 벌을 받아 포로로 잡혀온 것으로 생각했다. 다니엘과 그의 친구들은 이런 생각이 강했기에 바벨론 신들 앞에 굴복하지 않았다(신 30:1-3).

왕의 환관장 아스부나스(Ashpenaz, the master of his eunuchs)에게 명하여 이스라엘 포로 중 왕족과 귀족의 몇 사람, 곧 ① 흠이 없고(no blemish) ② 아름다우며(well favoured) ③ 모두 재주를 통달하며(skillful in all wisdom) ④ 지식을 구비하며(cunning in knowledge) ⑤ 학문에 익숙하여(understanding science) 왕궁에 모실 만한 소년을 데려오게 하였고, 이들에게 3년 동안 갈대아(Bqbylonian) 사람의 학문과 방언(the learning and the tongue of the Chaldeans)을 가르치게 하였다. 또 왕이 지정하여 자기가 먹는 진미와 자기가 마시는 포도주에서 일용할 양식을 공급하게 하라고 지시했다.

유다에서 잡혀온 소년들 중 다니엘(Daniel)은 벨드사살(Belteshazzar, 벨의 왕자 Bel's prince)로 개명되고, 하나냐(Hanayah: '여호와는 자비로우심'

Jehovah is gracious 혹 '여호와의 사랑받는 자' Beloved by Jehovah)는 사드락(Shadrach: 태양신에 의해 조명됨, Illumined by Sun-god)으로, 미사엘(Mishael '누가 하나님과 같은가?' Who is like God?)은 메삭(Meshach: '누가 비너스와 같은가?' Who is like Venus?)으로, 아사랴(Azariah: '여호와는 나의 도움' Jehovah is my helper)는 아벳느고(Abednego: '느고 신의 종' Servant of Nego)로 개명이 되었다. 유대 이름 속에는 '하나님/여호와'가 있었는데, 개명을 통해 이 이름을 빼내고 순전히 바벨론 신으로 바꿔놓은 것이다.

다니엘은 뜻을 정하여(purposed in his heart) 왕의 진미와 그의 마시는 포도주로 자기를 더럽히지(defiled himself) 않았다. 이 구절로 보아서 다니엘이 진미와 포도주를 거절한 이유는 다음과 같다.

(1) 왕이 먹는 음식은 우상(idol gods)에게 드려진 음식으로 이 진미와 포도주를 먹는다는 것은 우상숭배(idol worship)에 동참함을 뜻하였다.

(2) 디아스포라 유대인들은 정결법으로 조리된 음식(Kosher)을 먹었다. 왕의 진미에는 유대인들에게 금기된 돼지고기(우상들에게 즐겨 바쳐진 진미)가 있었다(단 11:26, 32). 당시 우상에게 바친 고기는 피째로 바친 것이어서 이런 진미를 먹으면 불결하다고 다니엘과 세 친구들은 판단했다.

(3) 다니엘과 세 친구는 속되고 깨끗하지 않는 음식이라고 믿었다. 자기를 더럽히는 음식이라고 믿었다[참고, 행 10:12-14 "(하나님께서 기도하던 베드로에게 보자기를 내려 '잡아 먹으라'고 하셨다.) "그 안에는 땅에 있는 각색 네 발 가진 짐승과 기는 것과 공중에 나는 것들이 있는데 또 소리가 있으되 '베드로야 일어나 잡아 먹으라' 하거늘 베드로가 대답하기를 '주여 그럴 수 없나이다 속되고 깨끗지 아니한 물건을 내가 언제든지 먹지 아니하였삽나이다"].

호세아 9:4 "저희가 여호와께 전제를 드리지 못하여 여호와의 기뻐하시는 바도 되지 못할 것이라 그들의 제물은 거상 입은 자의 식물과 같아서 무릇 그것을 먹는 자는 더러워지나니 그들의 식물은 자기 먹기에만 소용될 뿐이라 여호와의 집에 드릴 것이 아님이니라."

⑷ 이방 음식은 저들로 하여금 신본주의에서 인본주의로 바꿔놓게 된다. 3년간 교육은 저들을 바벨론 사람으로 만드는 데 목적이 있었다. 여기에 음식의 위력은 큰 것이다. 이를 거절함으로 저들은 유대인의 정체성을 지킬 수 있었다(히 13:9 "여러 가지 다른 교훈에 끌리지 말라 마음은 은혜로써 굳게 함이 아름답고 식물로써 할 것이 아니니 식물로 말미암아 행한 자는 유익을 얻지 못하였느니라").

환관장 아스부나스에게 부탁하여 왕의 진미와 포도주로 자신을 더럽히고 싶지 않다고 하니 하나님께서 다니엘로 환관장에게 은혜와 긍휼을 얻게 하셨다. 이에 환관장이 걱정하며 다니엘(벨드사살)에게 말하기를 "내가 내 주 왕을 두려워하노라 그분이 너희 먹을 것과 너희 마실 것을 지정하셨거늘 너희의 얼굴이 초췌하여 동무 소년들만 못한 것을 그분으로 보시게 할 것이 무엇이냐? 그렇게 되면 너희 까닭에 내 머리가 왕 앞에서 위태하게 되리라"(단 1:10) 했다.

이에 다니엘과 세 친구를 지도하는 교사에게 청하기를 "당신의 종들을 열흘 동안 시험하여 채식을 주어 먹게 하고 물을 주어 마시게 한 후에 당신 앞에서 우리의 얼굴과 왕의 진미를 먹는 소년들의 얼굴을 비교하여 보아서 보이는 대로 종들에게 처분하소서"(단 1:12-13) 하니 허락이 되어 열흘 동안 다니엘과 세 친구들은 왕의 진미 대신

채식(vegetables: 씨앗과 알곡으로 만든 음식)으로, 포도주 대신 물을 마셨다. 열흘 후에 그들의 얼굴이 더욱 아름답고 살이 더욱 윤택하여 왕의 진미를 먹는 모든 소년보다 나아 보였다(단 1:15). 이들을 감독하는 자가 계속 이들에게 채식을 주게 되었다. 하나님께서 이 네 소년에게 지식을 얻게 하시며 모든 학문과 재주에 명철하게 하셨고, 다니엘에게는 모든 이상과 몽조를 깨달아 알게 하셨다.

3년의 훈련 기간을 마친 후 환관장이 훈련과 교육을 이수한 소년들을 왕 앞으로 데리고 가니, 왕이 그들과 말하여 보매 무리 중에 다니엘과 하나냐와 미사엘과 아사랴와 같은 자가 없으므로, 그들로 왕 앞에 모시게 하고 왕이 그들에게 모든 일을 묻는 중에 그 지혜와 총명이 온 나라 박수와 술객보다 십 배나 나은 줄을 알았다(단 1:18-20, 2:47-49).

■ 다니엘 3:25 '하나님의 아들'이지 '신들의 아들'이 아님

다니엘 3:25 "(느부갓네살) 왕이 또 말하기를 '내가 보니 결박되지 아니한 네 사람이 불 가운데로 다니는데 상하지도 아니하였고 그 넷째의 모양은 하나님의 아들과 같도다' 하고."

느부갓네살의 금 신상에 절하지 않은 다니엘의 세 친구들을 강한 풀무불에 던진 느부갓네살 왕이 놀라 급히 일어나서 모사들에게 묻기를 "우리가 결박하여 불 가운데 던진 자는 세 사람이 아니었느냐?" 라고 하니 그들이 왕에게 대답하기를 "왕이여 옳소이다", 왕이 또 말하기를 "내가 보니 결박되지 아니한 네 사람이 불 가운데로 다니는데 상하지도 아니하였고 그 넷째의 모양은 신들의 아들과 같도다" 하였다. 그리고는 느부갓네살이 극렬히 타는 풀무 아구 가까이 가서 부르기를 "지극히 높으신 하나님의 종 사드락, 메삭, 아벳느고야 나와서 이리로 오라" 하니 사드락과 메삭과 아벳느고가 불 가운데서 나왔다. 방백과 수령과 도백과 왕의 모사들이 모여 이 사람들을 본즉 불이 능히 그 몸을 해하지 못하였고, 머리털도 그슬리지 아니하였고 고의 빛도 변하지 아니하였고 불 탄 냄새도 없었다(단 3:24-27).

다니엘의 세 친구 사드락과 메삭과 아벳느고는 결박된 채 평소보다 7배나 더 뜨거운 풀무불 속에 던져졌다. 하나님께서 그들을 그냥 내버려두지 아니하시고 사건에 친히 개입하셨다.

틀림없이 세 사람을 결박시켰는데, 풀무불 안에서는 결박되지 않은 자유로운 사람들이 거닐고 있었다. 평소보다 더 뜨겁게 한 극렬한 풀무불이기 때문에 집어던진 사람들도 불에 타 죽었는데, 지금 풀무불 속에는 사람들이 살아 있다. 살아서 돌아다니고 있는 모습이 어른거리고 있었다. 또 뜨거운 풀무불 속에 사람을 집어넣었으니 인육이 타는 냄새가 나야 하는데 그런 냄새가 전혀 나지 않았다. 그런데 이상한 것은 "결박되지 아니한 네 사람이 불 가운데로 다니는데"라고 했다. 하나님께서는 무서운 시련을 다니엘의 세 친구로 하여금 당하게 하셨다. 그 불덩이 속에 예수님께서 동행하신 것이다. 아람어로 하나님의 아들(Bar-'Elanin), 즉 예수님이 그들과 함께 계신 것이었다. 이를 개역이나 개역개정처럼 '신들의 아들'(Son of gods)이라고 번역할 수 있으나 '하나님의 아들'이 바른 번역이다.

이사야 41:10 "두려워 말라 내가 너와 함께함이니라."

하나님께서 불 가운데서도 함께하시며 홀로 두지 아니하시고 저들을 보살펴주신 것이다.

이사야 43:2 "네가 물 가운데로 지날 때에 내가 함께할 것이라 강을 건널 때에 물이 너를 침몰치 못할 것이며 네가 불 가운데로 행할 때에 타지도 아니할 것이요 불꽃이 너를 사르지도 못하리니."

느부갓네살 임금은 다니엘의 세 친구가 믿는 신이 이 세 사람을 극렬히 타는 풀무불 가운데서 구해내지 못하도록 세 가지 조치를 취했다. 평소보다 풀무불을 칠 배나 더 뜨겁게 했다. 강한 용사를 시켰다. 결박시켰다. 그런데 어떻게 되었는가? 자기의 강한 용사만 죽었다. 결박이 풀렸다. 또 뜨거운 풀무불 가운데서도 하나님이 보내신 네 번째 사람, 사자가 함께하면서 자유롭게 거닐었다. 그러니 느부갓네살 임금은 자기가 패배했다는 것을 인정할 수밖에 없지 않은가?

다니엘 3:26 "지극히 높으신 하나님의 종 사드락 메삭 아벳느고야 나와서 이리로 오라 하매 사드락과 메삭과 아벳느고가 불 가운데서 나온지라."

■ 요나 1:17 큰 물고기가 고래인가?

요나 1:17을 보면 "여호와께서 이미 큰 물고기를 예비하사 요나를 삼키게 하셨으므로 요나가 삼일 삼야를 물고기 배에 있으니라"(욘 1:17)고 하여 "큰 물고기"(a great fish)로 되어 있으나, 신약성경에서는 고래(whale)로 되어 있다.

> **마태복음 12:40** "요나가 밤낮 사흘을 큰 물고기 뱃속(in the whale's belly)에 있었던 것같이 인자도 밤낮 사흘을 땅 속에 있으리라."

요나가 3일 밤낮으로 있었던 큰 물고기(a great fish)는 고래일 수 있고 아닐 수도 있다. 그렇다면 어떻게 이런 일이 가능했을까? 당시의 상황을 알 수는 없으나 몇 가지 해석은 가능할 것이다.[145] 먼저 고래와 상어 중에는 실제 사람을 통째로 삼킬 수 있는 종류가 있다. 역사적으로 향유고래와 백상어 등의 위 속에서 사람이나 혹은 사람보다 더 큰 동물들이 통째로 발견되어져 왔다. 혹 이 큰 물고기를 고래가 아닌 다른 수중 물고기로 해석할 수도 있다. 성경 요나서에 나오는 이 큰 물고기는 히브리어로 단지 '큰 수중 동물'을 의미한다. 그렇다면 지금의 고래나 상어보다도 훨씬 더 몸집이 컸던 어룡이나 수장룡의 일종일지도 모른다.

3일간의 생존은 어떻게 가능했을까? 1895년 제임스 바틀레라는 사람은 고래의 뱃속에서 하루 반 정도를 생존한 적이 있다. 고래의 위 속에는 약간의 산소가 있으며 삼켜진 동물이 살아 있는 한 소화 활동은 시작되지 않는다. 삼 일 낮 삼 일 밤은 단순히 사흘이라는 표시이다. 시작과 마지막 날은 단지 부분적이라도 적용이 가능하다. 즉 36시간 정도의 짧은 기간이라도 삼 일 낮 삼 일 밤이 될 수 있다. 예수님의 죽음과 부활도 "장사한 지 사흘 만에"라고 하나 실제의 시

145) www.kictnet.net.

간은 꽉 찬 72시간을 의미하지 않고 42시간 정도였다. 하나님의 기적적인 돌보심도 있었을 것이다. 요나가 바다에 던져지자 폭풍우가 곧 멈추었다는 것이 하나님의 섭리임을 말해준다.

■ 요나 3:9–10, 나훔 1:2 니느웨의 우상숭배

니느웨(Nineveh)는 티그리스 강 상류에 위치한 앗수르(앗시리아 Ashur, Assur)의 수도였다. 그곳에는 달신을 섬기는 신전이 있었다. 요나(BC 783)는 이곳에 선교사로 파송받았고, 나훔은 요나가 선교한 지 160년 후 주전 612년 니느웨의 멸망을 바라보며 회개를 촉구하였다.

● 앗수르(Ashur, Assyria)

1) 셈의 둘째 아들 이름

창세기 10:22 "셈의 아들은 엘람과 앗수르와 아르박삭과 룻과 아람이요."

(2) 앗시리아 사람들이 섬기던 주신(主神)의 이름으로 앗시리아의 최고의 신이며 앗시리아의 수호신이다. 고대 앗시리아 제국 시절에는 앗수르 신이 수메르 신화의 엔릴(Enlil)과 같은 신으로 숭배되다가, 중 앗시리아 제국 시절에는 바벨론의 마르둑(Marduk) 신과 같은 위치로 숭배되었다. 그러다가 신 앗시리아 제국 시절에는 엔릴의 아버지인 '하늘 전체'를 뜻하는 안샤르(Anshar) 신으로 섬기기도 했다.

이 말은 앗시리아가 오랜 세월 동안 존속하면서 강성해져서 고대 근동의 최강자로 군림할 때마다, 그들의 주신 앗수르를 타민족이 섬기던 최고신과 같은 위치로 숭배했다. 그들이 정복한 나라의 만신전에서 섬기던 최고신이 바로 앗수르라고 주장한 것이다. 그래서 앗수르를 때로 엔릴, 때로 마르둑, 때로 안샤르로 여긴 것이다.

(3) 고대 앗시리아(Old Assyrian Kingdom)의 최초의 수도(도시 이름), 티그리스 강의 상류 서쪽 제방에 위치하며 현재 이라크의 자브 천의 북쪽이다(앗수르, 니느웨, 하란, 갈그미쉬 등 천도).

앗수르의 발굴은 1898년 독일 고고학자에 의해 시작되었다. 프리드리히 델리츠시에 의해 시작되어 1903-1913년까지 계속되었다. 16,000개 이상의 설형문자 점토판이 발굴되었다. 대다수가 베를린의 페르가몬 박물관에 전시되어 있다.

이중 앗수르의 주신에 대해 살펴보자.

주신인 앗수르 명칭은 표기에 따라 Ashur, Assur, Aššur, A-šur, Aš으로 표기하기도 한다. 앗시리아 만신전(pantheon)의 최고신이다. 출토된 한 석비에 각인된 양각(陽刻)은 신 앗시리아에 속한 것으로 앗수르 신(Ashur)이 두 날개를 달고 손에 활을 가진 모습(figure)이다. 태양을 상징하는 원반(disc)이 있다. 수레(wheel)처럼 보이기도 한다. 태양신의 전사의 모습이다. 이 석조(relief)는 주전 9세기 혹은 주전 8세기에 속한다(9th or 8th c. BC relief).

앗수르(Ashur) 신은 메소포타미아 남쪽 수메르에서 섬기던 니푸르(Nippur)의 주신인 엔릴(Enlil)로 간주되기도 한다. 엔릴 신은 남부 메소포타미아의 만신전(萬神殿, pantheon)에서 가장 중요한 신들 중 하나로, 아내는 닌힐(Ninhil) 신이었다. Enlil+Ninhil=Ninurta, Zababa가 태어났다. 앗수르의 배우자는 물리수(Mullisu) 여신이다. 중기 앗수르 제국시절에 발달한 신화가 주전 13세기에 자리를 잡았고, 주전 8세기와 주전 7세기까지 앗수르의 신화는 계속 전해내려 왔다.

Anshar+Kishar=Enlil
Enlil+Ninhil=Ninurta, Zababa

앗시리아인들은 타민족을 정복하고서 그들에게 앗수르 신을 숭배하도록 강요하지 않았다. 그 대신 앗시리아인은 피정복민들에게 선포하기를 그들이 섬기는 신들이 그들을 버렸다고 선전했다. 앗시리아가 사르곤 시대(the Sargonid period, 주전 8-7세기)에 신바벨론을 정복했을 때, 앗수르 신의 이름을 설형문자로 안샤르(Anshar, 아카드 언어로 '하늘 전체') 신의 기호로 사용하기 시작했다. 바벨론의 만신전에 앗수르 신을 최고의 주신으로 모실 의도가 있었던 것으로 보인다. 본래는 바벨론 만신전의 안샤르 신과 그의 배우자 키샤르(Kishar, '땅 전체')가 엔릴과 닌힐 신보다 서열이 앞섰다. 바벨론의 국가 창조신화(the Babylonian national creation myth)인 에누마 엘리쉬(Enuma Elish)의 사르곤 판에서, 마르둑(Marduk, 바벨론의 주신)은 나타나지 않고 대신에 앗수르가 혼돈의 신 티아맛(Tiamat, the chaos-monster)을 죽이고 인간세계를 창조하는 것으로 나온다.

어떤 학자들은 앗수르가 앗시리아 신화에 자주 등장하는 태양원반(the solar disc)으로 대표된다고 주장하기도 했다. 이것은 태양신 샤마쉬(the sun god Shamash)를 가리킨다. 앗시리아 왕들 중 앗수르 이름을 가지고 있는 왕들이 있는데, 그들은 아슈나시르팔(Ashurnasirpal), 에살핫돈(Esarhaddon=Ashur-aha-iddina), 아슈르바니팔(Ashurbanipal) 등이다.

9

복음서

복음서에는 공관복음(the Synoptic Gospels), 즉 같은 관점으로 기록한 복음서로 마태, 마가, 누가복음이 있으며, 제4복음서라고 불리는 요한복음이 있다. 예수 그리스도를 네 복음서 기자들이 전하고 있어, 이들 복음서를 통해 종합적인 예수님의 모습을 읽을 수 있다. 각 복음서는 별명을 가지고 있는데, 하나님의 보좌를 수호하는 짐승 이름을 따라

마태복음: 사자(예수님의 메시아, 왕이심을 강조)

마가복음: 소(막 10:45의 섬기며 희생하시는 대속자 예수님을 보여줌)

누가복음: 인자(사람, 이방인 누가가 쓴 복음서로 여인, 이방인, 세리, 죄인을 많이 언급함)

요한복음: 독수리(태초부터 계신 로고스, 예수님을 하나님의 아들, 나의 하나님으로 소개)

■ 마태복음 1:7–9 예수님의 족보

예수님의 족보(마 1:7-9)를 보면 요람(Joram)과 웃시야(Ozias) 사이에 세 왕(Ahaziah, Joash, Amaziah)이 빠졌다.

> **마태복음 1:7-9** "7솔로몬은 르호보암을 낳고 르호보암은 아비야를 낳고 아비야는 아사를 낳고 8아사는 여호사밧을 낳고 여호사밧은 요람을 낳고 요람은 웃시야를 낳고 9웃시야는 요담을 낳고 요담은 아하스를 낳고 아하스는 히스기야를 낳고."

"요람이 웃시야를 낳고"란 말은 "웃시야가 요람의 정통성을 이어 왕이 되었고"라고 이해해야 한다(Joram begat Ozias, it is meant, according to the usage of the Hebrew tongue, that Ozias was lineally descended from him).

아비야 Abia: 왕상 14:31, 아비얌 Abijam, 대하 12:1, 아비야 Abijah: 대하 13:2-14:1, 아사 Asa: 왕상 15:8-23; 대하 14:1-16:14.

아비야와 아사의 어머니는 마아가(압살롬의 딸, 왕상 15:2, 10)이다. 압살롬의 누이는 다말이다. 그리고 다말은 기브아 사람 우리엘에게 시집을 갔다. 그 사이에서 낳은 딸이 마아가이다. 아사의 모친이 마아가라고 말하고 있는 것은 아사의 친어머니가 아니라 할머니, 즉 아비야의 어머니 마아가를 일컫는다. 편의상 일컬어서 압살롬의 딸이라고 기록한 것이다. 이것은 우리의 표현으로 한다면 '김씨 문중의 딸'이라고 할 때 할머니, 어머니, 손녀딸까지를 일컫는 표현으로 이해하면 될 것이다. 그리고 아사의 어머니는 마아가이다.

■ 마태복음 1:17 열네 대가 세 번(14-14-14) 나와서 아브라함-예수님까지 42대임

아브라함 이후 그리스도는 14대-14대-14대(42대)에 탄생하셨다는 것이다. 그런데 구약의 기록된 역대 유대 왕들의 족보를 보면 14-14-14대에서 빠진 자들이 있으며, 다윗은 두 번 들어가 있음을 발견하게 된다. 마태복음의 저자인 마태가 잘못 알고 실수해서 그랬을까? 분명히 아니다. 마태는 세리 출신(요즘말로 국세청 직원, IRS 혹 CPA)으로 숫자개념이 정확하다.

마태복음에 기록된 아브라함부터 예수 그리스도까지 족보를 구약의 기록과 비교해 보면 다음과 같다.

첫 번째 14대: (A1) 아브라함, (A2) 이삭, (A3) 야곱, (A4) 유다, (A5) 베레스, (A6) 헤스론, (A7) 람, (A8) 아미나답, (A9) 나손, (A10) 살몬, (A11) 보아스, (A12) 오벳, (A13) 이새, (A14)다윗

두 번째 14대: (B1) 다윗, (B2) 솔모몬, (B3) 르호보암, (B4) 아비야, (B5) 아사, (B6) 여호사밧, (B7) 요람=여호람(B7.1), 아하시야(왕하 8:27), (B7.2) 요아스(왕하 11:21), (B7.3) 아마샤(왕하 14:1), (B8) 웃시야=아사랴, (B9) 요담, (B10) 아하스, (B11) 히스기야, (B12) 므낫세, (B13) 아몬, (B14) 요시야, (B14.1) 여호아하스(왕하 23:30), (B14.2) 엘리야김=여호야김(왕하 23:34)

세 번째 14대: (C1) 여고냐=여호아긴, (C1.1) 시드기야=맛다니야(왕하 25:17), (C2) 스알디엘, (C3) 스룹바벨, (C4) 아비훗, (C5) 엘리아김, (C6) 아소르, (C7) 사독, (C8) 아킴, (C9) 엘리웃, (C10) 엘르아살, (C11) 맛단, (C12) 야곱 (C13) 요셉-마리아, (C14) 예수 그리스도

유다의 왕들 가운데 6명이 빠졌고, 다윗은 족보에 두 번 들어가 있다.[146)]

1) 왜 성경은 아브라함부터 예수 그리스도까지를 14-14-14대로 기록해 주고 있는가?

마태복음 1장에 기록된 족보를 구약 기록에 비추어 보면 총 6명의 왕이 빠져 있으며, 다윗이 두 번 들어가 있으므로 실제로 아브라함부터 예수 그리스도까지는 총 47대이다. 그럼에도 마태복음 1장은

146) 김근태, "예수 그리스도의 탄생과 그 족보", 〈기독일보〉, 2010년 12월 6일자. 확대경으로 본 바이블 스토리 14회. atlantabc@gmail.com.

왜 14-14-14대로 표시해 주는 것일까?

(1) 유대인에게 14란 다윗을 말한다. 히브리어 알파벳은 숫자의 가치를 가지고 있다. 다윗(DWD)에서 D=4, W=6이어서 4+6+4=14가 다윗을 뜻한다. 마태복음 1장 족보는 예수님이 다윗의 혈통에서 태어나신 '새 다윗'(New David)임을 강조하기 위해 아브라함-다윗까지 14대, 솔로몬-바벨론 포로까지 14대, 바벨론 포로 귀환부터 마리아까지 14대, 합치면 42대이다.

(2) 숫자 14는 7×2이다. 7은 '영적 완전'(Spritual Perfection)이며 2는 그리스도의 성육신(신성과 인성)을 의미하며, '증인'을 의미한다. 그러므로 14는 그리스도의 성육신을 증거해 주는 영적 완전수를 말해준다고 볼 수 있다.

(3) 또한 성경에 숫자 14가 나타나는 사건을 살펴보면, 야곱이 외삼촌 라반의 집에 머슴으로 14년 동안 무보수(노예)로 일하였다. 그 후 7년 동안 보수를 받으며 일했다. 요셉이 바로 왕의 꿈을 해석해 주었는데, 7년 풍년과 7년 흉년 총 14년이었다(창 41:29-30). 또한 정월 14일(원래 7월 14일)은 유월절로서 이스라엘 백성들이 애굽의 종살이에서 구원을 받고 자유함을 얻게 되는 날이었다(출 12:4).

사도 바울은 14년 전에 셋째 하늘에 이끌려 가는 환상을 보는 체험을 했고(고후 12:2), 14년 후에 이방인의 할례의 교리적인 문제로 예루살렘에 올라가서 이방인의 할례의 굴레에서 해방시켰다(갈 2:1). 바울이 로마로 압송되어 가던 배가 풍랑에 시달리다 14일째 되던 날 풍랑에 침몰되었으나 모든 자들이 구원을 얻게 되었다(행 27:27). 이처럼 숫자 14는 구원, 해방, 자유의 의미를 갖고 있다.

(4) 또한 14는 7을 두 번 반복하는 것인데, 이 반복은 확실하고 분명함을 주지시키기 위함이다. 솔로몬은 예루살렘 성전 건축을 마치고 헌당식에 이스라엘 백성들을 모으고 축하의 잔치를 했는데 7일, 7일 합 14일(왕상 8:65) 동안 기념했다. 예수께서는 말씀을 가르치시면서 중요한 대목에서는 "진실로, 진실로(아멘, 아멘)" 하면서 말씀해 주셨다(요 1:51, 3:3, 5, 11, 5:19, 24, 25, 6:25, 32, 47, 53, 8:34, 51, 58, 10:1, 7, 12:24, 13:16, 20, 21, 38, 14:12, 16:20, 23, 21:18). 그 대부분이 에고 에미(I AM=지존자)로서 예수가 하나님이심을 증거한 내용에 사용하셨던 것이다. 즉 '확실히 분명하게' 그리스도가 구세주이시며 하나님이심을 증거한 것이다.

또한 성경에서 아주 중요한 사건들, 즉 우리가 확실히 기억해야 할 사건들은 두 번에 걸쳐 일어났다. 즉 모세가 십계명을 받은 사건, 반석을 쳐서 물이 나게 했던 사건, 예수께서 제자들에게 물고기를 많이 잡게 하신 사건, 예수께서 성전을 정화하신 사건, 성령을 훼방하는 죄는 사함을 받지 못한다고 말씀하심 등등이 있다. 이렇듯 구세주의 탄생은 확실하고 분명함을 증거해 주기 위해 숫자 7(영적 완전수)을 두 번 반복한 숫자 14를 사용한 것이다.

2) 마태복음 1장에 6명의 왕들이 왜 족보에서 빠지게 되었는가?

14대의 2번째에서 7번째의 유다 왕 요람(여호람, B7) 이후 그 후손 왕들의 3대가 빠졌다. 요람(B7)은 북왕조 아합 왕과 친북정책을 펼쳤던 자이며, 아합 왕과 왕비 이세벨 사이에서 난 딸 아달랴를 아내로 삼았던 자이다. 그래서 요람 왕과 아달랴 사이에서 아하시야(B7.1)가 다음의 왕이 되었으나 1년 다스린 후에 죽임을 당하였다. 그리하여 아달랴는 다른 왕족의 씨를 멸절하고 자기가 유다를 6년 동안 다스렸다. 그러나 아하시야의 다른 아들인 요아스(B7.2)가 7세의 나이에 등극하게 되면서 아달랴는 죽임을 당한다. 요아스 왕은 처음에는 선정을 하였으나 나중에 하나님 보시기에 악을 행하였으며, 그 아들인 아마샤(B7.3) 역시 하나님 보시기에 악을 행하였던 왕이다. 그러므로 하나님 보시기에 악을 행하였던 요람 왕의 후손 3대가 빠져 있다.

또한 14대의 2번째에서 14번째 유다 왕 요시야(B14)는 애굽과 바벨론과의 갈그미스 전쟁에 끼어들어 전사하였다. 그의 아들인 여호아하스(B14.1)는 왕위에 올랐지만 3개월 만에 퇴위되어 이집트에 포로로 잡혀가 죽었다. 이때 이집트 세력에 의해 요시야 왕의 다른 아들인 여호야김(B14.2)이 왕이 되어 11년 통치하였다. 하지만 여호와 보시기에 악을 행하였으며 바벨론의 침공으로 유다 왕국은 많은 무죄한 피를 흘리게 되었는데, 이는 저들의 선조인 므낫세가 지은 모든 죄의 결과였다(왕하 24:3).

여호야김이 죽고 그 아들 여호야긴(C1)이 왕이 되었으나 예루살렘에서 세 달을 통치하고 바벨론에 포로로 잡혀갔다. 그리고 바벨론 세력에 의해 여호야긴의 삼촌이며 요시야의 형제 시드기야(C1.1)가 왕이 되었다. 시드기야 왕은 그 후 바벨론을 배반함으로 두 눈이 뽑히고 결박되어 바벨론으로 끌려갔다. 유대 땅은 바벨론의 속국으로 그달리야로 관할하게 하였고, 바벨론은 자기들이 잡아온 여호야긴(여고냐)을 포로생활 37년 만에 옥에서 풀어주어 후히 대접을 하였으며, 그의 아들인 스알디엘을 통해 왕가를 이어가게 하였다. 스알디엘의 아들인 스룹바벨은 바벨론 포로생활에서 제1차 귀환의 대표자로 예루살렘에 귀향하여 통치하였다.

요시야 왕 이후 족보에서 빠진 세 명의 왕들은 요시야 왕의 두 아들과 그의 한 형제였다. 이는 요시야 왕 이후 한 세대가 빠지게 된 것이다. 하지만 다윗이 두 번 들어갔으니 대신에 한 세대가 빠지게 된 것이다. 이는 마치 출애굽 이후에 12지파에서 레위 지파가 빠지고 요셉의 아들들, 즉 므낫세와 에브라임 두 지파가 들어가게 된 것처럼, 그리고 요한계시록 12장에 14만 4천 중에는 단 지파가 빠지고 레위 지파가 다시 들어가게 됨으로 12지파의 숫자를 맞춘 것과 같다. 12라는 숫자는 통치 완전(governmental perfection)수이다. 그리고 12제자의 이름에서 예수 그리스도 십자가의 사건 후에 가룟 유다가 빠지게 되고 대신 맛디아가 들어가서 12를 채워 12제자가 된 것이다. 이처럼 예수님의 족보에도 14를 맞춘 것이다. 이는 하나님께서 하신 일이며, 그리스도의 탄생을 확실하게 예언에 따라 증거해 주기 위하여 14-14-14대로 성경이 기록한 것이다.

3) 왜 다윗은 족보에서 이름이 두 번 들어갔는가?

다윗은 겸손한 자였다. 다윗은 간음죄와 살인 모사죄를 저질렀지만 하나님 앞에 진실하게 회개하는 자였다. 그러므로 그는 '하나님의 마음에 합한 자로서 하나님께서 자기의 뜻을 다 이루게 하시는 자'(행 13:22)였다. 그러므로 구약성경에서 다윗의 후손을 통해 오실 메시아를 예언해 주었던 것이다. 다윗은 축복을 두 배로 받은 것이다. 성경은 고난 후에 두 배의 축복을 받은 자들을 기록하고 있다. 요셉은 12지파 속에 레위가 빠진 대신 두 아들이 들어가게 되었다. 욥은 고난을 통해 그 재물에서는 정확히 두 배를 받았고, 그 자녀들도 두 배가 되었으니 처음 자녀들 10명과 나중에 낳은 자녀들 10을 합하여 천국에서 정확히 두 배가 된다. 겸손하며 충성된 자들에게 하나님은 정확하게 두 배의 축복을 주시기도 한다.

14-14-14대의 마지막 14대째는 아주 중요한 의미를 가져다준다.

처음 시작은 믿음의 조상 아브라함으로 시작된다. 이 믿음은 칭의를 얻는 믿음이다(창 15:6). 즉 구원에 이르는 믿음이다. 첫 번째 14대의 마지막 14대는 다윗으로 끝이 난다. 그러므로 마태복음 1:1에 "아브라함과 다윗의 자손 예수 그리스도의 세계"라고 시작하고 있다. 위에서 말한 바와 같이 다윗은 겸손과 충성과 믿음의 사람이었다. 그러나 다윗은 간음과 살인 모사죄라는 큰 죄를 범하였다. 즉 믿음이 있으면서도 그 행위, 즉 성화(sanctification)라는 면에서 볼 때에 부족한 점이 많이 있었다.

그러나 두 번째 14대의 마지막 14대째의 왕인 요시야는 믿음의 사람이면서도 성화의 면에서 모범이 되는 삶을 살았던 자이다. 사울 왕은 전쟁에 나가서 상처를 당하자 자살했으며, 다윗 왕은 부하들을 군대에 보내고 왕실에서 늦잠을 자고, 밧세바와 간음을 하는 죄를 범하고, 그 남편 우리야를 전쟁터에 보내 죽임을 당하게 하였다.

그러나 요시야 왕은 선왕으로 갈그미스 전쟁에 본인이 친히 참전하여 전사한 자이다. 그리고 그는 그동안 전혀 지켜오지 않았던 유월절을 다시 지키기 시작했으며, 산당의 제사장들을 불살라 죽였고, 성경에 기록된 대로 종교개혁을 하였던 왕이다. 성경은 그에 관해 말하기를, "요시야와 같이 마음을 다하며 성품을 다하며 힘을 다하여 여호와를 향하여 모세의 모든 율법을 온전히 준행한 임금은 요시야 전에도 없었고 후에도 그와 같은 자가 없었더라"(왕하 23:25)고 말해준다.

그 후 세 번째 14대의 마지막 14대째는 유대인의 왕이요, 인류의 왕으로 오신 예수 그리스도이시다. 그는 참된 왕이요, 제사장이요, 대언자이며, 우리의 구세주이시다.

그러므로 14-14-14대의 마침은 첫 번째 다윗은 믿음이 좋았으나 그 삶의 행위에서 부족함이 보였으며, 두 번째 마지막 요시야는 믿음과 그 삶의 행위에서 온전히 하나님의 말씀에 준행하였으며, 세 번째 마지막 예수 그리스도는 전혀 흠이 없는 '우리 믿음의 주시요, 우리를 온전케 하시는 주'이다(히 12:2).

■ 마태복음 1:18-25 예수님의 동정녀 탄생[147)]

오래 전부터 무신론신자들은 기독교를 공격할 때마다 예수님의 동정녀 탄생에 대한 성경의 가르침을 주된 목표로 삼아왔다. 오늘날도 자유주의 신학자들은 동정녀 탄생설을 부인한다. 남자와 관계하지 않은 처녀가 아이를 낳는다는 것이 생물학적 상식으로 볼 때, 하나님께서 직접 개입하지 않고서는 불가능한 기적일 뿐만 아니라, 예수님이 하나님의 독생자라는 사실과 관련이 있기 때문에 그 믿음의 기초가 되는 동정녀 탄생을 공격해서 무너뜨리려고 하는 것이다.

147) CBS 크리스천노컷뉴스, 세계창조선교회 전 회장 박창성.

그런데 무신론자들이 동정녀 탄생을 부정하는 것은 이상한 일이 아니지만, 크리스천들 중에서도 동정녀 탄생을 사실로 믿지 않는 이들이 있기 때문에 문제가 되고 있다. 일부 자유주의 신앙을 가진 사람들은 동정녀 탄생이 사실이 아니더라도 예수님의 성육신이나 예수님 탄생의 영적인 의미에 영향을 미치지 않는다면서 꼭 지켜야 할 중요한 신앙은 아니라고 생각한다. 심지어 어떤 이들은 예수님의 신성을 강조하기 위해서 만들어낸 신화라고 주장하기도 한다.

그러나 동정녀 탄생이 비록 성경에 크게 강조된 것은 아니지만, 하나님의 인류에 대한 일관된 구원 계획의 한 부분이기 때문에 우리가 믿어야 하는 중요한 신앙 중의 하나이다. 인간이 범죄하자, 하나님은 인간을 포함한 피조물에 저주를 내리시고 나서 바로 구원자를 보내주실 것을 약속하신다.

창세기 3:15 "여자의 후손은 네 머리를 상하게 할 것이요 너는 그의 발꿈치를 상하게 할 것이니라."

이 구절에서 사탄을 무찌를 구원자는 '남자의 후손'이 아니라 '여자의 후손'이 될 것임을 예언하였다. 오늘날에도 일반적으로 사람들은 남자의 후손이라고 인식되어 있지만, 특히 이스라엘은 가부장적 가족제도가 강한 사회인데 '여자의 후손'이라고 명시되어 있는 것은 특별한 의미가 담겨 있다고 보아야 한다. 그리고 이 예언은 한참 지난 후, 이사야서 7:14에서 더욱 분명히 밝혀진다.

이사야 7:14 "그러므로 주께서 친히 징조(sign)로 너희에게 주실 것이라 보라 처녀(the virgin)가 잉태하여 아들을 낳을 것이요 그 이름을 임마누엘이라 하리라."

이 구절에서 처녀(virgin)라는 단어 앞에 붙어있는 정관사 'the'는 이미 염두에 두고 있는 어떤 특정한 처녀임을 나타내고 있는데, 성경 전체의 문맥을 살펴볼 때, 창세기 3:15에 예언된 바로 '그 여자'(마리아)라고 말할 수 있다.

그리고 이 아기의 탄생은 흔히 일반적으로 태어나는 아기와는 다른 특별한 방법으로 태어날 것이기 때문에, '주께서 친히' 잉태하게 하신 초자연적 기적임을 알리는 '징조'가 될 것이며, 그는 평범한 인간이 아니라 인간의 세상 속으로 들어오셔서 "우리와 함께하시는 하나님"(Immanuel, Shekinah=God with us)이라는 것을 말해 준다. 요한복음(1:1, 14)에서는 하나님이신 말씀이 육신이 되어 우리 가운데 거하신다고 하였는데, 이 구절도 예언된 '임마누엘'을 의미한다. 전능하신 하나님께서 인류를 구원하시기 위해 인간으로 오시는 데 있어서, 만약 보통 인간이 태어나는 것과 똑같은 방법으로 태어나셨다면, 아마 지금보다 훨씬 더 많은 사람들이 그는 메시아가 아니라고 반대하였을 것이다.

마태복음 1:23에서도 이사야 7:14의 동정녀 탄생 예언이 성취되었음을 알리고 있고, 이사야 9:6-7에서는 우리에게 태어나는 한 아기가 '전능하신 하나님'이라고 말하고 있으며, 미가 5:2에서는 이스라엘을 다스릴 구원자가 베들레헴에서 태어날 것과 그의 근본은 탄생 이전에 이미 '태초'부터 존재하셨던 하나님이심을 나타내고 있다.

이처럼 성경상으로는, 동정녀 탄생을 믿지 못할 아무런 이유가 없다. 성경 전체가 일관성 있게 동정녀를 통해서 탄생하신 예수 그리스도를 증거하고 있을 뿐만 아니라, 예수님의 인류 구원을 위한 구속사역의 성격과도 부합하기 때문이다. 예수님은 구원자로서 우리 죄를 대신해서 돌아가시기 위해서는 그 자신이 먼저 죄가 없어야만 했다. 그래서 인간의 죄의 본성을 유전 받지 않기 위해서, 생물학적인 자연법칙을 따르지 않고 초자연적인 방법으로 태어나셔야만 했던 것이다.

따지고 보면, 동정녀 탄생을 믿지 못하는 것은 결국 창조를 믿지 않기 때문이다. 만약 창조주 하나님께서 무(無)에서 유(有)를 창조하시고 모든 동·식물들과 인간을 창조하신 사실을 믿는다면, 처녀의 몸을 빌려서 아기 예수를 태어나게 한 사실을 왜 믿을 수 없겠는가?

■ 개역성경에서 '없음'이라는 구절이 13개 나오는 이유?[148]

신약성경에만 이런 절수가 열세 군데 나온다. 구약성경에는 '없음'이란 구절은 없다. 그리고 각주에서 '원문에는 없으나 어떤 사본에서는…' 하고 빠진 대목을 집어넣고 있다. 물론 요즘 나오는 각종 관주 성경에는 이런 설명도 없다. 우리나라 성경이 처음 완역되어 출판된 구역(舊譯, 1911년 판)에는 빠짐없이 다 밝히고 있다. 그런데 신약성경 원문 가운데 개혁자들이 대본으로 사용했으며 에라스무스가 편집한 수용원문(Textus Receptus, TR)을 보면 열세 곳에 모두 내용이 기록되어 있다.

1555년 스테파누스가 성경의 장, 절을 기록할 때 빠뜨림 없이 모

148) 윤사무엘, 《한국교회와 바른성경번역》, 서울: 쿰란출판사, 2016, pp.13-17.

두 기록했으며, 이를 기초로 번역된 킹제임스 성경에도 모두 기록되어 있다. 그런데 1881년 웨스트코스트와 홀트가 성경의 원문을 뜯어고쳐서 이를 근거로 《Revised Bible》을 출간했는데(1904년 영국에서 출판), 이로부터 계속 나온 100여 종 신(New) 번역본(거의 New를 붙이고 있다. New Age 사상을 반영한 번역이 거의 다이다. 여호와 증인의 성경과 같은 맥락이다. NIV는 여호와 증인 성경과 같다)에서 이를 다 빼고 있다. 이의 영향으로 우리나라 성경이 일제 강점기에 총독부 주관하에 개정될 때(1938년, 신사참배 결의하던 해) 구역의 전통을 버리고 열세 군데 구절을 '없음'으로 처리하고 말았다. 중국, 일본, 스페인 역 성경에도 다 들어있다. 여기서 영어본은 개혁자들이 사용했던 다수사본(Majority Text)에 근거한 권위 역(Authorized Bible)인 킹제임스 성경이다.

(1) 마태복음 17:21 "오직 이런 종류는 기도와 금식이 없이는 나가지 아니하느니라 Howbeit this kind goeth not out but by prayer and fasting."

(2) 마태복음 18:11 "이는 사람의 아들이 온 것은 잃은 자를 구원하려 함이니라 For the Son of man is come to save that which was lost."

(3) 마태복음 23:14 "화 있을진저, 너희 서기관들과 바리새인들 위선자들이여 ! 너희가 과부들의 집을 삼키고 겉치레로 길게 기도하는도다 그런즉 너희가 더 큰 정죄를 받으리라 Woe unto you, scribes and Pharisees, hypocrites! for ye devour widows' houses, and for a pretence make long prayer: therefore ye shall receive the greater damnation."

(4) 마가복음 9:44 "거기는 그들의 벌레도 죽지 않고 불도 꺼지

지 아니하느니라 Where their worm dieth not, and the fire is not quenched."

(5) 마가복음 9:44 "거기는 그들의 벌레도 죽지 않고 불도 꺼지지 아니하느니라 Where their worm dieth not, and the fire is not quenched."

(6) 마가복음 11:26 "너희가 만일 용서하지 아니하면 하늘에 계신 너희 아버지께서도 너희의 범법을 용서하지 아니하시리라 하시니라 But if ye do not forgive, neither will your Father which is in heaven forgive your trespasses."

(7) 마가복음 15:28 "이로써 그가 범죄자들과 함께 계수 되었다 하신 성경 기록이 성취되었더라 And the Scripture was fulfilled, which saith, And he was numbered with the transgressors."

(8) 누가복음 17:36 "두 남자가 들에 있으매 하나는 붙잡히고 다른 하나는 남겨지리라 하시니라 Two men shall be in the field; the one shall be taken, and the other left."

(9) 누가복음 23:17 ("이는 그 명절이 되면 그가 불가피하게 반드시 한 사람을 그들에게 놓아 주어야 함이더라 For of necessity he must release one unto them at the feast.")

(10) 사도행전 8:37 "빌립이 이르되 만일 그대가 마음을 다하여 믿으면 받을 수 있느니라 하매 내시가 대답하여 이르되 '예수 그리스도께서 하나님의 아들이심을 내가 믿노라' 하고 And Philip said, If thou believest with all thine heart, thou mayest. And he answered and said, I believe that Jesus Christ is the Son of God."

(11) 사도행전 15:34 "실라는 거기서 그대로 머무는 것을 기뻐하더라 Notwithstanding it pleased Silas to abide there still."

(12) 사도행전 28:29 "그가 이 말들을 마치매 유대인들이 떠나 자기들끼리 큰 논쟁을 벌이더라 And when he had said these words, the Jews departed, and had great reasoning among themselves."

(13) 로마서 16:24 "우리 주 예수 그리스도의 은혜가 너희 모두와 함께 있을지어다 아멘 The grace of our Lord Jesus Christ be with you all. Amen."

위의 구절들을 살펴볼 때 모두 중요한 내용이다. 반드시 들어가야 한다. 사도행전 8:37에는 세례문답의 내용이 들어있다.

■ 마태복음 2:1-12 동방 박사[149)]

동방 박사들이란 동쪽에서 온 현인 점성가들을 말한다. 아기 예수님께 경배하러 온 동방 박사들의 숫자가 성경에는 나오지 않고 다만 그들이 준비한 세 가지 예물(황금, 유향, 몰약)이 언급되고 있다. 어떤 학자들은 4-10명까지도 추측을 한다.

교회에서 성탄절 연극을 준비하면 거의 빠지지 않고 등장하는 배경이 있다. 동방에서 온 박사들이 아기 예수님께 세 가지 예물을 드리는 장면이다. 동방 박사들은 성탄절을 이해하는 데 주요 인물이지만, 그러나 그들의 정체에 대해서는 거의 알려진 바가 없다.

동방 박사들은 누구인가? 이 질문은 교회 역사에서 매우 오래된 질문이다. 동방 박사들은 정확히 어떤 사람들인가? 그들의 고국인 동방은 어디인가? 세 가지 예물을 아기 예수님께 드린 것은 맞지만, 그들은 정말 세 명인가? 이런 여러 질문들이 있지만, 정확한 사실은

149) 이주섭 목사(Institute of the Biblical Geography, 3780 Crescent Walk Lane NE Suwanee, GA 30024) President Joo Seob Lee (901) 603-0302.

알지 못한다. 성경학자인 브렌트 란다우(Brent Landau)는 오래된 이 질문들에 대해 근사치에 가까운 답을 갖고 있다고 생각한다.

"동방 박사들은 누구인가?"

마태복음 2:1-12은 동방 박사들에 대해 아주 적은 부분만 소개하고 있다. 동방으로부터 예루살렘에 온 박사들은 헤롯 궁에 들어가 물었다. "유대인의 왕으로 나신 이가 어디 계시냐? 우리가 동방에서 그의 별을 보고 그에게 경배하러 왔노라" 하였다. 박사들은 헤롯 왕을 만나 미가서 5:2("베들레헴 에브라다야 너는 유다 족속 중에 작을지라도 이스라엘을 다스릴 자가 네게서 내게로 나올 것이라 그의 근본은 상고에 태초에니라")에 기록된 메시아 탄생에 대한 예언 이야기를 듣고, 베들레헴으로 향하여 가다가 '동방에서 보던 그 별이 문득 앞서 인도하여 가다가 아기 있는 곳 위에 머물러 섰다.' 동방 박사들은 '아기와 그 모친 마리아가 함께 있는 것을 보고 엎드려 아기께 경배하고 보배합을 열어 황금과 유향과 몰약을 예물로 드렸다.' 그리고 그들은 헤롯에게 보고하지 않고 다른 길로 고국으로 돌아갔다. 이후에 동방 박사들에 대한 이야기는 성경에 더 이상 나타나지 않는다.

신비스럽게 느껴지는 동방 박사들의 배경을 다루는 것은 어렵다. 오클라호마 대학의 종교학과 교수인 브렌트 란다우는 "동방 박사의 묵시"라고 불리는 성탄절 이야기를 BAR(성경고고학 학술지) 2011에 소개하였다. 란다우 박사가 소개한 "동방 박사의 묵시"는 바티칸 도서관 소장된 주후 8세기 시리아 사본에 기록된 동방 박사 내용을 번역한 것이다. 비록 시리아 사본은 주후 8세기의 것이지만, 시리아 사본의 원본은 주후 2세기 중엽에 기록되었을 것으로 란다우 박사는 생각한다. 만약 그렇다면 시리아 사본의 원본은 마태복음이 기록된

지 1세기 후에 기록된 것이다. 시리아 사본에는 동방 박사의 신비로운 기원에 대해 말하고 있다. 반짝이는 별, 베들레헴으로 동방 박사들을 인도하는 기적적인 이야기들, 아기 예수님을 경배한 박사들이 고국으로 돌아가 고국에서 그들의 형제와 이웃들에게 기독교의 믿음을 전한 이야기, 그리고 도마에게 세례를 받았다는 이야기가 "동방 박사의 묵시"에 기록되었다.

란다우가 번역한 "동방 박사의 묵시"에 따르면 동방 박사는 단지 세 명이 아니다. 그러나 교회 시대의 그림에는 동방 박사를 늘 세 명으로 그려왔다. 마태복음 2장에는 박사들을 세 명이라고 말하지 않는다. 또한 그들에 대해서도 바벨론의 점성술가나 페르시아의 조로아스터교도라고도 하지 않는다. 다만 '동방에서 온 박사들'이라고만 기록되었다. 여기에서 박사에 해당되는 마고이(magoi, 복수 magi)는 '지혜자(賢人) 또는 점성가'로 번역할 수 있다. 란다우 박사가 번역한 "동방 박사의 묵시"에는 그들을 '침묵 가운데 기도하는 사람(일종의 수도사)'으로 묘사하였다. 여기에서 박사들의 수는 적어도 12명이나 되었다. 박사들의 고국인 동방은, 예루살렘에서 아주 먼 곳인 신비로운 땅 쉬르(Shir)라고 불리는 땅이다. 란다우는 쉬르(Shir)를 중국 또는 중국 가까운 곳으로 생각한다.

"동방 박사의 묵시"에 기록된 내용이다. 쉬르에서 온 동방 박사들은 아담의 세 번째 아들인 셋의 후손들이다. 동방 박사들은, 언젠가 형언할 수 없는 밝은 별이 나타나 하나님(메시아)께서 태어나실 것을 알려줄 것이라는 이 오래된 예언을 수행하는 사람들이다. 오래 전부터 예언되어 온 별은 단순히 밤하늘에 떠오르는 별이 아니라, 이 땅으로 내려와 빛을 발하는 별 소년이 되어 동방에서부터 박사들을 베들레헴으로 인도한다는 것이다. 그래서 별 소년은 박사들과 함께 동행하며 그들의 길 안내자가 되어, 갖은 장애물을 피해 먼 길을 안전하게 인도하였다는 것이다. 결국 베들레헴 외곽에 위치한 한 굴(자연동굴)에 이르러, 별은 빛을 발하는 아기(the Christ child)로 변모하였다는 것이다. 박사들을 인도한 별은 그리스도요, 그들을 인도한 별이 베들레헴에 탄생한 아기, 그리스도가 되셨다는 것이다. 그리고 고국으로 돌아간 박사들은 그리스도의 탄생을 증거하는 증인이 되었다는 것이다.

"동방 박사의 묵시"에 나오는 이 이야기는 흥미롭다. 그러나 정작 우리가 궁금해하는 동방 박사들의 실체에 대해서는 정확한 답을 주지는 못한다. 오히려 이 이야기를 통하여 주후 2세기 우리에게 잘 알려져 있지 않은 기독교 분파의 믿음을 이해하는 데 어느 정도 실마리를 제공해 준다. 시리아 사본은 지혜로운 사람들이 기록한 사본은 아니라는 데 학자들은 동의한다. 물론 우리는 시리아 사본을 기록한 사람에 대해서도 아는 것이 없다. 그러나 동방 박사들과 그들의 종교적인 관행이 자세히 기록된 것으로 보아 그들이 속한 실재 사회를 복음과 혼합하여 동방 박사의 역할에 자신들을 반영시킨 것은 아닐까 생각한다.

■ 마태복음 3:2, 4:17 하늘나라[天國]와 하나님 나라[神國]

공관복음서를 자세히 살펴보면 예수의 가르침의 주제는 항상 '하나님의 나라'(神國, Kingdom of God)였다. 마태복음은 히브리인들의 용어인 '하늘나라'(天國, the Kingdom of Heaven)를 쓰고 있다. 마태복음은 당시 히브리어와 아람어에 익숙한 유대인들을 위해 기록된 복음서이기에 '하늘'이라는 표현이 많이 나온다(하늘에 계신 우리 아버지, 천부, Heavenly Father, 천지의 주재이신 아버지, 11:25). 유대인들은 그들의 신앙전통(십계명 3계명) 때문에 하나님의 이름을 직접 부르기보다는 '주'(Adonay)라든가 '하늘'(Shamaim)이라는 간접적 표현을 사용한다. 그래서 '하나님 나라'와 '하늘나라'는 같은 말이다.

마태복음에서는 '하늘나라'가 모두 32회 나오며, '하나님 나라'도 4회 나온다. 마가복음에서는 '하나님 나라'가 14회, 누가복음에서는 32회, 요한복음 3회, 사도행전에서는 6회가 나온다. 요약하면 공관복음서(마태, 마가, 누가복음)에서는 하나님/하늘나라가 82회 나오는 데 비해, 요한복음에서는 오직 3회(3:3, 5, 18:36) 나오지만, 15회 정도가 예수를 왕으로 묘사함으로 '하나님 나라'를 간접적으로 표현하고 있다.

우리가 늘 암송하는 주기도문에서 하나님과 우리 인간의 관계성을 말하는 대목의 주제도 하나님 나라이다.

"이름이 거룩히 여김을 받으시오며 나라가 임하옵시며 뜻이 하늘에서 이룬 것같이 땅에서도 이루어지이다 Hallowed be thy name. Thy kingdom come. Thy will be done, as in heaven, so on earth."

즉, 하나님 나라에서는 주의 이름이 거룩히 불리고 경배되어지고 영광 돌려져 하나님의 뜻이 이뤄진 곳이 하늘나라이고, 하나님의 뜻이 아직 이뤄지지 않은 곳이 땅이란 말이다. 주기도문의 마지막 부분인 송영(doxology)에서도 "왜냐하면 나라와 권세와 영광이 아버지께 영원히 있사옵나이다. 아멘 For thine is the Kingdom and the power and the glory for ever. Amen"에서도 하나님의 왕 되심을 찬양하며 모든 영광을 하나님께 돌리고 있다.

하나님의 나라는 시간과 공간을 초월하여, 실존적인 용어인 '지금-여기'(here and now)에 하나님의 뜻이 이뤄지는 상태이다. 시간과 공간의 제한을 받는 인생들은 영생과 천국에 대한 호기심을 가지는 것은 당연하다. 그래서 자고로 인생은 불로초(不老草)를 찾으려고 하며, 우주에 대한 집요한 관심을 가지고, 인간복제(cloning)에 대해 계속 연구를 하고 있다.

예수님 당시 제자들은 미래의 '때'에 대해 상당한 관심을 가지고 있었다(마 24:3; 눅 17:20). 그럴 때마다 예수의 답변은 '미래에 관한 것은 하나님 아버지께서 자기의 권한에 두셨으니 우리의 알 바가 아니라'고 하셨다(행 1:6). 무소부재하시고 무한한 공간의 주인이 되시는 예수님의 가르침은 "하나님의 나라는 볼 수 있게 임하는 것이 아니요, 또 여기 있다 저기 있다고도 못하리니 하나님의 나라는 너희 안에 있느니라"(눅 17:21) 하신다. 하나님 나라의 실현은 미래의 약속일 뿐만 아니라, 현재에도 천국을 미리 맛볼 수 있다는 말이다.

성경 전체에서 보여주는 하나님 나라는 어떤 제한된 영토나 영역의 뜻을 넘어서서 "하나님의 주권 혹은 왕권 통치"(kingly rule or sovereignty of God) 자체를 의미한다. 하나님의 나라는 시간과 공간의 뜻을 넘어 하나님의 뜻이 실현되고 하나님의 주권이 이뤄지는 상태이다. "너희는 먼저 하나님 나라와 그의 의를 구하라"고 가르치신다(마 6:33). 우리는 하나님의 나라를 천당과 동일시하고 있다. 그러나 '하나님 나라'라는 말은 하나님께서 임금이 되셔서 통치하는 세상, 그 상태를 가리킨다. '나라'는 영토를 말하는 것이 아니라 '통치한다'(Basileuein, Malak)는 동사 개념을 가지고 있다. 구약에는 하나님의 나라라는 명사가 없고 "때가 되면 하나님이 다스리겠다"(사 52:7)는 동사 개념만이 있다.

인간의 문제는 하나님의 통치권, 즉 그의 임금 되심을 부인하고 반역하고 그 자리에 자신이나 다른 우상을 가져다 놓고 그것을 숭배하는 데 있다. 우리는 예수님을 믿음으로써 그 반역의 죄를 회개하고, 하나님을 우리 삶의 모든 영역에서 임금으로 모시고 그의 통치를 받으려고 해야 한다. 예수님의 비유는 약 45개(어떤 학자는 72개)로 잡는데, 여기에서 하나님이 왕, 아버지, 농부, 목자, 군대장관, 선생, 주인, 남편 등으로 나오면서 하나님의 '신적인 통치'가 주제를 이룬다. 이 배경은 구약성경이다. 구약에서도 하나님의 주권이 있는 영역을 하나님의 나라로 가르치고 있다. 공관복음서에서 세례 요한과 공생애를 막 시작하신 예수 그리스도의 설교 주제가 똑같이 하나님 나라이다.

마태복음 3:2, 4:23; 마가복음 1:15 "회개하라 천국이 가까웠느니라 Repent ye; for the kingdom of heaven is at hand."

나라의 3대 구성요소가 영토, 국민, 주권이듯이 하나님 나라도 새로운 땅(에덴동산, 젖과 꿀이 흐르는 땅, 쁄라, 메시아 나라 등), 하나님의 백성, 하나님의 주권의 측면에서 살펴보자.

첫째로, 땅과 하나님 나라이다. 성경에 나오는 땅의 개념은 하나님께서 함께하시는 자리이며, 하나님의 구원의 역사가 이뤄지고 성취되는 곳이다. 그 대표적인 것이 '젖과 꿀이 흐르는 땅'이다. 구약성경에서 이 용어는 20회 나오는데, 신앙의 족장들에게 약속한 땅이며(창 12:7, 13:14, 15:7-8, 17:8, 26:2 이하, 28:13 이하, 35:12 등), 구체적으로는 비옥한 헤브론 지역을 말한다(민 14:7-8). 바란 광야 가데스-바네아(Kadesh-barnea)에서 모세가 각 지파의 두령(頭領)으로 구성된 12명의 정탐꾼을 가나안 땅으로 보낼 때, 이들이 헤브론 지역인 에스골 골짜기에서 포도, 무화과, 석류를 가지고 왔는데, 포도송이 하나가 어찌나 크고 무거웠던지 두 정탐꾼이 메고 왔을 정도였다(민 13;21-24). 족장들의 고향이 헤브론이다(창 13:18, 14:13, 24, 18:1, 23:2, 25:7-10, 35:27-28, 37:14, 46:1 등). 최초의 족장들인 아브라함-사라, 이삭-리브가, 야곱-레아의 묘가 바로 헤브론에 있다. 그래서 헤브론은 여러모로 보아 이스라엘의 고향 땅이다. 이스라엘 사람들이 가나안 지역에 정착할 때 헤브론 지역은 갈렙이 속한 유다 지파에 분배되었다.

둘째로, 하나님 나라의 백성이다. 이스라엘은 본래 하나님과 언약(계약, covenant)을 맺은 선민(選民)이요 성민(聖民)이다. 하나님께 속한 백성은 세상 사람과 구별되는 거룩한 사람이다. 레위기 20:24-26을 보면, 하나님의 소유된 백성은 구별되었고 거룩한 생활을 해야 한다고 했다. 베드로전서 2:9에도 하나님 나라의 백성은 "택하신 족속이요 왕 같은 제사장들이요 거룩한 나라요 그의 소유된 백성이니"라고 했다. 누가 하나님의 백성인가? 하나님의 뜻대로 행하는 사람들이다(마 7:21; 약 2:26; 요일 2:17).

셋째로, 하나님의 주권이다. 하나님의 왕권 혹은 주권은 영토와 백성의 의미를 넘어선 포괄적인 뜻을 가지고 있다. 그의 주권은 영원하며 무궁하고 전능하다(시 45:6, 145:1-13). 이 나라는 공평과 정의로 다스려진다(사 9:7). 성령 안에서 의와 평화와 기쁨이다(롬 14:17). 절대 주권으로서 권능이 있다(고전 4:20). 그러므로 하나님의 백성들은 이 주권에 절대 순종함으로 하나님의 나라를 유업으로 받을 수 있다(고전 6:9-11; 갈 5:22-25; 히 11:8).

■ 마태복음 6:10, 26:39, 42 하나님의 뜻대로 하옵소서

하나님의 뜻은 성경말씀에 다 기록되어 있다. 우리가 마음을 다하고(영) 성품을 다하고(혼) 힘을 다해(몸) 유일하신 하나님을 사랑하는 것이다(신 6:4-5). 이 말씀을 마음에 새기고, 우리 자녀들에게 부지런히 가르치며, 집에 앉았을 때에든지 길에 행할 때에든지 누웠을 때에든지 일어날 때에든지 이 말씀을 강론하며, 손목과 미간에 붙이고, 문설주와 바깥문에 기록하여 집을 출입할 때마다 이 말씀을 잊지 않는 것이 하나님의 뜻이다. 하나님께 최우선 순위를 두며(마 6:33) 최대의 영광을 돌리며 그를 영원히 기쁘게 하는 것이다(시 103:20; 고전 10:31). 하나님께서 기뻐하시는 것은 창조질서처럼 하나님의 마음의 소원이 그대로 이뤄지는 것을 말한다. "그대로 되니라"(창 1:31, 6:22; 출 39:31-32).

그러므로 성경말씀에 있는 대로 하나님께서 '하라'는 것은 성실하게 실천하고, '하지 말라'는 것은 절대 하지 않는 것이다. 십계명에 나타난 하나님의 뜻은 우상숭배하지 말고 하나님의 거룩하신 이름을 찬양하며, 성수주일하고 부모를 주 안에서 순종하고, 살인, 간음, 도둑질, 거짓 증거, 탐내지 않는 것이다. 레위기 19:2 이하에 있는 대로 하나님께서 거룩하시니 우리도 거룩해야 한다. 이웃을 내 몸처럼 사랑해야 한다.

주님께서는 우리에게 하나님의 뜻을 구하고 그 뜻대로 살 것을 가르치셨다.

"뜻이 하늘에서 이루어진 것같이 땅에서도 이루어지이다 Thy will be done in earth, as it is in heaven. (하나님의 다스림에 절대 복종하고 싶다; 주님의 섭리와 은총)"

마태복음 5:48 "그러므로 하늘에 계신 너희 아버지의 온전하심과 같이 너희도 온전하라."
마태복음 11:25-26 "천지의 주재이신 아버지여, 이것을 지혜롭고 슬기 있는 자들에게는 숨기시고 어린아이들에게는 나타내심을 감사하나이다 옳소이다 이렇게 된 것이 아버지의 뜻이니이다."
마태복음 26:39(참고, 마 26:42; 막 14:36; 눅 22:42) "나의 원대로 마옵시고 아버지의 원대로 하옵소서 Not my will, but Thy will be done."

하나님의 뜻대로 살기로 한 베드로는 다음과 같이 권면하고 있다.

베드로전서 2:11-12 "[11]사랑하는 자들아 나그네와 행인 같은 너희를 권하노니 영혼을 거스려 싸우는 육체의 정욕을 제어하라 [12]너희가 이방인 중에서 행실을 선하게 가져 너희를 악행한다고 비방하는 자들로 하여금 너희 선한 일을 보고 권고하시는 날에 하나님께 영광을 돌리게 하려 함이라."
베드로전서 3:17 "선을 행함으로 고난받는 것이 하나님의 뜻일진대 악을 행함으로 고난받는 것보다 나으니라."
베드로전서 4:2 "그 후로는 다시 사람의 정욕을 좇지 않고 오직 하나님의 뜻을 좇아 육체의 남은 때를 살게 하려 함이라."
베드로전서 4:19 "그러므로 하나님의 뜻대로 고난을 받는 자들은 또한 선을 행하는 가운데 그 영혼을 미쁘신 조물주께 부탁할지어다."
베드로전서 5:2 "너희 중에 있는 하나님의 양 무리를 치되 부득이함으로 하지 말고 오직 하나님의 뜻을 좇아 자원함으로 하며 더러운 이를 위하여 하지 말고 오직 즐거운 뜻으로 하며."
베드로후서 3:9 "주의 약속은 어떤 이의 더디다고 생각하는 것같이 더딘 것이 아니라 오직 너희를 대하여 오래 참으사 아무도 멸망치 않고 다 회개하기에 이르기를 원하시느니라."

사도 바울은 "하나님의 뜻으로 말미암아" 사도로 부르심을 받았다고 고백한다(고전 1:1; 고후 1:1; 골 1:1). 그리고 성도들에게 권면한다.

데살로니가전서 4:3-8 "[3]하나님의 뜻은 이것이니 너희의 거룩함이라 곧 음란을 버리고 [4]각각 거룩함과 존귀함으로 자기의 아내 취할 줄을 알고 [5]하나님을 모르는 이방인과 같이 색욕을 좇지 말고 [6]이 일에 분수를 넘어서 형제를 해하지 말라 이는 우리가 너희에게 미리 말하고 증거한 것과 같이 이 모든 일에 주께서 신원하여 주심이니라 [7]하나님이 우리를 부르심은 부정케 하심이 아니요 거룩하게 하심이니 [8]그러므로 저버리는 자는 사람을 저버림이 아니요 너희에게 그의 성령을 주신 하나님을 저버림이니라."
데살로니가전서 5:16-18 "[16]항상 기뻐하라 [17]쉬지 말고 기도하라, [18]범사에 감사하라 이는 그리스도 예수 안에서 너희를 향하신 하나님의 뜻이니라."

우리가 신앙생활을 하는 가운데 하나님의 뜻을 알고 살아간다는 것은 얼마나 복된 일인지 모른다. 왜냐하면 "하나님의 뜻대로 하는 근심은 후회할 것이 없는 구원에 이르게 하는 회개를 이루는 것이요, 세상 근심은 사망을 이루는 것"이라고 고린도후서 7:10에 기록하고 있기 때문이다. 바울은 이어서 말하기를 "보라 하나님의 뜻대로 하게 한 이 근심이 너희로 얼마나 간절하게 하며, 얼마나 변명하게 하며, 얼마나 두렵게 하며, 얼마나 사모하게 하며, 얼마나 열심있게 하며, 얼마나 벌하게 하였는가? 너희가 저 일에 대하여 일절 너희 자신의 깨끗함을 나타내었느니라"(고후 7:11)고 말하고 있다.

전에 바울이 고린도 교회에 보낸 편지로 인해 성도들이 고심하고 근심하게 된 일이 있었다. 그것은 바울 자신을 고린도 교회가 영접해 주기를 바라는 내용으로서 고린도 교회는 크게 근심하지 않을 수가 없었다. 혹시나 선교하는 데 필요한 재정적 부담을 자기들이 져야 하지 않을까 걱정해서인지 모른다.

그러나 얼마 지나지 않아서 디도가 고린도 교회가 바울에 대한 생각이 오해였다고 판단하고 하나님 앞에 회개하게 되었고, 이 근심으로 인하여 오히려 저들은 바울을 더 사모하며 열심을 품고 주님을 섬기게 되었고, 바울을 얼마든지 영접할 수 있다는 소식을 바울에게 전해주자 바울은 전에 나의 편지로 너희가 잠깐 근심하게 되었으나, 하나님 뜻대로 하는 근심은 후회할 것이 없는 구원에 이르게 하는 은혜가 되었다고 하였다.

그렇다. 우리가 세상 근심을 하면 뼈 마르는 고통을 느끼고 밤잠을 설쳐야 하는 염려와 한숨을 쉬는 정도가 땅이 꺼져 내릴 정도이지만, 하나님의 뜻대로 하는 근심은 절대로 후회함이 없는, 또 다른 주님의 은혜로운 역사인 것을 믿는다.

그러면 하나님의 뜻이란 무엇을 의미하는 것일까? 하나님의 뜻이란 간단하게 하나님이 믿음의 자녀들에게 무엇을 이루고자 하는 어떤 마음과 생각을 가지고 계시다는 사실을 알 수 있게 된다. 그래서 야고보는 우리가 하나님의 뜻을 행하기만 하면 살기도 하고, 또한 이것과 저것을 동시에 할 수 있는 복을 누리게 된다고 야고보서 4:15에서 말하고 있다. 주님 뜻대로 살아가자. 그리고 하나님의 뜻이 어디 있는지 밝히 깨달아 하나님의 뜻대로 우리가 해야 할 일을 행함으로 사는 역사, 더 나아가서는 한 가지 일을 통해 이것도 하고 뜻밖에 저것도 할 수 있는 주님의 축복을 누리자.

1. 하나님의 말씀인 성경을 통해 하나님의 뜻을 알 수 있다

구약시대에는 예언자나(삼상 9:9) 제사장을 통해서(삿 18:14; 삼상 22:10) 하나님의 뜻을 물어서 알아냈다. 제사장에게 가서 어떤 것이 하나님의 뜻인지를 물으면 제사장은 에봇 옷깃에 우림과 둠밈의 판결패를 통해 하나님께 아뢰면 희한하게도 우림과 둠밈이라는 것에 색깔이 나타나게 되었는데, 그 색상에 따라서 하나님의 뜻을 알려 주었다(민 27:21; 삼상 14:36-42, 23:9-13, 30:8). 그들은 이렇게 하여 공적인 일이나 사적인 일에 대하여 하나님의 뜻을 알고 시행하였는데, 특히 포로시대 이후까지도 제사장에게 의존하여 하나님의 뜻을 알아내었고, 솔로몬 시대 이후에는 일상생활에서 지혜자들에게 물어서 알아냈다. 그 이후 시대에는 회당제도가 생겨나 자기 스스로가 하나님이 계시다고 믿는 회당에 나아가 하나님의 뜻을 알기 위한 영적인 기도를 하여 응답받은 후에 주의 뜻대로 살아가는 신앙의 길을 선택하였다. 하나님의 뜻은 성경말씀 속에 다 계시되어 있기에 하나님의 말씀을 읽는 동안 하나님의 뜻을 깨닫게 된다.

히브리서 10:7을 보면 "이에 내가 말하기를 하나님이여 보시옵소서 두루마리 책에 나를 가리켜 기록한 것과 같이 하나님의 뜻을 행하러 왔나이다"라고 했다. 또 예수님께서도 요한복음 7:17-18에서 "사람이 하나님의 뜻을 행하려 하면 이 교훈이 하나님께로서 왔는지 내가 스스로 말함인지 알리라 스스로 말하는 자는 자기 영광만 구하되 보내신 이의 영광을 구하는 자는 참되니 그 속에 불의가 없느니라"고 하셨다. 주님께서는 자신이 하는 심판마저도 자기의 원대로 하지 않고 '나를 보내신 아버지의 원대로' 하여 자신의 심판은 절대로 의롭다고 하셨다(요 5:30).

하나님의 말씀인 성경을 '캐논'이라고 한다. 이는 '갈대'라는 뜻이다. 유대 당시의 갈대는 '자'(尺, scale)였다. 그 갈대가 크고 길고 짧은 것을 판가름해 주는 표준(canon)이었다. 그것이 곧 성경이다.

2. 기도 가운데 하나님의 뜻을 알 수 있다

골로새서 1:9을 보면, 바울은 골로새 교회에 편지할 때에 어떤 소식을 듣고 기도하기를 우리가 너희를 위해 늘 기도해 왔는데, 우리의 기도를 통해서 너희들이 신령한 지혜와 총명, 그리고 하나님의 뜻을 아는 것으로 채우시기를 원한다고 하였다. 자기 스스로가 응답을 통해 자신이 해야 할 일이 하나님의 뜻인지 아닌지도 알 수 있지만, 상대방이 자기의 기도를 통해서 하나님의 뜻을 깨달을 수도 있다는 말씀이다.

또, 골로새서 4:12에도 "너희를 위하여 항상 애써 기도하여 너희로 하나님의 모든 뜻 가운데서 완전하고 확신 있게 서기를 구한다"고 하였다. 이처럼 하나님의 놀라운 뜻은 오늘날까지 기도하는 사람들을 통해서 이루어진다.

바울은 무시아에서 기도 가운데 아시아로 가지 않고 유럽의 관문인 빌립보로 가게 된다. 빌립이 성령의 인도하에 구스인 내시를 만나게 되고, 달리는 마차에서 성경공부를 시킬 때에 내시가 감동 감화를 받게 된다. 그리하여 길 가는 도중 냇가에서 세례[침례]를 받는 역사가 이루어졌다. 웃시야의 죽던 해에 이사야가 성전에 올라가 하나님의 환상을 보고 부르심을 받아 하나님의 뜻과 희망의 메시지를 이스라엘에게 전하는 대언자가 되었다. 역시 오늘날도 하나님께서는 기도하는 백성을 통하여 하나님의 뜻을 계시하신다.

3. 성령 충만함 가운데 하나님의 뜻을 알 수 있다

고린도전서 2:10-16을 읽어보면, 하나님의 사정은 하나님의 영이신 성령으로 알 수 있음을 발견하게 된다. 성령 충만한 성도들이 하는 것마다 잘되고 능력이 나타나는 이유는 단 한 가지이다. 그 속에 하나님의 영이신 성령이 충만하여 성령께서 그에게 계시하시고, 또 감동 감화를 주셔서 성령이 시키시는 대로 순종하며 행하기 때문이다.

이는 하나님의 원하시는 일들을 성령께서 아시기 때문에, 그의 행하는 것이 곧 하나님의 뜻을 행하는 일이기 때문이다. 하나님의 사정은 하나님의 영 외에는 결코 알 수 없다. 하나님의 뜻을 알고 싶은가? 성령 충만함을 구하자. 하나님께서는 성령 충만한 자를 들어 쓰신다. 성령 충만한 자에게 하나님의 역사가 먼저 일어난다. 성령이 충만한 사도 요한을 통해 앞으로 되어질 일들을 우리에게 계시하였다.

4. 예수님의 방법대로 온전히 순종하는 삶이다

그래도 하나님의 뜻을 알 수 없을 때 우리는 주님이 하신 방법을 선택하면 된다. 그 방법은 겟세마네 동산에서 땀이 핏방울이 되도록 기도하시던 주님의 기도 가운데서 찾을 수 있다. 주님께서 "내 원대로 마옵시고 아버지의 원대로 되기를 원하나이다"라고 하셨는데, 이는 내 앞에 어떤 일이 전개되어도 주님의 뜻으로 받아들이고 그대로 행하겠다는 기도의 내용인 것이다. 이러한 기도는 죽음이 와도 주님이 뜻하시는 것인 줄로 믿고 죽음을 그대로 받아들이겠다는 의미이다.

예를 들어, 어떤 사업을 위해 기도하는데 도무지 주님의 응답이나 주의 뜻을 알 수 없을 경우가 있는데, 이때 최후의 기도방법으로 비록 사업이 실패로 끝날지라도 그것도 하나님의 뜻으로 받아들이겠다는 신앙자세로 그 사업을 시도하겠다는 의미와도 같다.

우리는 하나님의 뜻대로 살아갈 때 모든 일이 형통하게 된다. 그렇다면 하나님의 뜻을 알 수 있는 방법을 따라 신앙생활을 해야 한다. 성경말씀을 열심히 묵상하고, 기도를 열심히 하며, 성령 충만함을 받아서 하나님의 뜻을 알고 그 뜻대로 사는 삶이 되어야 한다. 최종적으로 늘 우리의 기도는 "내 원대로 마옵시고 아버지의 원대로 하옵소서"가 되어야 한다.

"누가 내 모친이며 동생들이냐…누구든지 하늘에 계신 내 아버지의 뜻대로 하는 자가 내 형제요 자매요 모친이니라"(마 12:48-50) 하신 예수님의 말씀을 기억하면서 주님의 뜻대로 행하는 주님의 가족이 되어야 한다.

■ **마태복음 6:33 하나님의 나라**

개역, 개역개정, 현대역에서 "그의 나라" 대신 "하나님의 나라"로 명시해야 한다.

> **마태복음 6:33** "너희는 먼저 하나님의 나라와 그분의 의를 구하라. 그리하면 이 모든 것을 너희에게 더하시리라. But seek ye first the kingdom of God, and his righteousness; and all these things shall be added unto you."

■ **마태복음 10:16 너희는 뱀같이 지혜롭고 비둘기같이 순결하라**

예수님께서 제자들을 전도하러 보내시면서 하신 말씀 가운데 마태복음 10:16에 "보라 내가 너희를 보냄이 양을 이리 가운데 보냄과 같도다 그러므로 너희는 뱀같이 지혜롭고 비둘기같이 순결하라 Behold, I send you forth as sheep in the midst of wolves: be ye therefore wise as serpents, and harmless as doves"고 하셨는데, 여기서 하필 왜 뱀을 언급하셨는지 이해가 되지 않는다. 성경에서 뱀은 흔히 사탄을 의미한다.

주님께서 열두 제자를 부르시고 더러운 귀신을 쫓아내며 모든 병과 모든 약한 것을 고치는 권능을 주시면서, 이스라엘의 잃어버린 자들에게로 보내셨다. 가는 고을마다 천국이 가까웠다고 선포하고 평안을 빌라고 하시면서, 회개치 않는 자들에게 보내는 것이 양을 이리 가운데 보냄과 같다고 하시면서 하신 말씀이다.

"뱀같이 지혜롭고"라는 말은 고대 근동지역에서 널리 유포된 속담으로 뜻은 '매우 신중하고 분별력 있다'는 말이다. 주님께서 이리와 같이 사나움이 가득 찬 세상을 대항하여 싸울 수 있는 힘은 사납고 표독스러운 우리의 삶의 태도가 아니라 양같이 공격할 수 있는 무기가 하나도 없을지라도 뱀같이 지혜롭고 비둘기같이 순결한 마음과 삶의 태도만 있으면 능히 이길 수 있다는 것이다. 뱀은 민첩하여 위기를 즉각 알아차리며, 위기에 처하면 신속하게 움직여 탈출하는 지혜와, 움직이지 않거나 죽어 있는 것은 절대로 먹지 않는 지혜를 가지고 있다고 한다. 그것은 자신도 죽을 수 있다는 것을 알고 있기 때문이다.

또 비둘기는 사람과 가장 가깝게 지내며 오히려 사람의 보호를 받는 순결한 날짐승이다. 이는 우리가 뱀같이 지혜롭고 비둘기같이 순결하고 순수하게 전도하면, 악의 세력으로부터 보호받을 수 있는 주님의 은총이 임한다는 것을 말해주고 있다. 주님께서도 이 속담을 인용하시면서 뱀의 특징인 민첩하고 눈치 빠르고 영리하게 행동하라고 가르쳐 주시지, 뱀을 사탄으로 연상시켜 말씀하지 않으셨다.

흔히 에덴동산에서 아담과 하와를 유혹한 뱀을 사탄과 동일시한다. 그 뱀을 사탄의 화신으로 보는 것이다.

> **창세기 3:1** "여호와 하나님이 지으신 들짐승 중에 뱀이 가장 교활하더라."

고대의 성경 해석가들은 모든 짐승들이 본래는 말을 할 줄 알았다고 한다(희년서 3:28; Philo, On the Creation 156; Josephus, Jewish Antiquities 1:41). 희년서에 따르면, 아담과 하와의 실낙원 후에 모든 짐승들도 말하기를 그쳤다고 한다. 뱀은 하나님의 저주를 받아 땅에 기어 다니게 되었다고 하는데(창 3:14), 그렇다면 본래는 다리가 달려서 걸어 다니는 짐승이었다. 이 뱀을 사탄의 대리인이나 사탄의 화신, 또는 뱀으로 가장한 사탄으로 보는 이유는, 그 뱀이 말을 할 줄 알았다고 하는 것과, 그리고 특별히 하나님께서 그 뱀을 인간과 원수가 되게 하셨다는 데 있다(창 3:15). 이처럼 악마 또는 사탄이 뱀을 도구로 삼아서 하와를 유혹했다는 해석이 고대 문헌에 많이 나오고 있다(외경 중 제4마카비서 18:7-8; 제2에녹서 31:4-6; 제3바룩서 9:7; Apocalypse of Sedrach 4;5; Testimony of Truth 47:3-6; Wisdom of Solomon 2:24).

이사야 27:1에 "그날에 여호와께서 그 견고하고 크고 강한 칼로 날랜 뱀 리워야단 곧 꼬불꼬불한 뱀 리워야단을 벌하시며 바다에 있는 용을 죽이시리라"고 하였고, 요한계시록에서도 "큰 용이 내어 쫓기니 옛 뱀 곧 마귀라고도 하고 사탄이라고도 하는 온 천하를 꾀는 자라"(계 12:9), "용을 잡으니 곧 옛 뱀이요 마귀요 사탄이라"(계 20:2) 하였다. 여기서 뱀은 분명히 사탄을 말한다.

한편 주님께서 니고데모와 대화하실 때 "모세가 광야에서 뱀을 든 것같이 인자도 들려야 하리니 이는 저를 믿는 자마다 영생을 얻게 하려 하심이니라"(요 3:14-15)고 하셨다. 민수기 21:8-9을 보면 불뱀에 물린 자를 고치기 위해 하나님께서 모세로 하여금 놋뱀(후에 이 구리 뱀을 느후스단 Nehushtan이라 일컬어 우상으로 삼음, 왕하 18:4)을 만들어 지팡이에 달아 높이 들어, 누구든지 쳐다보는 자는 치유를 받게 하셨는데, 이 사건을 상기시키면서 주님의 십자가와 연결시킨다. 그러므로 뱀을 사탄의 화신으로 해석할 수 있고, 또 고대근동 문화적인 상황에서 그렇지 않을 수도 있다. 예수님께서 인용하신 "뱀처럼 지혜롭고"는 사탄과 아무런 관계가 없는 표현이다.

■ 마태복음 18:24, 25:15-16 달란트

달란트의 원어는 '달란톤'(τάλαντον)이고, 복수는 '달란타'(τάλαντα)이다. 뜻은 '짐을 지다'(to bear)이다. 고대 서아시아와 그리스에서는 질량과 화폐의 단위로 쓰였다.

(1) 금 달란트는 아킬레스가 안틸로투스에게 어떻게 금 반 달란트를 주었는지 묘사한 호머(Homer)의 일리어드(Iliad)에 알려져 있다. 이것은 암포라 하나를 채우는 데 필요한 물의 질량과 같다. 고대 그리스 혹 아테네의 한 달란트는 26kg, 로마의 한 달란트는 32.3kg, 이집트의 한 달란트는 27kg, 그리고 바벨론의 한 달란트는 30.3kg이었다. 고대 이스라엘과 다른 레반트 국가(아람, 팔레스타인)에서는 바벨론의 달란트를 사용했으나, 후에 그 중량을 수정했다.

(2) 신약시대인 로마 시대에 금과 은의 중량 측정치(the scale of a balance, a balance, a pair of scales)로 사용된 무거운 달란트는 58.9kg이었다. 신약시대는 시리아 달란트에 의하면 1달란트=6,000데나리온으로 한 노동자가 16년간 벌 수 있는 액수(마 18:24, 25:15-16)이다.

1데나리온(denarion)은 노동자의 하루 품삯으로, 마태복음 18장 28절을 보면 왕의 신하에게 100데나리온 빚진 동료 이야기가 나온다. 요즘 돈으로 환산하면 2백만 원($ 2,000) 정도 된다. 그런데 왕의 신하는 왕에게 10,000달란트의 빚을 졌고, 왕은 그를 불쌍히 여기고 모두 탕감해 주었다[=6,000데나리온x10,000=12조($ 200백억)에 해당한다(마 18:24)]. 그런데 방금 12조 원의 빚을 탕감받은 관리가 자기에게 200

만 원 빚을 진 동료 관리가 빚을 갚지 못한다 하여 감옥에 가두어 버렸다는 것이다(마 18:30). 이 소식을 들은 왕이 그를 불러다가 말하기를 "악한 종아, 네가 빌기에 내가 네 빚을 전부 탕감하여 주었거늘 내가 너를 불쌍히 여김과 같이 너도 네 동료를 불쌍히 여김이 마땅치 아니하냐?" 하고 왕이 노하여 그 빚을 다 갚도록 그도 옥에 감금하도록 했다(마 18:32-35).

마태복음 25장 14-30에 종말 교훈 중 하나로 "다섯 달란트, 두 달란트, 한 달란트" 받은 종의 돈 관리에 대한 비유가 나온다.

어떤 사람이 여행을 떠나면서 자기 종들을 불러 재산을 맡긴다. 총 세 명의 종에게 각각 다섯 달란트, 두 달란트, 한 달란트를 주었다. 참고로 예수님 당시 한 달란트는 성인 노동자의 약 16년의 임금에 해당된다. 오늘날 연봉을 6000만 원으로 잡았을 때 12억 원에 해당되는 매우 큰 금액이다.

시간이 흐르고 여행을 마친 주인이 돌아왔다. 이제 남은 일은 종들에게 맡겼던 재산, 즉 달란트를 결산하는 것이었다. 다섯 달란트 받았던 종은 다섯 달란트의 수익을 냈다. 두 달란트 받았던 종은 두 달란트의 수익을 냈다. 그러나 한 달란트 받은 종은 단 한 푼의 수익도 내지 못했다. 정확히는 한 달란트, 즉 12억 원의 돈을 땅에 그냥 묻어두었다가 주인에게 그대로 가지고 왔다. 결론은 수익을 냈던 두 종, 곧 다섯 달란트 받은 종과 두 달란트 받은 종은 모두 주인의 칭찬과 신임을 받았다. 반대로 아무런 수익을 내지 못한 한 달란트 받은 종은 바깥 어두운 데로 내쫓기는 비참한 최후를 맞았다.

마태복음의 1차 독자는 주후 70년 이후의 주로 유대인 그리스도인들로 구성된 교회 공동체이다. 당시 마태 공동체는 두 가지 위기에 봉착해 있었다. 먼저 외부적으로는 유대교의 거센 핍박이 있었다. 이 핍박 앞에 타협하고 굴복하는 사람들, 심지어 다시 유대교로 돌아가는 사람들이 생겨나기 시작했다. 또한 내부적으로는 교리적인 혼란이 있었다. 율법경시론, 즉 "예수 믿고 그리스도인이 된 사람들은 행위와는 아무 상관없이 구원받는다"는 가르침이 교회 안에 들어오기 시작했다. 한마디로 믿음과 행위를 별개의 것으로 분리한 것이다. 그래서 마태는 신앙을 포기하고 다시 유대교로 돌아가는 사람들, 그리고 믿음과 행위를 분리시킨 왜곡된 복음을 따르는 사람들에게 강한 경고와 교훈을 줄 필요가 있었던 것이다. 바로 이러한 맥락에서 우리는 달란트 비유를 오해 없이 바르게 이해할 수 있다.

> **마태복음 25:26-27** "[26]그러자 그의 주인이 그에게 말하였다. '악하고 게으른 종아, 너는 내가 심지 않은 데서 거두고, 뿌리지 않은 데서 모으는 줄 알았다. [27]그렇다면, 너는 내 돈을 돈놀이 하는 사람에게 맡겼어야 했다. 그랬더라면, 내가 와서, 내 돈에 이자를 붙여 받았을 것이다.'"

주인은 한 달란트 받은 종을 '악하고 게으른 종'이라 책망한다. 단순하게 보면 이 종의 문제를 게으름의 문제로 생각할 수도 있다. 그러나 자세히 살펴보면 종의 문제는 단순한 게으름이 아닌 주인에 대한 왜곡된 이해에 있었다. 한마디로 한 달란트 받은 종은 주인을 완전히 오해한 것이다. 한 달란트 받은 종은 자신의 주인을 '심지 않은 데서 거두고, 뿌리지 않은 데서 모으는 지독한 사람'으로 이해하고 있었다.

주인을 더 화나게 만들었던 이유는 이것이다. 분명 자신을 그러한 지독한 사람으로 이해했다면 종은 이자놀이를 해서라도 수익을 남겨야 했다. 왜냐하면 주인의 성격상 원금만으로 만족하지 않을 것을 뻔히 알았기 때문이다. 그런데 한 달란트 받은 종은 주인이 돌아올 때까지 그저 손을 놓고 아무런 행동도 어떠한 수고도 하지 않았다. 주인에 대한 왜곡된 이해를 갖고 있었기에 그저 원금만 잘 남겨도 괜찮을 거라 생각했던 것이다.

오늘 비유에서 주인은 예수님을 상징한다. 물론 우리 예수님은 지독한 사채업자가 아니다. 오늘 비유의 핵심은 왜곡된 하나님 이해에 기댄 채 아무것도 하지 않는 자들에 대한 경고에 있다. 동시에 주님께서 이러한 자들을 마지막 때에 심판하실 것을 분명하게 말씀하고 있다. 구약의 역사를 살펴보면 놀라운 사실을 하나 발견하게 된다. 그것은 다름 아닌 하나님에 대한 지식이다. 하나님에 대한 지식이 선명했을 때 이스라엘은 하나님이 약속하신 살롬 안에 거했다. 반대로 하나님에 대한 지식이 왜곡되었을 때 이스라엘은 타락했고 결국 심판을 피할 수가 없었다.

달란트 비유는 하나님 나라를 설명하기 위한 비유이다. 하나님 나라는 어떤 공간적인 영역이 아닌 하나님의 통치, 다스림을 의미한다고 거듭 강조하고 있다. 오늘 마태는 달란트 비유를 통해 '하나님 나라 제자도'를 강조한다. 하나님 나라 제자도란 다른 것이 아니다. 다섯 달란트, 두 달란트 받은 종들처럼 수익을 남기기 위해서는 적극적인 수고와 헌신이 따라야 한다. 하나님 나라도 마찬가지이다. 예수님께서는 '천국은 침노하는 자의 것'이라고 말씀하셨다. 여기서 침노한다는 것은 군사가 타국의 성을 뚫고 들어가는 적극적인 능동성을 뜻한다. 또한 예수님은 하나님 나라 제자도에 대해 자기를 부인하고 자기 십자가를 져야 할 것을 분명하게 말씀하셨다(마 16:24).

한 달란트 받은 종의 치명적인 문제는 소극적인 신앙생활이다. 하나님 나라 제자도가 구현되어야 할 진짜 무대는 교회 안이 아닌 밖이다. 가정과 직장, 그리고 여러 관계들 속에서 하나님의 다스림 안에 있는 구별된 모습이 나와야 한다. 오늘 종들이 받은 달란트는 하나님 나라의 관점에서 볼 때 개인의 재능이 아닌 '하나님 나라 제자도를 실천하는 삶'을 의미한다. '마음이 가난한 사람은 복이 있다.' 이 제자도는 우리의 내면에서 이루어진다. 또한 '너희는 세상의 빛이라'고 했다. 즉 우리의 존재 밖에서 착한 행실을 통해 이루어지기도 한다. 기억해야 할 것은 이것이다. 오늘 주인이 돌아왔을 때처럼 장차 우리 모두는 주님 앞에 서게 될 것이다. 바로 그때 우리가 받은 달란트, 즉 하나님 나라 제자도를 실천하는 삶을 주님 앞에서 결산해야 할 것이다.[150]

■ 마태복음 21:28-32 맏아들과 둘째 아들

개역, 개역개정에서 "맏아들은 포도원에 일하러 가겠다고 해놓고 가지 아니했고, 둘째 아들은 가지 않겠다고 했다가 후에 뉘우치고 가서 일했다"는 내용으로 되어 있다.[151]

---

150) 드림투게더(http://www.thedreamtogether.com).

151) 《표준새번역》에서는 바르게 되어 있다. "너희는 어떻게 생각하느냐? 어떤 사람에게 아들이 둘 있는데, 아버지가 맏아들에게 가서 '얘야, 너 오늘 포도원에 가서 일해라' 하고 말하였다. 그런데 맏아들은 '싫습니다!' 하고 말하였다. 그러나 그 뒤에 뉘우치고 일하러 갔다. 아버지는 둘째 아들에게 가서, 같은 말을 하였다. 작은 아들은 '예, 가겠습니다, 아버지!' 하고서는 가지 않았다." 첫째 아들이 아버지의 뜻대로 순종했다.

마태복음 21:28-32 "[28]그러나 너희 생각에는 어떠하냐? 한 사람이 두 아들이 있는데 맏아들에게 가서 이르되 '얘 오늘 포도원에 가서 일하라' 하니 [29]대답하여 말하기를 '아버지여 가겠소이다' 하더니 가지 아니하고 [30]둘째 아들에게 가서 또 이같이 말하니 대답하기를 '싫소이다' 하더니 그 후에 뉘우치고 갔으니 [31]그 둘 중에 누가 아비의 뜻대로 하였느냐? 대답하기를 '둘째 아들이니이다' 예수님께서 그들에게 이르시되 '내가 진실로 너희에게 이르노니 세리들과 창기들이 너희보다 먼저 하나님의 나라에 들어가리라 [32]요한이 의의 도로 너희에게 왔거늘 너희는 저를 믿지 아니하였으되 세리와 창기는 믿었으며 너희는 이것을 보고도 종시 뉘우쳐 믿지 아니하였도다.'"

그러나 일본역, 중국어, 스페인어, 러시아어, 대부분의 영어 번역에는 거꾸로 되어 있다.

Mat 21:28-31 "[28]But what think ye? A certain man had two sons; and he came to the first, and said, Son, go work to day in my vineyard. [29]He answered and said, I will not: but afterward he repented, and went. [30]And he came to the second, and said likewise. And he answered and said, I go, sir: and went not. [31]Whether of them twain did the will of his father? They say unto him, The first. Jesus saith unto them, Verily I say unto you, That the publicans and the harlots go into the kingdom of God before you."

[한국역: 표준새번역, 고영민의 원문성경[152] "맏아들은 '싫습니다' 대답했지만 나중에 뉘우치고 갔다. 둘째 아들은 '가겠습니다. 아버지' 해놓고 가지 아니했다. 맏아들이 아버지의 뜻대로 하다"]

[영어 역: King James Bible, American Standard Version, NIV,…]

[스페인 역: 28-29절 al primero, No quiero; mas despues, arrepentido, fue; 30절 al otro, Yo, senor, voy. Y no fue…El primero]

[헬라어: τῷ πρώτῳ, οὐ θέλω· ὕστερον δὲ μεταμεληθεὶς ἀπῆλθε…τῷ δευτέρῳ. ὁ δὲ ἐγώ, κύριε· καὶ οὐκ ἀπῆλθε…ὁ πρῶτος]

[중국어: 大兒子《我不去》, 以後自己懊悔, 就去了。小兒子《父啊, 我去》, 他卻不去。大兒子]

예수님은 이 비유를 대제사장들에게 적용시켰다. 처음에 '예' 했다가 일하지 않은 둘째아들은 대제사장들이고, 처음에 '아니오' 했다가 일하러 간 첫째는 세리(pulicans)와 창녀들(harlots)이라는 것이다.

마태복음 21:31하 "내가 진실로 너희에게 이르노니 세리들과 창녀들이 너희보다 먼저 하나님의 나라에 들어가리라."

실제로 남미 선교지에서 개역성경대로 설교했다가 항의를 받은 일이 있다. 중국, 동남아와 러시아에서도 이런 일이 일어났다. 특히 선교지에서는 바른 성경번역을 사용해야 한다.

---

152) 고영민, 《원문번역 주석성경》, 서울: 쿰란출판사, 2015.

■ 마태복음 24:17-19 아이 밴 자들과 젖먹이는 자들에게 화가 있음?

마태복음 24장은 종말의 교훈으로 장차 예루살렘이 멸망하고 종말의 때가 올 때 성도가 취해야 할 자세에 대해 가르치고 있다.

> **마태복음 24:17** "[17]지붕 위에 있는 자는 집안에 있는 물건을 가질러 내려가지 말며 [18]밭에 있는 자는 겉옷을 가질러 뒤로 돌이키지 말지어다 [19]그날에는 아이 밴 자들과 젖먹이는 자들에게 화가 있으리로다."

먼저 17-18절을 살펴보자. 여기에 해당하는 내용이 다른 공관복음서에도 나온다.

마가복음 13:15-16에 "지붕 위에 있는 자는 내려가지도 말고 집에 있는 무엇을 가지러 들어가지도 말며 밭에 있는 자는 겉옷을 가지러 뒤로 돌이키지 말지어다"라고 하였고, 누가복음 17:31-32에는 "그 날에 만일 사람이 지붕 위에 있고 그 세간이 집 안에 있으면 그것을 가지러 내려오지 말 것이요 밭에 있는 자도 이와 같이 뒤로 돌이키지 말 것이니라 롯의 처를 생각하라"라고 함으로 물욕 때문에 자기 목숨을 잃지 않도록 조심하라는 것이다. 전쟁의 상황이나 재앙이 임할 때에는 속히 피하는 것이 중요하다.

마태복음 6:25에서 주님은 "그러므로 내가 너희에게 이르노니 목숨을 위하여 무엇을 먹을까 무엇을 마실까 몸을 위하여 무엇을 입을까 염려하지 말라 목숨이 음식보다 중하지 아니하며 몸이 의복보다 중하지 아니하냐?" 하고 말씀하신다.

욥이 환난을 당할 때 사탄은 하나님께 대답하기를 "가죽으로 가죽을 바꾸오니 사람이 그 모든 소유물로 자기의 생명을 바꾸올지라"(욥 2:4)고 말한다. 우리는 생명의 위기를 당할 때 지혜롭게 행해야 한다. 괜히 적은 것에 마음을 두다가 큰 것을 놓치게 된다. 솔로몬은 다음과 같이 훈계한다.

잠언 6:5 "노루가 사냥꾼의 손에서 벗어나는 것같이, 새가 그물 치는 자의 손에서 벗어나는 것같이 스스로 구원하라."

그다음 구절인 마태복음 24:19의 "그날에는 아이 밴 자들과 젖먹이는 자들에게 화가 있으리로다"라는 말씀을 살펴보자. 역시 공관복음에서 같은 교훈을 찾아 읽어보자. 마가복음 13:17에 "그날에는 아이 밴 자들과 젖먹이는 자들에게 화가 있으리로다"라고 하였고, 또한 누가복음 21:23에는 "그날에는 아이 밴 자들과 젖먹이는 자들에게 화가 있으리니 이는 땅에 큰 환난과 이 백성에게 진노가 있겠음이로다"라고 하였다. 또한 누가복음 23:29-30을 보면 "보라 날이 이르면 사람이 말하기를 수태 못하는 이와 해산하지 못한 배와 먹이지 못한 젖이 복이 있다 하리라 그때에 사람이 산들을 대하여 우리 위에 무너지라 하며 작은 산들을 대하여 우리를 덮으라 하리라" 하였다. 전쟁이 나면 임신부나 영아들이 공격 대상이 될 수 있다는 것이다. 인육의 대상이 되기도 하고 사고를 당하여 장애가 되기도 하며 적들에 잡혀 임신부의 배를 가르는 일이 역사적으로 있었다. 그래서 전쟁이 일어나면 이들이 위험하다는 교훈이다.

신명기 28:53 "네가 대적에게 에워싸이고 맹렬히 쳐서 곤란케 함을 당하므로 네 하나님 여호와께서 네게 주신 자녀 곧 네 몸의 소생의 고기를 먹을 것이라."

사무엘하 4:4 "사울의 아들 요나단에게 절뚝발이 아들 하나가 있으니 이름은 므비보셋이라 전에 사울과 요나단의 죽은 소식이 이스르엘에서 올 때에 그 나이 다섯 살이었는데 그 유모가 안고 도망하더니 급히 도망하므로 아이가 떨어져 절게 되었더라."

열왕기하 15:16 "그때에 므나헴이 디르사에서 와서 딥사와 그 가운데 있는 모든 사람과 그 사방을 쳤으니 이는 저희가 성문을 열지 아니하였음이라 그러므로 치고 그 가운데 아이 밴 부녀를 갈랐더라."

예레미야애가 4:3-4 "[3]들개는 오히려 젖을 내어 새끼를 먹이나 처녀 내 백성은 잔인하여 광야의 타조 같도다 [4]젖먹이가 목말라서 혀가 입천장에 붙음이여 어린아이가 떡을 구하나 떼어 줄 사람이 없도다."

예레미야애가 4:10 "처녀 내 백성의 멸망할 때에 자비한 부녀가 손으로 자기 자녀를 삶아 식물을 삼았도다."

호세아 13:16 "사마리아가 그 하나님을 배반하였으므로 형벌을 당하여 칼에 엎드러질 것이요 그 어린아이는 부숴뜨리우며 그 아이 밴 여인은 배가 갈리우리라."

역사가 요세푸스는 "당시 예루살렘에 임한 심판은 여인의 가장 큰 축복인 '임신'과 '수유' 기간도 용납하지 않을 정도였는데, 실제로 젖 먹는 아이가 목이 말라 혀가 입천장에 붙는 일이 비일비재했고, 심지어 어머니가 아이가 먹는 떡을 빼앗아 먹을 정도로 비참했다"고 전하고 있다. 이처럼 임신한 여인과 아기에게 젖을 먹여야 하는 여인은 홀몸이 아니다. 즉, 자신의 일만 있는 것이 아니라서 자신의 구원에 몰두하기 어렵다는 것이다. 신속히 도망하기가 어렵기 때문이다. 그래서 남보다 더 큰 어려움을 당하게 될 것이 확실하다. 이는 여자에 대한 저주도 아니고, 임산부와 어린아이를 키우는 어미를 비난한 것도 아니다. 오직 그날의 고통이 남을 돌볼 만큼 여유 있게 대처할 만한 것이 못 되기 때문에 미리미리 종말의 때를 대비하여야 한다는 의미를 내포하고 있다.

영적으로 보면, 아이 밴 자들 '타이스 엔 가스트리 에쿠사이스'는 아이를 배고 있는 상태를 말한다. 그러나 '가스트리'는 '자궁'으로 '죄, 패역한 상태'를 말하며, '에쿠사이스'는 '가진 자'로 '생각하고 있는, 생각을 가지고 있는, 사로잡혀 있는'의 뜻으로 '아직 죄에서 온전히 벗어나지 못한 자, 구원받지 못한 자'를 말한다.

그래서 원어를 알지 못하는 신천지 교도들은 이를 마음대로 추측하여 '목사'를 가리킨다고 한다. 하지만 여기서는 하나님을 믿겠다고 그 마음에 하나님을 받아들이기는 하였으나 아직 구원받을 수 있는 믿음을 갖추지 못한, 육적인 상태에서 벗어나지 못한 자들을 말한다. 젖먹이는 자들 '타이스 데라조위사이스'는 '젖먹이 애를 가진 자, 아직 유치한 믿음을 가진 자, 또는 젖을 빨아 먹고 있는 자, 믿음이 유치한 상태에 있는 자'를 말한다. 그래서 영적으로 성숙하지 못하여 그 가슴속에 유치한 믿음을 가지고 아직도 믿음의 기본적인 단계에 머물러 있는 자들을 말한다.

따라서 '아이 밴 자들'은 아직 구원받을 수 있는 믿음을 갖추지 못한 육적인 상태에서 벗어나지 못한 자들이고, '젖먹이는 자'는 영적으로 성숙하지 못하여 믿음의 기본 단계에 머물러 있는 자들을 말한다.

■ 마가복음 1:15 복음을 믿으라

마가복음 1:15 "말씀하시기를 때가 찼고 하나님 나라가 가까웠으니 회개하고 복음을 믿으라 하시더라 And saying, The time is fulfilled, and the kingdom of God is at hand: repent ye, and believe the gospel."

복음, 즉 예수님의 사건을 설교한 것을 헬라어로 케리그마(Kerygma)라 한다. 예수님의 탄생 예언, 성육신, 선교사역, 수난과 십자가의 대속죽음, 부활, 승천이다. 이제 그리스도의 사건이 재림(파루시아 parousia)으로 완성이 된다. 초대교회에서 성도 간에 가장 많이 유포된 인사말은 '마라나타'이다. 고린도전서 16:22에 나오는 대로 "주님께서 임하시느니라"(Anathema Maran-atha "주님 오십시오")에 나온 말이다. "주님께서 반드시 다시 오신다"(The Lord will come again)라는 말은 성도들이 모일 때 위로의 말이 되었고, 예배 후 헤어질 때 격려의 말이었다. 평강과 축복의 인사였다.

주님께서는 약속대로 다시 오신다(행 1:11). 아직 공중 재림은 이루어지지 않았다. 데살로니가 서신은 종말과 재림에 대해 자세하게 다루고 있다. 재림신앙은 신약 교회의 소망이 되어 왔으며, 지금도 재림신앙으로 잠자는 영혼을 깨워야 한다. "주님께서 호령과 천사장의 소리와 하나님의 나팔로 친히 하늘로 좇아 강림하시리니(The Lord Himself shall descend from heaven), 그리스도 안에서 죽은 자들이 먼저 일어나고 그 후에 우리 살아남은 자도 그들과 함께 구름 속으로 끌어 올려 공중에서 주를 영접하게 하시리니 그리하여 우리가 항상 주와 함께 있으리라"(살전 4:16-17)는 말씀대로 주님은 반드시 다시 오신다.

교회는 항상 재림의 주님을 맞이할 신부로서 준비를 해야 한다. 깨어 기도하고, 성화에 힘쓰고, 우리가 받은 구원을 날마다 새롭게 해야 한다. 주님의 나타나심을 사모하는 모든 자에게 의의 면류관이 예비되어 있다(딤후 4:8).

마가복음 9:1의 말씀은 (1) 예수님의 부활사건 (2) 오순절 성령 강림 사건 (3) 순교 전 영안이 열려 하나님의 권능을 본 스데반 사건(행 7:55-56) (4) 주님의 공중 재림 시 모든 성도에게 일어날 사건 등으로 해석되고 있다. 그러나 이 말씀 후 바로 변화산 기사가 이어지고 있으니, '주님을 모신 곳이 그 어디나 하늘나라'란 말도 가능한 해석이 되겠다. 반드시 재림만을 말씀하고 있지 않는다는 것이다. 그럼에도 불구하고 주님의 재림은 임박하다.

요한계시록 마지막 말씀처럼 주님의 재림을 간절히 기다리며 기도해야 한다.

> **요한계시록 22:20** "이것들을 증거하신 분께서 말씀하시기를 '내가 진실로 속히 오리라' 하시거늘 '아멘 주 예수님 오시옵소서 Come, Lord Jesus.'"

주님의 재림이 지연된 이유에 대해서 성경은 말하기를 "주의 약속은 어떤 이의 더디다고 생각하는 것같이 더딘 것이 아니라 오직 너희를 대하여 오래 참으사 아무도 멸망치 않고 다 회개하기에 이르기를 원하시느니라"(벧후 3:9)고 하였다. 이 말씀에서 알 수 있는 것은 한 영혼이라도 더 구원하기 위해 하나님의 심판을 연기하시며 재림도 연기가 되고 있다는 것이다. 그러므로 우리는 부지런히 선교하며 회개운동을 일으키고 구령사업에 전념해야 한다. 요즘 세상 소식은 인터넷이나 카톡 등 SNS를 통해 즉각 지구 온 땅에 퍼진다. 예수님께서 우리의 죄를 대신해서 돌아가시고 누구든지 예수님을 믿기만 하면 구원을 얻을 수 있다는 이 복된 소식이 땅끝까지 전해지는데 2000년이 모자랐는가?

주님의 지상명제 "너희는 가서 모든 족속을 가르치며 아버지와 아들과 성령의 이름으로 세례를 주고 내가 너희에게 분부한 모든 것을 가르쳐 지키게 하라"(마 8:19-20) 하신 말씀을 실천하여 재림하신 주님께서 우리에게 질문하실 때 대답할 말이 있게 준비하자. 자나깨나 우리는 재림의 주님을 맞이할 준비를 하자. 이것이 성도가 가장 신경 써야 할 일이다.

■ 마가복음 3:28-29 성령 훼방죄

성령 훼방죄라 함은 '성령님을 거슬러 신성모독(blespheme)하는 것'을 말한다(막 3:28-29). 모든 죄는 모두 용서함을 받을 수 있으나 성령을 훼방하는 자(예수님 당시 서기관, 바리새인들)는 사하심을 얻지 못하고 영원한 저주(eternal damnation)를 받는다.

마태복음 12:31-32(참고, 막 3:22-30) "그러므로 내가 너희에게 이르노니 사람의 모든 죄와 훼방은 사하심을 얻되 성령을 훼방하는 것은 사하심을 얻지 못하겠고, 또 누구든지 말로 인자를 거역하면 사하심을 얻되 누구든지 말로 성령을 거역하면 이 세상과 오는 세상에도 사하심을 얻지 못하리라."

누가복음 12:10 "누구든지 말로 인자를 거역하면 사하심을 받으려니와 성령을 모독하는 자는 사하심을 받지 못하리라 And whosoever shall speak a word against the Son of man, it shall be forgiven him; but unto him that blasphemeth against the Holy Ghost it shall not be forgiven."

성령 훼방죄의 내용과 심판은 구약과 신약을 통해 증거하고 있다.

창세기 6:3 "여호와께서 가라사대 나의 신이 영원히 사람과 함께하지 아니하리니 이는 그들이 육체가 됨이라 그러나 그들의 날은 일백이십 년이 되리라 하시니라."

이사야 6:9-10 "[9]여호와께서 가라사대 가서 이 백성에게 이르기를 너희가 듣기는 들어도 깨닫지 못할 것이요 보기는 보아도 알지 못하리라 하여 [10]이 백성의 마음으로 둔하게 하며 그 귀가 막히고 눈이 감기게 하라 염려컨대 그들이 눈으로 보고 귀로 듣고 마음으로 깨닫고 다시 돌아와서 고침을 받을까 하노라."

예레미야 7:16 "그런즉 너는 이 백성을 위하여 기도하지 말라 그들을 위하여 부르짖어 구하지 말라 내게 간구하지 말라 내가 너를 듣지 아니하리라."

예레미야 11:14 "그러므로 너는 이 백성을 위하여 기도하지 말라 그들을 위하여 부르짖거나 구하지 말라 그들이 그 곤액을 인하여 내게 부르짖을 때에 내가 그들을 듣지 아니하리라."

예레미야 14:11 "여호와께서 또 내게 이르시되 너는 이 백성을 위하여 복을 구하지 말라. 그들이 금식할지라도 내가 그 부르짖음을 듣지 아니하겠고 번제와 소제를 드릴지라도 내가 그것을 받지 아니할 뿐 아니라 칼과 기근과 염병으로 그들을 멸하리라."

요한일서 5:10-21 "[10]하나님의 아들을 믿는 자는 자기 안에 증거가 있고 하나님을 믿지 아니하는 자는 하나님을 거짓말하는 자로 만드나니 이는 하나님께서 그 아들에 관하여 증거하신 증거를 믿지 아니하였음이라 [11]또 증거는 이것이니 하나님이 우리에게 영생을 주신 것과 이 생명이 그의 아들 안에 있는 그것이니라 [12]아들이 있는 자에게는 생명이 있고 하나님의 아들이 없는 자에게는 생명이 없느니라 [13]내가 하나님의 아들의 이름을 믿는 너희에게 이것을 쓴 것은 너희로 하여금 너희에게 영생이 있음을 알게 하려 함이라 [14]그를 향하여 우리의 가진 바 담대한 것이 이것이니 그의 뜻대로 무엇을 구하면 들으심이라 [15]우리가 무엇이든지 구하는 바를 들으시는 줄을 안즉 우리가 그에게 구한 그것을 얻은 줄을 또한 아느니라 [16]누구든지 형제가 사망에 이르지 아니한 죄 범하는 것을 보거든 구하라 그러면 사망에 이르지 아니하는 범죄자들을 위하여 저에게 생명을 주시리라 사망에 이르는 죄가 있으니 이에 대하여 나는 구하라 하지 않노라 [17]모든 불의가 죄로되 사망에 이르지 아니하는 죄도 있도다 [18]하나님께로 난 자마다 범죄치 아니하는 줄을 우리가 아노라 하나님께로서 나신 자가 저를 지키시매 악한 자가 저를 만지지도 못하느니라 [19]또 아는 것은 우리는 하나님께 속하고 온 세상은 악한 자 안에 처한 것이며 [20]또 아는 것은 하나님의 아들이 이르러 우리에게 지각을 주사 우리로 참된 자를 알게 하신 것과 또한 우리가 참된 자 곧 그의 아들 예수 그리스도 안에 있는 것이니 그는 참 하나님이시요 영생이시라 [21]자녀들아 너희 자신을 지켜 우상에서 멀리하라."

1) 성령을 거스르는 죄는 무엇인가?

성령을 훼방하는 것은 성령을 거스르는 죄, 조롱하는 조로 말하는 것, 비난하는 것, 욕설하는 것을 의미한다. 바리새인들은 예수님께서 성령의 능력으로 이루신 기적을 악마에게 돌렸다(마 12:37-38). 이처럼 하나님의 일을 알고도 악마의 일로 돌리는 것은 성령 훼방죄를 짓는 것이다. 이 죄는 그들의 마음속에 깊이 자리 잡고 있는 성령님의 사역을 불신하고 방해하고 비난하는 우상숭배가 자리 잡고 있기 때문이다. 역사적으로 이 구절에 대한 해석이 다양하다.

(1) 이 성령 훼방죄는 예수님의 공생애 때에만 있을 수 있는 죄로서, 예수님께서 성령의 권능으로 이적 기사를 행함에도 불구하고 이를 바알세불(사탄)의 역사라고 비난한 자들이 성령님을 훼방하는 것으로 해석한다(Jerome, Chrysostom).

(2) 끝까지 회개하지 않는 사람들이라는 해석도 있다(Augustine, M. Luther). 죽을 때까지 예수님을 안 믿겠다고 버티는 사람은 결국 성령 훼방죄를 짓는다는 것이다. 또 중생했지만 신앙을 중도에 포기하거나 버리는 사람이라는 해석을 한다(궁극적 구원교리를 부인하는 루터파 학자들). 그러나 이런 생각은 성경의 가르침에 위배된다(고전 12:3). 성령받고 중생한 사람은 성령 훼방죄를 범치 않는다(칼빈주의 해석).

(3) 성령 훼방죄는 알고도 짓는 죄(고범죄)나 성령을 근심시키는 죄와는 엄연히 다르다. 이는 예수님의 말씀이나 이적에 대하여 단순히 의심하거나 무의식적으로 반대한 것이 아니라, 밖으로 예수님의 이

적이 나타나고 내적으로는 확신을 주심에도 불구하고, 심사숙고하여 고의적으로 성령님의 역사에 반항하는 것이다. 성령님의 역사가 나타날 때 확실하게 알면서도 대적하는 것이다.

(4) 성령님께서 예수 그리스도를 통해 성취하신 것을 바리새인들이 사탄의 탓으로 돌렸음을 문맥상으로 알 수 있는데, 바리새인들은 고의적이고 계획적으로 꾸미고 있는 것이다. 바리새인들이 이러한 성령 훼방죄를 지었다고 볼 수 있다(핸드릭슨). 마태복음 12장을 통해 자세히 본문을 관찰해 보자.

예수님께서 눈멀고 벙어리 된 자를 고쳐 주시니 그 벙어리가 말하며 보게 되었다. 무리가 다 놀라 "이분이 다윗의 자손" 즉 메시아로 믿으려고 하니 바리새인들이 비난하기를 "이가 귀신의 왕 바알세불을 힘입지 않고는 귀신을 쫓아내지 못하느니라"고 하였다. 이에 주님께서 저희의 생각을 아시고 "스스로 분쟁하는 나라마다 황폐하여질 것이요 스스로 분쟁하는 동리나 집마다 서지 못하리라. 사탄이 만일 사탄을 쫓아내면 스스로 분쟁하는 것이니 그리하고야 저의 나라가 어떻게 서겠느냐? 또 내가 바알세불을 힘입어 귀신을 쫓아내면 너희 아들들은 누구를 힘입어 귀신을 쫓아내느냐? 그러므로 저희가 너희 재판관이 되리라. 그러나 내가 하나님의 성령을 힘입어 귀신을 쫓아내는 것이면 하나님의 나라가 이미 너희에게 임하였느니라. 사람이 먼저 강한 자를 결박하지 않고야 어떻게 그 강한 자의 집에 들어가 그 세간을 늑탈하겠느냐? 결박한 후에야 그 집을 늑탈하리라. 나와 함께 아니하는 자는 나를 반대하는 자요 나와 함께 모으지 아니하는 자는 헤치는 자"(마 12:22-30)라고 하셨다.

2) 성령을 거스르는 죄의 특성은 무엇인가?

(1) 복음의 빛을 거역하는 죄이다.

하나님께서 예수 그리스도를 통하여 자신을 나타내 주셨다. 어떤 사람들은 그를 훼방한다. 구브로 섬의 총독 서기오 바울 앞에 있던 박수 엘루마가 그 대표적인 예이다(행 13:7-11). 바울과 바나바를 대적하여 총독으로 믿지 못하게 하니, 성령 충만한 바울은 "모든 궤계와 악행이 가득한 자요 마귀의 자식이요 모든 의의 원수여 주의 바른 길을 굽게 하기를 그치지 아니하겠느냐 보라 이제 주의 손이 네 위에 있으니 네가 소경이 되어 얼마 동안 해를 보지 못하리라"(행 13:10-11)고 했다.

(2) 인격 속에 깊이 박혀 있는 죄이다.

성령님의 사역을 방해하는 것은 단순히 충동적으로 한 일시적인 행동이라기보다 마음 깊숙이 박혀 있는 악한 습성에 젖어 있는 사람들이 범하는 죄이다. 성령께서 임하시지 않는 영적으로 완전히 마비된 심령이다. 이 사람들은 복음을 완강하게 거부한다. 전도하면 악마의 본성을 드러낸다. 자신의 정체가 드러나고 또 마음속에 감추어져 있는 부끄러운 면이 드러나기 때문이다. 자기의 주장과 고집을 끝까지 주장하는 강팍한 사람이다.

(3) 잘못 선택한 사람이다.

넓은 길을 택하는 사람, 모래 위에 집을 짓고 있는 사람, 어둠을 더 좋아하며 오류와 허위와 위선에 눈이 어두워져 있는 사람이다. 예수님 당시 대부분의 바리새인들과 서기관들, 율법학자들, 그리고 대제사장이 그런 부류의 사람들이었다. 이들은 예수님의 사역을 보고도 회개치 않고 “바알세불을 힘입지 않고는 귀신을 쫓아내지 못하느니라” 함으로 자신들이 스스로 바알세불(사탄)의 종임을 드러내는 어리석고 사악한 무리들이었다. 하나님께서 하시는 일을 분별하지 못할 뿐만 아니라 하나님의 일을 하고 있는 사람을 고의적으로 방해하고 있다.

3) 왜 성령을 거스르는 죄는 용서받을 수 없는가?

(1) 성령을 거스르는 죄는 영원한 저주를 가져오기 때문에 용서받을 수 없다.

(2) 성령을 거스르는 죄는, 죄악의 상태에 있는 자기 자신의 상태를 무시하고 성령을 평가하려 하기 때문에 용서받을 수 없다.

(3) 성령을 거스르는 자들은 도덕적인 분별력을 잃어버린 자들이기 때문에 용서받을 수 없다.

(4) 성령을 거스르는 죄는, 우리 주님에게 강한 적대감을 가지고 있기 때문에 용서받을 수 없다.

■ 마가복음 9:44, 46 지옥의 생생한 장면을 삭제하지 말자

뉴에이지나 현대 신학 사상은 지옥(hell)을 인정하지 않으려 한다. 그래서 죄에 대한 불감증이 생긴다. 한국교회는 1950-70년대에 보혈, 지옥, 재림을 강조한 복음으로 부흥 성장했다. 1980년대부터 my car와 경제성장 이후 점차 지옥에 대한 설교를 하지 않게 되었다.

여호와의 증인 성경책인 NIV도 지옥(hell)이란 단어 대신 음부(sheol)나 무덤(graves)으로 바꿔버렸다. 여호와의 증인은 삼위일체, 지옥, 전쟁을 인정하지 않는다.

마가복음 9장에서는 세 번씩 지옥의 생생한 모습을 44, 46, 48절에서 보여주는데, 현대역에서는 44절과 46절을 삭제해 버리고 말았다. 48절만 남겨두었다. 반드시 이를 회복해야 한다.

> **마가복음 9:44** "거기에는 그들의 벌레도 죽지 않고 불도 꺼지지 아니하느니라 Where their worm dieth not, and the fire is not quenched."
> **마가복음 9:46** "거기에는 그들의 벌레도 죽지 않고 불도 꺼지지 아니하느니라 Where their worm dieth not, and the fire is not quenched."

마태복음 23:14에도 현대역에서는 '없음'이라 했는데, 개혁자들의 성경책에는 "화 있을진저, 위선자인 서기관들과 바리새인들이여! 왜냐하면 너희들은 과부의 집들을 삼켜버리고, 거짓으로 오래 기도하는 척하기 때문이라. 그러므로 너희들은 더 큰 저주를 받을 것이니라"[153]라고 하였다.

오늘날 현대 위선자들인 서기관과 바리새인들이 지금도 이런 못된 짓을 하고 있어 이를 삭제했을 것이다.

---

153) Woe unto you, scribes and Pharisees, hypocrites! for ye devour widows' houses, and for a pretence make long prayer: therefore ye shall receive the greater damnation.

■ **누가복음 15:30 과연 탕자가 아비의 유산을 가지고 창기와 함께 먹어버렸는가?**

누가복음 15장에 나오는 탕자의 비유("용서받은 둘째 아들" 비유)이다.

> **누가복음 15:13-14** "[13]그 후 며칠이 못 되어 둘째 아들이 재산을 다 모아가지고 먼 나라에 가 거기서 허랑방탕하여 그 재산을 허비하더니 And not many days after the younger son gathered all together, and took his journey into a far country, and there wasted his substance with riotous living. [14]다 없이한 후 그 나라에 크게 흉년이 들어 저가 비로소 궁핍한지라 And when he had spent all, there arose a mighty famine in that land; and he began to be in want."

본문에서 둘째 아들이 받은 유산을 허랑방탕하고 재산을 소비하였다고 했다. 반드시 창기(창녀)와 놀며 다 허비했다고 하지 않았다. 그가 집으로 돌아간 후 아버지로부터 환대를 받으니 밭에서 돌아온 형이 홧김에 뱉은 말이다.

> **누가복음 15:30** "아버지의 살림을 창기와 함께 먹어버린 이 아들이 돌아오매 이를 위하여 살진 송아지를 잡으셨나이다 But as soon as this thy son was come, which hath devoured thy living with harlots, thou hast killed for him the fatted calf."

그냥 본문에 있는 대로 설교하거나 스토리텔링하면 된다.

■ 누가복음 16:1-13 "불의의 재물로 친구를 사귀라"

누가복음 16:1-9 "[1]또한 제자들에게 이르시되 어떤 부자에게 청지기가 있는데 그가 주인의 소유를 허비한다는 말이 그 주인에게 들린지라 [2]주인이 그를 불러 말하기를 '내가 네게 대하여 들은 이 말이 사실이냐? 네 보던 일을 셈하라. 청지기 사무를 계속하지 못하리라' 하니 [3]청지기가 속으로 이르되 '주인이 내 직분을 빼앗으니 내가 무엇을 할까? 땅을 파자니 힘이 없고 빌어먹자니 부끄럽구나 [4]내가 할 일을 알았도다 이렇게 하면 직분을 빼앗긴 후에 저희가 나를 자기 집으로 영접하리라' 하고 [5]주인에게 빚진 자를 한 사람씩 불러다가 먼저 온 자에게 이르되 '네가 내 주인에게 얼마나 졌느냐?' [6]말하되 '기름 백 말이니이다' 그가 말하기를 '여기 네 증서를 가지고 빨리 앉아 오십이라 쓰라' 하고 [7]또 다른 이에게 이르되 '너는 얼마나 졌느냐?' 말하기를 '밀 백 석이니이다' 이르되 '여기 네 증서를 가지고 팔십이라 쓰라' 하였는지라 [8]주인이 이 옳지 않은 청지기가 일을 지혜 있게 하였으므로 칭찬하였으니 이 세대의 아들들이 자기 시대에 있어서는 빛의 아들들보다 더 지혜로움이니라 [9]내가 너희에게 말하노니 '불의의 재물로 친구를 사귀라 그리하면 없어질 때에 저희가 영원한 처소로 너희를 영접하리라.'"

여기에서 주는 교훈은 옳지 못한 일은 반드시 하나님께 드러나게 되어 있다. 고린도전서 4:5을 보면 "그가 어두움에 감추인 것들을 드러내고 마음의 뜻을 나타내시리니 그때에 각 사람에게 하나님께로부터 칭찬이 있으리라"고 했다. 본문의 청지기는 부정직한 사람으로 주인의 소유를 제 것인 양 허비했다. 이런 청지기는 당연히 해고

(fired)감이다. '청지기'(oikovouos)란 '집(oikos)을 관리한다(veuw)'는 뜻이다. 청지기는 주인의 임명을 받아 주인의 재산이나 종들을 관리하고 경우에 따라서는 자녀들의 교육까지도 맡아서 관리했다. 청지기는 종 가운데서 임명되는 경우도 있었고, 자유인이 발탁되어 임명되는 경우도 있었다.

본문의 청지기는 자유인 가운데서 청지기로 발탁된 사람이었다. 주인으로부터 해고 명령을 받은 이 청지기는 자신의 잘못을 인정하고 그대로 받아들인다. 자신이 청지기임을 새로 발견한 것이다. 이제 자신의 미래를 걱정하며 지혜를 찾았다. 그리고는 자신에게 주어진 시간과 기회를 선용했다. 아직까지 자기가 셈을 할 수 있는 기간이 남아있기에 주인에게 빚진 자들에게 인심을 베풀었다. 비록 자신의 미래를 준비하는 것이었으나 그 빚진 자에게 절반으로 탕감해 줌으로 이웃에게 사랑을 베풀었다. 자신의 이익이 아니라 빚진 자들에게 이익을 준 것이다. 분명 주인의 공문서를 위조하여 주인의 것에 손해를 끼쳤지만, 이번에는 재물을 가난한 자들을 위해 쓴 것이다. 자신에게 주어진 마지막 기회를 최선을 다해 선용한 것이다. 이 점을 주인은 인정하고 그의 지혜로운 처신을 칭찬했다. 그의 지혜를 보니 계속 청지기로 쓸 만하여 다시 복직시켰다. 우리도 하나님의 것을 가지고 허비하거나 오용해서는 안 된다. 하나님의 영광을 위해 이웃을 위해 바르게 선용해야 한다.

본문 9절은 불의한 재물로 친구를 사귀라고 했다. 바로 지금 소유한 것 그것은 유한한 것이다. 그것을 영혼을 위해 투자하라는 것이다. 어차피 남의 것이 될 것, 살아 있을 때 선용하라는 것이다. 이어서 10절에는 "지극히 작은 것에 충성된 자는 큰 것에도 충성되고 지극히 작은 것에 불의한 자는 큰 것에도 불의하니라"고 말씀하신다. 늘 불의한 방법으로 친구를 사귀라는 것은 아니다. 불의한 재물이라도 이웃에게 이익이 되게 하여 하나님의 것을 선용하는 지혜로 친구를 사귀며 교제하라는 말씀이다. 계속 13절에서 "집 하인이 두 주인을 섬길 수 없나니 혹 이를 미워하고 그를 사랑하거나 혹 이를 중히 여기고 그를 경히 여길 것임이니라 너희가 하나님과 재물을 겸하여 섬길 수 없느니라"고 결론 맺는 말씀을 기억하자.

■ 요한복음 1:48 나다나엘(바돌로매)이 무화과나무 아래에 있는 것을 보심

빌립(고향이 벳세다)이 나다나엘(고향이 가나)을 전도하여 그를 예수님께로 데리고 갔다.

요한복음 1:45-49 "[45]빌립이 나다나엘을 찾아 말하기를 '모세가 율법에 기록하였고 여러 선지자가 기록한 그이를 우리가 만났으니 요셉의 아들 나사렛 예수니라' [46]나다나엘이 말하기를 '나사렛에서 무슨 선한 것이 날 수 있느냐?' 빌립이 말하기를 '와 보라 Come and see' 하니라. [47]예수님께서 나다나엘이 자기에게 오는 것을 보시고 그를 가리켜 말씀하시기를 '보라, 이는 참 이스라엘 사람이라 그 속에 간사한 것이 없도다 Behold an Israelite indeed, in whom is no guile!' [48]나다나엘이 말하기를 '어떻게 나를 아시나이까?' 예수님께서 대답하시기를 '빌립이 너를 부르기 전에 네가 무화과나무 아래 있을 때에 보았노라' [49]나다나엘이 대답하기를 '랍비여, 당신은 하나님의 아들이시요 당신은 이스라엘의 임금이로소이다.'"

나다나엘은 당시 무화과나무 아래에서 이스라엘 나라의 독립과 회복을 위해 기도하고 있었으며, 토라를 읽고 묵상하고 있었다. 주님께서는 나다나엘이 무화과나무 아래에서 메시아를 기다리는 기도를 들으셨을 것이다. 주님은 그의 진실한 믿음을 보시고 칭찬하셨다. 이때 나다나엘은 주님이 하나님의 아들이시며 이스라엘의 임금 되심을 고백하였던 것이다.

이스라엘에서 무화과는 달콤한 과일을 제공할 뿐만 아니라 더위를 피하게 하는 풍요로운 그늘을 제공하는 나무이다. 고대 이스라엘의 경건한 백성들은 무화과나무 아래서 말씀을 묵상하고 기도하며 메시아를 기다렸다고 한다. '무화과 아래' 있다는 것은 메시아를 갈망하는 풍경을 의미한다(미 4:4 "무화과 아래 앉아 말씀을 배움"; 호 14:1 "너는 말씀을 가지고 여호와께로 돌아오라").

■ 요한복음 2:1–11 가나 혼인잔치에서 물이 변하여 포도주가 되었는가?

갈릴리 하부 지역에 위치한 가나(바돌로매의 고향마을)에 혼인 잔치가 있어 예수님과 제자들이 도착했을 때 마리아는 이 잔칫집에 포도주가 떨어짐을 고했다. 주님께서는 "여자여, 나와 무슨 상관이 있나이까? 내 때가 아직 이르지 아니하였나이다"(요 2:4)라고 하였지만 마리아는 하인들에게 무슨 명령을 받든지 그대로 순종하라고 일러주었다. 그곳에는 결례를 위한 항아리 6개가 비어 있었다. 유대인들 잔칫집에서는 이 물이 떨어지면 식사와 예배를 드릴 수 없다. 주님께서 하인들에게 이 빈 항아리를 채우라고 명하시니 하인들이 부지런히 물을 아구까지 채웠다. 이제는 떠서 연회장에게 갖다 주라고 하여 갖다 주었더니 물이 변하여 영생수가 되었다. 연회장이 최상의 포도주라 생각하여 신랑에게 질문을 던진다.

요한복음 2:8-11 "8이제는 떠서 연회장에게 갖다 주라 하시매 갖다
주었더니 And he saith unto them, Draw out now, and bear
unto the governor of the feast. And they bare it. 9연회장은
물로 된 포도주를 맛보고 어디서 났는지 알지 못하되 물 떠온 하인
들은 알더라 연회장이 신랑을 불러 When the ruler of the feast
had tasted the water that was made wine, and knew not
whence it was: (but the servants which drew the water
knew;) the governor of the feast called the bridegroom,
10말하되 사람마다 먼저 좋은 포도주를 내고 취한 후에 낮은 것
을 내거늘 그대는 지금까지 좋은 포도주를 두었도다 하니라 And
saith unto him, Every man at the beginning doth set
forth good wine; and when men have well drunk, then
that which is worse: but thou hast kept the good wine
until now. 11예수께서 이 처음 표적을 갈릴리 가나에서 행하여 그
영광을 나타내시매 제자들이 그를 믿으니라."

비록 '포도주'(wine)라는 단어는 사용해도 그 의미는 무궁수(영생수, the everlasting water, 무궁한 생명을 주는 물)이다. 유대인에게 결혼 잔치 음식에서 포도주는 기쁨을 뜻하는 음식이다. 주일학교 학생들이 부르는 복음성가에서 "예수님이 말씀하시길 물이 변하여 무궁수 됐네(2번). 예수님, 예수님 나에게도 말씀하셔서 새롭게 새롭게 변화시켜

주세요"라고 부르면 어떨까? 예수님의 첫 번 기적이 물을 포도주로 만드셨다니 포도주에 대해 좋은 인상을 줄 수 있다. 요한복음 전체 주제가 무궁한 생명을 주는 물(무궁수, the everlasting water)이다. 수가 성 여인에게 이 물을 주시겠다고 약속하신다.

요한복음 4:14 "나의 주는 물은 그 속에서 영생하도록 솟아나는 샘물이 되리라 a well of water springing up into everlasting life."

만약 어린아이들에게 "물이 변하여 포도주 됐네"를 부르게 한다면 술에 대한 긍정적 태도를 평생 가질 것이다. 성경에서는 포도주에 대해 경계를 한다. 잠언 23장에서는 보지도 말라고 경고한다. 포도주는 술이다. 술에 대한 여섯 가지를 지적하며 왕이 될 사람은 포도주를 삼가야 할 것을 가르친다.

잠언 23:31-35 "[31]포도주는 붉고 잔에서 번쩍이며 순하게 내려가나니 너는 그것을 보지도 말지어다 [32]① 이것이 마침내 뱀같이 물 것이요 독사같이 쏠 것이며 [33]② 또 네 눈에는 괴이한 것이 보일 것이요 ③ 네 마음은 망령된 것을 발할 것이며 [34]④ 너는 바다 가운데 누운 자 같을 것이요 돛대 위에 누운 자 같을 것이며 [35]⑤ 네가 스스로 말하기를 사람이 나를 때려도 나는 아프지 아니하고 나를 상하게 하여도 내게 감각이 없도다 ⑥ 내가 언제나 깰까 다시 술을 찾겠다 하리라."

포도주에 대한 따끔한 충고 6가지를 기억해야 한다. 술은 쳐다보지도 말아야 한다.

■ **요한복음 20:28 나의 주님이시요 나의 하나님**(My Lord, My God)

부활하신 예수님께서 제자들이 모인 곳에 두 번째 나타나실 때는 도마도 있었다.

> **요한복음 20:27-29** "도마에게 이르시되 '네 손가락을 이리 내밀어 내 손을 보고 네 손을 내밀어 내 옆구리에 넣어보라. 그리하고 믿음 없는 자가 되지 말고 믿는 자가 되라.' 도마가 대답하기를 '나의 주시며 나의 하나님이시니이다(My Lord, My God) 예수님께서 말씀하시기를 '너는 나를 본 고로 믿느냐? 보지 못하고 믿는 자들은 복되도다' 하시니라."

사도 도마는 예수님을 하나님으로 고백한 최초의 사람이었다. 그가 순교한 인도 첸나이에 있는 도마기념교회 이름이 "My Lord My God Church"이다. 삼위일체 교리의 기초가 되는 신앙고백이다.

1) 성자와 성령의 참된 신성

예수 그리스도께서 참 하나님이심은 그의 신적 명칭, 신적 속성, 신적 사역, 신적 영광을 통해 증거된다.

> **이사야 9:6** "한 아기가 우리에게 났고…(그 이름은) 전능하신 하나

님이라."

요한복음 1:1 "이 말씀은 곧 하나님이시라."

요한일서 5:20 "그는 참 하나님이시요."

골로새서 2:9 "그 안에는 신성의 모든 충만이 육체로 거하시고."

요한복음 1:3 "만물이 그로 말미암아 지은 바 되었으니, 지은 것이 하나도 그가 없이는 된 것이 없느니라."

요한복음 5:22 "아버지께서…(심판을) 다 아들에게 맡기셨으니."

요한계시록 5:13 "보좌에 앉으신 이와 어린양에게 찬송과 존귀와 영광과 능력을 세세토록 돌릴지어다."

성부만 하나님이며 예수님은 하나님이 될 수 없고, 단지 그의 피조물로서 하나님의 아들로 높임을 받은 것이라는 잘못된 생각이 초대 교회로부터 있어 왔다. 오늘날도 그런 주장을 하는 자들이 없지 않다. 그러나 성자의 참된 신성을 부정하는 것은 명백히 비성경적인 이단이다.

성령님께서 참 하나님이시라는 사실도 그의 신적 명칭, 신적 속성, 신적 사역, 신적 영광을 통해 증거된다. 성령을 속인 것은 곧 하나님께 거짓말한 것이다(행 5:3-4).

고린도전서 2:10 "성령은 모든 것 곧 하나님의 깊은 것이라도 통달하시느니라."

마태복음 28:19 "아버지와 아들과 성령의 이름으로 세례를 주고."

성령의 신성은 또한 그의 인격성을 내포한다. 따라서 성령께서는 인격적 명칭과 인격적 특성들을 가지신다.

요한복음 15:26 "그가 나를 증거하실 것이요."

성령은 중성 명사이지만, 여기에선 남성 지시대명사가 사용되었다.

에베소서 4:30 "하나님의 성령을 근심하게 하지 말라."

2) 삼위의 상호관계

어떤 이들은 삼위의 구별을 부정하면서 한 하나님이 어떤 때는 성부로, 어떤 때는 성자로, 어떤 때는 성령으로 나타나는 것이라고 잘못 생각하기도 했다. 그러나 이것도 비성경적인 생각이다. 성경은 서로 구별된 삼위께서 존재하심을 밝히 증거한다.

요한복음 14:16 "내가 아버지께 구하겠으니 그가 또 다른 보혜사를 너희에게 주사."

예수님의 세례 시에도 삼위가 동시에 나타나심으로 이 사실을 증거하였다(마 3:16-17).

삼위의 관계에 대하여 말한다면, 성자는 성부로부터 나오시고 성령은 성부와 성자로부터 나오신다고 말할 수 있다.

요한복음 17:5 "아버지여, 창세전에 내가 아버지와 함께 가졌던 영화로써…."

요한복음 15:26 "아버지께로서 나오시는 진리의 성령이 오실 때에."

갈라디아서 4:6 "너희가 아들인 고로 하나님이 그 아들의 영을 우리 마음 가운데 보내사….”

아들의 영이라는 명칭은 성령이 아들로부터도 나오심을 보인다. 하나님의 유일성과 성자와 성령의 참된 신성을 인정하면 삼위일체의 신비를 말한 것이 된다. 이것은 신비한 진리이지만 매우 중요한 진리이다. 이것은 우리가 하나님께 대하여 가지는 경배에 직접 관계된다. 우주를 창조하시고 다스리시는 하나님은 신비한 삼위일체의 하나님이시다. 바로 그가 우리를 죄로부터 구원하셨다. 우리의 구원은 삼위일체 하나님의 사역이다. 이제 우리는 삼위일체 되신 하나님을 믿고 사랑하며 그에게 영광 돌리고 있고 또 평생에 그렇게 해야 한다.

3) 하나님의 예정하심

● 세상의 모든 일들에 대하여

하나님께서는 영원 전부터 그 자신의 가장 지혜롭고 거룩한 뜻에 따라, 이 세상에 되어질 모든 일들을 자유롭게 그리고 불변적으로 작정하셨다.

시편 115:3 “우리 하나님은 하늘에 계셔서 원하시는 모든 것을 행하셨나이다.”
시편 135:6 “여호와께서 무릇 기뻐하시는 일을 천지와 바다와 모든 깊은 데서 다 행하셨도다.”
이사야 46:9-11 “…내가 종말을 처음부터 고하며…나의 모든 기뻐하는 것을 이루리라…경영(계획)하였은즉 정녕 행하리라.”
다니엘 4:35 “땅의 모든 거민을 없는 것같이 여기시며…그는 자기 뜻대로 행하시나니."

다니엘 5:23에서는 벨사살 왕의 모든 길을 작정하셨음을 알 수 있고, 마태복음 10:29에서는 하나님께서 허락지 않으시면 참새 한 마리라도 땅에 떨어지지 않는다고 하셨다.

로마서 11:36 "만물이 주에게서 나오고 주로 말미암고 주에게로 돌아감이라."

하나님의 이러한 영원 전 작정(decree)은 제2원인들의 자유나 우연함을 부정하지 않고 오히려 인정하며 확립한다. 그러므로 성경의 예정론은 소위 결정론 혹은 숙명론과 다르다. 사무엘상 9:15-16(3-6과 비교)을 보라.

열왕기상 22:34 "한 사람이 우연히 활을 당기어 이스라엘 왕의 갑옷 솔기를 쏜지라."
잠언 16:33 "사람이 제비는 뽑으나 일을 작정하기는 여호와께 있느니라."

하나님의 작정의 진리는 사람의 책임을 무시하지 않는다. 사람은 회개와 믿음에 있어서 그리고 성결 생활에 있어서 책임을 가진다. 그러므로 우리는 하나님의 작정을 믿는 동시에 책임 있는 성실한 인격이 되어야 한다. 특히 작정과 죄의 관계에 있어서, 하나님께서는 사람의 타락과 죄까지도 작정하셨으나, 죄의 창조자가 되시지는 않는다. 즉 사람은 죄의 책임을 하나님께 돌릴 수 없는 것이다. 왜냐하면 하나님은 지극히 거룩하시고 불의가 없으시기 때문이다. 사무엘상 2:25(엘리의 아들들에 대하여)에서 "이는 여호와께서 그들을 죽이기로 뜻하셨음이었더라"라고 했고, 누가복음 22:22(가룟 유다에 대하여)에서는 "인자는 이미 작정된 대로 가거니와 그를 파는 그 사람에게는 화가 있으리로다"라고 하여 하나님의 작정과 사람의 책임성을 동시에 보인다.

■ 요한복음 21:11 '153'의 의미

부활하신 예수님께서 제자들 모임에 세 번째 나타나신 곳은 갈릴리(타브가)[154)]였다(요 21:14). 일곱 제자들은 밤새 고기를 한 마리도 못 잡았는데, 해변에 주님께서 나타나셔서 배 오른편으로 그물을 던져 보라고 해서 제자들이 순종했더니 많은 고기를 잡게 된 것이다.

> **요한복음 21:11** "시몬 베드로가 올라가서 그물을 육지에 끌어 올리니 가득히 찬 큰 고기가 일백쉰세 마리라 이같이 많으나 그물이 찢어지지 아니하였더라 Simon Peter went up, and drew the net to land full of great fishes, an hundred and fifty and three: and for all there were so many, yet was not the net broken."

---

154) 타브가(Tabcha, Ein Sheva "일곱 개의 샘들")는 갈릴리 호수의 북서쪽 지역 가버나움과 가까이에 있다. 예수님과 베드로가 3년 전에 처음 만난 곳으로 갈릴리 바다가 있는 지역에서 가장 고기가 잘 잡히는 지역 중의 하나이다. 이 지역에는 일곱 개의 샘이 있는데, Ein-Nur와 Ein-Ayub (Job's spring) 같은 샘은 야외 온천 샘이어서 겨울철에는 이곳으로 고기들이 모여들기 때문에 물고기들이 많이 잡히던 곳이었다. 아람어 타브가란 이름은 히브리어로 '에인 쉐바'(Ein Sheva, 일곱 개의 샘)라고 부른 것을 그리스어로 번역하여 '헵타패곤'(일곱 개의 샘)이라고 했는데, 이 이름이 나중에 변조되어 '타브가'(Tabcha)라고 부르게 되었다. 오병이어 교회(Church of the Multiplication)와 베드로 수임교회가 있다.

● **153의 의미를 알아보자.**

(1) 사복음서에서 예수님께서 48사건을 통해 153명이 치유받고 회복되었다.

① 마태복음: 23사건을 통해 47명을 축복하셨다.

문둥병자(8:2), 베드로 장모, 야이로의 딸, 12년 혈루병 환자, 가나안 여인의 딸(15:22), 막달라 마리아(27:56), 아리마대 요셉 등

② 마가복음: 3사람

귀신들린 자(1:23), 귀먹은 자(7:32), 눈먼 자(8:32)

③ 누가복음: 14사건을 통해 94명이 축복을 받았다.

70명 제자들(10:1). 열 명의 나환자(17:12), 삭개오(19:2) 등이다.

④ 요한복음: 8개 기록을 통해 9명이 나음을 얻었다.

니고데모(3:1), 가나의 왕의 신하(4장), 간음한 여인(8:11), 나사로(11장) 등이다.

이 모든 것을 합치는 47사건을 통해 153명이 치유, 문제 해결, 기도 응답으로 축복을 받았다.

(2) 153마리는 9×17이며, 1+5+3=9이다. 9는 인간의 허수(nothing)이다. 17은 충만의 숫자이다. 하나님의 일에 전념하라는 가르침이다. 6+6+6=1+8=9로 짐승의 수도 허수이다. 9로 곱하는 어떤 수든지 9로 끝난다. 9×1=9, 9×2=1+8=9, 9×3=2+7=9, 9×4=3+6=9, 9×5=4+5=9, 9×6=5+4=9, 9×7=6+3=9, 9×8=7+2=9, 9×9=8+1=9, 9×10=9+0=9, …9×17=1+5+3=9…

(3) '하나님의 자녀'라는 히브리어 글자의 숫자 값이다.

중세 기독교의 수비학인 '게마트리아'(gematria)는 문자를 수로 사용

하는 방법과 이것으로부터 나오는 수비학의 광대한 해석체계를 말한다. 즉 게마트리아의 본질적인 요소는 문자가 수를 나타내고 수가 문자를 나타낸다는 것이다. 숫자에 의한 문자풀이법은 바벨론의 사르곤 2세(BC 723-705) 시대의 비명을 통해 알려져 있다. 숫자에 의한 문자풀이 법은 유대 전통에서 각별한 사랑을 받았는데, 주후 1세기경 유대교 랍비였던 엘리에제르는 경전 해석의 32가지 방법 중 29번째라고 설명하기도 했다.

주전 3세기 이후 헬라 문명의 영향 속에서 히브리인의 숫자 표현 방식에 변화가 생겼다. 알파벳 순서를 수의 기호로 사용하는 헬라 방식에 따라 유대인들도 히브리 자음 순서로 수의 기호를 표현했다. 유대인들이 문자를 수의 기호로 사용함에 따라 특정한 단어가 특정수로 나타나는 일이 벌어졌다. 성경의 모든 낱말과 각 글자는 일정한 숫자를 갖고 있어 서로 풀어지거나 얽힐 수 있으며 신비스런 의미를 나타낼 수 있다는 것이다. 즉 구약성경에 기록된 모든 단어들이 '코드'의 역할을 할 수 있다는 말이다. 이러한 영향으로 성경을 필사하는 과정에서 랍비들이나 필사자들에 의해 구약성경의 문자 자음이 의도적으로 조작되는 경우가 일어났다.

단어와 숫자를 혼용하는 방식은 신약성경에도 종종 나타난다. '하나님의 아들들'(Beni ha-Elohim)이란 낱말이 맛소라 구약성경(Masoretic Text=MT)에서 일곱 번만 나오며, 히브리어 낱말 수의 값은 153(2+50+10+5+1+30+5+10+40)이 된다. 그런데 신약에서 예수 부활 후 베드로가 잡은 물고기의 수가 '153마리'라는 점을 들어 구약의 하나님의 아들들과 연결시켜 교회(그물) 속에 들어간 자들은 '하나님의 자녀들'을 가리킨다고 본다.

헬라어 '물고기'의 단어 수의 값이 '153×8'(1224)로 나오는데 '그물'도 '153×8'의 값이 나온다. 특히 '노타리곤'으로 물고기 '익투스'(ΙΧΘΥΣ)는 '예수스 크리스토스 데우 휘오스 소테르'(Ιησους Χριστος Θεου Ύιος Σωτερια), 곧 '예수 그리스도는 하나님의 아들이며 구원자'라는 의미를 만들기도 한다.

10

역사서(사도행전)

신약성경에서 역사서는 사도행전(Acts of Apostles)이다. 12사도들의 행전이라기보다는 베드로(행 1-8, 10-12장)와 바울(행 9, 13-28장) 중심이다. 또한 복음이 예루살렘과 온 유대(행 1-7장), 사마리아(행 8장), 땅끝 선교(행 9-28장)이다. 신약성경 26권의 맨 끝에 "아멘"으로 마치는데, 사도행전 28:31에만 "아멘"이 없다.[155] 이는 복음이 계속 땅끝까지 전해져야 함을 암시한다.

■ 사도행전 8:37 '없음' 대신 내용을 회복해야 한다

"그리고 빌립이 말하기를 '당신이 전심을 다하여 믿으면 세례를 받을 수 있나이다. 그는 대답하기를 '제가 예수 그리스도는 하나님의 아들이심을 믿나이다.'"

And Philip said, If thou believest with all thine heart, thou mayest. And he answered and said, I believe that Jesus Christ is the Son of God.

개역성경에 '없음'이라고 된 이 사도행전 8:37 구절은 반드시 회복되어야 한다. 에티오피아에서 온 내시가 침례(세례)받기 전 신앙을 고백한 내용이다.

■ 사도행전 13:9 사울 곧 바울

사울이 변하여 바울이 되었다는 성경구절은 없다. 바울의 아버지

155) 개역, 개역개정, 현대역 성경에는 일부만 아멘으로 마치고 있는데, 개혁자들의 성경처럼 아멘을 마지막에 넣어야 한다.

는 상인으로 많은 세금과 후원금을 로마 정부에 바쳐서 황제가 특별 시민권을 주었다고 한다. 그래서 바울은 태어나면서 로마 시민권을 부여받았다. 그의 집안에서는 사울[베냐민 지파, 사울 왕의 후손, 이름의 뜻은 '묻다'(ask)임]이라 불렀고, 밖에 나가면 로마식 이름인 '바울'이라 불렸다. 라틴어로 바울(Paulus)의 뜻은 '겸손', '작은'(humble, small)이다. 그는 어릴 적부터 두 가지 이름을 가지고 길리기아 주 다소에서 성장했다. 유대 사회에 있을 때는 그가 사울이란 이름을 사용했고, 이방인을 상대할 때는 바울이란 이름을 사용했다.

> **사도행전 13:9** "바울이라고 하는 사울이 성령이 충만하여 그를 주목하고 Then Saul, (who also is called Paul,) filled with the Holy Ghost, set his eyes on him."

이후로 사울 대신 바울이라 호칭한다. 사도행전 22-26장에서 유대인 법정에 설 때는 다시 사울이란 이름을 사용한다.

■ 사도행전 16:31 그리스도

개역성경에서 그리스도를 삭제하고 있는데 반드시 넣어야 한다.

"그들이 말하기를 주 예수 그리스도를 믿으라 그리하면 너와 네 집이 구원을 얻으리라 하고 And they said, Believe on the Lord Jesus Christ, and thou shalt be saved, and thy house."

■ 사도행전 17:18 에비구레오와 스도이고 철학자들

바울이 아덴(아테네, 현지 발음 아띠나)의 아크로폴리스 아래에 있던 아레오바고(법정)에서 설교하기 전 "어떤 에비구레오와 스도이고 철학자들"과 쟁론을 하였다. 예수님과 주님의 부활이 주제였다. 여기서 에비구레오(Epicureans)는 행복을 육체적 쾌락에서 찾으려고 한 이들이었고, 스도이고 철학자들(philosophers of the Stoicks)은 지혜를 통하여 행복을 추구했다. 이성을 이용해 자기 위치를 알며 전체에서 조화롭게 살면 서로가 행복할 수 있다고 생각했다. 욕심을 부리면 이기적이 되어 조화가 깨어져서 모두가 행복할 수 없다고 주장했다.

헬레니즘 당시의 철학사상으로는 스토이즘, 에피큐리즘, 플라톤주의, 신플라톤주의 등이다.

(1) 스토아 학파의 창시자는 제논(BC 4세기 말에서 3세기 초)이고, 아테네의 스토아(Stoa στοα, 길 어귀, 회당, 현관)에서 토론이나 강의를 한 데서 그렇게 불렸다. 헬라 사람 특히 아덴 사람들은 서로 토론하기 위하여 시장(agora)의 길 어귀에서 모이는 습관이 있었다.

스토아 사상은 우주의 원리보다도 인간의 원리 면을 더 중시하였다. 순전한 영은 없으며 마음이나 육체가 물질에 불과하다고 보았다. 그 신관도 물질주의적이므로 인간과 신을 설명할 때 신이 바닷물에 비유된다면 인간은 물방울과 같은 것이라고 하였다. 다만 인간의 영혼은 신의 부분으로서 신적 영향력을 가지고 있으므로, 인간에게 있어서 덕은 생애 최고의 목적이고 자제는 완전한 인간의 표징이 되는 것이라고 여겼다. 그 사상은 인간에게 필요한 네 가지 덕을 지혜와 용기 및 절제와 정의라고 규정했다. 그리고 이 네 가지 덕을 실행하는 자가 실로 가장 행복한 자라는 인식을 하였다.

인생의 궁극적 목적인 최고선과 행복은 모든 욕망을 끊어버리고 어떤 것에 의해서도 마음이 움직이지 않는 부동심의 경지에 있다는 것이다. 정념이 없는 마음상태(aparhteia)를 누리기 위해서 자연의 법칙에 따라 이성의 힘으로 욕정을 억제하는 생활을 해야 한다. 일체의 만물은 신적인 이성(logos)에 의해서 지배되고, 인간 본성에도 이러한 로고스가 구비되어 있기에 이성에 따르는 삶만이 유일한 선이라고 하였다. 이런 상태에 도달한 사람만이 지혜롭고 현명한 사람이며, 정념의 노예가 된 사람은 부덕한 사람이라는 것이다.

이처럼 스토아 사상은 종교이며 철학이기도 했다. 이 사상의 물질적 범신론은 후대 기독교에 지대한 부정적 영향을 끼쳤으며, 지성인 중에 이 사상에 그릇 감염된 자는 오히려 기독교를 멸시하고 대적하기까지 하였다. 그러한 대표적 인물로는 기독교에 대한 박해자로서 유명한 마르쿠스 아우렐리우스 황제를 들 수 있다. 또한 스토아 학파의 윤리사상은 당시 로마의 만민법과 중세 및 근세의 자연법 사상에 이론적 기초를 제공했으며 범신론적 윤리 사상의 형성에도 큰 영향을 끼쳤다.

(2) 에피큐리즘은 쾌락주의 윤리사상을 말하며 사모아 출생의 아테네 사람 에피큐로스에 의하여 시작되었다. 그는 주전 307년경에 아테네의 어떤 정원에서 친구의 제자들을 모아놓고 강의를 시작했다.

에피큐리즘이 쾌락주의라는 말로 대변되는 이유는, 그 사상이 쾌락을 가리켜 유일 최고의 선이며 인간 생활의 목적이라고 가르치기 때문이다. 그렇지만 여기서 말하는 쾌락은 흔히 짐작하는 것과 같은 방탕자의 쾌락이 아니라, 고통과 혼란으로부터의 소극적인 해방, 즉 번뇌가 없는 평정상태(ataraxia)를 의미한다. 그것은 신체의 건강과 마음의 평정이며, 다른 사물에 의하지 않는 자유로운 정신 상태를 뜻한다. 그럼에도 그것은 인간의 감각적, 본능적 욕구를 중시한다. 쾌락은 유일한 선이고 고통을 유일한 악이라는 쾌락설을 주장한다. 쾌락이야말로 행복한 생활의 시작이고 인생의 목적이라고 한다. 감각적인 충동에서 벗어나기 위해 극기와 절제 있는 생활을 강조하고 있다. 이 에피큐리즘은 영국의 경험론과 공리주의에 영향을 준다.

(3) 플라톤 철학의 핵심은 이데아론 혹은 변증법(διαλεκτικη)이다. 이데아(ιδεα)의 원뜻은 눈에 보이는 형상인데, 플라톤에 있어서는 육안에 보이는 형상을 기연으로 하여 사유의 눈에 의하여 관찰되는 모든 사물의 진실체를 의미한다. 플라톤의 변증법은 이데아를 그 일부로 하는 기초학이며, 총체 존재를 대상으로 한다. 이로써 변증적 추론의 신을 만들어내기도 하지만, 그것은 결국 범신적 사상에 지나지 않는 것이다. 따라서 그것은 궁극적으로 무신사상과 동일하다.

(4) 신플라톤 사상은 플로티누스에 의하여 플라톤 사상을 발전시킨 것으로 일자론과 범신사상을 강조하였다. 그 사상은 "하나님은 모든 것이고, 모든 것은 하나님이다"라고 말한다.[156) 그런데 이 개인주의적 성향은 헬레니즘의 소극적인 일면을 나타낸 것으로, 도시국가의 조직이 붕괴된 후 생활의 근거를 잃은 그리스인에게는 당연한 일이었을 것이다. 여기서 유대교와 그리스 철학의 혼합인 필론의 철학과 동방의 신비적인 종교 요소를 본뜬 신플라톤주의 등 절충식 색채가 농후한 철학이 나타났다. 또한 당시의 공통어인 코이네에 의해 신약성서가 기록된 것을 보아 신학적 사상이 헬레니즘의 영향을

156) Franz Pfeiffer, *Deutsche Mystiker,* Vol. I, p.282.

받았을 것으로 충분히 사료된다.

필론(Philon of Alexandria, BC25-AD40)은 유대인 철학자로 Philon Judaeus라고도 불린다. 필론은 알렉산드리아의 유대인들이 로마 황제상을 회당에 두어 제사지내는 일을 거부했기 때문에, 이 일을 칼리굴라(Caligula) 황제에게 호소하고자 유대인의 대표가 되어 로마에 갔다. 고대 말기의 알렉산드리아나 팔레스타인에는 유대 신학과 그리스 철학이 점차 결합하여 발전하였는데, 그 절충주의는 필론에 이르러 절정에 달하였다. 그는 자기 저작의 대부분인 구약 성경의 주석을 자기 민족의 철학으로 생각하고, 유대교의 신의 개념을 받아들이되 신의 초월성과 완전성을 물질적인 것으로 강조하였다. 피타고라스, 플라톤, 스토아 각 파의 철학사상을 이 해석에 끌어들여, 초월적인 신은 스스로의 작용을 물질적인 세계에 미치고자 중간물을 필요로 하고 있다고 설명하였다.

이 중간물은 많은 부분적 힘으로 나뉘어 있으나 이들 중 최고의 것인 동시에 다른 중간물을 자기 안에 소유하고 있는 존재가 로고스이며, 그것은 신 아닌 것 중에서 가장 보편적인 것이고 신의 장자이면서 한편 신의 지혜와 일치하는 존재라고 했다. 그러한 로고스의 매개에 의하여 신은 세계를 창조하였고 세계에 계시를 한다는 것이다. 그리고 인간의 과제는 가능한 한 신을 닮는 것이며, 이 때문에 로고스를 인식하는 정관생활을 함으로써 자기를 완전히 부정하고 기각하여 탈혼(εξτασι) 안에서 무저항으로 신에게 몸을 맡기는 것이 인간의 행복이라고 말한다.

즉, 인격적으로 제2의 신, 신의 모습으로 나타나는 로고스는 신을 계시함과 동시에 신에 대하여 인간을 보호하고, 그 인도에 따라 사람도 금욕 신앙 직관에 의하여 신을 인식하고 신과 더불어 융합한다. 직관은 신비적 체험이고, 곧 그것은 엑스타시스라고 한다. 거기에서는 감각 세계를 벗어나 신에 도취하는 최고의 행복이 바로 엑스타시스이다. 이런 점에서 그의 사상은 일종의 헬레니즘적 경건이지만, 그 중심은 유대적이며 성경을 기본으로 삼고 있다. 그 사상이 기독교의 교리학에 끼친 영향은 매우 크다.[157)]

알렉산더 대왕의 동방 원정(BC 327) 이후, 헬라 문화는 지중해 전역에 펼쳐 있는 하나의 보편적인 것이었기 때문에 기독교를 변호하기 위해서는 누구나 헬라의 정신세계를 이해하고 이것과의 대비를 염두에 두지 않을 수 없었다. 알렉산더가 세운 알렉산드리아에 있었던 희랍 지성인들은 구약 성경을 '이방인의 철학'이라고 존경하였다. 왜냐하면 신학은 당시 '제일철학'(πρωτη φιλοσοφια)이라는 이름으로 불렸기 때문이다.

또한 유대교 자체도 희랍 철학에 대한 관점 때문에 바리새파(Φαρισαιοι)와 사두개파(Σαδουκαιοι) 그리고 에세네파('Εσσαιοι), 열혈당(Zealot)으로 나뉘어 있었다. 그중 에세네파는 주전 1세기와 주후 1세기에 번성했던 유대의 종교적 집단이며, 그리스도 당시에 바리새파 및 사두개파와 더불어 세 번째로 중요한 사상적 분파를 형성하고 있었다. 이런 정황 속에서 예수님의 교훈이 소크라테스나 플라톤의 그것과 어떤 특수한 의미가 있는지를 구별 지으면서 예수님의 가르침을 펴나가야만 했다.

사도 바울은 '이방 사람들을 위한 사도'라고 자처하였고(롬 11:13), 이방인들도 그리스도에게 '접붙임을 받았음'을 설득하였다(롬 11:17). 그는

157) L. Cohn, *Die Werke Philons von Alexandria,* Vol. 4.

우리의 생이 하나님께 뿌리를 박고 살지 않는 한 우리의 모든 노력이나 도덕과 철학도 궁극적으로 허사라는 점을 강조하였다. 기독교가 헬라인의 지혜보다 우월한 것은 그리스도와 함께 죽고 또한 그와 함께 다시 살아 '새로운 생명의 부활'을 하기 때문이라고 그는 강조하였다(고후 4:16). 그는 헬라주의자들이 많았던 '고린도 교회에 보낸 편지'에서 기독교를 가리켜 말하기를, 기적을 구하는 유대인들에게는 거리끼는 것이 되고 지혜를 찾는 헬라인에게는 미련한 것이 되기도 하지만, 그것은 '하나님의 능력이고 하나님의 지혜'라고 했다(고후 1:25).

그 후 기독교의 한 외전인 빌립보행전(옛 전설에 속한 것으로, 최초의 원본이 4세기 말에 기록된 것으로 추정되고, 여러 장소에서 행해진 사도행전적 사건의 기록으로서, 사도행전의 후대 경전의 하나와 같이 여겨진다)의 저자는 신약의 정전인 사도행전을 모방하여 주인공 빌립보를 아테네에 보내어 바울의 경우와 같이 그곳의 철학자들 앞에서 연설을 하게 한다. 저자는 빌립보로 하여금 "나는 그리스도의 교훈(παιδεια)을 여러분에게 전하기 위하여 아테네에 왔다"고 말하게 한다. 이것은 바로 사도행전 저자의 의도와 같은 것이다.

빌립보행전의 저자가 기독교를 그리스도의 '파이데이아'(παιδεια)라고 부른 까닭은, 그것이 고전 헬라 교양의 계승임을 뜻한다. 헬라 교양을 갖춘 자에게 있어서 만일 기독교가 그것의 계승이라 한다면 기독교를 받아들이는 일에 크게 문제될 것이 없었다. 바울은 '주님의 교양'이라는 말을 사용하였는데(엡 6:4), 여기서 "주의 교양과 훈계로 양육하라"('εκτρεφετε 'εν παιδειαι και νουθεσιαι κυριου)고 했다.

11

서신들

서신서를 영어로 Epistle이라고 하는데, 일반 편지(letter)와 다른 점은 안부와 인사 외에 권면의 말씀이 중심을 이루고 있어 서신(書信)이라 부른다. 바울 서신, 공동 서신(주로 유대인 기독교인들에게 보내는 편지)으로 나눈다. 바울 서신에는 다음과 같은 서신 형식이 있다.

① 발신자(주로 바울) ② 수신자(각 지역, 개인) ③ 문안(은혜와 평화) ④ 감사(갈라디아서에만 없음) ⑤ 권면(본문, 가장 길다. 거의 설교문임) ⑥ 인사(마지막 안부) ⑦ 축도 ⑧ 아멘(개혁자들 성경에는 반드시 아멘으로 마침)[158)]

'예수 그리스도'(Jesus Christ)는 우리가 체험한 예수님이 메시아(헬라어로 그리스도)였다는 최초의 신앙고백이다(마 16:16). 그런데 사도 바울은 주로 "그리스도 예수님"(Christ Jesus)이라 부른다. 그는 예수님이 성육신하셔서 공생애 3년간 활동하실 때 주님을 만난 적이 없다. 그가 만난 예수님은 다메섹 도상에서 빛으로 나타나신 부활의 주님이기에 '그리스도'란 말이 먼저 나온다(참고 롬 1:4). 부활하시고 지금도 살아 계신 그리스도께서 바로 예수님이셨다는 의미이다. 바울 서신에는 주님 앞에 붙은 전치사 가운데 '안에'라는 뜻인 'en'이 가장 많이 나온다(특히 빌립보서). '주 안에', '그리스도 안에', '그리스도 예수 안에' 등이다.

■ 로마서 1:20-24 동성애에 대하여

레위기 18:22 "너는 여자와 교합함같이 남자와 교합하지 말라 이는 가증한 일이니라."

---

158) 개혁자들 성경에는 신약 사도행전을 제외하고 26권 마지막에는 '아멘'으로 끝나고 있다.

‘가증’(可憎, abomination)은 몹시 미워한다는 표현으로 하나님께서 우상숭배만큼 싫어할 때 쓰는 단어이다. “너는(이스라엘의 남자들은) 여자와 교합(성교)함같이 남자와 교합(성교)하지 말라(동성연애를 하지 말라) 이는 (하나님께서) 가증한(몹시 미워하는) 일이니라”고 하신다.

하나님께서는 “남자가 남자와 동성 연애하는 행위를 몹시 미워하신다”는 말씀이다.

레위기 20:13을 보면 “누구든지 여인과 교합하듯 남자와 교합하면 둘 다 가증한 일을 행함인즉 반드시 죽일지니 그 피가 자기에게로 돌아가리라”라고 하였다.

“누구든지(이스라엘 남자들 중에서 누구든지) 여인과 교합(성교)하듯 남자와 교합(성교)하면 둘(동성연애를 한 두 사람) 다 하나님 보시기에 가증한 일을 행함인즉 반드시 죽일지니, 그 피가 자기에게로(동성연애를 한 자신들에게로) 돌아가리라” 하신다.

구약시대에는 “남자끼리 두 사람이 동성연애를 하였으면, 동성연애를 한 두 사람을 다 죽이라”고 하였다.

> **신명기 23:17** “이스라엘 여자 중에 창기가 있지 못할 것이요 이스라엘 남자 중에 동성애자들[159]이 있지 못할지니.”
> **신명기 23:18** “창기의 번 돈과 개 같은 자(동성애)의 소득은 아무 서원하는 일로든지 네 하나님 여호와의 전에 가져오지 말라 이 둘은 다 네 하나님 여호와께 가증한 것임이니라.”

‘미동’(美童)이라 번역된 것은 동성애를 말한다. 비역(남자끼리 성행위)

159) the Sodomites 개역 성경에는 ‘미동’이라고 번역함.

을 할 때 밑에서 당하는 남자 아이를 말한다. 구약 성경에는 "창기와 미동은 둘 다 하나님께 가증하다"라고 하였다.

열왕기상 15:12 "동성애자[160]를 그 땅에서 쫓아내고 그 열조의 지은 모든 우상을 없이하고."

열왕기상 22:45-46 "45여호사밧의 남은 사적과 그 베푼 권세와 그 어떻게 전쟁한 것은 다 유다 왕 역대지략에 기록되지 아니하였느냐? 46그가 그 부친 아사의 시대에 남아 있던 동성애자를 그 땅에서 쫓아내었더라."

개역에서 번역한 '남색'(男色)은 남자끼리 하는 성행위를 말한다. "유다 왕 여호사밧이 '남색하는 자'를 그 땅(남쪽 유다 나라)에서 쫓아내었다"고 했다.

욥기 36:13-14 "13마음이 사곡한 자들은 분노를 쌓으며 하나님께 속박을 받을지라도 도우심을 구하지 아니하나니 14그들은 젊어서 죽으며 그 생명이 남창과 함께 망하려니와."

사곡(邪曲)은 마음이 간사하고 바르지 못함을 의미하고, 남창(男娼)은 남색 파는 것을 업으로 하는 남자를 말한다. 욥기에는 "마음이 사곡한 자들은 남창과 함께 망한다"고 하였다.

신약성경에 나오는 동성애자들에 대한 내용을 읽어보자.

---

160) 개역성경에서는 이를 '남색하는 자'라 번역함.

로마서 1:27 "이와 같이 남자들도 순리대로 여인 쓰기를 버리고 서로 향하여 음욕이 불 일듯 하매 남자가 남자로 더불어 부끄러운 일을 행하여 저희의 그릇됨에 상당한 보응을 그 자신에 받았느니라."

음욕(淫慾)은 음탕한 욕심, 호색하는 마음, 색욕, 육욕을 말한다. "이와 같이 남자들도 순리대로 여인 쓰기를 버리고(여자들과 성교하는 것을 버리고) 서로 향하여(남자가 남자와 서로 향하여) 음욕(음탕한 욕심)이 불 일듯 하매, 남자가 남자로 더불어 부끄러운(남자끼리 성교를 하여 하나님 보시기에 부끄러운) 일을 행하여 저희의 그릇됨에 상당한 보응을 그 자신에 받았느니라"고 하였다. 신약의 말씀에도 남자끼리 동성연애를 하는 사람들은, 하나님께서 그 행위에 상당한 보응을 하신다고 하였다.

고린도전서 6:9-10 "[9]불의한 자가 하나님의 나라를 유업으로 받지 못할 줄을 알지 못하느냐 미혹을 받지 말라 음란하는 자나 우상숭배하는 자나 간음하는 자나 탐색하는 자나 남색하는 자나 [10]도적이나 탐람하는 자나 술 취하는 자나 후욕하는 자나 토색하는 자들은 하나님의 나라를 유업으로 받지 못하리라."

"기독교인들 중에서 불의한 자가 하나님의 나라를 유업으로 받지 못할 줄을(천국에 들어가지 못하는 것을) 알지 못하냐? 미혹을 받지 말라"고 하였다. 많은 목회자들이 "기독교인들은 예수님을 믿음으로 이미 다 구원(영혼 구원)을 받았기 때문에, 기독교인들이 죽으면 다 천국에 들어간다"라는 구원파의 가르침을 전한다. 듣기 좋은 말에 미혹되지 마라.

예수님을 믿는 기독교인들 중에서 불의한 자들(음란하는 자, 우상숭배하는 자, 간음하는 자, 탐색하는 자, 남색하는 자, 도적, 탐람하는 자, 술 취하는 자, 후욕하는 자, 토색하는 자들)은 하나님의 나라를 유업으로 받지 못한다. 천국에 들어가지 못한다는 것이다. 하나님께서 "남색하는 자(동성애자=동성연애하는 자)는 하나님의 나라를 유업으로 받지 못하리라(천국에 들어가지 못하리라)"라고 분명히 말씀하셨다. 이 말씀을 기독교인들은 무시하거나 멸시하지 말고, 겸손한 마음으로 '아멘' 하고(고후 1:18-20) 순종해야 한다.

유다서 1:7 "소돔과 고모라와 그 이웃 도시들도 저희와 같은 모양으로 간음을 행하며 다른 색을 따라가다가 영원한 불의 형벌을 받음으로 거울이 되었느니라."

'다른 색'은 동성연애를 말한다. 소돔과 고모라와 그 이웃 도시들도(소돔과 고모라의 주위에 있는 다른 도시들도) 저희와(소돔과 고모라와) 같은 모양으로 간음을 행하며 다른 색(남색=동성애)을 따라가다가, 영원한 불의 형벌을(하나님께서 불로 심판하심을) 받음으로 거울이 되었느니라(지금 이 세상에 살고 있는 기독교인들에게 경계하게 하였느니라)는 말씀이다.

■ 로마서 8:1–2 성령을 좇는 자들

개혁자들의 성경에는 밑줄 친 부분이 나와 있고 2절에서 '너'가 아니라 '나'로 되어 있다.

로마서 8:1-2 "[1]그러므로 이제 그리스도 예수 안에 있는 자, 즉 육을 좇지 않고 성령을 좇는 자들 who walk not after the flesh, but after the Spirit에게는 결코 정죄함이 없나니 [2]이는 그리스도 예수 안에 있는 생명의 성령의 법이 죄와 사망의 법에서 나를 해방하였음이라 For the law of the Spirit of life in Christ Jesus hath made me free from the law of sin and death."

■ 로마서 16:24 '없음'이 아니라 내용을 회복해야 한다

"우리 주 예수 그리스도의 은혜가 너희 모두에게 임하시기를. 아멘. The grace of our Lord Jesus Christ be with you all. Amen."

개역성경에 '없음'이라 된 이 축도문을 반드시 회복해야 한다.

■ 갈라디아서 4:25 시내 산은 아라비아에 있다(시내 반도는 여전히 이집트 땅이다)

갈라디아서 4:25 "이 하갈은 아라비아에 있는 시내 산으로 지금 있는 예루살렘과 같은 데니 그가 그 자녀들로 더불어 종노릇 하고 For this Agar is mount Sinai in Arabia, and answereth to Jerusalem which now is, and is in bondage with her children."

앞서 출애굽기 13-14장에서 살핀 대로 시내 산의 위치가 아라비아에 있는 미디안이었다는 주장의 근거가 되는 말씀이다.

■ **에베소서 1:4-6 하나님의 예정**

사람의 구원에 관한 하나님의 예정(predestination)은 이중적이다. 즉 그것은 선택과 유기(遺棄)를 포함한다. 하나님께서는 창세 전에 그 자신의 전적인 긍휼과 은혜로 인하여 인류 가운데 어떤 이들을 죄에서 구원하여 영생에 이르도록 무조건적으로 선택하셨다. 신명기 7:6-8을 보면 하나님께서 이스라엘을 선택하신 이유는 단지 그들을 사랑하셨기 때문이었음을 알 수 있다. 요한복음 6:37, 39, 44, "아버지께서 내게 주신 자", 10:26, 27, "내 양", 사도행전 13:48, "영생을 주시기로 작정된 자는 다 믿더라"라고 하였다.

에베소서 1:4-6 "창세 전에 그리스도 안에서 우리를 택하사…그 기쁘신 뜻대로 우리를 예정하사…"
에베소서 1:11 "모든 일을 그 마음의 원대로 역사하시는 자의 뜻을 따라 우리가 예정을 입어 그 안에서 기업이 되었으니."
디모데후서 1:9 "하나님이 우리를 구원하사 거룩하신 부르심으로 부르심은 우리의 행위대로 하심이 아니요 오직 자기 뜻과 영원한 때 전부터 그리스도 예수 안에서 우리에게 주신 은혜대로 하심이라."

로마서 9:10-23(18절)을 보면, 하나님께서는 하고자 하시는 자를 긍휼히 여기심을 알 수 있다. 사실 선택이라는 말 자체가 하나님의 주권적, 무조건적 선택을 의미한다. 인간의 회개나 믿음 등의 조건에 근거한 선택이라면, 그것은 진정한 의미에서 하나님의 선택이 아니고 사람의 선택이 될 것이다.

하나님께서는 인류의 나머지 사람들을 그들의 죄와 파멸 가운데 버려두셨다(유기, 遺棄). 로마서 9:18에 하나님은 "하고자 하시는 자를 강퍅케" 하신다고 하였고, 9:22에는 "멸하기로 준비된 진노의 그릇"이라고 하였다. 선택의 사실은 버려두심을 내포한다. 버려진 자들은 자신들의 죄로 인해 멸망을 당하므로 결코 하나님께 불평할 수 없다.

이처럼 우리의 구원은 우리에게 있는 어떤 것에서 나온 것이 아니고 전적으로 하나님의 무조건적 선택의 은혜에서 나온 것이다. 선택의 증거는 믿음과 회개이다. 우리의 구원은 하나님의 선택에 근거하기 때문에 확실하고 안전하다. 왜냐하면 그것은 우리의 변덕스런 결심에 근거하지 않고 하나님의 불변적 예정에 근거하고 있기 때문이다.

■ 빌립보서 4:13 내게 능력 주시는 그리스도

빌립보서 4:13 "내게 능력 주시는 그리스도를 통하여 내가 모든 것을 할 수 있느니라 I can do all things through Christ which strengtheneth me."

개혁자들의 성경에서는 '그리스도'가 있다. 만약 그리스도를 빠뜨리면 뉴에이지 사상처럼 '자신', '인간', 심지어 '사탄'까지 넣어 잘못 읽을 수 있어 위험하다.

■ 히브리서 6:4–6 한 번 복음을 받고 타락하면 구원받을 수 없는가?

히브리서 6:4-6 "[4]한 번 비췸을 얻고 하늘의 은사를 맛보고 성령님에 참예한 바 되고 For it is impossible for those who were once enlightened, and have tasted of the heavenly gift, and were made partakers of the Holy Ghost, [5]하나님의 선한 말씀과 내세의 능력을 맛보고 And have tasted the good word of God, and the powers of the world to come, [6]타락한 자들은 다시 새롭게 하여 회개케 할 수 없나니 이는 자기가 하나님의 아들을 다시 십자가에 못 박아 현저히 욕을 보임이라 If they shall fall away, to renew them again unto repentance; seeing they crucify to themselves the Son of God afresh, and put him to an open shame."

이 구절은 복음의 맛을 보고 성령의 은혜에 참여한 자들, 즉 말씀과 내세의 능력을 맛보고도 다시 율법주의로 돌아간 자들에 대한 가르침이다. 6절에서 말하는 '타락한 자'(falling away)란 기독교의 본질에서 떨어져 나간 배교자(背教者, apostasy)를 의미한다.

헬라어 동사 'parapipto'(파라핍토)는 신약성경에서는 여기에만 나오는 단어로 그 뜻이 명확하다. 그리스도의 추종자들이었다가 이를 버린 배교자들이 회개하고 되돌아오는 경우는 없다는 것이다. 주목해야 할 것은 그들이 용서함을 받을 수 없다든가 구원에 되돌아올 수 없다고 말하지 않았다는 사실이다. 이런 사람들은 회개할 수 없다는 것이다. 그리스도인의 회개는 독특한 것이다. 이것은 자기의 전

생애를 떠나서 그리스도인의 길로 들어서는 것이다. 이런 경우가 지니는 본질상, 반복이란 결코 있을 수가 없다. 지나간 시간을 되돌릴 수 없다. 당사자가 타락한 상태를 저버린다는 것을 뜻하는 회개로 보여야 한다. 그런 사람은 스스로 이런 회개에 이를 수가 없다.

"하나님의 아들을 다시 십자가에 못 박아"(anastaurountas)라는 표현은 나중에 가서 실제적으로 자명해지듯이, 이 표현이 그렇게 적당하지는 않는 것 같다. '다시 십자가에 못 박아'라는 동사는 단순히 '십자가에 못 박아'로 취급하면 좋다. 그리스도를 부인하는 자들은 실제적으로 예수를 십자가에 못 박은 자들 사이에 참여하고 있다는 것을 말하고 있다. 그들은 마음과 정신적인 면에서 예수를 갈보리의 십자가 죽음에로 내어준 자들과 다를 바 없는 자들이다.

성도의 인내는 하나님께로부터 오는 것이지, 결코 저들 자신의 선한 공적에서 오는 것이 아니다(예, 요 6:37, 10:27-29).

땅이 그 위에 자주 내리는 비를 흡수하여 밭가는 자들의 쓰기에 합당한 채소를 내어 하나님께 복을 받는 거듭난 그리스도인들에 비해, 배교자는 같은 비를 흡수하고도 가시와 엉겅퀴를 낸다. 그리하면 이들은 버림을 당하고 저주함에 가까워 그 마지막은 영멸의 심판인 불사름이 된다(히 6:7-8).

히브리서 10:26-29을 보면 "우리가 진리를 아는 지식을 받은 후 짐짓 죄를 범한즉 다시 속죄하는 제사가 없고, 오직 무서운 마음으로 심판을 기다리는 것과 대적하는 자를 소멸할 맹렬한 불만 있으리라 모세의 법을 폐한 자도 두세 증인을 인하여 불쌍히 여김을 받지 못하고 죽었거든 하물며 하나님 아들을 밟고 자기를 거룩하게 한 언약의 피를 부정한 것으로 여기고 은혜의 성령을 욕되게 하는 자의 당연히 받을 형벌이 얼마나 더 중하겠느냐 너희는 생각하라"고 한다.

합당한 채소를 생산하는 유대인으로서 그리스도인인 히브리서 수신자들은 구원에 가까운 것을 확신하고 있다(히 6:9). 그래서 본문은 배교한 율법주의자에 대한 경고의 메시지이다

■ 디모데전서 4:7, 6:20 망령되고 허탄한 신화, 거짓 선생, 교훈 = 영지주의

영지주의(靈知主義, Gnosticism)란 초대 기독교의 이단으로, 바벨론 종교와 바알 종교, 헬라사상의 맥을 이은 사탄교라고 할 수 있다. 분명한 사실은 영지주의는 유대교와 플라톤 철학, 동방의 신비종교와 기독교 등이 뒤섞인 '종교적 혼합주의'(syncretism)라는 점이다. 영지주의라는 용어는 헬라어 가운데 지식이라는 의미를 지닌 그노시스(gnosis)에 유래된 것이었다. 그노시스라는 단어는 성경에도 여러 번 사용되었는데, 참된 영적 지식을 가리키는 경우도 있고, 잘못된 지식을 가리키는 경우도 있다. 예를 들어서 고린도전서 12:8에 '지식의 말씀'의 은사를 언급할 때도 그노시스가 사용되었고, 요한복음 17:3에 "영생은 곧 유일하신 참 하나님과 그의 보내신 자 예수 그리스도를 아는 것"이라고 할 때도 그노시스가 사용되었다.

그러나 영지주의에서 말하는 영지(Gnosis)는 365신들 중 최고의 신을 말한다. 최하위의 신이 창세기 1장에 나오는 천지만물을 지은 조물주라고 한다. 영지신으로부터 마치 화산 용암이 분출하듯이 흘러

나와 365 신들이 나왔다고 주장한다. 그래서 영지(靈知)를 가진 신앙인이 최고급 신자라고 주장한다. 그들은 독특하고도 탁월한 '영지'(gnosis)를 지닌 자로서 신성(神性), 즉 어떤 '영적인 정신'이 개인들의 몸 안에 주입되었다고 믿는다. 신자들은 영지를 믿어야 참된 신앙을 소유할 수 있다고 주장한다.

물질적인 것은 악으로 규정하며 영적인 것을 최고의 가치로 인정하는 철저한 이원론에 근거하고 있다(pleroma). 따라서 성(性)과 결혼에 대한 극단적인 금욕주의 형태를 취하여 유대교와 구약성경을 거부하며 성경을 알레고리(은유)적으로 해석하고, 세계는 조물주(여호와)에 의해 창조되었기에 그리스도의 육체는 한갓 환상에 불과한 것으로 믿는다. 모든 육체는 악하고 영혼은 선하다고 가르치고 있다. 이원론이다. 그래서 예수의 인성을 부인하고, 신성만 있었고 인성은 가짜로 나타난 것이라고 주장한다.

역사적으로 이단시되는 영지주의는 거짓된 '그노시스'를 가르치는 사상을 말한다. 영지주의 주장에 의하면, 창세기 3장에서 뱀은 아담과 하와에게 선과 악을 알게 하는 나무의 실과를 먹게 함으로써 그들의 눈이 떠져 선과 악을 구분하게 해주었다고 칭찬한다. 또 바벨탑도 하나님의 축복으로 해석한다. 건축을 하는 기술로 성을 건설하고 대를 하늘 꼭대기까지 쌓으려는 인간의 노력을 높이 평가한다. 성경의 원래 뜻과는 정반대로 해석하여 하나님을 줄기차게 대적해왔다.

사도 바울은 디모데에게 "거짓되이 일컫는 지식의 망령되고 허한 말과 변론을 피하라"(딤전 6:20)고 권면하는데, 여기서도 그노시스라는 단어가 사용되었다. '거짓된 지식'을 의미하는 것이었다. 바울은 영지주의자들을 “신화와 끝없는 족보에 착념”(딤전 1:4)하는 자들이라고 하면서 강하게 배척하였다.

골로새서와 요한일서는 영지주의 사상을 중점적으로 경계하고 있다. 초대교회 지도자 이레니우스는 영지주의를 이단으로 못을 박았다. 영지주의의 영향이 심해지자 교회는 신앙과 신약성경 정경화 작업에 박차를 가하였고 사도의 신앙을 지켜나갔다.

사도행전 8:18-24에 나오는 마술사 시몬은 사도들이 안수하니 성령을 받는 것을 보고 돈을 주고 이 권능을 사려고 했다가 사도들로부터 책망을 들은 일이 있었다. 이 시몬이 영지주의의 창시자라고 보는 이들도 있다. 1세기 말엽 케린투스, 바실리데스(2세기 초엽), 사투르니누스(2세기 초엽), 말시온(160년경 사망), 발렌티누스(160년경 사망), 타티안(110-172) 등이 대표적인 영지주의자들이다.

교부 터툴리안은 영지주의를 고급 창녀로 비유하면서 고급 창녀가 매일 그 의상을 갈아입듯이 영지주의자들은 사람에 따라서 사상이 다르다고 했다. 이집트 알렉산드리아의 영지주의는 영해(allegory)를 이용한 신론이나 우주론적인 요소가 더 강했다.

1946년에는 이집트의 나그함마디(Nag Hammadi)라는 마을에서 약 400년경의 수도원 도서관이 발굴되었는데, 영지주의와 관련된 53개의 소논문들이 포함되어 있었다. 이 소논문들은 영지주의자들의 저술을 이집트어(Coptics)로 번역한 것들로서 기독교적 영향이 확연히 드러나는 내용들도 있고, 기독교적 영향을 전혀 찾아볼 수 없는 내용들도 있다. 도마복음서, 유다복음서(최근 발표, 2006. 4) 등 모두 영지주의 작품이며, 2세기 중반에 번창하여 다양한 분파들을 일으키다가 6세기경에 이르러서는 희미한 흔적만 남겼다. 그러다 중세기의 카다리파, 개혁기의 신령주의자들, 근대의 합리주의자들 및 현대의 이단 집단 가운데 영지주의적 요소들이 부분적으로 계속 나타나는 것을 볼 수 있다. 뉴에이지운동과 다빈치 코드의 배경이 되는 사상에는 영지주의의 영향이 크다.

■ 요한일서 5:7–8 삼위일체

개혁자들의 성경을 보면 삼위일체에 대해 분명히 밝히고 있다.[161)]

요한일서 5:7-8 "7하늘에 증거하는 분이 셋이니, 아버지, 말씀, 성신이시라 이 세 분이 한 분이시라 For there are three that bear record in heaven, the Father, the Word, and the Holy Ghost: and these three are one. 8땅에 증거하는 것이 셋이니, 영과 물과 피라 이 셋이 하나이라 And there are three that bear witness in earth, the Spirit, and the water, and the blood: and these three agree in one."

삼위일체 문제는 참으로 중요한 것으로 한국에서도 이로 인해 많은 이단들이 생겨났다. 특별히 한국에서는 양태론을 주장하는 이들이 많으며, 심지어 복음적인 교단의 목사나 지도자들도 이런 이론을 가르치고 있다. 예를 들어, 누가 삼위일체를 설명하면서 "나는 아이들에게는 아버지요 아내에게는 남편이요 성도들에게는 목사이다"라고 말하면 이것이 곧 양태론이다. 또는 "물은 얼음도 되고 액체도

161) 개역성경과 현대역에서는 이를 변경하고 있다. 요일 5:7-8 "증거하는 이는 성령이시니 성령은 진리니라 증거하는 이가 셋이니 성령과 물과 피라 또한 이 셋이 합하여 하나이니라."

되고 수증기도 된다"는 주장 역시 양태론에 근접한 진술이다. 이렇듯 양태론의 핵심은 한 하나님이 아버지도 되고 아들도 되고 성령님도 된다는 것이다. 그러나 성경은 이런 것을 분명하게 이단 교리라고 말한다.

한국에는 양태론을 주장하는 이단들이 여럿 있는데, 그중의 한 파는 여기서 더 나아가 아버지의 이름이 예수이고 성령님의 이름이 예수라고 주장하며, 그래서 침례를 줄 때도 "아버지와 아들과 성령님의 이름인 예수의 이름으로 준다"고 한다. 이런 이론이 생기게 된 것은 전적으로 개역성경 때문이다. 이들은 요한복음 17장 11절을 근거로 이런 엉터리 주장을 하는 것이다.

> 개역: "나는 세상에 더 있지 아니하오나 그들은 세상에 있사옵고 나는 아버지께로 가옵나니 거룩하신 아버지여, 내게 주신 아버지의 이름으로 그들을 보전하사 우리와 같이 그들도 하나가 되게 하옵소서."

개역성경에는 분명하게 예수라는 이름이 "아버지가 아들에게 주신 아버지의 이름"으로 되어 있으므로 그들이 그런 주장을 하는 것도 당연하다. 그들이 성경대로 그렇게 믿는다고 주장해도 도저히 반박할 수 없다. 그러나 킹제임스 성경은 이와 전혀 다르다.

> 흠정역: "이제 나는 세상에 더 있지 아니하오나 이들은 세상에 있사옵고 나는 아버지께로 가옵나니 거룩하신 아버지여, 아버지께서 내게 주신 자들을 아버지의 이름으로 지키사 우리와 같이 그들도 하나가 되게 하옵소서."

흠정역 성경은 "아버지께서 내게 주신 자들을 아버지의 이름으로 지키사"로 되어 있다. 즉 개역성경에는 아버지가 자신의 이름을 아들에게 준 것으로 되어 있는 데 반해 킹제임스 성경에서는 아버지가 아들에게 그들을 주신 것으로 되어 있다. 이렇게 성경이 다르면 교리가 변할 수밖에 없다.

이것은 개역성경의 근간이 된 로마 가톨릭교회의 사본들이 변개되었기 때문이다. 그래서 NIV 등도 개역성경과 마찬가지로 아버지의 이름이 예수임을 보여주며, 그 결과 예수 유일주의 같은 이단 교리가 발붙일 틈을 주고 있다.

NIV: I will remain in the world no longer, but they are still in the world, and I am coming to you. Holy Father, protect them by the power of your name--the name you gave me--so that they may be one as we are one.

이제 성경적 삼위일체는 다음과 같이 설명할 수 있다.

뚜렷이 구분되는 서로 다른 세 인격체, 즉 아버지와 아들과 성령님이 한 하나님으로서 이 세 인격체 중 하나가 없으면 한 하나님이 되지 않는다.

예를 들어 시간을 생각해 보자. 시간은 반드시 과거, 현재, 미래가 있으며 각각이 다 시간이고 이 셋 중 하나가 없으면 더 이상 시간이 아니다. 이 세상의 모든 물체는 공간을 차지하면서 반드시 길이(x), 너비(y), 높이(z)를 가지고 있으며 이중 하나가 없으면 더 이상 물체가 아니다. 아무리 얇은 것도, 작은 것도 반드시 x, y, z 세 방향의 크기를 가지며, 이로써 그 물질이(혹은 공간이) 구성된다. 우리 하나님께서는 이처럼 삼위일체의 증거들을 우주에 많이 만들어 두셨다.

요한계시록 22:19 "만일 누구든지 이 책의 예언의 말씀에서 제하여 버리면 하나님이 이 책에 기록된 생명책과 거룩한 성에 참예함을 이 책에 기록된 것으로부터 제하여 버리시리라 And if any man shall take away from the words of the book of this prophecy, God shall take away his part out of the book of life, and out of the holy city, and from the things which are written in this book."

■ 요한계시록 16:16 아마겟돈 전투(The battle of Armageddon)[162]

요한계시록 16:16 "세 영이 히브리 음으로 아마겟돈이라 하는 곳으로 왕들을 모으더라 And he gathered them together into a place called in the Hebrew tongue Armageddon."

'아마겟돈'(Armageddon)이란 히브리어 단어 'Har-Magedone'로 므깃도 언덕(산)이란 뜻이다. 산이란 말은 인공언덕(인공산)을 말하는 것으로 히브리어로 텔(Tel, Tell)이다. Har을 헬라어로 표기하면 h가 묵음이 되어 생략되고 (H)Ar-Mageddon으로 된다. 이곳은 예루살렘 북서쪽 60마일 떨어진 곳으로 오늘날 하이파 남동쪽에 위치해 있다. 이스르엘 평야가 시작되는 곳으로 북방 왕들(바벨론, 앗시리아)과 남방 왕들(이집트, 블레셋)이 만나 전쟁을 많이 치르던 장소이다. 지금까지

162) www.gotquestions.org 'Armageddon'

약 200번의 전쟁이 있었던 곳이다.

유명했던 전투는 ① 드보라 사사의 군대장군 바락(Barak)이 하솔의 야빈 왕의 군대장군 시스라를 물리친 전쟁(삿 4:15) ② 기드온이 미디안 군대를 300명 군사로 물리친 전쟁(삿 7장)이다. ③ 사울 왕과 세 아들(요나단 포함)이 전사한 길보아 산이 있다(삼상 31:8). ④ 요시야 왕(King Josiah)이 이집트 군에 의해 전사한 전쟁(왕하 23:29-30; 대하 35:22) 등이다.

종말에 하나님께서 적그리스도와 싸우실 마지막 종말 전쟁터로 소개된다(계 16:16, 20:1-3, 7-10). 이 마지막 종말 전쟁에서 최대의 군인들이 싸우게 되며 열국들이 그리스도를 대항하여 전쟁하게 될 것이다. 그래서 종말론에서는 종말전쟁의 대명사로 아마겟돈을 말하는데, 반드시 텔-므깃도를 말하는 것은 아니다.

■ 요한계시록 20:1-15, 다니엘 9:24 대환란과 종말의 사건[163)]

다니엘 9:24 "네 백성과 네 거룩한 성을 위하여 칠십 이레 Seventy weeks로 기한을 정하였나니 허물이 마치며 to finish the transgression 죄가 끝나며 to make an end of sins 죄악이 영속되며 to make reconciliation for iniquity, 영원한 의가 드러나며 to bring in everlasting righteousness 이상과 예언이 응하며 to seal up the vision and prophecy, 또 지극히 거룩한 자가 기름부음을 받으리라 to anoint the most Holy."

다니엘서 1-6장은 다니엘 대언자의 삶을 통해 하나님의 뜻을 실현

163) www.gotquestions.org.

하는 내용이고, 7-12장은 묵시를 통해 마지막에 일어날 때를 예언하고 있다.

대환란(the great tribulation)은 주님께서 종말 마지막 7년 동안에 마귀를 둘째 사망에 넣기 전 알곡과 쭉정이를 가리기 위해 허락하신 기간이다. 이 기간 중 하나님의 구원 계획을 이루실 것이다.

1) 이스라엘 나라의 훈련을 이루실 것이다(단 9:24).

2) 땅의 불신, 불경건한 주민들을 심판하실 것이다(일곱 인, 일곱 나팔, 일곱 대접 재앙, 계 6-18장).

이 7년이란 다니엘서에서 말하는 칠십 주간(the seventy weeks)이다(단 9:24-27). 특히 7년 가운데서 전 3년 반은 거짓 평화로 짐승(the beast=적그리스도 antichrist)이 활동하며, 후 3년 반에는 그들의 실체를 드러내고 무섭게 활동할 때 하나님의 무서운 심판(the wrath of God)이 행해진다. 한 때, 두 때, 반 때(1+2+0.5=3.5)이다. 특히 7년 환난(tribulation) 기간 중 후반부 삼 년 반을 '대환란'(the great tribulation)이라고 한다.

예수님께서 친히 수난 당하시기 전 감람산에서 제자들에게 말씀하시기를 "그러므로 너희가 대언자 다니엘의 말한 바 멸망의 가증한 것이 거룩한 곳에 선 것을 보거든(읽는 자는 깨달을진저)"(마 24:15) 하시면서 "이는 그때에 큰 환난(a great tribulation)이 있겠음이라 창세로부터 지금까지 이런 환난이 없었고 후에도 없으리라 그날들을 감하지 아니할 것이면 모든 육체가 구원을 얻지 못할 것이나 그러나 택하신 자들을 위하여 그날들을 감하시리라"(마 24:21-22)고 하셨다. 대환란 때 적그리스도가 자기의 정체를 공개적으로 나타낼 것이다. 구원받은 성도들이 이날들을 인내하며 기다리면 마침내 예수님께서 다시 오셔서 구원을 이뤄주실 것이다.

마태복음 24:29-30 "[29]그날 환난 후에 즉시 해가 어두워지며 달이 빛을 내지 아니하며 별들이 하늘에서 떨어지며 하늘의 권능들이 흔들리리라 [30]그때에 인자의 징조가 하늘에서 보이겠고 그때에 땅의 모든 족속들이 통곡하며 그들이 인자가 구름을 타고 능력과 큰 영광으로 오는 것을 보리라."

예수님도 가르치시기를 황폐한 곳이 세워지는 것이 대환란의 시작이라는 것이다. 주님의 재림으로 대환란은 끝이 나고 천년왕국 후 새 하늘과 새 땅이 세워질 것이다.

다니엘 12:1 "그때에 네 민족을 호위하는 대군 미가엘이 일어날 것이요 또 환난이 있으리니 이는 개국 이래로 그때까지 없던 환난일 것이며 그때에 네 백성 중 무릇 책에 기록된 모든 자가 구원을 얻을 것이라."
예레미야 30:7 "슬프다, 그날이여, 비할 데 없이 크니 이는 야곱의 환난의 때가 됨이로다마는 그가 이에서 구하여 냄을 얻으리로다."

야곱의 환난의 때는 이스라엘 나라의 박해(persecution)를 언급하는 것이다.

마태복음 24:15-30과 다니엘 9:26-27에 의하면, 적그리스도의 적극적 출현이 황폐한 것을 성전에 세움에서 본격화됨을 예언하고 있다. 요한계시록 13:1-10에서 짐승의 무도한 행동을 폭로하고 있다. 42개월(3.5= 한 때 두 때 반 때)은 사탄의 최후의 발악 기간이다(계 13-19

장). 주님 재림 후 천년왕국 동안 사탄은 무저갱에 갇혀 있게 된다(계 20:1-6). 이 기간에 성도들은 주님과 함께 다스릴 것이다.

> **누가복음 1:32-33** "[32]저가 큰 자가 되고 지극히 높으신 이의 아들이라 일컬을 것이요 주 하나님께서 그 조상 다윗의 위를 저에게 주시리니 [33]영원히 야곱의 집에 왕 노릇하실 것이며 그 나라가 무궁하리라."

천년이 지난 후 잠시 무저갱에서 석방되어 천년왕국(millennium) 동안 자신을 숨기던 사탄 숭배자들이 다시 나와 사탄을 추종할 때 모두 체포되어 불과 유황에 던져질 것이다. 이로써 루시퍼는 영원무궁토록 죽음에 거하게 된다.

> **요한계시록 19:15** "그의 입에서 이한 검이 나오니 그것으로 만국을 치겠고 친히 저희를 철장으로 다스리며 또 친히 하나님 곧 전능하신 이의 맹렬한 진노의 포도주 틀을 밟겠고."
>
> **요한계시록 20:7-10** "[7]천년이 차매 사탄이 그 옥에서 놓여 [8]나와서 땅의 사방 백성 곧 곡과 마곡을 미혹하고 모아 싸움을 붙이리니 그 수가 바다 모래 같으리라 [9]그들이 지면에 널리 펴져 성도들의 진과 사랑하시는 성을 두르매 하늘에서 불이 내려와 그들을 소멸하고 [10]또 그들을 미혹하는 마귀가 불과 유황 못에 던지우니 거기는 그 짐승과 거짓 선지자도 있어 세세토록 밤낮 괴로움을 받으리라."

옛 하늘, 옛 땅, 옛 바다는 없어지고 새 하늘, 새 땅, 새 예루살렘이 이뤄질 것이다.

요한계시록 21:1-2 "[1]또 내가 새 하늘과 새 땅을 보니 처음 하늘과 처음 땅이 없어졌고 바다도 다시 있지 않더라 [2]또 내가 보매 거룩한 성 새 예루살렘이 하나님께로부터 하늘에서 내려오니 그 예비한 것이 신부가 남편을 위하여 단장한 것 같더라."

베드로후서 3:10 "그러나 주의 날이 도적같이 오리니 그날에는 하늘이 큰 소리로 떠나가고 체질이 뜨거운 불에 풀어지고 땅과 그중에 있는 모든 일이 드러나리로다."

■ 후기

이상과 같이 성경의 난해 구절, 단어, 오해하는 내용, 잘못 알려진 내용, 보다 자세한 설명이 필요한 구절, 번역 문제 등 바른 성경 이해가 절실하다. 특히 지도자나 선교사는 말할 것도 없고 평신도들도 성경에 대한 바른 이해를 가져야 한다.

본서에서 다룬 문제들 말고 더 많은 내용을 지면상 다 다루지 못함을 아쉬워하며, 이제 한국 목회자 학교에서 신구약 성경 전체를 강해할 때 다루도록 하겠다. 독자들의 좋은 충고와 견해를 감사히 받겠다(카톡, 전화, 이메일 등). 한국교회가 이제 세계적인 지도자의 위치에 서기 위해서는 성경을 바르게 이해해야 함을 절실히 느끼면서 본서를 출판하게 되어 기쁘다.

부록

■ 성경은 어떻게 만들어졌나요? 그것이 하나님의 말씀이라는 것을 어떻게 증명할 수 있나요?

- CTS 사인사색 Q&A "성경이 보인다" 2013년 1월 22일(화) 오전 10:30 방송

1) 성경은 어떻게 만들어졌나요?

성경은 최초로 하나님께서 십계명을 돌비에 새긴 것으로 시작합니다. 그리고 1000년 동안 약 40명의 사람들이 성령님의 영감을 받아 기록한 말씀입니다.

십계명이 기록되기 전 하나님의 사람들이 사건들을 입으로 전달했습니다. 이것을 구전(口傳, oral tradition)이라 합니다. 인간이 문자를 쓰기 전 기억력이 뛰어났다고 합니다. 일자무식한 할머니께서 옛날 이야기를 들려주시는데 얼마나 정확하게 기억하시는지 놀랄 때가 많습니다. 문자로 기록하기 시작함으로 인간의 기억력이 점점 퇴화했다고 합니다. 그래서 구전의 정확성에 대해 의심할 필요는 없습니다.

처음 기록된 성경 원문인 양피지나 파피루스는 세월이 지나면 낡아지고 곰팡이가 피고 없어집니다. 그래서 서기관들(scribes)이 이를 그대로 베껴 다른 양피지나 파피루스에 옮겨 적었습니다. 이를 '사본'이라고 합니다. 우리가 지금 읽고 있는 성경책은 최고 신빙성이 있는 사본에서 번역된 것이어서 말씀의 권위를 가지고 있습니다.

구약성경은 지금으로부터 3400년 전 모세에 의해 기록되기 시작한 후 1000년 동안 기록되어 왔습니다. 신약성경은 주후 50년부터 50년간 기록되었습니다. 인류가 문자를 발명하여 기록에 남기기 시

작한 것은 주전 3000년경 메소포타미아의 쐐기문자(cuneiform)와 이집트의 상형문자(hieroglyph), 중국의 갑골문자 등이었습니다. 히브리어는 셈어의 하나로, 주전 15세기경 가나안의 그림문자(picture letters)로부터 시작된 알파벳이 발전되어 오다가 아람어 어군으로 된 언어입니다.

하나님의 손가락으로 두 돌비에 십계명이 기록된 것이 성경의 최초 원문이었는데, 하나님의 언약궤에 보관되어 오다가 솔로몬 성전이 멸망할 때 사라졌습니다. 모세가 호렙 산에서 40일 동안 머물면서 기록할 때 문자는 셈어가 알파벳어로 발전하기 초기 형태로, 양의 가죽(양피지, sheep skin)에 기록된 말씀은 아무리 잘 보관하더라도 수백 년 지나면 낡아 버립니다.

다행히도 주전 2세기와 주후 1세기 사이에 사해(염해) 동북쪽에 있던 에세네파의 쿰란 공동체에서 구약의 사본을 기록하여 항아리에 넣고 밀봉하여 석회암 동굴들에 분산하여 넣어 두었는데, 거의 2000년간 이 사본들이 잘 보관되어 왔습니다. 로마군의 침공을 대비하여 보관한 것이었습니다. 1947년 베두인 한 소년이 잃은 양을 찾으러 동굴 속에 돌멩이를 던졌는데 항아리 깨지는 소리가 나서 들어가 자세히 살펴보니 항아리 속에 글자를 기록한 양피지가 있었습니다. 이것이 그 유명한 '사해 사본'(Dead Sea Scroll)이었습니다.

이 사본을 입수한 랍비는 2000년 전 기록된 '이사야 사본'임을 알게 되었고, 성경고고학팀들이 베두인들의 협조를 얻어 1955년까지 주변의 13개 동굴들로부터 구약의 모든 사본들을 입수하게 되었습니다. 사본의 역사를 1000년(그 당시까지만 해도 1004년 러시아의 알레포 사본이 제일 오래된 것이었음)을 앞당겼습니다.

성경의 진위성은 비단 사본뿐만 아니라 번역본으로도 증명됩니다.

구약성경이 아람어로 번역된 것이 바로 타르굼(Targum)입니다.

또한 알렉산더 대왕 이후 헬라(그리스)시대가 시작되었습니다. 로마 시대가 시작되기 전인 주전 3세기 중엽에 이집트의 톨레미 2세(Ptolemy II Philadelphus, 285-246 BC)가 세계 최대의 도서관을 알렉산드리아에 건축하고, 여기에 보관하려고 이스라엘에서 각 지파별 6명씩(12×6=72) 72명을 초청하여 히브리어 구약 성경을 그리스어로 번역하게 했습니다. 그러나 2명은 사정이 있어 돌아가고 나머지 70명이 번역한 성경책을 다 모아 대조해 보니 똑같이 번역되었답니다. 이것이 바로 70인역(Septuagint, LXX)입니다.

신약 성경은 헬라어(그리스어)로 기록되었고, 사도시대에는 70인역이 유통되어 신약성경에서 구약을 인용할 때 70인역이 사용되어졌다고 합니다.

또한 주후 400년 경 로마시대에 제롬에 의해 라틴어로 번역되었는데, 이를 불가타(Vulgata)라고 합니다. 중세시대와 오늘날 가톨릭에서 공식 성경으로 사용되고 있습니다.

2) 그것이 어떻게 하나님의 말씀이라 증명이 됩니까?

성경뿐 아니라 인류의 많은 문헌들의 원본은 없습니다. 지역에 따라 시대에 따라 여러 문헌들과 판들이 전해지고 있습니다. 우리나라 춘향전, 홍길동전도 몇 가지 다른 판들이 전해집니다. 성경은 원문은 없어도 오래된 사본들이 수천 개 존재하고 쿰란에서 발견된 사해사본들은 가장 오래된 구약의 사본이기도 합니다. 이렇게 오랫동안 전해져 온 구전, 사본들, 번역본들을 비교해 보면 거의 일치한다는 것입니다. 그리고 성경은 450개 언어로 완전 번역되어 있고, 부분적으로는 2,000여 개 언어로 번역되어 있습니다. 이 성경을 읽고 하나님의 감동을 느끼며, 변하여 새사람이 되고 있습니다. 말씀이 사람을 회복시킵니다.

■ 이단과 정통 기독교는 어떻게 구분이 되나요?

- CTS 사인사색 "성경이 보인다" 2013년 1월 15일(화)오전 10:30 방송

먼저, 이단, 사이비, 사교에 대한 정의부터 살펴봅니다.

1) 이단(Heresy)

기독교 진리인 성경에서 벗어난 다른 복음을 전하며 다른 신 우상을 숭배하는 행위로 기독교 전통이나 권위에 반항하여 진리의 성경을 가감하는 행위 일체를 의미합니다. 성경을 임의로 해석하여 용어에 반하는 행위로 교회의 본질을 흐리게 하기 위하여 적그리스도, 거짓 그리스도, 거짓 선지자, 거짓 교사, 거짓 형제, 다른 복음을 전하는 자와 단체로서 교회에 불화와 혼란과 논쟁으로 분열과 파당을 일으키는 종파를 의미합니다(마 24:1-14; 막 13장; 눅 21장; 갈 1:6-8; 벧후 3:16; 요이서; 유다서; 계 22:18-19 등).

교리적으로 잘못될 때 이단인 것입니다. 신론, 기독론, 인간론, 삼위일체론, 창조론, 구원론, 계시론, 교회론, 종말론 중 단 하나만 잘못되어도 이단이 될 수 있습니다. 비록 윤리적으로 선해도 교리적으로 잘못되면 이단임을 알아야 합니다. 예컨대 통일교, 몰몬교, 여호와의 증인, 안식교, 천주교, 크리스천 사이언스 등은 프리메이슨 멤

버들입니다. 이 집단에 속해 있는 사람들이 도덕적으로 선하게 살고 많은 구제를 하더라도 그들이 믿는 신앙이 바르지 못하기 때문에 구원받을 수 없습니다.

2) 사이비(quasi-religion or pseudoreligion, non-main stream religion)

이단의 경우 종교적, 도덕적 기준에 따르나, 사이비는 종교적, 도덕적 기준 이외에 법적 기준이 적용되기도 합니다. 외적으로 기독교의 교훈과 비슷하나 본질적으로 완전히 다른 것을 의미하며, 이단 요소를 공유하나 무속 종교적 요소로 혼합된 종교를 말할 수 있으며, 우상 신을 만들고 숭배하고 섬기는 것을 말할 수 있습니다. 이단은 기성교단이나 기독교를 배타적으로 공격하는 반면에, 사이비 종교는 기성교단 교회 안에서 공존하는 형태로 교회를 분열과 파당 행위로 혼란케 하는 집단을 의미합니다. 교단에서 기준을 발표합니다.

3) 사교(邪教, cult)

근본적으로 성경에 합당하지 아니하며, 이단 사이비 종교로도 취급할 수 없는 종파나 집단으로 매우 혼란스러운 종교 행위로 교회와 국가 사회에 거짓과 해악을 끼치며, 도덕과 윤리적으로도 잘못된 종교를 의미합니다(시 58:3, 101:7, 104; 잠 6:19, 12:22, 19:5, 25:18; 사 5:15)

집단 자살(미국, 한국, 아프리카), 대순진리회(1988년 5월 천지개벽하고 1989년 2차 개벽 강조하여 청년들의 금품을 갈취), 구원파 유병언 등이 사회적 물의를 일으키며 비판을 받았습니다.

▶ **이단과 정교의 구분은 대체로 다음의 기준에 준합니다.**

(1) 하나님의 삼위일체 되심, 곧 성부, 성자, 성령을 부분적으로나 전체적으로 부인하는 것은 이단입니다(마 28:19; 고후 13:13; 요일 2:22-23).

(2) 예수 그리스도는 온전하신 하나님이요, 동시에 온전하신 사람인데도 그분을 하나님으로만 믿거나, 사람으로만 믿거나, 반신반인으로 믿거나, 하나님도 사람도 아닌 제3의 존재로 믿는 것은 이단입니다(갈 4:4; 골 1:16-23; 히 1:3, 2:5-18; 요일 1:3, 14, 4:2-3).

(3) 예수 그리스도만이 유일무이한 구원의 길인데도 다른 종교, 곧 불교, 유교, 힌두교, 이슬람교들이나 다른 사람 곧 공산주의, 기독교과학 등이 인간을 구원할 수 있다고 믿는 것은 이단입니다. 따라서 기독교 진리를 다른 종교의 것과 혼합하는 것도 이단입니다(요 14:6; 행 4:12; 딤전 2:5)

(4) 인간은 누구든지 예수 그리스도를 '믿음으로만' 구원을 얻을 수 있음을 정통 기독교는 믿습니다. 그러나 인간이 구원을 얻는 데 있어서 다른 조건들(가령 세례나 침례, 성령세례, 방언, 헌금, 전도, 피갈음, 안식일 준수 등)을 구원의 조건들로 삼는 것은 잘못된 이단 신앙입니다(요 3:16; 롬 1:17; 엡 2:8; 골 2:16; 딤후 3:5).

(5) 자기의 교파나 교회에만 구원이 있을 뿐 역사적 기독교회에는 구원이 없는 듯이 가르치거나, 역사적 교회를 맹렬히 공격하고 믿지 않는 이들에게 전도하기보다는 역사적 교회 신자들을 유인해 가려는 것은 이단 집단들입니다(마 16:16-19, 24:4-5).

(6) 신구약성경 66권을 정경으로 믿지 않고 그외 무엇을 덧붙이거나 제거하는 것은 이단입니다(계 22:18-19).

(7) 이상한 체험, 지도자의 가르침, 다른 책, 하나님의 직접 계시 등

을 성경과 동등시하거나 성경보다 우위에 두거나 그것들을 성경해석의 표준으로 삼는 것은 이단 신앙입니다(딤후 3:16-17; 벧후 1:20-21).

(8) 성경에 없는 것을 주장하거나 혹은 한 부분만을 절대화하고 교리화시킴으로써 성경 전체에 일관된 교훈을 부정하는 것은 이단 신앙입니다(요 20:30-31; 히 1:1-2).

(9) 기적을 전적으로 부인하는 것도, 혹은 기적만을 전적으로 강조하는 것도 이단 신앙입니다(마 7:20-21, 24:24; 막 16:17-18; 눅 16:31).

(10) 지도자가 마치 하나님처럼 신격화되었거나, 혹은 되려고 노력하는 집단은 이단입니다(행 10:25-28, 12:20-23).

(11) 시한부로 예수 그리스도의 재림을 예언하거나 예언했다가 사실이 아닌 것으로 판명되었음에도 불구하고, 다른 해석을 첨가하여 그 주장을 계속 정당화시키는 교인들은 이단입니다(마 24:36; 눅 12:40; 행 1:7).

(12) 교회를 부인하거나 정치운동, 경제활동, 사상운동 등을 실제적 최고 목적으로 삼고서도 교회란 명칭을 사용하는 집단은 이단입니다(마 7:19-23, 18:15-17; 계 1:20, 2:1).

– 미국 동부 이단대책협의회 "이단신앙 판별지침"

▶ 이단과 사이비(악령)들은 교회를 어떻게 괴롭게 하는가?

마태복음 24:10-12 "그때에 많은 사람이 시험에 빠져 서로 잡아주고 서로 미워하겠으며 거짓 선지자가 많이 일어나 많은 사람들을 미혹하겠으며 불법이 성하므로 많은 사람의 사랑이 식어지리라."

(1) 많은 사람들을 미혹하여 넘어지게 합니다.

(2) 시험에 빠지게 하고 사랑이 식어지게 합니다.

(3) 교회를 혼란케 하며 불법으로 다스리게 합니다.

(4) 교회를 파괴시키고 넘어지게 합니다.

(5) 불평불만을 갖게 하고 남을 이간시킵니다.

(6) 군세지 못한 영혼들을 유혹합니다(벧후 2-3장).

(7) 모든 진실을 속이고 위장하며 불의를 선전합니다.

(8) 진리를 훼방합니다(벧후 2:2).

(9) 교회를 멸망케 합니다(벧후 2:1).

(10) 직통계시, 예언, 종말론, 신비주의, 영성 체험(주관적, 개인적)주의, 입신, 기복, 대언, 환상, 환청, 표적방언, 영성, 성령 충만과 넘어뜨리는 사건, 행위신앙 등을 주장하면서 성경을 자기 주관적으로 해석하거나 오용하여 멸망을 자처하는 자들입니다.

▶ 이단을 어떻게 대처해야 할 것인가?

첫째, 성경을 통해 하나님을 바로 알아야 합니다. 하나님은 공의의 하나님이심을 확실하게 알아야 합니다. 하나님은 동일하게 믿음을 주십니다(벧후 1:11). 온전한 믿음과 참 신앙으로 생활해야 합니다(딤후 3:16-17). 성경은 우리에게 모든 것을 가르쳐 줍니다. 하나님의 사람으로 온전케 하며 모든 선한 일을 하기에 온전히 구비해 줍니다.

둘째, 항상 주의해야 합니다. 제자들이 재난의 징조에 대하여 예수님께 질문을 할 때에 마태복음 24:4-5에서 사람의 미혹을 받지 않도록 주의하라고 하셨습니다. 많은 사람들이 예수의 이름으로 와서 나는 그리스도라 하여 많은 사람을 미혹하게 하리라고 경고하셨습니다. 마가복음 13:5에 "적그리스도를 주의하라", 누가복음 21:8에 "미혹을 받지 않도록 주의하라", 베드로후서 3:7에 "미리 알아서 예비하라", 베드로후서 2-3장에서 유혹을 피하기 위한 교훈을 주셨습니다.

셋째, 디도서 3:10에 "이단에 속한 사람은 한두 번 훈계한 후 멀리하라" 했습니다. 한 번 이단에 빠지면 중독성이 있어 헤어 나오기가 어렵습니다. 그래서 이단에 대한 예방을 하는 것이 중요합니다.

넷째, 어떤 역경과 환난이 온다 하더라도 진리를 따라서 끝까지 예수를 옳게 믿어야 합니다(갈 1:6-9; 딤후 3:16-17). 마태복음 24:13을 보면 "그러나 끝까지 견디는 자는 구원을 얻으리라"고 하였습니다.

다섯째, 하나님께서 심판하실 일입니다.

마가복음 13:32에 "그러나 그날과 그때는 아무도 모르나니 하늘의 천사들도, 아들도 모르고 오직 아버지만 아시느니라"고 말씀하십니다. 그러므로 하나님의 심판 때까지 교회(성도)가 의무적으로 이단 방지 대책을 강구해야 합니다. 왜냐하면 이단에 빠지면 이미 심판을 받은 것이 되기 때문입니다.

■ 온전한 판단이 어려운 분들은 하나님의 구원을 받을 수 있나요?

- CTS 사인사색 "성경이 보인다" 2013년 1월 15일(화) 오전 10:30 방송

구원 문제는 하나님의 권한에 속한 것이기에 우리가 왈가왈부할

성격이 되지 못합니다. 온전한 판단이 어려운 분들이라고 하나님의 구원에서 제외될 수 없습니다. 우리가 이해는 잘 못해도 예수님을 믿을 수 있다면 구원을 받을 수 있습니다. 외형상 온전한 판단이 어려운 분들이라도 하나님께서는 그 마음의 중심을 보십니다. 어린아이와 같이 단순한 믿음으로 구원을 받을 수 있다고 봅니다. 이런 장애우들은 오히려 정상적 사람보다 더 순진하고 악에 물들지 않을 수 있습니다. 죄를 지을 확률도 매우 낮습니다. 그래서 우리는 온전한 판단이 어려운 분들에게도 예수님을 증거하며 말씀을 전해야 합니다. 이들의 구원을 위해 간절한 기도가 필요합니다.

실제로 온전한 판단이 어려운 분들에게 예수님의 사랑을 실천하고 가르치면 복음에 대해 민감하게 반응할 때가 많습니다. 이들의 영혼은 건강할 수 있습니다. 하나님께서 이들 영혼도 사랑하시고 구원받기를 원하신다는 것이 중요합니다. 인간은 불가능해도 하나님께는 불가능이 없습니다. 구원문제도 마찬가지입니다.

오랫동안 자식을 기다리던 아브라함에게 천사가 말합니다.

> **창세기 18:14** "여호와께 능치 못한 일이 있겠느냐 기한이 이를 때에 내가 네게로 돌아오리니 사라에게 아들이 있으리라."

또 예수님께서 벙어리 귀신들린 아들의 아버지에게 "할 수 있거든이 무슨 말이냐 믿는 자에게는 능치 못할 일이 없느니라"(막 9:23)라고 하셨습니다.

또한 한 부자 청년이 예수님께 와서 "선생님이여, 내가 무슨 선한 일을 하여야 영생을 얻으리이까?" 하니 "네가 생명에 들어가려면 계명들을 지키라" 하시자 십계명을 지켰다고 대답하면서 그 청년은 "아직도 무엇이 부족하니이까?"라고 물었습니다. 이에 주님께서 "네가 온전하고자 할진대 가서 네 소유를 팔아 가난한 자들을 주라 그리하면 하늘에서 보화가 네게 있으리라 그리고 와서 나를 좇으라"(마 19:16-21) 하셨습니다. 그 청년에게는 재물이 우상이 되어 있었습니다. 결국 그 청년은 근심하며 떠나갔습니다.

이에 주님께서 제자들에게 말씀하십니다. "내가 진실로 너희에게 이르노니 부자는 천국에 들어가기가 어려우니라 약대가 바늘귀로 들어가는 것이 부자가 하나님의 나라에 들어가는 것보다 쉬우니라"(마 19:23) 하시니, 제자들이 듣고 심히 놀라 묻기를 "그런즉 누가 구원을 얻을 수 있으리이까?" 하자 예수님께서 저희에게 말씀하셨습니다.

> **마태복음 19:25-26** "사람으로는 할 수 없으되 하나님으로서는 다 할 수 있느니라 With men this is impossible; but with God all things are possible."

우리가 보기에는 불가능한 것처럼 보이나 하나님께는 불가능이 없습니다.

온전한 판단이 어려운 분들처럼 말을 하기 전 유아들에게도 복음을 제시하며 하나님의 사랑을 전해야 합니다. 아이들의 영은 어른들보다 훨씬 맑습니다. 이처럼 우리는 태교를 해야 합니다. 태 속에 있는 생명에게도 말씀을 읽어주고 찬송을 들려주고 예배를 가르칠 수 있습니다. 유산된 아이들의 영혼도 주님께서는 받아주실 것입니다.

고린도전서 1:26-28 “형제들아 너희를 부르심을 보라 육체를 따라 지혜 있는 자가 많지 아니하며 능한 자가 많지 아니하며 문벌 좋은 자가 많지 아니하도다 그러나 하나님께서 세상의 미련한 것들을 택하사 지혜 있는 자들을 부끄럽게 하려 하시고 세상의 약한 것들을 택하사 강한 것들을 부끄럽게 하려 하시며 하나님께서 세상의 천한 것들과 멸시 받는 것들과 없는 것들을 택하사 있는 것들을 폐하려 하시나니.”

또한 코마(coma) 상태가 된 소위 식물인간의 경우를 고려해 볼 수 있습니다. 뇌사 상태이거나 뇌의 기능이 사고의 능력을 잃어버린 경우에 회개와 믿음의 기능을 하지 못하는 상태에, 생명을 주관하시는 하나님께서 구원하시겠다면 그 영혼을 받아주신다고 봅니다. 자기 힘이나 의지로 할 수 없는 경우 주변의 친구들, 보호자들의 기도와 믿음이 중요합니다.

한 중풍병자를 주님께로 데려왔으나 무리들로 인하여 주님께 데려갈 수 없어 주님 계신 곳의 지붕을 뜯어 구멍을 내고 중풍병자의 누운 침상을 달아내렸습니다. 이스라엘에 가보면 지붕 위에 종려나무 가지를 널어놓아 한국의 초가집처럼 만든 집이 많습니다. 그래서 가지들을 걷어내면 방이 보입니다. 이때 주님께서는 저희들의 믿음을 보시고 중풍병자에게 이르시되 “소자야 네 죄 사함을 받았느니라”(막 2:5) 하십니다.

오늘도 우리 주변에 있는 온전한 판단이 어려운 분들, 정신 장애우들을 위해 이 친구들처럼 주님께 기도드리며 믿음을 드립시다. 우리들의 믿음을 보시고 정신 장애우의 죄를 사하시며 구원해 주실 것입니다.

■ 부활은 왜 기독교에만 있는가?

- CTS 사인사색 "성경이 보인다" 2013년 1월 8일(화) 오전 10:30 방송

부활에 대한 이야기는 기독교에만 있지 않고, 고대근동 신화에도 나옵니다.

(1) 바벨론 신화를 보면, 니므롯과 세미라미스 사이에 태어난 담무스(Tammuz)가 곰에 의해 살해되었는데, 여성들의 통곡의 힘으로 다시 부활해서 봄의 풍요 축제가 시작됩니다. 담무스를 위한 애곡의식이 예루살렘 성전 안까지 침투하여 행해졌음을 에스겔은 보았습니다.

> **에스겔 8:14** "그가 또 나를 데리고 여호와의 전으로 들어가는 북문에 이르시기로 보니 거기 여인들이 앉아 담무스를 위하여 애곡하더라."

(2) 이집트 신화를 보면, 동생에게 살해당한 오시리스(Osiris)가 12토막으로 나뉘어진 것을 그의 아내 이시스(Isis)가 우여곡절 끝에 이를 찾아내어 살립니다. 그래서 부부행위를 하여 낳은 아들이 태양의 신 호러스(Horus)입니다. 프리메이슨의 상징인 콤파스, 자, G라는 글자(Gamma)는 바로, 오시리스(콤파스), 이시스(자), 호러스(G, 우주의 지배자란 의미, 태양신)입니다.

(3) 가나안 신화에 보면, 바알신이 죽어 지하세계에 있다가 죽음의 신 모트(Mott)와 싸우는데 이를 '악의 투쟁'(chaoskampf)이라 합니

다. 바알신이 이겨 부활해서 세계의 왕으로 취임하는 것이 신년축제(new year festival)입니다.

이들 신화에 나오는 부활은 모두 꾸며낸 이야기일 뿐입니다. 신화 자체가 인간이 만들어낸 허구입니다. 인간의 왕들을 신격화하기 위해 만들었기 때문입니다.

그러나 예수님의 부활은 역사적 사실입니다. 하나님께서 육신이 되어 이 땅에 오신 예수님이 인간의 죄를 지고 친히 죽으셨는데, 사흘 만에 다시 살아나셨습니다. 예수님의 무덤은 비어 있습니다. 예수님의 부활로 흩어졌던 제자들이 다시 모이고, 이들이 모인 장소에 세 번이나 주님이 나타나셔서 저들을 만나주셨습니다. 부활의 주님을 만난 저들은 성령세례를 받고 거듭나서, 예수님의 부활의 증인으로 살다가 순교했습니다.

평소에 예수님을 믿지 않았던 예수님의 육신의 형제인 야고보도 부활의 주님을 만난 후(고전 15:7) 그리스도인이 되어 예루살렘 교회 초대 감독이 되고, 야고보서를 저술하며 마침내 순교했습니다. 엠마오로 돌아가던 두 제자들도 부활의 주님을 만난 후 다시 예루살렘으로 돌아와 일생 복음을 전하게 되었습니다. 부활하신 후 40일이 지나 승천하실 때는 500명 성도들이 목격했습니다(고전 15:6). 이중 120명은 마가의 다락방에서 열심히 기도할 때 열흘 후 성령님이 강림하셔서 저들 모두가 부활의 증인으로 살게 되었습니다. 예수님은 승천하시면서도 성령으로부터 권능을 받아 예루살렘에서 땅끝까지 부활의 증인으로 살 것을 당부하셨습니다.

이처럼 예수님의 육체의 부활은 역사적인 사실입니다. 신명기 19:15을 보면 "사람이 아무 악이든지 무릇 범한 죄는 한 증인으로만 정할 것이 아니요 두 증인의 입으로나 세 증인의 입으로 그 사건을 확정할 것이며"라고 하였는데, 부활의 증인이 2000년 동안 수많은 증거를 해왔습니다. 이렇게 많은 부활의 증인들의 증거가 있는데도 믿지 않는다면 저들의 마음이 하나님의 생명에서 떠나 있기 때문에 그렇습니다.

에베소서 4:18 "저희 총명이 어두워지고 저희 가운데 있는 무지함과 저희 마음이 굳어짐으로 말미암아 하나님의 생명에서 떠나 있도다."
마가복음 16:14 "그 후에 열한 제자가 음식 먹을 때에 예수께서 저희에게 나타나사 저희의 믿음 없는 것과 마음이 완악한 것을 꾸짖으시니 이는 자기의 살아난 것을 본 자들의 말을 믿지 아니함일러라."

그리스도인들 모두 예수님의 부활의 증인입니다. '증인'이란 헬라어 말튀스(μαρτυς)에서 순교자(martyr)란 말이 나왔습니다. 순교자란 뜻은 예수님의 부활을 증거하다가 죽어 하늘의 장막을 입고 천국에 입성한 성도를 말합니다. 이 부활을 기념해서 매 주일 모여 주일 예배를 드립니다. 그래서 주일마다 우리는 십자가에서 내 죄로 인해 돌아가신 주님을 기억하고 사흘 만에 부활하신 주님을 만나야 합니다. 그리고 부활의 증인이 되겠다고 다짐하는 전도와 선교의 결단이 있어야 합니다.

십자가의 고난을 당하시기 전 예수님께서는 세 번이나 제자들에게 십자가 처형과 부활을 예고하셨습니다.

(1) **마태복음 16:21** "이때로부터 예수 그리스도께서 자기가 예루살렘에 올라가 장로들과 대제사장들과 서기관들에게 많은 고난을 받고 죽임을 당하고 제삼일에 살아나야 할 것을 제자들에게 비로소 가르치시니."

(2) **마태복음 17:9** "저희가 산에서 내려올 때에 예수께서 명하여 가라사대 인자가 죽은 자 가운데서 살아나기 전에는 본 것을 아무에게도 이르지 말라 하시니."

(3) **마태복음 20:18-19** "보라 우리가 예루살렘으로 올라가노니 인자가 대제사장들과 서기관들에게 넘기우매 저희가 죽이기로 결안하고 이방인들에게 넘겨주어 그를 능욕하며 채찍질하며 십자가에 못 박게 하리니 제삼 일에 살아나리라."

기독교 교리의 핵심이 '십자가와 부활'입니다. 예수님께서는 부활을 통해 하나님의 아들로 인정되셨고, 부활로 최초 신앙고백인 "우리 주 예수 그리스도"가 되신 것입니다.

로마서 1:3-4 "이 아들로 말하면 육신으로는 다윗의 혈통에서 나셨고 성결의 영으로는 죽은 가운데서 부활하여 능력으로 하나님의 아들로 인정되셨으니 곧 우리 주 예수 그리스도시니라."

■ 천주교(가톨릭)와 기독교의 차이에 대해 알고 싶습니다.

- CTS 사인사색, "성경이 보인다" 2013년 1월 8일(화) 오전 10:30

천주교를 로마 가톨릭(Roman Catholic)이라고 합니다. 주후 313년 콘스탄티누스 황제가 기독교를 공인할 때, 로마교가 기독교의 탈을 쓴 종교입니다. 지난 1700년 동안 천주교는 종교와 정치 두 개의 얼굴을 하고 성경을 믿는 기독교를 박해해 왔습니다. 약 6200만 이상의 기독교인들을 죽였습니다. 천주교는 자기들의 교리를 성경과 동등하게 여기며, 최근까지 기독교라고 하여 많은 사람에게 혼돈을 주고 있습니다.

성경을 믿는 기독교는 종교가 아니며 하나님의 아들 예수 그리스도의 복음입니다. 종교란 가톨릭이나 통일교나 불교처럼 인간이 만든 제도(human institution)입니다. 참된 기독교는 사람이 만든 제도가 아니라, 예수님만 구세주로 믿는 복음입니다. 그래서 기독교에 종교를 붙이는 것은 또 다른 종교로 전락시키는 것이니 조심해야 합니다. 예를 들면 "기독교는 부활의 종교입니다. 사랑의 종교입니다. 진리의 종교입니다"라는 표현은 잘못된 것입니다.

종교개혁이란 용어가 일본에서 들어온 친일파 종교 용어인데, 잘못된 표현입니다. 세계에서 종교개혁이라는 표현을 쓰는 나라는 일본과 한국뿐입니다. 종교라는 말을 쓰지 말고 16세기 유럽에서 일어난 기독교 신앙 '개혁운동'(reformation)이라고 해야 합니다. 개혁교회, 개혁신앙, 개혁주의 표현이 맞습니다.

대부분 기독교 신학교에서 사용하는 교회사 교재가 천주교에서 만든 것이어서, 천주교 관점에서 역사를 배운 것이 지금도 그대로 남아 있는 것이 많습니다. 마치 일제 식민지 사관으로 한국을 보며 열등하고 자기를 비하하는(low esteem) 역사관에서 벗어나지 못한 한국인들이 많은 것처럼. 천주교를 구교, 기독교를 신교라고 한다든지, 천주교를 큰 집, 기독교를 작은 집이라고 한다든지, 개혁된 기독교를 '개신교'(개신교, protestant)라고 부르는 것이 모두 잘못된 표현입니다.

기독교는 세례 요한의 증거로부터 지금까지 내려오는 복음이며, 15세기와 16세기 개혁가들이 중세 때에도 이름 없이 빛도 없이 내려온 복음을 다시 강조하여 '오직 성경으로'(sola Scriptura), '오직 믿음으로'(sola Fidei), '오직 은혜로'(sola Gratia), '오직 그리스도로'(solus Christus) 개혁하여 천주교와 차별화했습니다. 초대교회로, 말씀으로, 본질로 돌아가자는(ad fontes) 정신이 바로 개혁이었습니다.

천주교는 기독교와 300여 교리에서 차이가 납니다. 한 가지만 달라도 이단사설인데, 천주교는 교리 중심의 종교일 뿐입니다. 다행히도 최근 천주교에서 기독교라는 표현을 쓰지 말라는 움직임이 있습니다. 십자군 원정도 천주교와 이슬람교도의 싸움이었지, 기독교와는 상관이 없습니다.

(1) 구원관이 다릅니다. 천주교는 구원이 천주교 성당과 선행을 통해서도 이루어진다고 하나, 기독교는 오직 예수 그리스도만으로 구원받는 것을 믿습니다(요 14:6).

제2차 천주교 바티칸 공의회(1962-65년) 일치운동에 관한 교령은 다음과 같이 언급하고 있습니다.

"구원의 보편적 보조 수단인 그리스도의 가톨릭 교회를 통해서만 구원방법의 모든 충족에 도달할 수 있다"(일치교령 3항).

천주교(가톨릭)에서는 구원받기 위해서는 끊임없이 선행을 해야 한다고 가르칩니다. 또 교회가 사람의 죄를 용서하는 권세를 가지고 있다고 합니다.

아무리 중대한 잘못이라도 거룩한 교회가 사해 줄 수 있다고 합니다(교리 제1편 p.372). 그래서 고해성사를 하여 신부가 죄 사함을 선언합니다.

그러나 성경에서는 "오직 믿음으로 의롭다 함을 받고 구원받습니다." 오직 예수님을 통해 구원받습니다. 이것이 기독교의 본질입니다.

⑵ 십계명의 2계명을 믿지 않고 빼버립니다. 천주교는 우상숭배를 금지하고 있는 2계명을 믿지 않습니다. 성상 숭배, 마리아 숭배, 교황 숭배를 실시하고 있습니다. 마리아를 통해 예수님에게 나아가야 한다(Through Mary to Jesus)고 주장하며, 유럽의 대부분 성당의 중심벽에 쓰여 있습니다.

⑶ 교황의 권위를 성경과 그리스도와 동등하게 둡니다.

천주교에서는 교황이 우주적인 권력을 행사하는 그리스도의 대리자라고 합니다(제1편 p.342). 교황은 오류가 없으며(무오설) 죄도 없다고 믿습니다(p.344). 교황과 추기경들이 쓰고 있는 마이터(Mitre, 司敎冠)는 물고기의 아가리를 벌리고 있는 모습으로 블레셋인들이 섬겼던 다곤(Dagon, 삿 16:21-30; 삼상 5:5-6)의 제사장들이 쓰는 모자입니다. 풍요신인 다곤의 등에는 물고기의 비늘이 덮인 겉옷이 입혀지고 그 밑에는 꼬리가 달려 있고 손발이 노출되어 있습니다. DAG이란 물고기를 뜻합니다. 달신의 신전인 바벨탑을 만들었으며, 바벨론의 초대 왕인 니므롯이 훗날 다곤으로 둔갑된 신입니다.

교회의 기초는 베드로의 신앙고백인 "주는 그리스도시요 살아 계신 하나님의 아들이시니이다"(마 16:16)인데, 천주교에서는 베드로를 초대 교황으로 만들며 그가 교회의 기초라고 가르칩니다. 천국열쇠는 믿음인데, 천주교에서는 교황권이라고 가르칩니다. 요한 칼빈은 "참 교회의 뚜렷한 표시는 말씀과 성례의 사역이다"라고 강조했습니다. 교황권이 아닙니다(요 10:9, 14:6; 고전 12:27; 엡 1:23, 4:12; 골 2:19; 웨스트민스터 신앙고백서 25장 2항, 대요리 문답 62문).

⑷ 성찬식의 떡과 포도주는 진짜 예수님의 몸과 피로 변화한다는 화체설을 신봉합니다. 떡도 태양신을 상징하는 둥글고 하얀 과자를 만들어 먹으며(일부 기독교인들도 사용하는데 잘못된 것임), 일반 신도에게는 잔을 주지 않고 사제만 마십니다. 그러나 기독교는 주님의 말씀대로 성찬은 주님의 죽으심을 기념하며 성령의 임재를 믿습니다.

⑸ 천주교는 구약의 39권 정경 이외 15권의 외경을 정경으로 받아들이며, 성경에도 없는 연옥설을 믿습니다. 금식과 고행을 통해 죽은 자의 형벌을 낮춘다고 믿고, 해골숭배를 하며, 인간을 성인으로 추앙하여 그 성인들의 이름 앞에 대문자 S를 써서 Saint라고 붙이고 이들에게도 기도를 합니다. 할로윈 날(halloween day) 다음날(11월 1일) 모든 성인들을 위한 제사를 하며, 신부와 수녀의 결혼을 금지합니다.

마리아를 또 다른 구원자로 신봉하는 교리를 만들어, 마리아를 성모라고 추앙하여 승천했다고 1950년 교황이 발표함으로 가톨릭 내에도 논쟁이 있습니다. 또한 예수님 출생 후 요셉과 마리아 사이에 아무런 자녀를 낳지 않았다고 하여 천주교 성경에는 예수님의 육신의 동생들(야고보, 요셉, 시몬, 유다)을 사촌으로 바꿔놓고, 죽은 자를 위한 기도와 성례를 행합니다. 모두 성경에는 없고 자기들의 교리에는 있어, 신부가 되거나 영세를 받을 때 성경보다는 교리만을 가르칩니다. 천주교는 기독교가 아닙니다.

골로새서 2장 8절에서 "누가 철학과 헛된 속임수로 너희를 노략할까 주의하라 이것이 사람의 유전과 세상의 초등 학문을 좇음이요 그리스도를 좇음이 아니니라"라고 분명히 밝혀 말하고 있습니다. 가톨릭은 그리스도를 온전히 좇지 않습니다.

■ 방언은 무엇인가요? 꼭 방언을 해야 하나요? 방언을 해야만 신앙심이 좋은 건가요?

- CTS 사인사색 "성경이 보인다" 2013년 1월 1일(화) 오전 10:30 방영, 재방; 수 오후 3:30

방언은 '다른 언어'란 뜻이고 때때로 '사투리'를 지칭하기도 합니다. 그러나 성경에서 말하는 방언은 성령의 은사 중 하나로 전도와 선교의 목적으로 예루살렘 예배에 참여하러 온 사람들의 자국어로 동시통역한 언어였습니다. 바벨탑 사건 이전에는 온 땅의 언어가 하나였지만, 하나님께서 "이 무리가 한 족속이요 언어도 하나이므로 이같이 시작하였으니 이후로는 그 경영하는 일을 금지할 수 없으리로다 자, 우리가 내려가서 거기서 그들의 언어를 혼잡게 하여 그들로 서로 알아듣지 못하게 하자"(창 11:6-7) 함으로 인류는 여러 언어를 사용하게 되었고, 같은 언어를 쓰는 사람들이 함께 살게 되었습니다.

예수님께서 승천하신 후 이를 목격한 500문도 중 380명은 불참했고, 120문도들이 모여 전혀 기도에 힘쓰고 있을 때, 열흘 만에 주님께서 약속하신 보혜사 성령님이 마가의 다락방에 임하는 모습이 사도행전 2:1-4에 기록되어 있습니다. 저희가 다 성령의 충만함을 받고 성령이 말하게 하심을 따라 다른 방언으로 말하기를 시작합니다. 예루살렘을 방문 중인 큰 무리가 모여들어 자기의 방언으로 제자들의 말하는 것을 듣고 놀라기를 "보라 이 말하는 사람이 다 갈릴리 사람이 아니냐? 우리가 우리 각 사람의 난 곳 방언으로 듣게 됨이 어찜이뇨?"라고 하였습니다.

"바대인(페르시아)과 메대인과 엘람인과 메소보다미아, 유대와 가바도기아, 본도와 아시아, 브루기아와 밤빌리아, 애굽과 구레네에 가까운 리비야, 로마, 그레데인, 아라비아인" 등이 사용하는 언어로 복음을 전했습니다(행 2:6-11). 이것이 방언입니다.

성령의 은사 중 하나인 방언은 하나님께서 다른 언어를 구사하는 이들에게도 말씀을 전하기 위해 주셨습니다. 오늘날도 독일 방언, 영어 방언, 러시아 방언, 오지의 언어 방언을 위해 구하면 주십니다. 그 목적이 복음을 전하기 위해서라면…. 최근에 한국의 목사님이 미국에 오셔서 부흥회를 인도하고 계셨는데, 성령께서 임하시니 미국인 남편들이 통역 없이도 그 말씀을 깨닫고 회개하고 큰 은혜를 받기도 했습니다. 아프리카, 남미에서도 이런 현상이 있습니다. 성령께서 기도하는 사람의 영에 확신과 유익을 주기 위해 방언을 하게 하십니다.

그래서 방언은 구하는 자마다 쉽게 받을 수 있습니다. "너희 중에 누구든지 지혜가 부족하거든 모든 사람에게 후히 주시고 꾸짖지 아니하시는 하나님께 구하라 그리하면 주시리라"(약 1:5)라는 말씀처럼 방언의 은사를 믿음으로 구하면 주십니다. 방언의 은사가 임할 때 특징은 통성기도 중에 턱이 뻣뻣해지고 혀가 굳어지고 알 수 없는 발음이 되어 거침없이 방언기도가 나옵니다. 성령께서 내 혀를 움직이시는데 내 생각은 의지적으로 한국말로 기도하려는데 방언이 되어 나옵니다. 이때는 그냥 기도를 하시면 됩니다.

성령께서 임하실 때 오는 현상도 여러 가지 있습니다. 목이 갑자기 죄어 오기도 하고, 토를 할 것 같은 복통이 오기도 하며, 등 뒤가 따뜻해지기도 하고, 입안이 불같이 뜨거워지기도 합니다. 각자 다릅니다. 방언이 올 때는 그냥 기도를 계속하면 됩니다. 편하게 성령님께 모든 것을 맡기고 기도하는데, 그 방언은 내 귀에 명확하게 들립니다. 많은 경우 방언으로 회개하고, 중보를 하며, 주님을 믿고 사랑하는 고백이 나오고, 때로는 기도의 응답을 주십니다.

죄 문제가 해결되면 고질적인 병마가 물러가고, 치유와 회복이 되기도 합니다. 얼마나 기쁜지 마음에 평안이 오며 온 세상이 내 세상이 된 것 같기도 합니다. 방언을 받기 전과 후에 마음의 자세가 달라집니다. 베드로처럼 부정적인 생각에서 벗어나 긍정적인 사고를 가지게 됩니다. 두려움이 사라지고 담대해집니다. 주님을 뜨겁게 사랑하게 됩니다. 그래서 방언을 받을 수만 있다면 간구하여 받기를 권합니다.

그러나 방언 받으신 분들은 조심해야 할 일이 있습니다. 내가 받은 방언이 성령님으로부터 오는 것인지, 마귀로부터 오는 것인지, 아니면 내 심리적으로 오는 것인지 분별해야 합니다. 방언을 받고 기뻐하며 더 겸손하고 주님의 일에 적극적인 자세를 가지면 안심해도 좋습니다.

그런데 방언을 받고 나서 더 불안해지고, 식은땀이 나며, 이상한 소리를 지르게 되고, 심지어 비정상적인 언행이 계속될 때는 이는 성령님으로부터 오는 방언이 아님을 직감해야 합니다. 또 방언 받았다고 받지 못한 사람을 무시하면 안 됩니다. 방언은 구원과 아무런 상관이 없습니다. 방언의 은사를 받지 못해도 천국에 들어갑니다.

방언의 은사를 받은 분은 더 큰 은사를 위해 기도해야 합니다. 방언을 받은 분은 통변의 은사를 위해 기도하십시오. 또 예언의 은사를 간구하십시오.

고린도전서 14:1-6 "[1]사랑을 따라 구하라 신령한 것을 사모하되 특
별히 예언을 하려고 하라 [2]방언을 말하는 자는 사람에게 하지 아
니하고 하나님께 하나니 이는 알아듣는 자가 없고 그 영으로 비밀
을 말함이니라 [3]그러나 예언하는 자는 사람에게 말하여 덕을 세우
며 권면하며 위로하는 것이요 [4]방언을 말하는 자는 자기의 덕을 세
우고 예언하는 자는 교회의 덕을 세우나니 [5]나는 너희가 다 방언
말하기를 원하나 특별히 예언하기를 원하노라 방언을 말하는 자가
만일 교회의 덕을 세우기 위하여 통역하지 아니하면 예언하는 자
만 못하니라 [6]그런즉 형제들아 내가 너희에게 나아가서 방언을 말
하고 계시나 지식이나 예언이나 가르치는 것으로 말하지 아니하면
너희에게 무엇이 유익하리요."

당시 고린도 교회가 방언에 대해 질문을 했는데, 고린도전서 14장은 그에 대한 사도의 답변입니다.

고린도전서 14:18-19 "내가 너희 모든 사람보다 방언을 더 말하므로 하나님께 감사하노라 그러나 교회에서 네가 남을 가르치기 위하여 깨달은 마음으로 다섯 마디 말을 하는 것이 일만 마디 방언으로 말하는 것보다 나으니라."

더욱 중요한 것은 '사랑의 은사'입니다.

고린도전서 13:1-3 "내가 사람의 방언과 천사의 말을 할지라도 사랑이 없으면 소리 나는 구리와 울리는 꽹과리가 되고 내가 예언하는 능력이 있어 모든 비밀과 모든 지식을 알고 또 산을 옮길 만한 모든 믿음이 있을지라도 사랑이 없으면 내가 아무것도 아니요 내가 내게 있는 모든 것으로 구제하고 또 내 몸을 불사르게 내어줄지라도 사랑이 없으면 내게 아무 유익이 없느니라."

그래서 방언의 은사를 받은 분은 예언의 은사와 통변의 은사를 구해야 하고, 모든 그리스도인들은 사랑의 은사를 꼭 받아야 합니다. 방언은 성령의 은사의 기초이며 출발입니다. 더욱 믿음이 자라나서 더 큰 은사를 간구하시기 바랍니다. 성령의 은사 중 하나인 방언을 우리의 믿음생활에 유익하도록 주십니다(고전 12:7). 그러나 방언은 해야만 신앙이 좋다고 평가하기보다 아가페 사랑의 은사를 받은 분이 신앙이 좋습니다.

■ 정말 하나님이 지구의 종말을 원하시나요?

- CTS 사인사색 "성경이 보인다" 2012년 12월 25일 오전 10:30 방송

하나님께서는 지구의 종말을 원하고 계시지 않습니다. 성경의 어느 구절도 '지구의 종말'을 언급하고 있지 않습니다. 노아 홍수 때에도 지구는 건재했습니다. 물이 온 세상을 덮었지만 지구가 없어진 것은 아닙니다. 방주에서 나와 노아와 그 가족들이 하나님께 예배를 드리니 하나님께서는 열납하시고 그 중심에 이르시되 "내가 다시는 사람으로 인하여 땅을 저주하지 아니하리니 이는 사람의 마음의 계획하는 바가 어려서부터 악함이라 내가 전에 행한 것같이 모든 생물을 멸하지 아니하리니 땅이 있을 동안에는 심음과 거둠과 추위와 더위와 여름과 겨울과 낮과 밤이 쉬지 아니하리라"(창 8:21-22)고 약속하셨습니다. 지구의 종말을 언급하지 않습니다.

또 예레미야를 통해 말씀하시기를, "내가 땅을 본즉 혼돈하고 공허하며 하늘들을 우러른즉 거기 빛이 없으며 내가 산들을 본즉 다 진동하며 작은 산들도 요동하며 내가 본즉 사람이 없으며 공중의 새가 다 날아갔으며 내가 본즉 좋은 땅이 황무지가 되었으며 그 모든 성읍이 여호와의 앞 그 맹렬한 진노 앞에 무너졌으니 이는 여호와의 말씀에 이 온 땅이 황폐할 것이나 내가 진멸하지는 아니할 것이며"(렘 4:23-27) 하였습니다. 이 모든 것이 현재 지구 위에서 일어날 것입니다. 종말을 예고한 마태복음 24장, 마가복음 13장에서 지구의 종말을 언급한 구절은 찾아볼 수 없습니다. 재림주의 오심에 대해 이렇게 언급한 곳을 읽을 수 있습니다.

마가복음 13:24-27 "그때에 그 환난 후 해가 어두워지며 달이 빛을 내지 아니하며 별들이 하늘에서 떨어지며 하늘에 있는 권능들이 흔들리리라 그때에 인자가 구름을 타고 큰 권능과 영광으로 오는 것을 사람들이 보리라 또 그때에 저가 천사들을 보내어 자기 택하신 자들을 땅끝으로부터 하늘 끝까지 사방에서 모으리라."

이 모든 현상도 지구상에서 일어날 것입니다.

묵시적 상황을 자세히 언급한 요한계시록에서도 지구의 종말은 언급하고 있지 않습니다. 네 번째 나팔소리가 있을 때 "해 삼분의 일과 달 삼분의 일과 별들의 삼분의 일이 침을 받아 그 삼분의 일이 어두워지니 낮 삼분의 일은 비춰이 없고 밤도 그러하더라"(계 8:12)고 하였고, 또 일곱째 나팔소리에 한 큰 붉은 용이 있어 "그 꼬리가 하늘 별 삼분의 일을 끌어다가 땅에 던지더라"(계 12:4)고 하였는데, 이 모든 언급도 지구가 없어진다든지, 지구가 어떤 혜성과 충돌하여 산산조각이 난다는 말은 없습니다. 단지 묵시문학에서도 언급하는 것은 현 시대의 종말을 말합니다. 악하고 사탄이 장악하는 질서는 다 무너지고 새 하늘과 새 땅, 새 예루살렘, 새 성전이 이 땅 위에 세워진다는 것입니다. 지구를 깨끗이 청산하고 이 지구상에 하나님의 나라가 임할 것을 예언하고 있습니다.

산상수훈에서 예수님께서 언급하신 말씀을 보십시오. "진실로 너희에게 이르노니 천지가 없어지기 전에는 율법의 일점 일획이라도 반드시 없어지지 아니하고 다 이루리라"(마 5:18)고 하셨습니다. 그만큼 하나님의 말씀은 영원하리라는 것을 강조하고 있지, 지구의 종말을 언급하시는 것은 아닙니다.

요한계시록 21:1-2의 "내가 새 하늘과 새 땅을 보니 처음 하늘과 처음 땅이 없어졌고 바다도 다시 있지 않더라 내가 보매 거룩한 성

새 예루살렘이 하나님께로부터 하늘에서 내려오니 그 준비한 것이 신부가 남편을 위하여 단장한 것 같더라"라는 말씀에서도 현 지구가 완전히 없어지고 새로운 행성이 탄생된다는 말이 아니라, 천년왕국 후 하나님께서 이 지구를 하나님 나라로 격상시켜 주시고 변화(renovation, restoration)시켜 주신다는 말씀이지 지구의 종말을 뜻하지는 않습니다.

흔히 지구의 종말이란 모든 것이 파괴되고 무질서하고 인류의 종말처럼 생각되어 공포와 두려움을 가져다줍니다. 오히려 지구의 종말에 대한 것은 이단사설이나 세상이 말하고 있는 것으로, 우리는 이에 현혹되지 말아야 합니다. 1999년 7월에 지구의 종말이 온다고 예언한 노스트라다무스의 말은 물거품으로 끝나고 말았습니다. 시한부 종말론자들이 지구의 종말을 예고하고 인류를 불안하게 합니다. 또한 2012년 12월 21일에 지구의 종말이 온다는 마야 문명의 전설도 있었습니다. 이에 대해 《아포칼립스 2012》이란 책도 나와 있어 베스트셀러가 된 적이 있었습니다. 이 책에서는 과학적 실증까지 들어가며 지구의 종말을 예견하고 있는데, 이런 책들은 참고만 하지 그런 일로 불안해할 필요가 없습니다.

■ 죄가 아무리 많아도 우리를 사랑하실까요?

- CTS 사인사색 "성경이 보인다" 2012년 12월 25일 오전 10:30 방송

네, 물론입니다. 하나님께서는 죄인을 사랑하십니다. 죄인이 죄를 회개하고 주님의 품에 돌아오면 더욱 기뻐하십니다. "내가 너희에게 이

르노니 이와 같이 죄인 하나가 회개하면 하늘에서는 회개할 것 없는 의인 아흔아홉을 인하여 기뻐하는 것보다 더하리라…"(눅 15:7, 10, 32).

회개하고 돌아온 탕자를 기쁨으로 맞이해 주십니다. 사람이 자기 죄를 인하여 괴로워하고 하나님께 고하기만 하면 예수님의 보혈로 죄 사함 받고 성령을 선물로 받습니다(행 2:38).

예수님께서 갈릴리에 계실 때 한 바리새인 시몬이 식사 초대를 했습니다. 주님께서 앉으실 때 그 동네에 죄인인 한 여자가 들어와 예수님의 뒤로 그 발 곁에 서서 울며 눈물로 그 발을 적시고 자기 머리털로 씻고 그 발에 입 맞추고 향유를 부었습니다(눅 7:37-38). 주인 시몬이 마음속으로 예수님에 대해 실망하기 시작했습니다. '이 사람이 만일 선지자더면 자기를 만지는 이 여자가 누구며 어떠한 자 곧 죄인인 줄을 알았으리라.' 예, 예수님은 아무리 많은 죄를 지은 자라도 받아 주셨던 것입니다.

주님께서 시몬에게 질문을 던지십니다.

"빚 주는 사람에게 빚진 자 둘이 있어 하나는 오백 데나리온, 하나는 오십 데나리온의 빚을 졌는데 갚을 것이 없으므로 둘 다 탕감하여 주었는데, 둘 중에 누가 저를 더 사랑하겠느냐?"

시몬이 대답합니다.

"많이 탕감함을 받은 자니이다."

주님께서는 그에게 "네 판단이 옳다" 하시고, 여자를 돌아보시며 시몬에게 말씀하십니다.

"이 여자를 보느냐? 내가 네 집에 들어오매 너는 내게 발 씻을 물도 주지 아니하였으되, 이 여자는 눈물로 내 발을 적시고 그 머리털로 씻었으며, 너는 내게 입맞추지 아니하였으되 저는 내가 들어올 때로부터 내 발에 입맞추기를 그치지 아니하였으며, 너는 내 머리에 감람유도 붓지 아니하였으되 저는 향유를 내 발에 부었느니라…저의 많은 죄가 사하여졌도다. 이는 저의 사랑함이 많음이라. 사함을 받은 일이 적은 자는 적게 사랑하느니라"라고 하시며 이 여인의 죄를 용서해 주셨습니다.

사람이 아무리 죄가 많더라도 주님께 회개하고 돌아오면 용서함을 받습니다.

예수님께서는 십자가상에서 돌아가시기 전 "다 이루었다"고 선언하셨습니다(요 19:30). 원문을 보면 테텔레스타이(τετέλεσται)라고 되어 있는데, 이 뜻은 "모든 죄짐을 탕감해 주었다. 인류의 과거, 현재, 미래의 모든 죄를 대신 갚아주었다"는 뜻입니다. 이미 예수님께서 우리의 죄를 다 갚아 주셨습니다. 이를 믿기만 하면 죄 사함 받고 구원을 받습니다.

■ 성경은 왜 남성우선주의인가요?

- CTS 사인사색 "성경이 보인다" 2012년 12월 18일 오전 10:30 방송

고대 근동지역이 모두 남성우선주의입니다. 이슬람교는 세계에서 가장 남성우선주의가 강합니다. 동양의 유교문화도 마찬가지입니다. 일본의 사무라이 전통도 그러합니다. 그러나 성경은 결코 여성의 인권을 무시하거나 남성 주도적 문화를 옹호하지만은 않습니다.

인류가 타락하기 전 에덴동산 시절에는 남녀가 평등했습니다. 하

와는 아담의 돕는 배필(helping mate)로 창조되었습니다. 히브리어의 뜻은 두 손바닥을 마주한 모습으로, 남녀는 동등하게 서로 돕고 사는 관계로 창조함을 받았습니다. 여기서 '도움'이란 성경에 20회 나오는데, 이곳만 제외하고는 모두 하나님으로부터 오는 도움을 말합니다. 여성은 남성에게 하나님처럼 도와주는 사람입니다. 남성은 여성에 의존해서 살게 되어 있습니다. 남성은 여성보다 지혜가 부족하고, 결정권도 없습니다. 그래서 뱀이 하와를 무너뜨리니 아담은 무언의 동조자가 되어 함께 따라갑니다.

하나님께서 나무 뒤에 숨어 있는 아담을 부르시면서 왜 금지된 열매를 먹었느냐고 물으셨습니다. "하나님이 주셔서 나와 함께하게 하신 여자 그가 그 나무 실과를 내게 주므로 내가 먹었나이다"(창 3:12) 하며 책임을 하나님과 하와에 돌리는 비겁쟁이의 모습을 보입니다. 대장부답게 그 모든 책임이 자신에게 있다고 하며 회개했더라면 인류의 역사는 바뀌었을지도 모릅니다.

하와에게 물으니 뱀에게 핑계를 댑니다. 회개하지 않았습니다. 이에 하나님께서 처벌하시는데, "또 여자에게 이르시되 내가 네게 잉태하는 고통을 크게 더하리니 네가 수고하고 자식을 낳을 것이며 너는 남편을 사모하고 남편은 너를 다스릴 것이니라"(창 3:16) 하심으로 남녀평등의 균형이 깨어집니다. 그래서 아담이 자기 아내 이름을 하와(즉 모든 산 자의 어미, 생명)로 지어 주게 됩니다.

죄로 말미암은 처벌로 남성이 여성을 다스리게 되며 여성은 남성을 사모하게 되었습니다. 창조질서가 회복이 되면 남성우선주의도 사라지게 되어 있습니다.

성경에서 남성우선주의의 흔적이 있어서 오해되는 점도 있습니다.

⑴ 집안을 대표하는 족장이 됩니다. 노아, 아브라함, 이삭, 야곱, 요셉 등이 족장입니다. 그러나 여성의 역할도 늘 중요하게 부각됩니다. 사라가 바로의 첩이 되는 것을 하나님께서 막으셨습니다. 리브가는 하나님의 계시를 받고 야곱이 에서를 이길 것을 미리 알고 있었습니다. 라헬은 요셉의 어머니가 되어 만민을 살리는 이집트 총리대신의 꿈을 갖게 했습니다.

⑵ 인구의 숫자, 센서스를 할 때 20-60세 남성으로 군대에 나가 전쟁할 수 있는 수만 헤아립니다. 출애굽할 때 60만 대군, 다윗의 군대 130만(삼하 24:9), 오병이어 기적 5,000명이 그러합니다. 그러나 이런 인구의 증식은 여성 없이는 불가능합니다. 전쟁에서 목숨을 버릴 각오가 되어 있는 남자의 수는 당시 국력을 측정하는 방법이었지 여성과 어린이, 노인을 무시한 것이 아니었습니다.

⑶ 여성 지도자 미리암, 여사사 드보라, 여선지 훌다뿐 아니라 사사 아비멜렉을 죽인 이도 여성, 하솔의 적장 시스라를 죽인 이도 여성(야엘), 사무엘의 어머니 한나, 예수님의 족보에 나오는 다섯 명의 여성(다말, 라합, 룻, 밧세바, 마리아), 예수님 사역의 협조자가 되었던 여성들(눅 8:2-3, 막달라 마리아, 요안나, 수산나, 다른 여러 여자들) 의 사역도 소개가 되고 있습니다.

⑷ 사도 바울은 교회에서 여성들의 활동을 금지하거나 축소하는 듯합니다. 예를 들면, 바울은 고린도 교회가 방언에 대한 질문을 했을

때 답하기를 "모든 성도의 교회에서 함과 같이 여자는 교회에서 잠잠하라 저희의 말하는 것을 허락함이 없나니 율법에 이른 것같이 오직 복종할 것이며 만일 무엇을 배우려거든 집에서 자기 남편에게 물을지니 여자가 교회에서 말하는 것은 부끄러운 것임이라"(고전 14:34-35)라는 말씀은 방언 문제로 시끄러우니 교회에서 잠잠하라는 권면입니다.

33절을 보니 하나님께서는 무질서가 아니라 화평을 원하심을 언급한 것으로 보아 당시 고린도 교회가 여성들의 방언으로 분쟁이 있었음을 알 수 있습니다. 그런 무질서를 조장하는 여성들은 자숙하기를 권면하고 있습니다. 교회에서는 말 한마디 행동 하나 모두 덕을 세워야 합니다(고전 14:3-4). 성전에서는 남성이든 여성이든 조용해야 합니다. 하박국 2:20에서는 "오직 여호와는 그 성전에 계시니 온 천하는 그 앞에서 잠잠할지니라" 하십니다.

권면하기를, "여자는 일절 순종함으로 종용히 배우라 여자의 가르치는 것과 남자를 주관하는 것을 허락지 아니하노니 오직 종용할지니라 이는 아담이 먼저 지음을 받고 이와가 그 후며 아담이 꾀임을 보지 아니하고 여자가 꾀임을 보아 죄에 빠졌음이니라 그러나 여자들이 만일 정절로써 믿음과 사랑과 거룩함에 거하면 그 해산함으로 구원을 얻으리라"(딤전 2:11-15) 합니다.

그런데 바울의 동역자들 가운데 여성들이 있었습니다. 로마서 16장에서 문안을 드리는 성도 중 여섯 명이 여성 지도자들이었습니다(겐그레아 교회 뵈뵈, 헌신적인 브리스가, 고린도 교회의 마리아, 함께 투옥된 유니아, 암블리아, 루포의 어머니 등). 빌립보서 4:2-3에는 여성 지도자 유오디아와 순두게를 동역자(복음에 나와 함께 힘쓰던 부녀들)로 표현했습니다.

디도서 2:2에서는 여성 지도자들에게 선한 것을 가르치는 자들이 되라고 권면하고 있습니다. 일곱 집사 중 하나인 빌립의 네 딸은 모두 예언하는 이들이었습니다(행 21:8-9).

성경은 단순히 남성우선주의만을 말하지 않습니다. 그리스도 안에서는 남성이나 여성이나 같습니다. 바울 사도는 말하기를 "너희는 유대인이나 헬라인이나 종이나 자주자나 남자나 여자 없이 다 그리스도 예수 안에서 하나이니라"(갈 3:28)라고 하였습니다.

■ 죽기 바로 전에 하나님을 믿으면 구원받을 수 있나요?

- CTS 사인사색 "성경이 보인다" 2012년 12월 18일 오전 10:30 방송

구원 문제는 우리가 논하기 어렵습니다. 그것은 전적으로 하나님의 권한에 속한 것이기 때문입니다. 성경의 몇 가지 실례를 보아 죽기 전이라도 하나님을 믿으면 구원을 받을 수 있음을 알 수 있습니다. 더욱 분명히 지적하고 싶은 것은, 예수님을 나의 구세주로 믿고 나의 죄를 고백하여 회개하면, 주님의 보혈로 죄를 씻고 구원함을 받게 됩니다.

예수님께서 십자가에 달리실 때 옆에 달린 행악자 중 하나가 "예수여 당신의 나라에 임하실 때에 나를 생각하소서" 하니 주님께서 이르시되 "내가 진실로 네게 이르노니 오늘 네가 나와 함께 낙원에 있으리라"(눅 23:42-43) 하신 것으로 봐서, 이 행악자는 임종 시 자기 죄를 회개하고 예수님을 믿고 구원을 받았습니다.

예수님께서 이 세상에 오신 목적은 죄인을 회개시켜 구원함을 받게 하는 것이었습니다.

마태복음 9:13 "너희는 가서 내가 긍휼을 원하고 제사를 원치 아니하노라 하신 뜻이 무엇인지 배우라 내가 의인을 부르러 온 것이 아니요 죄인을 불러 회개케 함이니라 for I am not come to call the righteous, but sinners to repentance."

누가복음 19:10 "인자가 온 것은 잃어버린 자들을 구원하기 위함이라 For the Son of man is come to seek and to save that which was lost."

마가복음 10:45 "인자의 온 것은 섬김을 받으려 함이 아니라 도리어 섬기려 하고 자기 목숨을 많은 사람의 대속물로 주려 함이니라."

주님께서는 한 영혼이라도 회개하여 구원받기를 기뻐하십니다.

요한복음 3:16 "하나님이 세상을 이처럼 사랑하사 독생자를 주셨으니 이는 저를 믿는 자마다 멸망치 않고 영생을 얻게 하려 하심이니라 For God so loved the world, that he gave his only begotten Son, that whosoever believeth in him should not perish, but have everlasting life."

예수님은 한 영혼이라도 회개하고 죄 사함 받아 구원받도록 재림도 연기하십니다(벧후 3:9). 구원받기 위해서는 회개가 기본입니다. 이사야는 하나님 앞에서 입술이 부정한 자로 회개했습니다(사 6:5). 베드로는 예수님을 만나 자신이 죄인임을 고백했습니다(눅 5:8). 바울은 예수님을 만나기 전 교회를 핍박한 것이 예수님을 핍박한 것임을 깨닫고 “죄인의 괴수(두목)”(딤전 1:15)임을 고백했습니다.

임종 시 구원받기 위해서는 ① 회개해야 합니다. 내가 죄인임을 인정하고 고백해야 합니다. 무거운 죄짐을 모두 내려놓고 천국 갈 준비를 해야 합니다. ② 예수님을 살아 계신 하나님의 아들이요 나의 구세주로 고백해야 합니다(마 16:16; 행 8:37). ③ 세례를 받고 죄 사함을 받아야 합니다. ④ 성령을 선물로 받아 물과 성령으로 거듭나야 합니다(행 2:38-39). 구원받고 천국에 가는 일이 결코 쉬운 일이 아닙니다. 그렇다고 그렇게 어려운 일도 아닙니다. 구원의 일은 내가 하는 것이 아니라 하나님께서 하시기 때문입니다.

임종 전 주 예수님을 구세주로 영접하고 죄 사함 받아야 천국에 입성할 수 있습니다. 또 누가 천국에 입성할 수 있느냐고요? ① 좁은 문으로 들어가 생명의 길로 나아가야 합니다(마 7:13-14). ② 하늘에 계신 아버지의 뜻대로 행하며 살아야 합니다(마 7:21). ③ 어린아이들과 같이 자기를 낮추고 겸손해야 합니다(마 18:3). ④ 예수님의 재림을 인내로써 기다리고 준비해야 합니다(마 24:13).

구원의 기회는 우리 생명의 마지막 순간까지 열려 있습니다.

> **사도행전 16:31** “주 예수 그리스도를 믿으십시오. 그리하면 당신과 당신의 집이 구원을 받을 수 있습니다.”

■ 공룡이 진짜 있었나요?

- CTS 사인사색 “성경이 보인다” 2013년 1월 22일(화) 오전 10:30 방송

이 질문은 성경적인 질문이라기보다 과학적인 질문이군요. 예, 공룡의 화석이 세계 도처에서 발견되고 있습니다. 노아 방주 안에도 공룡이 들어갔을 것입니다. 역사의 어느 순간에 공룡이 집단을 이루어 산 흔적이 많습니다.

공룡이 성경에 기록되어 있느냐는 주제는 기독인들이 지구의 나이, 창세기 해설, 그리고 우리 주위의 물증 해석 방법을 다룰 때 거론되는 한 사항입니다. 성경이 공룡을 언급하지 않았다고 주장하는 측은 공룡은 최초의 인간이 지구를 발로 밟기 몇백만 년 전에 이미 죽었다고 봅니다. 그래서 성경을 기록했던 사람은 살아있는 공룡을 볼 수가 없었다는 것입니다.

반면에 성경이 공룡을 언급했다고 주장하는 측은 이렇게 말합니다. 성경이 공룡이라는 단어 대신에 'תַּנִּין'(히브리어, tanniyn)을 사용했고, 영어 성경은 이를 '바다 괴물'이나 '뱀' 그리고 대개 '용'으로 해석한 것으로 봅니다. '탄닌'은 거대한 파충류의 한 종류로 보이며, 구약에서는 육지와 바다에서 나타나는 형태로 약 30차례 언급되었습니다.

이렇게 구약에서 거대한 파충류로 공룡을 묘사하는 것 이외에 다른 용어를 지적하는 학자들도 있습니다. 하마(Behemoth)는 하나님이 창조하신 모든 것들 중에 가장 강력하다고 불리는데, 그 꼬리가 백향목과 같이 두껍다고 했습니다(욥 40:15). 어떤 성경학자들은 '베헤모트'를 코끼리나 하마로 해석합니다만, 코끼리나 하마의 꼬리는 매우 얇아 백향목에 비유될 수 없습니다. 그러나 브라키오사우루스와 디플로도쿠스 같은 공룡은 백향목과 같이 두꺼운 꼬리를 가지고 있습니다. 거의 모든 고대 문명은 거대한 파충류를 새긴 조각을 가지고 있습니다. 북미에서 발견되는 피트로글립스 조각이나 아주 작은 진흙으로 만든 조각들은 현대의 공룡조각과 유사한 모습을 지니고 있습니다.

또 남미에 있는 한 바위 조각은 디플로도쿠스와 같은 형체의 공룡을 탄 사람을 새기고 있고, 또 놀랍게도 트리케라톱스, 프테로닥틸루스, 그리고 티라노사우루스 렉스류와 유사한 형태를 새긴 조각들도 있습니다. 또 로마식 모자이크나 마야족의 자기류, 그리고 바빌로니아 도시 성벽들을 보면 인간의 공룡에 대한 흥미는 문화와 지역을 초월함을 알 수 있습니다. 또 마르코 폴로의 한 소설(Il Millone)을 보면 보물을 소유한 짐승에 대한 놀라운 이야기들이 나옵니다.

그 밖에 공룡과 사람이 공존했음을 보이는 충분한 인류학적, 역사적 증거 외에 또 다른 물증이 발견되었는데, 북미와 중서부 아시아 지역에서 인간과 공룡의 발자국이 같이 찍혀 있는 화석이 그것입니다.

그러면 성경은 공룡을 기록하고 있는 것입니까? 한 가지의 답을 제시하기에는 어렵고, 각각의 증거를 어떻게 해석하느냐에 달려 있습니다. 만약 성경이 문자로 설명했다면 그 결과가 나타났을 것입니다. 또한 공룡과 인간이 공존했다는 사실도 인정이 될 수 있을 것입니다. 만약 공룡과 인간이 공존했다면 공룡에게 무슨 일이 있었던 걸까요? 성경은 이를 구체적으로 설명하지 않기 때문에 환경적 변화의 문제라든지, 사람에게 사냥을 당했을 거라고 추측하게 됩니다.

■ 우주에서 외계생명체가 발견되면 어떻게 되나요?

- CTS 사인사색 "성경이 보인다" 2012년 12월 18일 오전 10:30 방송

성경은 우주의 다른 곳에 있을지도 모르는 생명체에 대해서는 침묵하고 있습니다. 그래서 우리는 그것에 대해 논쟁할 수는 없습니다. 미생물체가 지구가 아닌 다른 행성에서 발견된다고 해도 성경관과 신앙에 아무런 영향을 주지 못합니다. 오히려 하나님의 창조에 대한 인간의 경외감을 높이게 될 것입니다.

사실 아직까지 지구 밖의 다른 행성에서 생물체를 발견한 적은 없습니다. 화성에서 물의 흔적을 발견했다느니 하는 것은 다른 행성에서 생명체가 살 수 있는 가능성을 제기한 것뿐이지, 구체적인 생물체를 보고받지 못했습니다.

2010년 12월 3일, 미국 항공우주국(NASA)의 비소 박테리아 발견 발표로 외계 생명체 존재 가능성이 커졌다고 하나 그 역시 추측일 뿐입니다. 펠리사 울프사이먼 박사가 캘리포니아의 모노 호수에서 비소에 기반한 박테리아종을 발견했던 것을 나사를 통해 발표한 것입니다. 비소(砒素)란 화학 원소 주기율표에서 인과 같은 수직선상에 위치한 요소입니다. 이 박테리아가 유전암호의 핵심을 구성하는 인을 비소로 대체한다는 것입니다.

이에 대해 호주의 웨스턴시드니대 물리학 교수인 프랭크 스투트맨(천체물리학자, 신앙과 학문의 통합을 연구, 호주 라브리 대표, 부인 히더 스투트맨 여사와 함께 25년 이상 신앙과 학문의 통합을 연구해 옴, 천체물리학과 컴퓨터 시

물레이션을 중점 연구)은 우리 인간의 DNA를 구성하는 요소는 인뿐인가에 대한 과학적 연구가 더 있어야 함을 반박합니다.

그는 "삼위일체의 제2위이신 예수님께서 인간이 되어 우리를 구원하러 오셨다는 것은 우주의 다른 곳에서는 반복될 수 없는 유일무이한 일"이라며, "지구 외의 다른 곳에 존재하는 생물체가 발견된다 하더라도 우리를 하나님이나 성경으로부터 조금도 벗어나게 하지 못할 것"이라고 강조했습니다. 다만 그는 "가설이지만 미생물이 아닌 인간과 같은 생물체가 존재한다면 성경의 흐름이나 전통적 해석에 심각한 도전이 될 수밖에 없다"고 덧붙였습니다.

나사(NASA)에 근무한 적이 있는 스투트맨 박사는 지구 바깥 생명체의 전파를 감지하는 SETI(Search for Extra-Terrestrial Intelligence) 프로젝트에 참여한 바 있습니다. 그는 "우주가 너무나 광대하기 때문에 생물체를 발견하는 것은 불가능할 뿐만 아니라 신호를 감지하는 일도 쉬운 일이 아니다"라고 밝혔습니다. 외계생명체는 존재 유무를 떠나 발견 자체가 불가능할 것이란 언급입니다. 하지만 나사의 연구 결과에 대해서는 "지금까지 지구상의 그 어떤 생물체도 DNA에 비소를 함유한 경우는 없었다"라고 하며, "생명을 위해 필요한 것이 무엇인지 더 넓게 생각하도록 문을 연 것이 이번 연구 결과의 포인트"라고 평가했습니다.

그는 또 기독교와 과학은 상호 갈등이 아닌 상호 소통의 관계라고 설명했습니다. 일반계시는 자연이라는 책을 통해 하나님을 드러내고, 특별계시는 성경을 통해 하나님을 드러내고 있다는 것입니다. 그는 "기독교(성경)와 과학 간에 확연한 의견 대립이 있을 때는 자연계시와 특별계시가 소통하도록 해야 한다"라고 말하며, "만약 크리스천들이 소통을 막을 경우 둘 사이엔 긴장이 있을 수밖에 없다"라고 했습니다. 그러면서 그는 "성경이 과학의 세세한 부분까지 말하고 있다고 주장하는 것은 도움이 되지 않을 뿐만 아니라 무오성이라는 성경의 독특한 가치마저 떨어뜨린다"며, 기독교와 과학의 상호 소통이 필요하다고 강조했습니다(2010년 12월 6일 국민일보 참고).

미생물을 연구하면 할수록 하나님의 창조 솜씨를 찬양하게 되어 있고, 광대한 우주를 연구하면 할수록 하나님의 위대함을 찬양하게 됩니다. 그래서 과학과 의학, 생물학과 물리학을 진솔하게 연구하는 사람은 인간의 한계를 느끼며 위대한 신의 섭리를 새롭게 깨닫는다고 합니다. 하나님의 세계를 알면 알수록 인간은 얼마나 무식한가를 깨닫게 됩니다.

욥기 38-41장을 보면, 하나님께서 욥에게 던진 질문들에 대해 지금도 현대 과학은 대답을 못하고 있습니다. 앞으로 영원히 대답을 못합니다. 그것을 지으신 창조주만이 아시는 내용이기 때문입니다.

> **욥기 38:2-3** "무지한 말로 생각을 어둡게 하는 자가 누구냐 너는 대장부처럼 허리를 묶고 내가 네게 묻는 것을 대답할지니라."

오늘날 지성인들, 과학자들, 전문연구인들, 또 다른 바벨탑을 쌓고 있는 이들에게 다음과 같은 질문을 던져봅니다.

(1) 하나님께서 땅의 기초를 놓으실 때 당신는 어디에 있었나요?

(2) 우주의 크기와 너비를 누가 정했으며, 당신는 그것을 측량할 수 있나요?

(3) 우주를 받치고 있는 주초는 무엇이며, 그 모퉁잇돌은 무엇인가요?

(4) 바다가 그 모태에서 터져 나올 때 문으로 그것을 가두는 것을 보았나요?

(5) 구름의 세계를 얼마나 알며, 바다의 파도를 조절할 수 있나요?

(6) 세상의 모든 땅의 지질과 화산 폭발, 지진, 쓰나미를 다스릴 수 있나요?

(7) 미생물을 포함한 모든 생물체를 조정할 수 있나요?

(8) 우주의 모든 천체들이 자전을 하든 공전을 하든 움직임을 다스릴 수 있나요?

(9) 들짐승이 언제 해산하며, 독수리가 공중에 떠서 높은 곳에 보금자리를 만드는 일을 당신은 아나요?

(10) 당신이 낚시로 리워야단을 끌어낼 수 있으며, 노끈으로 그 혀를 맬 수 있나요?

이외에도 하나님께서 욥에게 던지신 질문은 60여 개이나, 무지한 말과 생각으로 하나님의 세계에 도전하는 이들에게는 수백, 수만 개의 질문을 던지실 것입니다.

그래서 소크라테스도 "너 자신이 얼마나 무식한 것을 알라"라는 뜻에서 "너 자신을 알라"(gnothi seauton)고 했습니다. 막연히 알고 있는 것을 소크라테스 식 질문법으로 들어가면 '내가 너무 몰랐구나'라는 결론을 맺게 됩니다. 과학과 학문의 종착역은 바로 인간의 무지성을 깨닫는 것입니다. 헛고생하지 말고 성경 속에 정답이 나오니 성경을 통해 배우고 나가면 됩니다.

하나님의 창조는 지구를 중심으로 이뤄졌습니다. 창세기 1:2에 땅은 혼돈하고 공허하며 흑암은 깊음 위에 있었지만, 하나님의 영은 수면 위에 운행하셨습니다. 창조란 혼돈 속에 질서를 세우고, 공허에 빛, 궁창, 바다와 육지, 채소와 나무, 해, 달, 별들, 새, 물고기, 곤충, 짐승, 육축, 에덴동산, 그리고 하나님의 형상과 모양대로 창조한 인간으로 채우셨습니다.

외계의 생물체를 발견했더라도 성경 해석이나 하나님에 대한 신앙 등 기독교의 기본에 대한 변화 가능성은 불가능합니다.

■ 하나님을 믿고 있는데 왜 고난과 고통이 오나요?

- CTS 사인사색 "성경이 보인다" 2012년 12월 11일 오전 10:30 방송

고난은 누구에게나 올 수 있습니다. 하나님을 믿건 믿지 않건 하루 24시간이 주어지고, 햇빛과 바람, 겨울과 여름, 밤과 낮이 주어집니다. 경제적 어려움도 생기고, 건강에도 이상이 오며, 교통사고를 당할 수도 있고, 9·11 테러를 당하거나, 태풍이나 허리케인 등 자연재해에 노출되기도 합니다.

출애굽 전 이집트에 내린 10가지 재앙 중 9재앙은 이스라엘 백성들이 기거했던 고센 땅에는 임하지 아니했으나, 마지막 10번째 재앙은 고센 땅에도 임했습니다. 하나님의 말씀대로 순종하지 않아 일 년 된 무흠 숫양이나 숫염소의 피를 좌우 문설주와 인방에 바른 집에 머무르지 않은 맏아들이나 짐승의 맏배들은 죽었습니다.

성경에는 의인들이 당하는 고난에 대해 기록되어 있습니다. 대표적인 인물이 욥입니다. 그리고 많은 선지자들도 말씀을 전하다가 박해와 수모와 고난을 당하고 순교까지 했습니다. 많은 믿음의 선진들이 고난을 받았습니다.

하나님을 믿는 자와 믿지 않는 자가 같은 고난과 고통이 임할 때, 믿는 자는 이를 믿음으로 대처해야 합니다. 믿지 않는 자들처럼 불평하고 저주하고 절망하지 않고, '오히려 강한 폭풍을 인하여 나의 천국행 배는 더 빨리 갑니다' 하며 감사할 수 있습니다.

⑴ 고난 후에 오는 축복을 기대하며, 또 무슨 은총을 주시려고 이런 시련이라는 과목을 이수하게 하시는가?

⑵ 나의 죄를 생각나게 하시어 회개케 하시려고 주시는 고난과 고통을 달갑게 받겠습니다.

⑶ 주님께서는 나의 죄로 인해 무고히 십자가에 죽으셨는데, 나의 당하는 고난을 인내하며 이길 수 있는 더 큰 믿음을 주소서.

⑷ 내가 당하는 고난과 시련과 같은 어려움을 당하고 있는 이웃을 이해하게 되며 더욱 구체적으로 기도하게 하소서.

⑸ 밤이 깊을수록 하늘의 별들은 더욱 빛나듯이, 고난이 깊을수록 새벽의 서광은 밝아옵니다.

이런 고난의 수업을 받을 때 첫째, 말씀대로 철저하게 살아갑시다.

시편 119:67, 71 "고난당하기 전에는 내가 그릇 행하였더니 이제는 주의 말씀을 지키나이다 고난당한 것이 내게 유익이라 이로 인하여 내가 주의 율례를 배우게 되었나이다."

말씀대로라면 고난은 말씀을 배우고 주의 뜻을 깨닫게 되는 좋은 기회일 수 있습니다. 말씀대로 힘을 얻고 승리하시기를 바랍니다.

둘째, 기도할 때입니다. 기도는 안식과 용기와 소망을 줍니다.

> **야고보서 5:13-16** "너희 중에 고난당하는 자가 있느냐 저는 기도할 것이요 즐거워하는 자가 있느냐 저는 찬송할지니라 너희 중에 병든 자가 있느냐 저는 교회의 장로들을 청할 것이요 그들은 주의 이름으로 기름을 바르며 위하여 기도할지니라 믿음의 기도는 병든 자를 구원하리니 주께서 저를 일으키시리라 혹시 죄를 범하였을지라도 사하심을 얻으리라 이러므로 너희 죄를 서로 고하며 병 낫기를 위하여 서로 기도하라 의인의 간구는 역사하는 힘이 많으니라."
> **요한복음 14:13-14** "너희가 내 이름으로 무엇을 구하든지 내가 시행하리니 이는 아버지로 하여금 아들을 인하여 영광을 얻으시게 하려 함이라 내 이름으로 무엇이든지 내게 구하면 내가 시행하리라."

셋째, 하나님을 바라보는 믿음을 가집시다. 세상 모든 것이 하나님의 주권하에 있습니다. 위기도 하나님께서 주신 것이라면 해법도 주님께 있습니다. "God is doing." 아버지께서 일하시니 나도 일한다고 하신 주님의 말씀대로 이 순간에도 하나님께서는 택하신 성도들을 위해, 이 세상을 섭리하시면서 일하고 계십니다.

모세는 위기 때마다 하나님께서 일하시게 했습니다. 앞에는 홍해가 가로막고 뒤에는 애굽 군대가 추격하는 진퇴양난의 상황에서도 침착하게 백성들에게 권면했습니다.

출애굽기 14:13-14 "모세가 백성에게 이르되 너희는 두려워 말고 가만히 서서 여호와께서 오늘날 너희를 위하여 행하시는 구원을 보라 너희가 오늘 본 이집트 사람을 또 다시는 영원히 보지 못하리라 여호와께서 너희를 위하여 싸우시리니 너희는 가만히 있을지니라."

이런 위기를 당할 때 절대로 좌절하지 말고, 열심히 성경 읽고 기도하고 나보다 더 어려운 이웃을 위해 봉사하고 전도의 일에 힘쓰면, 소망의 하나님께서 성령님의 능력을 주셔서 기쁨과 평강 가운데 승리할 수 있습니다.

로마서 15:12-13 "또 이사야가 가로되 이새의 뿌리 곧 열방을 다스리기 위하여 일어나시는 이가 있으리니 열방이 그에게 소망을 두리라 하였느니라 소망의 하나님이 모든 기쁨과 평강을 믿음 안에서 너희에게 충만케 하사 성령의 능력으로 소망이 넘치게 하시기를 원하노라."

■ 피치 못하게 주일성수를 지키지 못할 상황이 되었을 때 어떻게 해야 하나요?

- CTS 사인사색 "성경이 보인다" 2012년 12월 11일 오전 10:30 방송

주일성수는 출석하는 교회의 예배에 참석하는 것이 기본입니다. 그러나 해외 출장 중이거나 가족 장례식이 같은 시간에 진행될 경우에는 본 교회에 출석할 수 없습니다. 이럴 때는 해외에 있는 기독교 예배가 드려지는 교회에 출석하여 예배를 드리면 됩니다. 가족

장례식 경우에는 이른 시간 예배드리는 교회에 가서 예배를 드린다거나, 장례식이 끝나고 오후에도 주일 예배로 드리는 교회에 찾아가서 예배를 드리면 됩니다.

현재 산업화된 사회에서는 주일에도 근무를 해야 할 직종이 있습니다. 경찰관, 의사 및 간호사 주말 당번, 버스 기사, 산업체 회사들 교대근무, 여행 가이드 등 예배 시간에 근무해야 할 경우가 있습니다. 주일을 범하지 않는 직장을 가지기를 권합니다. 그러나 피치 못하게 근무해야 할 경우, 새벽기도회에 참석한다거나 주일 저녁예배를 드리는 교회로 찾아가서 예배드려야 합니다.

교회에 나올 수 있으나 집에서 TV, 라디오, 인터넷으로 예배를 드리는 분들이 있습니다. 예배란 두세 사람이 주님의 이름으로 모여 드려야 주님께서 받으십니다. 공예배(corporate worship)란 용어가 있는데, 정한 장소, 정한 시간에 함께 모여 하나님께 최상의 영광을 돌려 드리는 예배를 말합니다. 주일에는 공예배를 드려야 합니다. 초대교회 때부터 성도들은 모여서 예배를 드리고 친교하였습니다.

예배(עָבַד, 아바드)란 용어 속에는 ① 하나님을 사랑하고 섬김 ② 이웃을 섬기고 사랑함이 있습니다. 예배드린 후 성도를 섬기고 봉사함이 이어져야 합니다. 혼자 예배드리면 둘째 예배의 영역을 실천할 수 없습니다. 주님께서 우리의 발을 씻어 주신 것같이 우리도 서로 발을 씻어 주어야 합니다. 이를 '디아코니아'(διακονία)라고 합니다. 여기서 '집사'라는 용어인 '디아코노스'(διάκονς)가 나왔습니다. 즉 교회 직분자들은 성도들을 섬기며 봉사하는 자들입니다.

목회자들부터 솔선수범해야 합니다. 장로님들이 부엌에 들어가 설거지하며, 교회 예배 후 마지막까지 섬김의 도를 다해야 합니다. 그리고 생활 중에도 예배를 생활화해야 합니다. 미국 교회에서 예배 마치고 나오는데 입구에 "이제부터 세상을 향한 예배가 시작됩니다"라는 문구가 씌어진 것을 본 적이 있습니다.

주일날 교회에 나와 공예배에 참석했다고 성수주일을 다한 것으로 생각하지 말고, 세상에 나와서도 하나님을 사랑하는 마음으로 이웃을 내 몸과 같이 사랑하는 예배를 드리시기 바랍니다.

■ 자살을 하면 왜 지옥에 가나요?

- CTS 사인사색 "성경이 보인다" 2012년 12월 4일 오전 10:30 방송

자살도 살인의 일종입니다. 성경은 살인하지 말라고 가르치고 있으니, 자기 생명을 스스로 끊으면 살인죄에 해당되기 때문입니다. 삼손은 다곤 신전에서 3,000명의 블레셋 관료들을 죽이기 위해 자살을 원했습니다(삿 16:30 "블레셋 사람과 함께 죽기를 원하노라"). 그래서 그는 자살 테러범 1호가 됩니다. 이왕 이렇게 기도했더라면 더 좋았을 것을….

"여호와여, 나로 강하게 하사 블레셋 사람들, 나의 두 눈을 뺀 원수를 단번에 갚게 하옵소서. 저는 살려 주세요."

(1) 삼손은 자살을 해도 지옥에 가지 않았습니다. 히브리서 11장 32절에 믿음의 선진으로 소개되고 있기 때문입니다. 삼손은 간접 자

살을 한 것입니다. 블레셋 사람들을 죽이기 위해 자신의 몸을 던져 죽음을 당한 것이지 스스로 목숨을 끊은 것이 아닙니다.

(2) 사울은 블레셋 군에 패전하여 활을 맞아 중상을 입었을 때 자기 병기 든 자에게 "네 칼을 빼어 나를 찌르라 할례 없는 자들이 와서 나를 찌르고 모욕할까 두려워하노라" 하나 병기 든 자가 심히 두려워하여 즐겨 행치 아니했습니다. 이에 사울은 자기 칼을 취하고 그 위에 엎드러져 자살했습니다(삼상 31:4).

(3) 가룟 유다는 예수님이 계신 곳으로 로마 군병들을 인솔한 후은 30냥 받은 것을 나중에 후회하고 자살했습니다. 예루살렘 성 밖 남쪽의 아겔다마에 자기 몸을 투신했습니다.

그런데 "자살하면 왜 지옥에 가나요?"라는 질문에 대해 생각해 보겠습니다.

자살하면 지옥에 간다는 말을 함부로 하지 않았으면 좋겠습니다. 사람이 죽어 지옥 가고 천국 가고 하는 문제는 전적으로 하나님께 달려 있기 때문입니다. 이 말은 살인한 자가 다 지옥에 가지 않는 문제와 연관이 됩니다. 분명 십계명의 6계명에서 "살인하지 말라"(Thou shalt not kill)고 되어 있는데, 여호수아와 다윗은 수많은 전쟁을 통해 많은 사람들을 죽였습니다.

가인은 아벨을 죽였고, 요셉은 형들로부터 살해될 뻔했고, 모세는 40세에 동족 이스라엘인을 괴롭히던 이집트 군인을 살해했고, 겐 족속 야엘은 적장 시스라를 죽였습니다. 이들이 다 지옥에 갔다고 생각하십니까? 이스라엘은 가나안에 정착할 때 요단 강을 중심으로 도피성 6개를 만들어, 고의가 아닌 부지중에 살인한 자들이 들어가서 살 수 있는 도피처를 만들어 레위인들로부터 보호를 받게 했습니다.

살인문제에 대해서 십계명에 나오는 살인의 동기가 예수님의 가르침대로 형제를 미워하여 죽인 가인처럼 사람의 목숨을 죽이지 말라는 것입니다. 그러나 전쟁 문제는 공동체의 일입니다. 나라와 가정을 지키기 위해 위협하는 적들을 죽이는 것은 자기 방어의 방편이었습니다. 하나님께서도 사울 왕에서 아말렉 족들을 전멸하라고 하셨고, 여호수아 장군도 가나안을 정복할 때 원주민들의 어린 생명까지도 전멸했습니다. 지옥에 보내는 문제는 하나님의 권한에 달려 있는 것이지 우리가 운운할 수는 없습니다.

자살한 자가 반드시 지옥에 가지는 않습니다. 주님께서 판단하실 것입니다. 자살하면 지옥에 갈 확률이 더 높다는 말은 이해할 만합니다. 자살한 이의 장례를 교회에서 해주어야 합니다. 장례예식은 유가족들을 위로해야 하기 때문입니다. 자살한 자녀의 부모나 가족들에게 상처를 주는 말은 삼가야 합니다.

오히려 자살한 이를 이해하며, 추모하는 데 초점을 맞추어야지, 죽은 자녀가 지옥에 간다는 언급은 하지 말아야 합니다. 유가족들에게 마음의 상처를 주는 것도 죄입니다. 자살 동기가 경제적 빈곤, 신체적 장애, 정신적 우울증, 친구 관계에서 생긴 오해와 억울함, 왕따를 당해온 괴로움, 악플로 인한 정신적 고통, 학업에 대한 스트레스, 사회적 분노에 대한 저항방법, 조국에 대한 사랑 표시로 자신의 몸을 던지는 일 등 여러 가지가 있습니다. 가장 좋은 것은 '사랑의 전화'나 상담 혹 기도를 통해 이 문제를 해결받고, 어려움을 딛고 고통의 시간을 적극적으로 헤쳐 나감으로 승리의 길로 가면 제일 좋습니다.

절대 자살은 하지 맙시다. 가장 어리석은 선택이니까요. 자살은 생각도 하지 맙시다. 지옥에 가고 안 가고 하는 문제는 하나님의 권한이기에 우리가 함부로 이야기하지 못하지만, 스스로 내 목숨을 끊는다는 것은 옳은 선택이 아닙니다. 결코 자살이 최선의 방법은 아닙니다.

■ 술 마시고 담배를 피우면 안 되나요?

- CTS 사인사색 "성경이 보인다" 2012년 12월 4일 오전 10:30 방송

하나님께서 창조해 주신 우리 몸을 건강하게 관리해야 합니다. "술은 악마의 피"라고 감옥의 벽에 쓰여 있다는 말을 출옥한 분으로부터 들은 적이 있습니다. 술 때문에 온갖 죄악을 짓다가 감옥에 왔기 때문이랍니다. 불필요한 음식 가운데 술이 포함되어 있습니다. 담배의 유해성에 대해서는 의사들에게 직접 들어보시면 됩니다.

클린턴 대통령은 담배가 일종의 마약이라고 선언하였습니다. 마약, 즉 '마귀의 약'입니다. 담배는 마약이기에 중독성이 있어 한 번 피우면 계속 빨려 들어가게 되고 탐닉하게 됩니다. 담배가 백해무익하고 많은 질병의 원인이라는 것이 밝혀졌기 때문입니다. 그래서 이제는 기독교인 아니어도 금연을 강조하는 사회가 되었습니다.

공공장소에서 담배를 피우는 것은 경범죄에 해당하는 것으로 알고 있습니다. 비행기 내, 식당, 관공서 내, 많은 사람이 모인 곳에서 금연을 실시하고 있습니다. 특히 중고등학생 때 흡연은 뇌세포에도 치명적인 영향을 끼쳐 학습 장애와 성격 장애로 직결된다고 합니다.

주초 문제에 대해 세 가지 대상을 분류하여 권면 드리고 싶습니다.

⑴ 주초문제로 교회 출석하기가 어렵다는 분들에게

아무런 부담 가지지 말고 교회에 나오십시오. 주초문제를 다 정리하기 전에 교회 나오기 어렵다고 하시는데 지금 있는 모습 그대로 오셔도 좋습니다. 교회 생활을 하다 보면 어느 순간 술과 담배의 맛이 없어질 때가 있을 것입니다. 단 교회 내에나 교회 주변에서는 어린 자녀들이 있기 때문에 담배 태우는 것을 삼가해 주시면 좋습니다.

⑵ 교회 다니고 있는데 주초를 시작하려고 하는 분들에게

시작을 하지 마십시오. 세상 사람들도 교회 다니는 사람은 주초를 하지 않기를 바랍니다. 자기들과 무엇인가 다르다는 것을 보기 원합니다. 대한제국 말엽 국채보상운동으로 교회가 금주, 금연운동으로 나라의 빚을 갚는 데 적극 참여한 좋은 전통이 이제 절제 운동으로 이어져, 예수 믿고 교회 다니는 사람은 주초를 멀리하는 것이 주님께 영광 돌리는 일입니다.

주초로 인해 경제적 손실이 크며, 이로 인해 생기는 건강문제를 해결하는 데 엄청난 비용이 들어가고 있습니다. 남에게도 간접흡연의 해를 끼치며, 술로 인해 이웃에게 피해를 끼칩니다.

한번 니코틴에 중독되면 담배를 끊기가 매우 어려우며 굉장한 의지력이 있어야 하고 고통스런 시간을 보내야 합니다.

⑶ 특히 교회 직분자들, 중직자들, 목회자들은 주초를 멀리해야 합니다.

주초를 한다고 죄는 아닙니다. 구원문제와도 상관은 없습니다. 그러나 바울 사도처럼, 우상에 바쳐진 고기를 먹는 것이 믿음이 연약

한 자에게 걸림이 된다면 평생 먹지 않겠다는 각오를 배웁시다. 덕이 되지 않는 행동은 아름답지 않습니다. 한국교회는 일부 해외 교회나 가톨릭과는 달리 금연, 금주를 미덕으로 지켜 왔습니다. 좋은 전통은 이어나가야 합니다. 담배를 피우지 않고 술을 마시지 않는 것이 교회의 전통을 존중하는 최소한의 예의이고, 담배를 피우는 것은 건덕상 교회와 신앙에 유익이 되지 못합니다. 최악의 불량식품을 자제하여 문화시민이 됩시다.

잠언 23:31-35 "포도주는 붉고 잔에서 번쩍이며 순하게 내려가나니 너는 그것을 보지도 말지어다 이것이 마침내 뱀같이 물 것이요 독사같이 쏠 것이며 또 네 눈에는 괴이한 것이 보일 것이요 네 마음은 망령된 것을 발할 것이며 너는 바다 가운데 누운 자 같을 것이요 돛대 위에 누운 자 같을 것이며 네가 스스로 말하기를 사람이 나를 때려도 나는 아프지 아니하고 나를 상하게 하여도 내게 감각이 없도다 내가 언제나 깰까 다시 술을 찾겠다 하리라."

우리는 마귀의 약이 아니라 하나님의 약인 신약과 구약을 즐거워하며 밤낮 묵상합시다. 술과 담배를 절대 시작하지 맙시다. 지금 주초를 하고 계신 분들은 반드시 절제하며 끊어버리면 좋겠습니다. 술보다 좋은 물, 다른 음료들이 많이 있지 않습니까? 담배보다 더 좋은 기호 식품이 주변에 많습니다. 지금은 담배를 태우는 사람이 푸대접 받는 세상이 되었습니다.

■ **최근 멕시코에서 발병한 돼지 독감**(Swine Influenza)**이 신종 플루**(New Influenza)**로 이름이 달라졌습니다만, 이로 말미암은**

피해가 급증하고 있는데, 이에 대해 성경적으로 어떻게 이해해야 합니까? – 신학생(뉴욕)

재앙으로 해석할 수 있습니다. 출애굽 직전 10가지 재앙을 하나님께서 내리셨는데 이스라엘 진영에는 전혀 피해가 없었습니다. 몇 해 전 조류 독감이나 사스(중국발 특종 독감) 등과 같이 이번 돼지 독감도 삽시간에 전 세계로 퍼져 현재까지 감염자가 2,500명 이상이라고 하는데 늘고 있는 추세입니다. 한국에서는 다행스럽게도 감염자의 대부분이 치료가 되어 사망자가 없으나, 멕시코, 미국에서는 사망자가 발생하고 있습니다.

공기로도 전염되기에 사람과 사람으로 전염이 되는 것이 확인되어 더욱 공포에 떨게 합니다. 두 주 전 멕시코에서는 모든 미사가 취소되고 축구경기장에도 관중이 없는 상태에서 선수들만 경기를 하는 사태를 볼 때, 앞으로 이런 재앙이 닥치면 교회에서 예배를 드리지 못하는 날이 올 것은 뻔한 일입니다. 전문가들에 의하면(이미 언론에 게재됨) 앞으로 6개월 후에 이번 독감이 전 세계적으로 퍼질 수도 있다는데, 그때에는 더 넓은 지역에 퍼져 수많은 사람들이 목숨을 잃게 될 것이라고 합니다. 지금 퍼지고 있는 균이 더 강해져서 반 년 후에는 이것이 나돌게 된다는 것입니다.

중세시대에 흑사병으로 인하여 유럽 인구의 3분의 1이 죽었습니다. 우리나라에도 조선시대에 전쟁으로 죽은 사람보다 전염병으로 죽은 사람이 더 많다고 합니다. 1차 대전, 2차 대전, 월남전에서도 전염병으로 죽은 사람이 전쟁에서 죽은 사람보다 훨씬 많다는 통계가 나옵니다. 홍수가 지나가면 홍수 후에 창궐하는 전염병으로 더 많은 사람이 피해를 봅니다.

재앙의 원인은 하나님만이 아실 것입니다. 그러나 누군가 장난을 하고 있다는 추측도 《그림자 정부》 책에서 밝히고 있고, 할리우드 영화에서도 공상 소설처럼 상영을 하지만, 실제로 이뤄지고 있는 것이라는 이야기도 흘러나옵니다. X-file, Manchuranian Candidate 등 이런 영화가 몇 년 새 계속 상영되고 있습니다. 인체에 칩(chip)을 넣어 mind control한다는 것입니다. 이전에는 공상이라고 했던 일들이 어느 날 갑자기 실제 상황이 됩니다. 혹 이번 독감도 그런 부류의 장난이라고 한다면 이는 심각합니다.

종말적 입장에서도 해석합니다. 종말이 가까워올수록 재앙이 기승을 부립니다. 천체가 변합니다. 이상기후, 지진(옐로스톤 공원이 곧 터질지 모른다는 우려로 폐쇄됨, 멕시코에서도 독감이 시작된 후 지진이 발생함), 쓰나미, 지축의 이동, 흑점의 이동, 전쟁, 나쁜 소문, 경제 악화 혹은 호황, 테러, 지금도 활활 타오르는 캘리포니아 산불 등 이런 현상들에 무관심하지 맙시다. 더욱 믿음으로 살아가시기 바랍니다.

■ 앞으로 내가 죽고 나면 육신은 땅에 묻혀 흙으로 돌아가는 줄 압니다. 그러면 주님의 공중 재림 시 휴거될 때 저의 육신은 어떤 모습으로 변합니까? – 박 권사(뉴저지)

예수님의 부활하신 몸은 뼈와 살이 있으며 볼 수도 있고 만질 수 있는 몸이었습니다.

누가복음 24:39 "내 손과 발을 보고 나인 줄 알라 또 나를 만져보라 영은 살과 뼈가 없으되 너희 보는 바와 같이 나는 있느니라."

"여기 무슨 먹을 것이 있느냐?" 그리스도께서 생선을 받으시고 제자들 앞에서 잡수셨습니다(눅 24:41-43). 예수님께서는 부활하시고 승천하신 그대로 다시 재림하십니다(행 1:5-9). 그리스도께서 공중에 재림하실 때 모든 신자들과 죽은 자이든 산 자이든 구름 속에서 그리스도를 맞이하기 위하여 육체적으로 들리어 올리게 됩니다. 이것이 휴거(rapture)입니다. 이 휴거라는 단어 자체는 성경에 나오지 않지만 그 내용은 나옵니다.

가령 에녹은 주님과 300년 동행하다가 365세에 휴거되었습니다. 엘리야도 불말과 불수레를 타고 엘리사가 보는 데서 휴거되었습니다. 승천이란 말보다는 휴거라는 말이 더 적합하겠지요. 이처럼 우리 성도들도 주님 재림 시 휴거되어 공중에서 주님을 만나게 됩니다.

데살로니가전서 4:16-18 "주께서 호령과 천사장의 소리와 하나님의 나팔로 친히 하늘로 좇아 강림하시리니 그리스도 안에서 죽은 자들이 먼저 일어나고 그 후에 우리 살아남은 자도 저희와 함께 구름 속으로 끌어 올려 공중에서 주를 영접하게 하시리니 그리하여 우리가 항상 주와 함께 있으리라 그러므로 이 여러 말로 서로 위로하라."

성도가 죽을 때 그의 영과 혼은 하나님 앞에 가고 그의 몸은 무덤 속으로 들어갑니다.

고린도후서 5:8 "…몸을 떠나 주와 함께 거하는 그것이라."

몸을 떠난 영혼이 그날까지 그리스도와 함께 있을 것입니다. 재림 시 몸과 혼과 영이 재결합하게 되는 그날까지 말입니다. 그래서 그리스도께서 죽은 자들(혼과 영)을 그와 함께 데리고 오시고(14절) 죽은 자들(몸)을 찾아오십니다(16절).

데살로니가전서 4:16-17 "그리스도 안에서 죽은 자들이 먼저 일어나고 그 후에 우리 살아남은 자도 저희와 함께 구름 속으로 끌어올려 공중에서 주를 영접하게 하시리니 그리하여 우리가 항상 주와 함께 있으리라."

휴거는 그리스도 안에서 죽은 자들과 더불어 살아 있는 자들 모두의 육체적 부활입니다. 이 휴거는 순식간에 일어납니다.

고린도전서 15:51-53 "보라 내가 너희에게 비밀을 말하노니 우리가 다 잠잘 것이 아니요 마지막 나팔에 순식간에 홀연히 다 변화하리니 나팔 소리가 나매 죽은 자들이 썩지 아니할 것으로 다시 살고 우리도 변화하리라 이 썩을 것이 불가불 썩지 아니할 것을 입겠고 이 죽을 것이 죽지 아니함을 입으리로다."

빌립보서 3:20-21 "오직 우리의 시민권은 하늘에 있는지라 거기로서 구원하는 자 곧 주 예수 그리스도를 기다리노니 그가 만물을 자기에게 복종케 하실 수 있는 자의 역사로 우리의 낮은 몸을 자기 영광의 몸의 형체와 같이 변케 하시리라."

그러므로 권사님의 육체도 영광의 몸을 입고 변화될 것입니다.

■ 세상 사람들이 우리가 그리스도인이기에 함부로 악을 행하며 불이익을 주기도 합니다. 이런 일을 당할 때 우리는 악에 대해

방관해야 하는지, 아니면 선으로 악을 이겨야 하는지에 대하여 조언을 부탁합니다. – 김진구(뉴저지, 대학생)

당연히 선으로 악을 이겨야 합니다. 악으로 악을 이길 수 없습니다. 어둠은 빛으로, 무관심은 사랑으로, 불의는 정의로 이길 수 있습니다. 주님께서 이미 십자가와 부활의 승리로 세상을 이기셨습니다.

> **요한복음 16:33** "이것을 너희에게 이름은 너희로 내 안에서 평안을 누리게 하려 함이라 세상에서는 너희가 환난을 당하나 담대하라 내가 세상을 이기었노라 하시니라."

그리스도인은 적극적으로 이 세상을 변화시켜야 합니다. 불의의 세상을 바로잡아야 합니다. 세례 요한은 헤롯이 자기의 제수를 취할 때, 강하게 비판을 하다가 옥에 갇혔습니다. 선지자들은 주님의 말씀을 담대히 전했습니다. 주님께서도 외식하는 자들을 강하게 비판하셨습니다.

주님의 산상수훈 중 선으로 악을 이김에 대해 다음과 같은 가르침을 참고하시기 바랍니다. 최영실 교수(성공회신대, 신약학)의 저서에서 인용합니다.

> ▶ **예수 이해는 본문**(text)**과 상황**(context)**의 관계** 이해가 기초이다. – 예수와 폭력 문제에 대한 오해를 중심으로
> 9·11 동시다발 테러 사건 이후 모슬렘 근본주의자들의 폭력에 대한 기독교 근본주의자들의 대응 폭력이 문제가 되고 있다. 다른 한편에서는 기독교인들이 원수 사랑을 내세워 폭력에 굴종함으로써,

인간의 존엄성이 짓밟히고, 결과적으로 폭력을 부추기고 있다. 폭력에 대한 예수의 가르침은 정확히 무엇이었는가?

1) "악한 자를 대적지 말라 누가 오른편 빰을 치거든 왼편도 돌려대라"(마 5:39).

이 말씀은 기독교인들이 일반적으로 오해하듯이 폭력에 대한 굴종이 아니라, 절대로 폭력을 용납하지 말고, 자신의 존엄성을 지키기 위해 폭력에 반항하라는 가르침이었으며, 폭력에 대한 피해의식이 복수심으로 발전하여 똑같이 폭력을 사용하는 가해자가 되지 말라는 가르침이었다. 누가 오른편 빰을 친다는 것은 가해자가 왼쪽 손바닥이나 왼손 주먹으로 친다는 뜻이다. 즉 가해자가 오른쪽 손바닥이나 주먹으로 칠 경우에는 왼빰을 맞게 된다. 따라서 누가 오른편 빰을 친 경우, 즉 가해자가 왼쪽 손바닥이나 왼손 주먹으로 치는 것은 상처를 주기 위한 것이 아니었다.

그러나 예수 당시 유대사회에서는 공개적인 장소에서 왼손을 사용하지 않았다. 쿰란공동체에서는 심지어 왼손을 사용하여 제스처를 하는 경우, 열흘 동안 회원직을 박탈하고 참회를 해야만 했다. 오른쪽 손을 사용하여 오른편 빰을 때릴 수 있는 것은 손등으로 때릴 경우뿐이다. 이것 역시 상처를 주기 위한 것이 아니라, 창피와 모욕을 주기 위한 상징적 행위이다. 그러므로 "누가 오른편 빰을 치거든"이라는 말은 가해자가 왼손으로 상대방의 오른편 빰을 치거나, 아니면 오른쪽 손등으로 오른편 빰을 치는 것으로서, 이것은 모두 상급자가 하급자에게, 주인이 노예에게, 남편이 아내에게, 부모가 아이에게, 로마인들이 유대인들에게 "네 주제를 파악해라"라는 뜻으로, 혹은 "너는 내 부하이니 권위에 복종하라"는 뜻으로 손등으로 치는 것이었다. 이것은 한마디로 말해서, "너는 쓰레기 같은 존재다"라는 뜻을 전달하는 수단이었다.

예수는 그의 청중들, 즉 당시의 소작농들과 병자들, 여인들이 이런 모욕을 당하는 것에 익숙해 있다고 생각했다. 따라서 예수의 이 말씀은 "그런 비인간적인 모욕을 더 이상 당하지 말고, 왼쪽 뺨도 돌려대라"는 가르침이었다. 이것은 반항하라는 뜻이 분명하다. 즉 오른쪽 뺨을 맞은 사람이 왼쪽 뺨을 돌려댈 경우에는 가해자가 더 이상 손등으로 때릴 수 없게 된다. 또한 가해자가 왼손으로 친 것은 상처를 주지 않고 단지 모욕할 생각으로 친 것인데, 왼쪽 뺨을 돌려댈 경우에는 부득이 오른쪽 손으로 때릴 수밖에 없게 된다. 오른쪽 손으로 때린다는 것은 동등한 위치에 있는 사람들이 싸울 경우뿐이기 때문에, 상급자가 오른손으로 때리는 것은 결국 하급자를 자기와 동등한 위치에 있는 존재로 인정하는 것이 된다.

그러므로 왼쪽 뺨을 돌려대는 것은 소작농이나 노예가, 혹은 유대인이 그 상급자에게 대하여 "나는 인간이다"라고 선언하는 행위이다. "나를 존엄성이 있는 존재로 취급하라"는 말이다. "나는 하나님의 자녀이다"라고 말하는 것이다. 즉 "당신이 나를 때려죽일 수도 있지만, 나는 더 이상 쓰레기가 아니며, 당신과 동등한 사람이다"라고 행동으로 선언하라는 것이다. 따라서 왼쪽 뺨을 돌려대라는 것은 폭력에 굴종하여 눈을 내리깔고, 주인의 처분에 맡기라는 것이 결코 아니다. 예수는 지금 "절대로 굴종하지 말라"고 가르치는 것이다. 하나님의 나라가 이미 시작되었기 때문에, 현재의 폭력적 세계 속에서 새로운 인간관계를 만들어 나가라는 것이다. 그러나 혼자서 그렇다면 맞아죽을 것이다. 모든 약자들이 함께 왼뺨을 돌려댈 때 비로소 사회적 혁명이 일어날 수 있다는 말이다.

2) "너를 고소하여 네 겉옷을 달라 하면 속옷까지 내주어라."

이 말씀 역시 불의를 조장하는 것으로 오해되어 왔다. 예수 당시 유대인들은 겉옷과 속옷이 입은 옷의 전부였다. 이 말씀의 배경이 되는 담보물 규정은 신명기 24:10-14에 나와 있다. 보통 담보물은 양이나 염소처럼 동산(動産)을 담보물로 잡지만, 그런 종류가 없을 경우 부동산을 담보물로 제공했다. 그러나 궁핍한 사람들은 겉옷을 담보로 잡혔지만, 낮 동안뿐이고, 해가 질 무렵에는 채권자가 반드시 채무자에게 겉옷을 되돌려주어, 추운 겨울에 채무자가 그 겉옷을 덮고 잘 수 있도록 했던 것이다.

예수 당시에 빚 문제는 가장 심각한 사회적 문제였다. 로마제국은 제국을 유지하기 위해 갖가지 세금을 부과했다. 부자들이 세금을 탈루하는 방식은 제국의 변방에 있는 토지를 매입하여 재산을 은닉하는 방식이었다. 그러나 농민들은 토지를 팔려고 하지 않았다. 가족의 생계가 그 토지에 달려 있기 때문이었다. 따라서 부자들이 농민들의 토지를 빼앗는 방식은 빌려준 돈이나 곡식에 대해 25% 내지 250%의 엄청난 이자를 붙이는 방식이었다. 농민들은 결국 이자를 갚지 못해 땅을 팔 수밖에 없었던 것이다.

예수는 이런 상황에 대해 채권자들이 아니라 채무자들을 상대로 이 말씀을 가르친 것이다. 가난한 사람들이 법정에서 이길 수 있는 길은 없었다. 그러므로 "너를 고소하여 겉옷을 달라 하면 속옷까지 내어 주라"는 말씀은 채무자가 입고 있는 속옷까지 벗어주어 완전히 벌거벗고 나체가 되라는 말이다. 당시 유대인들 사회에서는 자신의 벗은 몸을 남에게 보이는 것이 금기시되었기 때문에, 알몸이 되는 것은 최소한 사람들을 찡그리게 만드는 일이었다. 로버트 펑크의 연구에 따르면, 사해사본의 하나인 "훈련교범"에 따라, 옷에서 팔을 빼면서 우연히 맨몸을 드러내면 30일간 참회해야 했다. 친구에게 아무 이유 없이 맨몸을 드러낸 경우에는 6개월간 벌을 받았다(Manual of Discipline 7:12, 14.). 수치를 당하는 것은 그 나체가 된 사람을 보는 사람들이다. 이것은 게릴라 전술이다. 채권자 앞에서 벌거벗고 떠남으로써, 고리대금에 근거한 경제구조가 어떤 것인지를 남김없이 폭로하라는 가르침이다.

3) "누가 너더러 억지로 오 리를 가자고 하거든 십 리를 같이 가주어라."

이 말씀 역시 많이 오해되어 왔다. 소요사태가 발생할 경우 로마 군단들은 신속하게 이동할 필요가 있었다.

하루에 100리를 행군해야 할 경우도 있었다. 30-40킬로그램에 달하는 배낭을 지고 행군하는 것을 쉽게 하기 위해 로마의 군법은 군인들이 민간인들을 시켜 대신 배낭을 지고 가도록 하는 권리를 허락했다. 이러한 명령에 따르는 것은 예속을 의미하는 것이었고, 불응하는 것은 반역에 해당되었다. 그러나 그 권리를 남용할 경우 토착민들의 불만을 고조시킬 위험이 있기 때문에, 반드시 오 리로 제한시켰다. 또한 로마의 모든 도로에는 오 리마다 표지석이 세워져 있기 때문에, 이 군법을 어기는 군인들에 대해서는 장교들(백부장)이 적절한 처벌을 주도록 했던 것이다.

예수는 그 청중들에게 단지 로마 군인들이 시키는 대로 하라는 것이 아니라, 배낭을 지고 오 리를 걸어간 후에 오 리를 더 가겠다고 우기라는 것이다. 그러면 누가 피해를 입는가? 그 병사로 하여금 군법을 어기도록 만들어 난처한 입장에 빠지게 하라는 것이다. 로마 병사가 유대인에게 싹싹 빌도록 만들라는 것이다. 유대인이 1마일을 더 지고 가겠다고 맞설 때 로마 군인이 당황해하는 모습을 우리는 쉽게 상상할 수 있다.

한마디로 예수는 식민지의 폭력적인 억압과 수탈 체제 속에서 사회적 약자들의 존엄성과 자주성을 목숨 걸고 지키는 전략을 통해 개인의 해방과 하나님 나라의 정의와 평화를 확보하려 했다고 볼 수 있다. 폭력 앞에서 굴종하는 것이 아니라, 철저하게 비폭력 투쟁을 전개함으로써 폭력을 극복하라는 가르침이다. 또한 우리의 안전은 타인의 불안전 위에 확보되는 것이 아니라, 타인의 안전을 보증할 때만 우리가 안전할 수 있다는 가르침이다. "원수를 사랑하라"는 가르침 역시 우리가 폭력을 당할 때라도 비폭력 투쟁을 통해 우리의 존엄성을 지킬 뿐 아니라, 가해자의 폭력을 철저하게 폭로하여 자신들의 폭력성을 인정할 수밖에 없도록 만든 후에 그를 용서함으로써, 우리도 용서받을 수 있다는 가르침으로서, 인간 사이의 철저한 신뢰에 바탕을 둔 윤리이다.

■ 종말이 과연 있으며, 만일 있다면 우리는 어떻게 종말을 준비해야 합니까? – 최석원 성도(오하이오)

세계의 시작이 있으면 종말도 있을 것입니다. 한 개인도 출생과 죽음이 있듯이, 세계의 종말은 반드시 있을 것으로 성경은 가르치고 있습니다.

전도서 3:1-11 "천하에 범사가 기한이 있고 모든 목적이 이룰 때가 있나니 날 때가 있고 죽을 때가 있으며…하나님이 모든 것을 지으시되 때를 따라 아름답게 하셨고 또 사람에게 영원을 사모하는 마음을 주셨느니라 그러나 하나님의 하시는 일의 시종을 사람으로 측량할 수 없게 하셨도다."

다니엘 12:1-13 "그때에 네 민족을 호위하는 대군 미가엘이 일어날 것이요 또 환난이 있으리니 이는 개국 이래로 그때까지 없던 환난일 것이며 그때에 네 백성 중 무릇 책에 기록된 모든 자가 구원을 얻을 것이라 땅의 티끌 가운데서 자는 자 중에 많이 깨어 영생을 얻는 자도 있겠고 수욕을 받아서 무궁히 부끄러움을 입을 자도 있을 것이며 지혜 있는 자는 궁창의 빛과 같이 빛날 것이요 많은 사람을 옳은 데로 돌아오게 한 자는 별과 같이 영원토록 비취리라 다니엘아 마지막 때까지 이 말을 간수하고 이 글을 봉함하라 많은 사람이 빨리 왕래하며 지식이 더하리라…내가 들은즉 그 세마포 옷을 입고 강물 위에 있는 자가 그 좌우 손을 들어 하늘을 향하여 영생하시는 자를 가리켜 맹세하여 가로되 반드시 한 때 두 때 반 때를 지나서 성도의 권세가 다 깨어지기까지니 그렇게 되면 이 모든 일이 다 끝나리라 하더라…매일 드리는 제사를 폐하며 멸망케 할 미운 물건을 세울 때부터 일천이백구십 일을 지낼 것이요 기다려서 일천삼백삼십오 일까지 이르는 그 사람은 복이 있으리라 너는 가서 마지막을 기다리라 이는 네가 평안히 쉬다가 끝 날에는 네 업을 누릴 것임이니라."

마태복음 24:10-14 "그때에 많은 사람이 시험에 빠져 서로 잡아 주고 서로 미워하겠으며 거짓 선지자가 많이 일어나 많은 사람을 미혹하게 하겠으며 불법이 성하므로 많은 사람의 사랑이 식어지리라 그러나 끝까지 견디는 자는 구원을 얻으리라 이 천국 복음이 모든 민족에게 증거되기 위하여 온 세상에 전파되리니 그제야 끝이 오리라."

로마서 13:11-14 "또한 너희가 이 시기를 알거니와 자다가 깰 때가 벌써 되었으니 이는 이제 우리의 구원이 처음 믿을 때보다 가까웠음이니라 밤이 깊고 낮이 가까웠으니 그러므로 우리가 어두움의 일을 벗고 빛의 갑옷을 입자 낮에와 같이 단정히 행하고 방탕과 술 취하지 말며 음란과 호색하지 말며 쟁투와 시기하지 말고 오직 주 예수 그리스도로 옷 입고 정욕을 위하여 육신의 일을 도모하지 말라."

데살로니가전서 4:15-17 "우리가 주의 말씀으로 너희에게 이것을 말하노니 주 강림하실 때까지 우리 살아남아 있는 자도 자는 자보다 결단코 앞서지 못하리라 주께서 호령과 천사장의 소리와 하나님의 나팔로 친히 하늘로 좇아 강림하시리니 그리스도 안에서 죽은 자들이 먼저 일어나고 그 후에 우리 살아남은 자도 저희와 함께 구름 속으로 끌어 올려 공중에서 주를 영접하게 하시리니 그리하여 우리가 항상 주와 함께 있으리라."

종말은 주님의 재림, 휴거, 천년왕국, 백보좌 심판, 새 하늘과 새 땅의 순서로 진행할 것입니다(요한계시록).

그러면 종말을 준비하는 우리는 어떻게 해야 합니까?

(1) 날마다 주님의 재림을 사모하며 기다립시다. 마라나타("주께서 다시 오십니다")는 초대교회의 인사였습니다. 종말신앙을 회복합시다.

(2) 주님 재림 시 휴거받도록 몸과 마음을 성결케 하고 회개하며 믿음의 흰 세마포 옷을 준비합시다. 그리스도로 옷을 입습니다.

(3) 말씀과 찬양과 기도로 경건생활에 힘쓰고, 전도와 선교를 통해 주님께서 기뻐하시는 사업에 동참합시다.

(4) '오늘이 내 생애의 마지막 날'이라는 생각으로 오늘 최선을 다하여 주님의 뜻을 이루며 살아갑시다.

(5) 갈라디아서 2:20의 말씀대로 오늘도 주님 안에서 내가 살고 있다는 것을 깨닫고, 나의 의는 온전히 주님께 자백하여 태워 드리고 주님의 의를 회복합시다.

(6) 신령과 진정의 예배를 드리며, 예배를 회복하여 하나님께 영광 돌리는 생활에 최선을 다합시다.

(7) 매일 나 자신과 가정, 친구와 이웃, 국가와 세계를 위한 중보기도를 드립시다.

참고문헌

Bibliography

1. 성경

성경전서(개역, 개역개정, 흠정역)

King James Bible

원어 성경(히브리어 Masoretic Text, 헬라어 Textus Receptus)

2. 사전류

Brown-Driver-Briggs Hebrew Lexicon(BDB), 1906; Rev. 2013.

New Testament Greek Lexicon: King James Version.

The Webster Seventh New Collegiate Dictionary, 1976.

The New Encyclopedia Britannica, 1982.

기독교대사전, 대한기독교서회, 1960.

그리스도교대사전, 대한기독교서회, 1912.

성서사전, 류형기 편저, 1960.

기독교대백과사전 16권, 기독교문사, 1985.

신약성서 신학사전, 요단출판사, 1989.

신약주해, 이상근 저, 12권, 서울: 대한예수교장로회 총회교육부, 1970.

3. 단권 저서들

Faulstich, Eugene W. Bible Chronology: The Scientific Method, 양승원 외 번역, 《성경연대기와 과학적 검증방법》, 성경과학원(IBS)출판사, 2019.

Gerardus D. Bouw, *The Book of Bible Problems,* Miamitown, Ohio: DayStar Publishing, 1997.

Van Til, Cornelius, *An Introduction to Systematic Theology,* 1971. 코넬리우스 반틸, 이승구 역, 《개혁주의 신학 서론》, 기독교문서선교회, 1999.

윤사무엘, 《복음주의적 입장에서 본 세계교회사》, 인천, 겟세마네 신학교, 2018.

_______, 《한국교회와 바른성경번역》, 서울: 쿰란출판사, 2016.

_______, 《한국교회와 신학》, 서울: 쿰란출판사, 2016.

_______, 《한국교회와 성지순례》, 서울: 쿰란출판사, 2016.

정성구, 《복음에서 복음으로》, 서울: 킹덤북스, 2012.

4. 인터넷, 신문, 방송

www.gotquestions.org.

CBS 크리스천노컷뉴스.

위키백과사전(Wikipedia).

CTS 사인사색.

한국교회와 바른 성경이해

1판 1쇄 인쇄 _ 2020년 3월 25일
1판 1쇄 발행 _ 2020년 4월 1일

지은이 _ 윤사무엘
(한국목회자학교, The pastor School in Korea, KPS)
펴낸이 _ 이형규
펴낸곳 _ 쿰란출판사

주소 _ 서울특별시 종로구 이화장길 6
편집부 _ 745-1007, 745-1301~2, 747-1212, 743-1300
영업부 _ 747-1004, FAX 745-8490
본사평생전화번호 _ 0502-756-1004
홈페이지 _ http://www.qumran.co.kr
E-mail _ qrbooks@gmail.com / qrbooks@daum.net
한글인터넷주소 _ 쿰란, 쿰란출판사
페이스북 _ www.facebook.com/qumranpeople
인스타그램 _ www.instagram.com/qrbooks
등록 _ 제1-670호(1988.2.27)
책임교열 _ 신영미·송은주

 ISBN 979-11-6143-352-3 93230